函海

□清 李調元 輯

仿萬卷樓原本

人民出版社

第八冊目録

雨村詩話二卷　清　李調元　撰……一
賦話十卷　清　李調元　撰……一四
雨村詞話四卷　清　李調元　撰……八九
雨村曲話二卷　清　李調元　撰……一二一
樂府侍兒小名録二卷　清　李調元　撰……一三六
方言藻二卷　清　李調元　撰……一五四
諸家藏書簿十卷　清　李調元　撰……一六八
諸家藏畫簿十卷　清　李調元　撰……二〇五
制義科瑣記四卷　清　李調元　撰……二七七
卍齋瑣録十卷　清　李調元　撰……三一八
奇字名十二卷　清　李調元　撰……三六七
淡墨録十六卷　清　李調元　撰……四二八

雨村詩話

道光七年立春鐫于[illegible]

古人詩話類多摘句以備採取唐宋而降指不勝屈矣余非敢然也但自念生平于詩有酷嗜而以日以月總覺前此之非古人云醫三折肱爲良醫不知于此道究何如也積習未忘嘗以爲詩法不出乎諸大家每于同人多諄諄論辨今擇摘可以爲法者畧舉一二以課兒與俗殊酸醎在所不計也因所論皆詩故亦曰詩話云羅江李調元鶴洲識

雨村詩話卷上

羅江 李調元 鶴洲 撰

三代以前詩即是樂樂即是詩若離詩而言樂是猶大風吹竅往而不返不得爲樂也故詩者天地自然之樂也有人焉爲之節奏則相合而成焉

詩有比興不能盡故被之聲歌使抑揚以畢其意自漢以後郊廟房中析而爲二古詩樂府遂分

古人樂府非如今人有曲譜而後塡詞也然亦照定十二律賦爲詞付之樂工叶以音律但樂工知淸濁高下而不通文故先分章叚爲之鈎勒亦讀樂府入

門之一法

樂府者以其詞付樂工其中工尺之抑揚乃樂工事五季變爲詞將所留樂工之虛字盡塡滿較古法更嚴密不能馳騁才華不若古樂府之鬆矣

樂歌必要短長相接長取其聲之婉轉短取其聲之促節律詩則與管絃無涉而天然之樂自存於中唐以五言七言爲句此定式也間有六字成句者與宮商不協不必作也

天然之音止有五字今笛中之五六工尺上配合宮商角徵羽之五音猶琴之五絃加文絃武絃而成七所謂變宮變徵而成七調也故南北正調原止有五唐律之五言是也若七字則爲變調而名變宮變徵矣七言難于五言十倍以其雜變調故也故雖變調必須排蕩而成不可輕易下筆盡八句不出起承轉收神而明之存乎其人爾

今人易言近體難言古詩眞乃不知甘苦者殊不知古詩可長可短近體限定字數若非具大手眼便如印板何足言詩故唐律之聖者間于八句之中別有五花八門之妙自成黃鍾大呂之音

音樂以氣爲主然氣有放開者有收合者放開者曲

中混江龍是也收合者曲中桂枝香是也氣之放開收合相題而然

毛詩三百篇爲萬世詩原然不出比興賦三字首章云關關雎鳩在河之洲窈窕淑女君子好逑試問後之詩人有能出其範圍乎

讀古人書須自具手眼又必奇而可法如王或菴之文章練要劉繼莊之解樂府不必盡然而得其法可以他用故古詩十九首或云二十首或云數十首或云各家雜作或云各首一意紛紛聚訟不如作一章看其意自見此善讀書法也

古詩十九首解者無慮千百家其實友朋思念之詞無庸穿鑿也

臨高臺軍中鐃歌題也作者胸中民胞物與慨然有皋夔稷契之思故借題以展其宿抱末句收中吾三字是樂工標記語言此臨高臺一闋其收聲之音則在吾字之中音耳此句不列章內

樂府製題提筆爲要篇中安章頓句各有其故或在題前或在題後或題不足而詩補之或詩不足而題補之如上邪一首作者胸中有無限深意非若今人之草草下筆也

東光因漢武有事西南夷動衆勞民文景之富一朝頓匱故託古人諷諫意而作也諸家聚訟迄無一是

向傳田橫歿後門下客作挽歌薤露挽田橫蒿里挽五百從死之士或曰作此等題須有一段英豪激烈之槪今皆不言只以數語寫其蕭瑟悲凉景況何也噫是殆不知作者苦心并不知文章體例也田橫不與劉項共逐秦鹿屏迹海隅又不肯降志從漢種種曲折豈可明言葢不唯恐罹漢高忌諱卽田橫有知亦捫心飲泣而不願聞者而門下客豈忍重提往事故于不敘處正藏一篇大文字在內所謂可與知者道難與俗人言也

樂府長短雖殊而法則一短者一句中包含多義長者卽將短章析爲各解此卽律詩之前後分解也分解不出起承轉合四字若知分解則能析字爲句析句爲章雖千萬言皆有紀律如四體百骸合而成人能轉旋無礙者心統之也老子曰當其無有車之用故文章妙處俱在虛空或奇峯插天或千流萬壑或喧湍激瀨或烟波浩渺祇須握定線索十方八面自會憑空結撰並不費力也今人補綴裒集遮掩耳目何足言文乎觀樂府鷄鳴高樹巔一篇可以悟矣

文章亦如造化也四序雖定而萬物之生成不然穀生于夏而收于秋麥生于冬而成于夏有一定之時無一定之物也文之起承轉合亦然徐文長曰冷水澆背陡然一驚便是興觀羣怨之副本唯能于虛空中卒然而起是謂妙起本承也而反特起是謂妙承至于轉尤難言且先將上文撇開如杜詩云江雲飄素練石壁斷空青此殆是轉之神境所以古樂府偏于本題所無者忽然排宕而出妙在有意無意之間如白雲捲空雖屬無情却有天然位次只是心放活手筆放鬆忽如救火捕賊刻不容遲忽如蛇遊鼠伏

徐行慢行是皆轉筆之變化也至于合處或有轉而合者有合而開者有一往情深去而不返者人所到我不必爭到人不到我却獨到要在人神而明之果能久于其道定與古人並驅也

陌上桑云日出東南隅照我秦氏樓秦氏有好女自名爲羅敷四語極平淡而首句起興下三句出落詳盡簡括似古謠後半篇皆此二十字註釋也

凡詩有有題者有無題者有題是詩之正面無題是詩之反面如樂府隴西行何篇中無隴西之意爲尊者諱也立是名補詩之不足也隴西二字是題正面

全詩却是反射旁擊漢武有事于西南窮兵黷武隴西男子無不荷戈從戎巨室細民莫敢匿故篇中備言婦人待客委曲盡禮以見家中無男子也言豪富者何無男子貧窮者豈容燕息乎夫勞苦疆埸必餐風宿露今反寫歡樂其勞苦却在言外使後人于無字處默會也寫隴西以反襯天下寫豪富反襯貧苦寫婦人反襯男子寫閨門反襯邊廷可悟作文之法若唐以後人作隴西行必備寫山川風景有何妙意

善哉行乃倉卒棄家最不堪事而反曰善哉蓋事拙而自慰之詞也故詩貴反用詩題亦然

悲歌行客子懷故鄉之作也妙在起句悲歌可以當泣人至傷心極處不能泣而思以歌當之較泣愈痛矣此爲加一倍法

枯魚過河泣命題甚奇魚已枯何能泣人將此渡河而悔前之不愼又安得不泣也夫涉世未流而此身尙在猶可及也偶蹈虎機名敗身喪何可及耶世間之事受累一番便爲他日受用根本作書寄魴鱮前車覆後車戒皆此意也

飮馬長城窟行此嘆好友得志不復相顧也觀人門各自媚兩句可見用筆之妙書中竟如何一句令人

黯然則知不過泛語通問夙昔苦思付之流水矣

郊廟歌辭始於詩三百篇之周頌三代以前不可考矣昊天有成命郊祀天地之樂歌也清廟祀太廟之樂歌也我將祀明堂之樂歌也載芟良耜藉田社稷之樂歌也然則祭樂之有歌其來尙矣兩漢巳後世有制作其所以用於郊廟朝廷以接人神之歡者其金石之響歌舞之容亦各因其功業治亂之所起而本其風俗之所由武帝時詔司馬相如等造郊祀歌詩十七章薦之宗廟至明帝乃分樂爲四品一曰大予樂典郊廟上陵之樂郊樂者易所謂先王以作樂

崇德殷薦上帝宗廟樂者虞書所謂琴瑟以詠祖考來格詩云肅雍和鳴先祖是聽也二曰雅頌樂典六宗社稷之樂社稷樂者詩所謂琴瑟擊鼓以御田祖禮記曰樂施於金石越於音聲用乎宗廟社稷事乎山川鬼神是也永平三年東平王蒼造光武廟登歌一章稱述功德而郊祀同用漢歌魏歌辭不見疑亦用漢辭也武帝始命杜夔創定雅樂時有鄧靜尹商訓雅歌歌詩尹胡能習宗廟郊祀之曲舞師馮肅服養曉知先代諸舞夔總領之魏復先代古樂自夔始也晉武受命百度草創泰始二年詔郊廟明堂禮樂

權用魏儀遵周室肇稱殷禮之義但使傳元改其樂章而已永嘉之亂舊典不存賀循爲太常始有登歌之樂明帝太甯末又詔阮孚增益之至孝武太元之世郊祀遂不設樂宋文帝元嘉中南郊始設登歌廟舞猶闕乃詔顔延之造天地郊登歌三篇大抵依倣晉曲是則宋初又仍晉也南齊梁陳初皆沿襲後夏創制以爲一代之典元魏宇文繼有朔漠宣武已後雅好胡曲郊廟之樂徒有其名隋文平陳始獲江左舊樂乃調五音爲五夏二舞登歌房中等十四調賓祭用之唐高祖受禪未遑改造樂府尚用前世舊文

武德九年乃命祖孝孫脩定雅樂於是斟酌南北考以古音作爲唐樂貞觀二年奏之按郊祀明堂自漢以來有夕牲迎神登歌等曲宋齊以後又加祼地迎牲飲福酒唐則夕牲祼地不用樂公卿攝事又去飲福之樂安史作亂咸鎬爲墟五代以後宗廟典章文物但按故常以爲程式葢自緜時日以下皆相沿相襲並少跌蕩音節不足觀矣故樂府中凡郊廟歌辭皆樂府而非樂府應入制作一體並不可以詩論也論詩首推漢魏漢以前無專家至魏曹操植子建一家繼美以沉雄俊爽之音公然籠罩一代可謂文姦

矣王粲陳琳劉楨徐幹應瑒應璩起而和之阮籍稽康輩皆淵淵乎臻于大雅故論詩者以漢魏並論不誣也

晉如張華之博物束晳之補亡陸機陸雲之抗衡漢魏潘岳左思之淵沖高曠張載張協之叶聲塤篪劉琨盧諶之音節悲涼皆大家也王羲之不以詩見長然蘭亭集詩已非諸君所及又有逸句云爭先非吾事靜照在忘求幾于一字一金矣陶淵明生于晉末人品最高詩亦獨有千古則又晉之集大成也

淵明清遠閒放是其本色而其中有一段深古朴茂

不可及處或者謂唐王孟韋柳學焉而得其性之所近亦有見之言也

沈確士云淵明以名臣之後際易代之時欲言難言時有寄託不獨詠荆軻一章也是爲確論鍾嶸詩品云其原出于應璩眞小兒之語矣

詩之綺麗成於六朝而就名代分之亦有首屈一指之人如梁則以鮑照明遠爲第一其樂府如五丁開山得未曾有謝瞻輩所不及也齊則以謝朓元暉爲第一名句絡繹俱淸俊秀逸武帝簡文帝所不及也梁則以江淹文通爲第一悲壯激昂何遜猶足比肩

任昉輩乎後矣陳則以陰鏗爲第一琢句之工開杜子美一派除陵江總不及也至北周則唯庾信子山一人而已不但詩淩轢百代即賦啟四六上下千古實集大成宜爲詞壇之鼻祖也

庾子山詩對仗最工乃六朝而後轉五古爲五律之始其造句能新使事無迹比何水部似又過之武陵陳允倩謂少陵不能靑出於藍直是一步一趨則又太甚矣名句如步虛詞云漢帝看桃核齊侯問棗花山池云花風驚浴鳥橋影聚行魚和宇文內史云樹宿含櫻鳥花留釀蜜蜂軍行云塞迥翻榆葉關寒落雁毛法筵云佛影胡人記經文漢語翻詶薛文學云羊腸連九阪熊耳對雙峰和人云早雷驚蟄戶流雪長河源園庭云樵隱恒同路人禽或對巢淸晨臨汎云猿嘯風還急鷄鳴潮欲來冬狩云鷩雉逐鷹飛騰猿看箭轉和人云絡緯無機織流螢帶火寒咏畫屏云石險松橫植岩懸澗豎流愛靜魚爭樂依人鳥入懷夢入堂內云日光釵影動窗影鏡花搖少陵所云淸新者殆謂是也

雨村詩話卷下

羅江　李調元　鶴洲　撰

唐詩首推李杜前人論之詳矣顧多以杜律爲師而于李則云仙才不能學何其自畫之甚也大約太白工于樂府讀之奇才絶艷飄飄如列子御風使人自眩心驚而細按之無不有段落脉理可尋所以能被之管絃也若以天馬行空不可控勒豈五音六律亦可雜以不中度之樂章乎故余以爲學詩者必從太白入手方能長人才識發人心思王漁洋曾有聲調譜而李詩居其半可謂知音矣

唐王楊盧駱四傑渾厚樸茂猶是開國風氣自吾蜀陳子昂始以大雅之音振起一代渢渢乎清廟明堂之什矣昌黎詩云國朝盛文章子昂始高蹈信不誣也吾蜀文章之祖司馬相如揚雄而後必首推子昂

人有性而自汨之有情而自濬之似乎智而其愚孰甚毛嬙麗姬雖粗服亂頭無損其爲天質之美也捧心效顰人望而却走矣沈隱侯曰文章當從三易易見事一也易識字二也易讀誦三也乾以易知坤以簡能易簡而天下之理得矣詩之道亦然

李詩本陶淵明杜詩本庾子山余嘗持此論而人多疑之杜本庾信矣李與陶似絶不相近不知善讀古人書在觀其神與氣之間不在區區形迹也如問余何事棲碧山笑而不答心自閑桃花流水杳然去別有天地非人間豈非桃源記拓本乎

論詩拘于首聯頷聯腹聯尾聯直是本領不濟所謂跳不出古人圈套如太白起句云犬吠水聲中桃花帶露濃又云五月天山雪無花祇有寒隨手拈來俱如奇峯峭壁揷地倚天才人固無所不可若他人有此句必用入腹聯矣太白與崔顥皆盛唐人其時風氣相似鳳凰臺詩太白自詠鳳凰臺耳人乃以爲太

白學崔顥黄鶴樓而作何其小覷太白也太白仙才豈拾人牙慧者而更作俚語有一拳打倒黄鶴樓之句俗子以僞亂眞可恨如此乃知小說之誤人

人各有所長李白長于樂府歌行而五七律甚少杜少陵長于五七律而樂府歌行亦多是以人舍李而學杜盖詩道性情二公各就其性情而出非有偏也使太白多作五七律于杜亦何多讓若今人編集必古今體分湊平勻勻則勻矣而詩不傳也

落筆驚風雨詩成泣鬼神太白詩也又有興酣落筆摇五嶽詩成笑傲凌滄洲之句此公自爲寫照也而

杜少陵詩白也詩無敵飄然思不羣清新庾開府俊逸鮑叅軍又不似稱白詩亦直公自爲照也

余于詩酷愛陶淵明李太白杜少陵韓昌黎蘇東坡丹鉛數四矣卒多爲人竊去就中少陵全集批點最詳今遊宦四方半濕于水十忘七八矣漸衰漸耗不知何時再得細讎一過也

何將軍山林十首章法細密爲杜詩五律之冠不待言其三章忽云萬里戎王子何年別月支異花開絶域滋蔓匝清池漢使徒空到神農竟不知露翻兼雨打開折日離披文氣似與上下文絶不相蒙銷夏錄

日馬上無事與鄭廣文閒說其來歷遂成此詩遂不連接而法脉有天然之妙文章唯太史公有此奇横愚謂通首皆比也公與鄭俱有才不遇故感慨獨深

不但詩宗杜詩題亦應宗杜如杜詩陪李金吾花下飲題不曰招飲而曰陪飲滑稽之甚末句云不怕李金吾謔浪之辭似訶禁犯夜直是面笑李金吾矣

詩有借葉襯花之法如杜詩今夜鄜州月閨中只獨看自應說閨中之憶長安却接遥憐小兒女未解憶長安此借葉襯花也總之古人善用反筆善用傍筆故有伏筆有起筆有淡筆有濃筆今人曾夢見否

司馬温公曰牂羊墳首三星在罶言不可久也古人爲詩貴于意外如杜詩云國破山河在則無餘物矣城春草木深明無人矣皆神于意外見之類此頗多最得詩人之體

杜詩云牛女年年渡何曾風浪生註者云此刺明皇幸貴妃以致亂也因有七夕牽牛事故不嫌穿鑿所謂旨隱而詞微

註杜者全以唐史附會分箋甚屬可笑如少陵初月詩云光細絃欲上影斜輪未安微升古塞外已隱暮雲端河漢不改色關山空自寒庭前有白露暗滿菊

花團此不過詠初月耳而劉夢弼謂微升古塞外喻肅宗即位于靈武也已隱暮雲端喻肅宗爲張皇后李輔國所蔽也句句附會實事殊失詩人温厚之旨竊恐老杜不若是也

西蜀櫻桃也自紅也自紅三字感慨悲凉令人低徊不已總之胸中先有無限感慨然後遇題而發故有此三字吐出杜老最工此法

詩先要起句得手杜詩云夜睡何曾着又云亦知戍不返如此起法何人有此永定河觀察蘭公以余言爲然嘗朗誦以爲樂

作詩須用活字使天地人物一入筆下俱活潑潑如蠕動方妙杜詩夜睡何曾着秋天不肯明肯字是也即元方回瀛奎律髓之所謂眼也

杜詩之妙有以意勝者有以篇法勝者有以俚質勝者有以倉卒造狀勝者如劍外忽傳收薊北一首倉卒間寫出欲歌欲哭之狀使人千載如見

杜詩有最瑣屑事且爲莫須有而煌煌成篇者如聞道雲安麴米春纔傾一盞即醺人乘舟取醉非難事下峽消愁定幾巡長年三老遥憐汝棙柂開頭捷有神已辦青錢防雇直當令美味入吾唇蓋爲酒詠也

而酒韮未見懸憶成篇因用聞道二字以虛之所謂無聊之甚也杜老原不在此處要好而亦未嘗不好故題曰撥悶人遇舟行岑寂紙筆在前往往有此興致近見王漁洋批本全行批抹嗟乎此漁洋詩之所以不如杜也俗謂朱貪多王愛好信然朱謂竹垞

秋興八首章法聯絡之妙諸家評詳矣余獨愛蓬萊宮闕對南山一首思元宗因後日西禁而追憶其當陽臨御時也通首皆虛只第七句一卧滄江驚歲晚點出秋字末句幾回青瑣點朝班又挽足全首之意若驚歲晚下再作凄凉語便與上文不稱今人詩全不講收束以此爲金丹可也

詠懷古跡五首前庾信宋玉後蜀主孔明豈古跡竟無詠懷絶少而以明妃厠其中耶蓋以明妃天地所鍾靈至今傳頌而漢帝止從畫圖一識而終死胡中貴妃何如人竟致馬嵬之亂可傷孰甚此首全在言外見卓識

少陵詩有不可解之句如詠懷宋玉一首曰悵望千秋一灑淚蕭條異代不同時夫異代即不同時乃作此語何耶蓋身雖異代搖落之悲却似同時人耳此爲深知宋玉也秋興之瞿塘峽口曲江頭摘出一句

不可解下云萬里風烟接素秋乃知劉繼莊所謂兩句合而一句之義始成眞妙論也又如晚節漸于詩律細誰家數去酒盃寛偶對不測自稱律細何耶蓋雨中遣悶戲呈路十九曹長耳雨中悶極唯有作詩飲酒故想路十九也此皆意在空際之法

詩宗少陵書學會稽夫人而知之矣山谷之詩曰世人但學蘭亭面欲換凡骨無金丹爲學書者言乎實爲學詩者言也

杜詩箋註有千家註有五百家註然總遜近日仇兆鰲詳註可謂集大成矣作詩之法少陵嘗自言之矣

日別裁僞體親風雅言正其所從入也曰熟精文選理言有根柢也曰前輩飛騰入餘波綺麗爲曰篇終接混茫言有收束也曰新詩改罷自長吟曰老去漸于詩律細夫以太白之才雄奇跌蕩而猶欲與細論文然則細之一字其詩學之金針乎

詩不可以貌爲少陵發同谷諸篇昌黎東野聯句皆偶立一體至昌谷之奇詭義山之獺祭各有寓意不可以貌爲乃今人襲取二李隱僻字句以驚世眩目而其中絕無所謂是皆無病呻吟效顰而不自知其醜者詩以道性情自淵明而上溯三百篇何嘗有不可解字句使人眩惑而其意之所託或興或比往往出人意表千百載竟無能道破者余嘗謂古之詩文句平而意奇後人句奇而意平可笑也

詩三百篇有正有變後人學焉而各得其性之所近楚騷之幽怨少陵之憂愁太白之飄艷昌谷玉川之奇詭東野閬仙之寒儉從乎變者也陶靖節以下至于王昌齡王維孟浩然高適岑參韋應物儲光羲錢起輩俱發言和易近乎正者也白居易以和易亭遐齡長吉以瑰詭而致天折記曰和故百物不失冬寒故景短夏酷烈而秋悲春日遲遲信可樂也知此可

與言詩矣

白樂天新樂府天嬌變化用筆不測而起承轉收井然其規諷勸戒直是理學中古文不可作詞章讀元微之則宛然柔媚女郎詩矣世稱元白元何能如白也

王建張籍樂府何曾一字險怪而讀之入情入理與漢魏樂府並傳古人不朽者以此所以詩最忌難澀也

韓昌黎詩云險語破鬼胆高詞媲皇墳此是公自贊其詩不可徒作贊他人詩看然皆經藉光芒故險而質平

韓詩註近有顧嗣立方氏編年二家方較詳覈

柳子厚文配韓其詩亦可配韓在王摩詰孟浩然韋蘇州之上根柢厚取精多用物宏也

鄭谷詩喜用僧字余獨愛其上樓僧踏一梯雲之句以其神韻遠也他皆不及

世之好西崑體者以爲李義山從杜脫胎不知其流弊至開餖飣一門當時溫庭筠已嫌濃縟今之鏤刻粉飾者六都以此藉口矣

杜牧之詩輕倩秀艷在唐賢中另是一種筆意故學

詩者不讀小杜詩必不韻

晚唐人品最高潔以司空圖爲第一唐室淩夷不食而卒忠烈之義千載如生吳融亦不事異姓大義凛然故余編全五代詩以二公以上爲斷不採入也

五代自以韓偓韋莊二家爲升堂入室然執牛耳者必推羅江東其詩堅渾雄博亦自老杜得來而絕不似宋西江派之貌襲世人稱之者少何也皮陸輩雕文刻鏤近乎土木偶人少生趣矣

余雅不好宋詩而獨愛東坡以其詩聲如鍾呂氣若江河不失於腐亦不流于鄙田其天分高學力厚故

縱筆所之無不精警動人不特在宋無此一家手筆即置之唐人中亦無此一家手筆也公嘗自舉生平得意之句以令嚴鍾鼓三更月野宿貔貅萬竈烟一聯爲其最實不止此也公集中無論長篇短幅任舉一句皆具大魄力如有美堂暴雨𨀘筆云遊人腳底一聲雷滿座頑雲撥不開天外黑風吹海立浙東飛雨過江來其聲直震百里誰能有此

蘇詩註自以施元之爲第一王梅溪雋註無論荒謬未必非王即就一人詩分類乃兔園冊子老學究所爲也施註所未引近日查他山有補註甚詳該編年井井有條並列同時諸公和什甚有體裁但刊本不與施合刻翻閱爲難余嘗有志合施查二公爲全編其編年一以查爲主其註施前查後刊費繁多尚無此力也

溫公詩絕少佳句蓋史才非詩才也歐陽文忠詩則全是有韻古文當與古文合看可也

魏了野林和靖二家皆宋逸民詩雖不多而冲淡有逸致余嘗欲編二家詩爲一冊不果

唐子西庚亦眉山人詩多佳句其氣骨類東坡而稍乏變幻後亦謫惠州人稱小東坡亦奇事也詩如水

裁偏岸直雲截亂山平佳月明作哲好風聖之清手香橙熟後髮脫草枯時脫使眞能去窮鬼自量無以致錢神屬對俱極精切余尤喜其山靜似太古一聯

鶴林玉露載羅景綸云唐子西云山靜似太古日長如小年余家深山之中每春夏之交蒼蘚盈堦落花滿徑門無剝啄松影參差禽聲上下午睡初足旋汲山泉拾松枝煮苦茗啜之隨意讀周易國風左氏傳離騷太史公書及陶杜詩韓蘇文數篇從容步山徑撫松竹與麛犢共偃息於長林豐草間坐弄清泉漱齒濯足旣歸窗下則山妻稚子作筍蕨供麥飯欣然

一飽弄筆窗間隨大小作數十字展所藏法帖墨蹟畫卷縱觀之興到則吟小詩或草玉露一兩段再烹苦茗一杯出步谿邊邂逅園翁谿友問桑麻課秔稻量晴較雨探節數時相與劇談一餉歸而倚杖柴門之下則夕陽在山紫綠萬狀變幻頃刻恍可入目牛背笛聲兩兩來歸而月印前谿矣味子西此句可謂妙絕然此句妙矣識其妙者蓋少彼卒黃臂蒼馳獵于聲利之場者但見袞袞馬頭塵怱怱駒隙影耳烏知此句之妙哉讀此深愜予心

蘇叔黨斜川集書肆多以劉過廬充余于汪鹿園家

始得眞本爲之梓行其集中好句秀挺工麗叠出層見不止如世所稱一天如許皆明月二客所須惟濁醪也

西江派詩余素不喜以其空硬生湊如貧人捉襟見肘寒酸氣太重也然黃山谷七言古歌行如歌馬歌阮雄深渾厚自不可沒與大蘇並稱殆以是乎后山詩則味如嚼蠟讀之令人氣短如且然聊爾耳得也自知之二句係集中五律起筆竟成何語眞謂之不解詩可也擁被呻吟直是枯腸無處搜耳

詩有于一人一物一事用全神全力而成家者亦可傳如唐之游仙詩比紅兒詩宋之梅花百詠是也若用油滑腐語編湊成集以圖名後之人豈能欺乎余家宋人小集百家抄本俱經手批一過雖間有佳句所得不償其勞也

陸放翁詩以小樓一夜聽春雨深巷明朝賣杏花得名其餘七律名句輻輳大類此而起訖多不相稱人以先生先得好句後足成之情理或然然余少年頗喜之今則棄去矣余獨愛其感憤一律頗近唐人嘗舉以示客詩云今皇神武是周宣誰賦南征北代篇四海一家天歷數兩河百郡宋山川諸公尙守和親

策志士虛捐少壯年京洛雪消春又動永昌陵上草芊芊可稱渭南劍南二集壓卷

楊誠齋理學經學俱不可及而獨于詩非所長如不寐云翻來覆去體都痛復成何語至其用筆之妙亦有不可及者如忽有野香尋不得闌干石背一花開又靑天以水爲銅鏡白鷺前身是釣翁皆有腕力

范石湖詩稍次于放翁而入蜀峽中詩爲獨具手眼余曾擬其刺濆淖諸篇不免效顰之笑至云蜀人好食生蒜臭不可近今則不然矣

元遺山詩精深老健魄力沉雄直接李杜上下千古

能並駕者寥寥

楊鐵崖詩太險怪矣然其樂府則不減宋謝臯羽也

虞道園有遺稿十二卷向無刊本是以人不之見余于京都買得朱竹垞曝書亭抄本七律尤工容當梓以傳

明詩一洗宋元纖腐之習逼近唐人高楊張徐四傑始開其風而季廸究爲有明冠冕前七子應之空同景明其唐之李杜乎後七子王弇洲李于鱗輩未免英雄欺人而王爲尤甚然集中樂府變可歌可謠固足壓倒元白

李東陽工明史樂府近尤西堂效作皆可備史料

詩以人品爲第一蔡京書法荆公文章直不可寓目所謂惡其人者惡及儲胥也鈐山堂集本皆應制套語不知人何以稱之余在端州嘗有示門生詩云我本西川一腐寒讀書酷愛品行端荆公文章蔡京帖高閣從來不一看謂此也

吾蜀楊升菴爲有明博學第一其詩亦以典麗爲宗嫌其太似六朝如春興八首是也然其吐屬雋艷富有萬卷故是有明一大家

雨村詩話卷下畢

賦話

光緒壬午年錄於樂道齋

古有詩話詞話四六話而無賦話徐鉉之集唐宋律賦爲賦苑二百卷李魯之賦選五卷楊翺之典麗賦六十四卷唐仲友之後典麗賦四十卷馬偁之賦門魚鑰五卷搜輯則該博矣決擇則精粹矣然祇帖括之津梁而非作賦之法門也故雖體物瀏亮爲士人佔畢之具而其中有蘊奧焉尚隱而未發也故亦不可以賦話名予視學粤東經藝之外與諸生講論尤津津於聲律之學凡歲試月課之餘有兼工賦者莫不擊節歎賞引而啓迪之而苦未有指南之車也因于儆簏中見杭郡湯稼堂前輩刻有律賦衡裁一書頗先得我心爰出予少時芸窗所藝習者並列案頭以日與諸生相指示時用紙條摘錄其最典麗者各數聯以教之使知法而又間以稼堂所評隲者拈出之以定其歸庶幾乎溯流窮源不至斷港絕潢而悉如百川之至于海也新舊所得漸多因彙爲一集名曰賦話付諸梓以示諸生使諸生一一披閱而尋味之亦足以代予之諄諄面訓也乎

乾隆四十三年戊戌又六月巳酉李調元書於連州試院

賦話目錄

卷一
新話一
卷二
新話二
卷三
新話三
卷四
新話四
卷五
新話五
卷六
新話六
卷七
舊話一
卷八
舊話二
卷九
舊話三
卷十
舊話四

賦話卷一

新話一

巴西　李調元　贊菴　雨村

論詩有摘句之圖選賦亦有斷章之義盖一篇之中玉石雜揉棄置則菁英可惜甄采則瑕病未除不得不掇礫搴積畧存去取爰倣殷璠高仲武之例撮其佳語悉屬妍辭亦文囿漁獵之資藝苑笙簧之佐云爾

賦用八字韻腳原始見於能改齋漫錄云賦家者流由漢晉歷隋唐之初專以取士止命以題初無定韻

至開元二年王邱員外知貢舉試旗賦始有八字韻腳所謂風日雲浮軍國清肅見僞蜀馮鑑所記文體旨要

楊馬之賦語皆單行班張則間有儷句如周以龍興秦以虎視聲與風遊澤從雲翔等語是也下逮魏晉不失厥初鮑照江淹權輿已肇永明天監之際吳均沈約諸人音節諧和屬對密切而古意漸遠庾子山沿其習開隋唐之先躅古變爲律子山實開其先

古變爲律兆於吳均沈約諸人庾子山信衍爲長篇益加工整如三月三日華林園馬射賦及小園賦皆律賦之所自出

周庾信小園賦故國舊都之感惓惓于懷不似沈隱侯賦郊居盛誇其亭榭之美游賞之適頓忘爲家令時也江總持脩心賦悔心怨動有託而逃禪亦可悶惜但子山以出使見羈摠持以生降委贄故詞旨之隱顯不同而人品亦于此判矣

東漢張衡天象賦云雙三夾斗兩乙賓門雙三泰階六符也兩乙天乙大乙也又云畢露雲油箕躔吹發樞降軒而繞電景瑞堯而麗月摛句工麗是六朝人語通篇文氣平順不似東漢人手筆且用殷堪識曹

公李郃知漢使二事其爲僞託無疑

宋謝莊赤鸚鵡賦云雲移霞峙霰委雪翻陸離翬漸容裔鴻軒躍林飛岫煥若輕電溢烟門集瑒棲圃睢若天桃被玉園希逸此賦袁太尉所見而閣筆者屬對工整應是律賦先聲

齊王儉靈丘竹賦云翠葉與飛雲爭采貞柯與層氷競鮮庾蘭成落花芝蓋一聯句法實昉于此

梁吳均八公山賦云桂皎月而常團雲望空而自布又文星亂石藻日流階章句益工而氣味漸薄初唐人沿襲此種遂一變而有律賦其去魏晉遠矣

陳張正見石賦如魚躍湘鄉之水鴈浮平固之湖隱山鵠之金印碎驪龍之寶珠通章無句不對實開律賦之先

梁沈約郊居賦云來風南軒之下負雪北堂之垂簡文帝晚春賦云水篩空而照底風入樹而香枝鍊字新儁是永明以後風氣去魏晉已遠唐王勃春思賦云葉抱露而爭密花牽風而亂下李白劍閣賦云雲愁秦而暝色鴻別燕兮秋聲皆李諤所謂風雲月露爭一字之巧者後來尖穎一派從此脫胎

梁沈約高松賦云經千霜而得拱仰百尺而方枝得

字方字清勁有力可爲琢句之法謝承暉王仲寶俱有和竟陵王高松賦而此篇有平臺北園及鄒枚之客等語想亦同時應教所作竟陵王齊武帝之子蕭子良也

鄴中小賦古意尚存齊梁人効之琢句愈秀結字愈新而去古亦愈遠錄休文桐賦喧密葉于鳳晨宿高枝于鸞暮郎古變爲律之漸矣

唐初進士試于考巧尤重帖經試策亦有易以箴論表贊而不試詩賦之時專攻律賦者尚少大歷貞元之際風氣漸開至大和八年雜文專用詩賦而專門名家之學樊然競出矣李程王起最擅時名蔣防謝觀如驂之靳大都以清新典雅爲宗其旁鶩別趨元白爲公下逮周繇徐寅輩刻酷鍛鍊真氣盡漓而國祚亦移矣抽其芬芳振其金石亦律體之正宗詞場之鴻寶也

唐太宗小山賦云松新翠薄桂小丹輕纔有力以勝蝶本無心而引鶯半葉舒而巖暗一花散而蜂明小池賦云牽狹鏡兮數尋泛芥舟而已沉湧菱花於岸腹旁蓮影於波心減微涓而已淺足一滴而還深逭染小字工妙乃爾可見才大者心必細

唐太宗鳳賦有一威鳳憩翮朝陽景遊紫霧夕飲元霜出題最爲清矯

張說奉和聖制喜雨賦云天文則雲漢昭回天澤則江河滂霈取材宏贍而以沉鬱之氣行之較之刻琢字句者眞有霄壤之別矣故能雄視一代蔚爲詞宗

唐張何蜀江春日文君濯錦賦云奪五雲長風未散泣百花微雨新洗設色濃至琢句新穎氣味亦雅近六朝

初唐人儷語尚帶沉鬱古拙之氣高陽繆公許敬宗麥秋賦如扇漸秀于梅風潤岐苗于穀雨疇中氣爽

龍際風清獨字字貼妥恬雅近人而掖庭山賦更爲
應制之極則而其爲人心術之傾險如此乃知千古
小人未有不能作軟語者詞章固不足以定人品
初唐四字詞賦多間以七字句氣調極近齊梁不獨
詩歌爲然也而王勃九成宮東臺山池賦如序所云
金石千聲雲霞萬色莊雅濃麗遂爲館閣諸公所撏
撦剩馥殘膏沾匄者不少
唐楊烱浮漚賦云雨密稠生風牽亂上八字賦物之
妙工細入微沈休文所謂指物程形無假於題署七
者也

唐陶翚花萼樓賦云叶聰明于六聖敦孝友于四遐
睦親親以相及樂韡韡以同華漢后龍宮建邸園之
水樹梁王雁沼通禁掖之烟花明皇卽潛邸建樓爲
與諸王宴集之所諸作無一語及此而侈陳賜酺觀
燈等事使失本旨唯此數語得之趙自勵八月五日
花萼樓賜百官明鏡賦云均曲池之引照或淺或深
比太陽之圓明不盈不縮八月五日明皇千秋節也
太陽二語妙能映合本題
唐蕭穎士聽早蟬賦云爾雅辨其名體詩人咏夫章
句味編本草之錄聲徹上林之賦歌郄宰之化偶范

綏而見稱飾趙王之冠與貂尾而胥附莊篇載痀僂
之志孔氏感螳蜋之捕疏蟬事以成文猶是初唐風
氣後來名手校練益精題有聽字早字必須從此着
筆撏撦故實已落第二義矣
唐無名氏仁壽鏡賦云化自天鈞質非鎔造亭午光
射靈朝曙早光能照乘不遺罔象之珠迹在幽巖爲
啓崆峒之道天寶初有獻書闕下者言巴蜀之間有
石鏡見于巖之半仁壽之字昭然茲篇實賦此事非
陸士衡傳中所云仁壽殿前銅鏡也
唐崔損鳳鳴朝陽賦云旁應元律調十二管於四時

上凌紫烟擊九萬里而一息案崔誤莊子音義鵬朋
皆古鳳字對語本此非借鵬以擬鳳也徐晦海上生
明月賦云希逸之賦可稱界于斜漢夕暉之詩有作
映彼清淮闕合海上屬對頗工但月映清淮流是何
仲言詩中語而曰夕暉誤矣錢起象環賦云循環無
極參日月之在躬佩服有常於韋弦而戒事日月句
雅切孔子下句亦未免湊泊
題中正而無可刻劃者勢不得不間見側出以敷佐
見奇然須雋不傷雅細不入纖方爲妙緒繭抽巧思
綺合否則刻鵠類鶩無所取焉唐錢起尺波賦云流

脉中移類蠖影求伸之際浮光上射若雪華呈瑞之初謝觀初雷啓蟄賦云似桴鼓之纔終戈鋋熠熠如擊石之止後鳥獸蹡蹡柳喜日浴咸池賦云紅光下射疑萍實之欲沈赤氣上浮訝林雲之不息白行簡五色露賦云花禽拂着宛如陳寶之雞平野染成煥若徐方之土薛逢天上種白榆賦云或全或缺陋蟾桂於月中莫往莫來鄙蟠桃於海上鄭宗哲溫洛賦云霽日初懸似陽燧之藏輕瀨紅霞不散若陰火之在空波王棨迴鴈峰賦云亦猶鸜鵒踰清濟以無因何異鶺鴒渡澄江而不得夢爲魚賦云莊生化蝶之

言昔時未信公子爲鳥之驗今日方知証佐典切比擬精工凡此數聯猶不失比興之遺意

唐李鐸密雨如散絲賦云原夫清畢啓陰夕陽向暮散輕霞以成綺矗乎雲而似布於是霢霂郊野霏微草樹蔽重霄之藹藹猶委緒風映遠岫之濛濛乍迷觳霧從旁渲染映帶極工其正寫處云織婦停梭似曳乃輕之緒舟人罷釣疑牽或躍之魚絕而復尋等蛛網而共挂垂之如墜連雪絮以輕飛極力形容非不巧合但刻劃傷雅便入纖小家數矣

唐劉禹錫秋聲賦云送將歸兮臨水非吾土兮登樓化熟爲生意味雋永宋汪應時歷象賦云戒黃人兮守日顧青女兮爲霜吐屬頗似賓客而儷語更工唐王泠然止水賦云浮芥則敖吏措杯種瓜則幽人抱甕李子卿聚雪爲小山賦云峽裏則秋月長懸封中則曉雲猶白句法原本子山命意遣詞咸有深秀之致

唐元稹善歌如貫珠賦云以節爲珠以聲如緯漸杳杳而無極以多多而益貴悠揚綠水訝合浦之同歸繚繞青霄貫五星以一氣合與同五與一所謂當句對也奉制試樂爲御賦云蟠乎地而極乎天周流既

超于馬力發乎邇而應乎遠馳聲亦倍于鑾和爽健之句此調亦創自微之後來永叔諸公專斆此種

唐白居易射中正鵠賦云正其色溫如酒如游於藝匪疾匪徐妙能曲盡勇可賈餘此數語乃自道其行文之樂也敢諫鼓賦云洋洋盈耳幽贊逆耳之言坎坎動心明啟沃心之諫取材經籍撰句絕工所謂不煩繩削而自合者高郢獻凱樂賦云播師律于六律寰海用甯揚軍聲于五聲華夷知勸措語典重亦欲競爽香山

唐人試賦極重破題白居易性習相遠近賦云噫下

自八上達君咸德以愼立而性由習分李涼公逢吉大奇之爲寫二十餘本韋彖畫狗馬難爲功賦云有丹靑二八一則矜能於狗馬一則誇妙於鬼神吳學士融方構是題見之遂焚所著其價重一時如此迄今觀之亦不過疏解明晰耳陳佑平權衡賦起句云俾民不迷茲器維則八字典重而渾成殆欲與日華天鑒之句並驅中原矣

唐高郢痀僂丈人承蜩賦云期于百中則啼猿之射乎曾不孑遺殊慕鴻之弋者無名氏垓下楚歌賦云兩雄較武焉知劉氏昌乎四面聞歌是何楚人多也

一點一拂搖曳有神皆因韵限虛字而然非故作折腰齲齒之態也宋范仲淹鑄劒戟爲農器賦云前王鋒鏑不得已而用之此日鎡基有以多爲貴者以予對經銖兩悉稱流麗之至倍見莊嚴押虛字者此歎觀止矣

唐陸贄聖人苑中射落飛雁賦云彼摶空之逸翰尙無所違矧荒服之逆命曷不咸歸裴度三驅賦云背主而去者以其逆而必殺委贄而來者以其順而必全言外指點煞有關係眞是救時宰相語宋李綱有文事必有武備賦云夾谷之會眞儒相事謂敵國素稱乎多詐而上策莫善于自治又云德以服人義存禦侮有所濟者以威之克愛無能達者以仁而不武借題發揮語語切中時病凡此皆所謂言之有物者

唐李紳寒松賦云濯影後凋一千年而作蓋流形入夢十八歲而爲公不學春開之桃李秋落之梧桐公垂立朝蓋不肯苟隨流俗者觀其與韓吏部爭臺參事可知庶幾不負斯語矣李德裕瑞橘賦云貞枝凝碧蔚湘岸之夕陰華實變黃動江潭之秋色四語工妙秋色句尤佳然垂老投荒抑亦機動于此

唐王起元日上公獻壽賦云拱北辰之尊不異乎台

居列宿獻南山之壽更聞乎岳視三公賈餗中和節百辟獻農書賦云是藨是蓘將致乎千斯倉爰始爰謀必因乎四之日措語莊雅而典切謝觀淸明日賜百官新火賦云出禁署而螢分九陌入人寰而星落千門亦秀句也無名氏千畝望幸賦云是宜率諸侯大夫以行乎周禮不可使四年正月獨稱于晉時對法矯變善于運古固是間道奇兵

唐王起南蠻北狄同日朝見賦云卉服雲集旃裘風趨駿奔而無遠不到麇至而實繁有徒李程太常釋奠觀古樂賦云朱紘徐泛覺虞舜之風薰玉戚載持

想武周之山立周鈸同人于野賦云情田波注將符若水之時德宇馨香用法如蘭之道謝觀以賢爲寶賦云吐清詞之粲粲心水含珠見正色之溫溫情田積玉舜有癯行賦云行葉揚芳言蘭芬馥取鎔經語未嘗不錯采鏤金何必以纖靡側詭之辭自矜巧密唐李程破鏡飛上天賦云意迢遞而難明半生象外豈別離之可贈餘在人間王槊綴珠爲燭賦云風來不動凝四座之清輝夜久逾明貯一堂之虛白羌無故實妙得神理劉彥和所謂隱秀者此兩聯庶幾近之

唐王顏京兆府獻三足烏賦云瑞于帝室表大孝于天衷獻自尹京驗長安之日近韓鐵烏巢大理寺獄戶賦云蒼鷹莫擊甯懷獄吏之憂疏網不加豈有虞人之懼不必工於肖物而雅切本題使事可謂精當

唐人琢句雅以流麗爲宗閒有以精峭取致者皇甫湜山雞舞鏡賦云類鳳因簫感哂鶴爲禽召趙番月中桂樹賦云謂扇花薄如珪玷浮楊宏貞隙塵賦云疑琢玉成環環中眉墜若窺壺入洞洞裏雲殘張隨海客探驪珠賦云初辭磧礫訝潭下星懸稍出漣漪謂川旁月上刻酷鍛鍊皆所謂字去而意留者無名氏墊筏賦云靑樓何處倚城向日九烏鵶綺帳初開絲綬銜花雙鳳子七字成句原本齊梁閒寬溫湯御毬賦云捐虛而訝人手長攢角而疑馬身小造語非不新穎但失之纖矣

唐高郢就府解後時試官別出題目曰沙洲獨鳥賦郢援筆即成有云鴻志非燕鶴羣豈雞雖孕形於羽族諒稟性於天倪愼其獨焉知無心於黨與需于沙者必不至於沉泥其年首送喬彝赴京兆解被酒失期搥院門求試作渥洼馬賦斯須而就其警句云四蹄曳練翻瀚海之霜華一噴生風下胡山之木葉試

官曰喬彝崢嶸甚當以解副處之令狐綯鎭同華昭及秋賦特加置五場莫有至者獨盧宏正詣華請試綯命曰試一場蓋詩歌文賦帖經爲五場也宏正已試兩場而馬植下解植將家子弟從事輩皆竊笑綯曰此未可知旣而試登山采珠賦畧曰文豹且異於驪龍采斯疎矣白石又殊於老蚌剖莫得之綯大服其精當遂奪宏正解元數事畧相類三賦至今猶存高貞公雅有寄託身分自高喬馬兩篇全體率易頗與此數語不稱

唐喬潭秋晴曲江望太一納歸雲賦云落日將曛山

銜斷雲綠氣陰鬱嵐光氤氳橫截高巖驚數峯之頓
失卻臨幽石與殘雪而無分妙于納字有洗發關圖
巨靈擘太華賦云嵐光兩向猶連松柏之聲黛影中
開已斷雲霞之色從擘字着筆虛實兼到紙上有聲

賦話卷一

賦話卷二

巴西　李調元　贊庵 雨村

新話二

文苑英華所載律賦至多者莫如王起其次則李程謝觀大約私試所作而播于行卷者命題皆冠冕正大逮乎晚季好尚新奇始有館娃宮景陽井及駕經馬嵬坡觀燈西涼府之類爭妍鬥巧章句益工而英華所收顧從其略取舍自有定則固以雅正爲宗也元和長慶以後工麗密緻而又不詭于大雅無踰賈相者矣

唐賈餗日月如合璧賦云瑞至德于堯年契昌期于漢日按宋書符瑞志堯時日月如合璧漢書律歷志鄧平太初歷晦朔弦望最密日月如合璧五星如連珠兩事雙點極爲周匝又云不縮不盈自契于三年之閏無偏無黨何憂乎十月之交押交字韻十分穩愜

唐李程日五色賦起句云德動天鑒祥開日華揚於陵深賞之已而榜落於陵擕賦謁主司曰今場中有此賦何以待之主司曰非狀元不可於陵曰苟如此已遺賢矣亟命取所納卷對之擢第一今按篇中云

非煙奉于圓象蔚矣錦章餘霞散于垂輪煥然綺麗又云泛草際而瑞露相鮮動川上而榮光亂出句句精神字字莊雅勝人處尤在故曰惟天爲大吾君是則一結李繆公後爲河南尹聞浩虛舟應宏詞復試此題頗慮浩賦逾已專馳一介取本既至啟緘尚有憂色及睹浩破題云麗日焜煌中含瑞光喜曰李程在裏至末韻侵晚水以芒動俯寒山而秀發大咍曰李程賦且在瑞日何爲到夜秀發虛舟亦八韻中作手起結數語不逮李公遠甚固應擅美一時

唐鄭錫日中有王字賦云其初見也昭昭彰彰流晶曜芒若神龍負圖兮呈八卦於羲皇其少登也發色騰光乍見乍藏狀靈龜銜書兮錫九疇於夏王寫王字最典切唐人律賦中最發皇者

唐無名氏慶雲抱日賦題既云慶雲又云抱日是兼二瑞矣通篇分發到底極有斟酌其警句云燦玉葉以繁布抱金輪而半出灼爍兮乍似漢祖隱居横紫氣曈曨兮又若楚王乘舟捧萍實

唐蔣防姮娥奔月賦云振環鏘珮雜珠露之珊珊雲帔花冠渡銀河之耿耿寫奔字最佳中幅云初疑妝以臨鏡形影猶分終類冰之在壺輝華相失刻劃精妙乃在無字句處着筆所以爲高至云往而不返誰謂與子偕行仰之彌高孰云不我遐棄貪用成語此宋人所心慕手追者然未免質直于題不配按此題限一升天中永棄塵俗爲韻第五段失點一字韻亦踈

唐盧肇天河賦云渡蟾魄之孤輪不聞濡軌瀉鵲橋之遠岸詎見操舟又云拂遠樹以將低謏一葦于天際最爲警策按盧欽州極爲李文饒所知王文懿公知舉因取之以作狀頭海潮賦一篇雄視千古降爲八韻亦復清麗芊眠士固不妄有名宜其見賞於賢哲王損之有曙觀秋河賦云孤星迥泛狀淸淺之沉珠殘月斜臨似滄浪之垂釣又云遠想牽牛漸失迢迢之狀遙思弄杼無聞軋軋之聲句甚娟雅盧作專賦天河此則處處不脫曙字前人審題如此若後人則惟知勦襲矣

唐元稹郊天日五色祥雲賦以題爲韻其起句云臣奉某日詔書曰惟元祀月正之三日將有事于南郊中云於是載筆氏書百碎之詞曰象胥氏譯四夷之歌曰後云帝用憮然曰皆以古賦爲律賦至押五字韻云當翠華黄屋之方行則金枝玉葉之可數陋泰

山之觸石方出郤高唐之舉袂如舞昭示于公侯卿士莫不稱萬歲者三竝美于麟鳳龜龍可以與四靈爲五純用長句筆力健舉帖括中絕無僅有之作至押色字句云因五行以修五事遵五常而厚五德正五刑以去五虐繁五稼而除五賊苟順夫人理之父子君臣則安知雲物之赤黃蒼黑徽嫌稍拙然皆就五色上生發語無泛設

唐侯喜秋雲似羅賦云擬六銖而披拂件仙女降衣臨七夕以輕盈助牽牛納采亦有生趣按韓門諸子如叔起持正輩率不肯作軟熟語施之帖括頗有生

梗病但精警處自足勝人凡賦題限韻莫不于本題相附麗惟此題限以蘭亦堪采爲韻殊屬風馬牛此唐人賦題所少

唐陳章風不鳴條賦云似有心于松柏之內上下依依類無言于桃李之蹊往來默默寫不鳴條三字極善刻劃作者賦皆高雅惟此賦以天下和平則如此爲韻第二段失點則字是其小疵

唐王棨凉風至賦其警句云倏搖曳于紅梁潛催歸燕乍離披于碧樹漸息鳴蟬又恨添壯士朝晴而易水寒生愁殺騷人落日而洞庭波起又虛檻清泠頗愜開襟之子衡門淒緊偏驚無褐之人又張翰庭前暗度正憶鱸魚班姬帳下爰來已悲紈扇按晚唐律賦較前人更爲巧密王輔文黃文江一時之瑜亮也文江戛戛獨造不肯一字猶人輔文則錦心繡口丰韻嫣然更有漸近自然之妙湯惠休云顏光祿如鏤金錯采謝康樂如初日芙蓉借以品藻二人確不可易

唐林滋小雪賦云微交月影天邊之孤雁應迷稍助山明松際之浮烟已失四語摹繪入微下二句更勝遥情遠韻明秀絕倫又云初疑畫閣粧奩之香粉微

微又若瓊筵玉筯之凝酥點點從小字刻劃不就雪字鋪排細入毫髮

唐王棨江南春賦云烟冪歷以堪悲六朝故地景蔥蘢而正媚二月晴時又幾多嫩綠猶開玉樹之庭無限飄紅競落金蓮之地又蝶影爭飛昔日吳娃之徑揚花亂撲當年桃葉之船又幕幕而雲低茂苑謝客吟多萋萋而草夾秦淮王孫思起流麗悲倩而句法處處變化此爲律賦正楷尤妙于有地皆秀無枝不榮字字寫盡江南春色爲一篇之筋節此賦在當時極有名唐文粹所載陳岵送王郎中棨序最擊賞未

今日升爲天下春無江南兮江北二語
唐黄滔秋色賦云華嶽峰高染蓮花而翠活湘川樹老攙楓葉以霞生最爲警切又第五段云遂使隋隄靑恨吳嶺綠愁廬阜之蟾開石面錢唐之雪入濤頭空三楚之暮天樓中歷歷滿六朝之故地草際悠悠句句有色字不是悲秋泛語又海上而輕籠皓月皎潔成冰隴頭而惹着陰雲蒼茫欲雨又數聲之孑鶴驚時九皋搖落一夜之新霜撲處百卉離披句琱字琢務去陳言是詩中東野長江一輩人
唐王泠然新潭賦云騎影攢臨變作桃花之浪衣香

亂入翻爲蓮葉之津觀作者與御史高昌宇書蓋褊狹躁競之士也然能作爾語固宜空冀北之羣
唐無名氏七夕賦云蚪水移箭魚關驚鑰槎客河低針樓月落淸麗芊眠雅與題稱似勝王子安作又駕幸芙蓉園賦云鳴管則嬌鳥不飛拂簟則輕花自落又千鍾獻堯之酒五絃歌舜之風穠麗似齊梁間人手筆不似唐人
唐白居易動靜交相養賦云所以動之爲用在氣爲春在鳥爲飛在舟爲檝在弩爲機不有動也靜將疇依所以靜之爲用在蟲爲蟄在水爲止在門爲鍵在輪爲柅不有靜也動奚資始超超玄箸中多見道之言不當徒以慧業文人相目且通篇局陣整齊兩兩相比此調自樂天刱爲之後來制義分股之法實濫觴於此種
律賦起句多先用單聯對起不用四六排此正法也
唐劉允濟明堂賦獨用排起如大哉乾元紫微疏上帝之宮邈矣坤輿丹闕披聖人之宇勢極雄峻則貴相題又不可以一律論也通篇鋪張處多徵實處少此應制體中取巧省力之法然討好亦在此
唐賈餗蜘蛛賦云其身也或垂之如墜其絲也亦動

而愈出成章無札札之聲不漏得恢恢之質夜居于外同熠燿之宵行日就其功異蟻子之時術幺麼小題卻能驅使六籍由其讀書貫串故信手拈來無不入妙也宋以後人都不解如此運用矣
唐楊譽紙鳶賦云力不培風勢將控地繪形逼肖又云才與不才且異能鳴之鴈適入之適將同可狎之鷗熟于莊列觸手圓靈如此屬對眞是神來之筆
唐陸龜蒙採藥賦云問人則不屈不宋說地則非瀟非湘只言長信長門年年可恨未必傾城傾國箇箇生悲江僕射之孤燈向壁不少淒迷張記室之少婦

當罏應還細麗句法生動在唐人中吾見亦罕
唐人中作賦者杜少陵直接張平子陸魯望追步庾子山三大禮賦高古奇橫三唐無與抗手魯望刻意生新苹眠蒨麗句調之奇變音韻之姸靡評書家所云行間茂密實亦難過者移以品題殆非溢美之辭也其中酒賦云愁應平子分與渴是相如傳得謝月鏡共王清去去不乏風流杜蘭香別張碩來來更無消息嶙毫簾近遮雲母不足驚心琥珀釧將還玉兒未能迴首數聯茂密似庾子山而綺麗過之令人目迷五色

唐司空圖春愁賦云林幽鶯弔院古苔新眼前景口頭語一經組織字字穎妙讀之若旦晚脫筆硯者晚唐諸名家若司空表聖陸魯望吳子華大致以新穎爲宗而詞必己出面目各不相似宋人所尚者清便流轉好用現成語之鍛鍊刻琢之功欲語雷同畦町不化所以不逮唐人也
唐蕭穎士至日圜丘祀昊天上帝賦首段云日之至也所以明氣之至丘之圓也亦以象天之圓本箋疏語正以朴至勝人
詩家以鍊字爲主惟賦亦然句中有眼則字字軒豁呈露矣唐黃文江滔單講此訣詞必己出苦吟疾書故能於帖括中自豎一幟其融結爲河嶽賦云則有龜負龍挐文籍其陽九陰六共觸愚移傾缺其天樞地軸如疏樸畧波萬壑以派分似截渟滮仞千巖而雲矗戛戛獨造不肯一字猶人
唐丁春澤日觀賦云蒙水氣以珠暗露松陰而璧碎霞色收錦天風歛黛又喻鍊仙掌賦云斡開元氣剖破凝碧俱以琢句見長而氣味較渾古
喻鍊仙掌賦相題立制固應從掌字生情如夕清而丹桂輪低疑將磃佩晝短而六龍駕逸似疑攀髯已

嫌不倫然尚雅飭至毛女同掌上之人等句殊非此賦佳處明眼人自能辨之
作賦全在起首須令冠冕涵蓋出落明白余最愛唐王棨芙蓉峯賦首聯云疊翠重重數千仞兮峭若芙蓉非華嶽之高掌是衡山之一峯朝日耀而增鮮嵐光欲坼秋風擊而不落秀色長濃點撇明劃末句云夸娥二子胡不移來與蓮華而相向繳應起處章法最密
唐周鍼登吳嶽賦云中隱深溪日月之光不到外連層阜龍蛇之勢斯蟠又云西窺劍閣霜地表之千鐔

東瞰蓬萊黛波間之數點霜字黛字揰字結響得古人活用之法又海門山賦云當晴晝而纖露豁開大吞江漢值陰霾而濃雲交翳暗鎖乾坤俱長于錘鍊意態雄傑此二賦足以凌跨一時然他賦則不稱是如同人于野等篇殊少細藏風光乃知高下咸宜此境固未易到按王定保摭言云周緘者湖南人咸通中以詞賦擅名考其年代卽是此人但鋮緘字有一誤耳

賦貴與題相稱如禹鑿龍門賦則不得泛做龍門須就禹功設想莊重典切方不令閱者目厭唐陳山甫

句云四載之勞終成于舜日九年之患空媿于堯人又不愧錫圭之命甯慙拓土之功此等是也至寫鑿字門字不過如畚鍤具而勢廢風雲巖岫分而狀成闔闢足矣不可不知

唐王棨曲江池賦中忽綴五字句云有日影雲影有鳧聲雁聲橫空盤硬音韻鏗然眞千古絕唱但一往皆輕俊之氣沉鬱渾古不逮前賢蓋唐賦之後勁宋賦之先聲也

唐林滋陽冰賦云別浦宵凝狐聽之聲乍絕迴汀曉合蟲疑之質俄生又云不解東風諒難資于履薄非

藏北陸復何患于攻堅刻劃工細雋不傷雅

唐李子卿駕幸九成宮賦云始地嶫而天旋終電馳而飈疾翻飛而八駿鶱騰霍濩而六龍奔逸酷似文選中句

唐人賦韻有云次用韻者始依次遞用否則任以己意行之晚唐作者取音節之諧暢往往以一平一仄相間而出宋人則篇篇順敘鮮有顚倒錯綜者矣唯唐無名氏望春宮賦無次用韻三字而後先不紊其做望字警句云偉鳳闕之樓臺萬邦仰止盼龍鱗之原隰五稼惟時

開元遺事已見于津陽門詩連昌宮辭不意鄭瀆復有吹笛樓賦敘次凄愴堪與鼎足爲三其句有云綺窗蕭索以將毀繡嶺連延而若故竟無六律繼當時紫府之清音空有一條是往日翠華之來路又云三山迢遞在何處萬姓凄涼無見時于天寶以前盛事則詳敘之于潼關陷歿則置而不言只從弓劍星霜寄慨尤不失溫柔敦厚之旨

唐黃滔館娃宮賦昔盛今衰各以三韻敘次布置停穩尤妙在起韻末聯云舞榭歌臺朝爲宮而暮爲沼英風霸業古人失而今人驚對法變化恰好領起下

文想夫桂殿中橫蘭房内創一段此賦家正眼法門

唐王起墨池賦云映楊鬐之鯉自謂奪朱沾曳尾之龜還同食墨又云倘北流而浸稻自成墨黍之形如東門之漚麻更學素絲之變詳雅安和不露刻劃痕蹟非晚季諸人所能望其背項僕射致位台司四知貢舉主文柄者二十餘年其風概從可知矣

賦話卷二

賦話卷三

新話三

巴西　李調元　贊菴 雨村

唐王棨一賦云鷙百鳥而非匹龍三人而共爲又雖云管仲能匡因成霸業未若蕭何如畫永作邦基句句暗藏一字說來仍有片段良工鑲嵌巧不可階

唐韓愈明水賦云夜寂天清烟消氣明桂華吐耀兔影騰精設監以吐水伊不注而能盈霏然而象的爾而呈始漠漠而霜積漸微微而浪生屈豪橫之才以俯就繩尺文公所謂自取所試讀之類于俳優者之辭顏忸怩而心不甯者然質重莊雅何嘗不獨出冠時也是歲得人俱盛英華所錄多至六篇終以此賦爲第一

唐王起庭燎賦最膾炙人口其警句云珫旒將出方熠熠以星懸絲仗徐來已煌煌而電設又遠而瞻之謂焚裘之烟昭儉於晉帝迫而察之似流星之火呈瑞於周王又昭其明也叶天鑒之穆清望而畏之契天威之咫尺按王舉之僕射以文學致通顯文苑英華採其律賦不下數十篇斷以此篇壓卷華而重典而清三唐人不知誰與抗手

唐柳宗元披沙揀金賦云潛雖伏矣獲則取之用成語巧不傷雅又皎如珠吐類剖蚌而乍分粲兮星繁似流雲之初卷獨見老成考柳州四六最工在禮部時箋表多出其手貶謫之後如賀破東平表討黃少卿牒等作載於集中者頗多其爲當時所推重可知也施之帖括固宜精警絶倫

唐白行簡金躍求爲鏌鋣賦云迸紫光而傍射期遊刃以剸犀烘赤氣而上衝願成形于斬馬又自殊美玉豈韞匵以沽諸願比瑚戈庶因兹而礪乃力寫求爲二字作作有芒熊熊有光字裏行間皆挾精悍之色亦如躍冶之祥金

唐李程金受礪賦雙起雙收通篇純以機致勝骨節通靈清氣如拭在唐賦中又是一格毛秋晴太史謂制義原于排律此種亦是濫觴分合承接蹊徑分明頗誤入郎可作制義讀又排句之下每用單句收束亦是創格

唐元稹觀兵部馬射賦云初聽采蘋之章共調白羽次逞穿楊之妙忽縱青絲又書爾摧班示偏工于小者安然飛鞚固無憂于殆而子山馬射分敘此則馬射夾寫能使爭先鬥捷之態躍露紙上精鋭處殆欲突過前人

唐賈餗太阿如秋水賦云千里萬里之斜漢耿耿方侔八月九月之洞庭沉沉相似又流影耀金精之上涯涘皆空涼飇鳴玉匣之中波濤不起刻琢中仍帶清勁論其品概固當度越晚唐

唐元稹鎭圭賦云作山龍之端表我則清光皎然雜蒲穀以成行爾乃鞠躬如也句長而氣甚流走律賦多有四六鮮有作長句者破其拘攣自元白始樂天清雄絶世妙諷天然投之所向無不如志微之則多典碩之作高冠長劍璀璨陸離使人不敢逼視蓋太傅天懷高曠而元頗鋭志于功名學焉而各得其性之所近也

唐王起蒲輪賦末云豈比夫織而爲席表臧孫之不仁緝以成宮昭令尹之非禮天然有此妙襯原本經傳確切不移

唐鄭錫長樂鐘賦中云夫其逐吹含空驛烟驛霧徘徊宮闕演漾官署虎嘯空中龍吟何處近從丹庭之室遠盡青門之樹制之以劍思利器之一揮擊之以莛歎清音之難遇豈獨稱鳧氏於周典發鯨魚以漢賦能以盛氣舉之對偶之跡都化唐人律賦中唯此

君能以氣勝
唐白居易雞距筆賦云視其端若武安君之頭小窺其管如乎元氏之心空滑稽之談意外巧妙其變篇變化縱橫亦不以律賦尋常蹊徑千古絕作也
唐吳融子華律賦流傳者絕少其古瓦硯賦云陶甄已往含古色之幾年磨瑩俄新貯秋光之一片即此可見一斑音韻淒清詞華茂密天隨子之流亞也
唐陸環曲水柘賦云甯酒流而生禍豈杯渡以憑虛點綴依媚而高雅之致尚存正喜其略帶一分樸質
宋蘇軾濁醪有妙理賦云得時行道我則師齊相之

飲醨遠害全身我則學徐公之中聖窮達皆宜纔是妙理道篇豪爽而有雋致真率而能細入前無古人後無來者
唐陳章水輪賦云雖破浪於川湄善行無蹟既韓流於波面終夜有聲如此運古墨痕都化其中巧搆形似之言卻不墮纖靡一派所以為高手
唐浩虛舟盆池賦云空庭欲曙通宵之瑞露盈盤幽徑無風一片之春冰在地此等題不難于尖顯而難於渾融細膩風光不露刻畫痕跡此作者高人一等處

唐張莒紫宸殿前櫻桃樹賦字字莊雅不着色相賦殿庭中花樹體固應爾與王右丞芙蓉闕下一章可謂異曲同工
唐崔鎮尚書省梧桐賦意味渾厚兼有勁氣律賦中之近古者
唐溫岐再生檜賦云以狀而方生黃之枯楊若此以理而喻易葉之僵柳聦然以史對經銖兩悉稱飛卿此賦作于未更名之時蓋其少作也史稱其才思豔麗工於小賦每入試押官韻作賦凡八叉手而八韻成多為鄰鋪假手而律賦流傳者僅此一篇想散擲

不復收拾耶天骨開張刊落浮豔使作儷體當不減玉溪生
唐白居易荷珠賦云若轉於掌乃是江妃之珠如凝於盤遂成泉客之泣能於兩旁渲染故虛實兼到而不入纖靡
唐陸龜蒙書帶草賦云有味非甘莫共三山芝稜無香可媚難將九畹蘭爭又霜亦曾沾潘令偏知白薤風當遍起宋生惟道青蘋天隨子摛詞新變茲篇俯就繩墨更屬雅音
唐白居易黑龍飲渭水賦起句云龍為四靈之長渭

居八水之一獨有千古其餘英氣逼人光明俊偉結聯云逼而察也類天馬出水以遊遠而望之疑長虹截澗而飲風馳雨驟到此用健句壓住如駿馬之勒韁是爲名搆

唐王起蜃樓賦云出彼波濤必麗天以成象化爲軒檻甯假日以銷憂對法活潑善于運古

唐王損之汗血馬賦云映白駒之羣皆疑失素齊紫燕之匹不可奪朱沉着警快而意致雅近自然

唐王維白鸚鵡賦韻限以容日上海孤飛色媚八字而賦止五韻首尾完善不似脫餡豈如祖詠之賦終

南山雪崔曙之詠明堂火珠意盡而止不復足成邪至其筆意高儁自是右丞本色按乾符中蔣凝應宏辭爲賦只及四韻遂曳白而去試官歎息久之頃刻之間播於人口或稱之曰白頭花鈿滿面不若徐妃半粧觀此則唐人應試恆有任意多寡者不獨右丞爲然也

唐皇甫湜鶴處雞羣賦收句云每戒比之匪人常恥獨爲君子時乎有在物不終否爾惡能浼我哉吾當一舉千里安帖排奡韓門高第固應有此筆力再賦中多用成句相對如和而不同卑以自牧拔乎其萃莫之與京之類

唐謝觀越裳獻白雉賦云作獻靡遼東之豕不緇殊墨子之絲一以見澤兼鳥獸一以彰德被蠻夷帶定獻字落墨不是專賦白雉古人相題精審如此

唐張仲素反舌無聲賦云伴乎燕之辭巢秋而俱去陪黃鳥之遷木春以爲期取材於經不復旁雜中唐人矜愼乃爾若入晚季諸人手則新穎有餘而典雅不足矣考唐人舉進士者詩賦並習往往不能兼工初盛唐無論矣肅代以降帖括盛行王舉之李表臣之流詩篇傳誦者絕少大歷十子中自錢仲文外罕

有見其賦者可知雕蟲小技亦自有專門名家也張繪之以詩鳴於時律賦中亦可高置一席此殆兼才

唐王棨延州獻白鵲賦云望雲將獻鵲歸齊使之籠拜表初行雉別越裳之國上三字必如此安頓方不寂寞

唐無名氏鍊石補天賦云卿雲初觸當碧落以麗乎銀漢同流激清霄而飾彼押彼字用歇後語原本經籍便不涉纖崔損霜降賦云笳聲乍拂恐楊柳之衰兮劍鍔可封發芙蓉之厲乃亦用此法韋肇瓢賦云安貧所欽顏生何愧于賢哉不食而懸孔父當嗟夫

吾豈押豈字更妙合自然
唐鄭遙初月賦云出城中兮纔廣于眉入堂上兮不盈于手句調益工氣味更薄較之齊梁間小賦又數棨以下矣風會因人而變殆其信乎
藉田賦潘黄門作已擅美于前矣而唐石貫一篇周匝而簡嚴亦堪並美
唐顧況黄鍾宮爲律本賦云或煦或吹根初九爻而立紀日來月往首十二管以成功字字典核纔是宮爲律本後來作者俱不及
唐李遠蟬蛻賦云擘肌分理有謝於昔時露膽披肝

請從于今日么麽小題亦復託寄深遠
唐陳硎螳蜋拒轍賦句句匠心筆力亦倔健可喜如觀臥轍之時似當黄霸想埋輪之處何憚張綱又死且如歸路何能讓睥其目曾不見機揮以肱豈爲知量又在聖人之經誠宜避地非長者之轍詎肯迴車
唐陳章腐草爲螢賦云無聲無臭同朽葦之成蛩有顯有微殊積穀之爲蟲天然有此確証
司空表聖論詩首尚雄渾唯賦亦然唐無名氏華山爲城賦云天包地束鳥過雲輕萬仞垂峭千峯入冥髣髴虹蜺盡識旌旗之色依稀星月皆分弧矢之形

襄華貫洪河賦云俯臨追察詭態雄悍峻勢危而不騫靈源注而常滿積陰騰氣與嵐色而相鮮爍日生霞連榮光而不斷皆所云眞力彌滿萬象在旁
唐蔣防雪影透書帷賦云澄筆海之波瀾皆爲練色耀書林之杷梓盡作瓊枝李君房海人獻文錦賦云臨風始啓全含琪樹之芳向闕爰開遥寫蜃樓之色無名氏風不鳴條賦云契彼無言靜入桃蹊之上示諸有德潛來草偃之餘張仲素迴文錦賦云居人言念緘萬恨而在中君子置懷字三歲而寧滅胡權飲貪泉賦云量比滄溟能控清而引濁心如白水可原

始以要終鄭宗哲溫洛賦云夏蟲不疑失輕冰于曲渚秋鴻欲去戀微煖于通津王棨白雪樓賦云楚山入座黛千點而暮青漢水橫簾帶一條而春綠此例六七聯細膩風光明豔欲絶長其聲價固當一字一縑
唐李程華清宮望幸賦云竹花雖吐如含待鳳之誠雲氣纔升若睹從龍之狀杜顗集賢院山池賦云禁林餘雨增曲霤之華清御苑晴烟借遥巖之積翠林現駕幸溫泉宮賦云玉堂憑艮面鶉野以高明石溜象蒙繞龍宮之清邃張良器集靈臺賦云千峯轉日

迎秀色於瓊樓萬歲傳聲和幽音于地籟皆莊雅得應制體而詞氣更清儁不似後人一味顢頇

言對爲易事對爲難反對爲優正對爲劣唐白行簡澹臺滅明斬龍毀璧賦云紛然電散謂齊后之碎連環睹爾星分同亞父之撞玉斗張隨上將辭第賦云王翦請貽乎子孫與茲難並晏嬰敢煩乎里旅相去不遐宋范鎭長嘯卻胡騎賦云若楚軍夜遁之時聞歌于四面異漢將道窮之日振臂而一呼皆所謂事對也唐蔣防聚米爲山賦云起自纖微有類積塵爲岳終非奇幻那同畫地成川王起轅門射戟枝賦云

若嗟同失鵠我藝自忝其疊雙倘妙等麗龜爾心罔宜其如一黃滔周以龍興賦云孟津契會此時不愧於雲從羑里淒遲昔日何傷於魚服皆所謂反對也屬辭比事不失絫黍可謂優且難矣陳章斗牛間有紫氣賦云貫斗牛于九霄正當吳分藏鹿盧于午夜遠在豐城徐寅斬蛇劍賦云磨霜礪雪兮熒煌錯落伊逐鹿之英聖有斬蛇之鋒鍔全從字面取巧乾符咸通之間風尚如此而世運亦靡靡日下矣文章可以覘氣化信然

賦話卷三

賦話卷四

巴西　李調元　贊菴 雨村

新話四

唐人限韻有云以題爲韻者則字字叶之以題中字爲韻者則就中任用八字不必字字盡叶也唐鄭錫正月一日含元殿觀百獸率舞賦率用題字而獨遺月字不叶于兩者皆不合至其典麗而雄偉則律賦中煌煌大篇矣

唐陸贄冬至日陪位聽太和樂賦先敘冬至至敘陪位然後敘作樂末以聽字作收煞緒題布置渾灝流

轉益題位使然不必盡以雕鏤藻繢爲工也

唐張說奉和聖製喜雨賦典贍麗則是燕公本色一時同賦者名作極多徐安貞云八水青田千門紫極洗原隰于龍鱗拂甍標于鳳翼韓休云夫垂貫斗之雲神召離星之月李宙云霏微露立之壇霢霂風旋之步皆佳句之可誦者

唐謝觀周公朝諸侯於明堂賦即明堂本文而次以韻語不滿不支李玉溪所謂點竄堯典舜典字塗改清廟生民詩

唐白敏中息夫人不言賦其中佳句最多如觸類無

言似峽口爲雲之女含情不吐如山頭化石之人如翠羽常低多値斂眉之日瓠犀難見少逢啟齒之時如起居有節惟聞珮玉之聲應對無詞不吐如蘭之氣皆膾炙人口其通篇章法有穠至處有疏越處皆見不苟總之中唐人手筆高雅不似後來一味繁密也

唐浩虛舟行不由徑賦云花間絕跡念蹊樹之徒芳原上無人惜皋蘭之暗老又顏生負郭之田有時窺矣謝氏登山之屐無所用焉以極迂腐題寫得如許蔥蒨的是雋才

唐宋言漁父辭劍賦出題一段云稽其去國無途迷津獨立前臨積水之阻後有追兵之急躊躇而鶴髮相哀顧盼而漁舟可入憂心盡展憑刳木以何虞渡口雖遙掛輕帆而已及將贈劍以前多少情事盡于此六句中筆何輕妙乃爾又云連環吐月空臨玉匣之間一葉乘風漸入寒烟之際清詞麗句不減王輔文郎中惜不多覯

唐黃滔漢宮人誦洞簫賦最多麗句傳在人口如十二瓊樓不唱鸞歌于夜月三千玉貌皆吟鳳藻于春風又如燕人人卻以詞鋒而厲吻雕龍字字爰于禁署而飛聲又如一千餘字之珠璣不逢漢帝三十六宮之牙齒詎啟秦娥皆極清新雋永按文江律賦美不勝收此篇尤勝句調之新異字法之尖穎開後人多少法門

唐宋言雞鳴度關賦云念秦關之百二難啟狼心笑齊客之三千不如雞口眼前語運用異樣便成妙句唐以律賦名家者不下十餘人言與李求古所傳只兩首所謂威鳳一毛足以驗其五德

唐賈餗莊周夢爲蝴蝶賦押者字一韻最工句云形隨夢改豈必大人占之心與物遷孰云夫子聖者以

超雋之思寫淵妙之理向郭而後復見替人

唐白居易漢高祖斬白蛇賦乃貞元中應宏詞試所作因不知我者謂我斬白蛇知我者謂我斬白帝四語考落下第然登科之人賦並無聞白公之賦傳于天下

初唐人排律不過六韻八韻杜陵始有長篇至元白而沾沾自喜動輒百韻矣唐時律賦字有定限鮮有過四百者馳騁才情不拘繩尺亦唯元白爲然微之五色祥雲賦觀兵部馬射賦樂天雞距筆賦以及白樂天斬白蛇賦蹄厲發揚有凌轢一切之概皆傑作

也
唐王棨沛父老留漢高祖賦以題之曲折爲文之波磔指點生動不寂不喧此妙爲王郎中所獨擅如四皓輔太子西涼府觀燈等作意匠皆同而此篇尤膾炙人口
作賦貴相題立制如唐王起宣尼宅聞金石絲竹之聲賦不過用遐想乎返魯之年追思乎在齊之月等語自成絕唱若此等題著一新異之語便繆以千里矣
康康僚漢武帝重見李夫人賦云盈盈不笑如羞久

別之容眷眷無言莫問平生之事又翡翠簾前悵望三千之女芙蓉帳裏分明二八之人自然娟麗不假雕飾東坡所謂卻扇一顧時也
唐黃滔明皇迴駕經馬嵬賦云褒雲萬疊斷腸新出於啼猿秦樹千層比翼不如于飛鳥至爲悽愴又六馬歸秦卻經過于此地九泉隔越幾淒惻于平生歸秦隔越是借對法皆極華贍風雅按此等題指斥先朝頗嫌輕薄唐人咏馬嵬詩甚多文江更演之爲賦耳芊眠淒戾不減長恨歌連昌宮詞
唐黃滔送君南浦賦云一川之煙景茫茫橫衡楚徼兩岸之風濤渺渺直截炎荒又須知赤帝之江頭兩心似火莫自蒼梧之岸曲一去如雲凝鍊而意不滯刻琢而氣不傷的是高手
賦押虛字惟亦字最難自然如侯喜秋雲似羅賦以蘭亦堪采爲韻賦末押一言有以千秋只亦之類又賦押於字最難生別相於所於之外不見可用者唐陳章水輪賦罄折而下隨毖彼持盈而上善依於生別而彌復自然也其賦中警句亦多如雖破浪于川湄善行無跡既幹流于波面終夜有聲又鈞深致遠沿洄而可使在山積少成多灌輸而各由其道又當

浸稻之時甯非沃壤映生蒲之處相類安車如此運古墨痕都化乃爲巧而不傷雅凡形似題當倣此
唐人有言曰許渾詩李遠賦不如不做求古固未嘗以八韻擅名且有揶揄之以爲口實者然丁卯篇什雄視晚唐而此君律賦亦精妙無匹如題橋賦云神僊下筆俄聞風雨之聲影落中流已動龍蛇之狀皆能于虛處傳神一時愛憎之口固不足以爲定評亦可見唐人論法高雅今之所謂工麗綿密者在當日則卑之無甚高論者
唐無名氏鶴歸華表賦通篇情致蒼涼雅與題稱

唐王損之飲馬投錢賦云隱金沙之中迷于赤仄落蘋蘩之上混彼青蚨又致香醪而一醉且泛枝頭入春溜以俱沉不漂榆莢筆趣高雅不規規以刻劃見長點染處自然工切

唐蔣防螢光照字賦篇幅甚仄僅二百餘字然極精鍊奪目如縹帙時開玉篆共丹輝並耀銀鉤下映緐星與片月俱生又金煇始徹疑清露之騰文鳥跡旋卜謂靈烏之就日約而能精此題絕唱

辭尚體要總貴稱題如圜丘祀天藉田獻繭等題能援据精詳脩古肅穆便是第一義矣若徒句雕字琢

刻意求新則是鎝朱紫于袞衣奏鄭衛于清廟非特大乖體制轉開不學人省力法門唐李君房獻繭賦但將祭義點竄一番便成佳搆與石貫藉田賦皆質而彌雅樸而彌華與經術相表裏讀者須于此中着眼

作賦起法切要堂皇整肅遇大題目更宜留心如唐裴度鑄劍戟爲農器賦起句云皇帝嗣位之十三載寰海鏡清方隅砥平驅域中盡歸力穡示天下不復用兵數語是何等氣象所謂大人物方有此大手筆

聖王制器首重權衡虞典紀之于巡狩是五載一行之也月令著之于二分是一歲再行之也五載一行者同之于天下一歲再行者平之於國中唐劉禹錫平權衡賦力寫平字如云立規程罔愆夫竈鏡揣鈞石甯失乎錙銖匪假垂鈞而其用不匱何勞剖斗而所爭自無無一字不切平古人之審題精細如此

唐歐陽詹王者宜日中賦云有隼之墉匿寸陰而影盡無禽之井透百尺以光披張何授衣賦云損益從時取其觀古人象元黃既績可以爲公子裳題本經語故渲染郎用本色周存太常新復樂懸冬至日薦之圜丘賦云禮樂之儀雖可久而可大文武之道亦

一弛而一張朱泚亂定之後脩復宮懸張弛句用得恰好

唐人體物最工么麼小題卻能穿穴經史林滋木人賦云來同避地舉趾而根柢則無動必從繩結舌而語言何有又云進退合宜依然在斯既無喪無得亦不識不知跡異草莽其言也無莠情同木訥其行也有枝陳章艾人賦云當戸而居惡莠言兮結舌負牆而立甘萊色以安身李子卿水螢賦云色動波間狀珠還于合浦影懸潭下若星聚於潁川字字典則精妙無雙宋以後諸公所不能及

唐王邕勤政樓花竿賦云初騰陵以電激倏縹緲而風旋或暫留以頭𧿹又卻倚而肩連躡足皆安象高梧之鳳集隨形便躍奮喬木之鶯遷摹擬工細盡態極妍金厚載都盧尋橦賦云拂雲端之縹緲似欲升天跨橦末之欹危若有餘地尋常語用得恰當便覺敏妙入神

唐黃滔誤筆牛賦云臨風縆想滿輪之桂月鋪開對景歎嗟一點之松烟飄著題前虛景生趣盎流王棨詔遣軒轅先生歸羅浮舊山賦云既臻蘿洞乃闢松軒別後而嵐光未老來時之春色依然白鹿青牛卻

放烟霞之地玉芝瑤草終存雨露之恩兜裏全神情味濃至晚唐時有此好手閩文圃之兩雄黃滔狎鷗賦云因嗤鴻渚蕊春去以秋來翻笑鵲河竟離長而會促戴安道碎琴賦云焉有平生操樂府錚鏦之妙爰教一旦厠侯門戛擊之徒綺交脉注跗萼相銜句法亦峭蒨可喜

唐無名氏繪事後素賦所限之韻以黃流在中爲於中賦中亦押於字非誤也唐人賦韻以四平四仄爲率唐莊宗時覆試進士翰林學士承旨盧質以后從諫則聖爲題以堯舜禹湯傾心求過爲韻五平三仄大爲識者所誚可見當時自有定格故塗改詩句以遷就平仄耳其詳載于容齋隨筆中

唐無名氏黃雲捧日賦云風以動之謂奉中央之帝人皆仰也如披元吉之裳楊宏貞溜穿石賦云進寸退尺常一以貞之日往月來則就其深矣獨孤鉉鑿屋偷光賦云守其黑非吾徒也用其光若已有之運用成句間出一奇宋人則專以此擅長往往有自然巧合者文彥博孝者善繼人之志賦云其子析薪孰云負之靡克若考作室但見構之方成范仲淹養老乞言賦云主善爲師尊從心之耆舊既飽以德陳道

耳之謀猷然較之唐人吐屬尚有巧拙之別

嬾眞子王禹玉年二十許就揚州秋解試瑚璉賦官韻端木賜爲宗廟之器滿場多第一韻用木字云惟彼聖人與有端木禹王獨於第二韻用之上希顏氏願爲可鑄之金下笑宰予恥作不雕之木

五代去晚唐不遠然風氣迥殊晚唐人之律賦精密更甚如起句云蒼蒼茫茫道遠倚倚望望情傷用六娟秀而從前渾古樸至之氣蕩然無存且琢句過於脩整則漸就平蕪遺調必求諧靡則轉入甜俗此流弊之所必至也五代承唐制亦以進士設科以詩賦

取士如粱嵩倚門望子賦則沿晚唐之格調而流斃字句既拖沓無味又委靡不振風氣益下矣

賦話卷四

賦話卷五

新話五

巴西　李調元　贊菴　雨村

宋初人之律賦最夥者田王文范歐陽五公黃州一往清泚而諫議較琢錬文正游行自得而潞公尤謹嚴歐公佳處乃似箋表中語難免於陳無已以古爲俳之誚故論宋朝律賦當以表聖寬夫爲正則元之希文次之永叔而降皆橫鶩別趨而偭唐人之規矩者矣

路振宋湻化中舉進士太宗以詞場之弊多事輕淺

不能該貫古道因試卮言日出賦觀其學術時就試者數百人咸不知所出振所作賦尤典贍擢甲科自是王元之輩又在路之上矣

宋王元之藉田賦序曰臣謹按周制孟春之月天子親載耒耜藉田所以事天地山川社稷先王醴酪粢盛於是乎取之恭之至也自周德下衰禮文殘缺故宣王之時有虢公之諫秦皇定霸鮮克由禮漢祖龍興日不暇給孝文孝景始復行焉昭帝弄田亦其義也後漢永平中明帝東巡耕於懷縣非古制焉魏氏親耕闕百官之禮蓋草創耳晉武太始之年略脩墜

典宋文元嘉之代亦舉舊章齊用丁亥之辰梁以建卯之月後魏北齊沿革有異隋朝唐室文物可觀太宗行之於前明皇繼之於後自兹已降廢而不行將煥先農必待眞主皇家享國三十載陛下嗣統十四年武功已成文理已定乃下明詔耕於東郊百執悅隨三農知勸禮官博士蹈舞而草儀甸師嗇夫歌詠而供職考索旣核敘次亦工因附錄之

宋田錫雁陣賦云單于臺下繁笳之哀韻催來勾踐城邊雨栗之幽音驚起如此起法恰好是雁陣先聲又羽翼自高不讓于漢家飛將烟霞遠沒疑沉于胡

士孤軍與會淋漓音節嘹亮妍辭賦旨不讓唐人

宋文彥博鴻漸于陸賦云飄迅羽以嗈嗈弋人何慕冲層峰而翩若陽烏攸居運成語如自已出又將俟鴈以同賓羽翮旣就與時龍而共起燕雀焉知則自然合拍並忘其爲成語矣

宋人律賦大率以清便爲宗流麗有餘而琢鍊不足故意致平淺遠遜唐人田錫曉鶯賦云關關枝上帶花露之淸香喋喋風前入月簾之靜影文彥博雁字賦云水宿近蒹葭露下垂露勢全雲飛經蠕蝀橋邊題橋象著范仲淹天驥呈才賦云首登華厩嘶風休憶於窮途高騁康衢逐日詎思於長坂唯此數公猶有唐人遺意

宋徐奭鑄鼎象物賦云足唯下正詎聞公餗之傾欹鉉乃上居寶取王臣之威重眞宗好文雖以文詞取士然必視其器識每御崇政殿賜進士及第必召其高等三四人並列于庭更察其形神磊落者始賜第一人及第或取其所試文辭有理趣者奭以此賦得置第一蓋特賞也

宋范仲淹臨川羨魚賦中幅云惜矣空拳眷乎頳首止疚懷而肆目自朶頤而爽口幾悔恨于庖無徒諷

詠于南有心乎愛矣愧疎破浪之能敏以求之愧遠馮河之砦慮處傳神句句欲活唐人無以過之而前後尚嫌平弊文彥博經神賦結處云盛德昭然遺芬若此神兮神兮與百神而有殊吾亦禱之久矣恰好作結不露押韻痕跡亦是神來之筆

宋范仲淹金在鎔賦云如令區別妍媸願爲軒鑑儻使削平禍亂請就干將文公生平實不負此四語此等題須正寓夾寫考江都本旨言上之化下如良冶之鑄金文正借題抒寫躍治求試之意居多而正意只一點便過所謂以我馭題不爲題縛者也

宋范仲淹用天下心爲心賦中一段云於是審民之好惡察政之否臧有疾苦必爲之去有災害必爲之防苟誠意從乎億姓則風化行乎八荒如天聽卑兮惟大若水善下兮孰蕃彼懼煩苛我則崇簡易之道彼患窮天我則脩富壽之方此中大有經濟不知費幾許學問纔得到此境界勿以爲平易而忽之

宋歐陽脩藏珠於淵賦乃殿試作也其佳句云將令物遂乎生老蚌蔑剖胎之患民知非尙驪龍無探頷之難又上苟賦于所好下豈求于難得疏暢之中時露剴切他日立朝謇諤斯篇已見一班

宋歐陽脩魯秉周禮所以本賦云雖周公之才之美不行于時而文王之德之純盡在于魯此聯屬對傳誦當時然周公之才之美由伯于蕃于宣張燕公宋廣平遺愛碑頌已開之于前矣范仲淹自誠而明謂之性賦云文王之德之純既由天啟周公之才之美亦自生知施之此題更爲親切有味似勝歐公仲淹天道益謙賦云高者抑而下者舉一氣無私往者屈而來者信萬靈何遁取材老易儷語頗工陳襄損先難而後易賦云雖二簋之可用享心乃先勞洎十朋之弗克違事非往蹇本地風光有此對仗可謂漸近自然

制誥表啓咸以四六爲之清便流轉直達已見更以古藻錯綜其間便是作家律賦雅近於四六而麗則之旨不可不知則而不麗仍無取也宋人四六上掩前哲賦學則不逮唐人良由清切有餘而藻繢不足耳宋歐陽脩畏天者保其國賦雖前人推許然終是制誥體未敢爲法

宋蘇頌歷者天地之大紀賦云制自清臺得舉正履端之要職由太史盡觀文察理之宜又云亦何異魯經比事舉二中以歲成義易窮神合五位而象希融

會兩漢律歷志而出以疏宕似平易而實精微援唐人篇幅謹嚴字有定限宋初作者步武前賢猶不敢失尺寸田司諫文潞公其尤雅者也嗣後好爲恢廓爭事冗長剽而不留轉覺一覽易盡矣撥厥正宗終當以唐賦爲則

秋聲赤壁宋賦之最擅名者其原出于阿房華山諸篇而奇變遠弗之逮殊覺剽而不留陳后山所謂一片之文押幾個韻者耳朱子亦云宋朝文章之盛前世莫不推歐陽文忠公南豐曾公與眉山蘇公相繼迭起各以文擅名一世獨于楚人之賦有未數數然

者葢以文爲賦則去風雅日遠也惟六一黃楊樹子
賦詞戲質直雖是宋派其格律則猶唐人之遺
古人作賦未有一韻到底剏之自坡公始老饕賦題
涉于游戲而篇幅不長偶然弄筆成趣耳元人於石
鼓等作動輒學步刺刺數百言不休直如跛鼈之追
騏驥矣
宋蘇軾通其變使民不倦賦云制器者皆出于先聖
泥古者葢生于俗儒昔之然今或以否昔之有今或
以無將何以鼓舞民志周流化區王莽之復井田世
滋以惑房琯之用車戰衆病其拘三法求民情賦云

刑德濟而陰陽合生殺當而天地參後世不此務百
姓無以堪有苗之暴以虐民者五叔世之亂以酷民
者三因嗟秦氏之峻刑喪邦甚速倘踵周家之故事
永世何慚六事廉爲本賦云此葢周公差次之小宰
分掌者考課則以是黜陟大比則以爲用舍彼六條
四曰潔晉法有所虧焉四善二爲清唐制未之得也
以策論手段施之帖括縱橫排奡仍以議論勝人然
才氣豪上而率易處亦多鮮有通篇完善者朱長文
樂在人和不在音賦云興替關時盛衰在政桑濮非
能致亂也亂先起于淫僻英莖非能致治也治必逢

于睿聖未有功盛而樂乃不作未有民困而音能協
正荀公嘗定于新律終貽晉室之憂鄭譯雖改于舊
音曷救隋人之病寓議論于排偶之中亦是坡公一
派
宋蘇軾明君可與爲忠言賦云非開懷用善若轉丸
之易從則投人以言有按劍之莫測又有漢宣之賢
充國得盡破羌之計有魏明之察許允獲申選吏之
公橫說豎說透快絕倫拉一篇史論讀所謂偶語而
有單行之勢者律賦之剏調也
宋秦觀郭子儀單騎見虜賦云彼何人斯忽去幢旛

之盛果吾父也敢論戈甲之精又據鞍以出若乘擒
虎之驄失仗而驚如棄華元之甲又遠同光武輕行
銅馬之營近類曹成獨造國良之壘敘事工整豎義
透快兼能摹寫一時情景以此步武坡公殆有過之
無不及也
宋人律賦篇什最富者王元之田表聖及文范歐陽
三公他如宋景文陳述古孔常父毅父蘇子容之流
集中不過一二首蘇文忠較多于諸公山谷太虛僅
有存者靖康建炎之際則李忠定一人而已南遷江
表不改舊章賦中佳句尚有一二聯散見別籍者而

試帖皆湮沒無聞矣大畧國初諸子短篗猶存大聖明道以來專尚理趣文采不贍衷諸麗則之旨固當俯讓唐賢而氣盛于辭汪洋恣肆亦能上掩前哲

宋李綱折檻旌直臣賦其出落云辱師傅之貴雖曰敢言千雷霆之威自應可斬而天子能恕將軍敢爭因免冠而致悟乃飾檻以爲旌以韻語敘事曲折匠心無一毫遺漏中云逕命駕去不爲薛宣而少留趣和藥來更助蕭公之引決惟直情而徑行故太剛而必折尤爲開合動宕神明于規矩之中按忠定律賦專仿坡公兼有通篇次韻者此殆青出于藍矣

宋李綱濁醪有妙理賦次東坡韻云醕德可美頌瓢瓠子劉子醉鄉不遠記風土于無功又云霞散冰肌謝仙人之石髓潮紅玉頰殊北苑之雲腴可與原唱競爽而豪蕩之氣微不逮矣通篇次韻到底創見於忠定此篇元方虛谷白鹿洞賦亦次朱子韻

宋人律賦起手亦極重制題宋祁王畿千里賦云測圭于地考極于天風雨之所交者道里之必均焉陳元裕大椿八千歲爲春秋賦云物數有極椿齡獨長以歲歷八千之久成春秋二序之常熊元君人成天地之化賦云物產于地形鍾自天賴君人之有作成化工之未全率皆流播藝林奉爲楷式又省試賦題出天子聽朔于南門之外滿場皆曰詣南門而聽焉惟魁多士者以詣爲出纔易一字獨探驪珠便見得在外意也

宋鄭獬圜丘象天賦起句云禮大必簡丘圜自然語極渾括而肅穆滕甫破題亦云大禮必簡圜丘自然以第一人自命見鄭句爲之心折及唱名鄭果第一滕次之當時以比德動天鑒祥開日華但通篇未見出色處不逮日五色賦遠矣

唐人雅善言情宋人則極講使事無名氏帝王之道出萬全賦云一舉朔庭空實憲受成于漢室三箭天山定薛侯稟命于唐宗此兩事乃人臣非帝王也斡旋靈妙便能點鐵成金陳倚四海想中興之美賦云葱嶺金隄不日復廣輪之土泰山玉牒何時清封禪之塵運用既切情致亦深宜其見賞阜陵讀之流溯也

宋李易安打馬賦云遶牀大叫五木皆盧瀝酒一呼六子盡赤平生不十遂成劍閣之師別墅未輸已破淮淝之賊意氣豪蕩殊不類巾幗中人語

賦話卷五

賦話卷六

新話六

巴西　李調元　蘋菴 雨村

金自大定建元頗重進士歷年所命詩賦題及狀頭名氏徐夢莘三朝北盟會編紀載甚詳而賦罕有流傳者元承金制賦不限韻觀楊廉夫集中所附試帖元之賦體可知大率平衍樸遬不足觀覽律賦至元而中息矣有明館閣課試率由學士命題未有定式於是八韻之作歇絕者幾四百年自鄶無譏姑從闕略元人變律爲古大率散漫而平直非不滔滔清便而麗則之旨亡矣趙子昂孟頫修竹賦如云掃石上之陰聽林間之折尚與唐人爲近

元人揚屋更用古賦罕有作隔句對者明人則間有之宋濂蟠桃核賦云鳳卣鸞彝同藏眞于天府星形月魄挾灝氣于蓬瀛句中各自爲對又徐渭畫鶴賦云賔以爲眞儷致花之粉蝶久而始覺誤集障之蒼蠅屬對密切頗近唐人

明方孝孺友筠軒賦云蒼雪灑乎涼飆綠陰蔽乎清晝已盡題妙又云風徐來而韶合雨初歇而香勻更工明高啟聞早蛩賦云靜院閑宮荒園廢驛草長幽扉苔滋壞壁候月光而未旦聽雨聲而乍夕切早字賦須琢句新穎方不落前人窩臼明沈朝煥春蠶作繭賦云戢玄黃於儵忽藏白賁于韜鈐其繚繞也如宓妃之緝霧其鮮潔也若鮫人之杼冰周陸以網薇茀以紒或疏或密一縱一橫機工墨色而讓巧文士橐管而遜精憑脣吻以默運不手足而自營末句尤新

明姚希孟日升月恆賦云又有丹鳳樓頭元菟城角朝霞薄曉霧以流金碧海照青天而成彀東升之烏共晨雉而朝飛南栖之鵲件昏鴉而夜啄於是火珠吐燧和壁藏鉤起咸池而拭浴倚瑤臺以紆睟驅

飈軸於扶桑之嶺轉冰輪於蔬圃之陬其晝舒也駕赭驎驂朱蚪羣眞絳節以前麾百神赤幘而鳴騶其夜明也弭素麐控玉騮綠嶺吹笙而度曲霓裳振袂以揚謳氣盛而不凝於排

明馮有經日重光賦云若乃臨紫宸而朗耀輾碧落以遄征郁曈曨兮玉樹晰璀璨兮金莖發華葩而不定若綺組之相成寫頭輪二字備極精采又明黃輝賦云天無二日瑞有重光鬱赤文兮內溢艴丹霞兮外颺儷酯精而圓抱屬盛魄以旁張眷一體之分氣遂合彩而爲章彬璘兮鬱儀婉英掩抑兮羲和麗祥

旦旦重華差足徵於姚帝離離兩作艮有取於庖皇

明沈一貫日方升賦云矯矯陽烏擊海水三千而奮翼轔轔火馭指天衢九萬而馳衡助青陽之載熙回寒光以將爚斗一南而天下春旣萬象於焉而生輝雞三號而澤中應故羣迷以之而皆覺詞意包舉又

明李維禎賦云遠而望之紅葩燦爛玉井蓮花之初發廹而察之朱盤的皪楚江萍實之半渡斂積霧於千峰文騰赤烏映朝霞之五采象出金烏覺曙天雞遞訏音于翠落欣暘威鳳啼清吭於蒼梧重輪表瑞駕羲駸而容與兩珥呈祥綏仙佩以翩翻蚌甲新分

目炫火齊之色蜃樓肇啟枝懸若木之暾可謂精金美玉不減唐人而一種秀潤之氣浮於筆端明之工於律賦者惟黃輝與此君而已

明夏言瑞雲承月賦云承以嘉雲兮金方應素環以珠星兮諸垣隱輔金桂婆娑兮繡如綺霞銀蜍陸離兮文如翠圃工於應制不涉腐爛一派

明屠隆五色雲賦云或如白珂或如靈芝或如玉禾或如絳綃或如紫紽或如文杏之葉或如含桃之顆或如秋原之草或如春湘之波濬修眉之連蜷呈冶態而婀娜又如萬花競開百鳥齊飛奇姿窈窕秀色離披威鳳之彩葳蕤錦雞之翼差池屑屑霏霏纚纚褷褷紛乎若纈矗乎若髻工于比擬從昌黎南山詩得來

明屠隆溟海波恬賦云乃伐鼓撞鐘建羽揚旍叱咤則噴薄山嶽指顧則旋轉滄溟截水怪驅蜃精奔巨鰍走長鯨伏罔象之神姦褫支祁之猙獰陽侯頓戢其惡風靈胥不鼓其狂波琴高伏日月之光景海童吸陰陽之靈和奇相助順於沙汭岷精呈曜於巖阿騁馬遯迹於重泉水兕潛形於盤渦龍鯉一角而馴擾天吳九首而婆娑沈遊神蜧屏息靈鼉文魮精麗

其錯綺元螭光生乎纖羅樓臺結乎蜃氣光芒發於若華百靈棲息萬怪不譁不言恬而恬在此高手也

明錢文薦夏雲多奇峰賦云峭乃崒嵂空則谽谺或擢根而連杪或敷葉而帶葩或凌風而疊雪或映日而流霞著色淺濬布境幽遐紛紜競賞熠燿爭誇髣髴崑崙之五色依稀嵩少之三花磊磊落落尙有唐人筆法

明顧起元元夕賦云蛟冰風斷魚鑰煙開霧澈風堤乍旖旎以醒柳霜墟冰嶠尙參差而落梅末段云綺紈欲日歌吹彌天火城霧簇星閣烟懸繁絲飢肉悽

節悲絃天胡不夜宵可祈年則鮮豔極矣
瀛洲亭爲翰苑典故之一明張霦有賦云金井涌醴
泉以洗徑石螭負赤文而開戸於焉休息兮乃亦沼
而亦臺不作觀游兮故非圜而非圃句有靈氣詞亦
得體
明楊循吉摺扇賦云昔日之班姬所詠往年之逸少
曾持斂之不盈於把圓也有中乎規寫摺字最工小
題高手
明季東陽鵲賦云乍東乍西倏近倏遠棲初危而不
定去未極而中返或周旋其卻顧或撃捷其將轉方

黃獨尚純騂之產豈謂多言數窮彼諸赭以惡其佞
抑亦麗人多豔襲之緇以富其妝譯逼奏吉服炫竊
丹翻妙頻伽矜雄吐綬枕畔假牝朝之寐應占翼折
雙冠枝頭問上皇之安祇見叢中一點價敵火齊偏
教解語衫輕浣布雅擅知音蓼灘楓葉經遶匝以顏
分霞爛虹蒸入迴翔兮色亂較書淚染桃箋猶記巧
偷舌本工部啄殘稻粒便堪踢倒洲名憐其夙慧特
賜緋衣籠以修齡合封絳縣爾其轉喉顧影振咮掠
翎初來蠻調笑郝隆漸習華咻置同莊嶽於見睍睆
失媚格磔慚喧鸛咳既死燕喃弱年閉歲褻於金鎖

唾珠玉于錦箋瓶罌櫳于幽幕伴鐵馬于前檐或喚
亥以拾搔頭或勸郎而將進酒自敘隴西家世間通
梵本心經妒殺櫃花恥來赤鳳曾奪胭脂之山見色
斯舉倘集珊瑚之樹聞語方知此韋皐之石搶色澤
不鮮而麻容之雕籠威儀遜燦者也至于紅奩纏絡
紅袖裘裹紅線穿情紅綃織恨鳳仙浸甲戲抛豆打
相思猩醉拖裙膏膩脣香度哺天籟笑啼態應朱衣
之點人教歌舞照宜銀燭之燒謂宜開籠放去解紲
縱歸使之頡頏王神還山止茂樑漏砂以扶顏隱括
松赤領霞城而俯翅熟薦櫻朱不然則排玉戶颺金

鋪催妝梳洗棲溫樹之菁葱報曉妃娥食上林之品
料隨鶴遊太液之波流題頻葉學鴉帶昭陽之影閃
影朱甍再紀神雀之年會續南平之貢通篇皆稱
賦有全用典故陪襯者亦是一法如明張之象叩頭
蟲賦云惟在邦而如矣則史鰌之可希若枉尺而直
尋亦軻氏之所非以此齊餓者揚目而不食鍾離意
得珠而固辭周侯持法於細柳蘇武建節于外夷若
乃王丹之餞陳司馬特不拜以爲贈汲黯之遇衛將
軍但長揖以致敬見甄后而不伏固劉楨之守正向
小兒而折腰斯陶令之解印馬援藐帝胄而不答顏

含謁丞相而無佞庾亥重施禮於人親盧鴻以辭折為忠信王祥欲以德而愛人何點雖箕踞而奚病至於孟嘉之不知落帽卞彬之不恡投幘孫楚參軍而稱命鄭衆奉使而威敵井丹被褐以凌坐嚴遵矯手以應辟上交不諂威儀是力總諸賢而共然益有作而在昔以上俱用叩頭故事另出一奇

明宋存標舞劍賦云俄風雷之乍作致日月之潛驚命獨賦其磊砢性恒處乎不平其光炫然吞露生烟其聲劃然裂管破弦句法蒼老

明王世貞金魚賦云冠蠶淚之瓊丙抱含書之丹乙

鱗奕奕而垂錦沫霏霏而布瑟四語精

明王世貞白鷺鷀賦云忽乎穿樹閃銀梭之透機舒而飲泉儼螺觴之承瀝秀絕千古

明鄭元勳雪獅賦云氣可碎隨兕而零星力若吸巴蛇于一線王敬則之夢裏五色目迷宗充幹之軍中百羣股戰語頗工

明汪偉落葉賦云初戀條以猶澀終脫然而別去忽紛沓以爭先漸悠揚而獨下或既往而獨還或已墜而更舉句法本太白

明錢文薦苔賦云緣披石而字髮爲拂水以稱衣句法宇法俱工

明張鳳翼菊花賦云雲母貞矣隨于空大夫榮矣擬於竊海棠神仙也而讓其操芙蕖君子也而遜其節然則爾固燕山桂子之同盟庾嶺梅花之與列其身分最高

明楊愼鴈來紅賦乃十七歲時所作如云吳臺草長紅心不同時節楚岸楓愁赤葉遠謝輝煌迎風動彩泣露生光耿芙蓉兮瀕杜渚雜桂蕋兮侍君堂誤停車之杜牧詫翦綵之隋皇江淹多才擬抽豪而賦詠班姬含怨亦御扇而徬徨皆膾炙人口

明楊愼藥市賦云八萬四千之人湮五十四州之謠俗國無夜戶之虞人有春臺之燠句極奇麗

明吳桂芳木芙蓉賦云迴蜀城而作錦點秋水而不寒可謂名句

明黎遂球素馨賦最爲警策余尤愛其六句云得人氣而轉馥在晚妝之初洗圖寶髻之盤盤貫玉屑而齒齒果並擲于車前香可分于袖底

賦貴豔麗芊綿皋明張拱機紅鸚鵡賦如云鞏中雪女持齋大士之旁使者綠衣錫號元宗之世洲草傳新鼓吏舫題創自西京禿襟小袖秦宮調帳底之笙

響板琵琶蔡相感新州之夢數語可當此四字

明鄧雲霄綠槐賦云綠方染兮難就陰欲簇兮未列作上蜂黃試啼鶯舌妙于寫生

明錢文薦蝶賦云乘微煙乎遠出遇細雨矣深藏句法甚妙可開後人心詭

明張明弼姑射仙人賦云爾乃霄中置嶺雯上安臺非因浮至定是飛來巖多女媧之雪壁有農皇之苔工於用筆

明賀裳蠟梅花賦獨出冠時如云萎芭蕉之翠心碎茱萸之紫萼柳枝憔悴損張緒之腰肢蓉葉離披褪

文君之臉色又云憐林樾之蕭條更栽蝶幔怨芳菲之銷歇獨餽蜂糧漠漠幽香逐輕風而入幕離離倩影擕素月以登牆又云效葵妝於秋坂竊蘭氣於春林清露晨流似隋殿之甲煎朝沃蒼煙暮起豈魏宮之石葉宵焚又云苞惹輕塵趙合德膺藏麝屑蔓濡殘雨薛瑤英舌擁檀津又云雀喜偷嘗鶯羞早避何巖桂之足儔諒庭萱之難比豈若分寒枝於隴上空染啼痕傳豔魄於羅浮惟霑醉膩無字不鍊無意不搜至矣美矣

明區大相草蟲投燈賦云抑乘夜而變化將假物以逝遷孰知夫趨炎之易於燼滅而處暗之足以自全妙于理解可謂既明且哲者乎

明陳子龍倉庚賦云滐雲暮起零雨晝聯冥冥叢篠漠漠平田四句為一篇之警策

賦話卷六

賦話卷七

巴西 李調元 贊菴 雨村

舊話一

釋名曰賦敷也敷布其義謂之賦也毛詩序曰詩有六義其二曰賦漢書曰不歌而誦謂之賦登高能賦可以爲大夫言感物造端材智深美可以與圖政事故可以爲列國大夫也春秋之後周道浸壞聘問歌詠不行於列國而賢人失志之賦作矣孫卿及楚臣屈原離讒憂國皆作賦以諷諭咸有惻隱古詩之義其後宋玉唐勒漢興枚乘司馬相如下及揚子雲競

爲侈麗閎衍之語沒其諷諭之義是以揚子稱之曰詩人之賦麗以則辭人之賦麗以淫如孔氏之門用賦也則賈誼登堂相如入室矣

韓詩外傳孔子遊于景山之上子路子貢顏淵從孔子曰君子登高必賦小子曷言其愿邱將啟汝志

文賦賦體物而瀏亮號爲曲盡然泛論纖悉而實體未該又成公子安選賦而辭美夏侯孝若具體而皆微又安仁螢賦云流金在沙季鷹雜詩云春條若總翠皆其善者也又云事對者並舉人驗也宋玉神女賦曰毛嬙障袂西施掩面此事對之類也又云言對者雙比空辭也長卿上林賦云修容乎禮園翺翔乎書圃此言對之類也又云王襃洞簫賦云優柔溫潤如慈父之愛子也此以聲比心者也可謂善言賦矣

鍾嶸詩品鮑令暉歌詩往往斷絕清巧韓蘭英綺密甚有名篇齊武謂韓云使二媛生於上葉則玉階之賦紈素之辭未足多也

文心雕龍詮賦篇曰賦者鋪也鋪采摛文體物寫志也又曰及靈均唱騷始廣聲貌然則賦也者受命於詩人而拓宇於楚辭者也

史記屈原傳乃作懷沙賦於是懷石遂自投汨羅

宋玉小言賦云楚襄王既登陽雲之臺令諸大夫景差宋玉唐勒等並造大言賦賦畢而宋玉受賞王曰能爲小言賦者賞雲夢之田玉賦畢遂賜雲夢之田

摯虞文章流別論賦者敷陳之稱古詩之流也前世爲賦者有荀卿屈原尚頗有古詩之義至宋玉則多淫浮之病矣楚辭之賦賦之善者也故揚子稱賦莫深於離騷賈誼之作則屈原儔也

漢書賈誼爲長沙王太傅過湘水爲賦以弔屈原三年鵩入誼舍又作鵩鳥賦又董仲舒集有士不遇賦

漢書司馬相如傳客遊梁得與諸生游士居數歲乃

著子虛之賦楊得意爲狗監侍上上讀子虛賦而善之曰朕獨不得與此人同時哉得意曰臣邑人司馬相如自言爲此賦乃召相如曰此乃諸侯之事未足觀也請爲天子游獵之賦上令尙書給筆札按游獵賦卽上林賦也又天子旣美子虛之事相如見上好仙道因曰上林之事未足美也尙有靡者臣嘗爲大人賦未就請具而奏之先是相如將獻賦夢一黃衣翁謂之曰可爲大人賦遂言神仙之事以獻之天子覽之飄飄有凌雲之志賜錦百匹

司馬相如長門賦序陳皇后別在長門宮聞相如天

下工爲文奉黃金百斤爲文君取酒因于解悲愁之詞而相如爲文以悟主上皇后復得幸

漢武故事漢武好詞賦每所行幸及鳥獸異物輒命司馬相如等賦之上亦自作詩賦數百篇賦成初不留思相如造文遲彌時而後成每歎其工謂相如曰以吾之速易子之遲可乎相如曰於臣則可未知陛下何如耳上大笑而不責

西京雜記司馬相如之友盛覽字長通牂牁名士嘗問以作賦相如曰合綦組以成文列錦繡而爲質一經一緯一宮一商此賦之迹也賦家之心包括宇宙總覽人物斯乃得之于內不可得而傳覽乃作合組歌列錦賦而退終身不復敢言作賦之心矣

西京雜記司馬長卿素有消渴疾及還成都悅文君之色遂發痼疾乃作美人賦欲以自刺而終不能改

漢書曰上令王褒與張子僑等並待詔數從遊所幸宮館輒爲歌頌議者多以爲淫靡不急上曰不有博奕者乎爲之猶賢乎已辭賦有仁義諷諭賢于倡優博奕遠矣

西京雜記魯恭王得文木一枚伐以爲器意甚玩之中山王遂爲賦魯恭王大悅贈駿馬二疋

漢書枚皐上書北闕自陳枚乘之子上得書大喜召入見待詔皐因賦殿中詔使賦平樂館善之拜爲郎皐不通經術詼笑類俳倡爲賦頌好僈戲以故得媟黷貴幸比東方朔郭舍人等武帝春秋二十九乃得皇太子羣臣喜故皐與東方朔作皇太子生賦皐從行上有所感輒使賦之爲文疾受詔輒成故所賦多司馬相如善爲文而遲故所作少

長安有慶虬之嘗爲淸思賦時人不之貴也乃託以相如所作遂大見重於世見西京雜記

漢書王褒字子淵蜀人也宣帝時爲諫議大夫帝以

太子體不安使襃等皆之太子宮娛侍太子朝夕誦奇文及自所造作疾平復歸太子嘉襃所爲甘泉及洞簫頌令後宮貴人左右皆誦讀之文選作洞簫賦

揚雄傳召雄侍詔承明之庭正月從上甘泉還奏賦屬車間豹尾中故揚雄盛言車騎之衆參麗之駕非所以感動天地逆釐三辰又言屏玉女卻宓妃以微諷齋戒之事賦成奏之天子異焉先是時蜀有司馬相如作賦甚宏麗溫雅雄心壯之每作賦常擬以爲式

揚雄傳成帝趙昭儀方大幸每上往甘泉宮常從甘泉賦以風又雄從至射熊館還上長楊賦皆因筆墨之成文章故藉翰林以爲主人子墨爲客卿以風

揚雄傳三月將祭后土乃橫大河湊汾陰迹殷周之虛眇然思唐虞之風雄上河東賦以勸云

揚子或問吾子少而好賦曰然童子雕蟲篆刻俄而曰壯夫不爲也

桓子新論曰余少時見揚子雲麗文高論不量年少猥欲逮及常作小賦用精思大劇而立感動發病子雲亦言成帝上甘泉詔使作賦爲之卒暴倦卧夢其五臟出地及覺大少氣病一歲余素好文字見子雲

工爲賦欲從之學子雲曰能讀千賦則善爲之矣

桓子新論曰余少時爲奉車郎孝成時幸甘泉宮欲書壁爲之賦以頌美二仙之行余承命爲作仙賦以書甘泉之壁

謝承後漢書桓譚字君山年七十喜非毀俗儒出爲六安郡丞遂發病卒因思大道感而作賦

馬融長笛賦序追慕王子淵枚乘劉伯康等簫琴笙頌惟笛獨無故聊復備數作長笛賦

張衡傳天下太平日久王侯踰侈乃擬南都作兩京賦以諷諫十年乃成安帝雅聞衡學公車徵拜郎中出爲河間相見後漢書

文選李善曰張平子二京賦舊注是者因而留之並於篇首題其姓名曰薛綜注按何焯云此注疑是假託薛綜赤烏六年卒安得見王肅易注而引用之耶綜傳有述二京解之語恐亦不謂此賦也又孫叔然始造是物未必遠行於吳

文選張衡南陽西鄂人也漢和帝時爲侍中時國政稍弱專恣內豎平子欲言政事又爲奄豎所讒蔽意不得志欲游六合之外勢既不能義又不可但思其元遠之道而賦之以申其志耳系曰迴志揭來蹤元

諶獲我所求夫何思思元而已
避暑錄話張子平作歸田賦意與雖蕭散然所序懷
乃在仰飛纖繳俯瞰清流吾謂釣弋亦何足爲樂人
生天地間要與萬物各得其欲不但適一已也
張河間集南都爲光武舊里以置都焉桓帝時欲廢
之衡作賦以諷按賦云天地之雎刺謂新莽也
劉歆傳遂初賦者劉歆所作也歆少通詩書能作文
帝召爲黃門侍郎歆好左氏春秋欲立於學宮時諸
儒不聽乃移書太常博士責讓深切爲朝廷大臣非
疾求出補吏爲河內太守又以宗室不宜典三河徙

五原太守是時朝政已多失矣歆以論議見排擯競
不得之官經歷故晉之域感今思古遂作斯賦以歎
往事而寄己意按此卽賦序也
東漢崔亭伯集崔駰作反都賦序云漢歷中絕京師
爲墟光武受命始遷洛都客有陳西土之富云洛邑
褊小故略陳禍敗之機不在險也
杜篤傳光武時以關中表裏山河先帝舊京不宜改
營雒邑上論都賦
敘傳固弱冠而孤作幽通之賦以致命遂志
後漢書班固傳時京師修起宮室濬繕城隍而關中
耆老猶望朝廷西顧乃上兩都賦盛稱洛邑制度之
美以折西賓淫侈之論
曹大家大雀賦序西域都護定遠侯班超獻大雀詔
令大家作賦
列女傳袁隗妻倫馬融女有才辨倫妹芝亦有才義
少喪親長而追感乃作申志賦
崔琦作白鶴賦以諷梁冀
梁竦傳坐兄松事徙九眞旣徂南土歷江湖濟沅湘
感悼子胥屈原乃作悼騷賦繫石而沉之
李尤傳尤字伯仁廣漢雒人也少以文章顯和帝時
侍中賈逵薦尤有相如揚雄之風召詣東觀受詔作

賦拜蘭臺令史年八十三卒所著詩賦等凡二十八
篇同郡李勝亦有文才爲東觀郎著詩誄頌論數十
篇尤有函谷關賦東關賦平樂觀賦
後漢書馬融字季長扶風茂陵人也將作大匠嚴之
子爲人美容貌有俊才好吹笛爲校書郎順帝時遷
南郡太守與馬皇后親坐高堂施絳帳前授生徒後
列女樂鄭元盧植皆其弟子後拜議郎卒作長笛賦
序云融旣傅覽典雅精核數術又性好音律鼓琴吹
笛而爲督郵無留事獨臥郿縣平陽鄔中有雒客舍

逆旅吹笛爲氣出精列相和融云京師踰年蹔聞甚悲而樂之追慕王子淵枚乘劉伯康傅武仲等簫琴笙頌唯笛獨無故聊復備數作長笛頌按漢多以賦爲頌如洞簫及此是也季長自言性好音樂故集又有琴與圍棋樗蒲等賦

蔡中郎集邕述行賦序畧曰延熹二年秋霖雨逾月是年梁冀新誅而徐璜左琯五侯擅貴於其處又起顯明苑於城西人徒凍餓不得其命者甚衆白馬令李雲以直言死鴻臚陳君以救雲抵罪璜以余能鼓琴自朝廷敕陳留郡守遣余到偃師病不前得歸心憤此事遂託所過述而成賦按中郎集琴賦有三余賞其一聯云屈伸低昂十指如雨

王逸傳子延壽字文考有儁才遊魯國作靈光殿賦蔡邕亦造此賦及見延壽所爲遂輟翰而已曾有異夢意惡之乃作夢賦以自厲後溺水死年二十餘

後漢書馮衍傳衍不得志退而作賦命其篇曰顯志言光明風化之情昭章玄妙之思也

趙壹傳恃才敖物屢抵罪友人救得免壹貽書謝恩不敢班班顯言竊爲窮鳥賦一篇

邊讓傳少博辯能屬文作章華賦雖多淫麗之辭而終之以正亦如相如之諷也

後漢書禰衡傳江夏太守黃祖長子射大會賓客人有獻鸚鵡者射舉札於衡前曰願先生賦之衡攬筆而作辭采甚麗後黃祖殺之時年二十六衡字正平平原人

魏志太祖紀注曰太祖御軍三十餘年手不捨書晝則講武策夜則思經傳登高必賦及造新詩被之管絃皆爲文章

魏文帝柳賦序昔建安五年上與袁紹戰於官渡時余始植新柳自始迄今十有五載矣感物傷懷乃作斯賦又南史陸從典傳十二作柳賦其詞甚美從父瑜特所賞愛

魏文帝臨渦賦序云建安八年至譙余兄弟從上拜墳墓遂乘馬遊觀經東園遵渦水相徉乎高樹之下駐馬書鞭作臨渦之賦

魏書陳思王傳植字子建年十歲餘誦讀詩論及辭賦數十萬言善屬文太祖常視其文謂植曰汝倩人耶植跪曰言出爲論下筆成章顧當面試奈何倩人時鄴銅爵臺新成太祖悉將諸子登臺使各爲賦植援筆立成可觀太祖甚異之

經籍志洛神賦一卷孫壑注按魏東阿王植漢末求甄逸女不遂太祖回與五官中郎將植殊不平黃初

中人朝帝示植甄后玉鏤金帶枕時已爲郭后讒死仍以枕賚植植還度轘轅將息洛水上思甄后忽見女來自言我本託心君王其心不遂此枕是我在家時從嫁今與君王遂用荐枕席言訖不復見遂作感甄賦後明帝見之改爲洛神賦

魏略曰卞蘭獻賦贊述太子德美太子報曰作者不虛其辭受者必當其實蘭此賦豈吾實哉昔吾邱壽王陳寶何武等徒以歌頌猶金帛之賜蘭事雖不諒義足嘉也今賜牛一頭

魏志王粲字仲宣年十七司徒辟召除黄門侍郎不

就乃往荆州依劉表遂登江城樓作賦文心雕龍反對者理殊趣合者也仲宣登樓賦云鍾儀幽而楚奏莊舄顯而越吟此反對之類也

魏文帝典論如王粲之初征登樓槐賦征思徐幹之元猨漏卮圓扇橘賦雖張蔡不過也

魏文帝有戒盈賦陳琳阮瑀有止欲賦皆見各集中

魏畧邯鄲湻作投壺賦千餘言文帝以爲工賜帛千匹

文士傳劉楨在曹植坐廚人進瓜命賦楨賦立成

魏志注明帝將東巡恐夏熱故許昌作殿名曰景福命人賦之何晏遂有此辭晏字平叔南陽人尚金鄉公主有奇才美容貌曹爽反爲司馬宣王誅

魏志劉劭傳嘗作趙都賦明帝美之詔劭作許都洛都賦時外興軍旅內營宮室劭作二賦皆諷諫焉

張溥阮步兵集魏阮籍瑀之子作東平賦文清遥古雅有楚騷之遺則凡賦中仍沓鋪張薰蒸蹇澁諸習皆洗濯盡去按籍有獮猴賦

楊修有孔雀賦

魏書嵇康字叔夜譙國人拜中散大夫殊好音樂作琴賦吳志諸葛恪傳注孫權嘗饗蜀使費禕禕停食

餅索筆作麥賦恪亦請筆作磨賦咸稱善焉

吳志張紘傳注紘見陳琳作武庫賦與琳書深嘆美之琳答曰自僕在河北與天下隔此間率少于文章易爲雄伯今足下與子布在彼所謂小巫見大巫神氣盡矣

賦話卷七

賦話卷八

舊話二

巴西 李調元 贊菴雨村

晉書傅元字休奕北地泥陽人少孤貧博學善屬文舉秀才除郎中遷宏農太守典農校尉封鶉觚男武帝受禪進爵爲子加駙馬都尉遷大僕卒封淸泉侯撰傅子內外中篇幷文集百餘卷作紫花賦序云紫華一名長樂華舊生於蜀其東界特饒中國奇而種之余嘉其花純耐久可歷冬而服故與友生各爲之賦按卽今年景花也

傅休奕集有乘輿馬賦序云往日劉備之降初也太祖賜之駿馬使自至廐選之歷名馬以百數莫可意者次之下廐有的顱馬委棄莫視瘦瘁骨立劉備撫而取之衆莫不笑之馬超破蘇氏塢塢中有駿馬百餘匹自超以下俱爭取肥好者而將軍龐悳獨取一騧馬形觀旣醜衆亦笑之其後劉備奔於荆州馬超戰於渭南逸足電發追不可逮衆乃服焉

傅休奕鬬雞賦句云得勢者淩九天失據者淪九地

晉書張華傳初未知名著鷦鷯賦以自寄阮籍見之嘆曰王佐之才也由是聲名始著

晉孫楚集杕杜賦序云家弟以虞氏梨賦見示余謂豈以梨有用之爲貴杜無用之爲賤故無用獲全所以爲貴杜有用獲殘所以爲賤故賦云爾

晉書庾敳傳著意賦以豁情衍賈誼之鵩鳥也從子亮見賦問曰若有意也非賦所盡若無意也復何所賦答曰在有無之間耳

晉摯虞傳字仲洽長安人少事皇甫謐才學通博著述不倦郡檄主簿虞嘗以死生有命富貴在天故作思遊賦

晉束晳常爲勸農及餅諸賦文頗鄙俗時人薄之按

晳字廣微元城人漢太子太傅疎廣之後王莽末廣曾孫孟達避難徙居沙鹿山南因去疎之足遂改姓焉

晉夏侯湛字孝若譙國人幼有盛才文章宏富善構新詞而美容觀與潘岳善行止同輿接茵京都謂之連璧作秋可哀賦句云月延長以增夜日遷行以收暉

晉書潘岳字安仁中牟人少號爲奇童舉秀才太始中武帝躬耕籍田岳作賦以美其事爲河陽令轉懷令調補度支郎遷廷尉平免未幾選爲長安令作西

征賦述所經人物山水文清旨詣尋爲著作郎遷給事黃門侍郎與石崇諂事賈謐既仕宦不達乃作閑居賦爲孫秀所誣族誅按文選潘岳尚有笙賦寡婦賦懷舊賦射雉賦何焯曰射雉賦極體物之妙雖長卿爲之亦不過爾按射雉賦有序而文選不載見唐李善注序曰余徙家於琅邪其俗善射聊以講肄之餘暇而習媒翳之事遂樂而賦之宋徐爰注曰媒者少養雉子至長狎人能招引野雉因名曰媒翳者所隱以射者也按文選尚有秋興賦序云晉十有四年李善注晉武帝太始十四年也按晉武紀太始十一年改元咸甯則當是咸甯四年注似誤

晉陸機傳機字士衡吳郡人祖遜吳丞相父抗大司馬少有異才文章冠世與弟雲俱入洛造張華華素重其名如舊相識辟爲祭酒以誅賈謐功賜爵關內侯齊王冏誅倫減死徙邊遇赦而還冏既矜功自伐受爵不讓機惡之作豪士賦以刺焉冏不之悟而竟以敗機謂成都王穎必能康隆晉室遂委身焉假機後將軍河北大都督機軍大敗爲宦人孟超所譖言有異志伏誅文選云機識文體故作文賦

困學紀聞陸機傳云弟雲嘗與書曰君苗見兄文輒欲焚其筆硯君苗未知氏姓考之雲集有與平原書云前登城門意有懷作登臺賦極未能成而崔君苗作之聊復成前意始知其爲崔君苗也

張華傳初陸機兄弟志氣高爽自以吳之名家初入洛不推中國人士見華一面如舊欽華德範如師資之禮焉華誅後作誄又爲詠德賦以悼之

陸機賦序友人有作嘉遁賦與余者作賦應之號曰應嘉

文選陸士衡歎逝賦曰悲夫川閱水以成川水滔滔而日度世閱人而爲世人冉冉而行暮人何世而弗

新世何人之能故野每春其必華草無朝而遺露經終古而常然率品物其如素

晉陸雲字士龍機之弟六歲能屬文與機齊名有笑疾初詣張華見華帛繩纏鬚見而大笑雲與荀隱常會華坐華曰今日相遇可勿爲常談雲因抗手曰雲間陸士龍隱曰日下荀鳴鶴穎表爲清河內史穎討冏爲前鋒都督機敗同遇害太安二年八月奸臣羊元之稱亂凌逼乘輿大將軍身謀三軍以謀國難雲作南征賦見本集按文選有東征西征北征無南征

晉成公綏傳字子安白馬人少有俊才詞賦甚麗閑

默自守不求聞達時有孝烏每集其廬舍綏謂有反哺之德以爲祥禽乃作賦美之又以天地之盛古未有賦遂爲天地賦綏雅好音律嘗當暑承風而嘯泠然成曲因爲嘯賦張華每見其文歎伏以爲絶倫事見張溥本集

張溥題三張集云晉代文人有二陸三張之稱三張者孟陽載景陽協季陽亢也季陽才藻不逮二昆文不甚顯張載爲濛汜池賦傅休奕見而嗟歎以車迎之言談竟日爲之延譽遂知名協亦有洛禊賦俱見本集

張翰傳翰因秋風起乃思吳中菰菜蓴羹鱸魚鱠曰人生貴適意耳何能羈宦數千里以要名爵乎遂命駕歸著首丘賦人謂之見幾按翰字季鷹詩有黃花如散金唐人以命題試士士多以爲菊合式者不滿其數左貴嬪傳左貴嬪名芬兄思芬少好學善綴文名亞於思文帝聞而納之拜修儀受詔作離思賦

王隱晉書左思父雍起小吏以能擢殿中侍御史思少學鍾繇書及鼓琴皆不成雍謂友人曰思所曉解不及我少時也思乃發憤造齊都賦一年不出戶牖文苑傳左思欲賦三都移家京師詣著作郎張載訪岷邛之事及賦成皇甫謐爲賦序張載爲注魏都劉逵注吳蜀張華見而嘆曰班張之流也世說左思作三都賦十年而成門庭戶席皆置筆研遇得一句即便疏之陸機入洛欲爲此賦聞思作之與弟雲書曰聞有傖父欲作三都賦須其成以覆酒瓮耳及思賦出機嘆服孫綽云三都二京五經之鼓吹也

世說左太冲作三都初成時人互有譏訾思意不愜後示張華張曰此二京可三班張之流也使讀之者盡而有餘久而更新然君文未重於世宜以經高名之士思乃詢求於皇甫謐謐見之嗟嘆遂爲作叙於

是先相非貳者莫不斂衽讚述焉

思別傳曰思造張載問岷蜀事交接亦疎皇甫謐西州高士摯仲治宿儒知名非思倫匹劉淵林衛伯輿並蚤終皆不爲思賦序注也凡諸注解皆思自爲欲重其文故假時人名姓也

文士傳何楨字元幹青龍元年詔曰揚州別駕何楨有文章才識使作許都賦成封上不得令人見楨遂造賦上世說曰孫興公作天台賦成以示范榮期云卿試擲地要作金石聲范曰恐子之金石非宮商中聲然每至佳處輒云應是我輩語

孫綽傳綽字興公少與許詢俱有高尚之志居於會稽遊放山水十有餘年乃作遂初賦以致其意又大司馬桓温以河南粗平將移都洛陽綽上疏温不悅曰致意興公何不尋君遂初賦知人家國事耶按本集遂初賦祗有序而佚其賦序云余少慕老莊之道仰其風流久矣却感於陵賢妻之言悵然悟之乃經始東山建五畝之宅帶長阜倚茂林孰與坐華幕擊鐘鼓者同年而語哉

晉書郭璞傳璞著江賦其辭甚偉爲世所稱後復作南都賦元帝見而嘉之以爲著作佐郎

晉書顧愷之傳愷之博學有才氣嘗爲箏賦成謂人曰吾賦可比嵇康琴不賞者必以後出相遺識者亦當以高奇見貴

續晉陽春秋袁宏爲大司馬記室參軍後爲東征賦悉稱過江諸名望時桓温在南洲宏語衆云我決不及桓宣城時伏滔在温府與宏善苦諫之宏笑而不答滔密以啓温温甚忿以宏一時文宗又聞此賦有聲不欲令人顯問之後遊青山飲酌既歸公命宏同載衆爲危懼行數里問宏曰聞君作東征賦多稱先賢何故不及家君宏答曰尊公稱謂自非下官所敢專故未呈啓不敢顯之耳温乃云君欲爲何辭宏卽答云風鑒散朗或搴或引身雖可亡道不可隕則宣城之節信爲允也温泫然而止

世說袁宏始作東征賦都不道陶公範胡奴誘之狹室臨以白刃曰先公勳業如是君作東征賦云何相忽略宏窘蹙無計便答我大道公何以云無因誦曰精金百鍊在割能斷功在治人職思靖亂長沙之勳爲史所讚二說不同

世說桓宣武命袁彥伯宏作北征賦時宏從温征鮮卑故也既成公與時賢共看咸嗟歎之時王珣在坐

云恨少一句得寫字足韻當佳袁卽於坐攬筆益云感不絕於余心泝流風而獨寫公謂王曰當今不得不以此事推袁

晉書庾闡字仲初九歲能屬文元帝時爲散騎常侍作揚都賦見重於世世說庾闡始作揚都賦道温庾云温挺義之標庾作民之望方響則金聲比德則玉亮庾公聞賦成求看兼贈貺之闡更改望爲儁以亮爲潤云按臨川原本又云賦成以呈庾亮亮以親族之懷大爲其名價云可三二京四三都於是人人競寫都下爲之紙貴謝太傅云不得爾此下屋下架屋

事事擬學而不免儉俠
山堂肆考褚陶字季雅褚先生後也年十三作鷗鳥賦兖陵嚴仲弼見而奇之曰褚先生復作矣
傳兖傳亮見少帝失德內懷憂懼直宿禁中睹夜蛾赴燈作感物賦以寄意
朱昂傳嘗讀陶潛閒情賦而慕之因廣其辭陶潛閒情賦序初張衡作定情賦蔡邕作靜情賦始則蕩以思慮而終歸閑正梁昭明太子陶潛集序白璧微瑕惟在閒情一賦
宋鮑昭舞鶴賦云煙交霧凝若無毛質風去雨還不可談悉按何焯批文選極賞四句
鮑照芙蓉賦感衣裳於楚賦咏憂思於陳詩屬對最工

文選李善注鮑照文最有名者蕪城賦何焯云世祖孝建三年竟陵王誕據廣陵反討平之蕪城廣陵也
宋書顏延之與陳郡謝靈運俱以詞彩齊名自潘岳陸機之後文士莫及也按楊慎曰延之赭白馬賦云戒出豕之敗御惕飛鳥之跱衡出字不如豕字詩文有作者未工而後人改定者勝如此多有之
偶雋宋謝莊爲庶子時南平王獻赤鸚鵡詔羣臣爲賦太子左衛率袁淑文冠當時賦畢賫示謝侍中莊時莊賦亦竟其文云陸離翬渐容與鴻軒躍林飛岫煥若輕雷激銀漢集場棲圃熠若天桃被玉園又云月圓光於綠水雲瀉影於青林遡還風而聳翮霑清露而調音袁見而嘆曰江右無我卿當獨秀我若無卿亦一時之傑也遂隱其賦按光祿集原賦通篇只八二十二句激銀漢本作溢煙門
宋謝希逸莊月賦云擅扶光於東沼嗣若英於西冥引元兔於帝臺集素蛾於后庭歌曰美人邁兮音塵闕隔千里兮共明月臨風歎兮將焉歇川路長兮不

可越孝武帝吟嘆良久謂顏延之曰希逸此作可謂前不見古人後不見來者延之對曰美則美矣但莊始知隔千里兮對明月帝召莊以延之答語語之莊應聲曰延之作秋胡詩始知生爲久別離沒爲長不歸帝撫掌笑曰人好嘲謔未有不遇其敵者
宋書謝靈運爲黃門侍郎奉使慰勞高祖於彭城作撰征賦遷相國從事中郎坐輒殺門生免帝少帝即位出爲永嘉太守郡有名山水靈運素所愛好有終焉之志作山居賦并自注以言其事後誣叛誅
偶雋謝惠連常爲雪賦以高麗見奇其文曰始緣甍

而冒棟終開簾而入隙旣因方而爲規亦遇圓而成璧盼隰則萬頃同縞瞻山則千巖俱白說者謂與謝莊月賦爲一時勍敵按雪賦首四句歲將暮時旣昏寒風積愁雲繁已開阿房發端

紀事唐張祜以妾換馬詩載月夜有人謂謝莊賦云斜漢左界北陸南躔白露曖空素月流天對曰何不見賞風霽地表雲歛天末洞庭始波木葉微脫兩人皆紫衣冠似對者謝希逸謂者江文通也

謝莊傳莊遷右衛將軍加給事中時河南獻舞馬詔羣臣爲賦莊所作爲佳又使莊作舞馬歌令樂工歌

之

宋書沈璞嘗作舊宮賦久而未畢璿與璞疏曰卿嘗有速藻舊宮何其淹耶想行就耳璞因事陳答辭義可觀按璞約父也

宋何承天東海人爲祠部郎十六年除著作佐郎撰國史有木瓜賦見本集

宋傅亮傳字季友靈州人徵武帝入輔受禪封建城縣公廢少帝立文帝加左光祿大夫進爵始興公伏誅初少帝失德内懷憂懼直宿禁中睹夜蛾赴燭作感物賦以寄意

齊王儉有和竟陵王蕭子良高松賦謝朓亦有奉竟陵王教作高松賦今竟陵王集無之想佚之矣本傳文宣王蕭子良字雲英武帝第二子也

齊書張融傳浮海至交州於海中作海賦文辭詭激獨與衆異後還京以示顧凱之凱之曰此賦實超元虛但恨不道鹽耳融卽求筆注之曰漉沙構白熬波出素積雪中春飛霜暑露此四句後所足也

文章志廣川木華爲海賦文甚儁麗足繼前良

齊書傳潘尼與同僚飲主人有瑠璃盌使客賦之尼詞甚工按尼本晉滎陽人字正叔安仁從子見幾早

封太常齊初卒謚曰貞

齊書謝朓字元暉陳郡夏陽人少好學長五言詩沈約嘗云二百年來無此詩有詶德賦謂沈約作也

齊王融有應竟陵王教桐樹賦集中止十二句又有風賦止八句

梁高祖本紀帝天情睿敏下筆成章千賦百詩直疏便就六藝備閑棋登逸品作圍棋賦　帝兼篤信正法尤長釋典製涅槃大品淨名三慧諸經義記復數百卷聽覽餘閑卽於重雲殿及同泰寺講說名僧碩學四部聽衆常萬餘人作淨業賦又作賦體八句

梁武帝至性湻孝六歲獻皇太后崩水漿不入口三日及丁文皇帝憂氣絕久之每哭輒嘔血數升服內不復嘗米惟食大麥日止二溢拜掃山陵涕淚所沾松草變色卽於鍾山造大敬愛寺青溪邊造智度寺又於臺內立至敬等殿月中再過設淨饌每至展拜恒涕泗滂沱作孝思賦俱見自序云

梁簡文帝六歲便屬文旣長篇章辭賦操筆立成箏賦云諧雲門與四變雜六列與咸池王讚旣工阮賦亦奇從來未經人道

梁元帝七歲封湘東王試會稽太守尋入尹丹陽出

牧荊州召爲護軍領石頭戍至是蹇帷江州作元覽賦鋪敘宦跡該乎此篇太清中岳陽王府僚蔡大寶使江陵帝示此賦令注解三日而畢帝大嗟賞贈遺甚厚

昭明太子有銅博山香鑪賦

梁書本傳江淹字文通考城人仕梁封醴陵侯凡所著述三百餘篇自撰爲前後集梁典淹嘗夢郭璞謂之曰君借我五色筆今可見還淹卽探懷以筆付璞自此才思稍減見文選恨別二賦小注朱超之曰文通集中有去故鄉賦待罪江南思北歸賦纏綿悱惻風致與恨別二賦畧同豈五色花管獨工於言情之作耶

江淹醴陵集十卷賦分二卷除超之所引外尚有倡婦自悲賦哀千里賦青苔賦石劫賦水上神女賦泣賦蓮華賦丹砂可學賦靈丘竹賦赤虹賦四時賦金燈草賦橫吹賦扇上彩畫賦傷友人賦麗色賦翡翠賦江上之山賦燈賦知己賦空青賦學梁王兔園賦傷愛子賦見裔孫炎雲重刻本首冠淹自序傳末云人生當適性爲樂安能精意苦力求身後之名哉故自少及長未嘗著書惟集十卷謂如此足矣重以學

不爲人交不苟合又深信天竺緣果之文偏好老氏清淨之術仕所望不過諸卿二千石有耕織伏臘之資則隱矣嘗願幽居築宇絕棄人事苑以丹林池以綠水左倚郊甸右帶瀛澤青春爰謝則接武平皋素秋沉景則獨酌虛室侍姬三四趙女數人不則逍遙經紀彈琴詠詩朝露幾閒忽忘老之將至淹之所學盡此而已矣

梁沈約字休文武康人仕齊爲五兵尚書遷國子祭酒改授冠軍將軍勸高祖受禪爲尚書僕射封建昌侯尋遷尚書令約性不飲酒雖時遇隆重而居處儉

素立宅東田矚望郊阜嘗爲郊居賦卒七十三謚曰隱梁書王筠傳沈約製郊居賦構思積時尚未都畢乃要王筠示其草筠讀至雌霓連踡約撫掌欣抃曰僕常恐人乎爲霓次至墜石磓星及冰懸埳而帶坻筠擊節稱賞約曰知音者希眞賞殆絕所以相要正在此數句耳又云筠年十六爲芍藥賦甚美

梁陶宏景字通明秣陵人齊時爲諸王侍讀永明十年上表辭祿止句曲山自號華陽隱居卒時年八十一謚貞白先生善辟穀導引之法作水仙賦

梁丘遲字希範烏程人八歲便屬文拜中書郎遷司

徒作思賢賦

梁任昉字彥升樂安人四歲誦詩數十篇八歲能屬文掌東宮書記轉御史中丞秘書監自齊永元以來秘閣四部篇卷紛雜昉手自校讐由是第目定焉出爲新安太守以清潔著名聚書至萬餘卷卒多異本及卒後武帝使學士賀蹤共沈約勘其書目官無者就其家取之有答陸倕知己賦又作賦體八句

梁陸倕字佐公吳人天監初爲參軍與樂安任昉友善爲感知己賦以贈昉昉因此名以報之除國子博士中庶子中正又作賦體八句

梁劉潛字孝儀彭城人秘書監孝綽弟也兄弟並工屬文孝綽常曰三筆六詩三卽孝儀六孝威潛有歎別賦孝威有白雀頌孝綽小字阿士王融嘗曰天下文章若無我當推阿士

梁何遜字付言東海郯人天監中兼尚書水部郎有窮鳥賦文章與劉孝綽並見重時謂之何劉

梁書王規傳天監十二年造太極殿規獻新殿賦其辭甚工

金樓子劉體元好學有文才爲水仙賦人以爲不減洛神

文學傳周興嗣博學善屬文梁天監初奏休平賦其文甚善武帝嘉之又河南獻舞馬詔興嗣與待詔到沆張率爲賦帝以興嗣爲工

梁書傳曰張率爲待詔賦奏之甚見稱賞手敕答曰相如工而不敏枚皐速而不工卿可謂兼二子於茲矣率字士簡同興嗣獻舞馬賦庾肩吾曰張士簡之賦梁吳均字叔庠吳興故鄣人與何遜爲武帝進倖後稍失意帝曰吳均不均何遜不遜待詔著作奉朝請先是均將著史以自名欲撰齊書求借齊起居注及羣臣行狀武帝不許遂私撰齊春秋奏之書稱帝

爲齊明帝佐命帝惡其實錄敕付省焚之坐免職均注范曄後漢書九十卷文集二十卷有吳城賦八公山賦

梁書蕭子顯傳好學工文嘗著鴻序賦尚書令沈約見而稱曰可謂得明道之高致蓋幽通之流也

蕭子雲字景喬子顯弟作元圃園講賦見續文選

梁書劉杳傳以本官兼廷尉正又以足疾解著林庭賦王僧孺見之歎曰郊居以後無復此作

續文選梁張纘字伯緒范陽方城人爲湘洲刺史述職經途作南征賦

梁王僧孺作賦體八句

陳後主集有夜亭度鴈賦

陳書徐陵字孝穆東海郯人仕陳爲尚書左僕射自有陳創業文檄禪授詔策皆陵所製而九錫尤美陵爲一代文宗其文頗變舊體緝裁巧密多有新意每一文出手好事者已傳寫成誦被之華夷家藏其本集存者三十卷

陳書陳炯傳武康人梁元帝徵爲黃門侍郎荊州陷爲西魏所虜炯以母老在東恒思歸國恐魏人愛其文才而留之恒閉門却埽無所交遊時有文章旋即棄毀不令流布嘗獨行經漢武通天臺爲表奏之陳己思歸之意其夜夢見有宮禁之所兵衛甚嚴炯便以情思陳訴聞有人言甚不惜放卿還幾時可至少日便與王克等並獲東歸乃作歸魂賦

陳書傳江總字總持考城人仕梁爲宣城王參軍詔以總權兼太常卿御侯景守小廟臺城陷總避難崎嶇累年至會稽憩於龍華寺乃製修心賦略序時事流寓嶺南徵還直侍中省後主即位遷尚書僕射日與後主遊宴後庭當時謂之狎客以至國亡有文集三十卷集中貞女峽賦南越木槿賦皆嶺南作也

陳書張正見字見賾武城人由參軍遷度支郎初遭梁季喪亂避地於匡谷山作哀桃賦以自寓

虞世基傳仕陳爲尚書左丞陳主嘗於莫府山校獵令世基作講武賦於坐奏之陳主嘉之賜馬一匹

袁樞在陳爲秘書監後主聞其才詔爲月賦一篇灑然無留思後主曰謝莊不得獨美於前矣見唐書

南史陳顧野王字希馮吳人九歲制日賦朱异見而奇之

陳書蔡凝傳凝字子居爲晉王府長史鬱鬱不得志因製小室賦以見志甚有辭理

北魏高允字伯恭渤海人拜中書令明算術亭壽九十八謚曰文有鹿苑賦

唐令狐德棻北周庾信傳庾信字子山南陽新野人也父肩吾仕梁中庶子東海徐摛爲左衛率摛子陵及信竝爲抄撰學士父子在東宮出入禁闥恩禮莫與比倫既有盛才文竝綺豔故世號爲徐庾體焉當時後進競相模範每有一文京都莫不傳誦屢遷尚書度支郎爲郢州別駕聘東魏還爲東宮學士侯景亂簡文帝命信營朱雀航景至臺城陷信奔江陵除御史中丞來聘遂留長安孝閔帝踐祚封臨淸縣子

出爲宏農郡守遷驃騎大將軍開府拜洛州刺史爵義城縣侯時陳氏與朝廷通好南北流寓之士各許還其舊國高祖惟放王克殷不害等信及王褒留而不遣信雖位望通顯常有鄉關之思乃作哀江南賦以致意云著述二十卷止入魏以來見北周滕王宇庾子集序按晁氏云太宗端拱中進士劉安國酷愛哀江南賦雖日旰未食而不飢蓋詞氣鼓動快哉愜心而已故前賢評品以爲風雅之變而流宕之勝者

朝野僉載梁庾信初至北周文士多輕之信將枯樹賦以示之於後無言者

姚旅露書莆田姚園客曰庾信華林園馬射賦曰千乘雷動萬騎雲屯曰選朱汗之馬開黃金之埒曰鳴鞭則汗赭入埒則塵紅曰馬似浮雲向埒一事屢見不免重疊然猶意異古或不忌至如騶虞九節後曰詩歌九節如吟猿落雁後曰雁失羣而行斷猿求林而路絶如絲則錦市俱移錢則銅山合徙後曰水衡之錢山積織室之錦霞開則不勝重犯矣蓋子山只務琢句不計文理故耳按齊魏收嘗謂邢卲於沈約作賊余亦謂唐王勃嘗於庾信賦中作賊蓋滕王閣序落霞與孤鶩齊飛秋水共長天一色實偷子山華林園馬射賦落花與芝蓋同飛楊柳共春旗一色也

如姚所摘實皆警句不得以重疊疵之

北周滕王宇文逌撰庾子山集序云信降山嶽之靈縕煙霞之秀妙善文詞猶工詩賦洵哉言也庾賦集中共十四篇無不工麗如小園賦傷心賦春賦七夕賦蕩子賦竹杖賦邛竹杖賦象戲賦鏡賦燈賦對燭賦鴛鴦賦及枯樹哀江南其警句摘之不勝其摘而零金斷玉尚有愁賦數語見宋葉廷珪海錄碎事猶堪令人諷誦不已賦云誰知一寸心乃有萬斛愁又云攻許愁城終不破蕩許愁門終不開何物煮愁

能得熟何物燒愁能得然閉門欲驅愁愁終不肯去深藏欲避愁愁已知人處

齊書邢邵字子才河間鄭人十歲便能屬文除著作佐郎自孝明之後文雅大盛邵雕蟲之美獨步當時每一文出讀誦俄遍遠近與濟陰温子昇爲文士之冠世論謂之温邢有新宮賦

齊書魏收字伯起曲陽人年十五頗已屬文初除太學博士遷侍郎典起居注併修國史孝武狩於嵩少之南旬有六日時天寒朝野嗟怨收欲言則懼欲黙不能已乃上南狩賦以諷焉時年二十七雖富言淫

麗而終歸雅正帝手詔報焉甚見褒美除從事中郎收不敢辭乃爲庭竹賦以致己意尋兼中書舍人兼散騎常侍副王昕使梁收在館買吳婢入館其部下有買婢者收亦喚取遍行姦穢在途作聘遊賦辭甚美盛人稱其才而鄙其行使還禁昕收其臺久之得釋收位既不遂求修國史輕薄尤甚人號驚蛺蝶久之仍兼太子詹事收無子魏太常劉芳孫女中書郎崔少師女夫家坐事帝幷賜收爲妻時人比之賈充置左右夫人後病甚恐身後嫡媵不平乃放二姬及疾瘳追憶作懷離賦以申意收與温子昇邢子才齊譽世號三才收以温子昇全不作賦邢雖有一兩首又非所長常云會須作賦始成大才士唯以章表碑誌自許此外更同兒戲自定武二年國家大事詔命皆收所作敏速之工邢温所不逮云

北史劉晝傳制一首賦以六合爲名自謂絶倫曾以賦呈魏收而不拜收忿之謂曰賦名六合已是大愚文又愚於六合書以示邢子才子才曰君此才正似疥駱駝伏而無嫵媚

隋盧思道字子行范陽人周武帝平齊授儀同三司追赴長安與陽休之等數人作聽蟬鳴篇思道所爲

詞意清切爲時人所重高祖爲丞相遷武陽大守非其好也爲孤鴻賦以寄其情

隋書陽休之傳好學愛文藻時人爲之語曰能賦能詩陽休之

隋書李德林字公輔博陵安平人幼聰敏年數歲誦左思蜀都賦十餘日便度高隆之見而嗟嘆遍示朝士云若假其年必爲天下偉器鄴京人士多就宅觀之月餘日中車馬不絶及年十五日數千言善屬文辭覈而理暢魏收對高隆之謂其父曰賢子文筆終當繼温子昇隆之大笑曰魏常侍殊已嫉賢何不近

比老彭乃遠求湛子年十六遭父艱歸德林射策五條考皆爲上以天保季世乃謝病還鄉皇建初下詔追赴晉陽撰思春賦一篇代稱典麗陳公授柱國郡公實封八百戶卒謚曰文卽唐李百藥之父也

隋書薛道衡傳字元卿汾陰人年十三講左氏傳見子產相鄭之功作國僑贊頗有詞致見者奇之大定中授儀同兼散騎常侍聘陳江東雅好篇什陳主尤愛雕蟲道衡每有所作南人無不吟誦焉道衡每構文必隱坐空齋蹋壁而臥聞戶外有人必怒其沉思如此有宴喜賦

隋書于宣敏傳常以盛滿之誡昔賢所重每懷靜退著述志賦以見其志焉

隋書潘徽傳秦王俊聞其名召爲學士嘗從俊朝京師在途令徽於馬上爲賦行一驛而成名曰述思賦俊覽而善之復令爲萬字文幷遣撰集字書名爲韻纂凡十三卷

隋書杜正元傳楊素負才傲物正元無所屈撓會林邑獻白鸚鵡素促召正元及至卽令作賦援筆立成素見文不加點始異之

隋書王貞傳字孝逸齊王暕鎮江都聞其名以書召之作啟謝齊王覽所上集善之貞後上江都賦賜錢百萬

明張溥云盧子行自齊入周作聽蟬詩遷武陽太守作孤鴻賦淪滯官塗作勞生論憂愁所寄並爲時稱然譚世變刺炎涼論乃獨出矣

文士傳張儼張純朱異俱童少往見朱據據聞三人才名欲試之告曰其爲吾各賦一物然後乃坐儼賦犬純賦席異賦弩三人各隨其目所見而賦之皆成而後坐據大歡悅

南史卞彬傳彬屢不得仕進乃擬趙壹窮鳥爲枯魚

賦又作蚤蝨蝸蟲蝦蟆等賦皆有指斥其蚤蝨賦序云云皆實錄也

南史文學傳永明中琅琊諸葛勗爲國子生作雲中賦指祭酒以下皆有形似之目

北史劉璠傳嘗臥疾居家對雪興感乃作雪賦以遂志

賦話卷終

賦話卷九

舊話三

巴西 李調元 贊菴 雨村

唐太宗賦序許敬宗家有小池作賦賜之

許敬宗傳敬宗子娶尉遲敬德女孫太宗賜長孫無忌威鳳賦敬宗猥稱賜敬德在唐史姦臣傳

唐書崔仁師傳太宗幸翠微宮上清暑賦以諷帝稱善賜帛五十段

唐詩紀事薛收善屬文爲秦王府主簿金部郎中武德七年卒太宗即位語元齡曰收若在朕當以中書令處之收與弟德音元敬齊名號河東三鳳收爲長鸞德音爲鸑鷟元敬年最少爲鵷雛收琵琶賦云爾其狀也龜腹鳳頸熊據龍旋戴曲履直破觚成圓虛心乃受頸質外宣磅礴象地穹崇法天候八風而運軸感四氣而鳴絃金華徘徊而月照玉柱的歷以星懸

紀事虞世南越州人太宗稱其有五絶德行忠直博學文詞書翰也武德四年太宗爲天策上將軍宮城西開文館世南與焉同作琵琶賦云體備商角韻包宮羽橫却月於天漢廻風於洛浦始聞絃之旣調

乃長弄而徐撫應緩步之疎節隨輕身之妙舞悲紫塞之昭君泣烏孫之公主季倫歡金谷之宴仲容暢竹林之聚又云其奇趣則抑揚嘈囋聯綿斷續紆餘雙鵠之吟清壯三秦之曲望南山之遙翠見西江之始綠少年有長命之詞娼女有可憐之調願百齡兮眉壽重千金之巧笑

王績答馮子華書吾往見薛收白牛溪賦韻趣高奇詞義曠遠嵯峩蕭瑟眞不可言揚班之儔也吾近作河渚獨居賦爲仲長先生所見以爲可與白牛連類今寫一本以相示

紀事世稱王楊盧駱楊盈川之爲文好以古人姓名連用如張平子之畧談陸士衡之所記潘安仁宜其陋矣仲長統何足知之號爲點鬼簿賓王文好以數對如秦地重關一百二漢家離宮三十六號爲算博士

華國編王勃九成宮東臺賦序金石千聲雲霞萬色可駕所作滕王閣序落霞與孤鶩齊飛秋水共長天一色之上

舊唐書如意元年七月望日宮中出盂蘭盆分送佛寺楊炯獻盂蘭盆賦詞甚雅麗

賦格楊烱渾天賦有名後兩段襲用天問徵嫌弩末
偶儁唐著作局有雙槿樹盧照鄰同崔少監作賦序
云蓬萊山上即對神仙芸香閣前仍觀秘寶金懸泰
市揚子見而無言紙貴洛城陸生聞而罷笑故知柔
條朽幹吹噓變其死生落葉凋花剪拂成其光價方
且傳石渠之故事得槿樹之新名足以脂粉仙臺丹
青秘府者也賦云地則圖書之府人則神仙之靈中
有芳蕤鬱鬱亭亭兩砌分植雙階並耀葉鏤五衢榮
分四照青陸至而鶯啼朱陽升而花笑紫蔕紅蕤玉
蘂蒼枝露華的皪風色徘徊寂寞條利棲閑此地委

命舒卷隨時榮顇外無嬰夭之禍內有逍遙之致賦
出一時競寫因名著作爲雙槿署云
駱賓王在徐敬業府爲敬業檄武后罪狀武氏覽及
入門見嫉蛾眉不肯讓人掩袖工讒狐媚偏能惑主
微笑而已至一抔之土未乾六尺之孤安在不悅曰
宰相何得失如此人敬業敗賓王亡命不知所之中
宗時詔求其文得數百篇有螢火賦末聯云倘餘輝
之可照庶寒灰之重然亦可哀矣
困學紀聞駱賓王螢火賦序類同而心異者龍蹲歸
而宋樹伐質殊而聲合者魚形出而吳石鳴龍蹲謂

孔子春秋演孔圖孔子坐如蹲龍立如牽牛
唐文藝傳謝偃常作塵影賦二篇太宗愛其文召見
欲偃作賦先爲序一篇授偃使賦偃緣帝指名篇曰
述聖帝悅賜帛數十時李百藥善詩而偃善賦按述
聖云者本太宗自序而述之也華國編不知偃作而
附入闕名且云當是房杜諸公手筆豈非囈語
緫事崔融瓦松賦序曰崇文館瓦松者產於屋霤之
下謂之木也訪山客而未詳謂之草也驗神農而罕
記賦云煌煌特秀狀金芝之產霤歷歷虛懸若星榆
之種天苞條郁毓根柢連卷開紫苔而裛露淩碧瓦

而含烟又曰慙魏宮之烏悲恧漢殿之紅蓮崔公博
學莫不該悉豈不知瓦松已有舊說乎博雅云在屋
曰昔邪在牆曰垣衣廣志謂之蘭香生於久屋之瓦
魏明帝好之命長安西載其瓦至洛陽以覆屋前代
詞人詩中多用昔邪梁簡文詠薔薇曰緣堦覆碧綺
依簷映昔邪或言屋上木多松栽土木氣泄則瓦屋
生出酉陽雜俎烏悲未詳大凡武后之詩文皆元萬頃崔
融輩爲之附易之兄弟朝廷大筆多手敕委之撰武
后哀册最高麗絕筆而死時謂思苦神竭云
李百藥傳授太子右庶子太子數戲嫚無度乃作贊

道賦以諷他日帝曰朕見卿賦述古儲貳事勸勵甚詳向任卿固所望耳賜綵三百段百藥幼多病祖母以百藥爲名七歲能屬文有說徐陵文者云藉琊琊之稻坐客並不識其事百藥進曰傳稱鄅人藉稻鄅國在琊琊開陽縣人皆驚喜齊陸文謂其父云此兒郎神童

劉允濟奏上明堂賦以諷則天甚嘉歎之拜著作郎

唐書劉知幾著愼思賦以刺時蘇味道李嶠見之相顧而歎曰陸機豪士之所不及也當今防身要道盡在此矣

紀事崔湜以文詞稱附韋后作相又附太平公主門下客獻海鷗賦以諷湜稱善而不自悛帝誅蕭至忠賜死荊州弟液坐湜亡命郢州作幽征賦遇赦還

唐書徐彦伯七歲能爲文會郊祭上南郊賦一篇辭致典縟秉筆累朝後進翕然慕倣紀事中宗景龍二年始作修文館置大學士四員學士八員直學士十二員象四時八節十二月徐彦伯與選直學士三年二十三日南郊上南郊賦彦伯爲文多變易求新以鳳閣爲鶠閣龍門爲虬戸金谷爲銑溪玉山爲瓊岳竹馬爲篠驂月兔爲魄兔後進士效之謂之徐澁體

紀事劉禹錫曰昔宋廣平燝之沉下僚也蘇公味道時爲繡衣直指使者廣平投以梅花賦蘇盛稱之自是方列於聞人之目名遂振嗚呼以廣平之才未爲是賦則蘇公果暇知其人耶將廣平困於窮阨於躓然後爲是文耶是知英賢卓犖可外文字然猶用片言借說於先達之口席其勢而後驤首當時矧碌碌者畸能自異皮日休曰余嘗慕宋廣平之爲相貞姿勁質剛態毅狀疑其鐵腸石心不能吐婉媚詞然觀其文而有梅花賦清便富艷得南朝徐庾之體殊不類其爲人

偶雋張曲江九齡在相位每見帝極言李林甫方同列陰欲中之會將牛仙客實封曲江稱其不可甚不叶帝旨他日林甫請見屢陳曲江誹謗于時方秋帝命高力士持白羽扇以賜將寄意焉曲江乃獻賦自況其末曰縱秋氣之移奪終感恩於篋中又爲燕詩末曰無心與物競鷹隼莫相猜林甫覽之知其必退恚怒稍解

唐高蓋花蕚樓賦序開元中天子築宮於長安東郭以眷夫代邸之義舊書中宮起樓以花蕚相輝爲名所以敦友第之義也有司盛稱茲樓竝命賦之

紀事李白云余昔於金陵見司馬子微謂余有仙風道骨可以神遊八極之表因著大鵬賦以見志焉

唐書杜甫字子美玄宗朝獻太清宮饗廟及郊大禮賦三篇帝奇之使待制集賢院歎上賦頌因高自稱道紀事子美獻三賦崔國輔于休烈每稱述焉

唐書藝文志李淯風太乙樞會賦一卷又註顏之推稽聖賦一卷

唐書蕭穎士傳爲集賢校理李林甫怒其不下巳調陵參軍事穎士不能堪作伐櫻桃樹賦以譏林甫

唐語林李華作含元殿賦蕭穎士見之曰景福之上

靈光之下華字遐叔以文學自名與蕭穎士賈幼幾爲友華作賦云星鎚電交於萬堵霜鋸氷解於千尋攤梯成山攢杵爲林穎士讀之謂華曰可使孟堅瓦解平子土崩矣幼幾曰未若天光流於紫庭瀏景入於朱戶騰祥靈於都霤映旭日之葱籠華曰某所自得惟括萬象以爲尊特巍巍於上京則命徵般石之下荆揚之材操斧執斤者萬人涉磧礫而登崔嵬不讓東西二都也時人以華不可居蕭賈之間與穎士齊名稱蕭李

紀事陶翰潤州人開元中爲禮部員外郎以氷壺賦得名

唐書呂向字子回開元十年召入翰林時帝遣採天下姝好號花鳥使向因奏美人賦以諷帝善之

唐書岑文本傳文本字景仁父之象仕隋坐爲人訟不得申文本年十四詣司隸理寃衆屬目命作蓮花賦文成合臺嗟賞遂得直

紀事孫逖河南人年十五崔齊公日用試土火爐賦援翰立成甫冠三擢甲科吏侍王丘試竹簾賦降階約拜待以殊禮

閩川名士傳曰貞元中林藻黃裳知貢舉試珠還合浦

賦進士林藻賦成憑几假寐夢人謂之曰若賦甚佳但恨未敘珠去來之意耳藻寤視稾乃足四句其年擢第謝日黃裳曰惟林生敘珠來去之意若有神助

困學紀聞錢起名在第六豹寫賦

呂溫由鹿賦序貞元丁卯歲予南出穰樊遇野人縶鹿而至者問之答曰此爲由鹿由此鹿以致羣鹿也乃感而作由鹿賦

紀事裴度貞元中作鑄劍戟爲農器賦其首云皇帝之嗣位三十載寰海鏡清方隅砥平驅域中盡歸力穡示天下不復用兵其後作相立殊勳致太平巳見

於文矣唐趙璘云晉公作賦觀其氣槩已如此進士
李爲作淚及輕薄暗小四賦李貨作樂府多屬意花
草蜂蝶之間二子終不遠大文字之作可以定相命
優劣矣
廣科名記云貞元八年陸贄主司試明水賦御溝新
柳詩其人賈稜陳羽歐陽詹李博李觀馮宿王涯張
季友齊孝若劉遵古許季同侯繼穆贄韓愈李絳溫
商庾承宣員結胡諒崔羣邢冊裴光輔萬璫是年一
牓多天下孤儁偉傑之士號龍虎榜呂大防韓譜云
壬申春登進士第公上邢君牙書云二十五而擢第

於春官按姚康科第錄李博實本年末名科名記錄
於第四非也按賦見公外集詩則逸久矣
柳宗元傳宗元不得召內閔悼悔前吝作賦自儆曰
懲咎柳河東集唐人惟柳柳州可稱騷學獨擅淒情
哀旨自怨自悔雖其人不足言其志大可悼也故懲
咎閔生足勝昌黎復志閔已
李翺幽懷賦序朋友有自歎者賦幽懷以答之
酉陽雜俎鄭都稻名重思其米如石榴子粒稍大味
如菱杜瓌作重思賦曰霏霏春暮翠矣重思雲氣交
被嘉穀應時

弘農楊敬之撰華山賦李太尉每置座右行坐諷之
翰苑新書楊恭爲國子祭酒爲華山賦示韓愈愈稱
之士林一時傳布
唐書陸扆帝嘗作賦詔學士皆和獨扆最先就帝覽
之歎曰貞元時陸贄吳通元兄弟善內廷文書後無
繼者今朕得之
唐語林德宗每年徵四方學術直言極諫之士至者
萃於闕下上親自考試絕請託之路上試制科於宣
德殿或下等者卽以筆抹之至尾其稱旨者必吟誦
嗟嘆翊日遍示宰相學士曰此皆朕之門生公卿無

不服上精鑒宏詞獨狐綬吏部試放馴象賦上自考
之稱其自日化之式字則必受乎來獻物或違性斯
用感於至仁上特書第三等先是代宗時外方進馴
象三十二上卽位悉令於荊山之南而授獻賦不傷
於顧忌上賞其知去就
困學紀聞獨狐馴象世以爲工子雲甘泉晩而悔作
晏元獻謂獨狐綬賦云返諸林邑之野歸爾梁山之
隅時在偃兵豈嬰乎燧尾上惟賤貯甯恤乎焚軀
白居易集年譜貞元十六年庚辰二月十四日中書
舍人高郢下第四人及第試性習相近遠賦玉水記

方流詩摭言云擕謁校書郎李逢吉初不爲意及覽賦頭云下自人上達君成德以慎立而性由習分大奇之元稹爲集序云貞元末進士尚馳競高郢始用經藝爲進退樂天一舉擢上第明年拔萃甲科由是性習相近遠求元珠斬白蛇等賦及百道判新進士競相傳於都下矣

紀事劉禹錫附叔文擢度支員外郎人不敢斥其名號二王劉柳憲宗立禹錫貶連州武元衡初不爲宗元所喜及是執政禹錫久落魄乃作問大鈞謫九年等賦欲感諷權要久之召還乃作元都觀詩貶播州

唐書高郢九歲工屬文著語黙賦諸儒稱之語林云文宗讀高郢無聲樂賦白居易求元珠賦謂之元祖

紀事白行簡居易弟字知退小字阿憐以濾水羅賦得名其警句云蟭螟之生必全有以小爲貴者江漢之流雖大盡可一以貫之又曰夕挂于壁如滿月之在天曉用于人狀圓荷之映水以五色露賦登第一賦載文苑英華其次卽賈餗三郎王起也

賦鈔箋畧白敏中字用晦承學諸兄長慶初第進士武宗雅聞居易名是時居易足病廢宰相李德裕薦敏中文詞類其兄而有器識卽日召入翰林爲學士官至太傅有息夫人不言賦

偶雋唐京兆府解送率以在上十人謂之首送小宗伯倚而選之同華解與京兆無異若首送無不捷者元和中令狐楚鎮三峯時乃秋試牓云特加試五場蓋詩歌文賦帖經爲五當年以清要詩題求薦者率不減十數人其年莫有至者惟盧宏正獨詣華請試已試兩場有馬植下解狀植將家子從事輩皆竊笑楚曰此未可知旣而試登山採珠賦畧曰文豹且異於驪龍採斯疎矣白石又殊於老蚌剖莫得之楚大服其精當遂奪宏正解頭後宏正自丞郎使判鹽鐵

俄爲植所據宏正以手札戲植曰昔日華元已遭毒手今來鹺務又中老拳

唐語林喬彝京兆府解試有二試官彝日午叩門試官令入則已醺醉視題曰幽蘭賦彝不肯作曰兩漢相對作得此題速改之遂改渥洼馬賦彝奮筆斯須而就警句云四蹄曳練翻瀚海之驚瀾一噴生風下湘山之亂葉便欲首送京兆曰喬彝崢嶸甚以解副薦之可也

玉海李程貞元十二年進士第一人主司呂渭試日五色賦其事詳見前二卷按是年同時如湛賁崔護

賦俱佳賁句云光浮石壁謂媧皇之補天影入詞林疑江淹之夢筆祥光傍燭偏宜連畛之瓜瑞彩下臨更竝建社之土護句云乘虛散彩狀朝烟之曖空緣隙通輝若晴虹之入戶連畛瓜見駱賓王詩一頃南山豆五色連畛瓜晴虹用楚辭建雄虹之采旄兮五色雜而炫耀也見賦彙錄要箋畧

唐潘炎日抱戴賦序唐景龍元年上黨日抱戴聖教之符孝衣之感也按晉書在日上爲戴向日爲抱潘句云陽光景耀抱黃道而在中喜氣氤氳戴赤霄而直上惟抱也同衆星之拱北辰惟戴也比萬邦之奉

元后仝上

偶雋李贊皇德裕嘗在宦宜春盧肇以文見知肇工於賦咏見有舞柘枝者賦云帽瑩隋蛇熠熠泛蘭之裾舞翻莊蝶翩翩鄉蕙之風牛奇章僧孺亦重其文嘗延於中寢會侍妾沐髮方捧髻插釵奇章曰何妨一詠肇即應聲曰神女初離碧玉堦彤雲尤擁牡丹鞋知道相公憐玉腕故將纖手整金釵

唐書盧肇進海潮賦敕曰窮測海潮出於獨見徵引有據圖象甚明足成一家之言以祛千載之惑其賦宜宣付史館

賦鈔張仲素字繪之元和中翰林學士作賦格三卷有迴文錦賦

唐語林封侍郎知舉首訪能賦人盧駢詣羅鄒輿云主司叟賦十九得官羅曰主司安邑任郎輿居宜平彼處叟賦無由得知

唐語林進士舉人各樹名甲元和中語曰欲入舉場先問蘇張蘇張尤可三楊殺我開成會昌中又曰魯紹瓌蒙識郎命通又曰鄭楊段薛炙手可熱又有輕薄之徒多輕侮人故裴泌侍御作美人賦譏之

偶雋唐制舉人試日日暮許燒燭三條德宗朝王文

權德輿於簾下戲云三條燭燼燒殘舉子之心舉子遂荅云八韻賦成驚破侍郎之膽

唐書舒元輿傳元輿爲牡丹賦一篇時時其工死後帝觀牡丹凭殿闌誦賦爲泣下

本事詩范陽盧獻卿大中中舉進士詞藻爲同流所推作愍征賦數千言時人以爲庾子山哀江南之亞司空圖爲注之

唐語林大中三年李褒侍郎知舉試堯仁如天賦宿州李使君弟瀆不識題訊同舖或曰止於堯之如天耳瀆不悟乃爲句曰雲攢八彩之眉電閃重瞳之目

賦成將寫以字數不足憂甚同輩紿之曰但一聯下添一者也當足矣褎覽之大笑

吳武陵傳太和初崔鄾試進士東都公卿祖道武陵後至謂鄾曰君方爲天子求奇才敢獻所益因出袖中書鄾讀之乃杜牧所賦阿房宮辭既警拔而武陵音吐鴻暢坐客大驚武陵請曰牧方試有司乞以第一人處之

北夢瑣言陳會郎中家以當壚爲業其母甚賢勉以進修不許歸鄉以成名爲期郎中業八韻惟螳螂賦大行太和元年及第

文苑英華五色露賦三八一白行簡二賈餗三王起行簡賦云花柳拂着苑如陳寶之雞平野染成煥若徐方之土餗賦云鍊石初染狀媧皇之補天駕瓦纔霑類彩鳳之巢閣起賦云倘在琉璃味無忝於甘醴如浮葭菼色詎變於凝霜又見賦彙錄要按紀事起字擧之元和末爲中書舍人官至左僕四典貢擧皆知名士淵鑒類函陳黯送王棨序曰去歲自褎中還輦下輔文出新試卷相示其閒有江南春賦篇末云今日並爲天下春無江南兮江北某卽賀其登選於時矣

唐詩紀事高郢豐亭夜課有石鱉小如錢旋走案上郢取諸試目散置盤中祝令銜之銜得沙頭獨鳥賦題細擣之已而果以是題試第一

唐書孝友傳裴敬彝父智周補臨黃令爲下所訟敬彝年十四詣巡察使唐臨直枉臨奇之試命作賦賦工父罪以釋

北夢瑣言進士沈堯有洞庭樂賦韋峤謂朝賢曰此賦一片宮商也

陸龜蒙幽居賦序陸子居全吳東距長洲故苑閒里欲吟咏性情曰卜居則屈原有之矣曰閒居則潘岳

有之矣曰郊居則沈約有之矣乃作幽居賦

又溫庭筠與李商隱齊名時號溫李才思豔麗工于小賦每入試押官韻作賦凡八叉手而八韻成

紀事李商隱賦云豈如河畔牛星隔年只聞一過不及苑中人柳終朝剩得三眠

紀事開成二年帝命高鍇復司貢籍詔曰夫宗子維城本支百代封爵所宜毋令廢絕常年宗正寺解送人恐有浮薄以忝科名在卿精揀藝能勿妨賢路所試賦則准常規詩則依齊梁體格乃試琴瑟合奏賦霓裳羽衣曲詩主司先進五人詩其最佳者李肱次

則王牧乃以榜元及第高置之曰近屬如肱者其不忝乎高鍇奏曰伏以陛下聰明文思天縱聖德今年詩賦題目出自宸衷諸生捧讀相賀自古未有倍用研精覃思其今年試詩賦比於去年又勝數等臣日夜考較敢不推公進士李肱霓裳羽衣詩一首最爲迥出更無其比詞韻既好人才俱美前場吟咏近三五十遍雖使何遜復生亦不能過兼是宗枝臣與狀頭第一人以奬其能次張棠詩一首亦絕好亞次李肱臣與第二人其次沈黃中琴瑟合奏賦又似文選中雪月賦體格臣與第三人其次王牧賦自立意緒

言語不凡臣與第四人其次柳棠詩賦興思敏速日中便成臣與第五人凡此五卷詩賦擢其中科實所不愧其餘三十五人或奬舊文別錄人才非止一徒四面搜採臣並與及第伏望聖明俯留宸覽李肱等五人詩賦若有不堪敢受欺天之罪如或可採伏望聖慈特加奬飭宣示百寮以勸皇族云云

野獲編唐僖宗時以至仁伐至不仁命題士子作詩云主司何事厭吾皇郤把黃巢比武王

紀事周繇字爲憲池州人及咸通進士第以明皇夢鍾馗賦知名

武宗會昌初年周墀木鷄賦及第三年王起僕射再主文柄起自長慶至此凡三領貢籍墀時刺華州以詩寄賀云曾忝木鷄夸羽翼又陪金馬入蓬瀛

紀事唐以府元被絀者九人平曾其一也曾長慶二年同賈閬仙輩貶謂之舉場十惡曾後謁李固言於蜀幕中皆名士曾輕忽無所畏遂獻雪山賦李覽命推出不旬日再獻蝦魚賦曰此魚觸物而怒翻身上波爲烏鳶所獲奈鮒鯉笑何李覽之遂不至深罪

紀事長沙日試萬言王璘詞學富贍崔詹事廉問表薦於朝先試之使廝璘請十書吏皆給筆札璘口授

十吏筆不停綴首題黃河賦三千字復爲鳥散餘花落詩二十首援筆而就時忽風雨暴至數幅爲回飈所卷泥滓沾漬璘曰勿取但將紙來復縱筆一揮斯須復十餘篇矣時未亭午已七千餘言時路巖方當鈞軸遣一介召之璘曰請俟見帝巖大怒亟命奏廢萬言科璘杖策而歸放曠杯酒間雖屠沽無間然矣璘與李羣玉相遇嶽麓寺羣玉曰公何許人璘曰日試萬言王璘羣玉待之甚淺曰請與公聯句可乎璘曰惟子之命羣玉破題而授之璘畧不佇思繼之曰芍藥花開菩薩面椶櫚葉散野人頭羣玉遂屈崔詹

事遺璘夾纈數匹璘翌日以作中單蓄褕衣之紀事薛昭緯以侍郎掌貢舉試未明求衣賦王贊圖爲牓首

偶雋晚唐士人作律賦多以古事爲題寓悲傷之旨如吳融徐寅諸人是也黃文江滔亦以此擅名賦唐明皇回駕經馬嵬坡隔句云日慘風悲到玉顏之死處花愁露泣認朱臉之啼痕褒雲萬疊斷腸新出于啼猿秦樹千層比翼不如于飛鳥羽衛參差攀翠華而不發天顏愴恨覺紅袖之難留六馬歸秦却經過於此地九皇隔越幾悽愴于平生又賦景陽井云莫

可追陪玉樹之歌聲邈矣最堪惆悵金瓶之咽處依然又賦館娃宮云恨留山鳥啼百卉之春紅愁寄隴雲鎖四天之暮碧又賦陳皇后因賦復寵云已爲無雨之期空懸夢寐終自凌雲之製能致烟霄又賦秋色云空三楚之暮天樓中歷歷滿六朝之故地草際悠悠凡此十數聯皆研確精微當時傳諷

十國春秋徐寅字昭夢莆田人登唐乾甯進士第試止戈爲武賦一燭裁盡已就有破山加點擬戍無人之句禮部侍郎李擇覽而奇之釋褐授秘書省正字嘗遊大梁以賦謁梁王金忠誤觸其諱梁王變色寅狼狽出欲遁去恐不得出乃作過大梁賦以獻畧曰千金漢將感精魄以神交一眼倉夫望英風而膽落梁王得賦大喜遺縑五百疋蓋全忠曾夢淮陰侯指授兵法而晉王克用則眇一目者也寅賦膾炙人口渤海高元固來言本國得斬蛇劒賦御溝水賦及人生幾何賦家家皆以金書列爲屏障其珍重如此斬蛇劒賦畧曰磨霜礪雲兮熒煌錯落伊逐鹿之英聖有斬蛇之鋒鍔蓋以麾正乾坤劃分善惡楚國之姦雄徒爾烹若窮鱗常山之首尾胡爲斷如朽索斯劒也哭白帝之亡符赤帝之昌雖行大義亦假雄鋩龜

文龍藻玉鏤金裝世亂將用時清則藏十二年兮如我淬七十陣兮摧而剛空山吞象之虵豈銳蓮鍔大澤銜珠之血不汚星光御溝水賦畧曰重輪而瑞蘸紅日五色而光搖彩霞時時而翡翠隨波飛穿柳禁往往而鴛鴦逐浪銜出宮花人生幾何賦云七十戰爭如虎豹竟到烏江三千賓客若鴛鴻難尋珠履又云南陵公子綠鬢改而華髮生北里豪家昨日笑而今日哭又云常聞蕭史王喬長生孰見任是三皇五帝不死何歸初王延彬刺泉州寅每同遊賞凡十餘年常被病求藥物于延彬延彬荅書善自調護亦可

目開豁三皇五帝不死何歸盍用賦語以戲之也寅有賦五卷其最著者過驪山賦畧曰宅彼岡巒光斯陵闕嫌示儉于當時更窮奢於旣没融銀液雪疏下地之江河帖玉懸珠皓窮泉之日月蠂蠂層層不騫不崩斯高之喉舌方滑劉項之雲雷忽興軹道一朝璽獻漢家之主驪山三月火燒秦帝之陵勾踐進西施賦畧曰寶馬騰龍香車輾風迎織女于銀漢聘姮娥于月宮炫燿雲外喧闐洞中粧成而揣玉凝彩服麗而朝霞剪紅曉別越溪暮歸吳苑越慮計失吳嫌進晚歌一聲兮君魄醉笑百媚兮君心卷坐令佞口

因珠翠以進言立遣謀臣弃洪濤而不返

偶雋五代間士人作賦用事有甚工者如江文蔚天窻賦云一竅初啟如鑿開混沌之時西瓦駮飛類化作鴛鴦之後又土牛賦云飲渚俄臨訝監津之捧塞度關倘許疑函谷之丸封

偶雋寇豹謝觀同在崔裔孫相公門下以詞藻相尚豹謂觀曰君白賦有何佳語對曰曉入梁山之苑雪滿羣山夜登庾亮之樓月明千里豹唯唯觀大言曰僕已擅名海內子才調多胡不作赤賦豹未搜思厲聲曰田單破燕之日火燎平原武王伐紂之時血流漂杵豹大駭服

五代史桑維翰傳初舉進士主司惡桑與喪字同有勸不必舉進士維翰著日出扶桑賦又鑄鐵硯示人曰硯敝不改卒舉進士及第

五代史傳曰扈蒙善屬文嘗次歷代廢興治亂之迹爲運源賦甚詳又遊相國寺見庭竹可愛爲碧鮮賦題其壁世宗聞之遣小黄門就録覽而稱善

後唐書傳曰李琪少孤貧苦學尤精于文賦嘗摛賦一軸謁李谿谿覽賦驚異倒屣迎門因出琪啞鐘捧日等賦指示琪曰常患近年文字辭賦皆數句之後

未見賦題吾子入句見題偶屬典麗吁可畏也琪由是知名

五代史李懌傳張文寶知貢舉所放進士中書有覆落者乃請下學士院作詩賦爲貢舉格學士竇夢徵張礪等所作不工乃命懌爲之

困學紀聞唐律賦鷄鳴度關云念秦關之百二難逞狼心笑齊客之三千不如雞口

一夕話唐時有童子應試題爲腐草爲螢賦童子不知出處問一老於場屋者隨口答曰草即唐詩青青河畔草又論語君子之德風小人之德草螢即三字

經如囊螢童子遂作一聯云昔年河畔曾邀君子之風今日囊中郤照聖人之典主司擊賞遂中式老者仍落第

賦話卷九

賦話卷十

舊話四

巴西 李調元 贊菴 雨村

宋史梁周翰傳翰字元褒十歲能屬詞乾德中爲右拾遺會修大內上五鳳樓賦多傳誦之

宋史傳曰趙安仁太宗製九弦琴五弦阮時多獻賦頌時稱安仁李謗楊億辭雅贍詔詣中書獎諭翌日改遷太常丞

和嶸傳淳化三年春直集賢院獻觀燈賦詔付史館

宋史陳彭年傳彭年師事徐鉉爲文太平興國中舉進士在場屋間頗有雋名嘗因京師大酺跨驢出遊搆賦自東華門至闕下已口占數千言矣

夏侯嘉正傳嘉正字會之江陵人少有俊才舉進士使於巴陵爲洞庭賦徐鉉見之曰木元虛之流也人多傳寫太宗知其名召試擢右正言直史館

錢熙傳陳洪進嘉其才以弟之子妻之將署熙府職辭不就著楚雁賦以見志

又錢熙泉南才雄之士進四夷來王賦萬餘言太宗愛其才擢館職嘗撰三酌酸文世稱精絕畧曰渭川凝碧早抛釣月之流商嶺排青不逐眠雲之客又乎

年落第春風徒泣于遷鶯處處羈遊夜雨空悲於斷雁及卒李慶孫哭之曰四夷妙賦無人誦三酌酸文舉世傳

泊宅編王欽若召入學士院試賦一篇

玉壺清話李南陽至嘗作亢宮賦其序畧曰予少多疾羸不勝衣庚寅歲冬夕忽夢遊一道宮金碧明煥一巨殿一寶床巋然於中一金龍蟠踞於床之上碧髯金鬚光射天池旁有綠衣道士轉盻若巖電謂余曰此亢宿之宮也大象無停輪宜速拜之汝將事此龍積疾亦消余將拜龍輒先拜云至道初太宗立真

宗爲皇太子命公與李沆相並爲賓客太宗戒真皇曰二臣皆宿儒重德不可輕待吾選正人輔導於汝宗基國本吾無慮矣真宗恭稟皇訓見必先拜符亢宮之兆也

古今詩話湻化中合州貢羅江桃花犬甚小而性慧常馴擾于御榻之前每坐朝犬必掉尾先吠人乃肅然太宗不豫犬不食及上仙犬號呼涕泗以至瘦瘠章聖初卽位左右引令前導鳴吠徘徊意若不忍章聖令諭以奉陵卽搖尾飲食如故後因以鞶詔以儆葢葬于熙陵之側翰林學士李至作桃花犬歌王禹偁作園林犬賦

玉壺清話王元之禹偁嘗作三黜賦以見志

賦鈔田錫字表聖嘉州洪雅人太平興國三年進士高等由監丞遷左拾遺直史館咸平三年舉賢良方正五年掌銀臺覽天下奏章及詔敕不便者悉條奏上稱得諍臣體曰此吾汲黯也擢右諫議大夫史館修撰六年冬病卒著咸平集五十卷有春色賦曉鶯賦春雲賦揚花賦雁陣賦傳誦人口

又云朱台符眉州人俊邁敏博少有賦名與同輩課試以尺度其晷台符八寸而一賦已就凡有所作文

字其雕琢皆類於賦又嘗爲數闋其畧曰歌遏雲兮慘容色舞迴風兮腰一搦又曰顰多而翠黛難成望極而烏雲易散鄉人田錫嘗目朱拱正一闋乃閨怨賦一首只少原夫

瑯琊代醉編端拱初宋白知舉取二十八人物論喧然以爲多遺材詔復取落下人試於崇政殿於是再取九十九人而葉齊猶擊登聞鼓自列朝廷不得已又爲覆試頗惡齊囂訟考官賦題特出一葉落而天下秋凡放三十一人而齊乃在第一

葉夢得避暑錄話呂文穆公蒙正一舉爲廷試第一

是時太宗與趙韓王欲廣致天下士以興文治而志在幽燕試訓練將士賦文移詞既雄麗唱名復見容貌偉然帝曰吾得人矣

又祖宗故事進士皆試詩賦一篇惟富鄭公弼以茂才異等起布衣未嘗歷進士乃以不能爲詩賦懇辭詔試策論各一自是遂爲故事制科不試詩賦自富公始

魏泰東軒筆錄孫何榜太宗皇帝自定試題卮言日出賦顧謂侍臣曰比來舉子浮薄不求義理務以敏速相尚今此淵奧故使研窮意義庶澆薄之風可漸

革也語未已錢易進卷子太宗大怒叱出之自是科場不開者十年

説類太宗時親試進士每以先進卷子者賜第一人及第孫何與李庶幾同在科場皆有時名庶幾文思敏速何苦思遲會言事者上言舉子輕薄爲文不求義理惟以敏速相夸因言庶幾與舉子於餅肆中作賦以一餅熟成一韻者爲勝太宗聞之大怒是歲殿試庶幾最先進卷子遽叱出之由是何爲第一見歸田錄

四朝聞見錄本朝廷對取士用賦而不示其所自出太宗以卮言日出試士於廷孫何等不究厥旨賦莫能就遂昧死攀殿陛而上請所出與大意太宗不以爲罪揭示所出及大意謂卮潤也是歲以何爲狀頭其後諸生上請有司揭示皆始於此王安石以三經取士遂罷詞賦按何淳化三年進士第一云真宗者誤以上三條互有同異並存之

四庫全書文恭集宋胡宿撰宿字武平常州晉陵人天聖二年進士由翰林學士拜樞密副使以太子少師致仕謚文恭當時朝廷大著作典重贍麗上法六朝于韻語尤工有正陽門賦又顏子不貳過賦最工

蓼花洲閒錄祥符中蜀中兩舉子赴試夜宿張亞子廟風雪夜深席地而寢忽見廟中燈燭如晝嶽瀆貴神相會商作來歲狀元賦以鑄鼎象物爲題諸神皆一韻各刪潤潤改既畢朗誦兩人私喜謂此爲吾二人發也盡記其賦無一字忘至御試果出是題韻腳亦同兩人皆昏然不復記憶草草完局及唱名狀元乃徐奭既見印賣賦與廟中無一字異也

澠水燕談錄艾穎侍郎少鄉貢入京師中途逢一叟謂穎曰子相甚貴此去當第授穎書一册乃春秋左傳穎熟讀之禮部試鑄鼎象物賦出所得書穎甚喜

援筆立成若有相之者擢甲科
宋史許洞吳人大中祥符四年祀汾陰獻三盛禮賦
召試中書
澠水燕談王彥祖初名元宗慶歷二年方勝冠廷試
應天以實不以文賦罷寢旅舍一人告之曰今年未
當中第彥祖尤不平且責之曰子未嘗見予程文又
未始知予生月何從而知未中第其人笑曰君若中
選賦題天字在下君當三中選皆然今題天字在上
第二字是以知其未也及唱名果不預選次舉春試
不利八月再預廷試又復黜至皇祐五年免解赴禮

部前以卧疾困眠夢至一大府見二人因懇求平生
祿命二人笑不答指而前澠水曰但此水分流君即
登第覺以爲無理久之乃寤即更名汾以符水分之
兆及試禮部嚴父莫大於配天賦廷試圜丘象天皆
中高選後召試學士院又賦明王謹於事天皆符夢
言
宋史晏殊傳景德初張知白安撫江南以神童薦之
帝召殊與進士千餘人並試廷中殊神氣不懾援筆
立成帝嘉賞賜同進士出身後二日復試詩賦論殊
奏臣嘗私習此賦請試他題帝愛其不欺既成上稱

善擢祕書省正字祕閣讀書
東軒筆錄苗振以第四人及第既而召試館職一日
謁晏丞相晏語之曰君久從吏事必疎筆硯今將就
試宜稍温習也振答曰豈有三十年爲老娘而倒綳
孩兒者乎既而試澤宮選士賦韻押有王字振押之
曰率土之濱莫非王由是不中選晏公聞而笑曰苗
君竟倒綳孩兒矣
代醉編李文定迪在場屋有盛名景德二年預省試
主司皆欲得之已而乃不在選主司意其失考取所
試卷覆視之則以賦落韻而黜也遂奏乞特取之王

魏公時爲相從其請既廷試遂爲第一
避暑錄話韓魏公與宋尚書同試中書賦琬圭宋公
文稱已著韓公以二名登科世尚未盡知也或問韓
公則愧謝曰某其敢望宋公報罷必矣已而韓公爲
奏篇之首宋公反出其下
何遠春渚紀聞沈晦赴省至天長道中夢身騎大鵬
搏風而上因作大鵬賦以紀其事已而果魁天下
朱子名臣言行錄蔡齊字子思祥符八年真宗采賈
誼置器之說試禮部所奏至公賦有安天下意歎曰
此宰相器也亟以第一賜之

偶儁范希文仲淹少時作齏賦其警句云陶家甕內淹成碧綠青黃措大口中嚼出宮商角徵益親嘗世味故得齏之妙處

又范希文未遇時作金在鎔賦人皆期其有將相器

范忠宣公集公純仁字堯夫文正次子作襄城宰汝州太守席上作秋風吹汝水賦立成

名臣言行錄范忠文公鎭字景仁少舉進士善文賦場屋師之補國子監生及貢院奏名皆第一

說類歐陽公爲舉子時客隨州秋試試左氏失之誣論云石言于晉神降于莘內蛇鬬而外蛇傷新鬼大

而故鬼小主文以爲一場警策遂擢爲冠蓋當時文體云然晉翰林假亦然由是知之文章之弊非公一變孰能遽革公嘗云詞賦以對的而用事切當爲難

張正素云慶歷末有試天子之堂九尺賦者或云成湯當陛而立不欠一分孔子歷階而升止餘六寸意用孟子曹交言成湯九尺史記孔子九尺六寸事有二主司一以爲善一以爲不善爭久之不決至上章交訟傳者以爲笑

野獲編歐陽文忠典試出題通其變而使民不倦賦時謂多一而字錢氏子因作詩云試官偏愛外生兒

崔公度傳閉戶讀書歐陽修得其所作感山賦以示韓琦琦上之英宗卽付史館

許將舉進士第一歐陽修讀其賦謂之曰君辭氣似王沂公未可量也

藝文類聚嘉祐中劉幾累第一驟爲險怪語翕然成風歐陽公深惡之有舉人論云天地軋萬物茁聖人發公曰此必劉幾戲續曰秀才剌試官刷大朱橫抹之謂之紅勒帛後數年公爲御史考官試堯舜性仁賦有曰靜以延年獨高五帝之壽動而有勇形爲四罪之誅公大稱賞及唱名第一乃劉幾易名煇公愕

然久之因欲成就其名小賦有內積安行之德蓋稟於天公以爲積近於學改爲人莫不以公爲知言又

筆談云主司或夢火山軍得名後歐公所取卷乃劉煇也

公爲御史考官而幾在廷公曰除惡務盡今必痛斥輕薄子以除文章之害有一士人論曰主上收精藏明於冕旒之下公曰吾已得劉幾矣既黜乃吳人蕭稷也

洪邁容齋隨筆大中祥符元年試禮部進士內出清明象天賦等題仍錄題解摹印以示之至景祐元年

始詔御藥院御試自進士題目具經史所出摹印給之丹淵集文同馮京榜進士第五益彰象天地賦
鶴林玉露馮京字當世鄂州咸甯人家貧甚讀書於灊山僧舍僧有犬京與其學者烹食之僧訴之縣縣令命作偷狗賦援筆立成警聯云擣飯引來喜掉續貂之尾索綯牽去驚回顧兔之頭令擊節釋之延之上坐明年遂作三元有詩號灊山集按偶雋所載又作滕元發京皇祐元年進士
癸辛雜識馮京知舉張芸叟賦公生明重疊用韻已而爲第四名竊怪主司鹵莽及元祐中使虜過北門

馮爲留守始修門生敬酒邀馮因言昔忝知舉秘監賦重疊用韻以論策佳輒爲改之擢置高等頗記憶否芸叟方欲不覺酒盃覆懷再三愧謝
偶雋鄭毅夫久負魁望滕元發文名亦不在其下及廷試圜丘象天賦將唱名二公相遇各舉賦破滕云大禮必簡圜丘自然鄭云禮大必簡丘圜自然滕即歎服曰公在我先矣滕嘗預爲笏記云朝廷取士唯求一日之長畎畝愛君咸務積年之學及唱第鄭果第一滕第三鄭却無陛謝之備遂用滕記
夢溪筆談鄭毅夫自負時名國子監以第五人送意甚不平謝主司啓事有李廣事業自謂無雙杜牧文章止得第五之句又云騏驥已老甘駑馬以先之巨鼇不靈因頑石之在上主司深銜之他日廷策主司復爲考官必欲黜落以報其不遜有試業似獮者枉遭斥逐既而發考卷則獮乃第一人及第
傳家集司馬溫公嘉祐三年八月廿七上交趾獻奇獸賦乖崖文集張詠作鯸鮧魚賦序云舟人曰此嗔魚也觸物即怒多爲鳴鳥所食因而賦此以刺世人之褊薄者公是集宋劉敞撰敞字原甫新喻人慶歷中舉進士官至集賢院學士與弟攽齊名敞尤敏贍

嘗直紫微閣一日追封皇子公主九人方將下直止馬却坐一揮九制數千言文詞典雅各得其體工律賦多至二卷蘇東坡前後赤壁賦高出歐陽文忠秋聲賦之上謝疊山云學莊騷文却無一句與莊騷相似見辯體
蘇轍黃樓賦序熙甯十年七月河決於澶淵水及彭城余兄子瞻適爲守吏民爲備故水至而民不恐水既涸請增築徐城即城之東門爲大樓焉堊以黃土曰土實勝水徐人相勸成之乃作黃樓之賦東坡嘗曰子由之文實勝僕而世俗不知反以爲不如蓋子

由為人不願人知故其文似其為人及作黃樓賦乃稍自震厲若欲以警慣慣者便以為僕代作此殆見吾善者機也按兩蘇皆有屈原廟賦宋祝堯謂大蘇賦如危峯特立有嶄然之勢小蘇賦如深淵不測有淵然之光

古賦辯體蘇過字叔黨以文章馳名時號小東坡過嘗作颶風賦尤為人膾炙若其思子臺賦則有韻之論爾

秦觀傳見蘇軾於徐為賦黃樓軾以為有屈宋才

張耒傳幼穎異十三歲能文十七時作函關賦已傳

人口蘇軾稱其文汪洋沖澹有一唱三嘆之聲按耒字文潛有大禮慶賦原出雅頌病暑賦全用招魂

江鄰幾雜志章相性簡淨差試舉人出人為天地心賦舉子白云先朝嘗開封府發解出此題郭稹為解元學士豈不聞乎曰不知不知匆劇別出一題目教由寒暑賦既非已豫先杼軸舉人上請題出樂記此教乃樂教也當用樂否應曰諾又一舉人曰上在諒陰而用樂事恐或非便紛紜不定為無名嘲曰武城廟裏沾良玉夫子門墻弄簸箕惟有太常章得象往來寒暑不曾知

又省試主射虎侯賦云譏君子必爭之藝備大人所變之皮貴老為近親賦云見龍鍾之黃耇彷彿於吾親試官掩卷大笑傳為口實

吳淑傳以近臣薦試學士院預修太平御覽文苑英華又作事類賦百篇以獻詔令注釋淑分注成三十卷上之

困學紀聞李宗衡春秋十賦屬對之工如越椒熊虎之狀弗殺必滅若敖伯石豺狼之聲非是莫喪羊舌魯昭之馬將為檳衛懿之鶴有乘軒于奚辭邑而衛人假之器晉侯請隧而襄王與之田星已一終魯君

之歲亥有二首絳老之年作楚宮見襄公之欲楚效夷言知衛侯之死夷雖憚犧而斷其尾象有齒而焚其身虞不臘矣吳其沼乎蛇出泉臺聲姜薨鳥鳴亳社伯姬卒

春秋類對賦將仕郎試秘書省校書郎徐晉卿撰有皇祐三年辛卯正月望日自序按春秋賦見宋藝文志有崔昇裴光輔尹玉羽李象諸家而晁氏讀書志又有楊鈞分門屬類賦十篇獨不載是書朱氏授經圖焦氏經籍志亦無之則諸君子皆未之見者古人之書往往不盡傳於後世並其姓氏失之若秘書賦

是也屬對之工如施氏況郤犨之子鄭人奪猘狗之妻晉荀躒掩耳而走蒲胥夫被髮而譟吳有越若腹心之搆疾虞得虢猶脣齒之相依七札夸由基之射六鈞傳顏高之弓子干食百八之籲桓子獲千室之封錦二兩子猶受申豐之遺珠一簞趙孟得吳王之賜夫差三年而報怨長萬一日而至陳叔孫烹狗以啖吏人華元殺羊而食戰士楚軍之恩如挾纊衛邦之亂若棼絲藏文仲祀鳥於東門已稱不知季平子用人於亳社可謂非仁子羽知四國之爲使修辭令趙孟觀七子之志命賦聲詩

學易集宋劉跂撰宣房宮賦世尤傳誦然是邇年文體猶是强追古躅者若視當時五鳳樓等作則又反陋於此矣

古賦辯體黃山谷諸賦中惟悼往賦猶有意味他如江西道院休甯煎茶等賦不似賦體只是有韻之贊銘

黃庭堅賦序姨母文城君作白山茶賦蓋以自況類楚人之橘頌感之作後白山茶賦此木產於臨川之崔嵬是爲麻源第三谷故是花也稟金天之正氣非木果之匹亞按此賦言木果似非今之白山茶

困學紀聞晁無咎補之求志賦訊黃石以吉凶兮棊十三而星羅曰由小基大兮何有顛沛謂靈棊經也異苑云十二棊卜出自張文成受法於黃石公行師用兵萬不失一東方朔密以占衆事

又澹菴云韓安國不能作賦罰酒三升王子敬詩不成亦飲三觥一詩一賦豈足以盡豪傑之士

又迂齋謂唐說齋中興賦序得班孟堅兩都賦序意按中興賦序云雖詞有工拙學有博陋氣有强弱思有淺深要皆變化馳騖不失古人之法蓋用道有夷隆學有麤密之意然所取乃律賦非兩都比也

周邦彥傳邦彥錢塘人元豐初遊京師獻汴都賦萬餘言神宗異之命侍臣讀於邇英閣召赴政事堂

又葛勝仲入爲太學正一日上幸學多獻頌勝仲獨獻賦上命中書第其優劣以勝仲爲首

劉弇傳元符中有事於南郊弇進南郊大禮賦哲宗覽之以爲子雲相如復出

黃伯思傳伯思字長睿嘗夢孔雀於庭覺而賦之詞采甚麗

梁谿文集李綱含笑花賦序云南方花木之美者莫若含笑綠葉素榮其香郁然方蒙恩而入幸價重一

時故感而爲之賦按蒙恩句指朱勔花石綱也
會稽三賦宋王十朋撰一曰會稽風俗賦二曰民事堂賦三曰蓬萊閣賦以上皆高宗紹興戊寅年秋冬之爲府簽判時作也明陶望齡合三賦序行而註之者則渭南逢吉也
莆陽知稼翁集宋考功員外郎黃公度著公度字師憲紹興八年進士第一省試天子以德爲車賦解試和戎國之福賦又賢人國家之利器賦
偶儁紹興間黃公度榜第三人陳修福建解試四海想中興之美賦第五韻隔對云葱嶺金隄不日復廣

輪之大太山玉牒何時清封禪之塵時諸郡試卷多經御覽高宗親書此聯粘之殿壁及唱名上云卿便是陳修因誦此聯凄然出涙其年第五人方蒻解試中興日月可冀賦一聯云佇觀僚屬復光司隸之儀忍使須臾咸泣山東之詔亦經御覽唱名特加一資
偶儁周益公必大紹興丁丑詞科以交阯進馴象命題就試之士僅能形容畫象及塑象而已惟公曲盡馴象生意有云名應周郊之五路克協馭儀耳聞舜樂之八音能參率舞又曰靡憚奔馳幸舍鷟飛之跕跕無煩教擾俾陪舞獸之般般主司驚異遂中首選

偶儁孝宗時上庠試卷時經御覽辛丑大旱七月秋試閔雨有志於民賦魁士劉大譽賦中有商霖未作相傅說於高宗漢旱欲蘇烹宏羊於孝武之句時趙溫叔爲相孝宗遂欲因此罷之會有詔迎天竺觀音就明慶寺請禱有爲詩者曰走殺東頭供奉班傳宣聖旨到人間太平宰相堂中坐天竺觀音却下山溫叔聞之遂乞免
國學紹聞紹興中省試高祖能用三傑賦第四韻用運籌帷帳考官謂漢書乃帷幄非帳字不敢取徽棘以語周益公益公曰史記云運籌帷帳之中非誤也

湻熙中省試人主之勢重萬鈞賦第一聯有用洪鍾二字者考官哂之洪文敏典舉聞之曰張平子西京賦洪鍾萬鈞此必該洽之士遂預選紹熙中四明試航琛越水詩有用東坡舶趠二字而黜者決得失於一夫之目其幸不幸若此
又前輩作風俗萬世之基賦末韻云東都之季清議扶之而有餘强秦之末壯士守之而不足舜由仁義行賦云亶聰明而有作無作聰明由仁義以安行非行仁義又非刀匕是共膳宰舉席間之觶釋椎鑿而對輪人議堂上之書此工執藝事以諫賦也

又袁樞嘗以修身爲弓賦試國子監周必大劉珙皆期以爲遠大器

苕溪劉一止三友齋賦序一塵友命曰白友一拳石曰碧友一琴曰黑友因名其齋云

宋史趙鄰幾傳鄰幾字亞之家世爲農少好學能屬文嘗作禹别九州賦凡萬言人多傳誦

宋本滋溪書堂記曰元祐六年予初來京師聞同學貴游稱諸生蘇伯衡以碣石賦中公試往往誦其警句名籍甚

齊東野語李璧李𡌴同登科皆以文名而律賦非其

所長

宋史選舉志紹定四年臣僚言乞戒飭漕臣嚴選考官地多經學則博選通經者地多賦學則廣致能賦者主文必兼經賦乃可充其職

四朝聞見錄留公元剛字茂潛與真文忠公德秀俱以宏博應選時李公大異校其卷於文忠卷首批云宏而不博於留卷首批云博而不宏

老學庵筆記遼相李儼作黃菊賦獻其主耶律宏基宏基題其後云昨日得卿黃菊賦碎剪金英填作句袖中猶覺有餘香冷落西風吹不去

遼史曰劉叚六符子也聖宗一矢斃雙鹿叚乃獻賦上嘉其贍麗

又張子齡字子壽帝賜白羽扇乃獻賦自況帝嘉其才高理妙

金史選舉志明昌元年益都童子劉住兒年十一能詩賦誦大小六經上召至內殿試鳳凰來儀賦魚在藻詩又令賦旱詩上嘉之賜本科出身

金史傳曰施宜生試一日射三十六熊賦擢第

又曰賈鉉泰和六年御試上曰丞相崇浩嘗謂試題頗易由是諸進士例不讀書朕今欲以日合天統爲

賦題賈鉉對曰題則佳矣恐非所以牢籠天下士也

宗室傳曰熙宗獵於海島三日之內親射五虎獲之昜獻東狩射虎賦上悅賜以佩刀玉帶良馬

金史傳曰郝天挺元好問嘗從學進士業天挺曰今之賦學以速售爲功六經百家分裂緝綴或篇章句讀不之知幸而得之不免爲庸人此所以文貴實而不貴華也

金史劉昂傳高祖而下七世登科昂天資警悟律賦自成一家

金史鄭子聃傳及冠有能賦聲天德二年中第一甲

第三八

金史李純甫傳純甫自負其才謂功名可俯拾作矮柏賦以諸葛孔明王景畧自期

元史熊朋來傳每燕居鼓瑟而歌以自樂著瑟賦二篇學者爭傳誦之

元史傳曰陳孚至元中以布衣上大一統賦江浙行省爲轉聞於朝署上蔡書院山長又曰謝端五六歲能吟詩十歲能作賦

輟耕錄楊彥顧淵白恃才傲物嘗入京獻燕都賦翰長元復初曰今四海一統六合一家燕蓋昔人戰國名何燕之稱慚服而歸

明紀洪武元年十一月命東宮官作鍾山龍蟠賦時雪賦因賜出宴又洪熙元年正月賜三公及九卿天元玉歷祥異賦

宋濂恭跋御賜詩後曰洪武八年秋八月上覽川流之不息陋尹程秋水賦言不契道乃更爲之賦召禁林羣臣觀之且曰卿等亦各撰賦皆親覽焉復置品評於其間已而賜坐敕大官進天厨奇珍

水東日記閩人鄭琳讀書播耩不求聞達自號躭犁生吏部侍郎練子甯爲作躭犁賦以道其意

周敘送致仕訓導彭先生序曰聖天子嗣登寶位越十有二年以所著兩京賦進極鋪張混一之盛創業守成之規上嘉之特賜冠帶俾爲致仕訓導歸老

水東日記臨江潘若水與解縉謝貝稱吏中三傑有桃源賦

明詩紀事錢惟善字思復錢塘人至正辛巳鄉試出羅刹江賦鎖院三千人皆不知錢塘江爲曲江思復據枚乘七發引用因此得名遂號曲江居士又高叔嗣字子業祥符人年十六作申情賦萬言又文翔鳳字天瑞三水人作金陵三賦以當帝京

明詩紀事王燧字汝玉長洲人常與羣臣應撰撰神龜賦汝玉第一

偶雋楊用修與諸才士宴集偶談及唐人謝觀白賦云曉入梁王之苑雪滿羣山夜登庾亮之樓月明千里赤賦云田單破燕之日火燎平原武王伐紂之時血流漂杵一客效之作黑賦曰孫臏銜枚之際半夜失蹤達磨面壁以來九年閉目一客賦青曰帝子之望巫陽遠山過雨王孫之别南浦芳草連天一客賦黃曰杜甫柴門之外雨漲春流衛青油幕之前沙含夕照或謂月明千里得白之神曰火曰血不免著跡

且燎原事與田單不相干一客改之曰堯時十日並出爍石流金秦火三月延燒照天燭地用修謂曰血曰火及十日並出三月延燒皆非佳境或改之曰孫綽賦天台景高城霞起而建標杜牧詠江南春十里鶯啼而映綠稍有風韻又賦黃曰靈均之歎木葉秋老洞庭淵明之嗟落英霜清彭澤信勝舊矣黑賦亦非佳況余居堯山堂與家兄春甫見後談及此春甫應聲曰驪驥成羣雲暗陰山之北烏鴉成陣風霾柏府之旁洗硯而墨池渾迴車而耘林暮並不作黠鬼簿語因相語鼓掌大噱

野獲編成化宏治年吳中祝枝山允明唐六如寅先後負雋聲競艷藻唐有金粉福地賦甚麗惜予未之見祝先有烟花洞天賦正堪與唐作對其後又有風流遁賦則皆俳語也予少時曾與友人賭抄本尚憶得一二聯如畫堂內傳杯遞盞參轃者玉帳牙旗繡簾前品竹彈絲掩映出高衙大纛又云四邊厢眼裏大假捏妖言一會子耳邊風虛張聲勢又云急鄧鄧通紅粉臉不過是詐敗佯輸顫巍巍咬定銀牙無非是裏應外合又云寸心千里坐守老營一日三秋背離汎地又云歡娛嫌夜短惟求郄日揮戈寂寞恨更長那討聞雞起舞其他皆不及記詞雖淫媟亦是有致盖二公皆老公車不得志多寄跡平康以銷壯心即見啞於禮法士非所計也

劉鳳續吳先賢傳唐寅嘗作昭恤賦以自哀

四友齋叢說東橋甚重祝枝山文其所作覲雲賦盖手書以贈東橋者東橋每遇文士在坐即出之展翫甚相誇詡然文實不佳余最不喜之盖枝山天才非不過人但旣鮮識見又無古法終未盡善其為黃美之作烟花洞天賦傾動一時大率皆此類也東橋又稱唐六如廣志賦即口誦其賦序數十許語言賦甚

長不能舉其詞序託意旣高而遣詞亦甚古當是一佳作今吳中刻六如小集獨此賦下註一闕字想其文遂不傳矣

治世餘聞程篁墩學士敏政代謝于朝注雪心賦

明詩紀事桑悅字民懌在燕市見高麗使者市本朝兩都賦無有恥之作兩都賦

賦話卷十畢

雨村詞話

光緒壬午年
鋟於樂道齋

雨村詞話序

詞非詩之餘乃詩之源也周之頌三十一篇長短句居十八漢郊祀歌十九篇長短句居五至短簫鐃歌十八篇皆長短句自唐開元盛日王之渙高適王昌齡絶句流播旗亭而李白菩薩蠻等詞亦被之管絃實皆古樂府也詩先有樂府而後有古體有古體而後有今體樂府長短句即古體也温韋以流麗爲宗花閒集所載南唐西蜀諸人最爲古豔北宋自東坡大江東去秦七黃九踵起周美成晏叔原柳屯田賀方回繼之轉相矜尚曲調愈多流衍愈別鄱陽姜夔鬱爲詞宗一歸醇正於是辛稼軒史達祖高觀國吳文英師之於前蔣捷周密陳元衡王沂孫效之於後譬之於樂舞箾至于九變而歎觀止矣流傳既廣互有月旦而詞話生焉陳后山不工詞而詞話實由之祖自是以來作者指不勝屈而吾蜀升菴詞品最爲允當勝弇州之英雄欺人十倍而近日徐釚有詞苑叢譚一書聚古今之詞話彙集成編雖不著出處而掇拾大備可謂先得我心矣然則余又何詞之可話也大凡表人之妍而不使美惡交混曰話摘人之媸而使之瑕瑜不掩亦曰話余之爲詞話也表妍者少

而摘媸者多如推秦七抑黃九之類其本意也蓋妍不表則無以著其長媸不摘則實以形其短非以非前人也正以是前人存前人之是正所以正今人之非也非特以証今人之非實以証巳之非也五十無聞學可知矣而猶老不知恥爭辨於剪紅刻翠之間不知後有何人復議予之妍媸也予家藏有常熟毛氏詞所彙宋元百家詞寫本即朱竹垞所云抄傳絶少未見全書者並汲古閣所刊六十名家詞日披閱之而擇其可學者取以為法其不可學者取以為鑒錄成目曰雨村詞話夫見賢思齊見不賢自省亦聖

賢之事也其必如是別白何也誠以詞也者非詩之餘乃詩之源也童山李調元序

雨村詞話卷一

羅江 李調元 童山 撰

太白遺詞

河漢女玉鍊顏雲軿往往在人間九霄有路去無迹裊裊香風生珮環吳虎臣云此太白遺詞有得於石刻而無其腔劉無言倚其聲歌之音極淸雅見詞綜按此腔即桂殿秋也

罘罳

溫庭筠喜用罘罳及金鷓鴣金鳳凰等麗字是西崑積習金皆衣上織金花文罘罳今垂纓也

團蘇

溫庭筠南歌子團蘇握雪花言花之白如團蘇也與酥同義

觜

皇甫松詞天仙子云躑躅花開紅照水鷓鴣飛遶靑山觜觜喙也前此未入詞其字始於杜少陵鱗角鳳觜世莫識今俗作嘴字非

界

詞用界字始韋端巳天仙子詞云淚界蓮腮兩線紅宋子京蝶戀花詞效之云淚落胭脂界破蜂黃淺遂

成名句

馱

毛文錫西溪子云嬌妓舞衫香暖不覺到斜暉馬馱歸東坡臨江仙云細馬遠馱雙侍女馱字本此

鞴

今人呼馬加鞍轡曰鞴馬見花間集韓昭蘊詞寶馬曉鞴雕鞍

輪臺

牛嶠更漏子星漸稀漏頻轉何處輪臺聲怨按漢書武帝下輪臺之詔語本此

鎮鏁二字

白舍人佖詞如其詩花間集所載皆可入選更工于用字如浣溪紗云翠鈿金縷鎮眉心又斷香輕碧鏁愁深鎮鏁二字開後人無限法門

烘

烘字宋人多用如烘堂詞及一烘入烟之類唐張佖有馬嘶塵烘一街烟之句烘字始此

淘金

古淘金多婦女大約出於兩粵土俗毛文錫中興樂詞云豆蔻花繁烟豔深丁香軟結同心翠鬟女相與共淘金紅蕉葉裏猩猩語鴛鴦浦鏡中鸞舞絲雨隔荔枝陰皆粵中俗也今楚蜀多有之然皆用男子矣

銀字

和凝山花子云銀字笙寒調正長按唐書禮樂志備四本屬清樂形類雅音有銀字之名中管之格音皆前代應律之器也宋史樂志太平興國中選東西班習樂者樂器獨用銀字觱篥小笛小笙白樂天詩高調管色吹銀字徐鉉檀的慢調銀字管吳融詩管纖銀字密梭密錦書句故詞中多用之蔣竹山詞銀字笙調雁字箏調所由來也

折腰句法

顧夐獻衷心詞繡鴛鴦帳暖畫孔雀屏欹此詞中折腰句法也今作譜並斷為句非

闖

王之道桃源憶故人詞有句云滴盡柳梢殘雨月闖西南户闖讀若郴左傳闖然公子陽生也

戰

孫光憲菩薩蠻詞碧烟輕裊裊紅戰燈花笑戰字新

厮鬧

楊无咎天下樂詞前段云雪後雨兒雨後雪鎮日價

長不欵今番為寒忒太切和天地也來廝鼈價字忒字廝鼈自皆曲中借用俗語不可入詞廝鼈卽牌鼈之類

織

詞用織字最妙始于太白詞平林漠漠烟如織孫光憲亦有句云野棠如織晏殊亦有心似織句此後遂千變萬化矣

益壽

沈竹齋瀛壽人減字木蘭花詞有句云跪花獻酒清徹雲璈歌益壽按太平廣記云老子父為上御大夫娶益壽氏女嬰敷生老子壽古譸字

鏤

李珣工於浣溪沙詞其詞類七言須于一句中含無限遠神方妙如入夏偏宜淺淡粧又暗思何事立殘陽又斷魂何處一蟬新皆有不盡之意至六街微雨鏤香塵鏤字則尖新少意味矣

陳媼

王實之邁賀新郎詞為劉后村母夫人壽末句云笑陳媼三題柱自注有陳夫人者題閫帥廳柱云嘗侍父從夫及就養三至此廳亦佳話也

漁歌子

世皆推張志和漁父詞以西塞山前一首為第一余獨愛李珣詞云柳垂絲花滿樹鶯啼楚岸春天暮棹輕舟出深浦緩唱漁歌歸去罷垂綸還酌醁孤村遙指雲遮處下長江臨淺渡驚起一行沙鷺不滅斜風細雨不須歸也

也囉

趙長卿攤破醜奴兒詞也囉眞箇是可人香也囉二字乃歌詞助語辭南曲水紅花亦用此二字按佛經囉作羅打切俗語亦有囉哩囉嗹之說而向來南曲俱唱作羅字音故浣沙記有唱一聲水紅花也囉不知曲中有月明千里故人來也囉仍叶羅打切也

劄

詞非詩比詩忌尖刻詞則不然魏承班訴衷情云皓月瀉寒光劄人腸尖刻而不傷巧詞至唐末初盛已有此體若東坡劄愁還有劍鋩山巧矣以之入詩終嫌尖削

閔子

趙長卿旅水詞云閔子裏施纖手閔子裏卽西廂酩子裏乃暗地裏之謂也

套襲

太白詞有雲想衣裳花想容已成絕唱韋莊效之金似衣裳玉似身尙堪入目而向子諲花想容儀柳想腰之句毫無生色徒生厭憎此皆李赤之于李白黄樂地之于白樂天杜荀鴨之于杜荀鶴無賴之類所爲也

東坡點金

蜀主孟昶冰肌玉骨一闋本玉樓春調蘇子瞻洞仙歌檃括其詞反爲添蛇足矣詞綜謂爲點金信然

小山樂府補亡

晏幾道小山詞似古樂府余絕愛其生查子云長恨涉江遥移近溪頭住閒蕩木蘭舟臥入雙鴛浦無端輕薄雲暗作廉纖雨翠袖不勝寒欲向荷花語公自序云補亡一偏補樂府之亡也可以當之

遊仙詞

詩有遊仙詞亦有遊仙人皆謂柳三變樂章集工于闈帳淫媟之語羈旅悲怨之辭然集中巫山一段雲詞工于遊仙有飄飄凌雲之意人所未知詞云清旦朝金母斜陽醉玉龜天風搖曳六銖衣鶴背覺孤危貪看海蟾狂戲不道九關齊閉相將何處寄良宵還去訪三茅叉蕭氏賢夫婦茅家好弟兄羽輪飆駕赴層城高會盡仙鄉一曲雲謠爲壽倒盡金壺碧酒醺酣爭擲白榆花踏碎九光霞末二句眞不食烟火之語

淫詞

柳永淫詞莫逾于菊花新一闋見升菴詞林萬選詞云欲掩香幃論繾綣先斂雙蛾愁夜短催促少年郎先去睡鴛衾圖暖須臾放了殘針線脫羅衣恣情無限留着帳前燈時時待看伊嬌面

四影

張三影已膾稱人口矣尙有一詞云無數楊花過無影合之應名四影

永叔十二月鼓子詞

王荊公嘗對客誦永叔小闋云五綵新絲纏角粽金盤送生綃畫扇盤雙鳳曰三十年前見其全篇今才記三句乃永叔在李太尉端愿席上所作十二月鼓子詞數問人求之不可得按公此詞名漁家傲按十二月作如其數皆工膩熨貼不獨五綵數佳也荆公以不可得爲恨而還詞家多不採今並載于此詞云

正月斗杓初轉勢金刀裁剪工夫異稱慶高堂歡

幼稚看柳意偏從東面春風至　十四新蟾圓尙未樓前乍看紅燈試冰散綠池泉細細魚影戲圓林已是花天氣　二月春耕昌杏密百花次第爭先出惟有海棠梨第一深淺拂天上紅粉眞無匹　畫棟歸來巢未失雙語欵語憐飛乙囸客醉花迎曉日金盞溢卻憂風雨飄零疾　三月清明天婉娩晴川祓禊歸來晚況是踏青來處遠猶不倦秋千別閉深庭院更値牡丹開欲遍酴醾壓架清香散花底一樽誰解勸增眷戀東風向晚無情絆　四月園林春去後深深密幄陰初茂折得花枝猶在手香滿袖葉間梅

子青如豆　風雨時時添氣候成行新筍霜筠厚題就送春詩幾首聊對酒櫻桃色照銀盤溜　五月榴花妖豔烘綠楊帶雨垂垂重五色新詩纏角粽金盤送生綃畫扇盤雙鳳　正是玉蘭時節動菖蒲酒美清尊送葉裏黃鸝時一哢猶瞢鬆等閑驚破紗窗夢

六月炎天時霎雨行雲涌出奇峯路沼上嫩蓮腰東素風兼露梁王宮闕無煩暑　畏日亭亭殘蕙炷傍簾乳燕雙飛去碧盌敲冰傾玉處朝與暮故人風快凉輕度　七月新秋風露早浦蓮尙折庭梧老是處瓜華時節好金樽倒人間綵縷爭祈巧　萬葉敲聲涼自到百蟲啼晚煙如埽箭漏初長天杳杳人語悄那堪夜雨催清曉　八月秋高風歷亂衰蘭敗芷紅蓮岸皓月十分光正瑣滿清光此年年常飲瓊筵看　社近愁看歸去燕江天空闊雲容漫宋玉當時情不淺成幽怨鄉關千里危腸斷　九月霜秋林已盡烘林敗葉紅相映惟有東籬黃菊盛遺金粉人家簾幕重陽近　曉日陰陰晴未定授衣時節輕寒嫩新雁一聲風又勁雲欲凝雁來應有吾鄉信　十月小春梅蕊綻紅樓畫閣新粧遍鴛帳美人貪睡煖梳洗嬾玉壺一夜輕澌滿　樓上四垂簾不捲天寒山

色偏宜遠風急雁行吹字斷紅晚江天雪意雲撩亂

十一月新陽排壽宴黃鍾應管添宮線獵獵寒威雲不倦風頭轉時看雪霰吹人面　南至迎長催漏箭書雲紀候冰生研臘迎探春春尙遠閒亭院梅花落盡千千片　十二月寒凝天地閉莫嫌臺榭無花卉惟有酒能欺雪意增豪氣直教耳熱笙歌沸　隴上雕鞍惟數騎獵圍半合新霜至霜重鼓寒聲不起千人指馬前一雁寒空墜

褭蹄

歐陽永叔玉詞無一字無來處如南鄉子詞偷得褭

蹏新鑄樣俗作馬蹄本漢書武帝詔以黃金鑄麟趾褭蹄以叶瑞又少年遊詞歸路似章街本文選走馬章臺街今俗作草街誤

夭邪

東坡荷華媚詞有句云妖邪無力挼妖應作夭音歪出白樂天長慶集詩自註今俱作妖刻誤也

春色三分

宋初葉清臣字道卿有賀聖朝詞云三分春色二分愁更一分風雨東坡水龍吟演爲長句云春色三分二分塵土一分流水神意更遠

喚作兒

人謂東坡長短句不工媚詞少諧音律非也特才大不肯受束縛而然間作媚詞卻洗盡鉛華非少游女孃語所及如有感南鄉子詞云冰雪透香肌姑射仙人不似伊濯錦江頭新樣錦非宜故着尋常淡薄衣暖日下重幃春睡香凝索起遲曼倩風流緣底事當時愛被西真喚作兒喚作兒三字出之先生筆却如此大雅

淮海遺詞

秦淮海遺詞散失多見別本而時刻不載如虞美人影云碧紗影弄東風曉一夜海棠開了枝上數聲啼鳥粧點知多少妬雲恨雨腰肢裊眉黛不堪重埽薄倖不來春老羞帶宜男草可知此外軼更多矣

山谷改少游詞

萬氏詞律少游河傳詞末句云悶損人天不管按山谷和秦尾句云好殺人天不管自註云因少游詞戲以好字易瘦字是秦詞應作瘦殺人今刊本皆作悶損人葢由未見山谷詞也然巧拙亦于此一字見之黃九不敵秦七亦是一證

衠

秦少游品令後段云須管啜持教笑又也何須肐織衠倚賴臉兒得人惜放軟頑道不肐織衠倚賴皆俳語衠音諄西厢一團衠是嬌又一首云棹又懼天然箇品格于中壓一棹又懼壓一皆彼時歌伶語氣也末云語低低笑咭咭卽乞乞皆失聲

㕭

少游醉譎藤州一日醉野人家作醉春詞云喚起一聲人悄衾冷夢寒窗曉瘴雨海棠開春色又添多少過社甕釀成微笑半缺柳瓢共㕭覺傾倒急投牀醉鄉黃大人間人㕭音咬以瓢取酒也本集不載見于地志或不識㕭字妄改

可笑

七急拍七拜

毛滂剔銀燈詞題云同公素賦侑歌者以七急拍七拜勸酒有頻𨬩燈別敲牙板倘有龍膏堪續此等勸酒法在宋時所僅見

山谷十六歲作

秦少游淮海集首首珠璣爲宋一代詞人之冠今刋本多以山谷作雜之黃九之不逮秦七古人已有定評豈容溷入如畫堂春詞東風吹柳日初長雨餘芳草斜陽杏花零亂燕泥香睡損紅粧寶篆烟消龍鳳畫屏雲鎖瀟湘夜寒微透薄羅裳無限思量氣薄語弱此山谷十六歲作也不應雜入

寶盌勇禪師漁家傲

山谷漁家傲云予嘗戲作詩云大葫蘆挈小葫蘆惱亂檀郎得傒活每到夜深人靜後小葫蘆入大葫蘆又云大葫蘆枯有此通大道無此令人老不問惡與好兩葫蘆俱倒或請以此意倚聲律作詞使人歌之爲作漁家傲云踏破草鞋參到老等閒拾得衣中寶遇酒逢花須一笑重年少俗人不用嗔貪道是處青旗誇酒好醉鄉路上多芳草提着葫蘆行未到風落帽葫蘆却纏葫蘆倒又江盌江口阻風戲効寶盌勇禪師作古漁家傲王環中云廬山中人頗欲得之試思索始記四篇萬水千山來此土本提心印傳梁武對朕者誰渾不顧成此語江頭暗折長蘆渡面壁九年看二祖一花五葉親分付隻履提歸葱嶺去君知否分明忘却來時路又三十粹年無孔竅幾回得眼還迷照一見桃花參學了呈法要無絃琴上單于調摘葉尋枝虛半老拈花特地重年少今後水雲人欲曉非玄妙靈雲合被桃花笑又憶昔藥山生一虎華亭船上尋人渡散却夾山拈坐具呈見處繫驢橛上合

頭語千尺垂絲君看取離鉤三寸無生路搴手一橈親子父猶回顧瞎驢喪我兒孫去又百丈峯頭開古鏡馬鉤踏殺重蘇醒接得古靈心眼淨光爛爛歸來藏挂袈裟影好箇佛堂佛不聖祖師沉醉猶看鏡却與斬新提祖令方猛省無聲三昧天皇餅魯直少時使酒玩世喜造纖淫之句法秀道人誡曰筆墨勸淫應墮犂舌地獄魯直答曰空中語耳晚年來亦間作小詞往往借題棒喝拈示後人如効寶盌勇禪師漁家傲機關不與桃葉團扇鬬妖艷其悟深矣

醉落魄舊曲

山谷醉落魄題云舊有一曲醉醒醒醉憑君會取這滋味濃斟琥珀香浮蟻一入愁腸便有陽春意須將幕席爲天地歌前起舞蹝睡從它兀兀陶陶裏猶勝醒醒惹得閒憔悴此曲亦有佳句而多斧鑿痕又語高下不甚入律或傳是東坡語非也與蝸角虛名解下癡絛之曲相似疑是王仲文作因戲作二篇呈吳元祥黃中行似能厭道二公意中事詞云陶陶兀兀樽前是我華胥國爭名爭利休休莫雪月風花不醉怎歸得邯鄲一枕誰憂樂新詩新事因閒適東山小妓攜絲竹家裏樂天村裏謝安石公自註石曼卿自

嘲云村裏黃旛綽家中白侍郎此段可備詞話一則前人所未採入今補于此

駁坊本刻辛稼軒醜奴兒近之誤

萬紅友詞律云嘯餘及圖譜收辛稼軒醜奴兒近一調今查係全誤特照舊刻錄之并駁正于後覽者當爲一噱詞第一段千峯雲起驟雨一霎而價更遠樹斜陽風景怎生圖畫青旗賣酒山那畔別有人家只消山水光中無事過者一霎午睡醒時松窗竹户萬千瀟灑野鳥飛來又是一第二段飛流萬壑共千巖爭秀孤負平生弄泉手歎輕衫有幾許紅塵還自喜濯髮滄浪依舊第三段人生行樂耳身後虛名何似生前一盃酒便此地結吾廬待學淵明更手種門前五柳且歸去父老約重來問如此青山定重來否此詞自來分三段其字一百四十六從稼軒舊集汲古閣板皆同其後嘯餘譜等書因從而分字句論平仄爲圖並考證于下蓋欲以此號詔天下後世學詞者從而信之守之俱謂醜奴兒近有此一格相與模倣塡之矣余向疑之謂此詞必有簡錯非僅字句叶韻之差也如又是一飛流萬壑句稼軒必不至如是不通且用韻或一二假借亦必無前後分異若此因于暇日再四紬繹諷

咏忽焉得之蓋其所謂第一段者實醜奴兒之前段也所謂第二段者則前半仍是醜奴兒而後半則非醜奴兒矣午睡以下十二字原是本調分作三句灑字是叶韻者其下則此調殘缺不全野鳥飛來又是一七個字野字之上缺一字又是一之下竟全遺失矣至飛流萬壑以下及所謂第三段者則係完全一首洞仙歌前段依舊止後段人生起也細細校對無一字不合只歎輕衫帽之衫字下落一短字耳歷來俱以洞仙歌全首彊借爲醜奴兒之尾豈非怪事又攷稼軒原集醜奴兒近之後即載洞仙歌五首當時

知因不何遺失醜奴兒後半竟將洞仙歌一闋錯補其後故集中遂以醜奴兒作一百四十六字而後洞仙歌止存四闋矣讀者未嘗熟玩洞仙歌句法安能覺齒吻間有此聲响乎且見各家譜圖鑿然註明更無疑惑遂認定醜奴兒另有此一體然則讀者之不詳審其過尙輕而向來刻詞者之過較重至作譜作圖爲定格以教後人其誤不淺此詞自稼軒迄今五百七十餘年至今日始得洗出眞面目亦大快事也今錄其洞仙歌五首之一以備考可知也詞云松關桂嶺望靑葱無路費盡銀鉤榜隹處悵空山歲晚窈

窕誰來須看我醉臥石樓風雨仙人瓊海上握手當年笑許君携半山去剗疊嶂卷飛泉洞府淒凉又却怕先生多取怕夜半羅浮有時還好長把雲烟再三遮住此段另具隻眼可證諸家之失因載之

山谷誤記杜詩

山谷減字木蘭花題云丙子仲秋黔守席上客有擧岑嘉州中秋詩曰今夜鄜州月閨中只獨看遙憐小兒女未解憶長安因戲作按此詩乃杜少陵非岑嘉州也係山谷誤記

歐梅二妓

歐舞梅歌君更酌山谷玉樓春詞末句也註云梅歐當時二妓

憕

山谷南鄉子句晝出西樓一憕秋憕陟孟反開張晝繪也見龍龕手鑑

連臺拗倒

山谷清平樂詞句自註唐龍朔中子母相去連臺拗倒俗謂杯盤爲子母又盤爲臺

撋就

山谷詞醻似曲如歸田樂云對景還消受被箇人把

人調戲我也心兒有憶我又喚我見我嗔我天甚教人怎生受看承幸則勾又是尊前眉峯皺是人驚怪寃我忒撋就棄了又捨了一定是這回休了及至相逢又依舊撋如專切挨也趙長卿簇水詞亦有試撋就句又有百撋百就句

訑尿哻呰

後山謂今詞家惟黃七秦九此語大不可解山谷惟工詩耳詞非所長望遠行云自見來虛過却好時好日這訑尿粘膩得處煞是律據眼前言定也有十分七八寃我無心徐告佛那管人間底且放我快活哻

便索覺別茶甁待又怎不遇偎花映月且與一斑半
點只怕你沒丁香核詞共七十六字樂府用諺語詩
餘亦多俳體然未有如此可笑者訑尿嘚呰等字卽
云是當時坊曲優伶之言而至此俗褻如何可入風
雅乎且經傳訛已久字畫亦差字數亦未確愈爲無
理涪翁詩故爲聱牙當時宗尙西江月爲鼻祖實非
大雅正傳此詞尤爲惡道詞綜云于黄作去取特嚴
未肯深論愚則有所不耐

字謎

山谷有同心詞云你共人女邊着子爭知我門裏挑

心字謎入詞始此乃好悶二字也

噷

山谷少年心後段詞云便與拆破待來時鬲上與廝
噷則箇溫存着且教推磨字字令人粲齒按字書無
噷字

𡱁䯪

黄山谷詞多用俳語雜以俗諺多可笑之句如鼓笛
令詞云共道他家有婆婆與一口管教𡱁䯪又云副
靖傳語木大鼓兒裏且打一和更有些兒得處囉又
一首云打揭兒非常愜意又却跋翻和九底又一首
云凍着你影䯪村鬼此類甚多皆不可解且𡱁䯪二
字字書不載意卽甚麽之訛也又如別詞中奚落忔
憎吵噷等字皆俗俳語也元人曲有之皆不宜入詞

奴奴

樂府女人自稱只言奴惟山谷詞始有奴奴睡奴奴
睡也奴奴睡句後始用雙字亦猶稱人爲人人之意

娶

陳后山詞喜用尖新字然最穩如浣溪沙安排雲雨
娶新晴娶字未經人道

伊凉

樂天詩櫻桃樊素口楊柳小蠻腰伊州凉州古舞曲
地名也后山西江月云正須蠻素作伊凉筆力雖好
終嫌雜湊先生嘗有詞自贊黄秦去後無強敵可謂
言大

涇紅箋

后山有漁家傲詞咏蘇州涇紅箋有色鬥朝花光觸
日句疑卽今硃砂箋也

初楊

后山減蘭有白下門東誰見初楊弄晚風以新柳爲
初楊甚新異

卷一終

雨村詞話卷二

羅江　李調元　童山　撰

詞話始陳后山

宋人詩話甚多未有著詞話者惟后山集中載吳越王來朝張三影青幕子婦妓黃詞柳三變蘇公居穎王平甫之子七條是詞話當自公始

擇腔

晁補之有鬭百花詞楊誠齋云詞須擇腔如鬭百花之無味因此後作此腔者寥寥今按詞後段云低問石上鑿井何由及底微向耳邊同心有縁千里句法

本古樂府更工于言情乃知誠齋非深于此道者

梅花第一詞

各家梅花詞不下千闋然皆互用梅花故事綴成獨晁無咎補之不持寸鐵別開生面當為梅花第一詞鹽角兒云開時似雪謝時似雪花中奇絕香非在蕊香非在萼骨中香徹占溪風留溪月堪羞損仙桃如血直饒更疎疎淡淡終有一般情別

撥燕巢

周邦彥片玉詞南鄉子云輕軟舞時腰初學吹笙苦未調誰遣有情知事早相撩暗舉羅巾遠見招癡騃一團嬌自折長條撥燕巢不道有人潛看著從教掉下鬟心與鳳翹詞景俱新麗動人此春閨詞也刻本題下註撥燕巢三字蛇足

張內史

李之儀姑溪詞妙于鍊意如步嬾恰尋床臥看游絲到地長又如時時浸手心頭慰受盡無人知處涼又擬學畫眉張內史略借工夫按漢書百官表武帝太初元年更名京兆尹左內史名左馮翊元稹詩內史稱張敞今人但知京兆畫眉不知內史卽京兆也因表出之

姑溪古樂府

李之儀卜筭子云我住長江頭君住長江尾日日思君不見君共飲長江水此水幾時休此恨何時已只願君心似我心定不負相思直是意姑溪古樂府俊語花菴中興詞選不列之南渡諸家而各詞選亦未有採入者信遺珠之恨千古同然

玲瓏罩

姑溪點絳脣云匀粧了背人微笑風入玲瓏罩罩所以罩鑪者以銅鐵絲為之

鵻毛

李之儀臨江仙詞咏藏春玉云青潤奇峯名韞玉溫其質茲瓊瑤中分瀑布瀉雲濤雙巒呈翠色氣象兩相高珍重幽人誠好事綠窗聊助風騷寄言俗客莫相嘲物輕人意重千里贈鵝毛末二句全用俗諺而上句先用俗客莫相嘲故用來渾然脫俗藏春以名其所贈之玉也

稼軒風

戴復古石屏望江南有壺山詩四首石屏老三首一時推名作余尤愛者二詞云壺山好文字滿胸中詩律變成長慶體歌詞綽有稼軒風最會說窮通中年

後雖老未成翁兒大相傳書種在客來不放酒樽空相對醉顏紅石屏老長憶少年遊自謂虎頭須食肉誰知猿背不封侯身世一虛舟平生事說着也堪羞四海九州雙腳底千愁萬恨兩眉頭白髮早歸休稼軒謂辛棄疾也與石屏同時其名重如此

石屏薄倖

陶宗儀云石屏未遇時流寓江右武甯有富家翁愛其才以女妻之居三年忽作歸計妻問故告以曾娶妻白之父怒妻宛釋盡以奩具贈夫仍餞以詞云惜多才憐薄命無計可留汝揉碎花箋忍寫斷腸句道旁楊柳依依千絲萬縷抵不住一分愁緒捉月盟言不是夢中語後回君若重來不相忘處把杯酒澆奴墳上土夫既別遂赴水死女既賢烈而石屏何薄倖乃爾也升菴譏之良是而毛晉輩又欲為之回護殆將使有文人皆可無行也不亦怪乎

正伯

程正伯垓為子瞻中表弟兄工于詞如酷相思云月掛霜林寒欲墜正門外催人起奈別離如今真個欲住也留無計欲去也來無計馬上離情衣上淚各自供憔顇問江路梅花開也未春到也須頻寄人到也

須頻寄此以白描擅長者

珠玉詞

晏殊珠玉詞極流麗能以翻用成語見長如垂楊只解惹春風何曾繫得行人住又春風不解禁楊花濛濛亂撲行人面等句是也翻覆用之各盡其致

天為紙

呂渭老卜算字有句云若寫幽懷一段愁應用天為紙句甚新

兜鞋

呂渭老詞甚新不獨望海潮側寒斜雨一闋為升菴

所愛也思佳客云夢裏相逢不記時斷腸多在杏花西放開笑語兜鞋急遠有燈光掠鬢遲辭永夜失深期一枝黃菊對傷悲夜涼窗外聞裁翦應尉沉香製舞衣調高韻渾不易得也兜鞋句尤妙

竄李後主詞

杜安世詞多襲前人壽域詞一卷殊無足觀如菩薩蠻花明月暗朧朦霧此時欲往儂邊去剗襪下香階手攜金縷鞋藥欄東畔見執手偎人顫奴爲出家難從君恣意憐此南唐李後主詞爲小周后而作也膾炙人口已久略改數字竄入已集不顧醜恥

葱茜

蔥茜亦可作葱茜聖求點絳脣詞御香葱茜

紐鼻

向子諲詞正當呆坐紐鼻須還我呆字始見此詞

團霜分冷

炎正西樵語業有訴衷情詞云露珠點點欲團霜分冷與紗窗團霜分冷四字最工如生查子句云人好欺花色欺字亦工蓋能鍊句故也

十個你

宋人多以曲調爲詞調如用十個你之類是也石孝友惜多嬌云我已多情更撞着多情的你把一心十分向你盡他們劣心腸偏有你共你撇下人只爲箇你宿世冤家百忙裏方知你沒前程阿誰似你壞卻才名到如今都因你是你我也沒心兒恨你通首不用韻只以十個你字成韻元人曲皆本此

忔戲

趙長卿探春令後段云幡兒勝兒都姑嫜戴得更忔戲忔戲市語觀下云願新春已後吉利吉利百事都如意可知

腔兒

塡詞調一名牌兒又名腔兒趙長卿惜李樂府眼兒媚有句云織楚對蛾眉笑偎人道新詞覓個美底腔兒腔兒謂調名也

海底猴兒

石次仲孝友金谷遺音用筆超逸似不食人間烟火在南宋另是一格然亦有鄙俗句如亭前柳詞後段云識盡千千並萬萬那得恁海底猴兒這百十錢一箇潑性命不分付待分付誰集中佳詞固多此首頗爲白璧之累且前段有被新冤家矍索按矍索二字曲中少用亦俗語也

⿰月迷膎

楊炎正桃源憶故人詞有句云⿰月迷膎呷丁些來酒又柳梢青云捧杯更着⿰月迷膎唱皆江西土語猶言隨意也⿰月迷字書不載

詞中白描

詞中白描高手無過石孝友卜算子云見也如何莫別也如何遽別也應難見也難後會難憑據去也如何去住也如何住住也應難去也難此際難分付所謂不着一字盡得風流至惜奴嬌仍然一種筆意然卻開曲兒一門矣

阿濫

賀方回鑄登采石蛾眉亭天門謠云牛渚天門險限南北七雄豪占清霧斂與閑人登覽待月上潮平波灧灧塞管輕吹新阿濫風滿檻歷歷數西州更點阿濫即鶻濫也隋唐嘉話明皇御玉笛將其聲翻爲曲名鶻濫堆張祜詩云至今風俗驪山下村笛猶吹鶻濫堆今訛爲阿濫

綺語債

張輯東澤綺語債皆取詞中字題以新名如桂枝香名疎簾淡月齊天樂名如此江山長相思名山漸青憶秦娥名碧雲深點絳脣名南浦月又名沙頭雨謁金門名花自落又名垂楊碧憶王孫名闌干萬里心好事近名釣船笛雖于題下自註寓某調已屬掩耳盜鈴乃後世作譜好一一改舊易新極無意味見之令人嘔惡

小金壇

彭城倅陳文晚年入道友古蔡伸重于倅守席上見之有小重山後段云功行滿三千嬰兒姹女鍊成丹劉郎曾約共昇仙十箇月養個小金壇可謂善謔

勦襲

楊用修云毛幵小詞一卷惟余家有之極賞其撥火初收一闋余近得毛氏所藏楊夢羽祕本樵隱詩餘一卷多勦襲前人句如玉樓春來如春夢幾多時去似朝雲無覓處乃歐陽永叔現成對語平仲豈未知耶餘殆不足觀矣

放翁詞似詩

放翁詞似詩然較詩濃縟所欠一醒字而破陣子詞卻甚工詞云仕至千鍾良易年過七十常稀眼底榮華元是夢身後聲名不自知營營端爲誰幸有旗亭沽酒何妨繭紙題詩幽谷雲蘿朝採藥靜院軒窗夕

對碁不歸眞個癡此不但句醒且喚醒世間多少人

鞓紅

陸放翁桃源憶故人詞一朶鞓紅凝露東坡西江月詞蓬萊殿後鞓紅鞓紅乃牡丹名鞓音汀帶革也無名氏有鞓紅詞西廂角帶傲黃鞓宋待制服紅鞓犀帶蓋以花色如帶鞓之紅耳今所繫亦曰鞓帶而字書音爲丁誤

撧

蔣竹山捷秋夜雨詞有句云漫細把寒花輕撧撧字字書不載意卽擲字也

竹山詞有奇氣

蔣竹山詞堆金砌玉少疎蕩獨沁園春爲老人書南堂壁甚有奇氣人多不選今錄之詞云老子平生辛勤幾年始有此廬也學那陶潛籬裁些菊依他杜甫園種些蔬除了雕梁肯容紫燕誰管門前長者車怪近把一庭明月卻借伊渠鬢邊雪髮紛如又何苦招賓納客歟但夏榻宵眠面風欹枕冬簷晝短背日觀書若有人尋只教僮道這屋主人今日居休羨彼有搖金寶轡織翠華裾又次韻云結算平生風流債負請一筆勾蓋攻性之兵花圖錦陣毒身之鴆笑齒歌喉豈識吾儒道中樂地絕勝珠簾十里迷樓因底歎晴乾不去待雨淋頭休著甚來由硬鐵漢從來氣食牛便只有千篇好詩好曲都無半點閒悶閒愁自古嬌波溺人多矣試問還能溺我否高擡眼看牽絲傀儡誰弄誰收每讀之爽神數日晴乾二句見五燈會元守初禪師語也俗語入詞必有所本方可用

竹山遺詞

蔣竹山詞有全集所遺而升菴詞林萬選所拾者最爲工麗如柳梢青云學唱新腔秋千架上釵股敲雙柳雨花風翠鬆裙褶紅膩鞋幫　歸來門掩銀釭淡

月裏疎鐘漸撞嬌欲人扶醉嫌人問斜倚樓窗又霜天曉角云人影窗紗是誰來折花折則從他折去知折去向誰家簷牙枝最佳折時高折些說與折花人道須插向鬢邊斜

蜜炬

吳夢窗塞垣春云換蜜炬花心短蜜炬燭也見周禮今作密炬非

文章孔孟

詞至南宋而極然詞人之無行亦至南宋而極而南宋之無行至康與之元極與之有聲樂府受知秦檜

檜生日獻喜遷鶯詞中有總道是文章孔孟勳庸周召顯爲媚竈不顧非笑可謂喪心病狂人卽諂諛何語不可貢媚未有敢于褻　孔孟周召者無恥至此留爲百世唾罵乃黃昇花選詞取爲壓卷且有此詞雖佳等小跋亦可爲花菴咏相鼠之什矣

上元詞

伯可詞名冠一時有上元寶鼎現詞首句夕陽西下蔣竹山捷同時人作女冠子詞詠上元結句云笑綠鬟鄰女倚窗猶唱夕陽西下其推重當時如此

聮

陳同甫亮彩鳳飛詞云一一一舊時香案聮經慣聮宜

作煞音聮忒煞也聮則爲日曬字東坡詞時與聮漁蓑是也

閫音鎖爲掃

南宋林外過垂虹橋題洞仙歌詞云飛粱壓水虹影清光曉橘里漁村半烟草嘆今來古往物換人非天地裏唯有江山不老雨巾風帽問我誰知我一劍橫空幾番過按玉龍嘶未斷風冷波寒歸去也林屋洞門無鎖認雲屏烟障是吾廬任滿地蒼苔年年不掃題詞時不書姓名人疑仙作傳入禁中孝宗笑曰以鎖字叶老字則鎖當音掃乃閫音也後訪之林果閫人舊草堂收之頗未詳考沈天羽際飛改我爲道改過爲到不知三韻同用皆叶音又皆點竄各圖譜因之殊失本來面目

西湖八景

西湖八景詞古今詠者甚多唯陳西麓允平詞皆可傳如蘇隄春曉云惟有踏青心縱早起不嫌寒峭平湖秋月云採菱人散望中水天一色斷橋殘雪云茸衫氈帽冷香吹上吟鞭雷峯落照云暝烟帶樹有投林鷺宿憑樓僧話花港觀魚云宮溝泉滑有題紅句

南屏晚鐘云魚板敲殘數聲初入萬松裏皆清麗芊綿之作也

天水碧

周公謹密蘋洲漁笛譜二卷人皆未見全集獨余家有之遭事後旋爲賓寮等竊攜而去今記其天水碧一闋云天水碧染就一江秋色鼇戴雪山龍起蟄快風吹海立　數點烟鬟一杼霞綃紅溼白鳥明邊帆影直隔江聞夜笛此謁金門調也直字字錦

南宋白石派

白石自製詞在南宋另爲一派盛行于時學之而佳

者有二人王沂孫字聖與號仲仙有碧山樂府二卷一名花外集蓋取比花間集而名也其詞以韻勝如瑣窗寒起句云趁酒梨花催詩柳絮一窗春怨末句云夜月荼蘼院皆倩麗宜人同時張叔夏炎亦作鎖窗詞自注云王碧山其詩清峭其詞閑雅有姜白石意趣今絕響矣余悼之句云自中仙去後詞箋賦筆便無清致又料應也孤吟山鬼那知人是彈折素琴黃金鑄出相思淚可想見平生服膺矣黃金句無理而奇最妙炎自號樂笑翁有玉田詞三卷鄭思肖為作序亦白石一派也

羅江

張叔夏西子妝題云吳夢窗自製此曲余喜其聲調嫻雅久欲效而未能甲午春寓羅江陳文卿開行江上景况離離因塡此詞惜舊譜零落不能倚聲歌也詞云白浪搖天清陰漲地一片野情幽意楊花點點是春心替風前萬花吹淚遙岑寸碧有誰看朝來清氣自沉吟甚流光輕把繁華如此斜陽外隱約孤村隔塢閑門閉漁舟何似莫歸來想桃源路通人世危欄靜倚千年事都消一醉謾依依愁落鵑聲萬里吾邑羅江之名不意又見于此豈其別一地耶然落鵑聲萬里則西川有杜鵑可證疑卽吾邑也

王生陶氏

吳禮之有順受老人詞中載王生陶氏月夜共沉西湖賦此弔之詞云連環易闕難解同心結凝騃佳人才子情緣重怕離別意切人路絕共沉烟水瀾蕩漾香魂何處長橋月短橋月事奇詞亦奇

閭邱次杲

閭邱次杲詞有漁唱不知何處多應只在蘆花可稱逸品

霞山詞

趙霞山如夢令云小砑紅綾箋紙一字一行春淚封了更親題題了又還折起歸未歸未好箇瘦人天氣寄筆墨于意外不知草堂詩餘何以不收

吾儂

世傳石屏沁園春自述一詞余嫌其粗俚如今羸得窮吟詩句清夫詩者皆吾儂平日愁歎之聲大似今制義文中俗調而雜以吾儂語可乎按吳人謂我曰儂

石州

楊升菴詞林萬選載無名氏豆葉黃詞云輕羅團扇

掩微羞酒滿玻璃花滿頭小板齊聲唱石州月如鉤一寸橫波入鬢流此詞係呂渭老作見聖求詞集中渭老即升菴所謂側寒斜雨用側字甚新之人也豈未見聖求詞耶古樂府有石州慢

白日見鬼

余閱劉過龍洲詞集有學辛稼軒而粗之評其寄辛稼軒沁園春同設爲白香山林和靖蘇東坡問答有被香山居士約林和靖與坡坡謂西湖正如西子二公都皆掉頭不顧又逋曰不然須徑去問稼軒未晚且此徘徊等句余初閱即批白日見鬼四字後閱草

堂别集岳亦齋云出王勃體而又變之余時與之飲西園改之中席自言掀髯有德色余率然應之曰詞句故佳然恨無刀圭療君白日見鬼耳坐中哄然一笑又升菴謂改之似辛稼軒之豪而未免粗此評眞不能爲改之諱詞至宋末多隨惡道有目人所共知又竊幸予與升菴論之若合符也

毒

張孝祥于湖醉落魄詞有一點秋波閒裏覷人毒毒字險而穩人不敢下

袢散褑

盧炳自號醜齋有烘堂詞一卷喜用僻字如念奴嬌之短髮蕭蕭襟袖冷便覺都無袢溽袢字減蘭詠梅皴散寒枝未必生綃畫得宜散字少年遊詞繡羅褑子閒金絲褑字

傘

醜齋菩薩蠻句傘低半遮身詞中用傘字始見此詩俱用作繖日高黄繖下西清見蘇詩

者也之乎

詩至晚唐有盧延讓不同文賦易爲著者之乎風斯下矣乃詞至晚宋又有王千秋審齋臨江仙者也之

乎眞太錯不更下乎此等直不可學

竹亝詩餘

黄機竹亝詩餘清眞不減美成而草堂集竟不選一字竹垞謂草堂最下最傳信然如鵲橋仙云薄情也見多情也見不似這番著相如何容易買歸舟報南浦桃花綠漲隨君無計留君無計留得淚珠兩行去聲斜陽明處一回頭有人在高樓凝望言該而意遠

雨村詞話卷二終

雨村詞話卷三

羅江　李調元　童山　撰

西湖第一詞

西湖詞甚多然無過高觀國竹屋癡語所載霜天曉角詞云春雲粉色春水和雲溼試問西湖楊柳東風外幾絲碧望極連翠陌蘭橈雙槳急欲訪莫愁何處旗亭在畫橋側初春情景此詞盡之矣

稷雪

毛氏謂張元幹蘆川詞無一字無來處如酒窗間惟稷雪稷雪霰雪也形如米粒能穿窗透瓦見毛詩今

本改作霰雪非

元幹忠義

元幹字仲宗平生忠義見于夢遶神州路一詞紹興辛酉胡澹菴邦衡上書乞斬秦檜被謫仲宗作賀新郎一闋送之坐是與作詩王名瞻除名今其詞列卷首其人可知矣詞云夢遶神州路悵秋風連營畫角故宮離黍底事崑崙傾砥柱九地黃流亂注聚萬落千村狐兔天意從來高難問況人情易老悲難訴更南浦送君去　涼生岸柳催殘暑耿斜河疎星淡月斷雲微度萬里江山知何處回首對牀夜語鴈不到書成誰與目青天懷今古肯兒曹恩怨相爾汝舉大白聽金縷此大異康與之之文章孔孟也

紅蕊

蘆川云余兒時不知有荔子自呼爲紅蕊父母以其名新昔所未聞殊盡形似之美久欲記之而因循比與諸公和長短句故及之以訴衷情有兒時初未識方紅學語問西東對客呼爲紅蕊此與已偏濃之句此名可補荔支譜所未載因記之

稼軒喜用四書成語

辛稼軒詞肝膽激烈有奇氣腹有書詩足以運之故

喜用四書成語如自已出如今日既盟之後賢哉回也先覺者賢乎等句爲詞家另一派然學之稍粗則墮惡道其時爲稼軒客如龍洲劉過每學其法時多稱之然失之粗劣獨西江月一詞有句云天時地利與人和燕可伐與曰可用四書語頗有稼軒氣味

秦黃並稱

劉後村克莊詞以才氣勝迥非剪紅刻翠比然服膺周清眞邦彥不容口見之于最高樓一詞云周郎後直數到淸眞欺賀晏壓黃秦人因有小周郎之目本此賀晏黃秦謂方回小山山谷少遊也當時黃秦並

稱大有老子韓非同傳之歎

後村別調

劉後村克莊有滿江紅十二首悲壯激烈有敲碎唾壺旁若無人之意南渡後諸賢皆不及升菴稱其壯語足以立懦信然自名別調不幸也今具載左方夜雨涼甚忽動從戎之興云金甲琱戈記當日轅門初立磨盾鼻一揮千紙龍蛇猶溼鐵馬曉嘶營壁冷樓船夜渡風濤急有誰憐猿臂故將軍無功級　平戎策從軍什零落盡慵收拾把茶經香傳時時溫習生怕客談榆塞事且教兒誦花間集嘆臣之壯也不如

人今何及又二月二十四夜飲海棠花下作云老子年來頗自許心腸鐵石尚一點消磨未盡愛花成癖懊惱每嫌寒勒住丁寧莫被晴烘折奈暗風烈日太無情如何得　張畫燭頻頻惜憑素手輕輕摘更一番雨過彩雲無迹今夕不來花下飲明朝空向枝頭覓對殘紅滿院杜鵑啼添愁寂又范尉梅谷云赤日黃埃夢不到清溪翠麓空健羨君家別墅幾株幽獨骨冷肌清偏要月天寒日暮尤宜竹想主人杖屨遶千廻山海北　甯委澗嫌金屋甯映水羞銀燭嘆出羣風韻背時裝束競愛東鄰姬傳粉誰憐空谷人如

玉笑林逋何遜謾爲詩無人讀又送宋惠父入江西幕云滿腹詩書餘事到穰苴兵法新受了烏公書幣著鞭躍發黃紙紅旗喧道路黑風青草空巢穴向幼安宣子頂頭行方奇特　谿峒事聽儂說龔遂外無長策便獻俘非勇納降非怯帳下健兒休盡銳草間赤子俱求活到崆峒快寄凱歌來寬離別又云落日登樓誰管領倦遊狂客待客待喚起滄浪漁父隔江吹笛看水看山身尚健憂晴憂雨頭先白對暮雲不見美人來遙天碧　山中鶴應相憶沙上鷺渾相識想石田茆屋草深三尺空有鬢如潘騎省斷無面見

陶彭澤便倒傾海水浣衣塵難湔滌又送王實之云天壤王郎數人物方今第一談笑裏風霆驚座雲煙生筆落落元龍湖海氣琅琅董相天人策問如何十載尚青衫諸侯客　易愛底些官職難保底些名節蒼生惜向臨分慷慨出商聲摧金石又壽王實之云鶴馭來時長占定一年絕清九萬里纖雲收盡帝青空闊月露偏爲丹桂地風霜欲放黃花節聽玉笙縹緲度緱山吹初徹　曾直把龍鱗批曾戲取鯨牙拔向絳河濯足咸池晞髮俗子庶量吾輩事天仙不枉

臞儒列世豈無瑤草與蟠桃堪攀援又賀王寶之韻送鄭伯昌云怪雨盲風留不住江邊行色煩問信冥鴻高士釣鼇詞容千百年傳吾輩話二三子弊斯文脈聽王郎一曲玉簫聲淒金石　睎髮處怡山碧埀釣處滄溟白笑而今拙宦它年遺直只願長留相見面未宜輕屈平生膝有狂談欲吐且休休驚鄰壁又云三黜歸來飯蔬食渾無慍色中年後家如旅舍身如行客軒冕豈非疣贅具煙霞已是膏盲脈有些兒隙地更疏泉堆卷石　鄰媼餉新蒭碧溪友賣鮮鱗白向陳編冷笑孔明元直俗事不教污兩耳燕居聊

可盤雙膝取當年行腳一枝笻懸高壁又云疇昔臚傳仗下奏祥雲五色何況是西山弟子鵠山賓客上帝照臨忠義膽老師付受文章脈問此君髯髯似何入徂徠石　園官菜登盤碧田舍米翻匙白嬾投詩見素寄書枃直德耀不嫌爲隱髻寵兒已解搖吟膝有誰憐給札老相如家徒壁又云下見西山料它日畫無慚色君記取不爲呂黨亦非秦客檜有十客有意挽回當世事無方延得諸賢脈笑海波渺渺幾時平空嘟石　園五畝分紅碧家四世傳清白任天孫笑拙女須嫌直老去何煩援以手向來不要加諸膝待深山深處著茆亭看青壁

窅窊

葛立方郎作韵語陽秋者有歸愚詞一卷清平樂句云蟾窟澄輝天似洗折得窅窊丹桂窅窊二字見漢書安世房中歌都荔遂芳窅窊桂華孟康注窅出窊入都良薜荔之香鼓動桂華也

安陽好

王安中初寮詞人甚稱其安陽好九闋六花冬詞六闋俱有口號然安陽祗敘人物風土而鴛瓦飛甍層見叠出了無意味六花如雲破月來花下住蘘張三

影句而以下住二字代之眞仙凡別矣九闋六闋無一足採宜乎初爲東坡門下士其後附蔡叛蘇也周益公稱其詩文似坡公暮年殆無目者

同甫無媚詞

陳同甫無媚詞與稼軒同唱和筆亦近之余甚愛其水調歌頭一闋云不見南師久謾說北羣空當塲隻手畢竟還我萬夫雄自笑堂堂漢使得似洋洋河水依舊只流東且復窮廬拜會向藁街逢　堯之都舜之壤禹之封于中應有一個半個恥臣戎萬里腥膻如許千古英靈安在磅礴幾時通胡運何須問赫日

自當中讀之令人神王

和清眞

和清眞詞韻不獨方千里也楊澤民亦有和清眞詞宋末人合清眞爲三英集花菴詞選及方而不及楊何也

蘭陵王

升菴詞品云李公昂名昂英監石人朱家藏文溪詞又云名公昂字俊明鄱陽人因摸魚兒詞送太平州太守王子文詞得名叔陽亦止選此一調稱爲詞家射雕手今按其詞有長生壽母更穩步安輿三槐堂

上好看彩衣舞句乃獻壽俗套諛詞不知當日何以得名升菴獨稱蘭陵王一闋最爲有眼如堦除拾取飛花嚼是多少春恨等闋吞卻句前人所未經道

夏侯衣

丹陽葛勝仲曾卿浣溪沙題云少蘊內翰同年寵速遣妓隱簾吹笙因成一闋有句云縹緲幸聞絲籟曲參差猶隔夏侯衣夏侯衣簾也見南史夏侯亶性儉率晚年頗好音樂有妓妾十數人並無被服姿容每有客令隔簾奏之時謂簾爲夏侯妓衣

駒照花

曾卿集有蝶戀花次韻張千里駒照花花今花譜中無此名詞云紅光萬丈騰天半殆與木棉相似

嬾窟

嬾窟詞宋侯寘作也字彥周晁氏甥毛氏謂渭陽之誼甚篤見于瑞鷓鴣一詞末句云後夜蕭蕭蓬岸一尊獨酌見離情王弇州病周邦彥不解作情詞此殆能情詞者宣和而後士大夫爭爲獻壽之詞連篇累牘無味極矣吾蜀魏了翁華甫爲宋名臣乃詞非壽不作雖花菴選入數首余終不取

支子

介菴趙彥瑞樂平樂詞云桃根桃葉一樹芳相接春

到江南二三月迷損東家蝴蝶殷勤踏取青陽風前花正低昂與我同心支子報君百結千香此詞清麗爲集中之冠題原本作席上贈人花菴改作閨思非支子卽梔子也

成語

洪咨夔平齋詞喜用成語作起句如沁園春云詩不云乎蒹葭蒼蒼白露爲霜又云歸去來兮杜宇聲聲道不如歸皆極自然按宋史公毀鄧艾祠更祠諸葛武侯告其民曰毋事仇讐而忘父母其忠鯁直亮可

知故其詞軒軒多爽致

洪瑹

洪瑹字叔璵自號空同詞如斷虹遠飲橫江水萬山紫翠斜陽裏燕子又歸來但惹得滿身花雨可爲朽腐神奇

十二歲詞

連可久十二歲時其父攜見熊曲肱適有漁父過前命賦清平樂詞援筆立成四座歎服後果爲江湖得道之士詞云陣鴻驚處一網沉江渚落葉亂風和細雨撥棹不如歸去蘆花輕汎微瀾蓬窗獨自清閒一

覺遊仙好夢任他竹冷松寒今載六十名家空同集中誤

金甌

曾純甫覿與龍大淵同爲孝宗潛邸知客舊人觴詠酬唱字而不名怙寵恃勢純甫尤甚故陳俊卿虞允文交章逐之然文藻有可觀如京師望鼇臺諸作語多感慨令人生麥秀黍離之感與張掄不時進御賞賚甚渥至進月詞壺天慢上皇大喜曰從來月詞不曾用金甌事可謂新奇賜金束帶紫番羅水晶盌上亦賜寶盞至一更五點還宮是夕西興共聞天樂豈

天神亦不以人廢言乎詞云素飈漾碧看天衢穩送一輪明月翠水瀛壺人不到比似世間秋別玉手搖笙一時同色小按霓裳疊天津橋上有人偷記閒閒當日誰幻銀橋阿瞞兒戲一笑成痴絕肯信羣仙高晏晏處移下水晶宮闕雲海澄清山河影滿桂冷吹香雪何勞玉斧金甌千古無缺

兩無咎

楊无咎字補之清江人晁无咎亦字補之濟北人俱以詞名楊名逃禪集晁名琴趣外篇而花菴于二補之俱不採入只草堂載瘦牛駭女一詞又逸其名妄

注毛東堂可慨也近閱汲古閣本亦多錯簡如楊有趙育才席上贈歌者用東坡韻而後段末句不用原韻云換羽移宮絕唱誰能和伊知麼暫聽些箇已覺絲成堺堺者塵起兒言其聲之繞梁也作裏字誤

史梅溪摘句圖

史達祖梅溪詞最爲白石所賞鍊句清新得未曾有不獨雙雙燕一闋也余讀其餘集愛不釋手閒書佳句彙爲摘句圖　起句云杏花烟梨花月誰與暈開春色又館娃春睡起爲發妝酒煖臉霞輕膩又蕙花老盡離騷句綠染遍江頭樹又秋是愁鄉自錦瑟斷

絃有淚如江又雨入愁邊翠樹晚無人風葉如顫又秋風早入潘郎鬢斑斑遽驚如許又闌干只在鷗飛處又鴛鴦拂破蘋花影低低趂涼飛去又西風來勸涼雲去天東放開金鏡又好領青衫全不向詩書中得又人若梅嬌正愁橫斷塢夢繞谿橋又咏雪云夢回虛白初生便疑冷月通窗户　尾句云明朝雙燕定歸來叮囑重簾休放下又深閉重門聽夜雨又如今但柳髮晞春夜來和露梳月又直須吟就綠楊篇灣頭寄小憐又將愁去也不成今世終誤王昌又記取崔徽模樣歸來暗寫又莫教無用月來照可憐宵

又想吾曹便是神仙也問今夜是何夜又向來簫鼓地猶見柳婆娑又瘦因緣此瘦羞亦爲郎羞又常待不吟詩詩成癖又換盡風流性偏恨鴛鴦不念人又料也和前度金籠鸚鵡說人情淺　散句云無人深巷已早杏花先賣又最妨他佳約風流鈿車不到杜陵路又燕子不知愁驚墮黃昏淚又梅春人不春又還因秀句意流江外便隨輕夢身墮愁邊又諱道相思偷理綃裙自驚腰衩又餘花未落似供殘蝶經營又蝴蝶一生花裏活又船向少陵佳處放又怕見綠荷相倚恨恨白鷗占了清波潤又截取斷虹堪作釣

待玉奩今夜來時節又青榆錢小碧苔錢古難買東君住又西湖遊子慣識雨愁烟恨又沙鷗未落怕愁沾詩句又賣花門館生秋草悵彎弓幾時重見又愁在何處不離澹烟衰草又想淒涼欠郎偎抱又還被亂鷗飛去秀句難續又可憐閒葉猶抱涼蟬又謝娘懸淚立風前又見說西風爲人吹恨上瑤樹又時有露螢自照占風裳可喜影趂金又相思因甚到纖腰定知我今無魂可銷又秦樓楚殿可憐身又一程烟草一程愁又江痕妥貼日光熨動黃金葉闌干直下愁相接一朵紅蓮飛上越人檝又閑門明月關心倚

窗小梅索句此皆史氏碎金也

白石鷓鴣天

姜白石鷓鴣天詞三首如鴛鴦獨宿何曾慣化作西樓一縷雲不但韻高亦由筆妙何必石湖所贊白製曲之敲金戛玉聲裁雲縫月手也

葉少蘊全用東坡詩

葉夢得少蘊鷓鴣天詞一曲青山映小池綠荷陰盡雨離披何人解識愁堪美莫爲悲秋浪賦詩攜濁酒遶東籬菊殘猶有傲霜枝一年好景君須記正是橙黃橘綠時自注梁范堅常謂欣成惜敗者物之情秋

爲萬物成功之時宋玉作悲秋非是乃作美秋賦云秋堪美三字如此不輕下然何後三句全用東坡詩只少荷盡巳無擎雨蓋句耳如此作詞太容易也

坡翁

今稱東坡爲坡翁在宋時巳然沈端節克齋朝中措詞末句云觧道淺妝濃抹從來惟有坡翁

芸窗

人謂張榘芸窗詞饒貧氣今觀其全集如小樓燕子話春寒又秋在黃花羞澁處又苦被流鶯蹴翻花影一欄紅露俱不減少游丰韻

虛齋梅花詞

虛齋梅花詞云江南春早問江上寒梅占春多少幾點殘星細萬里春風到幽香不知甚處但迢迢滿江烟草回首誰家竹外有一枝斜好　記當年曾共梅花笑念玉雪襟期有誰知道喚起羅浮夢正參橫月小凄涼更吹寒管謾相思鬢華驚老待覓西湖半曲對霜天清曉可謂一塵不染其時張方叔榘次好字韵云此際虛齋心事與此花俱好相去不啻萬里

玉東西

竹坡周紫芝南柯子自序云方錢廢出侍兒范謝州要子作此詞云蟬薄輕梳髻螺香淺畫眉西湖人道似西施人似西施濃淡更相宜　畫燭催歌板飛花上舞衣殷勤猶勸玉東西不道使君腸斷巳多時玉東西酒也本黃山谷佳人斗南北美酒玉東西今人謂物件曰東西玉狀酒色也

漢蠟

万俟雅言三臺末段漢宮傳蠟炬疑蠟炬二字重出後得粵中藏書家元刻本作漢蠟傳宮炬爲之爽然

万俟雅言

雅言精于音律自號詞隱宋崇甯中充大晟府製撰

依月用律有大聲集五卷后山稱爲一代詞人沈氏謂雅言三臺作雜遝不倫過接換應虛字少力余謂卷中長篇多流麗瑰偉乃遭痛貶豈沈氏所作如夢令之逗下心頭一瑰一剪梅之別又難摟等句爲有倫有力乎人苦不自知信然

餞

花菴黃昇自號玉林嘗輯絕妙詞選附以自製其詞工于鍊字如鷓鴣天句云一行歸鷺拖秋色幾樹鳴蟬餞夕陽拖字猶人所及餞字人所不及也

項羽廟祠

天機餘錦載無名氏題項羽廟念奴嬌一闋云鮑魚腥斷楚將軍鞭虎驅龍而起空費咸陽三月火鑄就金刀神器垓下兵稀陰陵道狹月暗雲如壘楚歌喧唱山川都姓劉矣　悲泣喚醒虞姬為君死別血刃飛花碎霸業銷沉騅不逝氣蓋烏江江水古廟頹垣斜陽紅樹遺恨鴉聲裏興亡休問高陵秋草空翠用筆頗有鞭虎驅龍之勢應為咏項羽第一詞

易安

易安在宋諸媛中自卓然一家不在秦七黃九之下詞無一首不工其鍊處可奪夢窗之席其麗處眞參片玉之班蓋不徒俯視巾幗直欲壓倒鬚眉

雨村詞話卷三終

雨村詞話卷四

羅江　李調元　童山　撰

惲生

元好問有青玉案代贈欽叔所親樂府惲生詞云西城流水東城雨綠葉成陰慣相誤之句疑所謂惲生獶狚一流人也

伯生詞

虞伯生集詞一洗鉛華有鶴鳴餘音一卷余已校刊矣尚記其南鄉一翦梅詞招熊少府云南阜小亭臺薄有山花取次開寄與多情熊少府晴也須來雨也須來隨意且銜杯莫惜春衣坐綠苔若待明朝風雨過人在天涯春在天涯

弇州不工詞

王弇州四部集汗牛充棟有明文人無出其右號為淵博然不工于詞以只解唱大江東去也當時地位既高似富家翁鋪張錦繡卻欠文雅

山和尚水秀才

楊用修西莊鷓鴣天詞句云彈聲林鳥山和尚寫字寒蟲水秀才山和尚謂山鵲水秀才滇中蟲名也

厠神

用修荊州元夕南鄉子詞有閟上紫姑香火會句今人皆習用而不知顛末且謂不切元夕也按氏族譜紫姑姓何名媚萊陽人壽陽李景納爲妾大妻妬之正月十五日陰殺之于廁中後封爲廁神歲時記元夜迎紫姑神以卜謂此

綺園懷古

懷古詞宜用望海潮調始于秦少遊廣陵諸懷古及越州懷古等闋　本朝吳綺園菘于此體尤工有懷古和韻五闋直壓前人今錄之以備覽　金陵云長江波遶冶城雲接誰家麥飯園陵蕭帝雄才孫郎霸

業惟餘戰血棲蠅讖語記神僧只臺城芳草綠滿寒汀多少青山夕陽何處暮烟凝○六朝往事難憑歎金蓮零落玉樹縱橫擒虎頻來蟠龍安在蕭條白鷺空亭王氣亦何曾想東南自古未補天傾醉誤蘭城一賦野鬼哭秋燈　錢塘云萬山晴雨四時歌舞天教石上流魂夢裏牽衣圖中立馬興亡忽似朝昏我道果然村把荷烟桂露銷歇難存剩得冬青春來還發古苔痕　休將南渡重論但同心可結有盞須吞一别吳山長憐蜀道槐安螻蟻偏尊作客信乾坤恨青驄嘶斷紅袖頻分何處花鈿陌上扶醉酒家門

吳門云橫塘堤畔長洲苑裏弓彎踏盡春陽響屧廊空浣沙人去東風不到釵梁種罷紫蘭香笑他家烏啄也自云亡豈有蛾眉曾教歌舞翠紅鄉　人間何限悲涼任狂吟慷慨醉墨淋浪有恨山川無情麋鹿看殘過客壺觴寶劍枉成雙悵專諸巷冷伍員祠荒還是金閶亭下艇子繫青陽、揚州云花留仙種柳稱官姓從來南兗名州鳳舸迎來雞臺舞罷天教鹿起毛頭鏡影入邊愁縱春魄化燕難上簾鉤燈火無情夜深還照十三樓　當時薄倖嬉遊爲尋香側帽殢酒霑裘誰賦蕪城重經故國空憐歲易星流山翠

夕陽收問玉人何處儂許誰留莫聽雷塘暝笛吹斷六朝秋　吳興云蘋花洲渚荷香城郭人經王謝顏蘇十載尋春一麾乞郡風流杜牧偏殊故態笑狂奴把當年公事分付禽魚雪館吟秋新詩留得滿江湖水嬉往事何如有窪尊石古韵海樓虛詞客飄零酒徒流落高台空聽啼烏風雨戰菰蒲香亭皋葉下烟影難扶不信重睡西楚醉眼未全舒

竹垞

本朝朱彝尊竹垞詞名冠一時有江湖載酒集三卷靜志居琴趣一卷茶煙閣體物集二卷蕃錦集集句

一瓮余酷喜其自題畫像百字令云菰蘆深處歎斯人枯槁豈非窮士賸有虛名身後策小技文章而已四十無聞一邱欲臥漂泊今如此田園何在白頭亂髮垂耳空自南走羊城西窮雁塞更東浮淄水一刺懷中磨滅盡回首風塵燕市草屩撈蝦短衣射虎足了平生事滔滔天下不知知己誰是又戲題竹垞壁風中柳云有竹千竿甯使食時無肉也不須更移珍木北垞也竹南垞也竹護吾廬幾叢寒玉晚來月上對影描他橫幅賦新詞竹山竹屋郛筒一束筍䈽三伏竹夫人醉鄉同宿竹山蔣捷詞名竹屋高觀國詞

名也法語尤趣可想竹垞之高風至世所稱洞仙歌十七闋與詩集中風懷百首則似近狹邪不無宋玉登徒子之譏雖豔麗非余所好也

三綠

王阮亭金釵㵎上桃源憶故人詞云金釵㵎上人如玉解唱春波新曲畫扇船紗十幅春水平帆綠　三三五五鴛鴦浴觸忤閒愁春日戲擲菱花相逐又向花房宿程村云昔應子和以蠟炬短燒紅風雨落花紅兩岸夕陽紅名三紅今阮亭有春水平帆綠夢裏江南綠新婦磯頭烟水綠不將更稱三綠耶人遂有王三綠之目然不及公浣溪沙綠楊城郭是揚州一語用綠字尤妙可敵一篇江都賦也

用晉帖語

漁洋有卜算子起句云天氣近清明汝定成行否用晉帖語入妙

炊聞卮語

西樵王士祿與漁洋齊名人稱二王有炊聞卮語自序云康熙庚辰三月余以磨勘之獄入羈于司勛之署于時捕檄四出未卽對簿伏念日月曠邈不有拈弄其何以蕩滌煩懣支距幽憂憶自髫齒頗躭詞調

雖未能研審其精妙聊可借彼抗墜通此蘊結因取花間尊前草堂諸體稍規橅爲之少卽一二多或六七設然隨意都無絢限旣檢積藁遂踰百篇舊作二十首亦附見焉曰炊聞者兀兀南冠石銚瓶鄲一枕故取杜陵詩語斷章而命之也今觀滿庭芳用坡公韵詞云白日爲心朱繩比質平生自負箋箋司空百鍊繞指已無多到眼濃陰欲滿心憂矣謠罷還歌細屈指古來誰似磨蝎說東坡茫茫無可語揭來千縷暗緯愁梭更溶溶漾漾難翦如波可耐春光萬里尚寥落臥盼庭何問何日盟烟狎水鷗鷺娟漁蓑古今

才人淪落不偶讀此可爲之一慟

悔菴論詩餘

尤悔菴侗序彭羨門延露詞云詩何以餘哉小樓昨夜哀江頭之餘也水殿風來清平調之餘也紅藕香殘古別離之餘也將軍白髮從軍行之餘也今宵酒醒子夜懊儂之餘也大江東去鼓角橫吹之餘也詩以餘亡亦以餘存非詩餘之能存亡則詩餘之人存亡之也論詩餘二字獨得

目成

羨門延露詞率多悲壯不減稼軒如念奴嬌長歌四

首沁園春酒後作歌四首是也然其艷體獨步不特阮亭所稱子城一帶綠陰中也長相思云晉圍屏下重旌解意銀缸故不明今宵始目成　夜香清墜釵橫燈下頻頻相喚聲教人待怎生咏目成情景皆以靜會得之

掛逗二字

金作勒玉爲羈小馬驚昏何處嘶紅板橋頭扉半掩幾絲楊柳掛黃鸝此武進黃文友以甯搗練子詞也掛字殊新穎其弟董俞亦有句云獨坐數歸禽疎鐘逗遠林掛逗二字俱妙

青到

宋荔裳琬浣溪沙咏芳草有幾時青得到郎邊之句余有萬山青到馬蹄前句足以當之琬有二鄉亭詞

酒骨董

嵇叔子宗孟有酒骨董詞骨董義見唐類函今人訛爲古董以名其詞也

瀟湘神

毛西河萬齡采衣堂詞瀟湘神云叢嶂迷青草淒黃陵朝暮鷓鴣啼神　文不知何處去行雲渺渺數峯西不減劉賓客

多咏伎

曹頎菴尓堪南溪詞多咏伎作亦詞人之玷也然亦足資考証如虞美人詞云輕衫窄袖身材小影向銀燈好珠歆勸飲恰半肩無奈尊前侍立暗生憐　牡丹亭榭花如綉巧對江兒瘦初開豆蔻苟含春轉是五更風雨會愁人余澹心云河北伎馴謹待客不敢坐非若江南之倨也又木蘭花令云木瓜香徧鍾山道桂子倩人斜插帽歌搖朱雀桁前花酒濺烏衣堂下草十年浪跡浮雲杳畫檻生烟無客到沙家零落寇家貧若箇琵琶傳賀老沙寇蓋往年曲中最知名

者

女伶

女伶即古舞伎也惟江左最盛今俱禁絶晉之大同尚有之梁蒼巖大司農棠村詞有滿庭芳觀女伶演淮陰故事云絳燭清宵彩雲華館蠻腰細舞迴風嬋娟忽變綉襖染猩紅鎖甲豔分雪色兜鍪小雙頰芙蓉韝褕映將軍紅粉錦繖黛眉同　登壇當日事衣冠優孟寫出偏工嘆英雄佳麗一樣飄蓬飛絮落花舊恨誰憐取桃李春濃乘月夜衣香人面莫放酒杯空尤悔菴侗云女伶晉妓文玉也戊申予在宗伯齋

頭觀演此齣作南鄉子贈之有錦繖將軍小黛娥及春草江南細馬馱之句宗伯頗爲稱賞

鳳歸雲詞

鄒程村祗謨麗農詞以典麗爲宗而稍失之濃縟余喜其鳳歸雲偶作云吾老矣去日光陰邪堪屈指任俠疎狂蹴鞠樗蒱不癡不慧無才無技況生來本磨蝎爲宫窮鬼學計問人生何處堪出世應有淡月微風剩山殘水　還自去守我良方鑽他故紙不過是一卷離騷幾葉楞嚴破除萬事頹然坐廢會消受得蠻觸功名邯鄲滋味而今後拚得無縈繫永教毁硯

焚書漁樵問醉玩亭謂塊壘一時睥睨千古信然

豁堂詞

西陵釋正嵒字豁堂所著有同凡草詞有湖上點絳唇一闋題聖因寺壁閒最工緻余及見之後不知爲何人拭去詞云來往烟波此生自號西湖長輕風小槳還出蘆花港　得意高歌夜靜聲偏朗無人賞自家拍掌唱得千山響出語不凡奇僧也

鬏

仁和沈去矜謙有東江詞曾于王志周齋中見之余最賞其菩薩蠻一闋云相攜鬬草藏春洞垂鬏覆額

眉痕重慣會發嬌嗔自輸翻打人玉闌今再見熟面如生面低頭小時名回身不肯應頗得生趣鬏韻府不載殆鬖字之訛

湘蘋

近來才女應以徐燦爲第一燦字湘蘋長洲人歸海寧陳素庵之遴所著有拙政園詞皆絶工豔流麗尤喜其菩薩蠻一詞云困花壓蕊絲絲雨不堪只共愁人語斗帳共春寒夢中何處山　捲簾風意惡淚與殘花落羨殺是楊花輸他先到家　一春誰試桃花雨遊絲只共晴烟舞燕也不曾來湘簾空自開　趣

看花影午鸞鏡雙蛾俯徙倚御黃昏淚如紅燭痕皆秀品也

指螺

毛先舒騤號稚黃作塡詞名解四卷能發人所未發較勝圖譜然觀其自作鸞情詞則多俗何也至憶秦娥特新妙詞云春深無那獨向幽窓坐看着玉纖閒不過細數指螺幾箇　曉來難自溫存東風吹亂烏雲多謝玉臺明鏡爲儂長照眉顰數指螺出東坡文齊安王江上得美石其文如指上螺

倩玉

揚琇字倩玉杭州沈適聲副室也西江月云鏡裏雙蛾時蹙枕邊香淚長拋隣姬無事愛吹簫不管傍人潦倒　露下野蓮有子風涼秋燕離巢銀河千丈也塡橋天上原來恁巧出語殊有仙氣

雨村詞話卷四終

曲話

光緒七年立夏鐫于廣漢

雨村曲話序

予輯曲話甫成客有謂予曰詞詩之餘曲詞之餘大抵皆深閨永巷春傷秋怨之語豈堂堂學士所宜有況夫雕腎琢肝纖心淫蕩亦非鼓吹之盛事也予何爲而嘖嘖不休也予應之曰唯然獨不見夫尼山删詩不廢鄭衛輶軒采風必及下里乎夫曲之爲道也達乎情而止乎禮義者也凡人心之壞必先由於無情而後慘刻不衷之禍作若夫忠臣孝子義夫節婦觸物興懷如怨如慕而曲生焉出於綿渺則入人心脾出於激切則發人猛省故情長情短莫不於曲寓

之人而有情則士愛其緣女守其介知其則而止乎禮義而風醇俗美人而無情則士不愛其緣女不守其介不知其則而放乎禮義而風不醇俗不美故夫曲者正鼓吹之盛事也彼瑤臺玉砌不過雪月之套辭芳草輕烟亦祇郊原之泛句豈足以語於情之正乎此余之所以不能已於話也而何謂之深也客曰是則然矣予之言未必其無弊也乃執月旦以平章曲廚司三寸管而低昂之無乃過當乎予曰人之善非己之善也人之惡非己之惡也雙眸具在亦視乎其人之眊與不眊而已矣童山李調元序

雨村曲話卷上

綿州李調元童山

朱晦菴云古樂府只是詩中泛聲後人怕失那泛聲逐一添箇實字遂成長短句今曲子便是

困學紀聞古樂府者詩之旁行也詞曲者古樂府之末造也

王弇洲云宋未有曲也自金元而後半皆涼州豪嘈之習詞不能按乃爲新聲以媚之而一時諸君如馬東籬貫酸齋王實甫關漢卿張可久喬夢符鄭德輝宮大用白仁甫輩咸富有才情兼喜音律遂擅一代之長所謂宋詞元曲信不誣也按貫酸夫張可久宮大用祇工小令不及馬王關喬鄭白遠甚未可同年語也

北曲原本樂府歌行胡應麟莊嶽委譚宋詞元曲咸以昉于唐末然實陳隋始之蓋齊梁月露之體矜華角麗固已兆端至陳隋二主並富才情俱湎聲色叔寶之後庭花煬之春江玉樹宋元人沿襲濫觴也

絃索辨訛三百篇後變而爲詩詩變而爲詞變而爲爲曲詩盛于唐詞盛于宋曲盛于元之北北曲不諧于南而始有南曲南曲則大備于明明時雖有南曲祇用絃索官腔至嘉隆閒崑山有魏良輔者乃漸改舊習始備眾樂器而劇場大成至今遵之所謂南曲卽崑曲也

嘯餘譜有新定樂府十五體名目一丹邱體豪放不羈二宗匠體詞林老手之詞三黃冠體神遊廣漠寄情太虛有餐霞服日之想名曰道情四承安體華觀偉麗過於泆樂承安金章宗正朔五盛元體快然有雍熙之治字句皆無忌憚又曰不諱體六江東體端謹嚴密七江南體文彩煥然風流儒雅

八東吳體清麗華巧浮而且艷九淮南體氣勁趣高十玉堂體正大十一草堂體志在泉石十二楚江體曲抑不伸攄忠訴志十三香匳體裙裾脂粉十四騷人體嘲譏戲謔十五俳優體詭喻淫虐卽淫詞按此十五體不過綜其大概而言其實視撰詞人之手筆各自成家如馬致遠之朝陽鳴鳳則豪爽一路王實甫之花園美人則細膩一路各自成體不必拘也

涵虛曲論古今羣英樂府各有其目馬東籬如朝陽鳴鳳張小山如瑤天笙鶴白仁甫如鵬搏九霄李

壽卿如洞天春曉喬夢符如神鰲鼓浪費唐臣如三峽波濤宮大用如西風鵰鶚王實甫如花間美人張鳴善如彩鳳刷羽關漢卿如瓊筵醉客鄭德輝如九天珠玉白無咎如太華孤峯費酸齋如天馬脫羈鄧玉賓如幽谷芳蘭滕玉霄如碧漢閒雲鮮于去矜如奎璧騰輝商政叔如朝霞散彩范子安如竹裏鳴泉徐甜齋如桂林秋月楊淡齋如碧海珊瑚李致遠如玉匣昆吾鄭廷玉如佩玉鳴鑾劉廷信如摩雲老鶻吳西逸如空谷流泉秦竹村如孤雲野鶴馬九皋如松陰鳴鶴石子章如清風

爽籟朱庭玉如百卉爭芳庾吉甫如奇峯散綺楊立齋如風煙花柳楊西菴如花柳芳妍胡紫山如秋潭孤月張雲莊如玉樹臨風元遺山如窮崖孤松高文秀如金瓶牡丹阿魯威如鶴唳青霄呂止菴如晴霞結綺荊幹臣如珠簾鸚鵡薩天錫如天風環珮薛昂夫如雪窗翠竹顧均澤如雪中喬木周德清如玉笛橫秋不忽麻如閒雲出岫杜善夫如鳳池春色鍾繼先如騰空寶氣王仲文如劍氣騰空李文蔚如雪壓蒼松楊顯之如瑤臺夜月顧中清如雕鶚沖霄趙文寶如藍田美玉趙明遠如

太華晴雲李子中如清廟朱瑟李取進如壯士舞劍吳章齡如庭草交翠武漢臣如遠山疊翠李直夫如梅邊月影馬昂夫如秋蘭獨茂梁進之如花裏啼鶯紀君祥如雪裏梅花于伯淵如翠柳黃鸝王庭秀如月印寒潭姚守中如秋月揚輝金志甫如西山爽氣沈和甫如翠屏孔雀睢景臣如鳳管秋聲周仲賓如平原孤隼吳仁卿如山間明月秦簡夫如峭壁孤松石君寶如羅浮梅雪趙公輔如空山清嘯孫仲章如秋風鐵笛岳伯川如雲林樵響趙子祥如馬嘶芳草李好古如孤松掛月陳存

甫如湘江雪竹鮑吉甫如老蛟泣珠戴善甫如荷花映月張時起如雁陣驚寒趙天錫如秋水芙蓉尚仲賢如山花獻笑王伯成如紅鴛戲波王子一如長鯨飲海王文昌如鰲海明珠楚方如秋風桂子陳克明如九畹芳蘭李唐賓如孤鶴鳴皐穆仲義如洛神凌波湯舜民如錦屏春風賈仲民如錦帷瓊筵楊景言如雨中之花蘇復之如雲林文豹楊彥華如春風飛花楊大奎如匡廬疊翠夏均政如南山秋色唐以初如仙女散花前九十八人已經題目此外一百五人並稱傑作其名爲董解元

姚牧庵景元啓曾瑞卿李伯瑜吳克齋李德載王和卿杜遵禮程景初趙彥暉王敬甫鄧學可沙正卿趙明道王仲誠夢簡李邦基呂天用睢元明王仲元高安道張子友侯正卿史九敬先李寬甫彭伯成李行道趙君祥汪澤民陸顯之孔文卿秋君原張壽卿費君祥陳定甫劉唐卿阿里耀卿王愛山奧敦周卿渚蔡善長范氷壺施君美黃德潤沈珙之劉聰張九廖宏道陳彥實吳中立錢子雲高敬臣曹明善張子堅王日華王舉之陳德和邸士元按曲話惟此最先自王弇洲曲藻以前未有論

及者今各家曲雖多失傳存此猶有考其萬一

雕蟲館曲選論元取士有塡詞科若今括帖然取給風簷寸晷之下故一時名士雖馬致遠喬夢符輩至第四折往往強努之末又謂主司所定題目外止曲名及韻其賓白則演劇時伶人自爲之故多鄙俚蹈襲之語如西廂亦五雜劇皆出詞人手裁不可增減一字故爲諸曲之冠

太和正音譜云西廂記元進士王實甫撰按王實甫見元人百種曲目十三本以西廂爲首世有謂關漢卿撰者妄也漢卿亦元進士撰曲有六十三本不載西廂可據王元美云實甫原本至碧雲天黃花地而止此後乃漢卿所補則續鄭恆事乃漢卿筆也世又謂至草橋驚夢而止非按元天台陶宗儀輟耕錄金章宗時有董解元所編西廂記世代未遠尚罕傳者況今雜劇中曲調之冗乎據此則西廂爲董解元作而嘯餘譜載元傑作一百五人以董解元居首但注仕元始作北曲並未載撰西廂記陶九成元人相去未遠必有所據意董原本而王關爲潤色之歟董解元一作金人

西廂工于駢儷美不勝收如雪浪拍長空天際秋雲

捲竹索纜浮橋水上蒼龍偃又法鼓金鐃二月春雷響殿角鐘聲佛號半天風雨灑松梢又縈春心情短柳絲長隔花陰人遠天涯近又哭聲兒似鶯囀喬林淚珠兒似露滴花梢又香銷了六朝金粉瘦減了三楚精神又玉容寂寞梨花朶臙脂淺淡櫻桃顆又他做了影兒裏情郎我作了畫兒裏愛寵他傳奇不能道其隻字宜乎爲北曲壓卷也

西廂淡黃楊柳帶棲鴉本宋賀方回浣溪紗詞也王實甫用之與嫩綠池塘藏睡鴨作對天然巧妙可謂青出于藍

實甫又有離亭宴煞云閑來膝上橫琴坐醉時林下和衣臥暢好快活樂天知命隨緣過爲伴侶只三箇明月清風共我再不把利名侵且須將是非緫此麗春堂劇曲牌名離亭宴煞也今人多入勸世小說不知爲實甫作也

馬致遠號東籬元人曲中巨擘也其滿庭芳句有知音到此舞雩點也修禊羲之語最工

致遠越調天淨沙云枯籐老樹昏鴉小橋流水人家古道西風瘦馬夕陽西下斷腸人在天涯數語爲秋思之祖

雨村曲話　卷上　七　二十九函

東籬陳搏高臥云紙窗明覺曉布被暖如春又丹砂好鍊養閑身黃金不鑄封侯印藏不得幞頭緊穿不的公裳坐不如我這拂黃塵的布袍灑渾酒的綸巾字句音律瀏亮動人

致遠曲多俊語霜清紫蟹肥露冷黃花瘦九日俊語也細研片腦梅花粉新剝眞珠豆蔻仁詠茶俊語也天地安排詩句就雲山失色酒杯寬金山寺俊語也

馬東籬離亭宴煞蛩吟一覺纔寧貼雞鳴萬事無休歇爭名利何年是徹密匝匝蟻排兵亂紛紛蜂釀蜜鬧穰穰蠅爭血裴公綠野堂陶令白蓮社愛秋來那些和露摘黃花帶霜烹紫蟹煮酒燒紅葉人生有限杯幾箇登高節囑付俺頑童記者便北海探吾來道東籬醉了也周德清云此方是樂府不重韻無襯字無險語押韻兼平上去無一字不妥萬中無一後輩宜法按馬致遠名曲極多如寨兒令云數聲柔櫓江灣一鉤香餌波寒回頭觀兔魄失憶放漁竿看流下蓼花灘又沉醉來風云黃蘆岸白蘋渡口綠楊堤紅蓼灘頭點秋江白鷺沙鷗傲殺人閒萬戶侯不識字烟波釣叟又撥不斷隱

雨村曲話　卷上　八　二十九函

居云紅塵不向門前惹綠樹偏宜屋角遮青山正補墻頭缺竹籬茅舍又水仙子云一聲梧葉一聲秋一點芭蕉一點愁三更歸夢三更後又閒花醖釀蜂兒蜜細雨調和燕子泥又錦字香粘新淚粉彩箋紅漬舊啼痕又怕黃昏不覺又黃昏不銷魂怎地不消魂新啼痕壓舊啼痕斷腸人憶斷腸人又西風吹老鱸魚興又長江有盡思無盡皆人不能道也

東籬寄生草云長醉後方何礙不醒時有甚思糟醃兩箇功名字醅渰千古興亡事麯埋萬丈虹蜺志

不達時皆笑屈原非但知音盡屬陶潛是命意造詞俱臻絕頂

致遠黃粱夢周德清取鴈兒落爲定格云洞賓出世超凡本有神仙分一抹條九陽巾君人眞人謂此調極罕伯牙琴也今曲譜首句無洞賓二字分字下作繫一條一抹條戴一項九陽巾君敢作個眞人與此不同

東籬岳陽樓頭摺詞云黃鶴送酒仙人唱主人無量醉何妨周德清云俊語也有不識文義以送爲齎送之義改爲對舞殊不知黃鶴用仙人以榴皮畫鶴一隻以報酒家事初無雙鶴豈能對舞且失飲酒之意送者吳姬壓酒之謂甚矣俗士之不可醫也

致遠塞鴻秋云腕冰消鬆㪽黃金釧脂粉淺淡了芙蓉面紫霜毫蘸經端溪硯斷腸詞寫在桃花扇風輕柳絮天月冷梨花院音律瀏亮周挺齋極稱之

臨川陳克明春粧曲云自將楊柳品題人笑撚花枝比較春輸與海棠三四分再偷勻一半兒胭脂一半兒粉後遂名此調爲一半兒周挺齋評云作者雖眾音律獨先

周德清務頭定格載盧山朝天子云早霞晚霞粧點廬山畫仙翁何處鍊丹砂一縷白雲下客去齋餘人來茶罷歎浮生只落花楚家漢家作了漁樵話通首完穩對偶音律句好末句楚家漢家與慶晉三分半腰折魏耶晉耶同一格律

元人得勝令咏指甲云宜將鬬草尋宜把花枝浸宜將繡線勻宜把金針紐宜操七絃琴宜結兩同心宜托腮邊玉宜圖鞋上金難禁得一掐通身沁知是治相思十個針咏物俊詞也挺齋云得勝令務頭在起句頭字要屬陽後必要扇面對方好此曲是也

尙仲賢歸去來詞西風落葉山容瘦呀呀的鴈過南樓俊語也

鄭德輝倩女離魂曲中有忒楞楞騰踈剌剌沙厮琅琅湯吉丁丁當撲通通蓑皆四字成句蓋元人俗語也

德輝王粲登樓迎仙客云雕簷紅日低畫棟彩雲飛十二玉闌天外倚望中原思故國一片鄉心碎挺齋謂仙客梟百無此調也美哉德輝之才名不虛傳然余尤喜其一片鄉心碎之句曲藻何元朗極

稱元人鄭德輝㑃梅香倩女離魂王粲登樓以爲出西廂之上㑃梅香雖有佳處而中多陳腐措大語且套數出没賓白皆剽西廂王粲登樓事實可笑亦厭常喜新之病然㑃梅香雖不出西廂窠臼其秀麗處究不可没元朗名良俊號柘湖明松江人以選貢授南京翰林孔目

雨過池塘肥水面雲歸巖谷瘦山腰德輝曲中名語

喬夢符金錢記王孫乘駿馬金鞭拂柳花遊人問酒家青旗插杏花四句用隔句對法句句用韻卻不傷氣又名利酒吞蛇富貴夢迷蝶亦鍊

徐甜齋紅繡鞋一榻白雲竹徑半窗明月松聲又青猿藏火棗黑虎聽黃庭皆險諢妙句

鮑吉甫衛靈公劇四邊風凜冽一望雪糢糊行過小溪橋迷卻前村路居然唐賢風韻

唐費臣貶黃州云新婦磯頭鷗鷺鄉中女兒浦口鸂鶒洲邊漲一竿春水帶一抹寒烟掉一隻漁船黑甜一枕睡燈火對愁眠句調甚别

花李郎曲即娼夫詞也句頗工鍊有黃粱夢云幽窗下寒敲竹葉前村外冷壓梅稍擦亂野花低微茫江樹查咏雪好句也

周德清曲不多見有句云雨晴花柳新梳洗不愧陽春曲

范子安竹葉舟劇煞云月黑雲愁風狂雨驟甚時候白茫茫銀濤不斷流那里也楚尾吳頭數語氣勢不凡

酹江集載羅貫中風雲會云黃道烟迷瑞靄盤旋飛鳳椅紫垣風細御香繚繞袞龍衣四句俱用韻卻用隔句對法

元遺山有小令云湘燕攜雛弄語有高柳鳴蟬相和驟雨過珍珠亂撒打徧新荷一時傳播今入曲易牌名驟雨打新荷

元人咏馬嵬事無慮數十家白仁甫梧桐雨劇爲最古鮑老云紅牙筯趁五音擊著梧桐按嫩枝柯猶未乾更帶著瑤琴聲範出幾點瓊珠似汗傷妙乃爾

王伯成號丹邱先生所撰天寶遺事如侍晨粧翠圍紅簇恐要侍兒扶宜寫在嬾妝圖風流蘊藉不減白仁甫也

琵琶記元末永嘉高則誠撰百川書志作宋永嘉先生撰蓋因則誠永嘉人而隱其名也此曲體貼人

情描寫物態皆有生氣且有裨風教宜乎冠絕諸南曲為元美之亟贊也或謂為王四而作故以琵琶隱四王字則誠元本止書館相逢其賞月掃松二闋為朱教諭所補王已識其非實曲藻云嘗見人歌浪暖桃香欲化魚期逼春闈詔赴春闈郡中空有辟賢書心戀親闈難捨親闈頗疑兩下句意各重又曰詔日書都無輕重後得一善本上下句作期逼春闈難捨親闈下下句作心戀親闈難赴春闈意既不重而與上句各相呼應益見作者之工

琵琶燒夜香句云樓臺倒影入池塘綠樹濃陰夏日長一架荼蘼滿院香寫景俊語也

明太祖嘗稱琵琶如珍玉百味富貴家不可缺

拜月亭元施君美撰何元朗謂勝琵琶却無裨風教不似琵琶能使人墮淚也如金釵雖動人而俗香囊雖不動人而雅亦琵琶之類未可廢也

衡曲麈譚屠赤水為辭古鬱壘花一記具見婆心吳載伯凌初成清言楚楚詞林之彥

吳騷合編王伯良卜大荒袁息公皆生動圓轉聲傳三籟

卷上終

雨村曲話卷下

綿州李調元童山

臧懋循字晉叔號顧渚長興人萬歷庚辰人所選元人雜劇百種二十卷元一代之曲借以不墜快事也嘗云曲自元始有南北各十七宮調而北西廂諸雜劇無慮數百種南則幽閨琵琶二記而已自高則誠琵琶首為不尋宮數調之說以掩覆其短今遂藉口謂曲嚴于北而疏于南豈不謬乎大抵元曲妙在不工而工其精者採之樂府而粗者雜以方言至鄭若庸玉玦始用類書為之而張伯起

之徒轉相祖述為紅拂記則濫觴極矣何元朗評施君美幽閨遠出琵琶上王元美謂好奇之過夫幽閨大半已雜贋本不知元朗能辨此否余嘗于酒次論及琵琶梁州序念奴嬌序二曲不類永嘉人口吻當是後人竄入元美尚津津稱許惡知所謂幽閨

荊釵一記晉叔自謂得元人祕本信韻叶矣然如草舍茅簷一曲本用監咸險韻而又有一二犯韻何也至莫忘雌伏辰一語句則妙矣然一望而知非元人面目也

曲不欲多白尤不欲多駢偶如琵琶黃門諸篇業且厭之而屠長卿曇花白終折無一曲梁伯龍浣紗梅禹金玉盒終本無一散語其謬彌甚湯義仍紫荆四記中間北曲驟驟乎涉其藩矣獨音韻少諧不無鐵綽板唱大江東去之病南曲絕無才情若出兩手何也伯龍名辰魚字少白明崑山人國學生

明以南曲名于江左者如祝允明字希哲號枝山長洲人中鄉榜倅南京兆唐寅字伯虎吳人中解元及吳人鄭若庸皆首選也希哲能爲大套才情富

有而多雜伯虎小詞翩翩有致鄭所作玉玦記最佳他未稱是曲藻評論如此鄭特工于用筆耳紅拂句如春眠乍曉處處聞啼鳥悶悶到海棠多少又章柳路渺天涯何處無芳草皆嫌手用成句太熟

東郭記全以一部孟子演成其意不出求富貴利達一語蓋罵世詞也劇目俱用孟子成語不出措大習氣曲中之別調也

明珠記郎無雙傳明陸天池采所撰乃兄浚明給事助成之王氏以未盡善余以爲元美特走馬看花耳未細加涉獵也曲中佳語雖少其穿插處頗有巧思工倭宛展固爲獨擅非梁梅輩派頭其北尾云君王的兀自保不得親家看覷秀才空望著京華淚痕滿直逼元人矣元美以爲未盡善以其不用故寔也中有鳳尾箋鮫鮹帕芙蓉帳翡翠帷等語未脫時尚故見曲藻不然則不發及矣我謂未盡善正在此不在彼也

洞天元紀陶情樂府續陶情樂府俱新都楊升菴撰流膾人口北曲爲多而頗不爲當行所許王元美譏爲蜀人多用川調不諳南北本腔妄也蜀何嘗

有川調之名南北九宮譜中原音韻世所通行之譜豈獨吳人許用而蜀人不許乎各分畛畦互相攻擊雖文人相輕亦小人黨習也其佳句如費長房縮不就相思地女媧氏補不完離恨天別淚銅人共滴愁腸蘭焰同煎和愁和悶經歲經年又傲霜雪鏡中紫髯任光陰眼前赤電仗平安頭上青天皆生別不拾人牙慧乃元美摭拾其嫩寒生花底數語以爲抄錄元人祕本掩爲己有噫是何腑腸必不容升菴出一頭地也亦褊之至矣

北曲在明如李空同王浚川何粹夫韓苑洛何太華

許少華皆有樂府未盡傳曲藻云所知者李先芳張重劉時遠皆可觀馮惟敏獨爲深出其板眼務頭擸搶緊緩無不曲盡而才氣亦足發明祗用本色過多北音太繁爲白璧微纇耳

作曲最忌出情理之外王舜耕所撰西樓記于撮合不來時脫出一須長公殺無罪之妾以刼人之妾爲友妻結構至此可謂自墮苦海舜耕高郵人西樓工于調謔其第六齣私契所自見了錦帆樂府日夜稱頌大名乃舜耕自負故云語兒曹陽春古奏和者甚寥寥

湯顯祖字義仍號若士臨川人萬歷癸未進士所著玉茗四種還魂記爛柯記邯鄲夢紫釵記以還此爲第一部俗呼牡丹亭句如雨絲風片烟波畫船皆酷肖元人惜其使才于韻腳所限多出以鄉音如子與宰叶之類其病處在此佳處亦在此

武功康德涵海以附劉瑾敗家居能自彈琵琶唱新詞有侍郎楊廷儀者新都楊介夫廷和弟即升菴叔也以使事北上過康置酒廷儀徐謂家兄恆相念但得一書吾爲道地史局語未畢康大怒罵若伶人我耶手琵琶擊之格胡牀迸碎楊踉蹌走避康猶口咄咄蜀子更不相見蜀子罵語也子者蜀人罵人之賤稱今猶有湖廣子陝西子江西子之語與康同時有王敬夫鄠杜人劉瑾以鄉人爲吏部掌文選瑾敗貶壽州州同爲人傲睨工詞曲所編有杜少陵春傳奇劇罵李文正公館閣皆爲其輕薄人譏之于李遂褫官不復用二公皆工樂府敬夫將塡詞以厚貲募國工杜門學按琵琶三絃盡其技而後出每敬夫曲成德涵爲奏云雖老樂師不逮也然敬夫作南曲且盡杯中物不飲青山暮以物爲護王元美謂南北混淆然元美但知護

非南音不知物非護音而護亦非北音評者以敬夫秀麗雄爽康大不如至謂聲價不在關漢卿馬東籬下二公皆陝人工詞皆以瑾敗亦異事也

谷繼宗濟南人所爲樂府頗有才情尚出諸公之下此外如趙王之紅箋驛使梅楊邃菴之指冷鳳凰笙陳石亭之梅花序顧未齋之單題梅皆膾炙人口然較之專門終有間也王威甯越黃鶯兒只是諢語然頗佳常明卿有樓永樂府雖詞氣豪逸亦未當家俱見曲藻

臧賢正德嬖伶也時有號髯仙者樂府不能如陳大

聲穩協而俠少推爲渠帥正德南征髯仙賁緣賢薦得幸令調提六院事髯仙名霖失其姓賢復薦楊南峯循吉應制成打虎曲稱旨授官如霖楊大愧駭曲今存不大佳信乎鬱輪袍之不獨王摩詰也

陳大聲金陵將家子曲多蹈襲梅花一闋爲世所傳然只可供絃索三弄而已

金白嶼鑾有名北里曲爲當家所貴氣弱而才薄元美賞其石橋下水粼粼蘆花上月紛紛之句亦老生常話耳

王渼陂有一天霜雪曉排衙句爲人傳播然多粗句如翻身跳出麒麟洞大似秦腔王元美議之不爲苛

徐文長自號天池生所著有四聲猿袁石公令錢塘見之以爲明第一曲四聲猿者四劇也一咏彌衡一咏玉禪師一咏木蘭一咏黃崇嘏取杜詩聽猿實下三生淚而名也應以彌衡劇爲最

尋親記詞雖稍俚然讀之可以風世又有後尋親盡收拾前記所未結諸色末余曾見演者亦復可觀焉

曲始於元大畧貴當行不貴藻麗盖作曲自有一番才料其修飾詞章塡塞故寔了無干涉也故荆劉拜殺爲四大家而長才如琵琶猶不得與以琵琶漸開琢句修詞之端也明如湯菊莊馮海浮陳秋碧輩雖無當本而製曲直闖其藩元音未絕自梁伯龍出始爲工麗濫觴盖其生嘉隆間正七子雄長之會詞尚華靡弇州於此道不深徒以雜桑之詣盛爲吹噓不知非當行也故吳音一派竟爲勦襲靡詞如誘閨羅幃銅壺銀箭紫燕黃鶯浪蝶狂蜂之類啟口即是千篇一律甚至使僻事繪隱語

不惟曲家本色語全無即人間一種眞情話亦不可得元音之所以塞而不開也不知以藻繢爲曲譬如以排律諸聯入陌上桑董妖嬈樂府諸題下多見其不類又何曲之足云

白兎殺狗二記今世所傳本謬誤至不可讀皆後人竄改盖其詞原太質人於方言不諧處輒改之面目全失矣荆拜二記亦然然所存原筆處多有後人不能辨也元美摘拜月以爲詞家大學問正謂其無吳中一種惡套耳豈不寃甚觀元美於西廂祇取雪浪拍長空東風搖曳垂楊線等句其所尚

可知矣安不繫節於新篁池閣長空萬里二曲而
謂其在拜月上乎
沈伯英審於律而短於才亦知用故寔用套詞之非
宜然作當家本色俊語卻又不能直以淺言俚句
棚拽牽湊自謂獨得其宗號稱詞隱而越中一二
少年學慕吳趨遂以伯英爲開山私相伏膺紛紜
競作非不東鐘江陽韻韻不犯一稟德清而以鄙
俚可笑爲不施脂粉以生硬稚率爲出之天然較
之套詞故寔一派反覺雅俗懸殊使伯龍禹金輩
見之益當千金自享家帚矣

張伯起小有俊才而無長料頗有一二眞語氣亦疏
通一簇故寔便堆砌軿輳亦是倣伯龍使然自恐
寂寥有意塗飾是其病處
紅梨花一記其稱琴川本者大是當家手隹思律句
直逼元人惜逸其名所作此詞乃黜竄元張壽卿
腔然其文足觀也有武林本甚不堪
改北調爲南曲者有李日華西廂增損字句以就腔
已覺截鶴續鳧如秀才們聞道請下增先生二字
等是也更有不能改字亂其腔以就字句如來回
顧影文魔秀士欠酸丁是也本風欠刪去風字復
成何語益西廂爲詞宗欲歌南音不得不取李本
亦無可奈何矣
魏良輔曲律云簫管以尺工猶琴之勾剔
吳騷合編云俗刻遴奇振雅南詞韻選大畧雷同
譚曲雜劄玉環記隔紗窗日高花弄影改元劇喬夢
符筆也喬煞尾末句云比及你見那負心薄幸多
嘗我魂靈先到洛陽城此等語不但慘慽回環抑
且以之作收力有萬鈞今以混入猫兒墜中急腔
唱過大減分數矣而尾聲末句則以專聽春雷第
一聲收之豈不村殺然此記賓白及曲中佳處亦

能彷彿非近時腳手
譚曲雜劄呂勤之序坡中蕉帕記有云詞隱先生之
條令清遠道人之才情又云詞隱取程於古詞故
示法嚴清遠翻抽於元劇故遺調俊又云詞忌組
練而晦白忌堆積駢偶而寬其語良當勤之越人
卽所稱蔚藍生者也頗嗜曲而亦見一斑者故其
語若此乃其所校訂友人諸戲殊少合作卽蕉帕
一記頗能不塡塞閒露一二隹句而每每苦稚至
尾必雙收則弋陽之派尤失正體
衡曲塵譚袁鳧公奉譜嚴整謂元宮詞譜

五倫全備記三本瓊臺邱濬撰凡二十八段所述皆名言天下大倫大理盡寓于是言帶詼諧不失其正葢邱文莊公假此以勸善者見百川書志

綵毫記屠赤水隆作其詞塗金繢碧求一眞語雋語快語本色語終卷不可得

紅拂記明張伯起所撰王元美謂潔而俊失在輕弱亦未必然如春絲未許障紅樓簾籠净掃窺星斗吐氣自不凡也元美賞其愛他風雪等句則不但襲宋人朱希眞詞亦本未見出色

驚鴻臥冰二記俱詞句鄙俚曲之最下乘也宜乎其

人亦不傳

閱世道人不著氏名所輯有六十種曲大抵皆南曲也但不列撰人姓名除可考已見前說外其餘撰人皆不可考今記其全目以備觀覽雙珠記尋親記東郭記金雀記焚香記荆釵記霞箋記精忠記浣紗記琵琶記南西廂幽閨記明珠記玉簪記紅拂記還魂記紫釵記邯鄲夢南柯夢北西廂春蕪記琴心記玉鏡記懷香記綵毫記運甓記鸞鎞記玉合記金蓮記四喜記三元記投梭記鳴鳳記飛丸記紅梨記八義記西樓記牡丹亭繡襦記青衫記錦箋記蕉帕記紫簫記水滸記玉玦記灌園記種玉記雙烈記獅吼記義俠記千金記殺狗記玉環記龍膏記贈書記曇花記白兎記香囊記四賢記節俠記

李漁音律獨擅近時盛行其笠翁十種曲十種者憐香伴風箏誤意中緣鳳求凰奈何天比目魚玉搔頭巧團圓愼鸞交勾吳虞巍序而行之稱笠翁妻妾和諧雖長貧賤不作白頭吟另具紅拂眼亦可取也世多演風箏誤其奈何天曾見蘇人演之

阮大鋮自號百子山樵所撰燕子箋名重一時然其

人心術既壞惟覺濡詞可憎所謂亡國之音也

洪昉思昇作長生殿盡刪太眞穢事時朱門綺席酒社歌樓非此曲不奏纏頭宮詹趙執信以聽演去官不復起有可憐一夜長生殿斷送功名到白頭之句可想其工其彈詞爲一篇警策所謂白頭宮女在閒坐說元宗也

孔東塘桃花扇今盛行其曲包括明末遺事所寫南渡諸人面目畢肖一時有紙貴之譽其首演者李本菴總憲也班名金斗

董恆岩芝龕記特爲秦忠州沈道州二奇女衍傳全

寫蜀中事　京綿花七條衕衕有石芝龕爲四川
會邸其遺蹟也而明季史事一一根据可爲杰作
但意在一人不遺未免失之瑣碎演者或病之焉
顧天臺小忽雷傳奇亦董恒岩筆董工詞而顧工音
故爲詞家所尚
今所傳若耶野老載花舲香草吟二本詞調卑靡頗
不足觀而香草吟全以藥名演成傳奇雖其家數
畧小亦具靈思曲中之另一體也
張漱石有玉燕堂四種夢中緣梅花簪懷沙記玉獅
墜也懷沙撮合國策而成堪稱曲史

杭州夏綸有無瑕璧杏花村瑞筠圖廣寒梯南陽樂
花萼吟四種其南陽樂作諸葛武侯禳星獲生滅
魏吳以成一統意本之返精忠以平人心詞更慷
慨激昂可歌可頌
金椒蘭皐所撰旗亭記爲詩人爭聲價詞雖欠老亦
樂府中之一大楔子也
鉛山編修蔣心餘士銓曲爲近時第一以腹有詩書
故隨手拈來無不蘊藉不似笠翁輩一味優伶俳
語也余往粵東過南昌其時蔣已入京其子知廉
來謁問其詩已付水伯以所著空谷香冬青樹香
祖樓雪中人四本見貽余詩曾有空谷香中人去
遠之句葢懷心餘也舟中爲批點一過不覺日行
數百里但見青山紅樹雲烟奔湊應接不暇揚帆
直過十八灘渾忘其險也心餘與余交最契其再
補官也爲貧而仕非其本懷壬寅相見於順城門
之撫臨館歎甚曾許題余醒園圖未幾病痺右手
不能書今已南歸矣然聞其疾中尚有左手所撰
十五種曲未刊蔣與武陵袁枚時人有兩才子之
目晚年俱落落不得志余嘗欲選二家詩爲袁蔣
探驪不果袁詩曾爲選刊粵中蔣詩竟棄波濤良
可惜也

銓郎錢塘韓朝衡開雲有詠　京官曲九摺皆寫宅
內家人日用瑣事會記其中二闋云公堂事了拜
客去西頭路須親到借債去東頭舖須親造亟歸
家栅閉滿開沿路邊聲淡飯兒剛一飽破被兒剛
一覺怎當得有箇人兒細把家常道道則道非絮
叨你清俸無多用度饒房主的租銀絕早家人的
公食嫌少這一隻破鍋兒等米淘那一隻寒爐兒
待炭燒且休管小兒索食傍門號怎當得這啞巴
生口無夫草况明朝幾家分子典當没絲毫情真

景眞聞者莫不絶倒惜忘其六摺糞溝開京中四
月事韓曲不多見惟此最傳

雨村曲話卷下

樂府侍兒小名

光緒七年立
重鋟于廣漢

洪少蓬有侍兒小名錄一卷王銍有補侍兒小名錄一卷溫豫有續補侍兒小名錄一卷張邦基有侍兒小名錄拾遺一卷而散見於樂府諸名家詞中古人獨未收拾思裁月鏤雲翠紅刻羽柳腰櫻口皆出自換羽移宮之場此中不少玉環玉奴畧而不採誠闕憾事也因暇日閱詞檢點諸家小名錄所未有者備錄之共得一百四人名曰樂府侍兒小名錄亦發幽之一端也是爲序羅江李調元雨村甫撰

樂府侍兒小名錄目錄

卷上

宋一

蓮鴻　蘋雲　鄭容　高瑩
琵琶　懿懿　嫵卿　勝之
慶姬　懿卿　小蓮　素娘
采奴　穠　采菱拾翠　秀蘭
婁婉婉　陶心兒　瓊芳　小
輕盈　璨奴　閻麗　榮奴
蟲蟲　酥娘　秀香　英英

心娘　佳娘　瑤卿　謝媚卿
歐　梅　陳湘　楊姝
瑩　李蓮　一東　吳氏
呂倩倩　黃瓊　李瑩　牛楚
白玉　周三五　勝喜　雪香
翠英　潘氏　徐氏

卷下

宋二

宋瑤　星娘　小春　婉卿
才卿　盼盼　夢雲　文卿
官妓　段雲輕　沈賽娘　小桃
小蘭　輕輕　賀全眞　郭小娘
趙總憐　王稱心　陳宋鄰　蕭秀
蕭雲　歐懿　桑雅　劉雅
歐倩　文秀　王婉　楊蘭
吳玉　得趣　李憐　倩倩
小紅　胡芳　陳文　黃姬
周子文　鄭小奴　紅梅　鴛鴦
段雲卿　崔念四　聶勝瓊　美奴

金

珠簾秀

元

貴貴　楚芳　吳蘭　楊玉娥
小琉英　楚蘭　控絃

明

小青　紅橋　顧文英

樂府侍兒小名錄目錄畢

樂府侍兒小名錄卷上

羅江李調元雨村撰

宋一

蓮鴻　蘋雲

晏幾道小山詞有補亡一編自序云補樂府之亡也叔原往者浮沉酒中病世之歌詞不足以析醒解慍試續南部諸賢餘緒作五七字語期以自娛不獨叙其所懷兼寫一時杯酒閒閒見所同遊者意中事嘗思感物之情古今不易竊以謂篇中之意昔人所不遺第于今無傳爾故今所製通以補亡名之始時沈十二廉叔陳十君寵家有蓮鴻蘋雲品清善謳時每得一解即以草授諸兒吾三人持酒聽之爲一笑樂已而君寵疾廢臥家廉叔下世昔之狂篇醉句遂與兩家歌兒酒使俱流轉于人閒自爾郵傳滋多積有竄易七月已巳爲高平公綴緝成編

鄭容　高瑩

蘇東坡自錢塘被召林子中作郡守有會坐中營妓出牒鄭容求落籍高瑩求從良子中呈東坡東坡索筆爲減字木蘭花書牒後用鄭容落籍高瑩從良八字于每句端詞云鄭端好客容我尊前先墮幘落筆

生風籍籍聲名不負公高山白早瑩骨冰膚那解老從此南徐良夜清風月滿湖

琵琶

東坡贈小鬟琵琶減字木蘭花詞琵琶絶藝年紀都來十一二撥弄么絃未解將心指下傳主人嗔小欲向東風先醉倒已屬君家且更從容等待他

懿懿

子瞻贈徐君猷家姬詞柔和性氣雅稱佳名呼懿懿解舞能謳絶妙年中有品流眉長眼細淡淡梳粧新綰髻懊惱風情春著花枝百態生

嫵卿　勝之　慶姬

東坡有減字木蘭花四首贈徐君猷三侍人一贈嫵卿詞云嬌多媚煞體態輕盈千萬態殢主尤賓斂黛含顰喜又嗔徐君樂飲笑謔從伊情意恁臉嫩膚紅花倚木蘭裏住風一贈勝之詞云雙鬟綠墜嬌眼橫波眉黛翠妙舞翩躚掌上身輕意態憐曲窮力困笑倚人旁香喘噴老大逢歡昏眼猶能仔細看又一首云天然宅院容了千千主萬萬說與賢知表德元來是勝之今來十四海裏猴兒奴子是要賭休癡六隻骰兒六點兒一贈慶姬詞云天眞雅麗容態溫柔心

性慧響亮歌喉遏住行雲翠不流好詞佳曲囀出新聲能斷續重客多情滿勸金巵玉手擎

懿卿

東坡水龍吟云太守閭邱公顯致仕居姑蘇公飲其家出後房佐酒有懿卿者善吹笛東坡為作水龍吟有聞道嶺南太守後堂深綠珠嬌小倚窗學弄梁州初遍霓裳未了又為使君洗盡蠻風瘴雨作霜天曉之句

小蓮

子瞻贈琵琶女訴衷情詞云小蓮初上琵琶絃彈破

碧雲天　按小山詞亦有小蓮未解論心素句又有記得青樓當日事或寫向紅窗夜月前憑誰寄小蓮句抑或即此女

素娘

子瞻鷓鴣天詞自題云陳公密出侍兒素娘歌紫玉簫曲勸老人酒老人飲盡因為賦此詞云笑撚紅牙彈翠翹揚州十里最妖嬈夜來綺席親曾見撮得精神滴滴嬌嬌後眼舞時腰劉郎幾度欲魂銷明朝酒醒知何處腸斷雲間紫玉簫

柔奴

東坡定風波詞題云王定國歌兒曰柔奴姓宇文氏眉目娟麗善應對家世居京師定國南遷歸余問柔廣南風土應是不好柔對曰此心安處便是吾鄉因為綴詞云常羨人間琢玉郎天教分付點酥娘自作清歌傳皓齒風起雪飛炎海變清涼○萬里歸來顏愈少微笑時時猶帶嶺梅香試問嶺南應不好卻道此心安處是吾鄉

稭

子瞻江城子詞題云陳直方妾稭錢塘人也丐新詞為作此錢塘人好唱陌上花開緩緩曲余嘗作數絕

以記其事矣詞云玉人家在鳳凰山水雲間掩門閒門外行人立馬看弓彎十里春風誰指似斜日映繡簾斑○多情好事與君還憫新鰥拭餘潸明月空江香霧著雲鬟陌上花開看盡也聞舊曲破朱顏

采菱拾翠

東坡皂羅特髻詞咏采菱拾翠上段云采菱拾翠算此佳名阿誰消得采菱拾翠稱使君知客千金買采菱拾翠更羅裙滿把珍珠結采菱拾翠正髻鬟初合

秀蘭

子瞻賀新郎詞題云余倅杭日府僚湖中高會羣妓

畢集惟秀蘭不來營將督之再三乃來僕問其故曾曰沐浴倦臥忽有叩門聲急起詢之乃營將催督也整妝趨命不覺稍遲時府僚有屬意于蘭者見其不來怒恨不已云必有私事秀蘭含淚力辯而僕亦從旁冷語陰爲之解府僚終不釋然也適榴花開盛秀蘭以一枝藉手獻座中府僚愈怒責其不恭秀蘭進退無據但低頭垂淚而已僕乃作一曲名賀新郎令秀蘭歌以侑觴聲容妙絕府僚大悅劇飲而罷詞有手弄生綃白團扇扇手一時似玉之句

婁婉婉

秦觀少遊有水龍吟詞寄營妓婁婉婉字東玉詞中前後兩段首句藏其姓名與字如小樓連苑横空下又玉佩丁東別後是也

陶心兒

少游南歌子贈陶心兒末句天外一鈎殘月帶三星蓋心字也

瓊芳

毛滂惜分飛詞富陽僧舍作別語贈妓瓊芳云淚溼闌干花著露愁到眉峯碧聚　又今夜山深處斷魂分付潮回去見賞于東坡

小

毛滂虞美人詞序官妓有名小者坐中乞詞詞首句云柳枝却學腰肢裊好似江東小

輕盈

晁補之字无咎補綠頭鴨詞題云韓師朴相公會上觀佳妓輕盈彈琵琶句云繡屏深麗人乍出坐中雷雨起鶤絃又有行香子詞贈輕盈云柳態纖柔雪豔疎明問人來人道輕盈張琵遮臉一寸波橫比瀟洒處猶能稱此佳名又過堯民全部四叔位見輕盈所唱題紫玉簫句云羅綺叢中笙歌隊裏眼狂初認輕

盈無花解比似一鈎新月雲際初生

璨奴

補之永遇樂詞贈雍宅璨奴云醉裏疑腓嬌來縱體此意難分付憐伊只似風前輕燕好語暫來還去

閭麗

无咎有鬬百花詞憶汶妓閭麗云小小盈盈珠翠憶得眉長眼細曾共映花低語已解傷春情意又云與問階上簸錢時節記微笑但把纖腰向人嬌倚

榮奴

晁補之云家奴榮奴既出有感作勝勝慢詞云朱門

深掩擺蕩春風無情正欲輕飛斷腸如雪掩亂去點人衣朝來半和細雨向誰家東催西也算未肯似桃含紅蕊留待郎歸還記章臺往事縱別後青青似舊時垂灞岸行人多少竟折柔枝而今恨啼露葉鎖香街抛擲因聽又爭可姤郎夸春草步步相隨此詞可想公之鍾賞又其出也蓋出于不得已也又有點絳脣一首亦爲榮奴作語更酸辛詞云檀口星眸艷如桃李情柔惠據我心裏不肯相抛棄哭怕人猜笑又無滋味忡忡地繫人心裏一句臨岐誓

蟲蟲

柳永字耆卿集賢賓詞就中堪人屬意最是蟲蟲有畫難描雅態無花可比芳容又玉樓春詞蟲娘舉措皆淹潤每到婆娑偏恃俊香檀敲緩玉纖遲畫鼓聲喧蓮步緊

酥娘

耆卿玉樓春詞酥娘一搦腰肢裊回雪縈塵皆盡妙

秀香

屯田晝夜贈妓詞秀香家住桃花徑算神仙才堪並層波細翦明眸膩玉圓搓素頸、、

英英

耆卿贈妓柳腰輕詞英英妙舞腰肢軟又笑何止傾國傾城暫回眸萬人腸斷

心娘

屯田玉樓春同心娘自小能歌舞舉意動容皆濟楚解教天上念奴羞不怕掌中飛燕妬玲瓏繡扇花藏羽宛轉香茵雲襯步王孫若擬贈千金只在畫樓東畔住

佳娘

耆卿玉樓春詞佳娘捧板花鈿簇唱出新聲羣艷服

瑤卿

屯田鳳御杯詞云有美瑤卿能染翰千里寄小詩長簡想初擘苔牋旋揮翠管紅窗畔漸玉箸銀鈎滿蓋能詩妓也

謝媚卿

張子野先有謝池春慢題云玉仙觀道中逢謝媚卿云繚牆重院聞有流鶯到繡被掩餘寒畫閣明新曉朱檻連空闊飛絮無多少徑莎平池水渺日長風靜花影閑相照　塵香拂馬逢謝女城南道秀艷過施粉多媚生輕笑鬭色鮮衣薄碾玉雙蟬小春過了琵琶流怨都入相思調詞中寓名字又有減蘭云垂螺

近額走上紅裀初趁拍只恐驚飛擬倩游絲惹住伊
文鴛繡履去似風流塵不起舞徹梁州頭上宮花顫
未休題但云贈妓不知何人題亦咏媚卿也

歐梅

黃庭堅山谷玉樓春詞樽前見在不饒人歐舞梅歌
君更酌山谷自注云歐梅當時二妓也

陳湘

山谷阮郎歸詞題云會粤 既眄陳湘歌舞便出其
類學書亦進來求小楷作阮郎歸詞付之詞云盈盈
嬌女似羅敷湘江明月珠起來綰髻又重梳弄粧仍

學書歌調態舞工夫湖南都不如他年未厭白髭鬚
同舟歸五湖

楊姝

山谷集載太平州小妹楊姝彈琴送酒因作好事近
詞云一弄醒心絃情在兩山斜疊彈到古人愁處有
眞珠承睫使君來去本無心休淚界紅頰自恨老來
憎酒負十分金葉李之儀詞與黃魯直於當塗花園
石洞聽楊姝彈履霜操魯直有詞因次韻詞云相見
兩無言愁恨又還千疊別有惱人深處在懵騰雙睫
七絃雖妙不須彈惟願醉香頰只恐近來情緒似風

前秋葉

瑩

陳師道後山南鄉子并引云晁大夫增飾披雲務欲
壓黃樓而張馬二子皆當年尊下世所謂英英盼盼
者盼卒英嫁而盼之子瑩頗有家風而曹妓未有顯
者黃樓不可勝也作南鄉子以歌之詞云風絮落東
鄰點綴繁枝旋化塵關鎖玉樓巢燕子冥冥桃李摧
殘不見春流轉到如今翡翠生兒翠作衿花樣腰身
宮樣立婷婷困倚闌干一欠伸

李遵

呂渭老字聖求有詞自序云余每爲歌詩使李遵歌
之輒解人深意自去年七月親往華亭矣余爲之輟
筆昨夜酒醒臥不能穩試作卜算子以寄之詞云渡
口看潮生水滿蒹葭浦長記扁舟載月明深入紅雲
去荷蓋覆平池忘了歸來路誰信南樓百尺高不見
如蓮步

一東

程垓東坡外兄書舟詞一落索題云歌者索詞名一
東詞云小小腰身相稱更著人心性一聲歌起繡簾
陰都遏住行雲影聞道玉郎家近被春風勾引從今

莫怪一東看自歷盡人間韵

吳氏

曾覿海野集卜算子題湖州墫牆吳氏女失身於土山張氏作妾詞云數盡萬般花不比梅花韵雪壓風吹䛀地寒刬地清香噴○半醉折歸來插向烏雲鬢不是愁人悶帶花花帶愁人悶

呂倩倩

楊无咎逃禪詞集垂絲釣詞題鄧端友席上贈呂倩倩詞云玉纖半露香檀低應鼉鼓逸調響穿空雲不及情幾許看兩眉碧聚爲誰訴　聽敲冰戛玉恨雲

怨雨聲聲揔在愁處放杯未舉傾坐驚相顧應也腸千縷人欲去更盡簷細雨又解蹀躞贈呂倩倩吹笛詞云金谷樓中人在雨點眉黛綠叫雲穿月橫吹楚山竹怨斷憂憶因誰坐中有客猶記在平陽宿　淚盈目百轉千聲相續停杯聽難足謾誇天海風濤舊時曲夜深煙慘雲愁倩君洗醉明日看梅梢玉又明月棹孤舟贈呂倩倩詞云醉袖輕籠檀板轉聽聲聲曉鶯初囀花落江南柳青客舍多少舊愁新怨○我也尋常聽見慣渾不似這翻撩亂調少情多語嬌聲咽曲與寸腸俱斷

黃瓊

逃禪贈黃瓊好事近詞云花裏愛姚黃瓊苑舊曾相識不道風流種在又一枝傾國○擬圖遮斷倚闌人休教妄攀摘其奈老來情減負十分春色首二句伏黃瓊名字

李瑩

逃禪贈李瑩殢人嬌詞云惱亂東君滿目千花百卉偏憐處愛他穠李瑩然風骨占十分春意休漫說唐昌觀中玉蕊○妬雪凝霜凌紅掩翠看不足可人情味會須移種向曲欄幽檻愁綠葉成陰道傍人指首句伏李瑩名字

牛楚

逃禪贈牛楚蝶戀花詞云春睡騰騰長過午楚夢雲收雨歇香風度起傍粧臺低笑語畫簷雙鵲尤偷顧笑指遙山微斂處問我清癯莫是因詩苦不道別來愁幾許相逢更忍從頭訴首二句伏牛楚名字牛借午字巧合又有夢牛楚詞云涼生秋早夢魂忒好見玉人且喜且悲接膩臉厮偎厮抱可想見无咎種情處矣

白玉

逃禪贈白玉明月棹孤舟詞云不假鉛華嫌太白玉
搓成體柔腰嫋明月堂深蓮花杯軟情重自斟瓊液
寄語砥砆休竝言秦城未教輕易繹闕樓成藍　橋
藥就好吹簫羿鸞翼首二句伏白玉名字

周三五

逃禪贈周三五明月棹孤舟詞云寶髻雙垂烟縷縷
年紀小未周三五壓口精神出羣標格偏向眾中翹
楚○記得譙門初見處禁不定亂魂飛去掌托鞋兒
肩拖裙子悔不做閑男女首二句伏周三五名字

勝喜

逃禪有嬸人嬌曾韵壽詞云露下天高最是中秋景
勝喜小名銀蟾十分增暈嫦娥飛下見露鬢風鬟念
八第行景園中畫誰能盡慢奏雲韶美小字斟仙醞清不
寐桂香成陣只愁來夕又陰晴無準卻待重圓後期
難問　又有蝶戀花曾韵鞍詞云端正纖柔如玉削
窄韈宮鞋暎襯吳綾薄堂上細看纔半掬巧偷強奪
嘗春酌穩稱身材輕綽約微步盈盈未怕香塵覺試
問更誰如樣脚除非借與嫦娥著

雪香

蔣捷竹山買妾名雪香有瑞鶴仙詞云素肌元是雪
向雪裏帶香更添奇絕又云對珠籠自翦涼衣愛把
淡羅輕疊

翠英

竹山送翠英高陽臺詞有問縈縈佩響還繞誰樓句

潘氏

蔣捷有談舊娼潘氏作柳梢青詞有句云潘娘不是
潘郎料應也霜粘鬢傍

徐氏

竹山玉漏遲詞是傳巖隱木如武林納浴堂徐氏女
子于客樓其歸也亦貯之所居樓上而圖西湖景于

樓壁詞有花湧袖香此度徐粧偏稱水月仙人院宇
到處有西湖如鏡萬種惺鬆笑語一點溫柔情性等
句

樂府侍兒小名錄卷上

樂府侍兒小名錄卷下

羅江李調元雨村撰

宋二

宋瑶

謝邁字竹友有減字木蘭花贈某妓宋瑶云有纖纖露玉風雹縱横飛鈿局句

星娘

史達祖邦卿漢宫春題友人與星娘雅有舊分别去則黄冠矣托予寄情詞云唐昌故宫何許頓翦霞裁霧擺落塵緣

小春

趙長卿號仙源居士有寵姬小春自題浣溪沙詞贈之云簾捲輕風怜小春荷枯菊悴正愁人江梅喜見一枝新料得主人偏愛惜也應氷雪好精神故園桃李莫生嗔

婉卿

仙源惜香樂府云初夏試生衣婉卿持素扇索詞因作鷓鴣天詞于扇上云牙領番騰一線紅花兒新樣喜相逢薄紗衫子輕籠玉削玉身材瘦怯風人易老恨難窮翠屏羅幌兩心同既無閒事縈懷抱莫把雙蛾皺碧峯

才卿

仙源七月命赴漕試蘭臺主人餞於法同寺侍兒才卿乞詞因此賦醉蓬萊一闋題于壁有魁薦歸來晝堂香裏與管絃爲主

盼盼

長卿水龍吟詞題江樓席上歌姬盼盼翠鬟佑樽酒行彈琵琶曲舞梁州醉語贈之詞云酒潮匀頰雙曉溜美映遠山横秀風流俊雅嬌癡體態眼前稀有薄步彎彎移歸拍裏凌波難偶對仙源醉眼玉纖籠巧

撥新聲魚紋緺我自多情多病對人前只推傷酒瞞他不得詩情嬾倦沈腰銷瘦多謝東君殷勤知我暗翻紅袖拼來朝又是扶頭不起江樓知否

夢雲

仙源云笙妓夢雲對居士忽有剪髮齊眉修道之語作臨江仙詞云蕋嫩花房無限好東風一樣春工百年歡笑酒樽同笙吹雛鳳語裙染石榴紅且向五雲深處住錦衾繡幌從容如何即是出樊籠蓬萊人少到雲雨事無窮

文卿

仙源趙長卿云予買一妾稍慧教之寫東坡字半年又工唱東坡詞命名文卿元約三年文卿不忍捨主厥毋不容與議堅索之去今失于一農夫常常寄聲或片紙數字問訊仙源有感遂和其臨江仙韻詞云破靨盈盈巧笑舉杯艷艷近逢慧心端有謝娘風燭花香霧嬌困面微紅別恨絲箋雖寄清歌淺酌難同妾回楚館雨雲空相思春暮愁滿綠蕪中

官妓

仙源始與官妓往來中道相棄遂以小字刺于眉間作眼兒媚詞云雲間藏一點飛鴉休把翠鈿遮二年

三歲千擱百就今日天涯奴今有似風前絮飛入那人家你還下得除非睡起不照菱花按官妓適稱必非官姓而以小字刺眉間頗近毒矣仙源亦復爲之且惜香樂府如武陵寄聘紅諸院祝英臺也有斷腸一曲金衣兩行玉筯之語歸宵都困成瑞鶴仙詞寄聘香諸院有念仙源深處聘香小院巖得羣花怨也是虧他見了多教罵幾句也之語又月夜諸院飲酒行令有鷓鴣天詞云相攜共學驂鸞侶卻笑盧郎舊約寒之語狹邪至此可謂極矣然其眼兒媚詞則又有東院適人乞詞醉中書于裙帶三首詞頗精妙倩麗一云人隨社節去怨怨此恨幾時窮陽臺寂寞巫山淒慘雲雨成空芭蕉密處窗兒下冷落舊香中黃昏靜也蛩聲滿院明月清風二云槐陰密處轉黃鸝午日正長時一番過雨綠荷池面冷浸琉璃紅塵不到華堂裏纖楚對蛾眉笑偎人道新詞覓句美底腔兒三云當年策馬過錢塘曲徑小平康繁紅釅白嬌鶯姹燕爭喚何郎而今又客東風裏渾不似尋常只愁別後月房雲洞啼損紅粧以皆不得其姓字故附載于此仙源爲南豐宗室亦可見不拘志紛華安心風雅而花間鶯外觴咏自娛可謂能頤養天年者矣

段雲輕

趙師使字介之號坦菴于滕王閣贈段雲輕浣溪紗詞云落日沉沉墮翠微斷雲輕逐浣風歸西山南浦畫屏圍一目波光明欲溜兩眉山色翠常低須知人與景相宜二句中寓名姓在內

沈賽娘

坦菴同曾無玷觀沈賽娘某作點絳唇詞云衣㒵娉婷可人尤賽娘風韻花嬌玉潤一捻春期近占路藏機已向碁中進但休問酒旗花陣早晚爭先勝

小桃　小蘭

向子諲伯恭和曾吉甫浣溪紗韻呈宋景晉侍制宋有二小姬小桃小蘭詞云綠繞紅圍宋玉牆幽蘭林下正芬芳桃花氣暖玉生香誰道廣平心似鐵艷粧高韻兩難忘蘇州老矣不能狂各寓姓名在內

輕輕

伯恭在錢卿席上贈侍人輕輕嬋入嬌詞有句云波上精神掌中態度分明是彩雲團做

賀全眞

伯恭與何文縝倪巨濟王元衷蘇叔黨宴張子實家侍人賀全眞妙絕一時伯恭有玉樓春詞云雲窗霧

閣春風透蝶遶蜂圍花氣漏惱人風味恰如梅倚醉腰肢全是柳細傳一曲情偏厚淡掃兩山緣底皺歸時好月已沉空只有眞香猶滿袖兩段末二句伏全眞二字

郭小娘

向子諲有南歌子詞贈郭小娘道裝云縹緲雲間質輕盈波上身瑤林玉樹出風塵不是野花凡草等閒春翠羽雙垂珥烏紗巧製巾經珠不動兩眉顰須信鉛華銷盡見天眞

趙總憐

伯恭浣溪紗詞題云趙總憐以扇歌來乞詞戲有此贈趙能棊分茶寫字彈琴詞云艷趙傾燕花裏仙烏絲欄寫永和年有時閒弄醒心絃茗盌分雲微醉後紋楸斜倚髻鬟偏風流模樣總堪憐首尾二句伏趙總憐三字

王稱心

子諲王稱心效顰亦有是請伯恭因再作浣溪紗一闋贈之云曾是襄王夢裏仙嬌癡恰恰破瓜年芳心已解品朱絃　淺淺笑時雙靨媚盈盈立處綠雲偏稱人心事儘人憐亦於首尾兩句伏王稱心三字

陳宋鄰

伯恭浣溪紗和狄端叔韻贈陳宋鄰詞云翡翠衣裳白玉人不將朱粉汙天眞清風爲伴月爲鄰枕上解隨良夜夢壺中別是一家春同心小綰更尖新此四首之一又有生查子贈陳宋鄰云娟娟月入眉整整雲歸鬢鏡裏弄粧遲簾外花移影斜窺秋水長軟語春鶯近無計奈情何只有相思分

蕭秀

趙彥端字介菴有鷓鴣天詞題云羊城舊名京口天下最好都會風軒月館艷姬角妓倍於他所以羣仙

月之因列十名於後各賦一闋贈蕭秀云有女青春正及笄蕊宮仙子下瑤池簫吹弄玉登樓月絃撥昭君未嫁時雲體態柳腰肢綺羅活計强假隨天教謫入羣花苑占得東風第一枝

蕭雲

又贈蕭雲云花動儀容玉潤顏溫柔婀娜趁幽閑盈盈醉眼橫秋水淡淡娥眉抹遠山膏雨霽曉風寒一枝紅杏折朱闌天台迴失劉郎路因憶前緣到世閒

歐懿

又贈歐懿云月睍金眸雲胖梳素娥何事下天衢嬲

嬲舞袖穿花蝶宛轉歌喉貫索珠〇簾翡翠枕珊瑚錦衾冰簟水紋鋪春光九十羊城景百紫千紅總不如

桑雅

又贈桑雅云雲暗青絲玉瑩冠笑生百媚入眉端春深芍藥餘煙折秋曉芙蓉破露看星眼俊月眉彎舞狂花影上欄干醉來直駕僊鸞去不到銀河到廣寒

劉雅

又贈劉雅云醉撚花枝舞翠翹十分春色賦妖嬈千金笑裏爭檀板一捻纖園間舞腰行也媚坐也嬌乍離銀闕下青霄檀郎若問芳笄記二月餘風弄柳條

歐倩

又贈歐倩云梅粉新粧閒玉容壽陽人在水晶宮浴殘雨洗梨花白舞轉風搖菡萏紅〇雲枕席月簾櫳金爐香噴鳳幃中凡材縱有淩雲格肯學文君一旦蹤

文秀

又贈文秀云綽約嬌波二八春幾時飄謫下紅塵桃源寂寂啼春鳥蓬島沉沉鎖莫雲丹臉嫩黛眉新肯將朱粉汚天眞楊妃不似才輕貌也得君王寵愛勤

王婉

又贈王婉王未有年光好破瓜綠珠嬌小髩鬟丫清肌瑩骨能秀玉豔質英姿解認花釵插鳳髻堆鴉鬌腰秀柳受風斜有時馬上人爭看擘破紅窗新絳紗

楊蘭

又贈楊蘭云兩兩青螺綰額傍彩雲齊會下巫陽俱飛蛺蝶元相逐並蒂芙蓉本自雙翻綵袖舞霓裳點風飛絮恣輕狂花神只恐留難住早晚承恩入未央

吳玉

又贈吳玉云拂拂深帷起暗塵清歌緩響自回春月

和燈市雲間墮人對梅花雪後新杯掌露舞衣雲酒
慵微覺翠鬟傾洞房不厭陽臺雨不與游人弄晚晴
　以上共十人又有總詠詞云一簇神仙會見奇謾
誇蘇小與西施憐輕鏤月爲歌扇喜薄裁雲作舞衣
○牙板脆玉音齊落霞天外雁行低看看各得風流
侶回首殗鸞舊路歸

得趣

吳文英夢窗悼得趣贈宏菴祝英臺近詞有句云一
片花飛人駕彩雲去又云團扇輕委桃花流紅爲誰
賦

李憐

夢窗倦尋芳題花下遇舊歡吳門老妓李憐邀分韻
同賦詞云隊瓶恨月塵鏡迷樓空開孤燕又云聽細
雨琵琶幽怨客鬢蒼華衫袖濕徧漸老芙蓉猶自帶
霜重看

倩倩

黃公度號知家翁有菩薩蠻詞云眉尖早識愁滋味
嬌羞未解論心事試問憶人不無言但點頭　嗔人
歸不早故把金杯惱醉看舞時腰還如舊日嬌公罷
歸抵家所賦也先是公有二侍兒曰倩倩曰聘聘在

五羊時嘗出以侑觴洪丞相适景伯爲賦眼兒媚詞
云瀛仙好客過當時錦幌出蛾眉體輕飛燕歌欺樊
素壓盡芳菲花前一盼嫣然媚灩灩舉金卮斷腸狂
客只愁徑醉銀漏催歸倩倩先公而卒四印居士有
悼侍兒倩倩詩其一曰蘭質蕙心何所在風魂雲魄
去難招子規叫斷黃昏月疑是佳人恨未消其二曰
含怨銜辛情脉脉家人强遣試春衫也知不作堅牢
玉祇向人間二十三四印於公爲兄行名泳字宋永
徽廟時以童子　召見賜五經及管官止郢州通
守按倩倩聘聘之名甚多揚无咎有呂倩倩詞茲無
其姓意卽其人也詞綜云聘聘瀘南官妓有自作惜
春容詞侑涪翁想卽后山南鄉子詞中之聘聘也與
此聘聘疑又是一人

小紅

研北雜志小紅范成大青衣也有色藝成大請老姜
夔詣之一日授簡徵新聲夔暗香疎影兩曲成大使
二妓歌之音節清婉成大尋以小紅贈之其夕大雪
過垂虹賦詩曰自喜新詞韻最嬌小紅低唱我吹簫
曲終過盡松陵路回首烟波十里橋夔卒于蘇州范
挽詩曰所幸小紅方嫁了不然啼損馬塍花宋時花

藥出東西馬塍皆名人葬處藝葬此故云

胡芳

蔡伸友古集云秦妓胡芳來常隸籍以其端嚴如木偶人因目之爲佛乃作是踏莎行詞云如是我聞金仙出世一超直入如來地慈悲方便濟羣生端嚴妙相誰能比　四衆皈依悉皆歡喜有情同赴龍華會無憂帳裏結良結麽訶修哩修修哩

陳文

友古集小重山詞題宣和甲辰余自彭城倅以檄燕山取道莫閤見所謂陳文者于州治之籌邊閣誠不

負所聞明年歸則陳已入道矣崔守呼至郎席以贈詞云流水桃花小洞天壺中春不老勝塵寰霞衣鶴氅茁桃冠新裝好風韻愈嫣然　功行滿三千嬰兒並姹女鍊成丹劉郎曾約共昇仙十箇月養箇小金壇

黃姬

劉過龍洲詞集題云安遠樓小集侑觴歌板之姬黃其姓者乞詞于龍洲道人爲賦唐多令同柳阜之劉去非石民瞻周嘉仲陳孟參孟容時八月五日也詞後段云黃鶴斷磯頭故人曾到不舊江山渾是新愁

歡買桂花同載酒終不似少年遊

周子文

陳襲善有漁家傲憶營妓周子文詞云鷲嶺峯前闌獨倚愁眉碎共愁腸碎紅粉佳人傷別袂情何已登山臨水年年是長記同來今獨至孤舟晚漾湖光裏衰草斜陽無限意誰與寄西湖水是相思淚

鄭小奴

石孝友金谷遺音鷓鴣天詞云別後應憐信息疏西風幾度到庭梧夜來徒有鴛鴦夢春去空餘蛺蝶圖　烟樹遠塞鴻孤垂垂天影帶平蕪憑誰寄此相思

亟寄與馮川鄭小奴

紅梅

龔希仲云吳中丞感字應之有侍姬曰紅梅因以名其閣嘗作折紅梅詞曰喜輕澌初泮微和漸入芳郊時節春消息夜來陡覺紅梅數枝爭發玉溪仙館不是箇尋常標格花工別與一種風情似勻點胭脂染成香雪　重吟細閣比繁杏夭桃品流真別只愁共彩雲易散冷落謝池風月憑向誰說三弄處龍吟休咽大家留取倚闌干闊有花堪折勸君須折其詞傳播人口春日羣宴必使倡人歌之吳死其閣爲林少

卿所得兵火尚存子絍字晦叔文行亦高鄉人呼爲
吳先生揚元素本事集以爲蔣堂侍郎有小鬟號紅
梅誤

鴛鴦

周紫芝竹坡集有以重午日過石熙明出侍兒鴛鴦
醉落魄詞云衍風池閣小紅橋下荷花薄沙平水淺
山如削水上鴛鴦何處風吹落　今朝端午新掠錦
絲團腕花柔弱人生只有樽前樂前度劉郎莫負重
來約其名字亦入詞內

段雲卿

韓玉東浦集有水調歌頭題云自廣中出過廬陵贈
歌姬段雲卿有云家在金河堤畔身寄白蘋洲末南
北兩悠悠又云聽君謳佇雲卻月新弄一曲洗君憂
雲卿疑即前段雲輕也

崔念四

吳虎臣云政和間士人作踏青遊詞贈崔念四都下
盛傳詞云識箇人人恰止二年歡會似賭賽六隻渾
四向巫山重重去如魚水兩情美同倚畫樓十二倚
丁又還重倚兩日不來時時在人心裏擬問卜常占
歸計拚三八清齋望永同鴛被到夢裏驀然被人驚
覺夢也有頭無尾

聶勝瓊

勝瓊長安妓歸李之問有鷓鴣天詞寄別李生云玉
慘花愁出鳳城蓮花樓下柳青青尊前一唱陽關曲
別箇人人第五程　尋好夢難成有誰知我此時情
枕前淚共階前雨隔箇窗兒滴到明

美奴

陸藻敦禮侍兒美奴有自作送別如夢令詞云日暮
馬嘶人去船逐清波東注後夜最高樓還肯思量人
否無緒無生怕黃昏疎雨

金

珠簾秀

馮子振字海粟有鷓鴣天詞贈歌兒珠簾秀詞云十
二闌干映遠眸醉鄉空斷楚天秋蝦鬚影薄微微見
龜背紋輕細細浮香霧斂翠雲收海霞爲帶玉爲鈎
夜來捲盡西山雨不著人間半點愁

元

貴貴

趙孟頫子昂于李叔固丞相會間有浣溪紗詞贈歌
者貴貴云滿捧金卮低唱詞尊前再拜索新詩老夫

慚愧鬢成絲羅袖染將修竹翠粉香須上小梅枝相逢不似少年時

楚芳　吳蘭

張翥帨巖樂府摸魚兒詞有句云楚芳玉潤吳蘭媚一曲夕陽西下自序云元夕吳門姚子章席上同科敬仲賦敬仲以虞學士書風入松于羅帕作軸故末句及之楚芳吳蘭二妓名

楊玉娥

楊立齋聽楊玉娥唱故人所撰曲有感作鷓鴣天詞烟柳風花錦簇筵霜芽露葉玉裝船誰知皓齒纖腰

會只在輕山短帽邊　啼粉靨咽氷絃舊遊一去更無傳詞人彩筆佳人口再喚春風到眼前

小璚英

倪瓚閟閣遺稿有柳梢青詞贈伎小璚英云樓上玉笙吹徹白露冷飛璚珮玦黛淺含顰香殘栖夢子規啼月　揚州往事荒凉有多少愁縈思結燕語空津鷗盟寒渚畫欄飄雪

楚蘭

顧德輝玉山草堂集陳浩然招遊觀音山宴張氏樓徐姬楚蘭佐酒以琵琶度曲郯雲臺爲之心醉口占戀花詞云春江暖漲桃花水畫舫珠簾載酒東風裏四面青山青似洗白雲不斷山中起　過眼韶華渾有幾玉手佳人笑把琵琶理枉殺雲臺標外史斷腸只合江州死

控絃

彭泰翁字會心有拜星月慢詞題詞壁宮姬控絃可念有句云霧滑觚稜塵侵團扇恨滿哀彈倦理又句云不是舊譜都忘厭新腔嬌脆多生不得丹青意明

小青

小青天仙子寫懷詞云文姬遠嫁昭君塞小青又續風情債也虧一陣黑罡風火輪下抽身快單單另另清涼界　原不是鴛鴦一派休算做相思一縷自思自商量心可在魂可在著衫又撚裙雙帶按小青廣陵人名元元姓不獲傳容態妙麗解聲律精諸伎年十六歸一武林生生婦妬置之別館鬱鬱而死纔十八耳有詩集婦付之烈焰惟有絕句一詞僅存之花鈿中更于壁間得殘箋寸許有云數盡懨懨深夜雨無多也只得一半工夫蓋南鄉子詞而未全嗟乎天上優曇人間一現數言足千古何必盡吐奇葩供人

卿識英曰此亦竊疑之愛其佳不請易耳予所云二
語之識醒時初未及此甚慨醒不如夢之神清也但
英言竊疑等語此時誠然否當是予意外起意然英
故慧心人或果爾未可知也

樂府侍兒小名錄卷二終

方言藻

光緒壬午年
鋟於樂道齋

方言藻序

方言藻者古今詩詞中所用之方言也方言不可以言文而文非方言則又不能曲折以盡意故不知方言者不可以言文也然而人之有文也又非必求方言以實之也往往有無聲之韻至俗之詞自然流露於吐屬之間若有字若無字若可解若不可解文與義兩有所不居而未嘗不曲折以盡其意天籟自鳴人所共曉如是者謂之方言也可卽謂之文言也亦可予少讀唐宋人詩間有一二字索解不得者執義理以求之則愈固而不通及沈潛而翫其意反覆而熟其詞又若必得此一二字而後快且欲稍更易焉而不得者其足以發欲言之故而寫難形之情蓋莫妙於此此所謂自然流露於吐屬之外者乎夫乃知善爲文者無不可達之意無不可盡之言也揚子方言炳於世矣而茲復從詩詞中求所謂方言藻者何也方者鄙俗之謂方言而適於文之用則謂之藻也固宜因於暇日摘而彙之使人知昔人詞章雖襍之里巷鄙俚之言亦未嘗無所本也至若白樂天之老嫗皆解元裕之所謂語言通眷屬者則其功力純至妙合自然又非可執一二方言求之也童山李調元

序

方言藻目錄

卷上

阿　恰　合
的無　驀　格是
劇　遮莫　莫是
若爲　著　卻
揭來　沒　萬一
不道　簇新　任
特地　剩欲　定應
徑須　正爾　更覺

浪　當日　向
借如　乍可　阿那
來得麽　渾箇　若个
較　稍稍　被
料　箇箇　旋逐
算便　見說　謾道
分　好在　不會得
耐可　奈何　取次
畢竟　大都

卷下

恁　甚　陡覺
等閑　也知　這
可要　好爲　準擬
儘教　可忍　看取
幾許　猥　似曾
作底　爾來　只
更堪　和　休向
可能　甯當　眞成
怎　情知　贏得
些子兒　從　索

剛　強半　尋常
收將　可中　各各
作麽生　假饒　偏勞
公然　拌得　端的
渾欲　翻嫌　都大
殊未　除非　過了
上番　鎮　齊頭
纔　故故　得得
認得　勾留　莫遣
周遮

方言藻目錄畢

方言藻卷上

綿州 李調元 雨村 撰

阿

阿我合切顧氏日知錄云隸釋漢殽阬碑陰云其間四十八人皆字其名而繫以阿字如劉興阿興潘京阿京之類必編戸民未嘗表其德書石者欲其整齊而强加之猶今閭巷之婦以阿繫其姓也又抱樸子譏衡游許下自公卿國士以下衡初不稱其官皆名之云阿某三國志呂蒙傳注魯肅拊蒙背曰非復吳下阿蒙世說注阮籍謂王渾曰與卿語不如與阿戎語

皆是其小時之稱也亦有以阿繫其字者世說桓公謂殷淵源爲阿源謝太傅謂王修齡爲阿齡王子敬爲阿敬婦人以阿繫姓則隋獨孤后謂雲昭訓爲阿雲唐蕭淑妃謂武后爲阿武韋后降爲庶人稱阿韋劉從諫妻裴氏稱阿裴吳湘娶顏悅女其母焦氏稱阿顏是也亦可以自稱其親焦仲卿妻詩堂上啟阿母阿母謂阿女是也亦可爲不定何人之辭古詩道逢鄉里人家中有阿誰三國志龐統傳先主謂曰向者之論阿誰爲失晉書沈充傳敦作色曰小人阿誰是也阿者助語之辭愚按阿本收歌韻不載入聲然

方言多讀作我合切南人稱阿猶北人稱老如白香山詩常被老元偷格律是也又阿堵猶云此箇也世說舉郤阿堵物又云正在阿堵中今皆用入詩詞矣

恰

恰適當之詞杜甫詩野航恰受兩三人又云自在流鶯恰恰啼恰恰鳥聲

合

合應也史記司馬相如傳然則受命之符合在於此矣杜子美詩褊性合幽棲應合總成龍陸游詩此身合是詩人未細雨騎驢入劍門則合是二字亦唐宋

人方言矣

的無

的定也史記伯夷傳儻所謂天道是邪非邪正義云不敢的言是非故云儻也白香山詩的無官職趁人來

驀

驀忽然也馬莊父孤鸞詞驀地刺桐花上有一聲春喚

格是

白香山詩如今格是頭成雪元微之詩隔是身如夢洪容齋隨筆云格隔義同猶云已是也又白香山詩都子新歌有性靈一聲格轉已堪聽與纔字意同

劇

劇說文云尤甚也又快也世說今日與謝孝劇談一出來一出猶云一番方言也

遮莫

郭頒古墓斑狐記遮莫千試萬慮其能爲害乎杜子美詩遮莫隣雞下五更遮莫猶云儘教也又盧祖皐詞溪魚堪膾切莫論錢切莫猶云愼毋方言也

莫是

包何詩莫是上迷樓莫是方言猶云恐是也

若爲

柳子厚詩若爲化得身千億散作峰頭望故鄉杜荀鶴詩承恩不在貌教妾若爲容若爲猶云如何也又王摩詰詩明到衡山與洞庭若爲秋月聽猿聲杜子美詩幸不折來傷歲暮若爲看去亂鄉愁並是不可奈何之辭

著

著附麗也猶今言土著之著許用晦詩遂著仙人莫下碁李義山詩記著南塘移樹時又杜子美詩迷方

著處家李義山詩著處斷猿腸著處一作觸處王仲初詩諸院門開觸處行可証

卻

温飛卿詩莫美相如卻到家又云香輦卻歸長樂殿又云卻逐嚴光向若邪又李義山詩何當共剪西牕燭卻話巴山夜雨時趙嘏詩谿頭盡日看紅葉卻笑高僧衣上塵司空表聖詩逢人漸覺鄉音異卻恨鶯聲似故山又方澤詩貪看飛花忘卻愁君山老父詩日暮忘卻巴陵道又邢鳳春陽曲舞袖弓彎渾忘卻皆方言猶云了也

揭來

呂氏春秋膠鬲見武王於鮪水曰西伯揭來無欺我也揭來語本此顔延年秋胡詩揭來空復

没

没字只没世二字見論語向疑不應作莫字用按小爾雅云没無也王仲初詩暗中頭白没人知則古人有用之者矣又謝康樂詩陰霞屢與没讀莫列切

萬一

史達祖東風第一枝詞萬一灞橋相見萬一猶云儻也

不道

李義山詩不道劉盧是世親不道猶云不謂不料不意

簇新

花蘂夫人宮詞厨船進食簇時新方言以極新為簇新

任

任聽其如何不以屑意也杜審言詩柳葉開時任好風沈端節虞美人詞一任落花飛絮雨悠悠

特地

漢書丙吉傳西曹地忍之李奇云地猶第也師古云地亦但也王仲初詩柳柳宮前忽地春又作特地方雄飛詩落絮縈風特地飛特地方言猶云故也

剩欲

賸與剩同餘辭也杜子美詩剩欲提攜如意舞皮襲美詩剩欲與君終此志温飛卿詩剩欲一名添鶴寢剩欲猶云唯欲又杜牧之詩賸肻新年歸否江南綠草迢迢剩若云尚也尚是冀望餘情故剩可借為尚也

定應

定的辭也世說卿云艾艾定是幾艾子山蕩子賦問道夫埍定應廻李義山詩人間定有崔羅什

徑須

徑猶直也杜子美詩過客徑須愁出入

正爾

陶淵明詩御冬足大布麁絺以應陽正爾不能得哀哉亦可傷又襄陽耆舊傳莫作孔明擇婦正得阿承醜女正得與正爾皆當時俗語

更覺

杜子美詩更覺良工心獨苦南唐後主清平樂詞離

恨恰如春草更行更遠還生更猶益也愈也

浪

浪猶漫也杜子美詩將詩莫浪傳又云附書元浪語李義山詩浪笑榴花不及春浪笑浪傳輕脫之辭也浪語虛枉之辭也

當日

當丁浪切王仲初詩收盡邊旗當日來當日卽日也

向

白香山詩得作羲皇向上人許棠詩難問開元向前事向上已上也向前已前也又通與儻意韓退之進平淮西碑文表向使撰次不得其人

借如

藉與借同設辭也詩大雅借曰未知亦既抱子史記陳涉世家藉第令毋斬而戍死者固什六七張曲江封事借如諸司清要之職當用第一之人借如假若也凡詩中用借字俱倣此

乍可

庾子山哀江南賦乍風驚而射火又王仲初詩乍到宮中憶外頭乍猶甫也今謂初到曰乍到也又元微之詩乍可沉爲香不能浮作瓠又云乍可爲天上牽

牛織女星不願爲庭前紅槿枝乍可甯可也

阿那

那廣韻云奴臥切後漢書韓康傳公是韓伯休那注云那語餘聲也音乃賀反又李太白詩萬戶垂楊裏君家阿那邊阿助辭那何也阿那邊猶云何處也又蜀主王衍醉妝詞那邊走者邊走莫厭金盃酒那邊方言彼處也又通作奈顧氏日知錄云六朝人多書奈爲那三國志注文欽與郭淮書曰所向全勝要那後無繼何宋書劉敬宣傳令我那驃騎何唐人詩多以無奈爲無那如杜子美詩杖藜不睡誰能那王摩

詁詩强欲從君無那老是也

來得麽

麽莫過切語餘聲也張泌江城子詞好是問他來得麽此與莫婆切者義同語緩則爲平聲語急則爲上聲耳

渾箇

箇與个同庾子山鏡賦眞成箇鏡特相宜箇方言此也皮襲美詩檜身渾箇矮渾箇猶云如此又韓退之詩老翁眞箇似兒童此箇字語助也又王觀慶清朝慢詞晴則箇陰則箇餖飣得天氣有許多般則箇亦

語辭也王冷然詩河畔時時聞折柳客中無箇不沾裳無箇猶云無一箇省也

若个

唐鹿門詩若个傷春向路傍猶云那个又李咸用詩干戈滿地能高卧只箇逍遥是謫仙猶云這个也章頪小重山詞身閒無箇事且登臨無箇事猶云無一件事此又以一件爲一箇也

較

較比量之辭王仲初詩今日踏青歸較晚又通作覺世說魏武謂修我才不及卿乃覺三十里

稍稍

韓退之詩余初不下喉近亦能稍稍稍稍漸漸也本史記食貨志稍稍置均輸以通貨物杜子美詩稍喜臨邊王相國肯銷金甲事春農稍頗也皆俗語

被

白香山詩常被老元偷格律王仲初詩弟子名中被點留被者爲其所如何也

料

史達祖東風第一枝詞料故園不捲重簾誤了乍來雙燕料計度也左傳臣料虞君賈誼傳竊料匈奴之

衆義同

箇箇

箇箇數也枚也杜詩箇箇五花文又樵聲箇箇同又却繞井闌添箇箇說文竹枚也方言以一枚爲一箇別作个非

旋逐

旋事非豫爲之也王仲初詩旋翻曲譜聲初起又范忠宣公義莊規矩劄子云旋逐立定規矩令諸房遵守旋逐方言也

筭使

算便二字義皆料也姜夔揚州慢詞杜郎俊賞算如今重到須驚陸叡瑞鶴仙詞便行雲都不歸來也合寄將音信

見說

韓退之黃州賊事宜狀臣自南來見說江西所發共四百人白香山詩見說白楊堪作柱按唐人多以聞說爲見說當時方言如此

謾道

萬楚詩西施謾道浣春紗義山詩謾誇天險劍爲峯是也又杜子美詩漫勞車馬駐江干漫亦通謾猶云輕易也又杜詩忽漫相逢是別筵忽漫猶云率爾也

分

陳經國沁園春詞分歲晚誅茅湖上山分者若言分已定也今云揀得如此

好在

李義山詩好在青鸚鵡好在今蜀人語猶爾也又王仲初詩在先教示小千牛方言凡豫爲之曰在先

不會得

姜夔長亭怨慢詞樹若有情時不會得青青如此不會得猶云不解得方言也

耐可

韓退之詩人生誠無幾事往悲豈奈豈奈猶云如何耐得也又廣雅云奈那也李太白詩耐可乘流直上天耐與奈通耐可猶云那可也

奈何

書五子之歌爲人上者奈何不敬奈何猶云如何俗云爲甚也楚辭九歌愁人兮奈何九辨君不知兮可奈何此奈何猶云如之何俗云怎樣是也

取次

皮襲美詩等閒遇事成歌詠取次衝筵隱姓名取次

猶造次次者舍止之所也取者僅足之辭也

畢竟

李義山詩鶯花啼又笑畢竟是誰春猶言究竟也皮襲美詩醉鄉終竟不聞雷義亦同

大都

李山甫詩大都爲水也風流

方言藻卷上

方言藻卷下

綿州　李調元　雨村　撰

恁

恁方言此也姜夔疎影詞等恁時重覔幽香已入小牕横幅又黄機水龍吟詞恨荼蘼吹盡櫻桃過了便只恁成辜負

甚

甚廣韻劇過也姜夔探春慢詞甚日歸來梅花零亂春夜齊天樂詞夜凉獨自甚情緒甚猶何也又周密

一枝春詞東風尚淺甚先有翠嬌紅嫵甚俗云爲甚也

陡覺

陡與斗通猝然也張九齡勅日本書雲霧斗暗所向迷方汪莘憶秦娥詞夜來陡覺霜風急韓退之詩斗覺霜毛一半加

等閑

元微之詩總被天公霑雨露等頭成長盡生涯等頭猶云一般又孟東野詩文魄旣飛越宦情唯等閒李義山詩莫訝韓憑爲蛺蝶等閑飛上別枝花皮襲美詩等閒遇事成歌詠等閒與等頭皆唐人方言輕易之辭也

也知

岑參詩也知鄉信日應疎杜甫詩也傍桑陰學種瓜又西蜀櫻桃也自紅與亦意畧同

這

蜀主王衍醉妝詞者邊走那邊走毛晃云凡稱此箇爲者箇俗多改用這字這乃迎也按這音彥今借作者讀作者去聲章縠才調集載無名氏詩云三十六峯猶不見况伊如燕這身材唐詩用這字始此

可要

李義山詩可要昭陵石馬來又云此情可待成追憶又云可在青鸚鵡方雄飛詩棲身可在深可要猶云何用可在猶云何必又黄機酹江月詞黄昏可更子規聲碎烟塢賀鑄清平樂詞楚城滿目春華可堪游子思家可猶云那也又盧祖皋賀新凉詞可是功名從來誤可是疑辭也

好爲

好猶善也珍重相屬之辭李義山詩好爲麻姑到東海勸栽黄竹莫栽桑

準擬

準猶定也劉德仁詩曾緣玉貌君王寵準擬人看似舊時

儘教

柳永卜算子詞儘無言誰會高意周容探春詞儘教寬盡春衫儘猶任也

忍忍

忍說文云能也徐氏云能音耐杜子美詩可忍醒時雨打稀可忍猶俗云爭耐也又杜詩忍使驊騮氣凋喪忍猶云不忍省文也

看取

岑嘉州詩別君能幾日看取鬢成絲白香山詩聽取新翻楊柳枝取語助也

幾許

古樂府奈何許石闕生口中銜碑不得語許者語之餘聲如李太白詩奈何成離居相去復幾許杜子美詩我生本飄蓬今復在何許似乎幾許爲幾何何許爲何所然相去復幾便是幾何今復在何便是何所幾何何所之義不因許字而見特借許字爲助句耳

猥

殷仲文詩猥首阿衡朝五臣云言巳以凡猥妄首朝端也

似曾

元微之詩子蒙將此曲吟似獨眠人吟似猶云吟向又宋人詩似曾相識燕歸來

作底

韓退之詩潮州底處所又云有底忙時不肯來李義山詩柳映江潭底有情底何也溫飛卿詩去帆不安幅作底使西風言帆不安幅將用何物以使西風也

爾來

溫飛卿詩爾來何處不恬然爾來猶近來也

只

杜子美詩寒花只暫香又云只想竹林眠又云只道梅花發只俗言也

更堪

盧綸詩舊業已隨征戰盡更堪江上鼓鼙聲此堪字猶云那堪省文也又李義山詩黃金堪作屋此堪字猶云可也

和

和猶云并也王仲初詩和雪翻營一夜行

休向

休方言莫也李義山詩西來雙燕信休通温飛卿詩休向人間覓往還

可能

李義山詩固有樓堪倚能無酒可傾岑嘉州詩別君能幾日黃昇鵲橋仙詞夜來能有幾多能此能字亦是甯辭凡云能幾何猶言甯有幾何也羅昭諫詩我未成名君未嫁可能俱是不如人可能猶云可堪可耐能耐古通禮記禮運故聖人耐以天下爲一家以中國爲一人者非意之也鄭注云耐古能字也又許用晦詩西去磻谿猶萬里可能垂白待文王此言磻

谿既巳迢遠如何能以垂白之年待文王之求乎義與可堪相近又李義山詩堪歎故君成杜宇可能先主是眞龍又楊僕移關三百里可能全是爲荊山猶云未必能也又韓退之詩杏花兩株能白紅皮襲美詩檜身渾箇矮石面得能顚唐子西詩桃花能紅李能白此能字與恁同亦可作去聲方言箇樣也得能即箇樣吳人語也

甯當

韓退之送張道士詩天空日月高下照理不遺或是章奏繁裁擇未及時甯當不竢報歸袖風披披甯當猶云豈可又晉書王衍傳何物老嫗生甯馨兒甯去聲與恁同劉夢得詩云爲送中華學道者幾人雄猛得甯馨甯又作平聲世說冷如鬼手馨正自爾馨如馨地甯可鬭戰求勝竝語之餘不爲義也又陸暢雪詩天公甯底巧剪水作氷花甯底即甯馨也

眞成

庾子山鏡賦眞成箇鏡特相宜聶夷中詩地底眞成有刼灰眞成猶云眞箇箇鏡之箇猶云此也又李義山詩鳥言成牒訴多是恨彤蟾成牒之成猶今云成千成萬之成又高觀國鳳棲梧詞不成日日春寒去

不成猶今云難道宋人方言也

怎

爭俗作怎方言如何也李義山詩君懷一匹胡威絹爭拭酬恩淚得乾姜夔長亭怨慢詞韋郎去也怎忘得玉環分付

情知

張旭春草詩春草青青萬里餘邊城落日動寒墟情知海上三年別不寄雲中一鴈書僧肇臨江仙詞情知春去後管得落花無情知猶云明知也

贏得

杜牧之詩十年一覺揚州夢贏得青樓薄倖名贏得猶今云剩得也又輸却義亦同高啟詩賽門不曾輸

些子兒

些子方言也宋太祖夜幸後池召當直學士盧多遜賦新月詩請韻曰些子兒兒亦方言不可作兒孫字讀又史邦卿夜行船詞過收燈有些寒在

從

杜子美詩五株桃樹亦從遮又云客至從嗔不出迎此從字詩中屢因言聽其所如何而不與之校也

索

李義山詩單棲應分定辭疾索誰憂索誰憂猶云要誰憂今俗云須索如何也

剛

陸魯望詩不知謝客離腸醒臨水剛添萬恨來皮襲美詩終然合委頓剛亦慕寥廓按方言僅如此曰剛適如此亦曰剛

强半

强半多餘之辭也古木蘭詩賜物百千强杜子美詩四松初栽時大抵三尺强韓退之詩失勢一落千丈强翹云算家以有餘爲强又論語君召使擯正義云案諸侯自相爲賓之禮凡賓主各有副賓副曰介主國曰擯及行人若諸侯自行則介各從其命數至主國大門外主人及擯出門相接若主君是公則擯者五人侯伯則擯者四人子男則擯者二人所以不隨命數者謙也故並用强半之數也强半猶云多半

尋常

杜子美詩酒債尋常行處有十尺曰尋倍尋曰常今借作平常之辭說文云五度分寸尺丈引也十尺曰丈則常乃二丈也

收將

李義山詩收將鳳紙寫相思收將今方言猶云收得也又庾子山春賦眉將柳而爭綠面共桃而競紅將字猶與也韋應物詩無將別來近顏鬢已蹉跎又云無將一會易歲月坐推遷無將猶云莫以又程伯淳詩將謂偷閒學少年邵堯夫云我將謂取卻幽州也將謂猶今云只道是也又周密謁金門詞屈指一春將次盡

可中

王仲初鏡聽詞可中三日得相見可中正適之辭猶俗云恰好也

各各

漢書劉盆子傳各各屯聚吳志甘甯傳注時諸英豪各各起兵各各亦方言重言也入詩甚雅古人多未用故附載之

作麽生

麽語餘聲也王仲初詩衆中遺却金釵子拾得從他要贖麽又方言以何事爲麽事釋氏傳燈錄常云作麽生言作何事也

假饒

饒廣韻云餘也杜子美詩浣花谿裏花饒笑言多餘也又杜牧之詩饒是少年須白頭楊龜山云外邊用計用數假饒立得功業只是人欲之私假饒猶云縱令也

偏勞

杜子美詩社酒偏勞勸李義山詩清露偏知桂葉濃

公然

杜子美詩公然抱茅入竹去公然者明明如此無所顧忌也又居然二字詩詞中用者甚多皆方言也

拚得

拌與拚同俗作捹揚子雲方言楚人揮棄物謂之拚杜子美詩縱飲久判人共棄溫庭筠詩夜聞猛雨判花盡今人云判得如此猶言自分如此

端的

鮑明遠詩容華坐消歇端爲華髮侵韓退之詩端來問奇字爲我講形聲端猶云定也今云定如何也高觀國祝英臺近詞魂夢西風端的此心苦李義山詩錦瑟無端五十弦又云今古無端入望中無端猶云無故

渾欲

渾全也杜子美詩白頭搔更短渾欲不勝簪

翻嫌

翻反也李義山詩本以亭亭遠翻嫌脉脉疎又云千騎君翻在上頭

都大

元微之詩莫畫長眉畫短眉斜紅傷豎莫傷垂人人總解爭時勢都大須看各自宜都大猶俗云多大言如何樣大小也

殊未

江淹擬古詩日暮碧雲合佳人殊未來並是了辭俗語

除非

宋史岳飛傳楊么云欲犯我者除是飛來除是猶云唯有今云除非是也晏叔原長相思詞問相思甚了期除非相見時

過了

歐陽永叔青玉案詞一年春事都來幾早過了三之二過了猶言過却方言助語也

番

番字從來詩家多用作去聲杜甫詩會須上番看成竹獨孤給詩霜毛一番新是也又作平聲用蘇軾詩一番勻了一番多陸游詩一番風雨送新凉元好問詩一番桃李又春風徐俯詩一百五日寒食雨二十四番花信風訓重也更遞也

鎮

鎮作常字看今人詩多有用鎮日疑其無出處李義山詩已有蠟花常遞淚杜鎮移心之句

齊頭

王仲初詩老人上壽齊頭拜齊頭方言也

纔

杜詩春水纔添四五尺纔訓始也僅也暫也方言與剛意同又染繒一入曰纔

故故

杜甫詩故故滿青天薛能詩白髮催人故故生徐鉉詩寒更故故遲陳師道詩度水吹香故故來陸游詩雛鶯故故啼簷角五代詞故故驚人睡方言猶特地也又杜子美清秋燕子故飛飛故字亦可單用

得得

貫休詩一缾一鉢垂垂老千水千山得得來讀如篤都木切

認得

方言識物曰認劉禹錫詩認得詩人在此間

勾留

白樂天詩未能拋得杭州去一半勾留是此湖方言物援之使止也

莫遣

戴叔倫詩莫遣楊花笑白頭

周遮

白樂天詩周遮說話長元稹詩濯錦莫周遮方言也唐寅詩周遮燕語春三月則周遮又可作燕聲

方言藻卷下畢

諸家藏書簿

光緒七年夏
鋟於樂道齋

諸家藏書畫簿序

凡古今言書畫之書夥矣而獨於藏書畫之家略焉閒嘗考之卞永譽式古堂書畫彙考自唐宋歷帝王而下藏書畫之家可考者各彙爲十卷總名諸家藏書畫簿以資博古者按簿而稽百不失一謂之簿者亦猶今之計帳也周禮遣人疏總送帳於上此帳字之始而北史高恭之傳秘書圖籍多致零落詔令道穆總集帳目帳本今俗作賬簿之賬字書未有也幃幄曰帳而計簿亦曰帳者運籌必在帳中也故曰帳即簿也然則圖籍零落者若不有簿以稽可乎本書畫簿並梓會遭事故畫簿未刊容續補之童山李調元序

諸家藏書簿卷之一

綿州　李調元贊菴輯

宣和御府藏一

歷代諸帝王附后

晉武帝　草書我師帖　善消息帖

唐太宗　正書詔勅　行書詔勅　道德勅　禊宴詩　江叔帖　藝韞帖　好謙帖　眞蹟帖　枇杷子帖　魏仲思攺名勅　草書九仙門勅　手勅　無爲帖

唐明皇　隷書五王贊　法空字　喜雪篇　太一字　行書賜趙宣王等勅　訪道勅　嘉賓勅　賜李含光勅二　批荅李含光表修齋二　批荅李含光表謝賜　批荅李含光表投辤　批荅李含光表起居　批荅李含光表香信　批荅李含光表謝修功德　批答張九齡謝知制誥表　批答楊厲俗等表　批答裴耀卿等雪篇表　批荅裴耀卿等賀雨表　批答裴耀卿等奏謝宣云聖旨　賜裴耀卿等詩　鶺鴒頌　送盧巳赴蜀川詩　春臺望雜言

唐肅宗　行書賜李含光勅一　批答郭子缺三

缺三　李季卿表　批答李含光表修齋缺四　含光表修功德　批答李含光表錫縑

唐代宗　行書南郊口號　歲功贊　守歲詩　秋中月夜詩　秋日詩　重陽詩　春日雨晴燕諸王詩

唐德宗　行書批荅趙惠伯表

唐宣宗　行書賜李叢勅　賜李叢手勅　賜李叢手詔

唐昭宗　行書賜錢鏐衣襟書

唐則天順聖皇后武氏　行書夜宴詩

五代梁太祖　行書御批祥瑞表

梁末帝　行書正明勅

周世宗　行書賜張昭詔

篆書

唐李陽冰　孝德訓　新驛記　千文

衛包　鶻鵃賦

唐元度　千文　正書論書　十體書一

釋元雅　小篆二體千家字

宋益端獻王　二十六體

徐鉉　大道不器賦上下二　蟬賦　篆隷二

缺

缺三　二經堂歌

隸書

唐韓擇木　隸書桐栢觀記　張載劍閣銘　八分書曹子建表　心經

正書

魏鍾繇　賀尅捷表

宋蕭思話　奏事帖　蕭子雲進寫古文啟

齊王僧虔　御史帖　陳情帖

隋薛道衡　和南帖

卷一終

諸家藏書簿卷二

綿州　李調元贊菴輯

宣和御府藏二

草書附章草

漢張芝　冠軍帖　章草消息帖

魏曹植　章草鶡雀賦

蜀諸葛亮　遠涉帖

吳皇象　章草急就章

晉張華　草書得書帖

杜預　十月一帖

衛恒　往來帖

王渾　近見帖

王戎　侑慰帖

陸機　章草平復帖

索靖　章草急就章　月儀　出師帖　七月帖

郗鑒　章草蘭陵帖

郗愔　章草諒弟帖　遠近帖

王廙　仲春帖　章草鄭夫人帖

缺表　嫂何如帖

王敦　蜡節帖

缺二　省缺帖　缺改朔帖
王恬　得示帖
王洽　敍還帖
王珣　三月帖
王珉　力書帖
謝尚　餘寒帖
庾翼　步征帖
王羲之　桓公帖唐正觀中題跋附　朝廷帖　宰相帖
司徒帖　中書帖　侍中帖　尚書帖　司馬帖
太常司州帖　太常帖二　護軍帖　司州帖

譙周帖　參軍帖　謝二侯帖二　朱處仁帖
二謝帖　荀侯帖　阮生帖　江生帖　遠生帖
道家帖　龍保帖　舅母帖　母子帖　賢姊帖
姊告安和帖　賢室帖　諸賢帖　遠婦帖
兒女帖　留女帖　小女帖　女孫帖　官舍帖
講堂帖　修園帖　屏風帖　門風帖　氣力帖
務中帖　初月帖內一軸從洛帖附　月半帖　二月
末帖　二月帖　四月帖　末春帖　去夏帖
秋來帖　季冬帖　雨晴帖　熱日帖　大熱帖
熱甚帖　異熱帖　差涼帖　節日帖　節氣帖

當日帖　雪候帖　數年帖　草書帖　飛白帖
王略帖　臨書帖　數字帖　三都帖二　過
京帖　鄉里帖　永嘉帖　成旅帖　山川帖
州中帖　錢塘帖　江州帖　臨川帖　丹陽帖
二　山陰帖　嘉興帖　餘杭帖　遠宦帖　附
農帖　勿殺生帖　方物帖　旃罽胡桃帖　胡
機帖　山藥帖　祀物帖　純酒帖　裹鮓帖
海鹽帖　鹽井帖　送梨帖唐柳公權題附　白石枕帖
高枕帖　石班帖　清宴帖　情慮帖　和書帖
書問帖　樂問帖　知問帖　北問帖　得告帖

得書帖三　二書帖　遺書帖　旦書帖二　累
書帖　有書帖　無書帖　頓喜帖　喜慶帖
慶慰帖　安慰帖　清和等帖　清和
帖四　安和帖　平安帖　安西帖　安善帖
小佳帖　佳靜帖　小差帖　奉對帖　奉待帖
大醉帖　奉憶帖　甚快帖　有理帖　萬福帖
造次帖　方回帖　省別帖二　此輩帖　瞻近
帖二　知遠帖　遠近帖　遠念帖　適滯帖
內事帖　先期帖　舉聚帖　界內帖　達事帖
慨然帖　多義帖　適爲諸帖　如命帖　阿菓

帖　思量帖　行穰帖　送謝帖　缺二帖　缺
休帖　速還帖　數有帖　得熙帖　入理帖
集理帖　舊志帖　重熙帖　甚佳帖　委曲帖
當有帖　晚善帖　晚可帖　還白帖　君事帖
此事帖　平定帖　大都帖　致此帖　昨有帖
兼致帖　東北帖　念慮帖　七十帖　卞駙馬
帖　十一月等帖王薈等章集附　臨鍾繇所懷帖　章
草豹奴帖　正書樂毅論　黃庭經　東方朔畫
像贊　定公帖　報國帖　口訣帖　草命帖
行書伯熊帖　諸賢子帖　蔡家帖　家中帖

夫人帖　賢弟帖　諸弟帖　從弟帖　曹妹帖
阮公帖　賢女帖　此月帖　六月帖　九月帖
十月帖　三月帖　快雨帖　夏日帖　極寒帖
快雪時晴帖　州民帖　舊京帖　安西帖　山
陰帖　永興帖　建安帖　噉豆帖　青李來禽
帖　慈顏帖　平安帖　奉告帖　小佳帖　悉
佳帖　自慰帖　敍慰帖　廓然帖　遺書帖
省書帖　宿昔帖　十三帖　書魏鍾繇千文
王獻之　洛神賦　侍中帖　馬侍御帖　裴
員外帖　裴九帖　崔十九帖　二妹帖　從快

帖　左髀帖　腎氣丸帖　服油得力帖　鐵石
帖　八月帖　十二月帖　秋冷帖　秦中帖
東陽帖二　東縣帖　丹陽帖　南陽帖　江州
帖　廣州帖二　東山帖　下山帖　灞亭帖
慰意帖　轉勝帖　奉別帖　曉際帖　知汝帖
久達帖　皆佳帖　當語帖　潛處帖　來遲帖
勝常帖　前書帖　晝夜帖　安石帖　慶等帖
數日帖　遠書帖　二告帖　事後帖　西問帖
復面帖　法願帖　相送帖　處分帖　奉書帖
欲發帖　章草七月帖　蹄州帖　量力帖　正

書洛神賦不完　丙舍帖　行書黃門帖　李參軍
帖　仲宗帖　薦王德祖帖　府君帖　阿姑帖
阿姨帖　賢弟帖　毀奴帖　外甥帖　吾賢帖
諸舍帖　舍內帖　東園帖　鴨頭丸帖　地黃
湯帖　都邑帖　鄱陽帖　山陰帖　安西帖
吳興帖　冠軍帖二　鵞羣帖　進退帖　體中
帖　授衣帖　思戀帖　如意帖　古詩帖二
詹思遠　章草清佳帖
宋王曇首　餘念帖
缺欣　筆精帖

缺
缺紹之　日寒帖　千文
齊劉珉　承晚帖
梁沈約　今年帖
蕭子雲　千文
顏回問孝
阮研　宰相帖　欣泰帖　得書帖
陳陳伯智　習讀帖
蔡景歷　寂然帖
蔡證　讀經帖

陸繕　稽古帖
毛喜一作憙　從軍帖
江總　餘姚帖
鄭仰　民務帖
陳逵　歲終帖　行書明願帖
隋釋智永　常付帖　參軍帖　故舊帖　至
通法師帖　春雨帖　千文七　臨王羲之言讌
帖　眞草月儀帖　月儀獻歲帖　千文七　小
字千文
唐裴行儉　千文

賀知章　孝經二　洛神賦上下二　胡桃帖　上
日等帖二　千文五內一軸不完
徐嶠之　天童經
張旭　奇怪書　醉墨帖　孔君帖　皇甫帖
大弟帖　諸舍帖　久不得書帖　德信帖　定
行帖　自覺帖　平安帖　承告帖　洛陽帖
永嘉帖　清鑑等帖　縑素帖　華陽帖　大草
帖　春草帖　秋深帖　王粲評詩　長安帖
酒船帖　千文
孫過庭　書譜序上下二　千文

周義　贈懷素草書歌
李霄遠　隱士詩　遠花詩
張仲謀　趒有感感詩
裴素　空鱠帖
韋權　論書帖　畫畏獸
張庭範　謝安帖　相遇帖　東陽帖　王書造蜜
紙法
胡季良　題然公山房詩　逸草幛　文賦帖　說
龍帖　蔡瓌帖
韋孝規　路曾瞻雲南　缺

缺三　孝經四　自敘　鄂公園將贊二
草書歌二不完　秋風辭　草聖詩　早春詩　自
詠詩　寄人詩　憶人詩　遊山詩　題酒樓詩
酒船詩　勸酒詩　狂醉詩　醉僧圖詩　寄浩
公詩　迴鴈詩　論草聖帖　論章草帖　論書
帖　神仙帖　遊山帖　下山帖　尋道帖　貧
道帖　玉壺帖　仙杖帖　長生帖　臨川帖二
山水帖　山亭帖　早行帖　松聲帖　花發帖
上林花發帖　奉李帖　送人帖　藥物帖　右
膏散帖乘興帖附　白石散帖　寄藥帖　顛書帖

二謝帖　二謝等帖　奉二謝帖　奉書帖　揮
翰帖　筆老帖　遣興帖　清和帖　近代帖
久在帖　動靜帖　臨池帖　憑事帖　勤讀帖
天然帖　本欲帖　足下帖　知命帖　白首帖
世人帖　飛鈞帖　雄逸帖　汝等帖　還期帖
客舍帖　陶阮帖　江公帖　得書帖　師古帖
取步帖　衣鉢帖　河東帖　咸陽帖　吳郡帖
新安縣帖　醉顛帖　草顛帖　小草等帖　行
草筆法　公孫大娘等帖　河內諸子帖　臨王
羲之懷間帖　千文帖　夢遊天姥山等歌五

釋亞栖　對御草書歌　觀智永草書歌　觀
懷素草書歌　觀高閑草書歌二　幾何賦　瀟
湘逢故人賦二　羅漢贊　開講疏　山寺詩
謝眞人帖　六藝帖　千文二
釋高閑　五原帖　行書中丞帖　雨雪帖
釋詧光　贈登第等詩　千文
釋景雲　將箴
釋貫休　賞侍帖　千文六
釋夢龜　白蓮歌　粉園山水歌　梁園吟
襄陽曲　重陽詩　寄新羅劍帖　臨張顛千文

千文二　謝馬鞭詩
釋文楚　千文
五代杜荀鶴　雲扃帖
薛存貴　草書慰舉帖　西征帖　秋熱帖　到城
帖　到任帖
楊凝式　古意帖
付虬帖
宋神仙鍾離權　贈王定國詩
茶忠懿王錢俶　國子直講補牒　手簡
缺三　衍　天隱子絕句詩

鉠　賀知章賦　詩句　千文

八分書

唐于僧翰　千文

張彥遠　李將軍征回詩　維山廟詩　宿僧院詩　山行詩　草書臨王羲之初日帖　臨王羲之還問帖　臨王羲之思想帖　臨王羲之丹陽帖　臨王羲之清和帖　臨王羲之別紙帖　臨王羲之書問帖

貝冷該　蓬萊觀碑

釋靈該　種柳歌

制詔告命補牒附

唐詔　湯開山

唐告　臨後周顏之儀　周法明　許圉師　狄仁傑　郭元振　賀知章二　魏處哲二　魏處哲妻侯氏　徐嶠之　張九齡考課二　白知節　馬定苫　嚴武　庫令望　魏洽　張庭詢　朱巨川　張楚金　李衎　唐夫國　渾瑊　齊抗　湯從義　白居易　王審隨二　李德裕　許渾　李叢　李思　鄭凝績　朱全忠　李能　羅隱

牒　白寡辭　白彥將　王審隨

五代制　後唐李彥超

告　蜀王宗綰二　晉趙仁實

牒　後唐趙仁實　南唐國導師告　日本國康保僞告二　大理國相國布燮誥　大理國督爽牒

宋宣和癸卯御府藏鐵圍山叢談自此至岳州諸法帖俱珊瑚網原本

晉二王破羌洛神諸帖首爲奇絕　唐人用硬黃臨二王帖至三千八百餘幅　顏魯公墨蹟至八百餘幅　歐虞褚薛及名臣李太白白樂天等書字不可勝會命宋喬年掌之後繼以米芾輩

卷二終

諸家藏書簿卷三

綿州 李調元贊菴輯

宋南宮秘藏法書目

王右軍官舍尚書二帖 快雪時晴帖 吳融搏士帖 破羌帖 謝安慰問帖 晉賢十三帖 太令中秋帖 陶隱居朱陽帖 梁臨樂毅論 智永臨右軍五帖 唐文皇手詔 歐陽詢度尚庾亮二帖 又春雨帖 褚模蘭亭 唐模大令苑新婦帖 陸柬之頭陀寺碑 徐浩古詩帖 張長史秋深帖 李邕多熱要葛粉帖 光八郎帖

勝和帖 唐模十七帖 懷素去夏帖 又貧道等三帖 顏魯公朱巨川誥 司空圖贈廣歌一云贈晉光歌也 楊凝式晝寢大仙二帖

米南宮書史元章云子閱書白首無魏遺墨故斷自西晉

晉賢十四帖見謝安八月帖外錄

淳化中太宗嘗借王氏所收書集入閣帖十卷內郗愔兩行二十四日帖見謝安八月帖外錄

晉謝奕桓溫謝安三帖爲一卷上有竇蒙審定印謝安帖後以濃墨模搨遂全暈過後歸王詵家分爲三帖云謝安帖以墨重暈唐人意寶此帖而及害之也李瑋云亦購於王氏

晉右軍行書帖眞蹟見右軍稧帖跋

濮州李丞相家多書畫其孫直秘閣李孝廣收右軍黃麻紙十餘帖一樣連成卷字老而逸暮年書也畧記其數帖辭一云白石枕殊佳物深感卿至一云卿事時了甚快羣凶日夕云云此使鄴下一日爲戰塲極令人惆悵豈復有慶年之樂耶思卿一面無緣可嘆可嘆一云九日以當力見一云重熙八日過信安一云祠物當治護信到便遣來謝云善錯也一云忽書云忽今送一云鶻等不佳令人

弊見此輩吾衰老不復堪此餘不記也後有先君名下一印曰尊德樂道先君嘗官濮與李柬之少師以碁友善意其奕勝之余時未生此帖世未見其比故是右軍名札又有歐陽詢故事十餘帖者筆相連其子通書評書一卷又張顛絹帖一卷七八帖乃少時書並在孝廣處

王羲之來戲帖見右軍來戲帖跋

王羲之筆精帖內兩字集在諸家碑上縫有貞觀半印王獻之日寒帖有唐氏雜跡印後有兩行謝安批所謂批後爲荅也唐太宗不敬獻之慰問帖故

於帖上刮去不次獻之白字謂之羊欣以應募而
以前帖爲簿紹之書跋尾書官姓名云大歷某年
月日下刮去古姓名五代人題曰薛邕記之後題
一行曰某年和傅遺余押字是薛丞相居正此是
和凝丞相改爲薛氏故物以遺薛也其後歸王文
惠家文惠孫居高郵并收得褚遂良黄絹上臨蘭
亭一本乞貲之官許余以五十千貨之余時還葬
丹徒約王君友壻宗室時監羅務令輥亦欲往別
約至彼交帖王君後余五日至余方襄大事未暇
見之事竟見云適沈存中借去吾拊髀驚曰此書

不復歸矣余遂過沈問焉沈曰且勿驚破得之當
易公王維雪圖其父嘗許見與也余因不復言後
數日王君攜褚書見過大歡曰沈使其壻以二十
星資其行請以二十千留褚書余因不復取後十
年王君卒其子居高郵欲成姻事因賀鑄持至儀
眞求以二十千售之後蘇頌丞相家與沈之子傅
毅同會問所在曰分與其弟矣翌日蘇舜九子云
屢見之

王獻之送梨帖 見獻之送梨帖外錄

缺景輝家刻缺子缺二節過缺二云缺六

缺二州石元之大夫家今在其子縣缺五

晉庾翼稚恭眞蹟在張丞相齊賢孫汝欽家 缺
紙全幅無端末筆勢細弱字相連屬古雅論兵事
有數翼字上有竇蒙審定印後連張芝王廙章帖
是唐人僞作藁紙上深下淡筆勢俗甚語言無倫
遂使至寶雜於瓦礫可嘆余屢言與汝欽不折也
中貴高樓楊氏收數帖蕭思話表一思話字有鍾法
此乃無而武帝批荅四字君臣筆氣一同紙古後
破前完此是唐人所爲然亦佳作今人不能爲也
又王珉書眞草是眞跡有鍾張法張翼當是作宋

翼魏人非眞又阮研草帖奇古非僞又一帖如竹
片書亦好事者爲之並無古印跋可考

僧智永眞草書歸田賦 見智永歸田賦外錄

智永千文唐粉蠟紙搨書内一幅麻紙是眞蹟末後
一幅上有雙鈎摹字與歸田賦同意也料是將眞
跡一卷各以一幅眞蹟在中榻爲數十軸若末無
鈎塡一字固難辨也是賈安公物作潤筆送王荆
公其弟安國得之今在葉濤處安國壻也有古跋
云契闊難不敢失墜學歐陽詢行體

唐摹皇象急就章有隸法在故相張齊賢孫直清處

唐摹右軍四帖一帖有畏鮮字薛道祖所收命爲畏鮮帖兩幅是冷金硬黃一幅是楮薄紙摹右軍暮年更妙帖也其一幅云欲與彥仁集界上平白可且何所諮人乃王道平平其平字音便又見晉人語氣上有宋文印印在帖心面上不印縫四邊亦有小開元字印御府帖也宋子房收得唐開元摹右軍帖末有李林甫等臣跋今歸王詵翰林印皆在也丙異熱一帖歸薛紹彭

唐人摹右軍丙舍帖暮年書在呂文靖丞相家淑問處法書要錄載是臨鍾繇帖薛紹彭模得兩本一以見贈

唐模右軍帖雙鈎蠟紙模末後一帖是奉橘三百顆霜未降未可多得韋應物詩云書後欲題三百顆洞庭更待滿林霜蓋用此事開皇十八年三月二十七日叅軍學士諸葛頴諮議叅軍開府學士柳顧言釋智果跋尾

缺 京家收唐摹黃庭經有鍾法後有褚遂良字亦是唐一種僞好物

歐陽詢黃麻紙草書孝經是馬季良龍圖孫大夫直缺三 今歸薛紹彭家又率更令缺 相齊賢孫張直清處

呂夏卿子通直君有歐陽詢草書千文蔡襄跋爲智永通直出示余欲跋答以必改評乃跋君欣然遂於古紙上跋正通直君失其名字

李瑋收歐陽信本行書兵箴是劉沖之丞相家物

虞世南頭眩藥方雙鉤模本在鮑思傳家後爲俗人添入羲之兩字傳入晉州法帖以爲右軍書聾瞶可笑

世南汝南公主銘起草見世南本帖外錄

有人收得虞永興與圓機書一紙剪開字字賣之至

蓉卿二字得麻一斗鶴口二字得銅研一枚房村二字得芋千頭隨人好之淺深

唐中書令河南公褚遂良所搨晉右將軍王羲之蘭亭集序并諫議大夫柳公權所得羣賢詩御史檢法李公麟製圖皆駙馬王晉卿家所藏所謂三絕

褚登善枯木賦是粉蠟紙榻書後有未能二字余辨是雙鉤唐人不肯欺人若無此雙鈎二字則皆以爲眞矣在承議郎壽春魏綸處余于潤州見之

文勛有一軸黃麻紙李陽冰少時書

呂穆仲侍郎收李陽冰白麻篆一卷筆細與縉雲石

刻相似
劉涇倅吳時得摹帖一卷乃李懷琳僞作七賢帖後
人所撰也內搏赤猿帖云僕不想欻爾蔓搏赤猿
其力甚于貔虎良久反覆余乃觀天背地覩穹亦
當不爽但僕之不達安得不憂吉乎報我凶乎詳
告三日阮籍白𨦟君此帖比今刻石字多乃懷琳
所撰語也而法書要錄所載七賢帖太宗知其僞
愛之以貞觀字印之入御府
孫過庭草書書譜甚有右軍法作字落腳差近前而
直此乃過庭法凡世稱右軍書有此等字皆孫筆

也凡唐草得二王法無出其右又有千文一本是
少年書不逮書譜並在王鞏家今歸王詵
張伯高五帖黃經紙少時書辭云往往興來五指包
管等是也在楊傑家傑父學草故收得逐語斷處
即剪作一軸黃油摹經紙與王仲至千文一同並
無古印跋伯高名犯廟諱余于皎然諸集中得之
唐挏處黃楮紙伯高千文兩幅與刁約家一同是暮
年真跡每辨六七字刁氏者後有李主徐鉉跋爲
缺 僞刻建業文房之印印之連合縫印破字每見
缺四 又薛紹彭收張伯高少時絹上草書兩

缺
缺三 藏張顛草書又蘓泌房所藏詞云國士何日
得至南中皆非伯高真跡亦無古印跋
張長史虎兒等三帖非真跡在王詵家
光八郎帖今歸王詵呂公孺處李邕三帖第一昨少
傅帖深黃麻紙淡墨淳古如子敬第二緗雲帖淡
黃麻紙第三碧牋勝和帖以尚書戶部印印縫古
印有陳氏圖書勾德元圖書記唐氏雜迹印丙子
歲第一歸薛紹彭第二歸高公繪第三歸余
蘇子才收碧牋文殊一幅曾公妙蹟又有與大夫帖

一幅當是其媍今在王詵家
唐鍾紹京書千文（見紹京本帖外錄）
顏真卿不審乞米二帖（見顏魯公李君帖外錄）
峽州別駕帖白麻紙真字云疎拙紙罪也聖慈含宏
猶佐列藩不遠依遞是字類斜宗碑清甚又祭濠
州使君文鹿肉帖並是魯公真跡
山陽簿張君齊賢丞相之後收魯公二帖云奏事官
至又曰爲憲之功後帖張淑郎官求辟類乞米帖
及李太保帖曾公一軸五帖見石齋言在兄處
送劉太沖序碧牋書王欽臣故物後有王參政名印

王云因與唐垌兩出書各誤收卷去垌以將才不
偶命而德其無憐字剪去碧牋宜墨神彩艷發龍
蛇生動覩之驚人不裝背揭去背紙以厚紙散卷
之署一出卽卷去其子云與智永千文柳公權書
柳尊師誌歐陽郇陽帖並同葬矣亦可嘆息也或
謂密爲王詵購云

劉涇在宿州平生初收白麻紙臨顏書太沖序乃其
祕笈第一物至潤收封敖行李文饒太尉告許渾
詩次得智永板本千文其後得余家十七帖日本
書及日本告與融司空圖贈晉光歌張顛晉光亞

棲等書韓馬戴牛

柳公權書陰符經有會昌月日姓名爲馬玘借去未
還今知其子永稽能保惜在合肥江南文房物也

王仲修收唐湖州刺史楊漢公書有鍾法與襄州羅
讓能書碑同余家亦收一紙後題會昌年臨寫鍾
表今易歸薛紹彭家

懷素絹帖第一帖腐中刺痛第二帖恨不識顏尚書
第三帖律公好事是懷素老筆並在安師文處元
祐戊辰歲安公攜至留吾家月餘臨學乃還後有
呂汲公大防已下題今歸章惇

懷素絹帖一軸雜論故事後人分剪爲二十餘處王
詵累年遂求足元數又一二云史陵者絹帖以六朝
古賢一幀易與王詵

懷素草書祝融高坐對寒峰綠絹帖兩行此字最佳
紫微常刻石有六行今不見前四行問奐庚云與
王欽臣家雜色顆絹背以詩代懷帖同軸今聞王
之子爲宗室所購是懷素天下第一好書也

懷素草書楮紙三幅在故相洛陽張公孫直清家

晁端彥收懷素與皇少卿束大紙一軸筆勢簡古

呂昌道家有懷素兩帖少年所書也今歸錢勰家又

王欽臣有懷素以詩代懷寄浩公碧箋地雜色顆
上草書老筆特妙

馮京家收懷素絹上詩一首

薛紹彭有懷素一軸絹書肅宗行書綾紙千文購於
錢景湛處又王仲至處褚書麻紙一幅楊凝式小
字黃麻紙一幅余皆見之歐陽詢孝經一卷薛臨
寄錢公未見眞跡

洪元順集右軍越州寺碑眞跡在越州僧正子文處
嘗通書許借未果余託提刑喬執中攜告往質看
亦不肯出欲沿幹至越爲家難不果去今要度牒

易

張直清家楊凝式數帖眞行甚好劉璦收碧牋王帖上有勾德元圖書記保合太和印及題顯德歲嘗愛吾家顧愷之淨名天女欲以畫易吾答以若有子敬帖便可易伯玉答曰此猶披沙揀金此語甚妙

劉涇收許渾烏絲闌手爲詩一百篇字法極不俗第一篇湘潭雲盡暮烟出巴蜀雪消春水來盡是面覩西南世界一段物色自有識者知之剪前一幅易與杜介一幅在王詵處

唐彭王傅徐浩書贈張九齡司徒告浩九齡之孫在其後曲江仲容家用一尺絹書多渴筆有鋒芒辭云正大厦者柱石之力匡帝業者輔相之功生則保其雄名殁猶稱其盛德飾終未允於人望加贈猶至于國章故荆州大都督張九齡維岳降神濟川作相開元之際寅亮成功讜言定于社稷先覺合於蓍蔡永懷賢相可謂大臣束帛所加樵蘇必禁荆州之贈相府未崇爰從八命之秩更重三台之位可特贈司徒嘗借留余家半月

王詵收勅一道是賜浙西節度旌節與顏魯公前中書門下如今制後郭子儀書名立人無下一畫字長題月日到眞卿二字名如今落日押字左手下角孔目官名又知唐勑制皆眞名不花押今時以片紙粘於前頭連勑落日書押字如常式文牒似不敬也三公第一等人各書名雖大紙吏文亦足取也許彥先有南州勑史告眞卿二字吏部尚書時字甚滴勁

唐人臨智永千文半卷在丞相蘇頌家

蘇州邵元伯收蘇泝所摹張顛賀八清鑒帖與眞更無少異又模懷素自敘嘗歸余家今歸吾友李錞

一如眞跡程師孟語余四十千置得古摹蘭亭一本曰玉軸欲出示竟不曾取今在子宏處

無錫唐氏有雙鈎右軍十七帖有精彩錢唐僧了性收一卷楮紙一同唐垌家有一卷是錢氏物紙白唐氏又收碧綾黃庭經云是褚遂良書非也上有江南李重光清輝二字小印云是丁晉公家放入所質錢氏所收浩博帖云臣節分嚴外無曲掌之所故不蕭上而諸位咸有法書臨搨甚多常州使君景湛房下往往爲人購去薛紹彭收肅宗千文字也上皆有希聖字印忠孝之家圓錢印錢氏書

堂印錢繦房下有史孝山出師頌題作蕭子雲亦奇古又有寫白樂天詩一首是唐人書亦秀潤天氣殊未佳頌魯公帖絳棗花綾是唐人勾塡圖深塁淺夫金玉爲器毁之則再作何代無工字使其身在再寫則未必復工蓋天眞自然不可預想想字形大不爲篤論人人若問此中妙懷素自言初不知御是造妙語旣再作不可復得搨而藏諸何陋之有

王詵每余到都下邀過其第即大出書帖索余臨學因櫃中翻索書畫見余所臨王子敬鵞羣帖染古

色麻紙滿目皴紋錦囊玉軸裝剪他書上跋連于其後又以臨虞帖裝染使公卿跋余適見大笑王就手奪去諒其他尙多未出示又余少時使一蘇州背匠之子呂彥直今在三館爲胥王詵嘗留門下使雙鈎書帖又嘗見摹黃庭經一卷上用所刻勾德元圖書記乃余驗破者

劉原父收周鼎篆一器百字刻跡煥然所謂金石刻文與上古書相表裏字法有鳥跡自然之狀

李公麟收購亦多余皆嘗賞閱如楚鐘刻字則端逸遠高奏篆方可冠古今法書之首

卷三終

諸家藏書簿卷四

綿州　李調元贊菴輯

襄陽鑒收法書

余白首收晉帖止得謝安一帖開元建中御府物右軍二帖貞觀御府物子敬二帖有褚遂良題印又有丞相王鐸家印記

晉右軍官舍尙書二帖 見右軍二帖跋

劉涇于楊傑處得貞觀御府內史官奴帖余以十七帖以下諸物易歸余家先于唐坰處得右軍尙書帖云得于僧清道亦有貞觀印印文遂復合仍帶

原截紙痕一條故一物也林希見余家此軸嘆云祕府所有殆不過是嘗見閣下一卷貞觀字印相去五寸許不相連若眞印印則四校理無平均若偽雕必只一鈕用皆齊一也余聞之愠甚懶展閱愠極試取視之左右上下無一相當者疾呼林過與語所以公擊節曰公此書愈妙也方是時劉涇不信世有晉帖後十五年始得子鸞字帖云是右軍余云恐陳子鸞未經余目後薛紹彭亦云六朝書

王羲之破羌帖 見破羌帖跋

快雪時晴帖見右軍本帖跋
王羲之十二月帖見子敬本帖外錄
李氏衛帖云衛稽首和南近奉勑寫急就章遂不得
與師書耳但衛不能拔賞隨世所學規摹鍾繇遂
多歷年二十著詩論草隸通解不敢上呈衛有一
弟子王逸少甚能學衛眞書咄咄逼人筆勢洞精
字體遒媚師可詣晉尙書館書耳仰憑至鑒大不
可言弟子李氏衛和南此帖比今閣帖字亦多亦
其所撰也次無名帖次郗超帖亦摹入閣帖中次
陸機衛恒帖衛亦模入閣帖也後余以畫易于劉

涇分前四幅與李瑋皆貞觀閒二種僞好物
樂毅論智永跋云梁世摹出天下珍之其閒書誤兩
字遂以雌黃治定然後用筆今世無此改誤兩字
本流傳余於杭州天竺僧處得一本上有改誤兩
字又不關唐諱是梁本也
蘇耆家蘭亭三本一是叅政蘇易簡題贊第二本在
蘇舜元房上有易簡子耆天聖歲跋范文正王堯
臣叅政跋云才翁東齋書嘗盡覽焉蘇洎才翁子
也與余友善以王維雪景六幅李主翎毛一幅徐
缺七字　易得缺二字故備盡少長字缺四字

皆不及長字其中缺十字　筆
鋒直至起筆處懷字內折筆抹筆皆轉側徧而見
鋒暫字內斤字足字轉筆賊毫隨之於斫筆處賊
毫直出其中世之摹本未嘗有也此定是馮承素
湯普徹韓道政趙模諸葛正之流搨賜王公者碾
花眞玉軸紫錦裝背在蘇氏舜元房題爲褚遂良
摹余跋曰樂毅論正書第一此乃行書第一也觀
其改誤字多率意爲之有褚體餘皆盡妙此書下
眞跡一等非深知書者未易道也第三本唐粉蠟
紙摹在舜欽房第二本所論數字精妙處此本咸

不及然固在第一本上也是其族人沂模蓋第二
本毫髮不差世當有十餘本一絹本在蔣長源處
一紙本在其子之文處是舜欽本一本歸余家一
本在之文處
米姓秘玩天下蘭亭法書第一見褚摹蘭亭帖
宗室叔盎收蘭亭遂不及吾家本在舜欽本上因重
背易其後背紙遂乏精彩然在都門最爲佳本王
詵見求余家印本曰此湯普徹所摹與駙王詵家
本一同今甚思之欲得此以自解爾錢唐關景仁
收唐石本蘭亭佳于定本不及余家板本也卷四終

諸家藏書簿卷五

綿州 李調元贊菴輯

宋潤州蘇氏家藏淮海張邦基墨莊漫錄

太宗賜易簡御書宋玉大言賦并名眞戒酒批答
鍾繇賀吳滅關帥上文帝表 王右軍答會稽內
史王述書 雪晴寄山陰張侯帖 獻之秋風詞
梁蕭子雲節班固漢史 唐褚遂良模本蘭亭
李太白天馬歌 賀知章醉中吟 張旭書逸人
辭 顏魯公進文殊碑 讀李陽冰篆 新泉銘
永禪師眞草千文 齊巳題贈以上皆眞蹟

賈似道悅生堂別錄似道留心書畫家藏名跡多至千卷其宣和紹興祕府故物往往乞請得之今除烜赫名蹟載悅生古蹟記者不錄錄其稍隱者著于篇

崔瑗臨史游急就章 王廙仲春帖 王導省示帖
衛恒往來帖 王徽之至節帖 王珣三月帖
張翼舅氏帖 王濛餘杭帖 張翰思鄉帖 孔
琳之日月帖 謝靈運古詩帖 梁武帝異趣帖
王筠至節帖 蕭思話奏事帖 王僧虔陳情帖
蔡景歷寂然帖 陸繕稽古帖 唐代宗守歲詩
裴行儉千文 李陽冰篆書心經 李白乘興帖
徐嶠之天童經 杜甫秋日夔府詠懷一百韻

白居易豐年帖 杜牧之張好好詩 張籍希深
帖 李商隱正書月賦 陸希聲贈晉光詩 許
渾烏絲欄詩稿 杜光庭詩帖 楊庭五蘊論
薛濤萱草詩 韓偓芝蘭帖 蘇靈芝達磨帖
王仁裕送王禹偁詩 錢繆貢棗帖 歐陽修
贈蘇子美詩 石延年大字詩帖 陸經武林諸
陳景元巖棲賦 張九成小字黃庭經 釋法
暉細書經塔

行臺右丞李公家藏

李陽冰移三墳記字三寸許大字三百有奇宣和題籤別有墨本亦高宗題册于

蘭坡趙都丞與懃家藏

漢張芝久問帖 晉王右軍鶺鳥帖 快雪時晴帖
王枕帖 官舍帖 奉告帖 瞻近帖 東方朔
畫贊 大令可必帖 動靜帖 未避共事二帖
勝常帖 書謝安碑眞蹟 洛神賦 晉謝太傅
八月五日帖 晉人書曹娥碑 孫綽蘭亭述
鍾元常賀捷議事表 蕭子雲急就章 索靖出
師頌 梁阮研異事帖 隋僧智永法華經 春
雨帖 唐虞世南孔子廟堂碑眞蹟 高僧帖
褚遂良臨丙舍帖 心經 高僧帖 臨蘭亭序

歐陽率更卜商帖　書乩　書鄭封奕事實　陰
符經　草書策路帖　性慈帖　陸柬之行書千
文　保安帖　書蘭亭詩　唐人雙鉤蘭亭　唐
人臨黃庭經　唐人書道德經　湯普徹臨蘭亭
景審臨黃庭經　高閑上人千文　唐人書月儀
帖　唐薛河東心經　唐撫戎路帖　唐人雙鉤
王洽圖　唐臨十七帖楊漢公筆　唐人眞草千文
唐臨右軍頤神帖　唐臨右軍稚恭帖　唐撫右
軍孫氏帖　唐摹右軍修感帖　唐臨右軍吳興
帖　唐臨大令知汝帖　唐模右軍周大嫂帖

唐撫僧翰書千文　栁公權書心經　陰符經
蕭遘景公帖　唐人書樂毅論或云虞世南臨　李邕書
長短句　山味帖　吳融博士帖　詩帖　唐撫
褚亮豪傑帖　唐臨羊欣移居帖　唐木板蘭亭
顏魯公自書誥　頓首夫人帖　顏光祿帖　劉
中使帖　湖州帖　展敘帖　唐人書　巨除拜
錄　賀知章詩帖　千文　唐僧齊已懷盧岳詩
張旭論書帖　草書眞蹟　書陳羽古意　唐憲
宗手勑　洪蕢書雙生軌儀　唐人出紙帖　卻
仲恭雜帖　唐撫九正望熱帖　厲少府帖　徐

浩書李氏帖　李須撫贈別詩　懷素書大風歌
猛虎吟　感春詩　自咏詩　臨右軍種藥帖
論書帖　松聲帖　唐韋瓘眞草千文瓘一作權　李
景讓手帖　張廷範謝安帖　唐吐蕃首領語
楊景度三住銘　宿鶴詩　雜詩　晝寢帖　珊
瑚帖　李後主道院碑　歸命帖　眞照臨劉中
帖　宋杜祁公衍帖　歐陽公十帖　富鄭公弼
帖　蘇才翁墨蹟　悉悉國王書　王荊公　箔
集句　蔡忠惠米襄陽胡安定雜手簡　神宗御
書飛白記　司馬溫公通鑑稿　唐胡英孤山詩

張文公潛雜詩　秦少游手簡　至道中公按
鄒忠公誥諭　鄒志完論章惇疏　十相帖　李
西臺擬元封詩　使淮詩　早年帖　米元章臨
破羌帖　北窗詩　書小楷千文　襄陽曲　尹
和靖惇書西銘　蘇東坡書韓文公廟碑　詞翰
長短句　與張厚之手簡　興龍節樂語　前後
赤壁賦　烟江疊嶂圖詩　魚鮍冠頌　試諸葛
氏筆　病佳帖　書鮮于子駿事　宜州家詩
修橋三帖　湖州墨妙亭詩　超然臺賦　人參
賦　顏樂亭詩　眼藥方　書六賦　書杜賦

與惠勤詩　墨君堂詩　海市詩　游徑山詩
懷內詩　詩翰　蘭芳楚辭已上並東坡眞跡　黃山谷
書大戴禮　田園樂詩　嘲熱客吟　臨顏魯公
祭伯父文　書范文正公廟詩　校韓魏公詩卷
寄老菴　枯木賦　跋頤眞黑兔　書東坡文
漁父詞　禪語　別官賦　大孤山詩　醉中歌
壯游詩　古德頌　楞嚴咒已上並山谷眞蹟
趙子昂家藏
王大令洛神十三行　米元章寶章待訪錄
張仲悅家藏

謝尚餘寒帖　古完本瘞鶴銘
冀州趙宏道家藏
高宗御題淳化刻
濟南張與可家藏與珊瑚網異
顏魯公頓首夫人帖　唐模右軍周大娘等帖　許
渾烏絲欄今體詩五帖　懷素猛虎吟　僧宏元
脊集右軍書越州寺碑　歐陽詢卜商等帖　韓
文公書名誥　魯公自書誥　元微之和樂天雪
韻　韓偓尺牘一卷山谷跋　唐模羲之罔極三帖
皇象急就章甚佳當是第一本

霍治書濤臣家藏與珊瑚網異
李北海縉雲帖　楷書李氏墓記　魯公鹿脯帖
唐文皇手詔又好謙帖　蕭子良變體書唐人臨
孫過庭千文　唐人摹蘭亭內府善本　伯時孝經
喬仲山家藏與珊瑚網異
顏太師馬病帖　智永千文宣和內府　高閑千文趙明誠故
物　張旭承告帖　僧夢閑白蓮詩　張長史帖
章草王粲評詩宣和南唐　智永筆力帖懷素臨　東
坡小楷金剛經全用鍾法
郭北山御史家藏與珊瑚網異

唐模右軍重告等六帖　右軍快雪時晴帖　右軍
奉告帖　唐橅王宏帖王氏寶章集中物　唐模蘭亭詩
序有宋諸人跋　徐會稽寶林寺詩　楊景度永興詩
帖　歐陽率更道夫帖　唐人節史　右軍七月
五日青絹帖　胡季良臨右軍郗家信帖　右軍
送梨帖　陶宏景屆畫帖　孫過庭書譜　定武
五字不損本蘭亭序　楊景度十九郎帖　嵇叔
夜聽雨帖　魯公江外帖　陸柬之蘭亭詩　歐
陽詢稽古稿　高閑九原帖　白居易行元微之
告　陶貞白書丹經　唐告　李邕口味帖　東

坡致語稿　山谷老將行　山谷穠纖帖　唐模
右軍瞻近帖　晉王詢伯遠帖　東坡黃素芷清
儲祥宮碑　右軍此事帖自麻紙上行草後一行然欲不可長非摹非臨
前人直以爲眞跡殆非過許上古印甚多莫可辨
一四寸許大印後去八分畧見御字如此宣和
明昌兩朝小璽及用羣玉中秘王印秋壑悅
生幷封字印徽宗御筆泥金書籤奇物奇物
王子慶家藏與珊瑚網異
右軍婁鮮帖　畢珹手狀
吳門季宗元家藏
林藻馬病帖未見　謝安八月五日帖　楊景度珊瑚
帖　吳通微告

天台謝奕修家藏珊瑚載多數則
虞永興頭眩帖有機暇淸賞文㳟公記珍玩嶽筌軒印紹興璽　顏魯公鹿
脯帖　乞米帖倩仲跋　楊少師手帖　李西臺詩
蘇滄浪草書　東坡醉草　又溫公帖　陶隱居
小楷大洞眞經隱訣後有林希父子題　秦少游數帖
周越書劍器行　唐劉艮驃元陵挽郎告貞元八年三月
廿四日三省長官畫習領吏部選袁滋知吏
部選壯黃裳尚書右丞趙憬郎中韋夏卿　唐
陳尚庭縣尉告天寶三載丞相李林甫韋陟景融三人名後又稱陳尚庭四十三載
按天寶改年爲載而人之年齒亦以載代未通
也告身乃用羅紋紙殊不可曉後有向若冰跋
吳越承制大畧如詔勅後書天下兵馬元帥尚父吳越王銜　王晉卿八
帖皆與親賢宅諸王書內有送酒一帖云瀑醸四器納上稱以瀑釀酒可謂好奇也　蘇
氏譜系帖自源明坡敘而下凡五世世各有像帖爲大巨帙平生所觀蘇帖未有如是
之多且
旨也
米老小楷三帖　又珊瑚等十帖　米
老辨印帖詞云綏平郡名卯里右政者中有省文有人收古印文曰相侯宜印乃是丞相
富民侯薛宣印最少繆篆乃今所謂塡篆也　蔡
用辨私印二字尚書禮部員外郞米芾審定
君謨朱書靑紙上大字　東坡書繡觀音贊　吳
越王判狀二並贊甯狀忠懿王草書判字一花押

卷五終

諸家藏書簿卷六

綿州　李調元贊菴輯

王子才英孫號修行家藏見周公謹雲烟過眼錄

雪竇和尚親書詩一卷後有浮休居士米襄陽諸跋　米老自作自書上清儲祥宮碑川紙上大書極佳

弁陽老人云余家亦有米老自畫自書天衣禪師第二碑序畫絕妙為德生豪奪去甚惜之

喬達之賀成號中山家藏

智永真草千文一本徽宗題有政和宣和印一本永興軍節度使印韓侂胄印　顏魯公馬病帖高宗題簽　李伯時友孝經伯時自書惜不全

焦達卿敏中家藏

王逸少十七帖真蹟五紙　不出戶帖　唐孫過庭書譜真蹟上下全徽宗滲金御題有政和宣和印

張受益謙號古齋家藏

李西臺書新竹詩後有蘇子美跋是買秋壑故物　米元章帖十二冊各以其類為冊如手簡家書詩文各分類內有與友仁者有與寅哥者所謂虎兒是也花押乃兩樣是韓侂胄故物有閱古珍玩大印其後歸史衛王府

王子慶家藏

五字不損本蘭亭豔花滿百後一行空處有李秀岩跋夢鷗莊二跋跋上有白石生四糜之印又有竇揚周姬儀鳳虞庭印甚奇及會稽內史等三古印

雲烟過眼錄云原係堂後官盧宗邁家物後歸碑騣董道人姜堯章自童處得之繼歸蕭千岩之姪況介文最後為趙子固所得喜甚乘舟夜歸至湖中弁山舟覆幸值淺港行李俱渰子固獨持此卷立淺水中示從者曰蘭亭已在其他不足憂矣其跋語亦詳載且題八字於卷首曰性命可輕至寶是保嗣歸賈氏悅生堂至王子慶處轉屬李叔固家其子仲庸垂世又屬之他人弁陽老人識

趙太祖御批三卷　真宗御書封泰山禁音樂批

仁宗飛白便面六枚　哲宗御書便面掬水月在手二句有御押

英宗舊名宗實監押侍禁私書及齒藥方云生乾地黃細辛白芷蛙皂角各一兩去黑皮并子入藏瓶均用黃泥固濟用炭火五六觔煆令炭盡入白檀鑪一分甘草二錢並為細末早晚揩齒堅固治衄血等症

李西臺古篆并行書風后廟碑印文此一進士　欽宗徵兵御書圍城日絹上蠟丸　高宗御書損齋二字并御製損齋記左僕射沈該已下聯名書後

張與可斯立號繡江家藏
陶隱居小字黃庭外景經　張旭草書眞蹟六一翁跋
楊凝式千文　元微之轉官誥
王介石虎臣家藏
晉陶宏景書板帖見東觀餘論　唐劉艮驟告及江南周
宗卿詔用書詔之印咸通中　吳通微書弃贊古書體佳甚米老自跋
宋太宗御書十餘卷上用丙合同印　太宗尹京時禁打
捕榜後有御押及行移開封府印　眞宗數紙其後臣僚奏狀頭無銜位只批
而不書名　徽宗數幅皆處分中省進呈短奏皆親書照已書旨　欽宗御
批示付碟振用御前之寶　李建中書絕句鶯已無聲花已老誰知三月盡

頭時　東坡書蔡君謨二小詩又杭妓周韶詩
郝清浦清臣家藏
蕭子雲出師頌眞蹟　唐模禊帖　孫過庭草書千
文五色紙上其縫內各有珍字印或謂唐大宗或謂宋太宗印中唐宏文館印　張旭
秋深不審帖上雙龍圓印前後宣和政和印
張張家藏
御府蘭亭類考十一册凡百餘種　高宗十七帖內臨八帖後有跋
鮮于伯機樞家藏
晉武帝眞蹟有唐人跋宣和御府物　王右軍與桓溫薦謝元
眞蹟用繭紙書字輕清不類逸少後有蔣馮蔡瑞跋爲楊和王故物然丹錦標首儼然著色畫

蕊宣和法錄也　索靖月儀帖短卷詳見索靖書考　沈傳師書
詳見傳師書考　吳彩鸞書切韻一本詳見彩鸞書考　文思博
要帝王一部唐類書也所引蔨子愼子尸了敎皆古書也天寳十年十二月楷書抄切山甫書字極遒麗至唐大中年間方自館中雜書挾出是時止存一卷後有史館山甫印用麻紙列館中典掌之人及三校姓名職銜皆紹聖間人題跋其後如張元長周美成晁說之薛紹彭及諸人在內按文思博要一千三百卷太宗貞觀年間詔左僕射高士廉特進魏徵等十四人取歷代載籍摭其精義至十年書成　東坡書詞一云東武城南連堤就鄭湛初溢今刊本作漣漪初溢非也　雜帖一册內有劉涇墨跡印文日劉巨濟符符字甚新　孔
子廟堂碑京兆府本無裂又饒州鄱江書院本　太平州重刻本瘞
鶴銘

郭祐之天錫號北山家藏
晉右軍得告帖　又快雪時晴帖皆眞蹟有米老跋遂以名齋且刻石　唐徐浩
蘘森舍見此二帖神韻精彩　梁人臨重告等五幅
寶林寺詩眞蹟　唐模蘭亭又千文李山房故物有米老印又有李常擇長印南唐椒閣錦標首
一帖云近有佳會率以故不
得往豈食料禁不批放耶呵呵　又一帖云花四
枝謾送餘春倘可賞否戴花人安否前輩風流可想也
米帖一云胡不入城單外恐不堪久單外二字甚新
天台謝奕修養浩齋家藏
陶隱居小楷大洞眞經隱訣後有林希父子題　虞永興頭

眩帖有機暇清賞文衎公言珍玩蓑笠軒印亦有紹興印 顏魯公鹿脯帖
乞米帖僑仲跋 唐艮驪元陵挽郎誥貞元八年三
月廿四日三省長官董晉領吏部選杜黃裳右丞
趙景郎中韋夏卿 唐陳尚庭縣尉告天寶三載
丞相李林甫韋陟景融又稱陳尚庭四十三載改年爲載而人歲亦然可怪抵告身乃用羅紋紙殊不可曉後有向若水跋
楊少師手帖 周越書
劍器行 吳越王判狀二道贊甯狀忠懿王書判
字一花押 吳越承旨大略如詔勅後書天下兵馬元帥尚父吳越王銜
李西臺詩 蘇滄浪草書 蔡君謨朱書青紙上
大字 蘇長公書繡觀音贊 又醉草溫公帖

東坡救月帖并贊畢良史印小米跋姚齋跋 蘇氏譜系帖自明坡顏而下凡五世世各十餘帖爲六巨帙生平所睹蘇帖未有如是之多也 秦少游
數帖 李伯時九歌曹偉吳傅朋跋 王晉卿八帖皆與親賢者諸王書內有送酒一帖云瀑釀四器納上以酒稱釀可謂好奇 米南宮小楷
三帖 又十帖 珊瑚等帖 元章書楷書法并青山白
雲老米辨印帖
三十八代天師張廣微與材家藏
絳帖第九卷大令書第四行內面字右邊轉筆全不成字正在石破處隱然可見今乃無其面字下一字與第五行第七字亦不同又第七行第一字舊本行書正字今本乃草書心字筆法且俗以此推之今之所見多非舊本

江南李後主常詔徐鉉以所藏前代墨蹟古今法帖
八石名昇元帖然則在淳化之前當爲帖之祖褚伯
秀 褉序有大業間石本其後有隋諸臣銜位龔聖
予
總管大中樂陽趙伯昂仁舉藏見逢澤湯允謨仲謀雲煙過眼續錄
王右軍屏風帖硬黃紙書徽宗泥金題簽首尾天水宣政內府圖書等印並全 又
司州帖右黃紙書章宗泥金題簽明昌七印全
楊元誠家藏
唐王建宮體小書宮詞一百二十首極其婉轉奴麗今人必能及後有錢譔王印
押龍蓋宣和內物其字皆章草也

余家舊藏
司馬文正公手錄富鄭公使北日抄一卷其長五六丈字畫雖若古拙而首尾端書如一豈像其生平行止耶史稱公之至誠可以動天地此卷見之矣桓益國公周必大子充爲之跋賈師憲物也
明金閶城西張氏家藏見都元敬寓意編
鍾元常薦季直表上有書錦堂米芾賈似道等印元人跋云是朱僧存此山物
薛紹彭四帖張伯雨藏趙松雪金孫璧跋後歸倪雲林今在石田翁家李少卿近跋鍾書定爲眞蹟予不不敢以爲然也
宜興尹氏家藏
褚模褉帖中縫折處鈐墨寶小印後蘇易簡題有若冢六子一首後范文正蔡君謨裴煜馬當

世跋富鄭公梅都官呂汲公蘇氏兄弟米海岳諸公題名小米鑒定此卷後歸陳祭酒緝熙燬于火觀此則前開皇蘭亭蘇跋僞矣

朱性父家藏

米臨黃庭經今歸石田翁　虞丞相允文手帖今歸黃應龍

虞文靖公楷書金剛經一卷

李少卿貞伯家藏

懷素酒狂帖後有楊凝式鑒定王晉卿跋山谷題名是光福士八家物非眞跡　山谷草書一卷後有黃眞字跋紙墨如新爲黃書之最少卿嘗奉使湖湘道過江西於石亭寺僧處得之

甯波謝氏家藏

文丞相書其遠祖敬齋先生論蘇章事并丞相跋字約千餘行草稱後學文天祥書無印章王伯厚題語

馬主事抑之家藏

顏魯公爭坐位帖上有賈似道印爲元人袁文清公物按米氏書史云爭坐位帖在顏最爲傑思年少時臨一本不復記知所在後二十年謝景溫尹京云大豪郭氏分內一房欲此帖至折八百千眾乃許取視之縫有元章戲筆字印中間筆氣甚有如予書者面論之乃云家世收久不以公言爲然觀袁跋汲書史此帖豈眞是耶袁跋已載米臨顏爭坐位帖下不錄　山谷書陰眞君詩一卷原跋已載山谷集內不錄

南京梁中書家藏

陸宣公書陸士衡文賦小字章草　東坡謝陳后山惠巾

詩上有大方印日趙郡蘇氏江陰薛堯卿藏　陸放翁大行書詩一卷字畫遒勁山陰杜思永跋

崑山項方伯家藏

朱文公李泰發二帖泰發名光宋參知政事卒謚莊簡後人跋其帖見有光字遂以爲司馬筆可發一笑

常熟劉以則家藏

張長史宛陵帖李西臺蘇才翁跋江陰卞氏物非眞　老米作朱樂圃墓表一卷亦非眞　元李雪菴絹書唐絕四軸眞字大可數寸學顏魯公

海鹽張黃門靜之家藏

顏魯公祭姪文杲卿子一　宋人雙鉤唐模蘭亭漢中趙氏諸印

袁戒卿家藏

張伯雨自書詩五十五首一冊跋一冊楊廣夫而下共五十五人

顧少參家藏

懷素草書千文一冊少參得之河南民家

遼東蕭黃門文明家藏

宋錢文僖鄒忠公任伯雨而下二十一帖

松江曹涇陽氏家藏

蔡蘇黃米眞蹟一卷　陸放翁自書詩一卷　金王華書絕句詩七首大字行盧廷壁物

宜興徐閣老家藏
東坡小楷乞居常州奏狀謝采伯跋
蘇郡王氏家藏
五代楊凝式書神仙起居法草字真跡小米鑒定上有永興軍節度使印及賈丞相悅生堂圖書
范氏家藏
范文正公書伯夷頌黃絹小楷宋元名人題識甚多世謂首陽之節韓子之文與文正之書同爲三絕范氏子孫嘗模以刻石眞跡今藏義莊
姚氏家藏
歐陽公寄姚子美詩眞蹟姚少師嘗爲僧洪武中住北平慶壽寺得此帖于戊

家自有跋今藏於其孫廷用
侍郎吳公原博家藏
唐林藻深慰帖宋秘府物
僉憲劉公廷美家藏
宋黃巖叟李樂菴梁克家趙令畤范石湖李泰發諸
名賢手帖共一冊
相城沈啟南家藏
蘇滄浪蔡端明蘇文忠文定黃文節米海岳諸賢遺
墨共一冊　王文正秦淮海米襄陽樓攻媿楊慈
湖諸賢手帖一卷　林和靖與僧二帖　蔡端明

自書絕句詩　蔡蘇黃米眞蹟一卷　蘇子瞻前
後赤壁賦李龍眠作圖隸字書旁注云是海岳筆共八節惟前賦不完　山谷
大字馬伏波詩一卷山谷自有跋　山谷書老杜律詩
二首亦大眞字　米元章自書詞一卷　李忠定張忠
獻趙忠簡呂忠穆李莊簡五公手札一卷　張忠
獻父子與虞丞相劄子　鄧侍郎程雪樓徐子方
虞疎齋諸公詩蹟
吳江史明古家藏
唐趙模集晉字千文　褚河南書文皇哀冊文硬黃紙米
友仁鑒定　歐陽率更夢奠帖行書疑是臨本元郭畀天錫藏後入揚東里家

郭揚皆有跋　顏魯公與劉中使帖凡四十一字行書元王之張晏政白
湛鮮于樞田師孟諸跋爲嘉興故物　蔡端明八帖洪興祖范大年跋胡珵等
題名　宋賢諸帖一卷李西臺周益公胡邦衡文文山而下凡九十八人
王佚老二帖大字行　朱文公與六十郎帖行書頁尚書楊
鐵崖跋　宋孝宗賜虞丞相手詔　趙子固書梅竹
詩三首趙子眞葉士則董楷跋　元張師道書木蘭花慢詞
一卷後元人題識　子昂臨大令帖并自書詩一卷
松雪書歸去來辭一卷　鮮于伯機自書詩文一
卷小楷有鄧文原龔子敬跋　周伯溫書四體千文一卷前書伯溫
小像門人蔣冕侍立旁有自贊蓋周公書以貽冕者冕蘇郡人亦精篆書

明古復有薛尚功摹鐘鼎彝識眞蹟二十卷後題云嘉熙三年冬十有一月望後十一日外孫朝請郎新知臨江軍事楊伯岳拜觀於廿四叔外翁書室後二十年弁陽周密得之外舅沐齋書房趙孟頫鑒定白野不華周伯琦題名張伯雨柯九思跋此帖舊爲吾鄉沈雄仲藏雄仲名洪元巨室號萬三之後善草隸書老而貧故史氏得之成化戊申予館按史氏九月其家火作書畫多付煨燼唯此帖及歐褚趙模書數卷獨存豈奇寶鬼神固衛之邪南濠都穆識

崑山黃應龍家藏

吳傅朋游絲書　宋高宗賜岳武穆手詔　金顯宗雨竹上有張睛齋跋

嘉興王廷槐家藏都元敬記

張長史春草帖白麻紙眞跋入宋祕書題名䟦甚多　顏魯公祭姪文

吳卿子在海臨張黃門跋之處

梁溪華氏眞賞齋法書文太史徵仲敘名

鍾太傅薦季直表貞觀珍祕　王右軍袁生帖祐陵題　謝靈運書古詩帖　虞永興汝南公主墓銘起草

王方慶通天進帖上有建隆史館印　顏魯公朱巨川誥

宣和譜藏眞卿與劉中使帖一作瀛州帖　徐季海絹上楷書道經　蔡君謨手牘　黃山谷眞行劉賓客經伏波神祠詩冬日二十雨東　草書諸上座帖　太白憶舊遊詩　高宗黃素黃庭經　岳鵬舉與奉使郎中劄子　趙承旨臨稽羣帖有鄧善之貢仲章龔子敬等跋　臨大令洛神賦有虞伯生李鳴鳳袁仲長楊道傳等跋　虞雍公蚊賦邵菴行書　金石有周穆王壇山古刻蔡中郎石經殘本夏承碑婁壽漢碑樂毅東方晉刻定武蘭亭帖賦云小楷諸帖則樂毅紳刻之眞朔贊初鐫之勝黃庭遺字之精洛神全賦之變與大虞之破邪歐之白鹿心經褚之陰符虞大楷之尊勝清淨又云爛元眞之丹識以樂毅論有青箬笠綠

蓑衣印爲張志和也　淳化祖刻賦云廷珪墨色之古銀錠棗木之紋坡老硃書之辨趙公姓印之文又有太淸所搨

豐道生眞賞齋賦中云暨乎劉氏史通玉臺新詠上有建業文房之印則南唐之初梓也聶宗義三禮圖俞言等五經圖說乃北宋之精帙也荀悅前漢紀袁宏後漢紀紹興開刻本汝陰王銍序嘉史久遺許嵩建康錄陸游南唐書載紀攸罕宋批五禮五采卿新古註九經俞石澗藏守溪跋南廱多闕蘇子容儀像法要亟稱於諸子張彥遠名畫記鑒收於子昂相臺岳氏左傳建安黃善夫史記六臣註文選郭知達集註杜工部詩共九家曾噩校曾南豐序

次李翰林集三十卷 五百家註韓柳文在朱子試三字諸書文選韓卿
宋精劉賓客集共四十卷內外集十卷 白氏長慶集七十一卷 歐陽家
藏集刪繁補缺八十卷最爲眞完 三蘇全集 王臨川集世所傳止一百卷唯
此本一百六十卷 管子 韓非 三國志大字本淳熙乙巳刊于潼州轉運司公帑 鮑
參軍集十卷 花間集紙墨精好 雲溪友議十二卷范攄 詩話總龜
一百卷阮閱編 經鉏堂雜志八卷倪思 金石略鄭樵著笪氏藏 寶晉山
林拾遺八卷孫米憲刻 東觀餘論樓進等跋宋刻初印紙墨獨精卷帙甚備世所罕見
唐名畫錄朱景元 五代名畫補劉道醇纂 宋名畫評 蘭亭攷
十二卷桑世昌集 皆傳自宋元遠有端緒若齋中紫桑小几
寶晉舊物下有芾字押白金羊鼎乃商時諸侯所用

之器子石研色紫如嫩肝一眼徑寸餘有黃暈淺深
八重閒以白質靑花點傳葉三藏自西域歸過峨眉
寶見溪見兩石子鬬攪得其一以爲硯常有五色光
又古玉小能長不及寸腹下篆刻文曰能使人不衰
細如粒米古玉印章有東漢陽彪文先四代相印朱
文虎鈕雕刻精工神韻生動旁皆碾花又一印曰三
槐之裔通身古卧蠶朱文螭鈕刻深而奇溫潤無比
高宗吳后二印賢志堂印白文螭鈕賢志主人覆斗
卧蠶俱精絕其白玉螭鈕一印攷刻瓢印曰眞賞方
缺二 華夏一日眞賞齋印扁則李西涯八分書以缺

四字 生有眞賞印也 嘉靖二十八年南缺三字
豐人叔爲敘賦

卷六終

諸家藏書簿卷七

緜州　李調元贊菴輯

嚴氏書紀

嘉靖乙丑五月提學賓崖何公檄余往閱官籍嚴氏書畫凡分宜之舊宅袁州之新宅省城之諸宅所藏書畫盡發以觀歷三閱月始克畢事當時漫記數目以呈不暇詳别今日偶理舊簏得之因重錄一過稍爲區分隨筆箋記一二傳諸好事明窗淨几時一披展恍然神游於金題玉躞間也隆慶戊辰冬十二月十七日文江草堂書茂苑文嘉

法書一 魏一 鍾繇薦季直表一 初藏吳中張氏後歸石田先生家復在王元美處吳匏菴定爲眞蹟然非元常筆也 戎路帖一 唐摹本妙 晉六 王羲之此事帖一 震澤王氏本乃金章宗故物凡二十字紙墨如新精神煥發傳世之寳也 月半帖一 眞跡也亦曾入唐時內府者 太熱帖一 吳中王氏所藏墨深脫落畧存筆意耳 黃素黃庭內景經一 字類元章所踈清逸絕世或云楊羲書也 王獻之奉書帖一 獻之眞跡傳世不多此書曾在吳中見之蓋其得意筆也予嘗摹一過 索靖出師頌一 宋內府本前有高宗書簽吾家所藏本也予兄弟皆有跋

法書二 唐十八 虞世南夫子廟堂碑 歐陽詢千文一 唐人雙鈎十七帖一 唐摹晉帖世所少有此十七帖奕奕通眞大是佳跡 趙模集晉字千文一 史明古藏本史氏法書第一亦天下法書第一 褚河南倪寬贊一 眞筆上上吳中大家本或云褚書係思陵所臨紙非唐紙亦一証也 柳公權小楷度人經一 項吏部所藏名跡也曾摹刻停雲館帖中 顏魯公書誥一 黃紙上所書畧無毫髮動名跡也即停雲館中所刻朱巨川誥 送裴將軍詩一 錫山安氏藏本其家已刻石行世怪怪奇奇前無古人矣蓋魯公劍跡也 爭坐位帖一 全本馬抑之故物宋米芾所摹也後有袁桷跋尾毫髮悉似幾於亂眞吾家所藏半本亦元章筆不及此帖多矣 孫過庭書譜一 眞本楷不全 林藻深慰帖一 匏菴先生家物宋宣和御府錄藏林公書僅此帖耳 李懷琳絕交書一 妙 吳通微千文一 楷紙

上專擬聖教序乾濃畢備古意溢目唐人書世不多見此眞可喜者 張旭春草帖一 舊藏無錫華氏其家有春草堂蓋取諸此筆蹤眞惜紙敝墨渝畧存梗概猶隔霧看花唯想像神妙耳終不失爲名蹟也 懷素自敘帖一 舊藏宜興徐氏後歸吾鄉陸全卿氏其家已刻石行世以余觀之似覺跋勝 絹本草書千文一 初藏海鹽姚氏其家云此帖一字值一金故號千金帖不知幾傳失去後余以善價得之通用黃絹八幅絲理精細纖毫無損交接處用軍司司馬印鉗記亦曾摹刻于停雲館後歸史氏自史氏歸嚴氏今已入內府矣蓋晚年書也 盛唐墨寶一 鍾紹京墨蹟一 卽靈飛六甲經 韋莊借書帖一 予嘗於王懋夫家見之眞蹟也

法書三 宋四十五 徽宗書女史箴一 絹本瘦金書 大字詩一 眞跡 高宗書度人經一 澄心堂紙書眞跡 臨禊帖一

蔡襄進御詩表二宜興吳氏本　茶錄一王槐雨藏本　小
簡一　蘇賦親書前赤壁賦一紙白如雪墨跡如新惟前缺數行予
兄補之吾家本也　小楷芙蓉城詩一孫鳴岐本真跡上上　大字
書淵明飲酒詩一金小楷本筆力剛勁奕奕有神　簡帖一已上四卷
俱真筆　九歌一　赤壁前後二賦一　長公真蹟
一　跋陳氏家教一已上四卷俱不真　黃庭堅諸上坐
帖一前作草書師懷素頗逼真皆禪語也舊藏于一佛寺李苑菴獲之枝山草書多出于此云
松風閣帖一　百字令一字體全仿瘞鶴銘　懶殘和尚
歌一已上四卷俱真筆　山谷墨迹二　伏波神祠一
山谷草書一　山谷千文一　文節翰墨二　黃

太史真蹟一　山谷真迹一　山谷遺筆一　黃
庭堅墨蹟一　草書一已上十一卷俱不真　米芾天馬賦
一紙書大字舊在張子京處後歸南橋范氏祝枝山嘗稱其妙然不及余所見小字本韻度頗勝
此稿芾黃華父子筆意耳　草書九帖一父書于跋法多從晉舊在張子京處予借
摹刻於停雲館帖中元章劇跡也　易說一　手簡一　金山賦
一　大字詩一已上六卷俱真跡　茶歌一　蔡蘊黃米
一　蘊黃米卷一　蘊黃米墨妙一　蘊黃米蔡
墨蹟一　宋四大家一已上六卷俱不真　文彥博真蹟
一真跡上上　歐陽修真蹟一皆金石錄跋尾　陸游詞翰一
舊在吳中袁氏之家予屢見之皆詩草也　朱熹和張敬夫詩一　小

簡一　張即之大書詩一不真乃絹本雙鈎者真本在崑山張氏允清家
釋靜賓百詠梅花詩一詩字皆佳靜賓宋末僧也　晉唐宋墨
迹一　唐宋墨跡一　集宋名筆一已上三卷皆偽迹
藏經二
法書四元三十二　趙子昂六體千文一真草篆隸并鍾鼎章草為六體
松江顧氏所藏　三體千文一　千文二　行書千文一
西湖題　寫絕交書一即范半醒所藏後有先待詔小楷跋　臨十七
帖二　臨蘭亭一　補唐人不全帖一　小楷洞
玉經一紙高五寸字大如黍後有虞伯生題王甫原家物歸松江曹氏為吾故翰林孔目何
柘湖得之予所見松雪小楷唯永嘉趙氏馬蹄篇及此然馬蹄絹本多渦筆此用澄心紙精緊筆墨

精妙毫髮無遺恨矣石刻者字大如黃庭與吾家道德經無異又陸儼山亦有道德經一卷然遠不
及吾家者　心經一　書右軍四事一　臨東方朔畫
像贊一　洛神賦一　臨洛神十三行一　常清
淨經一　寫淵明詩一　親筆一　壽樂堂記一
慧聚寺莊殿記一　金書道德經一　金書金丹
訣一　大字四言詩一　文敏真跡一　趙仲穆
篆書千文一　瀛海渠字一　錢良祐書麻姑壇
記一即江陰徐兼山本兼山江陰老儒嘗賞一幾說及此　錢逵篆書黃庭
經一錢逵良祐之子皆吳人能四體書予家有其小楷拂鳥賦一軸先待詔寶愛終世
鄭元祐等游仙詩一元祐字明德遂昌人少時右臂脫臼用左手書號尚左生

博學能詩文 段天祐臨十七帖一 天祐蓋詳人書不甚工此十七帖迫
興常作 俞紫芝書白石續書譜一 和字子中號紫芝少嘗作松雪
僞書幾於逼眞松雪見之遂留賞焉續書譜松雪嘗書之有陰陽二刻甚陽字木刻者尤妙先待詔
購得一本以爲珍玩傳失去遍求不可得紫芝之晚年專臨晉帖及見獻之十三行眞蹟刻意模凝之
亦名家矣
法書五明二十五 宋克書陶淵明詩一 名賢翰墨一
沈度書聖學心法一 小楷精謹 李東陽草書詩一
春興八首一 西涯墨蹟一 西涯詩字一 高
字詩一 祝允明秋興八首一 文賦一 草聖
一 前後赤壁賦藏經紙上所書眞跡也陳白陽大書其前題曰枝山草聖欽人藏 枝山

翁卷一 林山字一 徐霖篆書赤壁賦一 霖金陵人
字子仁號九峯又號髯仙眞篆行皆能而篆尤妙、文徵明詞翰二 詩
卷一 翰林詩字一 雜詩一 太史詩一 詩
字二 離騷九歌一 千字文二

卷七終

諸家藏書簿卷八

綿州 李調元贊菴輯

分宜嚴氏書品掛軸目 嘉靖四十四年籍

張長史草書 俞紫芝墨蹟 晦翁墨妙 宋局書
譜字 趙子昂眞蹟詩字六軸 元刻絲早朝詩
四軸 織字晝錦堂一軸 本朝名筆大學總章
四軸 草書四軸 憲宗御製列字一軸 金山
農書歸去來辭 徐霖晝錦堂記 歸去來辭
四景詩八軸 李東陽詩 楊謐隸字 胡恭草
書 徐承祖字二軸 馬一龍草書三軸 陳道

復草書四軸 王穀祥文武成功詩一軸 石刻
東林寺詩 福壽康寧字百福字各一軸

嚴氏書品手卷目

定武蘭亭一卷 唐宋墨蹟一卷 蔡君謨茶錄
四大家書二卷 陳氏家教一卷 文賦墨蹟二
卷 元名人游仙詩卷、俞紫芝讀書譜 馮海
粟一卷 趙子昂書常清淨經一卷 趙仲穆古
篆千文一卷 本朝宣廟御書石刻一卷 沈度
書聖學傳心一卷 宋仲溫書陶詩 徐子仁赤
壁賦 喬白巖詩草 沈周昌黎記一卷 李西

涯貞草墨跡五卷　祝枝山文賦草聖二卷　鄭元吉書游仙詩一卷　古今墨妙　名賢翰墨各一卷

嚴氏書品册葉目

鐘鼎臨本四册　松雪眞蹟四册　錦囊佳製　張即之墨妙　虞世南墨蹟　懷素帖　蒜林書譜　宣和御書　翰墨清趣　吳下草聖　拙政園十二篇　其石刻法帖共三百五十八誥敕及欽賜詩賦外聖諭至二千八百七十八道累朝實錄八部計五百七本手抄宋元書籍二千六百十三本

沒入大内一應經史子籍等書計五千八百五十二部套發各儒學與收一應道佛各經訣計九百一十四部套發各寺觀供誦而所籍錠金條金餅金葉金沙金碎金及金器金飾共三萬四千五百餘兩內首飾之奇者有大珠猫睛天上長庚人間壽域二副淨銀及銀器銀飾共二百二萬七千二百餘兩玉器計千件最古者有漢始建國元年注水玉匜晉永和鎭宅世寶紫玉盃盤玉帶計二百餘條犀象瑇瑁諸香帶犀是金鑲牙筯二千餘雙珠寶琥珀共重五百七十餘兩珍奇器玩共三千六百五十餘件內有嵌寶金象駝水晶燈二架上具寶蓋珍珠絡索柴窰計二十四件外有珊瑚樹六十株金鑲龍卵甕五個古刺水薔薇露十三罐空青五枚硃砂計六百四十餘觔沈檀奇南計五千餘觔織金妝花段絹綾綢紗羅絨葛瑣紬蕉布共一萬四千三百三十餘疋男女衣服及貂裘襖共一千三百餘件內宋錦二百餘疋弓鞍之珍麗者至一千八百雙金銀鈸川扇撒扇襄扇倭扇團扇戈折扇玳牙諸香扇共一萬七千六百餘柄名琴共五十四張有清流看雪寒玉激玉響泉冰泉

秋月垂月霜鐘秋風調古一天秋萬壑松雪下鐘秋澗泉玉琮珩玉壺冰清廟之音咸通之寶鳴雷震殿九霄鳴佩月下水玉萬壑松聲流水高山蒼龍噴玉寒江落雁及鎏金古銅琴大理石琴餘盃斷紋金嶽水晶玉軫足古硯除端溪龍尾外有漢未央宮硯銅雀臺硯唐天策府製硯貞觀上苑硯宣和殿硯蘇東坡天成硯玻瓈石二面硯崑璧硯白玉硯靚丞文具大副內佳玩不可枚舉古銅鼎彝樽壺之類計一千一百二十七件而寶翰樓之象簟金絲幃百祿堂之隨閒大紅毯與宴處之玉

雙陸香唾壺美人銀溺器不列也畫品亦甚侈乃墨蹟法帖僅此足徵嚴氏之好尚矣

卷八終

諸家藏書簿卷九

綿州　李調元贊庵輯

王弇州爾雅樓藏法書跋載四部稿并續稿中

魏鍾太傅薦季直表　晉王右軍三帖大熱此月淡悶於嘔　王大令送梨帖有柳誠懸逸少鶺不佳帖鶺是其諸孫小字　隋賢書出師頌史孝山古章草法　虞永興汝南文與可跋公主墓銘藁　唐文皇哀冊　褚河南書又臨蘭亭敘眞蹟在黃絹上　顏文忠公送裴將軍詩　書吳興竹山潘氏堂聯句　柳誠懸書蘭亭詩文　懷素千文　宗室家藏本雜古墨跡右軍帖智永歐褚河南蘇黃眉山等

二劉襄陽諸詩元諸名家書　六大家十二帖顏眞卿帖祭忠忠安樂扶護二帖黃文節眉州畢大事二帖蘇文忠送梅花帖米襄陽合名帖薛翠微三札趙文敏騎從帖張節帖合一卷所云竭貧力二十年數得數汰不易也　宋名公二十帖李學士宗諤送腹兄詩范希文蘊眉山贖黃浩翁米南宮詩薛紹彭與趙大年借墨帖流與求知潭州馬祠韓歌王與可晨總領虞允文帐復議學士汪彥章右伯業衛龍圖王龜齡待制蔣燦樞密王淮大參張剛范文穆成大張狀元孝祥樓宜獻鑰魏秦公了翁張飛閣郎之各詩劄　宋賢遺墨溫公蘇文定米父子與撰鮮于樞司諫劉浩參知孝伯王盧溪庭珪胡宗翰湯思退　范文正公楷書道服贊又題伯夷頌與尹舍人書及忠宣公誥勑跋者皆名賢大夫三帖為范氏質百金于瑯琊數責以原價莫償竟舉而還之和靖處士手書七言近體五首蘇題詩如東野不言寒書似留臺差

少為　涑水司馬溫公宛陵梅都官金陵王荊公副
車王都尉墨蹟　王司諫告身　蘇滄浪眞蹟
蘇文忠公書烟江疊嶂歌　坡書四古體以有意成風格
以無意取妥態或離或合作少作老不擇紙筆皆能如意　大舅多買書畫奇
物札　與蒲傳正札　書三絕句　蔡蘇黃米趙
帖趙爲子昂　子瞻書洞庭春色中山松醪二賦又書
歸去來辭　黃山谷雜帖　書墨竹賦　此君軒
詩　雜詩二卷　雙井伏波神祠詩臨本元美以囊澀不
能得託王君載雙鈎俞仲蔚廓塡原本爲嘉興項氏重價購去但人屬沙叱利矣可憐　又書
昌黎韓文公詩眞蹟　米元章書卷　跋奕碁圖

貽坡老竿尺　薛道祖墨蹟雲頂山詩帖上清達
年帖通泉帖蘭亭二絕又翠微居士與大年三帖
米老所貽詩云世言米薛或薛米　羔羊居士書飲中八仙歌居
姓王名升字逸老在宣和中以草書進御得官　雜宋元墨蹟蔡忠惠元人跋小米
書　米元暉手書敘語詩六章　宋思陵御書養
生論眞蹟　范文穆吳中田園雜興卷　張秘閣
印之書老柏行又溫甫學篆書　徐內翰小楷蓮
經號自信居士　宋元人墨蹟內呂嘉問錢端禮不成字　米趙四
帖米敫文一紙趙承旨二紙　趙吳興書心經又法華經　文
敏公書四十二章經　濟禪師塔銘又大通閣記

子昂草書千文折衷永素　眞書千文又篆書千文
書歸去來辭趙稱蘭亭能乘退筆之勢而用之此書正是退筆跡密師意不墮貞伯奴
書誚　書洛神賦又歸田賦　書枯樹賦又秋聲賦
行書二贊二圖及詩跋　書十五詩延祐五年書付從子价
松雪行書唐詩六觀堂　擬古五首十絕句詩書跋
書詹舍人告又于歸帖　行書諸尺牘　趙承旨
與婦魏國管夫人子仲穆總管三札各寄中峯禪師　鮮
于伯機書千字文　游高亭巖詩記　困學翁詩
記眞蹟　爲子去矜書雜詩卷　虞道園賜碑贊
爲柯九思　虞貫二學士眞跡伯生與雲石　柯敬仲隸古

詩十九首　張伯雨書諸公贈言　俞和紫芝臨
樂毅論　楊鐵崖湘竹龍吟老客娭謠　元名人
墨蹟趙孟頫鮮于樞鄧文原胡長孺戴表元巙巙虞集揭奚斯顧安吾衍喬簣杜本張伯淳李
衎張天雨汪澤民泰不華鄭元祐周伯琦楊維楨倪瓚饒介王蒙陸繼善僧溥光　明名
賢遺墨跡五卷自宋文憲公濂至徐中行子與共百人手跡　三吳楷
法二十四冊宋仲溫至方袍大林金貧婦及石刻七姬壙志　又三吳楷
法十冊第一冊陳文東壁沈民則學士沈民望大理所謂雲閒派也第二冊徐元玉臨晉帖
伯器跋錢原溥吳原博蔡九逵三人第三冊祝京兆書賦及古近體詩雜詩第四冊黃道中字冊致甫
用禿筆作楷而閒帶行法道中郎洎父姬水晚年書益雅緻精密其尊人五岳公第五冊文侍詔小
楷甲子雜稿藝徵仲每新歲輒書舊詩文一冊至老無遺沒後分散諸子矣第六冊亦衡山小楷

七冊王履吉楷拙政園賦第八冊文壽承休承彭
孔嘉許元復書第九冊爲陳道復小楷千文陸子
傳俞仲蔚書第十冊顧德育牡丹賦周公瑕黃雲卿袁魯望王舜華張伯起書 三吳墨
妙上下卷自沈學士度弟大理少卿粲至陳方伯鎣手跡又三吳墨妙另一卷 三
吳諸名筆札原博希哲啟南貞伯道復履約履吉孫之孔嘉陸子淵顧華玉金元玉輩 諸賢
吳中諸帖吳文定公寬祝京兆允明文待詔徵明陳太學道復王徵士寵
雜墨李文正張東海懃菴石田文祝都南濠爲范菴藏與子有云諸事便當如我死一貧正不
要人知 名賢遺墨自宋文憲公景濂至羅文恭公達夫凡三十六人 宋
太史手書鄭濂名解 宋仲珩方希直書 宋克
書張長史筆意 仲溫急就章又書畫帖 沈民
望書姜堯章續書譜 淩中丞金剛經臨洛神賦

諸家藏書簿 卷九 四 第三十函

姜太僕立綱書四子全文句讀各有圖精甚當是在北朝春宮進講
本 李貞伯游滁陽山水記又書古選祝希哲有
釋後 天全翁靈巖勝游卷又聯句詩卷 詞卷
李文正陸文裕墨蹟又文正公詩翰卷 雜帖 吳文
定之眉山洗啟南之豫章祝京兆翩翩時有大令風文待詔韻頗勝王履吉善取態 沈石
田倣雙井書僅得其跡肩突偷耳不得勢也 李范菴書卷 祝
京兆六體書又諸體書隸書卷又眞行雜詩賦
希哲草書月賦 書太白傳又靑蓮詩 杜紫薇
詩 書舜堅志 操縞稿一卷 艷詩一卷 雅
詩三卷 秋興八首爲王明輔題 灌木圖歌

諸家藏書簿卷十

綿州 李調元贊菴輯

吳門韓宗伯存良家藏見妮古錄
陸士衡小束墨色有綠意紙亦百餘碎矣其書乃得索靖筆始知閣帖刻陸雲書亦後人爲
之陸更古也 鮮于伯機草書 昌黎琴操四章 秋
興十一首眞跡後題云爲國寶先輩書法臻妙家藏秘跡甚奇惡札何足以汚几
案爰忘其醜長者事也
嘉郡項氏家藏子長子京兩公所收法書不下寶笥清閟此偶見於太平清話
蔡君謨手題一卷其前後二束即停雲館刻澄心堂紙帖也 宋高宗手
書龍王勑向在龍淵寺寺僧信源貨子京處 子昂亭林碑眞蹟

諸家藏書簿 卷十 一 第三十函

曾粘村民屋壁上王野賓得之以售項氏
項希憲家藏希憲爲子長仲子見太平清話
柳誠懸書度人經押縫有大觀印宣和璽 米芾楷大行皇太
后挽詞其字與哀冊同 子昂書秋興賦行跡一卷筆法全出獻之後有
張東海跋
項復初家藏復初爲子京第三子見眉公筆記
王羲之草書二帖 顏行書定襄王郭公帖 蘇長
公天際烏雲卷 黃太史墨妙
項元度家藏元度爲墨林第五子見陳仲醇記
朱搨蕭索千文一冊 薛道祖字一幅 韓繹字一

幅　歐陽元字一幅　沈文通秋抄帖　吳傳明節婦詩一幅　蘇端明郎中帖　王晉卿謝餽帖一幅　蘇文忠公禱雨帖又潤筆帖　東坡乞田帖一卷　書阿育王宸奎閣碑文　蘇文定公和詩帖一幅又頴濱帖二卷　黃文節公詩帖一卷又山谷雜淸道人帖　米南宮臨蘭亭又寳先生帖書杜詩山水歌一卷　趙文敏公書文賦一卷書吳興賦一卷

其間如蘇明允題懷素詩鄒志完建平東張南軒薦遊成之書皆生平未見之翰墨也諸蹟中宜以東坡

手東六紙爲輔而以懷素苦筍帖後有米敷文跋者冠之庶得次量矣

岳州諸法帖（見妮古錄）

岳州諸名家可爲書法者篆則李斯二十八字（玉女池後）宣和大定二碑額（岳祠）會眞宮李白詩四面碑八分則開元磨崖御書葉彬禘書百八字回馬嶺三字崖巔有開元紀泰山銘四字如斗申燧補書秦始皇紀秦山銘皆有古法楷則張侍御宣和修廟（岳祠）宋眞宗御書靑帝賛陰字碑行則錢龔遊覽記尹待詔祥符四碑（俱岳祠）草則黃廣洋（詩刻延熙殿前）魏閑許應元（詩刻環亭）

韓宗伯存良家藏

南陽書法表　潔溪茅維序

原夫書法之興肇自蒼頡而衍溢乎史籀詳備乎李斯程邈之徒並稱業擅一時足可法程萬世然以世代綿遠眞蹟無存鑒家僅於金石遺文畧闚一斑而已厥後人趨簡便篆隸之用日微而書始分爲三體矣三體維何一曰正書始於王次仲而鍾繇造其極遞變而爲王（僧虔）褚（遂良）顏（眞卿）柳（公權）以迄乎徐（浩）陸（希聲）米（紱）蔡（襄）二曰行狎起於劉德升而義獻父子窮其奥遞變而爲王（濛）謝（安）陶（宏景）永（僧法極）以迄乎虞（世南）李（邕）

蘇（軾）米（芾）三曰草聖創法於杜度而張芝之皇象得其神遞變而爲索（靖）庾（翼）蕭（子雲）阮（研）以迄乎旭（張伯高）素（僧藏眞）楊（凝式）趙（孟頫）咸能上下千年縱橫萬里鑒家珍若隋珠重如拱璧或稱人文之大觀或號藝林之巨璧揆諸風格良不誣也國寶流傳實頗好事厥後梁武唐文宋高元文金章李煜則以帝王之尊而酷嗜夫寳書亦有紹京廣津易簡公麟偘胄似道則以碩輔之貴而爭收夫法寳波蕩風靡浸淫成俗無奈眞贋雜陳玉石並列求彼眞蹟如貞白登善元章元鎮之研窮顚末洞見底裏者則且代不數人億不得一也

識書之任厥惟艱哉皇明建極百務聿興而獨鑒書
一途茅塞未闢世廟時有豫章權相者沈湎金珠浮
游雅道百計苞苴一味耳食何異坐井觀天刻舟求
劍歟嗣後二美（元美敬美）博訪於婁東子京力購於秀水
一時故楮斷麻雲與霞聚商確精與鬪無其人誰能
熟玩名書深加精別者也維時韓存良宗伯以妙年
登講席位帝師爵元老興滅繼絕人文攸係生平別
無嗜好絕意求田問舍事倖薪所入悉市寶章晉唐
宋元之奇所收不下百本多與名流品定甲乙物物
連城言言著祭而長公朝廷以余耿尙時接討論璦

寶在陳部腹無計乃以暇日即其家書蹟目錄作爲
法書表行世縱未敢自稱賞鑒之董狐竊比子長十
表之例云爾

正書

晉王羲之曹娥碑（唐懷素宋高宗元趙子昂等跋）　樂毅論（唐開元小璽宋張敬夫等跋）　黃素黃庭內景經（宋徽宗題前後小璽并台仙題名）
王獻之洛神賦十三行（唐宋八分趙子昂跋）　唐虞世南眞草千文（臨永禪師有宋高宗等跋）　褚遂良正書千文（宋高宗璽宋景濂跋）
倪寬贊（趙子固柳道傳等跋）　徐浩朱巨川誥（宋徽宗小璽元宗跋孜檰跋）
鍾紹京靈飛六甲經（宋高宗小璽）　顏眞卿自書吏部尙書誥（蔡君謨米元暉跋宋高宗前後小璽）　小楷摩利支天經（宋高宗元文宗小璽）　柳公權翰林帖（宋高宗璽）　懷素論書帖　宋蘇軾宜春帖子詞（宋元人跋）　米芾小楷快雪時晴帖跋　元趙孟頫臨王右軍東方畫像贊（後有公自題）　書無逸篇（後元人跋）　臨智永眞草千文（前元人跋）　黃素小楷過秦論三篇（鮮于樞等十八跋）　臨大令洛神十三行　膽巴帝師碑　高峯和尙行狀　金丹四百字

行狎

晉王羲之旦極寒帖（宋高宗紹興小璽）　行穰帖（宋徽宗題前後小璽）

嘉興帖（宋高宗小璽）　氣力帖（宋徽宗前後小璽）　諸從帖（宋米元章并外國人跋）　唐太宗晚來手勅（宋高宗前後小璽）　孫虔禮北山移文（宋高宗璽）　孝經（宋元人跋）　宋蔡襄折腰菱帖　蘇軾前赤壁賦（前元人跋）　墨妙亭帖　李伯時三馬圖贊（宋高宗小璽周竹坡王震等跋）　虎跑泉帖（宋元人跋）　陸宣公像贊（前有唐人畫像蘇東坡米元章文潞公跋）　黃庭堅大江東（後附書和韻題郭熙畫山水詩）　米芾購破羌來戲帖等九帖（宋高宗前後小璽）　高宗書洛神賦（絹本）　元邱處機西江月詞　趙孟頫臨定武蘭亭（前後六本）　臨王右軍十四帖　書歸去來辭（大小四本）　書陶潛贊　書東坡贊

鮮于樞女史箴後元人跋　康里巎書杜詩長卷後元人跋

詩聖

晉陸機平復帖宋宣和小璽元張斯立等同跋　王羲之謝司馬帖宋高宗前後小璽　鶺鴒等帖唐柳公權小楷跋又宋元人跋　大道帖趙子昂鄭文原跋　思想帖宋徽宗前後小璽元趙子昂明文徵明跋　胡母帖宋名賢跋　王獻之冠軍帖元周伯琦跋　梁武帝異趣帖

唐孫虔禮書譜前有闕缺宣和政和小璽全　張旭野舍讀書帖元文宗璽柯九思跋　宛陵帖宋高宗璽有文同并元人跋　懷素書訣帖賈似道跋宋高宗小璽跋　貧道帖前元人題　論書帖　李懷琳臨絕交書宋高宗跋并前後小璽　李太白自書詩

宋蘇軾寒食詩黃魯直跋　挑耳帖　黃庭堅華嚴疏秋浦歌前元人跋　元趙孟頫書蜀道難　歸田賦

左太沖詠史詩　臨閣帖右軍第六卷共五十七帖

石刻

唐搨鍾元常賀捷表畢良史吳傅朋跋周草窗所藏物　宋定武蘭亭序玉石本宋搨有榮芑陳繹曾王士熙等詩跋　臨江二王帖宋搨有顧仲瑛印識　定武蘭亭韓侂胄璽玉堂珍藏本有喬行簡眞西山諸名公題跋

墨皇定武蘭亭周野民黃子久等名公跋　宋搨淳化閣帖雲閒顧硯山珍藏小楷滿于裝池有黎民表跋　宋搨十七帖文壽承

右凡二十五八計七十二帖又石刻七帖　卷十畢

諸家藏畫簿

光緒壬午年鐫於樂道齋

張彥遠云識書人多識畫自古蓄聚寶玩之家多矣非其人則近代亦朽蠹得其地則遠古亦完全夫金生於山珠產於泉取之不已為天下用圖畫既久耗佚將盡名人藝士不復更生顧不惜哉如前所云古今同嘅予嘗論古來論畫之書甚夥如繪圖寶鑑唐賢畫譜宣和畫譜圖畫見聞錄益州名畫記及畫史諸書率皆言鑒識言閱玩言裘褫暨作者之名氏品流之高低而於收藏家卷軸之繁富或未暇以詳焉閱歲更久縑素無存將有欲考其名目不得者予閒從卞永譽式古堂書畫彙考中摘取公私藏本目錄彙為十卷不加論列顏之曰諸家藏畫簿云昔之好事者有言每獲一卷遇一幅則孜孜綴葺雖貧衣減食為之不厭妻子僮僕咸笑之以謂俳為無益夫斷縑片紙皆古人精神所寄其嗜之也宜也若予並非有斷縑片紙之介乎其前而鰓鰓焉較量於紛佚不可知之數惟卽卷軸之外誤紀載之失實竊分釐辨書不倦好事孰甚焉雖然天下將必有諒予心者難人之笑之矣辭童山李調元序

諸家藏畫簿總目

卷一
唐貞觀收藏名畫
卷二
宋宣和御府收藏一
卷三
宋宣和御府收藏二
卷四
宋宣和御府收藏三
卷五
宋宣和御府收藏四
卷六
宋宣和御府收藏五
卷七
宋宣和癸卯御府藏畫月
宋祕書省藏畫目
米海岳家藏
米南宫祕玩藏畫目
潤州蘇氏藏畫目
賈似道家藏

王子才英孫號修竹家藏
喬達之簣成號中山家藏
宋宗室蘭坡趙都承與懃家藏
趙左丞仁榮家藏
徐埃午方容齋家藏
高彥敬克恭房山家藏
郝清臣清浦家藏
張謙受益號古齋家藏
王子慶家藏
王介石虎臣家藏
卷八
郭祐之天錫號北山家藏
司進德用家藏
尤氏家藏
莊肅蓼塘家藏
康希貢端甫號薌林家藏
尤氏家藏
松江鎭守張萬戶家藏
胡詠存齋家藏
楊彥德伯嵒號泳齋家藏

李偶士宏號員嶠家藏
高鑄仲器家藏
申屠大用致遠號忍齋家藏
馬子卿號性齋家藏
崔彧中丞家藏
天台謝奕修浩齋家藏
陳氏家藏
趙待制菊坡與所家藏
趙孟頫子昂乙未自燕回收畫目
張伯雨先人似之家藏

總管太中濼陽趙伯昂仁舉藏
祝君祥永昌家藏
僧雲林清閟閣藏畫目
施氏家藏
逢澤湯允謀仲謀所見畫目
明內監家藏
雍熙寺僧祕藏
常熟劉以則家藏
濂溪坊周氏家藏
杭州董氏家藏

蘇郡湯氏家藏
松江曹涇楊氏家藏
暘山顧大有家藏
袁泰戒卿家藏
王醫士家藏
張太守起韶家藏
李少卿家藏
陳湖陳大理家藏
陳處士孟賢家藏
無錫鄒氏家藏

盧廷璧家藏
吳侍郎原博家藏
劉僉憲廷美家藏
沈石田家藏
吳江史明古家藏
金閶都南濠穆家藏
蜀聖慈寺畫壁記目
梁溪華氏真賞齋家藏
卷九
分宜嚴氏畫品掛軸目

嚴氏書品手卷目
嚴氏畫品册葉目
卷十
婁江王元美家藏
弇州藏宋名家山水人物畫册
弇州藏宋人雜花鳥册
東倉王敬美家藏
吳門韓敬堂家藏
松郡顧光祿家藏畫册
華亭董太史思白家藏
嘉禾項氏墨林家藏
項希憲家藏
項又新家藏
麟湖沈氏家藏
韓宗伯存良家藏
書畫銘心表家藏

諸家藏畫簿總目畢

諸家藏畫簿卷一

綿州 李調元贊菴輯

唐貞觀收藏名畫見裴孝源公私畫史

宋明帝像　宋景和像　豫章王像　建平王像
江夏王像　零陵王像　王太宰像　羊元保像
江智淵像　顧慶像　孫高麗像　孝武功臣像
勳臣像

右十三卷是陸探微真蹟隋朝官本

建安山陽二王像　沈曇慶醉像　麻起之徐僧寶像　靈臺寺瑾統像　毛詩新臺圖　蔡姬蕩舟圖　劉亮騎馬圖　高麗赭白馬圖　蟬雀圖　鬬鴨圖　獮猴圖

右十二卷並摹寫本非陸真蹟與前十三卷共二十五卷題作陸探微畫隋朝官本亦有梁陳題記

新豐放雞犬圖　祖二疏圖　黃河流勢圖　盜跖圖

右四卷魏高貴鄉公畫隋朝官本

毛詩北風黍離圖各一　卞莊刺虎圖　吳王舟師圖　列女圖

右五卷衛協畫隋朝官本
史記列士圖　息徒蘭圃圖　洛神賦圖　穆天子
宴瑤池圖　漢武回中圖　畋游圖　瀛州神仙
圖　雜人風土圖
右八卷晉明帝畫隋朝官本
濠梁圖　十弟子圖　輕車迅邁圖　孝經圖　汾
陽燕鼎圖　狩河陽圖　秦王游海圖　楚令尹
泣兩岐蛇圖　游仙圖　孟母圖　洛陽平門翻
車圖
右十一卷謝稚畫隋朝官本

王僧繂像　懷香圖　蟬雀圖　雜竹樣　孫公命
將圖　陸士衡詩會圖　王謝諸賢像　名臣像
刺虎圖　小兒戲鵞圖
右十卷顧景秀畫六卷隋朝官本
山陽七賢圖　醉客圖　刀戟戲圖　騎馬圖
右四卷毛惠遠畫隋朝官本
併除圖　釋迦十弟子圖　僧像　剡中溪谷村
墟圖
右四卷毛惠秀畫隋朝官本
豫章王燕賓圖　維摩詰變相圖　天文像　東晉

高僧像三　無名真貌　博奕圖　三龍圖
右七卷袁蒨畫並是梁朝官本有太清年月號
朝臣像　吳中舟行圖　少年行樂圖
右三卷劉瑱畫隋朝官本
豫章王像　唐居八馬圖
右二卷遽師珍畫梁朝官本
巢由洗耳圖　獅子擊象圖
右二卷題云嵇康畫未詳隋朝官本
講學圖
右一卷蔡邕畫隋朝官本有晉宋梁陳年月印

記
吳季札像　嚴君平賣卜圖　兩京圖
右三卷楊修畫隋朝官本有晉明帝題記
周穆王八駿圖　服乘箴圖　七命圖　金谷園圖
燕氏送荆軻圖　王濬戈船圖　田家社會圖
梵僧圖
右八卷史道碩畫隋朝官本
尚平子圖　董威輦詩圖　嵇阮像　八獻獸圖
漁父圖　十九首詩圖　五天羅漢像　杜征南
人物圖　吳中溪山邑居圖　黑獅子圖　名馬

圖

右十一卷戴逵畫隋朝官本

司馬宣王像　謝安像　劉牢之像　桓元像　列仙圖　唐僧會像　沅湘像　三天女像　八國分舍利圖　木鴈圖　水府圖　廬山圖　樗蒲會圖　行龍圖　虎嘯圖　虎豹雜鷙圖　晃洋水洋圖

右十七卷顧愷之畫九卷隋朝官本

豫章王像　宋竟陵王像　勳賢圖　褚淵袁粲像　張輿像　天竺僧像二　射雉圖　洛中車馬圖

二　越中風俗圖二　高麗鬬鴨圖

右十三卷顧寶光畫隋朝官本

清溪側坐赤龍盤赤龍圖二　龍頭樣四卷四頭

南海監牧進十種馬圖　子鸞獸樣

右五卷曹不興畫二卷隋朝官本

九州名山圖　朝陽谷神風水圖　秦始皇東遊圖

右三卷戴勃畫隋朝官本

立釋迦像　周盤龍像

右二卷陸綏畫

黃帝昇仙圖　張平子西京賦圖　梁翼八馬圖

右三卷史文敬畫梁朝官本

孫綽像　漁父圖　王羲之像

右三卷史藝畫

虎豹圖　孔雀鸚鵡圖

右二卷陶景真畫隋朝官本

潁川先賢圖　惠持師像　問禮圖　永嘉屋邑圖

右四卷宗炳畫隋朝官本

殷洪像　白馬寺寶臺樣

右二卷姚曇度畫

南朝貴戚圖　車馬圖　駱簡像　牛車圖　山陰

王像

右五卷月長生畫

蘇門先生圖　名臣像

右二卷濮萬年畫

維摩詰變相圖

右一卷張墨畫隋朝官本

蘇武圖　游仙圖

右二卷蔡斌畫

悉達太子納妃圖　靈嘉塔樣

右二卷張善果畫一卷隋朝官本

穆天子八駿圖　息嬀圖
右二卷史粲畫
朱買臣圖　列女傳仁智圖　列女傳貞節圖
右三卷陳公恩畫一卷隋朝官本
王獻之像
右一卷鍾宗之畫
敗春圖
右一卷王殿畫隋朝官本
安期先生圖
右一卷謝赫畫

吳山圖　楚人祠鬼圖
右二卷夏侯瞻畫
藉田圖一卷全幅長三丈
右一卷卓愜伯畫隋朝官本
渥洼馬圖　孝子屏風
右二卷范懷賢畫隋朝官本
文殊像　遊春苑圖二　芙蓉湖醮鼎圖　鹿圖
鸛鶴弄陂澤圖
右六卷梁元帝畫並有題跋印記
職貢圖三　小兒戲鴨圖

右四卷江僧寶畫隋朝官本亦有梁陳年號題
五天人樣二　九子魔圖　丁貴人彈曲項琵琶圖
右四卷解倩畫一卷是隋朝官本
弗林圖人物器樣二　鬼神樣二　外國雜獸二
右六卷西域僧迦佛陀畫并得楊素家
漢武射蛟圖　吳王格虎圖　羊鴉仁躍馬圖　行
道天王像　維摩詰像　寶誌像　摩衲仙人像
朱异像　梁宮人射雉圖　醉僧圖二　詠梅圖
橫泉鬬龍　雜人馬兵刀圖　昆明二龍圖　青
溪宮水怪圖四

右十九卷張僧繇畫九卷隋朝官本
楞迦會圖　寶積變相圖
右二卷張儒童畫
支道林像
右一卷聶松畫隋朝官本
斛律金像　北齊貴戚游苑圖　鄴中百戲圖　雜
宮苑人物屏風本
右四卷楊子華畫隋朝官本
齊神武臨軒對武騎圖二　慕容紹宗像　弋獵圖
斛律明月像　盧思道像　名馬樣

右七卷曹仲達畫六卷是隋朝官本
周明帝畋游圖　彌勒變相圖　雜臺閣樣　隋文
帝上廐馬圖　農家田舍圖
右五卷董伯仁畫一卷是隋朝官本
阿育王像　隋文帝入佛空像　楊素像　賀若弼
像　陳叔英像　擒明盧明月像圖　洛中人物
車馬圖樣　北齊畋游圖　貴戚屏風二
右十卷鄭法士畫一卷是隋朝官本
雜物變相二　豆盧寧像　隋朝正會圖　幸洛圖
貴戚游燕圖

右六卷楊契丹畫一卷是隋朝官本
法華變相　長安車馬人物圖　南郊圖　雜宮苑
圖　弋獵圖　王世充像
右六卷展子虔畫
美人詩意圖　屋宇樣　雜鬼神像三
右五卷孫尚子畫
黄帝戰涿鹿圖　姜嫄圖　禹貢圖二　燕太子丹
圖　蕃史圖　孫氏水戰圖　五岳真形圖　紀
年詩意圖　雜鬼神樣二
右十二卷皆甚精奇隋朝以來私家搜訪所得

內三卷近陸探微先無題記可考
列女傳仁智傳　獅子圖　異獸圖　魚龍相戲圖
吳楚放牧圖　村社會集圖
右六卷王廙畫隋朝官本
已前總二百八十一卷并無名畫十二卷計二
百九十三卷
晉瓦官寺顧愷之張僧繇畫壁在江寧　宋法王寺顧駿之畫在永嘉
晉龍寬寺史道碩畫在江陵　晉本紀寺史道碩畫在剡中　齊
王觀寺沈標畫在會稽　魏白雀寺董伯仁畫在汝州　魏北宣
寺楊子華畫在鄴中　梁定林寺解倩畫在江寧　梁惠聚寺張僧

繇畫在江寧　梁延祚寺張僧繇畫在江陵　梁長慶寺江僧寶畫
在江陵　梁何后寺陸整畫在江寧　梁光相寺丁光畫在江陵
梁陟屺寺張善果畫在江陵　梁高座寺張僧繇畫在江寧　梁
景公寺江僧寶畫在江陵　梁開善寺張僧繇畫在江寧　梁草
堂寺焦寶願畫在江寧　梁報恩寺張儒童畫在會稽　梁資德
寺解倩畫在延陵　梁天皇寺張僧繇解倩畫在江陵　北齊大定
寺劉殺鬼畫在鄴中　周海覺寺董伯仁鄭法士畫在固州　陳棲霞
寺張善果畫在江寧　陳興聖寺張儒童畫在江都　陳逮善寺
陸整畫在江都　陳東安寺張儒童展子虔畫在江都改樂常寺　陳靜樂
寺張善果畫在江都　陳終聖寺董伯仁畫在江陵　隋西禪寺

孫尚子畫在長安　隋東禪寺鄭德文畫在長安　隋惠日寺張善果畫在江都　隋永福寺楊子華畫在長安　隋靈寶寺展子虔鄭法士畫在長安　隋光明寺田僧亮展子虔鄭法士楊契丹畫在長安　隋敬愛寺孫尚子畫在洛陽　隋天女寺展子虔畫在洛陽　隋雲花寺展子虔畫在洛陽　隋清禪寺陳善見畫在長安　隋光發寺董伯仁畫在洛陽　隋興善寺劉烏畫在長安　隋皈依寺田僧亮畫在長安　隋恩覺寺袁子昂畫在洛陽　隋淨域寺張僧繇畫自江外移來有孫尚子畫在長安　隋空觀寺袁子昂畫在長安　隋隆法寺范長壽張孝思畫在長安　隋寶剎寺鄭法士楊契丹畫在長安

右寺四十七所並是名公眞跡今東都古畫尚

多未得檢閱爾今集檢前蹤取其法度兼之巧思維二閻楊陸迴出常表袁張兩家父子亦得居其次閻本師祖張公可謂青出於藍矣至於人物衣冠車馬臺閣並得南北之妙楊張父子亦謂世不乏賢博陵大安誠曰難兄難弟之學者陳善見王知愼之流萬得其一固未及於風神尚汲汲於形似今人所畜多是陳王寫搨都非楊鄭之眞筆每將眞玩深宜精別也

諸家藏畫簿卷一

諸家藏畫簿卷二

綿州　李調元贊菴輯

宋宣和御府收藏一見式古堂書畫彙考

道釋門三教鍾馗氏鬼神附

晉顧愷之　淨名居士圖　三天女美人圖　夏禹治水圖　黃初平牧羊圖　古賢圖　春龍出蟄圖　女史箴圖　斲琴圖

宋陸探微　無量壽佛像　佛因地圖　降靈文殊像　淨名居士像　托塔天王像　北門天王圖　天王圖　王獻之像　五馬圖　摩利支天菩薩

像

梁張僧繇　佛像　文殊菩薩像三　大力菩薩像　維摩菩薩像　佛十弟子圖　十六羅漢像　十高僧圖　九曜像　鎮星像　天王像　神王像　掃象圖　摩利支天菩薩像　五星二十八宿眞形圖

隋展子虔　北極巡海圖二　石勒問道圖　維摩像　法華變相圖　授塔天王圖　摘瓜圖　按鷹圖　故實人物圖二　人馬圖　人騎圖　挾彈遊騎圖　十馬圖　北齊後主幸晉陽圖六

董展　道經變相圖

唐閻立德　採芝太上像　七曜像二　遊行天王圖二　莊生馬知圖　右軍點翰圖　沈約湖雁詩意二

閻立本　三清像　元始像二　行化太上像　傳法太上像　巖居太上像　四子太上像　太上西昇經　拱極圖　玉晨道君像　延壽天尊像　木紋天尊像　北帝像　十二真君像　維摩像二　孔雀明王像　觀音感應像　五星像二　太白像　房宿像　十二神符　宣聖像　步輦

圖　王右軍真　竇建德圖　寫李思摩真　淩烟閣功臣圖　魏徵進諫圖　飛錢驗符圖　取性圖二　西域圖二　職貢圖二　異國鬬寶圖　職貢獅子圖　掃象圖　紫微北極大帝像　混元上德皇帝像

張孝云　傳法太上像

范長壽　醉道圖　醉真圖

何長壽　辰星像　五嶽真官像

尉遲乙僧　彌勒佛像　佛鋪圖　佛從像　外國佛從圖　大悲像　明王像二　外國人物圖

吳道元　天尊像　木紋天尊像　列聖朝元圖　佛會圖　熾盛光佛像　阿彌陀佛像　三方如來像　毗盧遮那佛像　維摩像二　孔雀明王像四　寶檀花菩薩像　觀音菩薩像二　思維菩薩像　寶印菩薩像　慈氏菩薩像　大悲菩薩像三　等覺菩薩像　如意菩薩像　二菩薩像　菩薩像　地藏像　帝釋像二　太陽帝君像　辰星像　太白像　熒惑像　羅睺像二　計都像　五星像五　五星圖　二十八宿像　托塔天王圖　護法天王像二　行道天王像

雲蓋天王像　毗沙門天王像　諸塔天王像　天王像五　神王像二　大護法神十四　善神像九　六甲神像　天龍神將像　摩那龍王像　和修吉龍王像　温鉢羅龍王像　跋難陀龍王像　德叉伽龍王像　檀相手印圖二　雙林圖　南方寶生如來像　北方妙聲如來像

翟琰　天尊聖像　太上像　孔雀明王像　天王圖

楊庭光　藥師佛像　五祕密如來像　觀音像二　如意輪菩薩像　思定菩薩像　思惟菩薩像

仁王菩薩像　長壽菩薩像　菩薩像　五星像
星官像　明星攜行圖　寫武后眞
盧楞伽　獻芝眞人像　成道釋迦佛像　釋迦佛
像四　大悲菩薩像　觀音菩薩像　文殊菩薩
像　普賢菩薩像　七俱胝菩薩像　羅漢像四
十八　十六尊者像十六　羅漢像十六　小十
六羅漢像三　智嵩竺渡僧像　渡水僧圖二
高僧圖二　孔雀明王像　十六大阿羅漢像四
十八
趙德齊　過海天王像

范瓊　天地水三官像三　南斗星君像　維摩像
文殊菩薩像　降塔天王像　寫飛廉神像　高
僧圖
常粲　伏羲畫卦像圖　神農播種像　佛因地圖
陳元達鎖諫圖　寫懿宗射兔圖　星官像　十
才子圖二　驗丹圖　故實人物圖五
孫位　說法太上像　天地水三官像三　維摩圖
三教圖　星官圖　會仙圖　神仙故實圖四
高士圖　四皓奕碁圖　王波利圖　寫馬融像
寫畢卓圖　高逸圖　取性圖一　草堂圖三

圍碁圖　掃象圖　番部博易圖
張南本　寫觀音圖　文殊部從圖　勘書圖
辛澄　佛像　佛鋪圖　寶生佛像　甘露如來像
大悲菩薩像二　觀音像二　白衣觀音像　如
意輪菩薩像二　慈氏菩薩像　仁王菩薩像
寶印菩薩像二　寶檀花菩薩像　文殊菩薩像
思惟菩薩像　思念菩薩像　樂音菩薩像　不
空鉤菩薩像　侍香菩薩像　獻花菩薩像　蓮
花菩薩像　香花菩薩像
張素卿　天官像　三官像　九曜像　壽星像

容成眞人像　董仲舒眞人像　嚴君平眞人像
李阿眞人像　馬自然眞人像　葛元眞人像
長壽仙眞人像　黄初平眞人像　竇子明眞人
像　左慈眞人像
道陳若愚　東華帝君像
姚思元　佛會圖　孔雀佛鋪圖　紫微二十四化
圖
五代王商　老子度關圖　職貢圖二　貢奉圖五
拂林風俗圖　拂林士女圖　拂林婦女圖
燕筠　行道天王圖　天王圖

支仲元　太上傳法圖　太上誡尹喜圖　太上度關圖　三教像　五星圖　三仙圖　七賢圖二　商山四皓圖　四皓圍碁圖　圍棋圖　會棋圖　松下奕棋圖二　勘書圖　堯民擊壤圖二　林石碁會圖二　碁會圖二

左禮　天官圖　地官圖　水官圖

朱繇　元始天尊像　天地水三官像三　金星像　木星像二　水星像二　火星像三　土星像　天蓬像二　南北斗星真像　釋迦佛像四　無量壽佛像二　藥師佛像二　問疾維摩圖二

五方如來像　佛像二　兜率佛鋪圖　文殊菩薩像四　降靈文殊像　普賢菩薩像三　降靈普賢像　維摩像二　觀世音菩薩像三　行道菩薩像五　大悲像二　香花菩薩像　寶檀菩薩像　菩薩像二　帝釋圖　金剛手菩薩像　西方圖　揭帝神像四　護法神像六　善神像七　天王像二　北門天王像二　捧塔天王像　高僧像　地獄變相

李昇　採芝太上像　太上度關圖　六甲神像六　葛洪移居圖　仙山圖　仙山故實圖　天王像

行道天王像二　渡海天王像　吳王避暑圖　滕王閣宴會圖　滕王閣圖五　姑蘇集會圖　避暑宮圖五　江上避暑圖　故實人物圖二　江上清樂圖　出峽圖　遠山圖　山水圖　象耳山大悲真相　十六羅漢像十六

杜子瓌　毗盧遮那佛像　釋迦文佛像　彌勒佛像　大悲佛鋪圖　大悲像二　大力明王像二　五如來像　觀音像　白衣觀音像　文殊菩薩像　如意輪菩薩像　寶印菩薩像　寶檀像

杜覩龜　天地水三官像三　佛因地圖　釋迦佛

像　大悲像二　孔雀明王像　慈氏菩薩像　普賢菩薩像　淨名居士圖　托塔天王像　善神像二

張元　大阿羅漢三十二　釋迦佛像　羅漢像五十五

曹仲元　九曜像　三官像三　佛會圖三　地藏圖　釋迦佛像二　無量壽佛像　彌勒佛像二　五十三佛像　五方如來像　觀音像十二　白衣觀音像三　慈氏菩薩像　文殊菩薩像一　摩利支天菩薩像二　如意輪菩薩像　玩蓮菩

薩像　孔雀明王像　大悲像二　普賢像
陸晃　玉皇大帝像　太上像　天官像　星官像
散聖像　列曜圖二　道釋像　孔聖像　四暢
圖四　五老圖　六逸圖　明王宴樂圖　按樂
圖　烹茶圖　繡線圖　開元避暑圖三　五王
避暑圖三　火龍烹茶圖　山陰會仙圖四　神
仙事迹圖　故實人物圖　春江漁樂圖二　田
戲人物圖　水仙圖三　勘書圖　古木圖　三
仙圍棊圖　葛仙翁飛錢出井圖二　長生保命
真君像　九天定命真君像　天曹益算真君像

天曹掌祿真君像　天曹解厄真君像　九天司
命真君像　九天度厄真君像　天曹賜福真君
像　天曹掌算真君像
僧貫休　維摩像　須菩提像　高僧像　天竺高
僧像　羅漢像一十六
宋孫夢卿　太上像　葛仙翁像　松石門禪圖
孫知微　天蓬像二　天地水三官像六　九曜像
三　填星像　九星像　火星像　十一曜像
歲星像　五星像　星官像二　伏羲像　長壽
仙像　葛仙翁像　寫孫先生像　維摩像　文

殊降靈圖　智公真　過海天王圖　行道天王
圖　遊行天王圖　羅漢像　衲衣僧　掃象圖
戰沙虎圖　虎鬭牛圖　牛虎圖　寫李八百妹
產黃庭經像　寫彭祖女禮北斗像
句龍爽　紫府仙山圖
陸文通　神仙圖四　仙山故實圖四　會仙圖二
羣峯雪霽圖四
王齊翰　傳法太上圖　三教重屏圖　太陽像
太陰像　金星像　水星像　火星像　土星像
羅睺象　計都像　北斗星君像　元辰像　長

生朝元圖　寫南斗星像六　會仙圖三　仙山
圖　佛像　佛因地圖　佛會圖　釋迦佛像二
藥師佛像　大悲像二　觀音菩薩像　勢至菩
薩像　自在觀音像　寶陁羅觀音像　巖居觀
音圖　須菩提像二　十六羅漢像十六　十六
羅漢像十　色山羅漢圖二　羅漢像二　玩蓮
羅漢像二　巖居羅漢像　賓頭盧像　玩泉羅
漢像　高僧圖　智公像　花巖高僧像　巖居
僧　高士圖二　藥王像二　高賢圖二　逸士
圖　重屏圖　古賢圖五　圍棊圖　琴會圖

琴釣圖二 垂綸圖 水閣圖 高閒圖 靜釣
圖 龍女圖 海岸圖二 秀峯圖 陸羽煎茶
圖 陵陽子明圖 支許閒曠圖 林巒五賢圖
林亭高會圖 海岸琪木圖 江山隱居圖 金
碧潭圖 設色山水圖 林汀遊岑圖 林泉十
六羅漢圖四 楚襄王夢神女圖 慈氏菩薩像
白衣觀音像
顧德謙 太上像 太上度關圖 太上圖 太上
採芝像 四子太上像 採芝圖 仙跡圖二
十一溪女圖三 洞庭靈姻圖二 渡水牧牛圖

二 牧牛圖二 乳牛圖 竹穿魚圖 野鵲圖
蟬蝶圖
侯翌 行化太上像 天蓬像 九曜像 釋迦像
維摩文殊像 地藏菩薩像 長壽王菩薩像
問疾維摩圖 智公傳真像 獻花菩薩像 淨
名居士像 天王像 鬼子母像 漢殿論功圖
避暑士女圖 賦詩士女圖
武洞清 太陽像二 太陰像二 金星像二 木
星像 水星像二 火星像 土星像二 羅睺
像 計都像 水仙像 智積菩薩像 侍香金

童像 散花玉女像 藥王像 詩女對吟圖二
韓虬一作求 寫太陰像 水星像 星官像 觀音
像 慈氏菩薩像 行道菩薩像二 獻花菩薩
像二 獻香菩薩像二 天王圖 東華司命晉
陽真人像
楊棐 立像觀音 鍾馗氏圖
交虔武宗元 天尊像 天地釋像 朝元仙仗圖
北帝像 真武像 火星像 土星像 天王圖
觀音菩薩像 渡海天王像 李得一衝雪過曾
陵岡圖四

道徐知常 寫神仙事蹟
道李德柔 大茅仙君像 二茅仙君像 三茅仙
君像 鍾離權真人像 南華真人像 韋善俊
真人像 呂巖仙君像 蘇仙君像 欒仙君像
陶仙君像 封仙君像 寇仙君像 張仙君像
譚仙君像 孫思邈真人像 王子喬真人像
朱桃椎真人像 浮邱公像 劉根真人像 天
師像 太上浩劫圖 沖虛至德真人像 寫吳
道元真人像四
諸家藏畫簿卷二終

諸家藏畫簿卷三

綿州　李調元贊庵輯

宋宣和御府收藏二

人物門 前代帝王等并寫眞附

吳曹弗興　兵符圖

晉衛協　卞莊子刺虎圖　高士圖二

謝稚　烈女正節圖　三牛圖

隋鄭法士　遊春苑圖四　遊春山圖二　讀碑圖

四

唐楊寗　出遊八馬圖　劉聰對戎圖　庖廚圖

楊昇　唐明皇眞　唐肅宗眞　望賢宮圖　高士

圖

張萱　明皇納涼圖　整妝圖　乳母抱嬰兒圖

搗練圖　執炬宮騎圖　唐后行從圖五　挾彈

宮騎圖　宮女圖二　衛夫人像　按羯鼓圖

按樂士女圖　日本女騎圖　賞雪圖二　扶掖

士女圖　五王博戲圖二　四暢圖　織錦回文

圖三　元辰像　拂林圖　橫笛士女圖二　鼓

琴士女圖二　遊行士女圖　藏謎士女圖　樓

觀士女圖　烹茶士女圖　明皇鬬雞射鳥圖二

寫明皇擊梧桐圖二　虢國夫人夜遊圖　虢國

夫人遊春圖　七夕祈巧士女圖三　寫太眞教

鸚鵡圖　虢國夫人踏青圖

鄭虔　摩騰三藏像　陶潛像　峻嶺溪橋圖四

杖引圖　人物圖

陳閎　寫唐列聖像　寫唐帝眞　公子圖　明皇

擊梧桐圖　李思摩眞　六祖禪師像六　揭帝

神像　寫內廄龍駒圖二　人馬圖　呈馬圖

入草圖

周古言　明帝夜遊圖二　鵓鴿士女圖

周昉　天地水三官像六　五星眞形圖　五星圖

五曜圖　四方天王像四　降塔天王圖三　托

搭天王像四　星官像　天王像二　授塔天王

圖　六丁六甲神像四　九子母圖三　寫金德

像　北極大帝聖像　行化老君像　明皇騎從

圖　楊妃出浴圖　三楊圖　織錦回文圖　豫

遊圖　五陵遊俠圖　蠻方職貢圖二　烹茶圖

宮女圖二　宮騎圖　遊春士女圖　烹茶士女

圖　凭欄士女圖　橫笛士女圖　舞鶴士女圖

紈扇士女圖　避暑士女圖　覽照士女圖　遊

行士女圖　吹簫士女圖　遊戲士女圖　圍棋
繡女圖　天竺女人圖　拂林圖二　寫武后真
按舞圖三　藥欄石林圖　妃子教鸚鵡圖　寶
塔出雲天王像　北方毗沙門天王像　明皇鬭
雞射鳥圖　白鸚鵡踐雙陸圖　北齊高歡帝幸
晉陽宮圖
王朏　明皇燕居圖　明皇斫膾圖三　寫唐帝后
真　太眞禁牙圖　寫卓文君真　避暑士女圖
士女家景圖二
韓滉　李德裕見客圖　七才圖　才子圖二　孝

行圖二　醉學士圖　田家風俗圖　田家移居
圖　高士圖　村社圖　豐稔圖三　村社醉散
圖　風雨僧圖　逸人圖　堯民擊壤圖二　醉
客圖　瀟湘逢故人圖　村夫子移居圖　村童
戲蟻圖　雪獵圖　漁父圖　集社鬭牛圖二
歸牧圖五　古岸鳴牛圖　乳牛圖三
趙溫其　焚誦士女圖　烹酪士女圖
杜庭睦　明皇斫膾圖
吳侁　蕭翼蘭亭圖
鍾師紹　尚齒圖

五代梁駙馬都尉趙嵒本名霖　調馬圖　臂鷹人物
圖　五陵按鷹圖四
杜霄　撲蝶圖八　撲蝶士女圖　撲蝶詩女圖二
遊行士女圖
邱文播　文會圖四　豐稔圖　六逸圖四　七才
子圖二　維摩化身圖　維摩示疾圖　松下逍
遙圖　田家移居圖　渡水僧圖　驪山老母像
三笑圖　牧牛圖三　逸牛圖　乳牛圖二　水
牛圖
邱文曉　渡水羅漢像　故實人物圖　牧牛圖二

阮郜　女仙圖　遊春士女圖三
婦人童氏　六隱圖
宋周文矩　天蓬像　北斗像　許仙巖遇仙圖三
會仙圖　佛因地圖　神仙事跡圖二　文殊菩
薩像　盧舍那佛像　觀音像　金光明菩薩像
寫僞主李煜眞三　明皇取性圖二　明皇會棋
圖　五王避暑圖四　寫謝女像　法眼禪師像
阿房宮圖二　寫李季蘭眞　斫膾圖二　火龍
烹茶圖四　四暢圖　問禪圖　春山圖　重屏
圖　聽說圖　魯秋胡故實圖　鍾馗氏小妹圖

五　高閑圖　文會圖　鍾馗圖二　金步搖七
女圖　煎茶圖　謝女寫真圖二　玉步搖士女
圖二　詩意繡女圖　寫真士女圖　按樂士女
圖三　合樂士女圖四　理鬢士女圖　按樂宮
女圖　按舞圖　王妃遊仙圖　宮女圖　遊行
士女圖　琉璃堂人物圖　慈氏菩薩像二　長
生保命天尊像　兜率宮內慈氏像　李德裕見
劉三復圖
石恪　太上像　鎮星像　羅漢像　四皓圍棋圖
竹林七賢圖三　遊行天王像　女孝經像八

青城遊俠圖二　社饗圖二　鍾馗氏圖
李景道　會友圖
李景遊　談道圖
顧閎中　明皇擊梧桐圖四　韓熙載夜宴圖
顧大中　韓熙載縱樂圖
郝澄　寫北極像　神仙事跡　出獵圖三　八馬
圖二　渲馬圖六　牧放散馬圖
湯子昇　文簫彩鸞眞會圖　鑄鑑圖
文臣李公麟　寫大梵天像二　揭帝神像　不動
尊變相　護法神像五　觀音像三　瑞像佛

華嚴經相六　金剛經相　維摩居士像　無量
壽佛像　禪會圖　釋迦佛像　菩薩像　寫摩
耶夫人像　緇衣圖　親近菩薩像二　寫王維
看雲圖　寫十國圖二　寫羲之書扇圖　寫盧
鴻草堂圖　寫王維歸嵩圖　蔡琰還漢圖　寫
王維像　寫職貢圖一　山莊圖　書裙圖　歸
去來兮圖二　陽關圖　四皓圍棋圖　織錦回
文圖　女孝經相二　醉僧圖　王津訪石圖
孝經相　寫三石圖　玻璃鑑圖　寫生折枝花
二　杏花白鷴圖　天育驃騎圖　寫唐九馬圖

昭君出塞圖　姑射圖　五王醉歸圖　豢龍氏
圖　寫王蝴蝶圖　御風真人圖　遊騎圖　小
筆遊戲圖　弄驕八馬圖　習馬圖　二馬圖
馬性圖　寫韓幹馬圖二　調習人馬圖　北岸
贈行馬圖　寫東丹王馬圖　天馬圖　八馬圖
二　呈馬圖　番騎圖　九歌圖　祖師傳法授
衣圖　彌陀觀音勢至像　寫摩奴舍夫人像
五星二十八宿像　寫十大弟子像十　摹吳道
元護法神像二　摹唐李昭道海岸圖　摹吳道
元四護法神像四　摹唐李昭道摘瓜圖　王安

石定林蕭散圖　丹霞訪龐居士圖　寫徐熙四面牡丹圖　摹北　贊華番騎圖

内臣楊日言　秋山平遠圖　溪橋高逸圖　士女圖二

宮室門附舟車

唐尹繼昭　漢宮圖　姑蘇臺圖二　阿房宮圖

五代胡翼　秦樓吳宮圖六　盤車圖二

衛賢　黔婁先生圖　楚狂接輿圖　老萊子圖　王仲儒圖　於陵子圖　梁伯鸞圖　羅漢圖　溪居圖　雪宮圖　山居圖　閘口盤車圖　雪岡盤車圖　竹林高士圖　雪江高車圖　雪景山居圖二　渡水羅漢象　神仙事跡圖二　岩僧圖　蜀道圖二　盤車圖二

宋郭忠恕　尹喜問道圖　明皇避暑宮圖四　避暑宮殿圖四　山陰避暑宮圖四　飛仙故實圖　九曜像　雪山佛刹圖　山居樓觀圖　織錦璇璣圖三　湖天夏景圖二　車棧橋閣圖　水閣晴樓圖　行宮圖二　吹簫圖　樓觀士女圖三　滕王閣王勃揮毫圖四

諸家藏畫簿卷三

諸家藏畫簿卷四

綿州　李調元贊庵輯

宋宣和御府收藏三

番族門附番獸

唐胡瓌　卓歇圖二　牧馬圖十　番部驝駝圖　番騎圖六　秋陂牧馬圖　番部盜馬圖　番部早行圖二　番部牧馬圖　番族獵射騎圖　射騎圖　報塵圖　起塵番馬圖　番部下程圖七　番部卓歇圖三　番部射鵰圖二　卓歇番族圖　射鵰雙騎圖　轉坡番騎圖　沙岡牧駞圖　出獵番騎圖　獵射圖六　牧駞圖　番部按鷹圖　毳幕卓歇圖　番族牧馬圖　番部汲泉圖　牧放平遠圖　牧馬番卒圖　按鷹圖二　對馬圖　平遠番部卓歇圖二　獵射番族八馬圖　平遠射獵七騎圖

胡虔　番部下程圖八　番族下程圖　番部卓歇圖五　番部起程圖　番族起程圖三　番族卓歇圖四　平遠獵騎圖　番部盜馬圖　番部牧放圖三　射鵰番騎圖　汲水番騎圖　射獵番族圖　牧放番族圖　番族按鷹圖　射鵰圖

獵騎圖二　番騎圖四　番馬圖　族帳番部圖
番族獵騎圖二　平遠射獵七騎圖
五代李贊華　雙騎圖　獵騎圖　雪騎圖　番騎
圖六　人騎圖二　千角鹿圖　吉首並驅騎圖
射騎圖　獵騎圖
王仁壽　驢
房從真　番族卓歇圖　寫西域人馬圖　卓歇圖
二　調馬打毬圖　薛濤題詩圖　捕魚圖　寫
唐明皇真
龍魚門附水族

五代袁義　遊魚圖六　戲魚圖二　羣魚圖　竹
穿魚圖　魚蟹圖　魚蝦圖二　寫生鱸魚圖
筍竹圖三　竹石圖　蝌圖
僧傳古　袞霧戲波龍圖二　穿石戲浪龍圖二
吟霧戲水龍圖二　躍霧出波龍圖二　吟霧躍
波龍圖　爬山躍霧龍圖二　躍霧戲水龍圖
穿石出波龍圖二　穿石出波龍圖二　穿山弄
濤龍圖二　出水戲珠龍圖　戲雲雙龍圖　戲
水龍圖四　出洞龍圖　玩珠龍圖二　出水龍
圖　祥龍圖　吟龍圖　戲龍圖　戲水龍圖

坐龍圖
宋宗室克夐　遊魚圖
宗室叔儺　鮮鱗戲荇圖二　荷花遊魚圖二　羣
鯈圖二　遊魚圖四　桃溪珍禽圖　秋江宿禽
圖　戲荇圖　弄萍遊魚圖　蓮塘灌水圖　雪
汀鶩雁圖　穿荇羣魚圖
董羽　騰雲出波龍圖　躍霧戲水龍圖二　出山
子母龍圖　龍圖二　戰沙龍圖二　翫珠龍圖
三　出水龍圖　穿山龍圖　江叟吹笛圖
楊暉　遊魚圖

宋永錫　寫生荷花圖二　魚蟹圖二
文臣劉寀　戲藻羣魚圖　羣鯈戲荇圖　泳萍戲
魚圖　倒竹戲魚圖　羣魚戲荇圖　羣鯉逐蝦
圖　戲荇鯈魚圖　遊魚圖九　魚藻圖五　魚
蝌圖　戲荇魚圖　戲水游魚圖　鼀魚圖　在
藻魚圖二　牡丹游魚圖　落花游魚圖　穿荇
游魚圖

山水門附窠石
唐李思訓　山居四皓圖二　春山圖　江山漁樂
圖三　羣峯茂林圖三　神女圖　無量壽佛圖

四皓圖　五柞宮女圖　踏錦圖三　明皇御苑
出遊圖
李昭道　春山圖　落照圖二　摘瓜圖　海岸圖
二
盧鴻　窠石圖　松林會真圖　草堂圖
王維　太上像二　山莊圖　山居圖　棧閣圖七
劍閣圖三　雪山圖　喚渡圖　運糧圖　雪岡
圖四　捕魚圖二　雪渡圖三　漁市圖　騾綱
圖　異域圖　早行圖二　村墟圖二　度關圖
蜀道圖四　四皓圖　維摩詰圖二　高僧圖九

渡水僧圖三　山谷行旅圖　山居農作圖二
雪江勝賞圖二　雪江詩意圖　雪岡渡關圖
雪川羇旅圖　雪景餞別圖　雪景山居圖二
雪景待渡圖三　羣峯雪霽圖　江臯會遇圖二
黃梅出山圖　淨名居士像三　渡水羅漢圖
寫須菩提像　寫孟浩然真　寫濟南伏生像
十六羅漢圖四十八
王洽　巖光釣瀨圖　喬松圖
項容　松峯圖　寒松漱石圖
張詢　雪峯危棧圖二

畢宏　松石圖
張璪（一作藻）　松石圖二　寒林圖二　太上像　松
竹高僧圖
荆浩　夏山圖四　蜀山圖　山水圖　瀑布圖
秋山樓觀圖二　秋山瑞靄圖二　秋景漁父圖
三　山陰讌蘭亭圖三　白蘋洲五亭圖　寫楚
襄王遇神女圖四
五代關仝（一名穜）　秋山圖二十二　秋晚烟嵐圖三
江山漁艇圖二　江山行船圖二　春山蕭寺圖
秋山霜霽圖四　關山老木圖　秋山樓觀圖四

秋山楓木圖　秋山漁樂圖四　秋江早行圖二
秋峯聳秀圖二　羣峯秋色圖三　奇峯高寺圖
二　山舍謳歌圖　山陰行人圖　崦嵫待月圖
林藪逍遙圖　巖隈高隱圖　嘯傲烟霞圖　岸
曲醉吟圖　霧鎖重關圖四　窠石平遠圖　楓
木峭壁圖　石岸古松圖　松木高士圖　故實
山水圖　夏雨初晴圖二　山陰讌蘭亭圖四
仙山圖四　關山圖　溪山圖　崇山圖　山水
圖　山城圖　巨峯圖　奇峯圖　晴峯圖　函
關圖　危棧圖　雲巖圖　石淙圖　平橋圖

峻極圖三
杜楷一作揩　翠屏金沙圖
宋董元一作源　夏山圖二　江山高隱圖二　設色
春山圖二　羣峯霽雪圖　夏景窠石圖二　夏
山牧羊圖　林峯圖三　夏山早行圖二　秋山
圖　江山漁艇圖　山麓漁舟圖　江山盪槳圖
萬木竒峯圖　著色山圖二　窠石人物圖　水
墨竹禽圖三　晴峯圖　山居圖三　山行圖
松峯圖三　長壽真人像　寫孫眞人像　江隄
晩景圖　重溪烟靄圖　冬晴遠岫圖二　雪浦

待渡圖二　密雲漁歸圖　寒林重汀圖　寒林
鍾馗圖二　雪陂鍾馗圖二　寒江窠石圖　寒
林圖　松檟平遠圖　水石吟龍圖　風雨出蟄
龍圖二　出洞龍圖　戲龍圖二　昇龍圖　跨
龍圖　跨牛圖　飲水牧牛圖　鍾馗氏　巖中
羅漢像　牧牛圖　瀟湘圖　漁舟圖　水墨竹
石栖禽圖二　採菱圖二　寒塘宿雁圖三　漁
父圖　海岸圖　夏景山口待渡圖　孔子見虞
卯子圖二
李成　重巒春曉圖四　夏山圖二　夏雲出谷圖

四　秋山靜釣圖　烟嵐春曉圖二　夏景晴嵐
圖二　秋山圖三　秋嶺遥山圖二　山鎖秋嵐
圖二　冬景遥山圖二　江上密雪圖三　羣山
雪霽圖三　雲溪圖二　冬晴行旅圖二　密雪
待渡圖二　林石雪景圖三　雪麓早行圖　雪
峯圖　夏景晴嵐圖三　寒林圖八　寒林竒石
圖二　嵐烟晩晴圖三　晴嵐曉景圖八　夏景
寒林圖三　寒林獨玩圖　巨石寒林圖四　烟
嵐曉景圖七　嵐光清曉圖二　曉嵐平遠圖
曉景雙峯圖二　闊渚晴峯圖二　曉嵐圖　晴

嵐圖二　晴巒圖二　晴巒平遠圖三　晴巒蕭
寺圖二　晴峯霽靄圖二　晴江列岫圖二　横
峯曉霽圖三　峻峯茂林圖　喬木蕭寺圖　長
山平遠圖二　古木遥岑圖四　霧披遥山圖三
山陰磨溪圖二　高山圖三　平遠圖　雙峯圖
三　山腰樓觀圖三　讀碑窠石圖三　烟峯行
旅圖二　遠浦遥岑圖　烟波漁艇圖　江山漁
父圖　亭泉松石圖　秀峯圖　平遠窠石圖
起蟄圖　大寒林圖四　小寒林圖二　山谷晴
嵐圖二　江皐羣峯圖三　老筆層峯圖三　羣

峯灌木圖二　春山早行圖三　春雲出岫圖二
范寛一名中正　四聖㑥山圖　春山圖二　春山平遠
圖三　春山老筆圖二　夏山圖十　夏峯圖三
夏山烟靄圖三　秋山圖四　秋景山水圖二
烟嵐秋曉圖二　冬景山水圖二　雪景寒林圖
雪山圖二　雪峯圖二　寒林圖十二　山陰蕭
寺圖二　海山圖　崇山圖三　煉丹圖
許道寧　茅亭賞雪圖　春山曉渡圖二　春龍出
蟄圖二　江山捕魚圖　春雲出谷圖　山林春
烟圖　三教野渡圖　夏山圖七　煙溪夏景圖

風雨驚牛圖　秋山晴靄圖二　秋江喚渡圖
秋山詩意圖二　秋山晚渡圖　秋山圖六　秋
江閒釣圖　秋江早行圖　嵐鎖秋峯圖三　雪
霽行册圖三　雪峯僧舍圖　雪滿羣峰圖三
雪滿危峯圖三　羣峰密雪圖三　羣山密雪圖
雪江漁釣圖二　雪山樓觀圖　寒林圖十三
大寒林圖三　小寒林圖五　寒雲戴雪圖　愛
景晴巒圖三　晴巒漁浦圖　晴嵐曉峯圖二
晴峯晚景圖三　晴巒圖三　晴峯圖三　雪出
山腰圖三　煙鎖山腰圖三　晴峯漁釣圖　羣

峰秀嶺圖二　疊峯雙澗圖二　林樾遥岑圖
江山積雪圖　窠石戲龍圖二　山路早行圖
霜秋晴巒圖　江山歸雁圖三　行觀華嶽圖
曉桂輕帆圖　層巒漁浦圖　雲山圖　林石圖
二　窠石圖六　雙松圖二　捕魚圖　牧牛圖
臨深圖　履薄圖　夏雲欲雨圖　山觀蕭寺圖
夏山風雨圖四　溪山風雨圖　春嵐曉靄圖
春山行旅圖　寫李成夏峯平遠圖二
陳用志　秋山圖
翟院深　寫李成澄江平遠圖

高克明　春波吟龍圖二　夏山飛瀑圖二　窠石
野渡圖二　烟嵐窠石圖二　村學圖二
郭熙　子猷訪戴圖二　奇石寒林圖二　詩意山
水圖二　古木遥山圖二　巧石雙松圖二　江
皐圖　遥峯圖　晴巒圖　烟雨圖　雲巖圖
秀松圖　春山圖　崿嶺圖　瀑布圖　幽谷圖
潑瀑圖　平遠圖　寒峯圖　斷崖圖　秀巒圖
古木圖　茂峯圖　遠山圖　山觀圖　谿谷圖
孫可元　陶潛歸去來圖　滕王閣圖　商山四皓
圖二　山麓漁歌圖　高隱圖　春雲出岫圖

江山蕭散圖　山水圖二　山觀圖　牧牛圖
趙幹　春林歸牧圖　夏山風雨圖四　夏日玩泉
圖　烟靄秋涉圖　冬晴漁浦圖　江行初雪圖
屈鼎　夏景圖三
陸瑾　山陰高會圖　溪山僧舍圖　水閣閒棋圖
夏山圖四　雪橋圖　運石圖　磨溪圖二　溪
山風雨圖三　漁家風景圖三　捕魚圖二　棄
龍圖　仙山圖二
王士元　山閣圖
文臣燕肅　春岫漁歌圖　春山圖四　夏溪圖二

秋山遠浦圖　冬晴釣艇圖二　雪滿羣山圖三
寒林圖　大寒林圖二　小寒林圖二　履冰圖
江山蕭寺圖二　古岸遙山圖三　送寒衣女圖
狀牛頭山望　渡水牛圖　雙松圖二　松石圖
寫李成履薄圖二　雪浦人歸圖四　寒雀圖
文臣宋道　松竹圖
文臣宋迪　晴巒漁樂圖二　煙嵐漁浦圖　徧舟
輕泛圖　古岸遙岑圖　羣峰遠浦圖　對岸古
松圖二　闊浦遠山圖　闊浪遙岑圖　瀟湘秋
晚圖　江山平遠圖　長江晚靄圖　遙山松岸

圖二　雙松列岫圖二　老松對南山圖　崇山
茂林圖二　遠浦征帆圖二　秋山圖　遙山圖
二　遠山圖二　雪山圖　八景圖　萬松圖
小寒林圖
文臣王穀　洞庭晚照圖　雪晴漁浦圖　雪江旅
思圖
文臣范坦　太上渡關圖　寫李成江山梵刹圖四
寫徐崇嗣杏花對果圖
文臣黄齊　風烟欲雨圖　晴江捕魚圖　山莊自
樂圖　雪滿羣峯圖

文臣李公年　桃溪春山圖　夏溪欲雨圖　秋江
歸棹圖　秋霜漁浦圖　松峯積雪圖　欲雨寒
林圖　雲生列岫圖　遠煙平野圖　日出長江
圖　疎林晚照圖　秋江靜釣圖二　江山漁釣
圖二　對岸古松圖二　長江秋望圖
文臣李時雍　渭川晚晴圖
駙馬都尉王詵　幽谷春歸圖　晴嵐曉景圖　烟
嵐晴曉圖三　烟江疊嶂圖　松路入仙山圖
客帆挂瀛海圖　風雨松石圖　長江風雨圖
漁鄉曝綱圖　柳溪漁浦圖　江山漁樂圖　江

亭寓目圖　漁村小雪圖　江山平遠圖　房次律宿因圖　會稽三賢圖　連山絕澗圖　老松野岸圖　金碧潺湲圖　名山卧遊圖　秀峯遠壑圖二　千里江山圖　屏山小景圖　寫李成寒林圖二　子猷訪戴圖　山居圖二　松石圖二　長春圖　遠景圖

內臣童貫　窠石四

內臣劉瑗　臨李成小寒林圖　秋景平遠圖　秋雲欲雨圖　遙山高士圖　竹石小景圖　小景墨竹圖二　墨竹圖　竹石圖

內臣梁揆　春山雲靄圖　蓮溪漁父圖

內臣羅存　秋江歸騎圖　雪霽歸舟圖

內臣馮覲　雨餘春曉圖　江山春早圖　窗雨乍晴圖　薰風樓觀圖　清夏潺湲圖　雲烟長景圖　南山茂松圖　江山晚興圖　金風萬籟圖　霜霽凝烟圖　霜秋漁浦圖　江山密雪圖　雪霽羣山圖

僧巨然　夏景山居圖六　夏日山林圖　夏雲欲雨圖　秋江晚渡圖二　夏山圖三　九夏松峯圖三　秋山圖二　秋江漁浦圖四　溪山蘭若圖六　溪山漁樂圖六　溪山林藪圖二　溪橋高隱圖　重溪疊嶂圖四　山溪水閣圖　江山遠興圖二　江山靜釣圖　江山晚景圖　江村捕魚圖　江山旅店圖　江山晚興圖　江山歸棹圖六　江右醒心圖　江山平遠圖　江山行舟圖二　松峯高隱圖二　煙浮遠岫圖六　山林歸路圖　山林小筆圖　曉林野艇圖　茂林疊嶂圖　林汀遠渚圖　林石小景圖　烟關小景圖　雲橫秀嶺圖二　雲嵐清曉圖三　松路仙巖圖　松巖蕭寺圖　晴冬晚靄圖六　嵐鎖

翠峯圖四　寒溪漁舍圖　小寒林圖二　遙山漁浦圖二　山陰蕭寺圖二　遙山闊浦圖三　松吟萬壑圖三　萬壑松風圖二　翠峯茂林圖二　皖口山圖　山居圖　松巖山水圖二　烟江晚渡圖　山水圖四　層巒圖　秀峯圖三　金山圖　鍾山圖　廬山圖　松嶺圖二　柏泉圖　遙山圖　遠山圖　松峯圖三　高隱圖　歸牧圖　長江圖　窠石圖

日本國　海山風景圖　風俗圖二

畜獸門

晉史道碩　三馬圖　八駿圖　牛圖
唐漢王元昌　羸馬圖　獵騎圖二
江都王緒　寫拳毛騧圖　八馬圖　呈馬圖
韋無忝　習馬圖　散馬圖　牧笛歸牛圖　山石
戲貓圖　葵花戲貓圖　戲貓圖　勝遊圖　盜
王醉歸圖　傾心圖
曹霸　逸驥圖二　玉花驄圖　下槽馬圖二　內
廄調馬圖　老驥圖二　九馬圖三　牧馬圖
八馬圖　羸馬圖
裴寬　小馬圖

韓幹　明皇觀馬圖　文皇龍馬圖　盜王調馬圖
八駿圖　奚官習馬圖四　六馬圖　明皇試馬
圖　五陵游俠圖　三馬圖　呈馬圖五　五王
出游圖　內廄御馬圖三　騎從圖　散驥圖三
按鷹圖　寫三花御馬圖　圉人調馬圖　調馬
圖三　習馬圖二　遊騎圖二　游俠人馬圖二
李白封官圖二　老驥圖　騎習八馬圖　玉花
白馬圖　下槽馬圖四　內廄圖　鑿馬圖　明
皇射鹿圖二　戰馬圖二
韋鑒　七賢圖二　呈馬圖

韋偃　牧放人馬圖　三驥圖　三馬圖　暮江五
馬圖　牧馬圖九　散馬圖三　牧牛圖　沙牛
圖　牧放羣驢圖　早行圖二　讀碑圖二　松
石圖三　松下高僧圖
趙博文　兎犬圖
戴嵩　春陂牧牛圖　春景牧牛圖　牧牛圖十
渡水牛圖　歸牛圖二　飲水牛圖二　出水牛
圖二　乳牛圖七　戲牛圖　奔牛圖三　鬭牛
圖二　犢牛圖　逸牛圖　水牛圖二　白牛圖
渡水牧牛圖

戴嶧　松石牧牛圖　平陂乳牛圖　逸牛圖　鬭
牛圖　奔牛圖
李漸　川原牧馬圖二　三馬圖　逸驥圖　牧馬
圖二　虎鬭牛圖
李仲和　小馬圖
張符　渡水牛圖　牧牛圖三　水牛圖
五代羅塞翁　牧牛圖　海物圖
張及之　寫犬圖
道士厲歸眞　龍雲圖　乳虎圖　牧牛圖七　渡水
牧牛圖二　渡水牛圖　牧放顧影牛圖　江隄

牧放圖　笴竹乳兔圖　柏林水牛圖　乳牛圖
五　貓竹圖　宿禽圖　鵲竹圖二　笴竹圖
蜂蝶鵲竹圖　蔓瓜圖
李靄之　藥苗戲貓圖　醉貓圖三　藥苗雛貓圖
子母戲貓圖三　戲貓圖六　小貓圖　子母貓
圖　薰貓圖　貓圖
宋宗室趙令松　瑞蕉獅犬圖　花竹獅犬圖　秋
菊相屬圖二
趙邈齪　叢竹虎圖三　出山虎圖　戰沙虎圖
伏虎圖　馴虎圖　虎圖

朱羲　牧牛圖三　橫笛牧牛圖　飲水牛圖　乳
牛圖
朱瑩　牧牛圖四　牛圖
甄慧　牧童卧牛圖
王凝　繡墪獅貓圖
祁序一作嶼　倒影牛圖　渡水乳牛圖二　四皓奕
碁圖三　夾竹桃花圖二　長江漁樂圖　瀟湘
逢故人圖二　寫生鷄冠花圖　牧牛圖二十二
乳牛圖三　鬪牛圖二　水牛圖　牧羊圖　詩
容圖二　虎圖

何尊師　戎葵太湖石圖　葵石戲貓圖六　山石
戲貓圖　葵花戲貓圖二　葵石羣貓圖二　子
母戲貓圖　莧菜戲貓圖　子母貓圖　薄荷醉
貓圖　羣貓圖　戲貓圖五　貓圖　醉貓圖十
石竹花戲貓圖

諸家藏畫簿卷四畢

諸家藏畫簿卷五

綿州　李調元贊菴輯

宋宣和御府收藏四

花鳥門上

唐滕王元嬰　蜂蝶圖
薛稷　啄苔鶴圖　顧步鶴圖　鶴圖五
邊鸞　鄭躅孔雀圖　鵪鶉藥苗圖　孔雀圖　木
瓜雀禽圖　梨花鵓鴿圖　木筆鵓鴿圖　金盆
孔雀圖　木瓜花圖　花鳥圖　菜蝶圖二　木
瓜圖　葵花圖　鷙禽圖　鵲鴒圖　寫生鵓鴿

圖　花苗鵓鴿圖　芭蕉孔雀圖二　李子花圖
折枝李實圖　梅花鵓鴿圖　牡丹圖　牡丹白
鵬圖　牡丹孔雀圖　梨花圖　千葉桃花圖
寫生折枝花圖　花竹禽石圖二　鷺下蓮塘圖
二　石榴猴鼠圖
于錫　牡丹雙雞圖　雪梅雙雉圖
梁廣　四季花圖　夾竹夾禽圖　海棠花圖三
蕭悅　鳥節照碧圖二　梅竹鶉鷄圖　風竹圖
筍竹圖
刁光　花禽圖五　芙蓉鸂鶒圖　引雛鵪子圖

蜂蝶茄菜圖　桃花戲貓圖　鷄冠草蟲圖　雛
雀圖　萱草百合圖　折枝花圖　竹石戲貓圖
二　藥苗戲貓圖二　子母貓圖二　子母戲貓
圖　羣貓圖　貓竹圖　天桃圖　兒貓圖
周滉　荷花鸂鶒圖　秋荷鸂鶒圖二　蓼岸鷺鷥
圖　芙蓉雜禽圖　水石鷺鷥圖二　水鷺圖
水石雙禽圖　秋塘圖　秋景竹石圖　鸂鶒圖
五代胡擢　木瓜錦棠圖　折枝花圖　寫生折枝
花圖　單葉月季花圖　雜花圖　桃花圖
梅行思　牡丹鷄圖　蜀葵子母鷄圖三　萱草鷄

圖二　鷄圖十三　引雛鷄圖五　子母鷄圖三
野鷄圖　籠鷄圖六　負雛鷄圖　鬬鷄圖六
郭乾暉　蓼竹柘鴿圖二　柘條鵲鴿圖　老木禽
鴿圖二　古木鷹鵲圖　竹石百勞圖二　鴿搦
百勞圖　蘋棘百勞圖二　柘竹雜禽圖　柘竹
鴿子圖　柘竹野鵲圖二　柘竹噪鵲圖　柘條
鵲鴿圖三　柘條鴿子圖　柘林鵲鴿圖四　柘
條鵓鴿圖　鵲鴿圖　梨花鴿禽圖　蘆棘鵓鴿
圖　架上鴿子圖十六　野鷄鵪鶉圖　枯栟鷄
鷹圖四　竹木鷄鷹圖二　寫生鵲鴿圖　古木

鷓鴣圖四　俊禽犇兎圖二　蒼鷹捕貍圖二
鵲鵒圖四　古木鴝子圖　鷙禽圖　鷄鷹圖六
棘兎圖二　棘鶉圖　韓盧圖　秋兎圖　棘雉
圖三　噪禽圖　鶉鴿圖八　鳳鴿圖六　蒼鷹
圖　鵪鶉圖　鷄圖　鷹圖　野鷄圖　鴝子圖
貓圖　鶻圖　野鴨圖
郭乾祐　野鶻圖　秋棘俊禽圖二　顧蜂貓圖
鍾隱　寒蘆鶉鴿圖二　古木鷄鷹圖三　田犬逐
兎圖二　蘩棘寒鶉圖　秋汀鶉鴿圖二　蘩棘
百勞圖　柘栟鶉鴿圖　霜林鶉鴿圖四　柘條

鶖鵲圖　棘兎百勞圖　柘條雙禽圖　柘條山
鵲圖　柘條百勞圖　遊仙松石圖二　鴝子竹
石圖二　古木竹梢圖　鴝子百勞圖　棗棘鶉
鴝圖　架上鷹圖二　子母兎圖　竹石小兎圖
鷄鷹圖四　馴雉圖二　會禽圖　鸂鶒圖　架
鷙圖　噪禽圖二　雙禽圖四　架鴿圖三　鷹
兎圖　躍兎圖　柘雀圖　鶉鴿圖四　竹兎圖
鷙禽圖　飛鴿圖　鴝子圖二　雙鵪圖二　柘
鵲圖　顧兎圖　小兎圖　秋兎圖　棘雀圖
鶻圖　古木鴝圖

黄筌　桃花雛雀圖　桃竹鸂鶒圖　桃竹湖石圖
二　桃竹錦雞圖二　海棠鶉鴿圖　海棠鸚鵡
圖　牡丹鶉鴿圖七　牡丹圖二　山石牡丹圖
牡丹鶴圖二　芍藥家鴿圖　瑞芍藥圖　芍藥
黄鶯圖　芍藥鴝子圖二　人莧黄鶯圖　牡丹
戲貓圖三　春龍出蟄圖　梨花鵓鴿圖　夏陂
乳牛圖　夏山圖二　秋山詩意圖四　荷花鷺
鷥圖　芙蓉灘鶒圖三　秋塘鸂鶒圖四　水石
鷺鷥圖　芙蓉鴝子圖　芙蓉雙禽圖三　萱草
野雉圖三　筍竹野鷄圖　萱草山鷓圖　水蓼

鸂鶒圖　蘆花鸂鶒圖二　戲水鸂鶒圖　竹石
鴝子圖二　竹石黄鸝圖　花石錦鷄圖　寫瑞
榮荷圖　躑躅戴勝圖　筍竹碧昔圖二　芙蓉
鷺鷥圖　霜林鷄雁圖二　湖灘烟鷺圖二　藥
苗雙雀圖　湖灘水石圖三　太湖石牡丹圖
戲貓桃石圖　竹堤雙鷺圖　筍竹鶉雀圖　筍
竹雛雀圖　雪竹文禽圖二　雪竹雙禽圖二
雪竹鴝子圖　雪竹錦鷄圖二　雪竹雙雉圖
雪林雙雉圖二　雪景花禽圖二　雪竹山鷓圖
二　雪雀鴛鴦圖　雪景噪雀圖　雪景鵪鶉圖

雪雀啄木圖　雪景柘雀圖　雪景雀兎圖　雪
山圖二　雪景宿禽圖　雪禽圖二　雪雉圖二
雪雀圖四　雪兎圖四　寒鷺圖　寒禽圖　竹
石鴛鴦圖　竹鶴圖六　六鶴圖二　雙鶴圖
獨鶴圖　梳翎鶴圖　紅蕉下水鶴圖二　山茶
鵓雀圖，寒菊蜀禽圖　寫生錦雞圖　寫生雜
禽圖，躑躅義燕兒圖　躑躅錦雞圖三　柘竹
鵪子圖　躑躅山鷓圖　蜂蝶花禽圖　雲出山
腰圖二　鵪子鵪鶉圖　瑪瑙盆鵪鶉圖　沒骨
花枝圖　捕雀貓圖　柘條鵪子圖　逐雀貓圖

引雛雀圖　寫生山鷓圖　柘竹雀蝶圖　鸂鶒
竹燕圖　竹石繡纓圖　鷓鴣百勞圖　詩意山
水圖五　架上鶻圖三　架上角鷹圖二　架上
皁鵰圖　雪景鵓雀圖　竹石雙禽圖二　蘆花
鸂鶒圖二　水石雙鷺圖二　山茶雪雀圖二
白山鷓圖二　架上御鷹圖　皁鵰圖二　鷂鷹
圖五　錦棠圖　秋鷺圖　老鶴圖　雀鴨圖
鶻兎圖三　銜花鹿圖　雕狐圖　雙鷺圖　竹
石寒鷺圖三　水禽圖三　鷓鴣圖　野雉圖三
蟬蝶圖　折枝花圖／鷹圖　鳩雀圖　角鷹圖

二　白鴿圖　白鵓圖　禽雀圖　鶺鴒圖　宿
雀圖　野鵓圖　雞圖　雕圖二　蜀禽圖　家
鴨圖　竹鴨圖二　竹雀圖二　錦雞圖　白鷹
圖　鵓鴿圖三　御鷹圖　三淸像三　星官像
二　壽星像三　南極老人像　寫十眞人像
秋山壽星圖　眞官像　出山佛像　觀音菩薩
像　自在觀音像二　葛洪移居圖二　勘書圖
二　勘書人物圖　袁安卧雪圖三　莊惠觀魚
圖二　長壽仙圖　山居圖　春山圖七　春日
羣山圖二　秋岸圖二　七才子圖　搜山天王

像　秋陂躍兎圖二　秋景山水圖二　雲水秋
山圖四　竹石圖四　竹籃圖　寫瑞白兎圖
寫生玳瑁圖三　寫生碎金圖　寫生龜圖　寫
鍾馗氏圖　玉步搖圖二　山石貓犬圖　竹石
小貓圖　蠖蟈戲貓圖　藥苗小兎圖　子母戲
貓圖　藥苗戴勝圖　溪山垂綸圖　出陂龍圖
雲龍圖　獵犬圖　汀石圖　騎從圖　墨竹圖
雲巖圖二　躍犬圖　昇龍圖　醉仙圖　歸山
圖　出水龜圖　天台圖　草堂圖二　躍水龍
圖　桃石圖　子母貓圖　歸牧圖　溪石圖

草蟲圖　閣道圖　山橋圖　食魚貓圖　雙鹿
圖　碎金圖二　貓圖　貓犬圖　靈草圖　太
湖石海棠鶴子圖　水墨湖灘風竹圖三　寫李
思訓踏錦圖三　許眞君拔宅成仙圖　夾竹海
棠錦雞圖二　竹石金盆鵓鴿圖三　寫薛稷雙
鶴圖　鵓鴿引雛雀竹圖
黄居寶　竹岸鴛鴦圖　桃竹鵓鴿圖　杏花戴勝
圖二　牡丹貓雀圖　牡丹太湖石圖　錦棠竹
鶴圖二　躑躅錦雞圖　紅蕉山鵲圖　折枝芙
蓉圖　雀竹雙皃圖　柘竹山鷓圖　筍石雙鶴

圖　筍竹湖石圖　山居雪霽圖　江山密雪圖
山石小禽圖　夾竹桃花圖　牡丹雙鶴圖二
荷花鷺鷥圖　架上角鷹圖　架上銅觜圖　架
上鶻圖　雪皃圖　春山圖二　千春圖　秋江
圖　顧步鶴圖　梳翎鶴圖　竹鶴圖　重屏圖
雙鶴圖　雛貓圖　寒菊圖　竹石金盆戲鴿圖
三　夾竹桃花鸚䳇圖
滕昌祐　牡丹睡鵞圖二　芙蓉睡鵞圖　芙蓉雙
鶉圖　芙蓉雙禽圖　拒霜鵓鴿圖　芙蓉貓圖
拒霜花鵝圖二　拒霜花鴨圖二　慈竹芙蓉圖

蟑蝶芙蓉圖　芙蓉川禽圖　湖石牡丹圖　䳇
鶴牡丹圖四　太平雀牡丹圖　茴香睡鵞圖
灘鸂圖　慈竹百合圖　古木雙雉圖　錦竹山
鷓圖　茴香戲貓圖　山茶家鷄圖　卧枝芙蓉
圖　藥苗鵞圖　茴香鵞圖　梳翎鵞圖　水際
鵞圖　寫生折枝花圖二　夾竹梨花圖　百合
花川禽圖　竹穿魚圖五　戲蓼魚圖　竹枝牽
牛圖　梅花鵞圖二　戲水魚圖　拒霜圖三
寫生芙蓉圖二　竹鶴圖　家鵞圖　芙蓉花圖
二　牡丹圖　萱草皃圖　梨花鵪圖二　梅花

圖　寒菊圖　錦竹拒霜圖　鵝圖三
宋嗣濮王宗漢　水墨荷蓮圖　水墨蓼花圖　榮
荷小景圖　榮荷宿雁圖　水荭蘆雁圖二　聚
沙宿雁圖二
宗室孝穎　四景花禽圖　水墨花禽圖　水墨雙
禽圖　和鳴鸂鶒圖　蓮陂戲鵝圖　蓮塘水禽
圖　窺魚翠碧圖　映水珍禽圖　秋灘雙鷺圖
蓼岸鵓鴿圖　水荭鵓鴿圖　雪汀宿雁圖二
水禽花果圖　雪竹五色皃圖　設色花禽圖
設色禽果圖　萱草紅領皃圖　小景圖　寫生

花圖　薦壽四淸圖　木瓜烏頭白頰圖
宗室仲佺　杏花繡纓圖　秋荷鷺鷥圖　蓼岸鷺
鷥圖　戎葵鵪鶉圖　葵竹鷁鴨圖　筍竹鸞鳩
圖　寫生雜禽圖四　寫生牡丹圖　乳牛圖
鵲竹圖二
宗室仲僩　照水杏花圖　飛鷺戲晴圖　雪天曉
雁圖　翠竹新涼圖　五客熙春圖　竹汀水禽
圖二
宗室士腆　烟浦幽禽圖　寒禽畏雪圖　寒林圖
晴浦圖　竹石圖

宗室士雷　春岸桃花圖　桃溪鷺鷥圖　春江落
雁圖　春晴雙鷺圖　桃溪圖　暖水戲鵝圖
春江小景圖　春岸圖　蓮塘羣凫圖　花溪會
禽圖　夏塘戲鴨圖　夏溪凫鷺圖　初夏晴江
圖　夏景禽會圖　夏浦珍禽圖　柳岸鸂鶒圖
蓮塘雙禽圖　夏溪圖　秋岸江禽圖　秋蘆羣
鴈圖　秋渚圖　江干早秋圖　初晴浦溆圖
蓼岸游禽圖　蓼岸羣凫圖　蘆渚會禽圖　秋
芳圖　寒江雪岸圖　寒江梅雪圖　寒汀雪鴈
圖　雪汀羣雁圖　寒汀雙鷺圖　林雪聚鴉圖

二　雪汀百雁圖　雪溪圖　梅汀落雁圖　五
客聚居圖　葵芳圖　寒林雪雁圖　湘浯晴望
圖　松溪會禽圖　雪雁圖　戲鶩圖　澄江圖
二　湘鄉小景圖　柳浦圖　柳溪圖　岸芳圖
芳洲圖
宗婦曹氏　桃溪圖　柳塘圖　蓼岸圖　雪鴈圖
牧羊圖

諸家藏畫簿卷五畢

諸家藏畫簿卷六

綿州　李調元贊菴輯

宋宣和御府收藏五

花鳥門下

江南僞主李煜　自在觀音像　雲龍風虎圖　柘竹雙禽圖　柘枝寒禽圖　秋樹披雲圖　寫生鶺鴒圖　竹禽圖　棘雀兒　色竹圖

宋黄居寀　春山圖六　春岸飛花圖二　竹石春禽圖　夾竹桃花圖二　桃竹山鷓圖二　桃花竹鸂鶒圖三　杏花鸚鵡圖　桃竹鵓鴿圖　桃

花御鷹圖二　桃竹野鷄圖　桃花鵓子圖二　海棠錦鷄圖二　海棠竹鶴圖二　海棠家鴿圖二　海棠山鷓圖二　海棠鸚鵡圖　夾竹海棠圖　筍竹錦雞圖　牡丹圖三　牡丹雀貓圖三　牡丹鸚鵡圖　牡丹竹鶴圖六　牡丹錦鷄圖五　牡丹山鷓圖四　牡丹鵓鴿圖八　牡丹黄鶯圖二　牡丹雀鴿圖　牡丹戲貓圖三　蜂蝶戲貓圖　芍藥圖　萱草鸂鶒圖二　戲蝶貓圖　葵花錦雞圖　桃花銅觜圖　寫生櫻竹圖　寫蜀葵花圖三　寫生鸂鶒圖　竹鶴湖石圖二　竹

石青鶻圖三　竹石雙鶴圖二　竹石錦鳩圖　竹石鵓雀圖　竹石山鷓圖三　竹石雛雀圖　竹石野雉圖　竹石貓雀圖　竹石圖四　竹石白鷴圖三　竹石黄鸝圖　竹石貓圖　水石鸂鶒圖二　水石鷺鷥圖三　戲水鸂鶒圖　雛雀鸂鶒圖　鸂鶒圖　筍竹雀兔圖　雀竹圖　雀竹鸂鶒圖二　竹鶴圖二十一　筍竹圖　詩意山水圖　竹禽圖　辛夷湖石圖　湖灘豎竹圖　筍竹鸂鶒圖二　引雛鸂鶒圖　隴禽圖　湖灘烟禽圖二　藥苗圖　雜禽圖　折枝花圖　雜

花圖四　子母貓圖　竹筍雛雀圖　寫生貓圖　捕雀貓圖　蓮塘鸂鶒圖　獵騎圖二　躑躅雙雉圖　躑躅鵓鴿圖四　躑躅山鷓圖　躑躅雉鷄圖　錦棠竹鶴圖二　寫眞士女圖　寫生盆池圖　寫生龜圖　寫瑞兔圖　捕魚霜鷺圖　山水鷺鷥圖二　溪石雙鷺圖二　捕魚霜鷺圖　望仙躑躅圖　魚鷺圖　鷺鷥圖二　山鷓棘雀圖　古木山鷓圖　棘雀圖　鷙禽穴狐圖三　六鶴圖　柘棘翎毛圖　壽松雙鶴圖　雙鶴圖二　架上鷹圖六　御鷹圖四　架上鷂子圖

架上鸚鵡圖 鷹狐圖二 鷄鷹圖三 皂雕圖
六 白鶻圖二 鶻狐圖十二 俊禽逐鷺圖
灘石繡纓圖二 碎金圖 桃花鶻圖 秋景芙
蓉圖八 芙蓉鷺鷥圖二 芙蓉鸂鶒圖 芙蓉
雙鷺圖 拒霜圖四 翠碧芙蓉圖 湖灘鷺鷥
圖 鷺鶻圖四 紅蕉湖石圖 水荭鷺鶻圖三
雞冠花圖 高秋鷙禽圖三 秋山圖 秋岸圖
三 秋禽圖三 寒菊鷺鷥圖 寒菊鸂鶒圖二
蘆菊圖 寒菊鵪子圖 寒菊雙鷺圖二 寒菊
圖 雪竹鵪子圖二 雪雀圖五 雪景鵪子圖

雪鷺寒雀圖 山茶雪兎圖 山茶雪雀圖 雪
禽圖二 雪兎圖二 雪竹野雉圖二 摹七十
二賢圖 水月觀音像 自在觀音像 寒林才
子圖 水墨竹石鶴圖 藥苗引雛鴿圖 夏景
筍竹圖三 湖石牡丹圖五 山陰避暑宮殿圖
二 寫生金瓶魏花圖 湖石金盆鵓鴿圖 牡
丹金盆鷓鴣圖二 牡丹太湖石雀圖二 順風
牡丹黄鸝圖 小景竹石水禽圖 水石山鷓鷺
鷥圖三 蘆花寒菊鷺鷥圖四
邱慶餘 夾竹桃花圖 湖石海棠圖 忘憂圖

四時花禽圖四 竹本五禽圖 月季玳瑁圖
月季貓圖 竹石戲貓圖 梅花戴勝圖 折枝
花圖 葵花竹鶴圖 牽牛夾竹圖 山茶花兎
圖二 折枝芙蓉圖二 芙蓉禽兎圖 芙蓉山
鷓圖二 猿雀芙蓉圖 秋蘆雁鵞圖三 湖石
山茶圖 山茶鸂鶒圖 雪梅山茶圖 古木雙
兎圖 胡桃猿圖 棘雀霜兎圖 朝雞圖 雁
鵝圖二 鶻鴨圖 竹禽圖 拒霜圖四 寫生
花圖 寒菊圖
徐熙 長春圖 折枝紅杏圖 杏花海棠圖 海

棠圖二 折枝繁杏圖 折枝海棠圖 夭桃圖
二 海棠銅雀圖二 寫生海棠圖 夾竹海棠
圖二 照水海棠圖 來禽緋桃圖 躑躅海棠
圖二 並枝來禽花圖 海棠梨花圖 海棠練
鵲圖 桃花山鷓圖三 梨花木瓜花圖 桃杏
花圖二 水林檎花圖 紅棠梨花圖 折枝梨
花圖三 來禽圖五 裝堂桃花圖 裝堂海棠
圖 裝堂躑躅花圖二 裝堂折枝花圖 牡丹
圖十三 牡丹梨花圖 牡丹杏花圖 牡丹海
棠圖 牡丹山鷓圖二 牡丹戲貓圖 牡丹鵓

鴿圖二　牡丹遊魚圖二　牡丹湖石圖四　紅
牡丹圖　折枝牡丹圖　寫生牡丹圖二　寫瑞
牡丹圖　牡丹夭桃圖　牡丹桃花圖三　風吹
牡丹圖二　蜂蝶牡丹圖　牡丹芍藥圖　芍藥
杏花圖　芍藥圖九　湖石芍藥圖三　蜂蝶芍
藥圖　芍藥桃花圖　木瓜花圖八　綠李圖
落花遊魚圖　瑞蓮圖　寫生花甕圖　折枝花
圖四　寫生折枝花圖五　千葉白蓮圖　寫生
花果圖二　寫琉璃花甕圖二　寫生菜圖　寫
生禽果圖　錦帶蜂蝶圖　寫生家蔬圖二　玫

瑰花圖　琴瓶挿果圖　琅玕獨秀圖　單葉刺
紅花圖　朱櫻圖　枇杷圖　蟬蝶鶺鴒圖　蜂
蝶戲貓圖　藥貓戲蝶圖　梅竹雙禽圖　蟬蝶
茄菜圖　實相花圖　雛鴿藥苗圖　莧菜戲貓
圖　戲荇鱖魚圖　藻荇遊魚圖　穿荇魚圖
子母雞圖　引雛雀圖　小景野鴨圖　錦繡堆
圖　部圃圖　魚藻圖　並禽圖六　宿禽圖三
金杏圖　花鴨圖　蟬蝶圖　藥苗圖　錦棠圖
二　秋芳圖　茄株圖　茄菜圖　戲貓圖三
菜圖　木筆花圖　魚蝦圖　遊魚圖六　鵪鶉

圖　籊竹圖　寫生芙蓉圖　寫生葱茄圖　木
瓜鵪子圖　黃葵花圖　寫生草蟲圖　茄菜草
蟲圖　紅藥石鴿圖二　竹木秋鷹圖　湖石百
合圖　蓼岸龜蝌圖　草蟲圖二　敗荷秋鷺圖
傾心圖　宿雁圖　古木山鷓圖二　古木鷓鴣
圖　古木棲禽圖　雙禽圖　五禽圖　六禽圖
八禽圖　寒菊月季圖　雙鴨圖二　寒塘晚景
圖二　寒蘆雙鷺圖三　雪塘鴨鷺圖三　寒雪
宿禽圖三　雪汀宿禽圖二　雪梅宿禽圖　寒
蘆雙鴨圖二　蘆鴨圖二　雜禽圖　雪竹圖三

雪竹鵪子圖　雪梅會禽圖二　雪禽圖三　雪
雁圖五　暮雪雙禽圖二　果子圖　遊荇魚圖
繡纓圖　蟬蝶錦帶折枝圖
徐崇嗣　春芳圖二　桃溪圖二　桃竹水禽圖三
夾竹桃雀圖三　蘸水碧桃圖三　繁杏折枝圖
碧壺桃花圖　海棠桃花圖　繁杏圖　紅杏圖
二　寫生桃圖　海棠會禽圖二　海棠遊魚圖
二　沒骨海棠圖　寫生海棠圖　遊魚圖三
戲魚圖二　牡丹圖五　千葉桃花圖　牡丹鵓
鴿圖　牡丹鵪子圖　寫生牡丹圖　榮牡丹圖

牡丹芍藥圖　芍藥戲貓圖　寫生芍藥圖二
寫生折枝花圖二　寫生葵花圖　折枝雜果圖
梅竹鵓子圖二　芍藥圖　臨流叢竹圖三　夾
竹桃花圖　躑躅圖　蜂蝶牡丹圖　梨花圖二
夏葵圖　蟬蝶花禽圖　錦鷄躑躅圖二　水禽
圖　蜀葵鵓子圖　黃葵花圖　錦棠圖二　木
瓜圖二　折枝木瓜圖　蜂蝶茄菜圖　藥苗鵓
鴿圖　蟬蝶藥苗圖　藥苗草蟲圖　藥苗鵪鶉
圖三　藥苗茄菜圖四　藥苗圖　蟬蝶茄菜圖
蟬蝶鵪鶉圖　野鵓藥苗圖　茄菜錦鳩圖二

茄菜草蟲圖　叢竹鷺禽圖三　木筆雙燕圖
金沙水禽圖　茄菜圖二　寫生茄菜圖　寫生
瓜圖　寫生菜圖二　寫生鷄冠花圖三　茄鼠
圖　沙汀野鴨圖　寫生果實圖四　折枝果實
圖三　晴江小景圖　竹貫魚圖　筍竹雙兎圖
雀竹圖二　四禽圖二　芙蓉圖二　雙皃圖二
八鴨圖二　白兎圖　蘆鴨圖二　雙鴨圖　雙
鵲圖　羣鷺圖二　繡纓圖　寒鴨圖二　草花
戲貓圖　雪浦宿禽圖三　雪竹雙禽圖　雪江
宿禽圖

徐崇矩　夭桃圖　折枝桃花圖　採花士女圖二
剪牡丹圖四　木筆花圖　紫燕藥苗圖二　萱
草貓圖　花竹捕雀貓圖　寫生菜圖
唐希雅　梅竹雜禽圖　梅竹百勞圖　梅竹五禽
圖二　梅雀圖　桃竹會禽圖二　桃竹湖石圖
三　桃竹鵪兒圖　噪雀叢篠圖二　叢篁集羽
圖二　茄芥蜂蝶圖　竹石禽鴿圖　寫生宿禽
圖　古木鷄鷹圖三　柘竹禽會圖二　柘竹宿
禽圖三　柘竹雜禽圖八　柘竹雙禽圖　柘竹
山鷓圖　柘竹野鴨圖　柘竹錦鷄圖　柘竹花

雀圖　柳梢宿雀圖　雪竹噪禽圖　雙雉圖
雙禽圖　竹石圖　竹禽圖四　風竹圖　竹鹿
圖　雪竹圖　蘆鴨圖二　會禽圖五　筠雀圖
亞禽圖　噪雀圖二　宿禽圖二　鵪鶉圖　雪
禽圖六　鷹猴圖　雪鴨圖四　横竹圖三　柘
雀圖　竹雀圖八
唐忠祚　蟠桃修竹圖　柘枝宿禽圖三　柘枝銅
觜圖　柘條白頭翁圖　羣禽噪貍圖三　鷄鷹
圖四　寒林圖四　雀竹圖二　五禽圖
趙昌　夾竹桃鴿圖　春花圖　桃竹雙鳩圖　桃

竹鵓鴿圖　夾竹海棠圖　錦棠月季圖　海棠
鳩子圖　靑梅含桃圖　海棠鵓鴿圖　錦棠鳩
禽圖　錦棠圖四　杏花圖　牡丹圖六　牡丹
錦雞圖　牡丹鵓鴿圖二　牡丹貓圖　牡丹戲
貓圖　寫生牡丹圖　芍藥圖二　海棠芍藥圖
萱草小貓圖　萱草圖　萱草榴花圖　萱草戲
貓圖　石榴芍藥圖　石榴蒲萄圖　躑躅鵪子
圖　李實枇杷圖　石榴梨圖　蒲萄枇杷圖二
萱草蜀葵圖　李實緋杏圖　梅杏圖　寫生梨
實圖　瓜桃圖　榴花戲貓圖二　朱櫻碧李圖

躑躅戲貓圖二　繡纓長春圖　黃葵鸂鶒圖二
躑躅雀竹圖　拒霜鷺鷥圖二　拒霜野雉圖
拒霜圖四　拒霜錦鷄圖三　芙蓉野鷄圖　寫
生芙蓉圖　芙蓉竹鷄圖　拒霜寒菊圖二　芙
芙銅觜圖　葵花引雛圖　葵花戴勝圖　葵雉
圖　蓼岸秋兎圖　牽牛繡纓圖　寫生花兎圖
荔子霜橘圖　寫生紅薇圖　蒲萄栗蓬圖　木
瓜寒菊圖　梅花雙鵓圖　梅花山茶圖　山茶
繡纓圖　山茶花兎圖　栗蓬木瓜圖　山茶雙
鵓圖　山茶圖　山茶小兎圖　山茶竹兎圖二

早梅山茶圖　早梅錦雞圖　寫生折枝花圖六
梅雀圖　梨柹圖　柹栗圖　果子圖　秋兎圖
寫生果實圖　二色山茶圖　太平花圖　月季
花圖　萱葵圖二　竹石戲貓圖　四季叢花圖
四　折枝花圖七　寫生六花圖　雜果圖二
羣花圖四　雜花圖十四　寫生花圖三　海棠
拒霜花圖　醉貓圖　寫生雜花圖　四季相屬
圖　鸂鶒圖　乳貓圖　四季花引雛鵪兒圖
葵花引雛鵪子圖
易元吉　牡丹鵓鴿圖　芍藥鵓鴿圖二　梨花山

鵪圖　寫生折枝花圖四　夏景戲猿圖　夏景
猿獐圖三　夏景戲猴圖二　太湖石孔雀圖二
鉼花孔雀圖二　盜菓子母猿圖　秋景獐猿圖
四　秋景戲猿圖　秋景鷺鷥圖　湍流雙猿圖
二　婆羅花孔雀圖　蘆花羣猿圖　山茶馬鹿
圖　山茶孔雀圖二　山茶戲猿圖二　衆禽噪
虎圖二　花枝㺚毛圖　四獸羣居圖二　三生
羣戲圖二　羣猿戲蜂圖二　四生護雛圖四
玃猿羣戲圖二　獐猿羣戲圖　窠石獐猿圖二
窠石猿圖二　窠石雜猿圖二　引雛戲獐猿圖

二　窠石山鷓圖二　寫生葡萄圖　寫生太平花圖　寫生石榴圖二　寫瑞牡丹圖　寫生雜菜圖三　寫生枇杷圖二　寫生南果圖　寫生木瓜花圖　寫生芍藥圖　寫生藤墊貓圖　寫生菜圖二　寫生月季圖　寫生雙鶉圖　寫生花圖　寫生鶴圖　寫生籠鵒圖　寫生獐圖　寫生戲貓圖三　小景獐猿圖　寫生麋圖　小景獐鹿圖二　小景戲猿圖四　栗蓬猿圖　小景羣獐圖二　猿猴驚顧圖二　小景圖二　子母戲貓圖　戲猿視猴圖二　子母猴圖四　子

母戲猴圖二　子母獐圖二　子母戲猿圖二　子母犬圖　枇杷戲猿圖二　山林物性圖二　引雛獐圖二　竹石獐禽圖二　栗枝山鷓圖　雞冠戲貓圖　竹石雙獐圖二　青菜鼠狼圖　竹梢小禽圖　雙猿戲蜂圖二　藤墊睡貓圖　四生圖二　五瑞圖　百猿圖八　百禽圖四　羣獐圖八　雙獐圖二　四猿圖六　雙猿圖二　羣猿圖二　戲猴圖二　戲猿圖二十　獐猿圖六　狨猿圖二　老猿圖　獐猴圖三　獐石圖三　戲貓圖　猿猴圖四　戲獐圖三　獾猿圖

二　檞獐圖　碎金圖四　堆金圖　俊禽圖　鷄鷹圖三　折枝花圖　孔雀圖四　金絲猿圖　雛鴨圖　猿圖二　架鶻圖　睡貓圖　花雀圖　梅花圖　山檞雀鹿圖　竹石獐猿圖　寫生山茶圖　寫生紫丁香花圖　寫生紫竹戲猿圖　寫生玻璃盤時果圖、寫生木瓜花山鷓圖　海棠花山茶戲獐圖二

雀白　春林山鷓圖　蟠桃山鷓圖　杏花鵝圖四　杏竹家鵝圖二　杏花雙鵝圖二　杏花黄鶯圖三　杏花春禽圖　攤花鵝圖三　杏花圖　牡

丹戲貓圖二　湖石風牡丹圖　落花雙鵝圖二　飛鷹雙鵝圖二　榮荷鷺鷥圖二　落花流水圖四　荷花家鵝圖　榮荷家鵞圖二　秋塘雙鵝圖二　江山風雨圖三　白蓮雙鵝圖二　秋陂鶺兎圖二　秋峯野渡圖三　秋塘羣鵝圖三　秋塘雙鴨圖二　秋荷羣鴨圖　秋荷雙鷺圖二　秋荷野鴨圖四　秋塘鴨鷺圖三　秋鷹奔兎圖二　秋荷圖二　秋兎圖　竹兎圖　秋浦家鵝圖二　蓼岸獨鴨圖　烟汀曉雁圖四　敗荷羣鳧圖三　敗荷竹鴨圖二　烟波鷺鶿圖二　蘆

塘野鴨圖二　風烟驚鷥圖　蘆岸遊鵝圖二
蘆鴨圖二　蓼汀羣息圖　水荇鷺鷥圖二　㭊
窠山鶻圖　叢竹百勞圖二　秀竹畫眉圖二
秀竹圖二　竹圖二　筍竹圖二　烟波羣鷺圖
二　風竹圖二　菡萏雙鵝圖　㭊竹鶺子圖二
叢竹圖二　柘竹鶺子圖　竹石圖二　古木戴
勝圖二　修竹圖四　紫竹圖二　側石叢竹圖
竹梅鳩兔圖　墨竹圖二　墨竹鵪鶉圖四　墨
竹猴石圖二　墨竹野鵲圖二　水墨雀竹圖
水墨野鵲圖　林檞獐猴圖三　臨水羣猴圖

俊禽逐兔圖二　山林沐猴圖二　皂鵰圖　宿
鶻圖二　十鴈圖三　六鴈圖二　雪蘆雙鴈圖
三　林獐圖　戲水鵞圖　松獐圖　戲猿圖
蒼兔圖　雙獐圖　寫生鶉圖二　獐猿圖　竹
石槐穿兒圖二　風波烟嵐圖三　雪景才子圖
窓雪鵪兔圖　雪蘆寒鴈圖三　雪竹山鷓圖三
雪塘鸂鶒圖三　雪鴈圖十三　雪荷雙鷺圖二
雪竹雙禽圖二　雪竹雙鵪圖二　雪景山靑圖
二　修竹雪鴨圖二　雪禽圖二　雪兔圖　雪
鴨圖　梅竹雪禽圖二　雪塘荷蓮圖二　梅竹

寒禽圖二　雪竹圖二　寒塘雪霽圖二　觀鵞
山水圖　採蓮圖二　觀音菩薩像　渡海天王
圖二　羅漢像六　惠莊觀魚圖　謝安東山圖
二　子猷訪戴圖　襄陽早行圖　水石獐猿圖
二　秋荷家鵝圖　賀知章游鑑湖圖　乖拱御
扆夾竹海棠鶴圖
崔慤　桃竹鷺鷥圖二　杏花野雉圖　梨花錦鷄
圖三　杏花山鷓圖二　榴花黃鶯圖四　夾竹
海棠圖二　梔子野鷄圖二　秀竹黃鸝圖二
黃榴雙兔圖　榴花白鷳圖三　花竹百勞圖二

渚蓮圖　夏溪圖四　葵花雙兔圖　葵花鼠狼
槿花圖　秋鷹搏兔圖二　蘆鴈圖三　秋荷野
鴨圖三　秋荷家鵞圖　雙禽秋兔圖二　拒霜
野鴨圖四　㭊竹雙兔圖　梅花雙禽圖三　雪
竹寒鴈圖　雪鴨山鷓圖二　寒蘆雪鷺圖一
山茶圖　雪竹山鷓圖二　寫生雙鶉圖二　羣
鳩圖二　蒼兔圖　戲猿山鷓圖二
艾宣　乖拱御扆夾竹海棠鶴圖
丁貺　乖拱御扆夾竹海棠鶴圖
葛守昌　乖拱御扆夾竹海棠鶴圖

王曉　噪雀圖
劉常　寫生杏花圖　桃花圖　木瓜花圖　六花圖
武臣劉永年　花鴨圖四　家鵞圖三　寫生家鵞圖　雙鵝圖五　鷹兎圖　角鷹圖　鷹圖　蘆鴈圖四　寫生龜圖　水墨雙鴿圖　羣雞圖　臥烏圖二　松鵲圖　水墨獾圖　柳穿魚圖　牧放驢圖　秋兎圖二　墨竹圖二　寫木星像　壽鹿圖　水墨茄菜圖
武臣吳元瑜　寫生牡丹圖　緋桃臥烏圖　杏花錦鳩圖　桃花黄鸝圖　杏花野鷄圖三　黄鶯餅桃圖　栢梢餅桃圖　杏花鸂鶒圖二　杏花飠禽圖二　梨花鷺鷥圖二　梨花孔雀圖五　梨花鳩子圖三　梨花黄鶯圖　松梢杏花圖　林檎杜鵑圖二　金林檎碧鷄圖　金林檎山鵲圖二　海棠山鵲圖　海棠鳩子圖　海棠游春鶯圖　海棠黄鶯圖二　李花鸚鵡圖二　碧桃山青圖二　瑞香四勝兒圖　柳塘鸂鶒圖二　春禽圖　木瓜花孔雀圖　木瓜雙禽圖　春江圖　葵花鷺鷥圖四　夏岸圖　榴花碧鷄圖二

葵花白鵰圖四　榮荷圖　榴花金翅兒圖　秋塘圖　白蓮圖二　秋汀落鴈圖二　秋汀圖　秋汀野鴨圖二　鷺汀秋晚圖二　榠樝孔雀圖　芙蓉鴛鴦圖二　風烟鷺鷥圖二　平沙落雁圖　敗葉家鵞圖二　風竹山鵲圖二　雪竹鵓子圖　冬林圖　雪禽圖二　雪江行旅圖　雪竹山青圖二　雪蘆寒雁圖　雪雁圖二　雪汀繡纓圖二　叢竹雪禽圖四　梅竹雪雀圖二　竹梢梅花圖　雪竹雙禽圖三　梅花山鵲圖三　雪梅寒雁圖二　江梅落雁圖二　梅竹雙禽圖　雪鴨圖二　梅花山青圖　山茶鵓子圖　雪梅山鵲圖二　釵頭紅荔子圖　四季角金眉圖　孔雀圖二　鶉鴿圖二　落雁圖二　水竹鸂鶒圖二　紫芥戲猫圖　子母戲猫圖　水墨雪竹圖　鄜梨百勞圖　虎皮紅荔子圖　流英圖二　方紅荔子圖　墨竹圖六　玳瑁紅荔子圖　紅粉荔子圖　寫生香梂圖　朱柿荔子圖　瓊花孔雀圖　柘竹紫燕圖　牛心荔子圖　蚶殼荔子圖　真珠荔子圖　丁香荔子圖　十一曜像十四　天尊像　真武像　四方七宿星像四　釋

迦佛像　觀音經相　水月觀音像　觀音菩薩
像　陶潛夏居圖　寫徐神翁真　烟寺晚鐘圖
瑤池圖三　馴牧圖　水閣閒碁圖　六馬圖
考牧圖　玩珠龍圖　杏花鴿子圖　番族圖二
林檎花遊春鶯圖　梔子烏頭白頰圖
內臣賈祥　宣和玉芝圖　寫生玉芝圖　梵閣圖
湖石紫竹圖三　寫生奇石圖七　寒林鴝鵒圖
小筆一册　戲貓圖　寫生水墨家蔬圖
內臣樂士宣　栢梢黃鸝圖　銀杏白頭翁圖　羣
鳧戲水圖　秋岸蘆鵝圖　秋岸鸂鶒圖　栢竹

戴勝圖　梅竹雪禽圖二　牡丹鵓鴿圖二　金
林檎山鷓圖　秋塘雙禽圖二　菊岸羣鳧圖
古木會禽圖　蓼岸鸂鶒圖　寫生鸂鶒圖三
寫生葵花圖　秋塘圖三　鶺鴒圖　練禽圖
雀竹圖二　水墨秋塘圖二　水墨竹禽圖　水
墨松竹圖二　水墨野鵲圖　水墨太平雀圖
水墨雜禽圖　墨竹圖　水墨鸂鶒圖四　水墨
山青圖
內臣李正臣　栢竹雜禽圖　梅竹山禽圖　鶺鴒
圖　寫雜禽圖二　棘雀圖

內臣李仲宣　寒雀圖　栢雀湖石圖　栢條雀圖
墨竹門附小景
五代李頗一作坡　叢竹圖
宋親王皇叔端憲王頵　篠笋榮竹圖二　篠笋小
景圖　帶根笋竹圖　勁節笋竹圖二　折枝嫩
梢圖　折枝秋梢圖　折枝古竹圖　榮竹圖
篩竹圖　蒲竹圖二　寫生鴨脚圖二　水墨叢
竹圖四　水墨榮竹圖二　水墨蘆竹圖二　水
墨宿竹圖二　水墨老竹圖　水墨紫薑圖　水
墨笋竹圖二　墨竹黃鸝圖二　墨竹小景圖二

墨竹圖三十　墨竹春梢圖二　折枝墨竹圖
四景墨竹圖　墨竹春梢凝露圖　墨竹孫枝蘸
碧圖　墨竹挺節凌霜圖
宗室令穰　墨竹雙鵲圖二　石竹雙禽圖二　四
景山水圖四　小景圖二　風竹圖　溪山春色
圖　夏溪行旅圖　秋塘羣鳧圖　寒灘密雪圖
江汀集雁圖　水墨鴝鵒圖二　怪石筠栢圖二
雪江圖　雪莊圖　遠山圖　訪戴圖
宗室令庇　墨竹圖
親王端獻魏王頵婦魏越國夫人王氏　寫生墨竹

圖二
駙馬都尉李瑋　水墨蒹葭圖　湖石圖
劉夢松　雪鵲圖二　紡竹圖
文臣文同　水墨竹雀圖二　墨竹圖四　折枝墨
竹圖　著色竹圖　疎竹生青辟圖　古木修筠
圖二
文臣李時敏　詩意圖
閻士安　墨竹圖　折枝墨竹圖
武臣梁師閔一作士閔　柳溪新霽圖　蘆汀密雪圖
僧夢休　風竹圖十四　笋竹圖七　叢竹圖六

雪竹圖　雪竹雙禽圖
蔬果門藥品草蟲附
陳頵野王　草蟲圖
五代唐垓　生菜圖
丁謙　寫生蓮藕圖　寫生葱圖二
宋武臣郭元方　草蟲圖三
武臣李延之　寫生草蟲圖十　寫生折枝花圖
金沙游魚圖　雙鶴圖　雙獐圖　雙蝌圖　嘤
嘤圖
僧居寧　草蟲圖

諸家藏畫簿卷七

緜州　李調元贊菴輯

宋宣和癸卯御府藏畫目鐵圍山叢談見書畫舫

御府所秘古來丹青其最高遠者以曹不興元女授黃帝兵符圖爲第一曹髦卞莊子刺虎圖第二謝稚烈女完節圖第三其餘始數顧陸僧繇而下不興者吳孫權時人曹髦乃高貴鄉公也謝稚亦西晉人烈女謂絲珠實當時筆又如顧長康古賢圖戴逵破琴圖黃龍負舟圖皆神絕不可一二紀次則鄭法士展子虔有北齊後主幸晉陽宮圖文書法從圖之屬大

率奇特甚至唐人圖牒已不足數然唐與虔人經者乃褚河南書字而閻博陵繪其相類多有此于今恨眼中亦無復茲觀矣每令人短氣蓋自政和間既好尚一行世因爲之貨賂亦爲時病此則良過矣

宋祕書省藏畫目周公瑾遊記見珊瑚網

董源作孔子見虞卯子圖　唐摹顧愷之洗經圖
李成重巒寒溜　孫太古畫誌公　展子虔畫伏生
無名人三天女　燕文貴紙畫山水小卷　士雷小
景　荷道士隱山水　關仝山水　胡瓌馬　陳腑
栢　文與可古木便面

記云乙亥歲秋監丞黃汝濟以蓬省勾點邀余偕行予於是具衣冠望拜右文殿然後遊道山堂堂故米老書扁後以理宗御書易之著作之庭胡邦衡所書曰蓬巒曰羣玉堂堂屏坡翁所作竹石相傳淳熙間南安守取之長樂寺壁間去其故土而背施髹漆匣以持獻會海會殂復獻韓平原韓誅簿錄送官左為汗青軒軒後多古桂兩傍環石柱二小亭曰蓬萊曰濯纓曰方壺曰含章曰茹芝曰芸香射亭曰繹志曰采良門采良二字莫知所出登渾儀臺觀銅渾儀紹興間內侍邵諤所為精緻特甚色澤如銀如玉此器

凡二一留司天臺一留此以備測驗最後步石渠登秘閣兩傍皆列龕藏先朝會要及御書畫別有朱漆巨匣五十餘皆古今法書名畫也是日僅閱秋收冬藏四匣畫皆以鸞鵲綾象軸為飾有御題者則加以金花綾每卷表裏皆有尚書省印防閑雖甚嚴而往往以偽易真殊不可曉其佳者如前所列餘悉常品不滿十焉暇日想像書之以為平生清賞之冠也

米海岳家藏依畫史珊瑚網錄

顧愷之維摩天女飛仙長二尺所謂小身維摩也

愷之淨名天女見本圖外錄

顧筆女史箴見本圖外錄

戴逵觀音在余家天男相無髭皆帖金家山乃逵故宅其女捨宅為寺寺僧傳得其相天男端靜舉世所覩觀音作天女相者皆不及也

王獻之畫符神見本圖外錄

蘇氏古賢像十八一卷衣紋自非晉筆

漣漪藍氏收晉畫渾天圖直五尺素畫不作圈勢別作一小圈畫北斗紫極亦易於點閱又列位多異於常圖

北史人物衣冠乘馬甚古在蘇之孟家

蔣長源收姜后免冠諫圖宣王白帽此六朝冠也

王戎象以懷素帖易於王晉卿家以上皆顧愷之筆

梁武翻經象見張僧繇九曜象圖外錄

宗室仲儀收古廬山圖一半幾是六朝筆位置寺基與唐及今不同石不皴林木格高舟製近古

王球有兩漢而下至隋古帝王象五形狀有怪甚者恨未見之此可訪為秘閣物

端州有陳高祖之後收陳世諸佛帝真白畫唐使一御史姓韋作記頂幅巾不冠後主作醉舞狀

李公麟家展子虔朔方行小人物甚佳韓馬破裂四

足如涉水中皆南唐文房物
宗少文一筆畫唐人摹絹本在蘇之孟家
潤州節推莊翢收麻紙爾雅圖衣冠人物與蘇氏同
蔡子駿家收老子度關山水林石車從關令尹喜皆奇古老子乃作端正塑像戴翠色蓮華冠手持碧玉如意此蓋唐爲之祖故不敢畫其真容漢畫老子於蜀郡石室有聖人氣象想去古近當是也
余家收唐人麻紙畫揚子雲腰下懸一兜觥細轉條索蔣永叔收古銅兜觥其形勢骨髓凹凸全備轉旋條索一如余家畫遂以帖易去以證謂之子雲觥

唐畫稽康廣陵散松石遠岸奇石所書一字空民字世未見同品畫眞佳作也
宗室仲爰收唐畫陶淵明歸去來其作廬山有趣不俗楊褒收唐畫村田踏歌樂上題廣政年入御府人物亦佳
宗室君發（見閻立本步輦圖外錄）
蘇泊收古茴香一枝題爲閻令畫
王球收西域圖謂之閻令畫褚遂良書與馮京家同假名耳
道德經一卷出相不知何人畫絹本大小（缺）一褚遂良書在范相堯夫家與馮當世家西昇經不同雖有裴度柳公權跋非閻令畫褚筆唐人自不鑒爾
馮永功有日本著色山水南唐命爲李思訓作
宗室仲忽收孫可元笠澤垂鈎圖亦不俗然世無可元筆又收唐出相道德經人物三寸許皆如吳畫
蘇子瞻收吳道子畫佛（見吳道子天龍八部圖外錄）
張修家辟支佛（見王維圓光二水圖外錄）
王維小輞川摹本（見郭忠恕摹摩詰輞川圖外錄）
榮咨道收雪獵圖（見王維圓光二水圖外錄）
蘇子美畢宏山水

沈括收畢宏圖（俱見畢宏山水外錄）
張友正收古栢（見韋偃古栢圖外錄）
錢藻收張璪松（見張璪松石圖外錄）
唐畫張志和顏魯公樵青圖在朱長文處
杜牧之摹顧虎頭維摩百補在潁州公庫精彩照人
蘇州丁氏五星圖宗叔益家金星一小幀並真蹟也
沈括收周昉五星與丁氏同
沈存中收唐人壁畫兩大軸或二手一面或半身是學者記其難處遂題爲眞
馬本所見高公繪二馬一戲草一嘶王詵家二馬相

蔵是一本後人分開賣蘇激家三疋王元規家一疋
宗室令穰家五疋劉涇家三疋皆筆法相似並唐人
妙手也劉所收白子母牛王仲修家令穰家黑牛皆
命爲戴甚相似貴侯家多不同亦命爲戴不可數
劉巨濟收唐人畫脫殼筍如生
曹仁熙水今古無及四幅圖內中心一筆長丈餘自
此分去高郵有水壁院
李師端收薛稷二鶴見李昇林泉高隱圖外錄
王敏甫收李重光四時花卷見李後主江山攬勝圖外錄
南唐顧宏中畫支許王謝同游山陰圖見宏中韓熙載夜宴圖外錄

錄
余家董源霧景橫披見源瀟湘圖外錄
李冠卿收雙幅大折枝棠梨千葉桃向背各五百餘
花命爲徐熙余細閱於一花頭下金書臣崇嗣上進
又收兩幅樓臺甚古上有三十餘宮人唐粧約畧行
筆法彩生動
徐熙大小折枝
蘇汶江南嗔禽圖俱見徐熙碧檻蜀葵圖外錄
黃筌畫狸貓
蘇子美藏黃筌鶺鴒圖俱見筌臨邊鸞葵花圖外錄

余收易元吉逸色筆作蘆如眞上一鴝鵒活動晉卿
借去不歸
艾宣張涇寶覺大師翎毛蘆鴈不俗寶覺畫一鶴王
安上見以謂薛稷筆取去
杭士林生作江湖景蘆鴈水禽氣格清絕南唐無此
畫可並徐熙在艾宣張涇寶覺之右人罕得之
趙叔益家舊有出蟄圖江南畫魚蝦相隨山石林木
人物如董源佳作也是龍吞珠圖
王晉卿收江南畫小雪山二軸易余歲餘小木一筆
纏起作枝葉如草書不俗後易書與蘇之交

王士元作漁村浦嶼雪景類江南畫
范士珪有折枝梨花古筆非江南蜀畫
杭僧眞慧畫山水佛像近世出品惟翎毛墨竹有江
南氣象寫大牛大數尺形似虎
蘇郎中祖道有花下一金盆盆旁鵓鴿謂之金盤鵓
鴿豈是名畫可笑又收吳王斫膾圖江南衣文金冠
右衽紅衫大榻上背擦兩手吳王衣不當右衽
池州匠作秋浦九峯師董源
關仝眞蹟見二十本范寬見三十本其徒甚多滕昌
祐邊鸞各見十本丘文播花本見三十本祝夢松雪

竹見五本巨然劉道士各見十本餘董源見五本李
成眞見兩本贗見三百本徐熙崇嗣花果見三十本
黃筌居宷居寶見百本李重光見二十本僞吳生見
三百本
山水李成
寶月收李成四幅
余收李成至李冠卿大扇（右俱見成寒林圖外錄）
余以范寬圖易僧夢休雪竹一幅巨石倒影下落葉
數片浮水面旁一枯木亦倒影後易章馬於蔣長源
凡去十一種方得蔣後易與王詵今蔡嵩道有六幅

長丈餘奇甚大屋梁方可挂森森如坐竹下
張退傳丞相孫德淑收仁宗畫黑猿上有小御寶旁
一印胡盧王素字畫奇甚
宗室令穰作小軸（見令穰墨鴈圖外錄畫繼內）
鍾離公序收燕公畫一幅題曰禮部侍郎燕穆之畫
付女五娘氣格如此
余嘗與李伯時作子敬書練裙圖（見米元章雲山圖外錄）
米南宮秘玩藏畫目（見書畫舫）
曹不興如意輪　顧愷之淨名天女　戴逵觀音
六朝人物英布像　王戎像　薛稷二鶴　王維雪

圖六幅　山居圖小卷　韓幹調馬圖短卷　張萱
畫常侯故事六幅　唐人畫楊子雲像　李昇危峯
茂林　荊浩夏山圖二幅　關仝仙遊圖行卷　董
源霧景橫披　李成松石　徐熙折枝四幅（雙桃甜榴牡丹
海棠）　李煜翎毛四片　范寬秋山瀑布　巨然海野
圖長卷　易元吉蘆葦鵪鴿
潤州蘇氏藏畫目（淮海張邦基墨莊漫錄見珊瑚網）
顧愷之雪霽圖　望五老峯圖　北齊舞鶴圖　閻
立本醉道士圖　吳道子六甲神　薛稷戲鶴　陳
閎番馬　韓幹御馬　戴嵩牛圖　王維卧雪圖

邊鸞鶴竹　李將軍曉景屏風　李成出水　徐熙
草蟲　黃筌墨竹　居寀翎毛　董羽龍水　劉道
士鬼神　刁處士竹石　鍾尤乳兔
物之尤異者有明皇賜蘇小許公四代相玉印贊
皇父子石研石兔竹拂連理拄杖陳後主宮娃七
寶束帶雷公斧珊瑚筆架玉連環皆希世之寶後
皆散逸或有歸御府者今不知流落何處
賈似道家藏（悅生別錄見書畫舫）
衛協毛詩圖　史道碩八駿圖　梁元帝番客入朝
圖　顧野王古賢像　鄭法士讀碑圖　楊寧劉聰

對戎圖 薛稷二鶴圖 何長壽西域圖 張諲春山游賞圖 楊昇沒骨山水 曹霸玉花驄圖 江都王馬圖 孫位春龍起蟄圖 張志和漁父詞圖 韋偃歲寒圖 范瓊大悲觀音像 李漸三馬圖 張南本文殊部從圖 張元十六羅漢圖 趙公祐正坐佛 鍾隱角鷹圖 勾龍爽高士圖 支仲元佛會圖 釋貫休大阿羅漢圖 杜子瓌寶檀菩薩像 滕昌祐滿堂春 張圖紫微朝會圖 羅塞翁畫羊 王齊翰勘書圖 惠崇江南春圖 張訓禮出獵圖 王居正紡車圖 杜霄吳王避暑圖 武

宗元朝元仙仗圖 鄧隱白描十二國圖 石恪維摩說法圖 邱文播田家移居圖 王士元漁村暮雪圖 侯翌問病維摩圖 吳淮龍水圖 燕文貴舶船渡海圖 劉常杏林春色圖 厲歸真江隄放牧圖 孫夢卿松石問禪圖 李得柔南華真人像 唐希雅竹禽圖 趙邈齪戰沙虎 易元吉子母猿 劉寀落花游魚 王穀洞庭曉照圖 李時雍渭川晚晴圖 晁補之蓮溪圖 馮覲金風萬籟圖 梁楷蓮經變相 童氏六隱圖 李嵩龍宮海藏圖 僧夢休風竹圖 艷艷春山圖

王子才英孫號修竹家藏周公瑾雲烟過眼錄見珊瑚網

童氏六隱圖一卷著色山水絕類小李將軍高宗跋 司馬相如入蜀圖二雙幅絕類郭熙後題御前待詔孫沈水支盤其細疑支仲元仲元五代人 郭熙 關仝各一幅爲賈氏物頗佳

喬達之簣成號中山家藏見珊瑚網

衛賢高士圖上作楚狂接輿下伯鸞孟光妙品 吳道子火星像 李思訓溪山滿卷皆小景 王維畫維摩居士 張萱彈琴宮女圖 董元山水圖 張符牧牛圖 貫休畫阿羅漢 巨然畫溪山四人撐一舟佳甚 郭忠恕飛仙故實界畫粗山水佳 胡瓌番騎卓歇右各有宣和御題及宣和大觀印睿思東閣大

印其後入金章宗或剪去舊印用明昌御府明昌中秘明昌珍玩明昌御覽大印軸杆多檀香融合成蓋使其久而不蝕故也題卷皆高麗紙後有大金密國公樗軒收附題字

文殊高宗御題 李思訓江山漁樂圖金章宗題 米元暉畫石 李唐晉文公復國圖

宋宗室蘭坡趙都承與懃家藏雲烟過眼錄見書畫舫

曹弗興兵符圖 顧愷之初平起石圖 列女圖 王獻之渥洼馬圖 戴逵古詩十九首圖 謝稚三牛 衛協述古圖 梁元帝番客入朝圖即名畫記所載職方圖 陸探微降靈文殊喬仲山 尉遲乙僧龜茲舞女 張僧繇大力菩薩 五星二十八宿 摩利支天菩

薩 高僧像 展子虔五星 董伯仁雜畫臺閣樣
唐閻立本太宗步輦圖 神駿圖 維摩像 閻立
德掃象圖馮子卿 薛稷鶴 唐人明皇宴游圖 王
維異域圖 漁父 孟浩然像焦達卿 行道僧周昉
天官像與可 橫笛士女 龍女問道 五星王子慶
盧楞伽維摩像 渾侍中宴魚朝恩圖 張萱虢國
夫人夜遊圖 乳抱嬰兒 戴嵩牛 春景牧牛
牧童奕棋 韋偃牧馬圖 陳閎二駿 韓幹騎從
圖 五陵游俠圖 子昂雙馬 馬圖 周文矩高
閑圖 鍾馗像 火龍烹茶喬仲山 韓熙載夜宴圖

桓温鑒容圖 朱繇文殊像 邊鸞芭蕉孔雀 囀
禽圖 胡瓌獵騎牧馬圖 李昇春山圖 行化佛
李景道會友圖道一作元 劉商十八拍 胡虔番部卓
歇曹氏 張符牧牛 牛圖 李思訓射雉圖 李昭
道摘瓜圖 春山游賞 韓滉飛泉出峽圖 堯民
擊壤圖 張志和漁父圖 孫位水官像 顧德謙
舐犢圖 支仲元四皓張受益 勾龍爽醉道釋士
關仝深巖濺瀑 趙德進江山清潤 艾宣寫生
王齊翰高士圖 藥王像 修史圖 仙山圖 郭
乾暉架上鵓子 山鵶噪鷹圖 樂士宣鶺鴒 刁

光允蟬蝶茄菜一本無允字 陸文通霧鎖秋林 張嘉
寫照謝自然 常粲佛因地 賈祥閱梵圖 陸瑾水
閣鬬棋張受益 孫可元山寺晚照 陳垣豐年圖
巨然江山平遠 江山晚興 王士元山水 梁揆
漣溪漁父 陳慮枯木山水 李延之雙蝌 徐熙
杏花 折枝梅花 徐崇嗣竹梢小禽 李後主江
山摭勝 張訓禮調矢圖 黄筌王母會仙 惠洪
秋塘 黄居宷寫生 董元溪岸圖王子慶 烟嵐重
溪 宗婦曹氏烟灘牧羊 范寬雪山 雪霽僧歸
秋山圖 郭熙溪山 晚秋平遠 喚渡圖 李德

柔真人 許道寧漁歌唱晚 層巒漁浦 宋迪清
江疊嶂 燕肅秋山旅思 牛頭山望圖 寒溪獨
釣 易元吉竹石雙猿子昂 寫生雜菜 蟻陣圖
羣獐 子母猿 獐圖 槲葉喜猿 子母喜猿
王晉卿烟江疊嶂戴祖禹 連山絶澗 層巒古刹
溪山勝賞 四景圖 李成雪山行旅 崔白魚自一
作慤 范道士牛 滕景祐鵝 袁嶬游魚 黄居寶
秋塘聚禽 蔡天敔三馬 李伯時天神像 天育
驃騎 村歌社舞圖 西旅獻獒王子慶 西帝宸游
飛騎習射 嵩岳降靈 李白烟波風月 陸顧愷

之女史箴　于闐師子王子慶　陽關圖霍清夫　歸去
來　九歌圖　五馬王子慶　臨周景高桂巖圖　山
莊圖一名山居　蒐鉠圖　五王醉歸圖　三馬東坡書贊
會仙圖　慈孝故實圖子昂　天馬圖王子慶　家宅圖
張果老　喬仲常蘭亭圖　高僧誦經圖　米元章
壯觀圖并詩賦　九老圖　海岳菴圖王介石　瀟湘
寺觀圖　南山萬松圖　蘇東坡斷山叢篠　平岸
古木　蘭竹蒼崖　米元暉山水　江山霽日　湖
山春曉湖山一作者溪　瀟湘妙趣　遠岫晴雲　村步曉
峯　趙大年小景　五柳圖　趙千里扇賜圖　送

劉龍圖　長江六月圖　白鹿木犀　赤壁圖　溪
山晚照　乘鸞女　僧梵隆陽關圖　十哲圖　卞
莊刺虎　護法神　明皇夜遊圖　擲果圖　三馬
圖　東坡海神圖　淸曠圖　歸去來圖　愚崇汀
柳家鶩　李唐長夏江寺　晚霞横月　淸曉卷舒
烟林春牧　江隄呼渡　江天暮雪　列子乘風
采薇圖　賀監游湖　雪溪停棹　盧仝煎茶　李
公年疎林晚照　竹石吳牛薛紹彭跋　諸國史相貌圖
楊補之寫推篷圖
雲烟過眼錄云已上書畫止是手卷大者不在此

數其中多佳品今散落人間者往往皆是也
趙左丞仁榮家藏仁榮伯昂兄字伯華後為平章以下見珊瑚網
周文矩作韓熙載夜宴圖紙本長七八尺前有蘇國老題字內題不如歸去來江南有人憶雨句
徐挨午方容齋家藏
王晉卿烟江疊嶂圖箋二丈後有與東坡唱和詩各二首及王駙馬花押收附并記
高彥敬克恭房山家藏
趙昌畫折枝花四段作一卷躑躅鷄冠木瓜海棠有老米詩及蔡元度章子厚林攄林希劉原父王晉卿徐兢諸人題跋官印凡十數為楊和王家故物有楊倓名印後有周益文忠公必大及蕭然鄰燧等題名

郝淸臣淸浦家藏
李伯時白描陽關圖後有所題詩跋及書王右丞一詩薛紹彭跋并三鳳後人舁印又有二印忠恕而已及關西傖父不曉何人印也
張謙受益號古齋家藏
唐人畫三官　阮孚蠟屐圖　周昉臨六朝人畫天
官　揮扇圖高宗御題　李景元古木雀鴿　董源山水
二幅　張萱士女戲貓圖　著色山水三幅　黃筌
獨釣圖山峯刻峭　李成看碑圖成畫樹王崇畫人物　范寬雪景
五幅關景甚偉　歸去來圖二幅三關幅唐人　徽宗撫李昭
道摘瓜圖　趙昌櫻桃枇杷二幅　易元吉獨猴擇

虱圖東坡題 紙上子母猿二十餘枚自題潭敬吏易元吉 邊鸞葵

花花心數蜂如活 鄧隱白描十二國圖趙昌押字 袁嶬游魚

高宗題後有賈師憲封字印 寶覺大師二鶴圖

王家慶家藏

吳道子畫帝釋 邊鸞海棠上一蝶 易元吉羣獐圖

又二猿有吳越之錢印 黃筌雕撲雙狐 李成山水雙幅

曹元覇畫太宗御容 燕文貴淸江九華圖 李公

麟孝經圖并書 山陰圖有睿思殿小璽米老書縫并印 伯時畫

歸去來辭蘇紹彭逐段書 白描于闐國貢獅子圖 龍眠

居士天馬圖 楊補之梅二紙 趙大年水墨蘆雁

上題令穰二字

王介石虎臣家藏

吳道元畫藥師佛 紙上粉本天王僅盈尺 朱繇立

神奇鬼天女奇詭之甚雙闊幅 王維畫孟浩然像 捕魚

圖小直幅上岡阜古木下漁舟 范長壽醉道士圖 邱文播渡

水僧弱 尉遲乙僧天王小像 楊光庭大力士變

相雄偉甚 張瑑花石高宗題 唐臨六朝人畫七賢戰王

題 陳閎天師像衣身魚鱗衣皆硃砂 畫馬有秘書省印 東丹

王齒部行程圖宣和御題 李成風雨圖 范寬雪景

宗子敬灘畫魚 王晉卿臨小李將軍山水 米老

自畫東山朝陽巖海岳圖後書海岳賦并五詩 丁晞顏畫孝

經米元章跋 吳元瑜紙畫翎毛四片

諸家藏畫簿卷八

綿州　李調元贊菴輯

郭祐之天錫號北山家藏

後涼徐麟山水　閻立本西旅貢獅子圖　盧楞迦羅漢李後主題字花押　韓滉歸去來圖　雙牛　邊鸞躑蜀孔雀　勘書圖有元康二印　張萱抱嬰仕女圖　易元吉雙孔雀槲樹上有鵓鴿黃鶯　湯子昇軒轅鑄鏡圖李後主題　胡瓌陷鷹圖　董元絳色千巖萬壑　張受益作阮孚蠟屐圖　荊浩山水所畫屋簷皆仰起而樹石極粗　王端擊壤圖徽宗題　黃筌時苗留犢雙幅　琴高故實　董羽畫龍　李成晴巒疊嶂小幅四軸　范寬雪景　王詵長江遠岫　李伯時白描維摩　趙林豫章故人雙幅宣和末人

司進德用家藏雲烟過眼見書畫舫

王維捕魚圖單行小直幅徽宗題前有雙龍圖印後有大觀政和二璽明昌七印上作岡阜古木全如李成所作下畫數舟閱溪取魚人物甚佳　范長壽醉道士圖好至正甲辰文璧見此畫　尉遲乙僧天王小像佳　楊光庭大力菩薩變相雄偉　邱文播渡水僧弱　范寬雪景後有遠山重疊　傳古畫龍　韓滉歸去來圖　雙牛圖佳　盧稜迦過海羅漢古　邊鸞躑躅孔雀平　李伯時白描維摩經相　勘書圖有元康二印平　張萱抱嬰仕女圖佳　黃筌時苗留犢雙幅二軸癸巳冬月見之困學記　琴高故實　火星一軸云是吳生徽宗御題　王端人物徽宗題　擊壤圖古　董羽龍　王詵長江遠岫北方物　李成晴巒疊嶂山水小幅四軸內一幅佳　盧稜伽羅漢十六徽宗題有李後主題字花押　董元絳色山居圖千巖萬壑下有小屋村市中間小人物不類尋常所見者今歸莊蓼塘矣　胡瓌陷鷹圖佳　湯子昇軒轅鑄鏡圖徽宗題後有李後主書字作屠龍殺虎之類鬼神猛甚　博古圖佳　荊浩山水一幅所畫屋簷皆仰起而樹石極粗與尤氏者一類不知果爲荊畫否也　易元吉孔雀一槲樹甚佳上有鵓鴿黃鶯栗黍之類下作變孔雀有院體元王井西物　趙林所作

豫章逢故人雙幅林宣和末畫人　院孚蠟屐圖草中坐上裸止著犢鼻手執雙屐旁有一人侍立手持貂尾并冠蓋孚所戴者書簾中書五卷酒一壺杯一盤恐是唐人畫比之張受益者尤佳張是小幀此乃卷子也　閻立本西旅貢獅子圖獅子黑色類熊而猴貌大尾殊與世俗所謂獅子不同閻近者外國所貢正此類也　山水一軸甚古上有五小字云後涼徐麟筆畫譜中未聞其名然以余觀之前涼張軌後涼乃呂光正如前漢後漢前唐後唐之類在當時未嘗自稱爲後涼殊可疑也

尤氏家藏以下見珊瑚網

顧愷之水閣圍棋圖卷　支仲元四老圍棋圖高宗題　盧楞迦妙聲如來乾封紹興印記　杜子瓌寶檀菩薩并玉印　王齊翰過海天王　周文矩繡女卷高宗題　黃筌壯

丹軸後有奉華二印劉貴妃物　戴嵩牛　胡瓌番馬　易元吉
子母猿宣和大璽　袁曦蝌圖高宗題　厲歸眞牛題云庚辰十月
錦溪迂疎子作　關仝山水宣和大璽高宗題　荆浩漁樂圖二柳體
書漁父詞數首　郭熙秋晩殘霞　李營邱山水　宣和御
墨子母雞雛　古松荷花皆有御題并印　趙千里訪戴圖
有紹興璽　趙希遠漢武蟠桃圖　大樹桃
莊肅蓼塘家藏
楊光庭水月觀音徽宗題　吳生過海騎馬天王高宗題
孫太古上眞上作山水甚古怪神座石上側有捧劍天女下瞰海題云彭山孫知微筆
李思訓巫山神女圖　戴嵩戲牛圖宣和題　顧閎中

畫明皇擊梧桐、張萱彈琴士女明皇御題并前後印　周昉
揮扇仕女圖高宗題上張愛益文璧與士文觀於張松谷家　張南本勘書
圖思陵題上　徐崇嗣花二幅　孫夢卿松石問禪雙龍璽宣
和印　唐畫戈船二隻甚佳、陸滉畫鹿人車　捕魚單
條二魚全類唐人有明昌題　荆關山水明昌題　董元溪岸圖思陵
題　周文矩寫李季蘭眞思陵題　著色山居圖思陵題王
正癸正月文辭與士文同觀于迺岳張松谷家　范寬山水紙上極細　郭忠
恕飛閣晴椒四角皆有疑　李伯時絳色山居圖　王晉
卿著色長江遠岫中題杜句門泊東吳萬里船前後蔡京書山東轉運司印　册
葉十二册內有遠希遠趙千里共一册馬和之一册畫院十册皆精

龐希貢端甫號鄭林家藏
唐人畫大士像　錦褙阮譜七册有圖又紅葉大阮二　東坡
寫竹石小壁一堵元和書省汗青軒物也
游氏家藏
陸探微摩利支天菩薩青地細描二首四臂徽宗題四角宣和政和印金書
王端出山佛　許宓道山水　邊鸞五色葵花花心皆突
出蜂抱花心有如活動真奇物也元係楊中齋物今歸張受益　關仝山水圖　滕
良佑拒霜野凫上有大蟬　黃筌秋山詩意上寫唐詩八句　厲
歸眞牛一　黃居寀海棠折枝　徐熙山水人物神宗
飛白題欵　崔白猫魚各一　郭熙松石二幅粗甚　趙千

里大雙幅作范蠡西子圖　馬和之倚樹觀音二
趙希遠夜景二
松江鎭守張萬戶家藏
王維渡水僧高宗題　馮覲層巒叠嶂　顧德謙乳牛
圖凡三牛二犢一牧童奇甚祕陵題　陶縝諸色宋凡二十種上題金陵陶縝筆
崔白五雀圖其間一印曰賢者而後樂此張萬戶所收唐卷甚多皆御府故物無非妙品此
皆賈氏悅生堂物也
胡詠存齋家藏
范長壽西域圖長三丈餘徽宗題欵　展子虔春遊圖徽宗題一片上
凡十餘人

楊彥德伯嵒號泳齋家藏
宣和御畫四幅各有御題宣和小璽 易元吉猿獐圖高宗題乾卦紹興印
胡瓌折枝桃花高宗題印 郭乾暉架上細脛應有鷹字
巨然山水二雙幅 刁光允睡猫高宗題 勾龍爽遊秦毛女便面細如絲髮而精彩炯然 盧鴻草堂十志詩圖林彥祥所臨伯時本遺草堂樾館二圖
李倜士宏號員嶠家藏
許道寧華山三峯雙幅 董羽子母出水龍卷徽宗題
關仝山水四幅雪景尤妙 郭熙山水雙幅 雙幅雪景
王景卿著色楚江清曉圖有萬壽無疆之印

高鑄仲器家藏
韓滉漁獵圖 艾宣鵪鶉 易元吉草蟲小幅 郭熙效李成山城圖 山水雙幅
申屠大用致遠號忍齋家藏
唐佛 又壽星一 吳生大辨才熾勝光佛 韓滉雙彈琵琶觀音恐非觀音 又照月白 董羽子母出水龍 戴嵩子母牛 周昉彈箏士女 黃筌綠竹紅葉花雀圖 王齊翰羅漢 徐熙牡丹
馬子卿號性齋家藏
古畫天王托塔圖 閻立本掃象圖 又駱駝 陸滉初平起石圖高宗題 張萱橫笛士女 楊寧出游人馬思陵題 黃居宷拒霜兔明昌題 胡虔番部卓歇人馬思陵題 徐熙牡丹鴿明昌題 董北苑松峯圖雙幅重岡疊嶂甚奇王池上有蕭蔡門諸題
崔彧中丞家藏
閻立本職貢獅子圖大獅二小獅數枚虎首而熊身色黃而褐神彩燦然與世所畫獅子不同 王倨坐甚武勇有女伎數人各執琴之類旁有執事十餘人皆沉著痛快高宗題簽前有睿思東閣大印
天台謝奕修浩齋家藏依珊瑚網書畫舫參錄
唐畫二佛 郭熙雪獵圖 李伯時九歌曹緯吳傳朋跋

張萱煎茶圖 胡虔獵騎 韓滉子母牛有錢氏合章大印
戴嵩著色飲水牛高宗題乾卦印 唐日本大荒西經圖
徐熙出獵圖 趙昌梨花 李後主畫戲猿後有建業文房之印凡三十五卷並賈師憲故物 楊補之四清圖 東坡救月圖并贊畢良史印小米攻媿齋跋 米老自作宅圖 米老親書楷書畫法并青山白雲圖
陳氏家藏
顧愷之吳王斫鱠圖紙畫後有元祐戊寅四字卦印 顧虎頭初平叱起羊石圖高宗題乾卦紹興印
趙待制菊坡與所家藏

唐畫人物二　梅枝上鷹一　韓滉作嵇康像　孫
知微九曜圖　石恪作帝仙對奕上有飛鬼下有神馬　鍾馗
圖　五丁開山圖　易元吉乳貓圖　黃筌雪鶻高宗
題　梅竹白鵰　艾宣野皃二　崔白野皃雙幅
又紙上草蟲香薄荷　徽宗畫水墨草蟲後題紫宸殿游戲并
御押大印

趙孟頫子昂乙未自燕回收畫目

吳生觀音别青地子昂同張伯雨題　魏元君受經象别青地　韓
幹五陵游騎圖　易元吉竹石獐猨高宗題　董元山
水一卷長丈四五絶佳乃著色小人物為娶婦故事　作弄虎人物　龍

水石高宗題　黃筌唐詩故寶　脫籜新篁剪金雛雀
雙鶺鴒　王齊翰巖居僧甚古作一僧莞爾凡口鼻皆傾斜隨耳所向作快
適之狀有徽宗題　朱熙牛一卷　徐熙載勝梨花　崔白
兔二軸作柴棘小叢　徽宗畫古木寒鴉竹有御璽押　王詵
連山絶壑圖高宗題　趙希遠蟠松雙兔　趙子固效
湯叔雅霜入千林圖　作水仙一百一窠中一枝最大號曰百花朝王自
跋云效湯所為流落北方子昂得之

趙松雪云北方好事者收紹興稽古錄二十冊皆高
宗時所收三代古器各圖其物或青或錄或紅各標
其款于右亦各有考証如宣和博古圖加詳近世諸
公所收者多在焉

弁陽老人周密云先子向寓杭收奇異書太廟前尹
氏嘗以粉畫三輔黃圖求售每宮殿各繪成圖甚精
近左祭藏庫有出相采畫本草一部極佳
又云余家有墨妝圖不知所出後見周宣帝傳位太
子自稱天元皇帝禁天下婦人不得粉黛自非宮人
皆黃眉墨妝方知所出

張伯雨先人似之家藏研北雜志見書畫舫

王齊翰仙山圖　徽宗畫上清楊真人像　常粲佛
因地圖此卷今在倪元鎮處　范寬三幅雪山二幀　僧巨然

夏山過雨　許道寧溪山待渡圖　李漸二馬圖
李伯時于闐師子三馬圖　黃筌梔子孔雀芙蓉鷺
鷥二圖　趙昌寫生月季　黃居寀竹鵲　唐希雅
棘雀　趙大年聚沙宿鴈圖

總管太中灤陽趙伯昂仁舉藏雲烟過眼續錄見珊瑚網

楊光庭下生如來像朱衣坐圖光內思陵題乾卦印　吳元瑜瑤池
圖二卷詳載本圖外錄　吳元瑜梅竹雪雀圖一明昌七印

祝君祥永昌家藏見珊瑚網

趙千里釋迦佛行像一下有細字云臣伯駒奉聖旨畫其像廣目深眉螺髮大耳
耳垂二大金環螺髯而髮頂有肉髻左肩放光一道衣紋腹腿隱隱可見

倪雲林清閟閣藏畫目見書畫舫

張僧繇星宿圖　吳道子釋迦降生像　常粲佛因地圖　荆浩秋山　李成茂林遠岫　董北苑河伯娶婦　米南宮海嶽菴圖　馬和之小雅六篇圖

施氏家藏以下見珊瑚網

漢王元昌巖馬圖手卷錦褾上寫廣政元年七月奉聖旨檢入漢王元昌畫臣嚴款之陳淨心進上有雙龍印紹興印乾卦七印

逢澤湯允謨仲謀所見畫目湯氏即著雲烟過眼續錄者

趙雍家有閻立本作十八學士虞世南房元齡最佳

余家舊藏林邑進鷄鵝圖蓋唐貞觀時經進太宗以

其思歸并二女皆送還國乃閻立本真跡也

宋徽宗御筆作一騟紅綠皮圖足前有一馬夬足栗殼色甚奇特

又滕王雙蝶穿花上有一押印亦真跡也

圖書志云張文懿某有古玉畫太史楊瑜山居有奇石子色青而質相大如鵞蛋形差匾上有兜率觀音像天然如畫或加磨洗精神愈見

明內監家藏見沈石田客座新聞

小李并大李金碧各一卷　王維雪景一大卷三丈四　閻立本鎖諫圖　顧宏偃松軸　韓滉班姬題扇

憲崇鬭牛　韓幹馬五卷　黃筌醉錦圖　又聚禽圖　周昉對鏡仕女　董范巨然等卷　李昇瑞應圖

成化末太監錢能王賜在南都每五日昇畫二櫃循環互玩御史司馬公亟見多晉唐宋物元氏不暇論矣併收雲南沐府物計值四萬餘金

雍熙寺僧秘藏見都元敬寓意編

宋徽宗畫貓上書賜貫有御印　東坡笠屐圖小軸　宋迪八景圖每幅有印文曰雲谷寓物

常熟劉以則家藏

小李將軍落照圖宋秘府物　釋夢休風竹圖徽宗御題　趙子昂秋江待渡圖青綠長幅旁細書官銜上有張伯雨詩為虞山陳原錫物

濂溪坊周氏家藏

文潞公半身像　周元公半身像　文文山半身像上有吳孟思篆書文山自題　倪雲林小像坐床上獨几左一童子奉朱拂右侍姬提盥頮之器

杭州董氏家藏

宋南薰殿屏幛　李龍眠著色西園雅集圖

蘇郡湯氏家藏

南唐董源風雨出蟄龍圖宋秘府物嘗入賈丞相家　宋李嵩龍

宮海藏圖

松江曹涇楊氏家藏

唐韓幹神駿圖　南唐王齊翰勘書圖上有李後主建業文房之印徽宗題眉山兩蘇王晉卿跋　宣和翎毛寫書圖橫卷長幾一丈　夏圭千巖競秀圖　元錢舜舉竹溪六逸圖　趙子昂作袁安臥雪圖

陽山顧大有家藏

江貫道百牛圖卷上有虞伯生鄧文原仇遠諸公跋曾見鄧尉山寺中

袁泰戒卿家藏

楊補之自書詠梅柳梢青詞十首補之門人徐禹功

畫梅趙子固跋并元人詩跋共一卷原為宜興僧寺物

王醫士家藏

其遠祖唐水部郎中棨宋著作先生蘋畫像著竹程門高弟

米老苕溪春曉圖　燕穆之楚江秋曉圖

張太守起韶家藏

王叔明摹王維劍閣圖小幅甚佳

李少卿家藏

文與可畫竹上坡翁詩一律後元人跋

陳湖陳大理家藏

小米山水橫幅上題云霄壤千千萬萬山東南勝地兟蹄攀古人作語咏不得我寓無聲

繼素問紹興己未除守瑯琊待次平江寓居大姚村妹家戲作城中沈氏嘗有大姚村圖亦小米筆成化壬寅爲中官取去按米氏襄陽人而宋史以爲吳人觀海岳撰樂圃墓表云予昔居郡與先生遊今觀畫跋則米老父子皆嘗居吳故其女嫁大姚其實非吳產也

陳處士孟賢家藏

黃大癡天池石壁圖眞本上有柳道傳詩下錢翼之收藏印　王叔明岱宗密雪圖後二十千歸嘉興姚公綬旋遺回祿　陳惟允仙山圖青綠有倪雲林跋惟允爲張氏參謀此壽其壻潘左丞者　又秋霽圖卷元人詩跋甚多孟賢乃惟允諸孫云

無錫鄒氏家藏

許道寧秋山晴靄圖柯九思物　李後主重屏圖宋人書白樂天

詩　趙千里明皇幸蜀圖　易元吉猿二畫爲江陰葛惟善物

盧廷璧家藏

小李將軍踏錦圖長幅上有小款　范中立臨海天落照圖

文與可墨竹三幅絹上　米元暉湖南烟雨卷廷璧嘗詣元僧詎可庭茶具十事時具衣冠拜之

吳侍郎原博家藏

唐許道寧溪山風雨圖　南唐周文矩詩意圖　宋人德星圖有朱子門人胡咏跋　聚禽圖後有紹興小印　元錢舜舉秋巖行旅圖　趙子俊作蕭翼賺蘭亭圖

劉僉憲廷美家藏

僧巨然赤壁雪屋會琴二圖有金趙閒閒諸人詩　高克明山
水卷宋秘府物後歸沈氏恭僉憲長子石翁之妹壻也
沈石田家藏
謝康樂半身像碧玉冠鶴氅衣　五代胡緐番族圖　郭忠
恕雪霽江行圖上有徽宗御書標題恕先眞跡十字　李龍眠畫女孝
經四章每章亦龍眠書　宋人摹周文矩宮中圖卷有紹興閒張滄
嚴跋　趙子昂臨伏生授書圖白描鄧侍郎程雪樓徐子方盧疎齋諸公跋
吳江史明古家藏
陸滉昭君圖　僧巨然山水大幅　韓熙載夜宴圖
李龍九歌圖卷　郭熙祝壽一望松圖長幅　陳居中

五馬圖　趙千里春江待渡圖小幅　福祿壽三星圖
長幅　宋人畫文姬歸漢　温日觀葡萄　趙子昂八
馬圖自有跋幷元人詩題　秋江烟靄圖　錢舜舉畫亚絲海
棠　班姬題扇圖舜舉皆賦詩其上　吳仲圭擬范寬雲峯
蕭寺圖長幅　黃大癡溪山圖有王國器詞倪雲林跋
金閶都南濠穆家藏見寓意編
吳道子魚籃觀音像　王藍田輞川圖　范華原袁
安臥雪圖移自高祖南山翁以來好蓄名畫閒以上皆妙品惜今不存　唐人作
牛圖有滕王霄白廷王詩以下云皆已所收　李昇作楊通老移居圖
龍眠畫君臣故事八事虞伯生題　馬興祖　八雪獵圖

人擊球圖　馬遠折枝榴花梔子小幀　王珏畫蘆
鴈　李唐春江不老圖小幅上有雙龍瓢印　宋人畫福星圖
自云皆往往爲好事者所得不留意也
蜀聖慈寺畫壁記目
李之純云舉天下之言唐畫者莫如成都之多就成
都較之莫如大聖慈寺之盛俾僧司會寺院之數因
及繪畫總九十六院按閣殿塔廳堂房廊無慮八千
五百二十四間畫諸佛如來一千二百一十五菩薩
一萬四百八十八帝釋梵王六十八羅漢祖僧一千
七百八十五天王明王大神將二百六十二佛會經

驗變相一百五十八諸雕塑者不與焉
梁溪華氏眞賞齋家藏見豐道生賦
王右丞輞川圖曾入秘府宏治閒黃休伯叔賜博古滌墩得之　郭恕先雪
江圖徽宗題字有李文正吳文定程篁墩張滄洲諸名公題句　米兵部瀟湘景
元暉雲山長卷　閻次平積雪圖上題淳熙辛丑閻次平畫寒巖積雪　劉松
年九老圖有吳匏菴都二泉詩　馬麟四梅晴雨雪月　高彥敬絳
色長卷趙子昂鄧善之柯九思倪雲林及吳元博諸人跋　又一直幅倪雲林爲
彥清題彥清華中甫八世祖　趙子昂溪山仙館　秋郊飲馬
逸二羊　設色山水圖　夜景夾對題云翛然茅屋一青燈兩岸蛙聲徹
夜鳴最是幽人眠不得扶筇起就月明中　松雪漂母圖　王叔明青弁

隱居小幅為趙氏作 倪元鎮惠山圖雲林自題并陳方子詩 春霽圖倪為宗晉題贈有叔明和詩

眞賞齋有點蒼石屏其一春景晴巒雲氣吞吐內凡七十二峯其二秋巖積翠山青雲白三遠畢具爲伏溪徐文靖物又小屏二瀟湘雨晴遠岫凝綠最勝者一面雲峰石色濃淡悉分非筆墨所能彷彿一面春龍出蟄頭角爪鬣悉備目精炯然幾欲飛動舊藏京口江氏因憶吾家大理石昔年亦頗勝在西垞凝霞閣有大屏五座小屏十數座及几榻椅凳諸器具東垞墨花閣石稱是俱面面佳山水也今如烟雲滅沒矣豈獨華氏之有聚散哉如水菰蘆中人記

諸家藏畫簿卷八終

諸家藏畫簿卷九

綿州 李調元贊菴輯

分宜嚴氏畫品掛軸目嘉靖四十四年籍沒先是陸完籍沒神品畫至千卷

唐吳道子南岳圖 水月觀音 李思訓仙山樓閣游仙圖以後單軸不開數 李昭道金碧山水 圓光小景九成宮避暑圖 閻立本瀛洲學士圖八軸 王維輞川雪溪圖三軸 圓光小景二軸 周昉楊妃出浴圖 江都王緒唐馬 戴嵩牛圖 東丹王雙騎圖二軸 荆浩山水 關仝山水 黃筌宮娥望幸圖 金盆浴鴿圖二軸 彩鳩玉兔圖二軸 花下雛翬翎毛共六軸 支仲元人物二軸 唐人阿房宮圖 駟馬封侯圖二軸 宋徽宗烟靄秋淺圖 秋鷹圖 題鷹并牡丹二軸 各色翎毛六軸 高宗御畫并題 題王仲珪梅 周文矩文會圖 董源山水二軸 范寬晚景圖 李成雪景 古木林泉圖二軸 郭熙古木寒泉等圖共十一軸 楊暉梅花 徐熙紅白山茶 許道寧山水二軸 斗方小景三軸 趙昌斗方小景四軸 圓光小景 崔白滿池嬌八軸 各色翎毛十六軸 崔慤梅花鷄

鵝 雪兎圖 易元吉竹鹿獐圖二軸 李伯時蓮社圖 袁安卧雪圖 竹林雅集二軸 西園雅集圖并山水六軸 文與可竹圖二軸 蘇東坡墨竹 米芾春山曉烟 春山雨露 秋湖夜月 人物山水十三軸 趙千里山水陰符五軸 圓光小景二軸 趙大年山水六軸 翎毛 趙伯驌雙清圖 蘇漢臣金母臨宴 龍女獻珠 水鉢降龍 仕女圖四軸 嬰戲貨郎八軸 逃禪老人梅竹 馬和之山水 陳容畫龍四軸 李唐問禮圖 放牧圖 雪塢幽居 擊梧圖 四景人物山水共十一軸

李迪宣父像 花鳥十二軸 陳居中較獵圖 李嵩金谷園并樓閣圖三軸 士農工商圖四軸 馬遠參禪并高士圖三軸 三仙傳道壽星圖三軸 淵明賞菊 和靖觀梅 春溪曉泛 捕魚圖 月明千里故人來句圖 墨梅并番馬三軸 山水人物共二十八軸 翎毛計九軸 劉松年竹居文會圖 雪江獨釣圖 烟雨圖 圓光小景 風晴雨雪四軸 山水人物二十七軸 夏珪仙槎玩月夜景圖二軸 烟村歸棹圖 丹霞訪靈照圖 山水人物共二十軸 王定國吐綬鷄 吳炳翎毛四軸

林椿牡丹四軸 馬麟山水四軸 梅花并山茶五軸 福祿壽圖 羊圖 劉輝美人圖 毛益翎毛二軸 閻穀繡鷹 祐陵題畫 劉立本仙圖 葛稚川移居圖 宋人大士并仙圖二軸 文昌并三官像二軸 北斗降金橋 文王遇太公 關武安鍾馗像二軸 七賢并十八學士三軸 蹴踘并嬰戲圖六軸 驪山望幸圖 採蓮船小横披 江雪晉漁圖 樓觀山水 樓臺詩景 楓石并蒼石圖共三軸 蘆鴈并踏雪圖三軸 三白海青并孔雀三軸 白雉牡丹二軸 花草并壽意七軸 宋繡

觀音 繡壽星并七子圖一軸 繡滿池嬌 繡山水人物并鵪鹿共十一軸 宋刻絲龍并牡丹共六軸 元子昂觀音并美人圖四軸 高士圖并墨竹二軸 秋原較獵 漁舟問答 人物山水二十三軸 唐馬并翎毛十軸 松鹿并牛圖 魚圖二軸 管夫人秋冬山水二軸 翎毛二軸 趙仲穆山水人物二軸 唐馬四軸 趙雍馬圖 錢舜舉竹兎花草六軸 李息齋墨竹六軸 高房山樓閣山水二軸 西湖圖并松石二軸 煥章閣山水二軸 青綠樓臺 壽意二軸 三仙圖 嬰戲圖五軸

鴝鵒斗方　班恕齋壽松圖二軸　王延吉山水
沈士偁山水　孫君澤界畫山水幷蒼松五軸　買
臣樵圖　劉耀卿樓閣圖四軸　山水幷春冬景六
軸　列子御風　唐子華神品　捕魚圖　張可觀
山水人物六軸　王若水菊花竹石　桃竹錦鷄翎
毛共二十八軸　王元章雪梅圖　翎毛二軸　熊
芝山雙松平遠圖　吳仲圭漁父圖　雙松古石
竹石　盛子昭崆峒問道　三星拱壽文昌圖二軸
仙景四軸　羲之觀鵞　唐王出獵圖　愛山幷採
芝圖二軸　杏花讀書圖　覩蓮採菱圖　觀畫撫

琴圖二軸　琴阮圖　關山霽雪幷獨釣圖二軸
山水人物六十一軸　韓廷暉山水十三軸　濟川
圖　班姬團扇圖　題宋太祖蹴踘圖　元宮背行
蓮掌圖　胡直二仙傳道　李居恭山水　子敬花
草　彭元明雪圖　任月山馬六軸　韓承花木二
軸　黃子久山水二軸　大癡天池石壁　蔡黎尚
古木　倪雲林小景　竹石圖　王冕題元人花鳥
王叔明秋壑鳴琴　秋水樓閣　溪山獨釣　温日
觀葡萄　方方壺高亭圖　天然生公孫竹　半陶
老人萬竿烟雨　白雲居士題山水　鐵崖題元人

花鳥　秋崖題元人橫披　元人桃源圖　南極長
生壽意一軸　壽星幷仙圖五軸　昭君出塞圖二
軸　美人圖四幅　一秤金百子圖八軸　攜嬰圖
山莊斗方二軸　山水幷小景十六軸　水墨橫披
鷹雄不老翎毛二十八軸　馬圖牛圖三軸　元繡
八仙慶壽圖　仙逸圖　達磨祖師幷羅漢六軸
宣聖鼓琴　忠孝圖　屈原問渡　寒山拾得　十
八學士圖　公侯食祿　公子挾彈　貨郎担　香
閨春思　雲山圖　春水野花　風雨歸舟　捕魚
圖　貓蝶爭春　臨宋人花鳥四軸　草蟲圖三軸

牡丹芍藥二軸　龍角竹　元納繡壽仙　織錦佛
像幷小景三軸　元刻絲樓閣山水二軸　翎毛幷
牡丹十軸　明宣宗御製白燕花驄紫芥二軸　各
色翎毛二軸　捕魚蘆鴈圖共二軸　斗方小景二
軸　景帝翎毛二軸　武宗御製仙圖一軸　商喜
壽意　貓圖　李在山水十三軸　邊景昭翎毛二
十六軸　殷善翎毛三軸　王孟端福祿壽圖　袁
柳莊畫竹　夏芷山水人物　上官伯達美人圖
過庭章松月　王舜耕雪景　戴文進淸淨觀音海
月圖二軸　三星壽意四軸　福神眞武關漢壽王

京仙子四軸　七賢過關圖　商山四皓并四聘五
軸　李白問月　美人圖二軸　春水并仙館圖五
軸　鍾山春曉圖　西湖春曉圖　南屏曉鐘　秋
林書屋　秋林行客　秋江獨釣　寒江獨釣　樵
漁景　棄瓢圖　蘭亭并納凉圖　靑山烟雨　溪
山初霽　夏木垂陰　風雨歸莊　中流砥柱　春
景魚鴈并松鶴圖二軸　雪景并竹菊共十一軸
山水人物計九十軸　丁玉川四景八軸　五老圖
王謙橫披梅　牧羊圖　石鋭樓閣山水二軸　斗
方捕魚圖四軸　范啟東竹鶴　夏仲昭墨竹十五

軸　陳憲章梅二軸　林良翎毛二十二軸　呂紀
翎毛共一百十五軸　天香王兎并壽意三軸　菊
石竹石二軸　杜槿居東王迓壽圖　五老攀桂圖
荷花仙子圖　尚父遇文王圖　白樂天圖　陶學
士并玩月圖　寇萊公演樂圖　美人圖八軸　七
子團圓圖　茶經圖　琴會圖　調琴圖　花草圖
二軸　山水人物翎毛共九軸　松鶴小幅　姜立
綱山水　鍾欽禮山水五軸　呂棠翎毛四軸　蕭
天章畫菊　殷宏翎毛三軸　殷順翎毛二軸　陶
雲湖湖山秋意　南極長生圖　萬壽福祿圖　美

人圖　壽鹿并仙鶴五軸　菊兎十三軸　花草二
軸　江海雲四景山水八軸　翎毛十軸　芙蓉二
軸　九華壽意　風雨歸舟　葛巾漉酒圖　李東
陽題畫梅　杜東原山水　杜澍山水人物四軸
沈周烟雨圖　臨董北苑山水　臨趙松雪高逸圖
葛洪煉丹圖　龍王授道圖　溪山高逸圖　飛仙
樓閣　雙鈎圖　雪景松鶴　花下翰音　柳枝幽
鳥　菊鷄并萱石三軸　松芝花草六軸　辛彝圖
壽意二軸　山水人物三十四軸　吳小仙太極橫
披　天乙賜福圖　南極星祥圖　羣仙拱壽壽意

五軸　方朔鍾離鐵拐并壽鹿四軸　大士像　東
華龍女　寒山拾得　巢由洗耳　五賢圖　屈原
問渡　南山四皓　捕魚圖　吹簫圖　月下醉歸
圖　漁樵并人物三軸　山水人物共六十四軸
牛圖貓圖二軸　周臣停琴聽阮圖　臨盛子昭四
景人物又山水二十一軸　文徵明詩畫八軸　人
物山水六十一軸　三瑞圖二軸　王洞仙桃　羽
扇消閒　滄浪濯足　滿目滄江　五鹿雙全　松
石壽意　橫崖懸望　蹇騎行雪圖　雲山并雪景
二軸　停傑圖　雪松并山兎二軸　唐寅美人七

軸　倦繡圖　月明千里故人來　横披梧閣清風
柏壽圖　椿萱圖　唐馬弁雀梅五軸　四景山水
弁雪景八軸　四景人物山水十二軸　陳道復山
水弁雪山八軸　四景花草共二十六軸　牡丹荷
花六軸　松芝小景二軸　大夫忠孝圖　孔雀牡
丹　泥金水仙　王問山水花鳥共三軸　漁樵問
答圖　徐霖宴桃李園　斗方菊　蔣三松山水十
軸　姜周佐仙子美人六軸　菊兎二軸　陳寓齋
萬壑松濤　朱文藻山水人物四軸　徐廷振翎毛
花草四軸　張平山四景八軸　人物三軸　海屋

添籌壽意四軸　桃花仙子　補衮調羹　唐王濱
樂圖　松鶴　郭清狂持平負重二軸　補闕求名
二軸　琴鶴　松下觀書圖　寫意人物　沈碩山
水人物五軸　美人圖二軸　百祿圖　鹿鶴雙全
沈仕山水花草十三軸　程舉山水人物四軸　書
兎　仇英青綠山水十三軸　萬松壽意二軸　杜
陵詩意四軸　臨趙文敏山水四軸　臨蘇漢臣仕
女四軸　高逸圖　九成宮圖　天女散花圖　麻
姑獻壽圖　軒轅問道圖　謝安陶穀故事二軸
椿桂圖　陸包山花鳥九軸　魯治花卉翎毛六軸

王華山水　仙圖　孫堪青山圖　竹菊二軸　三
穀祥花卉六軸　許寳芝蘭毓秀圖　劉玨山水人
物四軸　張濳謝安東山圖　石崇錦帳圖　陳應
祥紫牡丹　吳璉花竹圖　王逢元菊花二軸　余
標山水四軸　劉景山水　陸深山水　程達壽鹿
梁孜山水　花草二軸　陳錫花草四軸　陳枚花
草　王諤四召圖　傅巖夢卜　東方朔待詔金馬
門　賞花釣魚圖　王月英元夜留鞋圖　董艮史
山水隸　洪楩山水　桃源問津　陳茶山秋江獨
釣　可山花草　丁野夫山水　趙雲嵩山水四軸

藍關圖　戈栴巖山水四軸　王一淸四景山水四
軸　袁文可山水五軸　鄔昆山水　馬軾臨郭熙
大幅　山水　王子澄臨馬遠　葉含春紅日古松
馬軾山水　臨郭熙大幅　李智福十八學士四軸
臧祥卿竹石貓雀　謝時臣人物山水四十六軸
壽意二軸　壽松圖二軸　王京仙仗　七賢過關
高山流水　駕壑蒼龍　擎天古翠　湖山春靄
瑞協秋芳　松梅弁牛　陳憲副撫琴圖　東坡博
古圖　三酸圖　勤苦圖　商作四景四軸　小景
二軸　陳宗周花鳥　四喜圖　邵南山夏秋冬三

軸　古愚松鶴　貞湖攜琴訪友　焦雲岡杏壇圖
菊花橫披　昭陽蔣貴畫　潘雲程老子觀泉　馮
表桃源圖　胡鎮松鶴　朱篆青綠山水　陳鶴竹
石牡丹　殷偕花鳥四軸　羅思泉山水　見竹四
景圖四軸　顧良臣畫東方朔　王珍山水四軸
何澄山水　李碩菊石　胡賓兔月　侯聰山水三
軸　姚友直竹　趙清獻公告天圖　陳季昭讀書
圖四軸　復齋翎毛　平田小景　明人名筆覆載
圖二軸　天文圖　三陽開泰圖六軸　天乙賜福
轉祿朝天　祿轉三台　爵祿雙全　五福如意

五雲梁棟　百鹿駢臻　海屋添籌　清風化日
朝陽玉樹　鳳翽曉帳　月晃龍睛　三元乘龍
五鳳朝陽　朝陽雙鳳　獨鯉朝天　松濤躍鯉
魚躍鳶飛　春花爛熳　秋林錦樹　高科葡萄
高冠進步　疊疊封冠　中流砥柱　朝綱獨立
玉堂清節　蘭亭修禊　九世同居　老君降
蓮葉眞人　天女散花　仙女採花　蘇武牧羊
右軍書扇　唐王夜游　唐王觀馬　杏壇圖宣父
儀二軸　先聖四配像　呂文正公圖　五老圖
元帝圖二軸　眞君像　天師降龍伏虎　地藏像

達磨祖師二軸　維摩居士　龐居士圖　王母壽
圖　青綠仙遊圖　毛女仙姑圖三軸　仙人圖二
十五軸　名將圖　孟嘗君鷄鳴圖　赤壁圖　十
八學士圖四軸　江州司馬　四妃十六子十軸
殿畫美人四軸　著色美人二十八軸　一秤金八
軸　公子圖　嬰戲圖二十二軸　判子圖十六軸
鮑老圖六軸　貨郎担十四軸　官司畫四軸　春
牧圖　捕魚圖漁家樂　番人圖　天台石梁圖二
軸　泰和山圖　樓臺殿閣四軸　四景人物山水
六十四軸　斗方小景三十四軸　圓光小景四軸

壽意四十五軸　翎毛花卉六十六軸　花草二十
四軸　四時花草四軸　椿萱圖四軸　松鶴　松
鷹　竹兔圖　金蘭圖　唐馬五軸　牛圖　魚圖
四軸　草蟲圖三軸　泥金山水四軸　泥金福壽
無彊圖二軸　日本唐王賞春　同君四軸　石刻
宣尼像二軸　明刻絲東方曼倩四軸　仙桃四軸
五色牡丹二軸　又刻絲錦邊詩圖四軸　翎毛六
軸　花鴿　番馬圖　納繡壽星二軸　織金納絨
壽圖四軸　納絨彩鳳二軸　納紗仙人圖二軸
紙織東方朔　杏壇圖

嚴氏畫品手卷目凡單卷不開數

晉顧愷之衛索像　王羲之家景圖　晉人畫女史箴圖　宋陸探微道相圖　唐人海天落照圖　大李將軍二卷　小李將軍二卷　李思訓春山圖　李昭道洛神圖　盧鴻草堂圖二卷　閻立本職貢圖　周昉長江萬里圖　吳道子觀音像　羅漢渡江圖　王維輞川圖三卷　三峽圖　雪谿圖　女史圖　濟南伏生像　周昉歷代聖賢像　白描過海羅漢　醉楊妃圖　韓滉寫移家圖　演樂圖　滅王宮殿圖　胡虔番族圖　胡瓌番馬圖　韓幹

馬圖四卷　文仲元三仙圖　唐宮女鬬足圖　内人捕魚圖　南唐周文矩學士文會圖　倦繡圖　顧宏中江南夜宴圖三卷　王齊翰勘書圖二卷　孟蜀黄筌百鴈圖　宋徽宗鳥蟲圖三卷　荔枝圖二卷　果籃圖　李成山水二卷　百靈助順圖　漁父圖　盤車圖　古木寒鴉圖　范寛關山雪渡　禇書韓畫　郭忠恕釣鰲圖　隔摩詰輞川圖　張擇端清明上河圖　烟雨風雪圖　李公麟孝經圖　九歌圖六卷　顧愷之洛神圖　白描羅漢　姑射仙像二卷　忠節圖　女史圖　强項圖　五柳圖

蓮社圖　明皇醉歸圖　便橋受降圖　輞川圖　獨樂園圖　西園雅集　江山萬里圖　海會圖　山莊圖二卷　断琴圖　幻素圖　織錦迴文圖　百馬圖　郭熙山水　萬里長江圖　高克明牧牛圖　文與可竹卷　蘇軾赤壁圖賦　竹石五卷　米芾研山圖　米元暉大姚村圖　王晉卿煙江疊嶂圖一卷　江山奇勝圖　楊補之墨竹　湯叔雅霜入千林圖　趙大年江鄉雪意　春禽圖　蘇漢臣貨郎圖　趙伯駒著色山水　文會圖　桃源圖　赤壁圖　孟明歸秦圖　烏雀圖　趙伯驌桃源圖

二卷　蘭亭圖二卷　趙士遵溪山圖　趙芾江山萬里圖　馬和之風雅頌九卷　蕭照瑞應圖三卷　李唐高逸圖　採薇圖　晉文春秋圖　三笑圖　香山九老圖　長江雪霽圖　濟河圖　溪山深秀圖　獨釣歸莊圖　古木寒鴉圖　馬遠孝經圖　四景圖　賈復古作淵明歸去圖　李嵩鬬茶圖　柳塘聚禽圖　李迪獐圖　百犬圖　閻次平溪山深雪　陳所翁耄龍雲會圖　陳居中寫志公像　胡笳圖二卷　百馬圖　趙子固蘭蕙卷　水仙花鳥卷有倭篋包裹　劉松年陽關圖　西湖圖　圯橋進

嬪　昭君出塞　九老圖二卷　山水人物各一卷
夏珪鍾秀圖　江山無盡圖　宮蠶圖二卷　山水
奇觀圖　草堂十二景圖　洪內翰侍人翠翹風竹
圖　梁楷應真圖　黃庭經換鵝圖　鄭所南畫蘭
卷　宋人桃源圖　杖藜圖、溪山古渡　秋浦征
鴻　漢文帝幸細柳營　唐宮春曉　明皇幸蜀圖
白描佛像三卷　集宋名筆畫卷　元趙子昂溪登
圖　烟江疊嶂圖　題梅花圖　淵明歸去圖　太
真上馬圖、婦織圖　人物圖　馬圖六卷、管仲
姬詩竹卷　趙仲穆鳳頭驄、良馬圖三卷　温日

觀葡萄竹菊二卷　錢舜舉青山白雲圖　石勒參
禪圖　麻姑仙壇圖　商山四皓圖　漢宮春曉圖
楊妃上馬圖　秋江漁隱圖　授綬圖　人物圖
雙行纏圖　咸若圖　花鳥圖　草蟲圖　高尚書
夜山圖　李息齋墨竹二卷　李潼川下蜀圖　王
振鵬龍舟競渡圖倭簾包裹　趙榮梅花卷　郭天錫詩
扇圖、青山白雲圖　明皇演樂圖　歷代聖賢圖
西番王禮佛圖　王若水雪景　明皇擊毬圖　太
真對奕圖　花鳥圖　竹雀圖　任月山馬圖三卷
松鼠圖　劉淵夢蝶圖　八達圖　淵明歸興圖

吳仲珪溪山圖　竹譜二卷　墨竹二卷　盛子昭
吹簫圖　趙元初白描蘭亭　歸山勝概　黃大癡
山水　顏秋月鍾馗出遊嫁妹圖二卷　元人玉閣
釋像　羅漢三卷　陶淵明清節圖像四卷　天聖
伏妖圖　小聖伏魔圖　莫月鼎像　閒閒像并贊
文姬像　十八學士圖　齊人圖　太真上馬出遊
圖　醉道士圖　擊壤圖　西旅貢獒圖　西戎獻
馬圖　東丹王番犬圖　百鹿圖　百馬圖　松竹
梅鴈圖　金人臨蓮社圖　終南十景圖卷　明邊
景翎毛　邊魯花鳥　陶雲湖畫卷　李在水墨戲

筆　嶰谷清風　顧仲頫雪梅　戴文進江村雪霽
人物山水三卷　呂紀翎毛卷　杜檉居南宮雅致
夜宴圖　金釵十二圖　沈周劍閣圖二卷　山水
雲烟雨雪諸景共九卷　虞山檜并題一卷　萬松
松譜二卷　墨花墨妙八家三卷　吳小仙儒理禪
宗　白描神仙二卷　孫龍百鳥朝凰　文徵明跋
禊畫二十五卷　唐寅蘭亭記圖　陳滔眠雲花卉
洛陽春色九卷　陸包山花草卷　王問水仙荷花
二卷　顧宗江山圖　三丰子張真人圖　仇十州
子虛上林　陳子正四時花　時晴川真筆　明人

名筆五岳真形　造化元機　東封觀日　玉衡呈
瑞　千斛明珠　江山一瞬　萬里長江　吳中山
水　溪山晚翠　溪山雪霽　西原秋雨　瑞應圖
仙逸圖　桃園圖　壽樂亭　並頭蓮　神京八景
西湖十景　谿山小景　小景山水　五王春宴
霓裳舞圖　美人撫嬰　瓜瓞綿延　鶴山清話
公餘閒賞　契丹納欵　珍疏三昧　離騷九歌圖
臨戴文進溪山圖　清玩卷　人物花卉二卷　墨
竹二卷

嚴氏畫品册葉目獨册不列數

古今名筆十二册　御府珍藏　大小詩畫七册
宋元神品名畫二册　宋賢神品　宋畫　元人小
景真賞能品　五福　雅玩　清玩六册　閒中清
玩　政餘清玩　錢氏清玩二册　永寶　聚芳
集芳三册　會美　雜英　藝苑晶英　閒中清興
觀物餘情　一天星斗　三垣經宿　景星慶雲
畫工機杼　天孫裁剪　萬象同春　萬山一瞬
瑤空笙鶴二册　壽域登高　瑤臺十二　瀛洲妙
選　崑山碎玉　聖賢遺像　闕里聖蹟　羣雄聚
藝　萬斛珠璣　雲臺靈劍　精金美玉　金碎玉

顆　烏金彩筆　一南詩畫　斗方圓光　落花流
水　鶴翎獵犬　宋七賢圖　宣和花鳥　陳居中
胡笳十八拍　馬和之毛詩景二册　馬夏小橫披
馬遠小册　擬耕織圖　白描　元九歌　元人百
鳥　元天游畫　瀟湘八景　吳中山水　梁孜筆
意　孫仰救親　明人名筆二册　吳賢萃美　吳
中二絶　牡丹譜　芝譜　菊譜　百菓圖　靜菴
墨妙　小仙絶筆　董艮史畫　沈周畫譜　石田
墨妙　墨花八種　文徵明瀟湘八景二册　陳道
復詩畫　白陽花草　王仲山寫生　王酉室花卉

燕寢怡情册

以上名畫手卷册頁記三千二百零一軸卷册查
理南昌袁州分宜嚴氏古今書畫爲江右學憲何
鏜清江令廖文光吉水學傅文嘉

諸家藏畫簿卷九終

諸家藏畫簿卷十

綿州李調元贊菴輯

婁江王元美家藏見四部稿續稿

晉史道碩八駿圖卷　唐閻侍中勘書圖卷　閻中令十八學士卷　王摩詰演教羅漢軸　陸宣公畫像　顧德謙作蕭翼賺蘭亭圖　唐名人杏壇圖　周昉擘阮圖　周昉美人調鸚圖　厲歸真古牛車圖　北宋人重耳出亡圖　張擇端清明上河圖　張端衡山水有次仲印識　高克明雪霽溪山　范寬山水卷　郭熙樹色平遠圖卷　林子奐豳風圖小篆系詩

東坡題與可墨竹　李龍眠畫十六應真卷　醉道士圖　理帛圖　伯時姑射仙圖宣和圖記賜朱勝非　摹古鬼子母揭鉢圖　宋徽宗紅橋鸂鶒圖　雪江歸棹圖　宣和三馬圖　王晉卿烟江疊嶂圖　梵隆十六大阿羅漢卷　惠宗江南春意卷　盧陵五公像歸沆純父　蘇黃小像　趙千里畫船子和尚卷　大禹治水圖歸馬用昭參軍　二趙書畫歸去來辭千里畫子昂書　飲中八仙圖　古今聖賢圖像　高宗贊尼父七十二賢像　馬遠十二水爲雲生滄海層波疊浪湖光瀲灧長江萬頃寒塘清淺晚日烘山雲舒浪卷波蹙金風洞庭風細秋水迴波細浪漂漂黃河逆流楊妹子題賜大兩府各幅同　馬遠山月彈琴圖歸孔炎王孫　劉松年大歷十才子圖　梁楷參禪圖　宋畫香山九老圖　閱古堂石刻馬長僅咫尺而爲馬四十餘種種神絕當是長康道碩筆堂在韓平原南園　宋刻絲仙山樓閣卷　金秘書李山風雪松杉圖　元高尚書夜山　錢舜舉洪崖移居圖　李白觀濤圖解大紳印記　趙承旨設色山水　摹元元十一子像　畫陶靖節逸事　子古長江疊嶂圖　五馬圖　兩馬圖　梅竹雙清卷元章梅仲圭竹台爲一卷有會稽外史沈民則周伯器諸跋　黃大癡江山勝覽圖　一峯老人山水卷　王朋梅振鵬水亭圖宋仲溫書　趙文敏琴清軒圖爲黃鶴隱居陶南村記　黃鶴

山樵阜齋圖　雲林小隱圖　長江萬里圖　王叔明湖山清曉圖　倪元鎮山陰丘壑圖　雲林西園圖　方方壺雲山卷　崇寧真君搜山圖卷　隋彭澤歸去來圖　王安道游華山圖　戴文進江山勝覽圖　七景圖　山水平遠　城南茅屋圖　王孟端湖山佳趣卷　友石生畫竹卷李文正公諸題　夏太常墨竹　矅樵老人畫卷即沈石田父號公濟　沈周金焦二山圖歸郭次父　江干十景圖　啟南春山欲雨圖　虎邱圖題匏菴　錢塘山行圖　寒山圖　戴酒圖　滌齋圖毛公簡公記　定齊圖吳文定公題　石田畫隆池阡　茶

坡卷　梅花雪　臨黃鶴山樵太白圖　倣叔明林居圖　贈吳文定行卷山水　寫虞山致道觀昭明三檜　啟南絲卉卷　精選石翁山水二十六幅　畫冊八幅（掩映綿纍爲吳地傳神）　畫聖十三幅　寫生十六冊　周砥沈周宜興山景卷（匋溜生龍嵓小景抵掌子久白石翁銅棺秋色盤于懶瓚）　周履道陽羨圖（啟南補龍巖景）　沈翊南畫（郎啟南之弟爲蔣門邢麗文作）　文太史千巖萬壑（爲陸子傳作）　畫元慕四景

徵仲雲山畫卷　勸農圖（祝希哲記）　甲子八日畫卷　癸丑寫蘭石詩卷　衡山雜畫十幅　畫冊三十六幅　唐伯虎赤壁圖　賓鶴圖（張幼于藏）　桃花菴詩圖

梅谷卷　詩畫卷　六如居士寫生冊　周臣韓熙載夜宴圖　周東村張老圖　臨李伯時蓮社圖

陳道復書畫　水仙梅花卷　白陽山人墨牡丹

周官飲中八仙圖　仇英摹古四圖（顧愷之當熊妃閣立本賺蘭亭周昉擘阮王維奕碁）　臨閻右伯李將軍本三輔黃圖（祝枝山書杜紫薇賦）　九歌圖（凡九章章各有文待詔書儀從人物都不計山鬼窈窕殊消魂）　仇實父摹輞川圖（徵仲書二十絶）　臨西園雅集圖（千里本）　十洲海天落照圖（李昭道本宣和秘藏穆宗時爲小璫所竊事露投火此先爲仇摹）　陸包山游太湖圖記　游洞庭詩畫十六幅　臨王安道華山圖　叔平寫生卷　文伯仁燕臺八景　溪山自適卷　文休承補酌酒桂林圖　補章仲玉保竹圖卷　錢磬室夏山欲雨圖　溪山深秀圖凡二卷　叔寶紀行圖　鍾馗移家圖　畫南北二詞（柳貌青眼及百歲光陰）　錢轂尤求合畫會眞記卷　尤子求書關將軍四事　鳳郎作華清上馬圖　陶存仁天文地理總圖　南陽黃鶴作洛中九老圖　李羣（一作郡）　小桃源圖　渭橋圖　旅獒圖　李士牧畫十六美人卷　殳質盤礴齋筆（殳爲休承叔寶上足）　周之冕花卉（弇州以兼有陸包山所長）　張復廿景（元春功力不及仇天眞過之）　吳中諸名士畫冊　諸名筆送沈禹文畫冊　畫扇甲卷（計六十面）

畫扇乙卷（自戴文進至謝時臣亦名家以其作阿婆面也）

弇州藏宋名家山水人物畫冊（共二十有七）

趙大年雲山　李唐春江不老　夏珪遠浦歸帆　劉松年溪隱　山田　馬遠觀梅　觀瀑　松下撣翰　趙千里水閣納涼　高閣觀潮　寒山拾得　金谷園　柳州　閻次平小景　松溪別業　李嵩內苑圖　採蓮圖　松下鼓琴　松間醉臥　霞嶺扁舟　風雨泊舟　柳陰放棹　劉阮天台　高閣燕思　雪閣諸幅（後二幅空繡滕王閣景與以王子安詩序其一亦是閣景所繡字細若蚊睫畫品精工之極）

弇州藏宋人雜花鳥册凡二十八幅

竹鶴一松一鹿一梅月雙雉一桃花游蜂一梅竹幽鳥三梅竹雙鳥一雙榴幽鳥一白頭冬青一梅花小鳥一杏花白練一碧桃瓦雀一枇杷青鳥一翠禽春柑一白榴小鳥一來禽黃鴿一蘆渚九鷺一游蜂甖薫一鶺鴒二枯柳一雪灘鶺鴒之在雪樹者一蒼鵝在梅花下而理羽者一浴者一魚虎立蓮房者一立枯荷者一其渲染生色窮態極變與眞宰爭勝毫楮間往往能奪之惜少題款所可辨者趙昌馬遠吳伯毛和吳珪及宗室彝齋孟堅而已此冊數十本中得之者當爲眼底第一

東倉王敬美家藏見奉常集其在四部稿者不錄

閻立本五星二十八宿粉本牛星作牛女星作羊千古靈匹一旦興盡 周昉擣衣圖一杵用兩女子擣 李公麟蘭亭圖 趙大年香山九老卷 林靜瘦馬圖 李唐三生圖作牛背牧童李源欠身揖之又一卷作船子人相對孕婦錦襠罌汲與前合 馬麟梅花卷 宋人畫虎劉念南物 元人羣直圖 錢舜舉靖節蓮社諸圖 王淵若水花鳥 徐幼文獅子林圖 沈啟南大石山聯句圖卷李貞伯書吳文定張子靜史明古聯句楊君謙諸題、 石田梅雪卷 廬山圖 文太史雪山卷 小景畫册其授徒朱子郎 唐子畏倦繡圖 白陽山人水墨畫卷 仇實父洛神圖文徵仲書賦 錢叔寶寫夏山欲雨 李郡摹明皇幸蜀圖 張懋賢臨文待詔畫册

吳門韓敬堂家藏眉公丁酉三月十五日觀

周文矩文會圖 李龍眠白蓮社圖 趙千里三生圖若顧愷之作右軍家園槩直酒肆壁上人耳

松郡顧光祿家藏畫册見妮古錄萬曆丁酉閏

王右丞山居圖宋徽宗題危樓日暮人千里欹枕風秋鴈一聲藏宣和畫譜筆法類大李 宋周儀畫宣和御題 徽宗畫對幅 趙伯駒畫宋高宗題 趙千里倣大李將軍筆同上 又對幅、 毛益畫對幅 馬和之畫思陵御題 又六幅 李迪畫對幅 李唐畫月團初碾瀹花甌 對幅吳炳畫 楊士賢畫對幅 馬遠畫 夏珪畫對幅 趙孟堅畫蘭花對幅 趙子昂山水四幅 瘦馬一幅 管夫人竹一幅

華亭董太史思白家藏見太史自記

予家所藏北苑畫有瀟湘圖商人圖秋山行旅圖又三圖不著其名其一從秣陵徐魏國處購之一則金吾鄭君與余余嘗懸北苑於堂中兼以倪趙諸跡無復於北苑著眼者政自不知元人來處耳

董伯苑瀟湘圖 江貫道江居圖 趙大年夏山圖

黄大癡富春山圖　董北苑征商圖　雲山圖　董北苑秋山行旅圖　郭忠恕輞川招隱圖　范寬雪山圖　輞川山居圖　趙子昂洞庭二圖　高山流水圖　李成著色山圖　米元章雲山圖　巨然山水圖　李將軍蜀江圖　大李將軍秋山待渡圖

王叔明秋山圖　宋元八冊葉十八幅

右俱吾齋神交師友每有所如攜以自隨則米家書畫舫不足羨矣

嘉禾項氏墨林家藏墨林鑒收甚富此僅見太平清話

盧楞伽六祖像卷　王右丞淞江圖　王齊翰作陸

羽煎茶圖　吹雲圖沾濕綃素綴輕粉縱口吹之成雲　李營邱秋晚圖　李龍眠狂僧圖卷　宋徽宗寫生翎毛圖　六石圖玲瓏古雅不用皴法以水墨生暈　趙千里春郊走馬卷　王晉卿雪霽羣鴉圖　馬和之春雷鶴唳　秋空隼擊　馬遠探梅圖　梅花冊二十六幅　趙子昂落花游魚圖　鵲華秋色卷山頭著青綠全學王維畫　盛子昭雪深處雪景　倪雲林山水軸　王叔明天真道人圖　阜齊圖卷二幅一背一向學右丞營邱　黄鶴山樵花溪漁隱　王孟端梧竹一軸

項希憲家藏見陳眉公書畫史諸帙

王晉卿瀛山圖細絹著色上題甲辰春正月因圖夢中所見云云　小米雲山卷後有素心道人及沂陽董復二跋雲林題云倪瓚曾覽　趙千里冊青三昧卷　陳居中畫笳十八拍卷　倪瓚留昌言高尚書堂戲寫此圖并賦贈下有陽文雲林子印　沈石田水墨山檜卷極奇後大字題贈子增史永齡之翁西村先生并詩　文徵仲雲山卷奔放橫溢後題七言律草書一首堪與石翁三檜卷敵手　仇英倣宋人花鳥山水畫冊一百軸

項又新家藏眉公筆記乙未六月初四日觀府為萬曆二十三年所閱僅此

趙千里四大幅泥金小款千里二字陳董謂是顏秋月筆　馬和之畫毛詩鶉鵲等篇　畫破斧章一卷俱宋高宗書　錢雪川青

山白雲圖　歸去來圖　趙文敏觀瀑圖　顧定之修篁圖　王叔明咏石圖　丹山瀛海圖自題香光居士　趙善長山居讀易圖　徐幼文林泉高逸圖

麟湖沈氏家藏見秘笈初函

白石山樵云池灣沈仲貞多家藏出示宋人畫冊內李唐趙千里劉松年李嵩皆精絕餘馬夏為多又見馬遠漢宮春曉趙子昂載酒圖仲穆洗馬圖騎馬圖盛子昭山水上有劉伯温題梅道人墨竹又梅花折枝插瓶中以斑竹方架承者及倪雲林山水又竹沈石田倣吳仲圭松石又竹鷄芙蓉文太史水仙柏舟

圖仇十洲四皓圖已上各一軸管仲姬家書一卷更
梅老畫冊十三幅標其簽曰梅沙彌以畫說法
萬歷巳未重九日爲沈正伯招赴妃社在北山草
堂乃陳白陽所書長松修竹間登舞袖　各賦采
菊篇又拈韻咏諸名勝弁送譚埽菴伯仲閩行時
魏仲雪先生主盟而黃葉老人係小年菴舊雨凡
所藏書畫多經品題者因悉出示吾輩不減當年
眉公鑒賞時也惜今日聞多散逸耳汪砢玉識

韓宗伯存良家藏

南陽名畫表　潔溪茅維序

茅子曰畫者挂也義取挂方象以垂世也上古史皇
創爲斯技以教韻士嗣後興廢靡常漫滅微不可考
下迨曹魏始有弗興兵符圖一卷流傳於世而道釋
人物山水界畫花果鳥獸蟲魚墨戲諸科以次代興
矣遐稽魏晉以來道釋則顧愷之陸探微張僧繇吳道元人物
則展子虔閻立本周昉李公麟山水則荆浩關仝董源巨僧巨
然燕肅趙孟頫黃公望王蒙界畫則王維李思訓尹繼昭郭忠恕
花果鳥獸則邊鸞黃筌韓幹戴嵩蟲魚戲墨則顧野王
滕王元嬰徐熙易元吉鄭虔米芾高克恭倪瓚斯皆羅萬象
於胸襟傳千祀於豪素者也故俊傑之士尚友之夫

淵識博聞熟究精蘊往往著書立論以寄幽情有若
齊梁畫目貞觀公私畫錄宣和書畫譜紹興秘閣書
畫史雲烟過眼集嚴氏書畫記諸篇卓卓表見於世
的爲藝苑名言高賢定論豈如盲人觀場妄肆雌黃
之口曾未涉川遽云越海俄觀魚鱉謂察蛟龍舉世
望洋致慨千秋昭笑大方者乎夫名畫者蓋以窮天
地所未至顯日月所不照揮纖毫之筆則萬類繇心
展方寸之能而千里在掌自非慧心具目之彥博識
宏議之儒胡能披沙揀金拔十得一也鑒畫之難如
此有志者非惟自勵又以勵人苦心哉維閒居研究

把臂晤言每以斯事質之朝廷氏胡廷咟然而嘆曰
書畫式微真賞難遇八法六要之奧世人不講久矣
此道荆榛孰得康莊披雲霧睹青天非吾子其誰與
歸在昔先宗伯博求名書反覆締玩心領神會冥契
往哲種種不傳之秘賴吾子法書表行差堪爲識者
吐氣第先宗伯旁耽畫癖亦復不減書淫前後所收
名畫神品何啻數百丹青墨戲弁是甲觀自余南北
宦游不便提挈日亡月逸雨散風飄遂至遺失數多
零落殆盡俯仰今昔感慨係之豈止開府忽失挂壁
飛去而已耶追維先宗伯之勤收力購馴致璧合珠

聯曾未再傳盡屬烏有當吾世而失之不腆實有歉
焉追理畫目十忘七八聊且爲我表之弁授副墨之
子與時遠衡並驅光前耀後邀惠故人德不淺矣惟
感朝廷之言願附名以垂不朽於是續撰南陽畫表

道釋人物

魏曹三興兵符圖 梁武帝唐太宗宋徽宗等題跋 晉顧愷之洛神
圖 宋高宗前後小璽 射雉圖 宋徽宗小璽 南北朝張僧繇五
星二十八宿圖 梁令瓚篆書星法宋高宗題前後御璽元趙子昂題跋 小李
將軍李廣射猿圖 閻立本蕭翼賺蘭亭圖 宋高宗小璽
閻立本陳叔達鎖鍊圖 宋徽宗前後小璽 吳道元天王送

子圖 宋高宗乾卦紹興小璽賈似道封字長印曹仲元李伯時王廉等跋 觀音變相
黃山谷題跋 常粲鎖諫圖 宋徽宗前後小璽 張萱明皇夜游
圖 韓幹明妃上馬圖 趙子昂跋 夜游圖 宋高宗前後小璽
周昉對鑑士女圖 宋高宗題前後小璽 璇璣詩圖 蘇子瞻等跋
日本女騎圖 宋徽宗題前後小璽 職貢圖 宋徽宗題前後小璽及明
昌等印 揮扇士女圖 韓滉晉公演樂圖 五代支
仲元三仙奕棋圖 宋徽宗金章宗等題跋前後小璽印記 漢宮春書
圖 宋王齊翰勘書圖 蘇子瞻子由等跋宋徽宗題并前後小璽 孫知
微上眞像 周文矩文會圖 宋徽宗題蔡京跋 李公麟三
清像 清閟閣印 番王禮佛圖 元前人跋 郭子儀單騎降虜

圖 宋名賢并趙子昂題跋 番僧渡海圖 元人題跋印識 石鼎聯句
圖 慈孝故實八則 每則伯時書其事趙松雪跋今亡見莊泉題識 馬和
之蓮社圖 宋末人題 李唐袁安卧雪圖 宋高宗跋 三生
後身圖 元虞伯生等跋 趙伯駒三生前事圖 元趙松雪等跋尾
李嵩大內工作圖 陳居中 笳十八拍圖 宋高宗按款題
跋 張翼臨韓滉村翁嫁女圖 馬遠臨王 村社
會集圖 元趙孟頫摘花引子圖 高士圖 錢選
維摩像 蕭翼賺蘭亭圖 趙子昂百花美人圖
趙子昂達摩佛像圖 子昂畫宣聖像 子昂畫山
水人物 龔開鍾馗元夜出游圖 開篆文自題并前元十餘人跋

山水界畫

南北朝展子虔游春圖 宋徽宗前後小璽元人跋 王維精能圖
宋高宗璽并題 圓光二水 前元十餘人題跋 李思訓御苑採蓮
圖 有趙肅張伯雨印文休承等跋 行幸蜀川圖 宋高宗前後小璽 周古
言東山圖 李昭道海天落照圖 桃花源圖 宋高宗題
荆浩山莊圖 宋高宗題并前後小璽 宋郭忠恕越王宮殿圖
宋高宗題 李成古木寒泉圖 董源雲山圖 趙松雪跋 范
寬長江萬里圖 卷長五丈竟一紙也 李公麟九歌圖 輿綸吳傅明謝
奕蔡奕修等跋 西園雅集圖 葉石林等題跋 米芾雲山遠樹圖
後方自題并康里子山跋 硯山圖 宋高宗小璽潘若水跋 雲山圖 康里子山

跋　馬和之風雅八則莊蓼塘卯卯　二南圖趙子昂跋　陳
風十篇圖宋高宗寫毛詩并跋　李唐山陰圖宋高宗跋　王子猷
雪夜訪戴圖　寒江漁艇圖宋高宗跋　雪塢幽居圖宋高
宗跋　江山勝景圖前元人跋　馬遠待月圖前元人跋　踏歌
圖宋高宗題并前後小璽　夏圭江山清遠圖　李確春山游
騎圖　元趙孟頫重江疊嶂圖元國初後諸人題識　王振鵬
金明池奪標圖元時十餘人題識　黃公望重山疊嶂圖國初
人跋　米家書畫船圖同時人題跋　盛懋吹簫圖國初人跋
王蒙仙山修道圖　桃花書屋圖勝國人題　芝蘭室圖
同時人題　倪瓚林亭小景　家園圖同時名人題詠甚衆

花果鳥獸
南北朝陳閎人馬圖宋人跋　胡瓌番部卓歇圖宋徽宗前
後小璽　韓幹照夜白馬圖宋高宗璽記元人跋　雙騎圖蘇子瞻題
米芾等題名并趙子昂康里子山跋　十六馬圖趙子昂跋　百馬圖宋徽宗前
後小璽　拳毛騧圖宋徽宗題前後小璽　張符十牛圖　五代
黃筌杏花三猿圖宋高宗題前後小璽　芙蓉鸂鶒圖　宋徽
宗百合奇石圖宋名人題倪元鎮等跋　元錢選九馬圖
右凡四十七人計九十九圖

諸家藏畫簿卷十終

制義科瑣記

光緒七年辛巳重鐫于齋藻

制義科瑣記序

三代之造士也黨庠術序其法備詳於周官禮記漢魏之取士也鄉舉里選其事散見於紀傳律令大抵設教之法代有不同而升秀之典亦紛然各異求其勒成一書足備掌故者固未有也至唐而科目之多爲最其中以登進士科爲淸班與其選者莫不引爲光耀至蔵其賢書於首稱曰千佛名經顧不盛歟王定保作摭言二十卷剌取其事如賜宴題名則有雁塔杏園之盛法書異蹟則有濡毡蘂榜之奇夢兆禎祥則有駝起龍乘之卜亦足以考鏡三唐人物之盛

文章之麗制科之盡善也哉我　朝承前明之法以八股選士則其盛又前古所未有者蓋其各省之試謂之鄉試鄉試中選而貢之京師合而考選之謂之會試會試得列進士第者又廷試之謂之廷試自前明以迄於今幾五百年儲材養士之厚率舊作新之制文人學士多喜談而樂道之其雜載于高文典策稗官野史之内者更僕未易悉數予于誦讀之餘隨見摘抄自明洪武開科以至于今共得百十條彙集成册爲制科雅話以鳴盛事亦以見　國家待士之隆也故曰制義科瑣記亦聊以備典故云爾或曰八

股取士之制創於元代舊說以爲王荆公始者非也蓋荆公之所創者經義非八股又凡入場之制亦多元代所制如糊名易書等事猶是遺規也不但文字體裁之特異於前代而已編中所載未及原始爲補其遺于弁首云

乾隆四十三年八月中秋後一日綿州

李調元鶴洲題弁書

制義科瑣記目錄

卷一

制義開科之始　初設科舉條格記
罷會試　頒行科舉成式
多國子生　采書經庶常吉士之義
開國元墨　題目無多
對策　狀元坊
君子　春夏二榜
貌不揚　盧龍軍士
胡廣　批卷
題名碑　挨宿
生日　兄弟鼎甲
三加禮　考官不敘爵
典史中狀元　詔許歸娶
春聯　蹇瑢
不名　改中書
賜錠　狀元出太學
竿頭進步　九疇偏題
秸字難識　名近暴
檢舉　白而偉

不枉士子　天字稱蔑
同考不用教官　薛瑄性理
平平耳　奪聘禮
正文體　各覽一週
君前臣名　榮名讖詘
嗜酒　夢聞雷
千年礦　儒釋道三鼎甲
欽賜舉人

卷二

都北平　朱書其

黃鸚鵡賦　會試分南北中卷
策士歌　祀竈文
三元　金銀鐵
火　風颶卷
貌寢　給筆札
搆考官　怨考官
場屋災　乞改部
千里如飛　天曹見譴
三十幅　五色鳥
一網得　代倩

房術　同鄉
歸班　場無解元
父子各占一元　賣題
白沙之徒　斥讀卷官
酒闌人散　驟貴
王氏學　改部
考官作弊　不顧經旨
抑卷　無眼無頭
九鯉神　驛丞中式
元元元　改名黃

文武兩解元　神夢
元可操券　報先生
傳鼓　雖私亦公
憤言官之横　置末第
湯賓尹科場作弊始末
疑信相半　易水生
老莊　無館選
當如老夫

卷三

圖魚　屠者夢

夫人大慟　陰相官生必敗
五經進士　兩舉世間無
宣聖取芹　卿輔萃處一堂
未娶　陳奄寺之害
殿試懷挾　邀謁
十二金　婢索命
尚如少年　四十八人
特用榜　洪廟神夢
酒芝　癸未榜
桃花魚　眞解元

不可坐闈　弱肉對句
糧戸夢　兩夢
建大旗　一朝平步上青天
止逗四行　艾千子自叙
癸未

卷四

人物之盛　根字
半仙　黄鶯兒
吏筆報　持齋
不甚了了　會元後身

豹仙　啞子
曲水詩序　夢祖履
特賜進士及第　戊子北榜三及第
甲午浙榜三狀元　德清蔡氏二狀元
戊戌三及第　蘇州會元狀元
崑山徐氏三及第　同邑一榜及第
僚壻狀元　一邑甲科之盛
全椒吴氏兄弟　特恩賜會試
長洲彭氏兄弟　補鄉試
禁師生　初選方面

賜生員金　會元解元入翰林
試錄齒錄　謄卷
題名碑　正副考試官
狀元出典鄉試　八股
山東狀元　薦隱逸
梓潼帝君　神術

制義科瑣記卷一

羅江李調元鶴洲輯

制義開科之始

明洪武三年庚戌始開科就試者鄉舉士百二十三人中式者七十二人主試則御史中丞劉基治書侍御史秦裕伯同考則翰林侍讀學士詹同宏文館學士睢稼起居注樂韶鳳尚寶丞吳潛國史編修宋濂而序錄出於濂中試士未及會試悉授官四年京畿鄉試兵部尚書吳琳司業宋濂濂仍爲序尋合諸省之士會試凡二百人中式者百二十八人知貢舉官右

丞相汪廣洋左丞相胡惟庸主文禮部尚書陶凱學士潘庭堅考試學士詹同司業宋濂吏部員外郎原本貢士鮑恂吏部侍郎顧貞監試御史孔希魯宋圭提調兼印卷禮部尚書楊訓文同印卷中書左司郎中孫煜祖提調禮部侍郎秦文繹禮部主事姜漸受卷吏部主事林光弼彌封兵部主事許方謄錄蘇州教授貢頴之對讀翰林應奉文字唐肅禮部主事張孟兼此外又有監門搜檢巡綽鎮撫供給及掌行科舉文字省椽令史奏差等官　廷試總調則汪廣洋胡惟庸讀卷祭酒魏觀博博士孫吾與給事中李顧修撰王僎監試御史馬貫徐汝舟掌卷工部員外郎牛諒受卷工部主事周寅彌封秘書監丞陶誼對讀尚寶丞魏潛編修蔡元調提調前陶凱楊訓文（按官品尚書祭酒正三品侍郎侍讀學士正四品給事中從四品左司郎中司業正五品員外正六品主事應奉修撰正七品編修秘書正八品）是歲取中俞友仁等廷試賜吳伯宗郭翀吳公達俱及第狀元授員外郎餘及出身俱授主事同出身授縣丞會元亦授縣丞高麗生入試者三人唯金濤登三甲第五名授東昌府安邱縣丞餘皆不第三人俱不通華言請還本國詔厚給道里費遣舟送之濤尋爲其國相

初設科舉條格記

洪武元年詔曰朕聞成周之制取材于貢士故賢者在職而其民有士君子之行是以風俗淳美國易爲治而教化彰顯也漢唐及宋科舉取士各有定制然但貴詞章之學而未求六藝之全至於前元依古設科待士甚優而權豪勢要之官每納奔競之人辛勤歲月輒竊仕祿所得資品或居士人之上懷材抱德之賢恥于並進甘隱山林而不起風俗之弊一至於此今朕統一中國外撫四夷與斯民共享昇平之治所慮官非其人有傷吾民願得君子而用之自洪武

三年八月爲始特設科舉以取懷材抱德之士務在經明行修博古通今文質得中名實相稱其中選者朕將親策于廷觀其學識品其高下而任之以官果有材學出衆者待以顯擢使中行文武皆由科舉而選非科舉無得與官敢有游食奔競之徒重以重罪以朕稱責求賢之意所有合行事宜條于後一鄉試會試文字程式第一塲試五經義各試本經一道不拘舊格惟務經旨通暢限五百字以上易程朱氏註古註疏書蔡氏傳古註疏詩朱氏傳古註疏春秋左氏公羊穀梁胡氏張洽傳禮記古註疏四書義一道

限三百字以上第二塲試禮樂論限三百字以上詔誥表箋第三塲試經史時務策一道惟務直述不尚文藻限一千字以上第三塲畢後十日面試騎觀其馳驟便捷射觀其中數多寡書觀其筆畫端楷律觀其講解詳審殿試時務策一道惟務直述限一千字以上一出身第一甲第一名從六品第二第三名正七品賜進士及第第二甲一十七名正七品賜進士出身第三甲八十名正八品賜同進士出身一鄉試各省并直隷府州等處通選五百名爲率人材衆多去處不拘額數若人材未備不及數者從實充貢河南省四十名山東省四十名山西省四十名陝西省四十名北平省四十名福建省四十名江西省四十名浙江省四十名湖廣省四十名廣西省二十五名在京鄉試直隷府州一百名一會試額試一百名一高麗國安南占城等國如有經明行修之士各就本國鄉試貢赴京師會試不拘額數選取一開試日期鄉試八月初九日第一塲十二日第二塲十五日第三塲會試次年二月初九日第一塲十二日第二塲十五日第三塲殿試三月初三日一三年一次開試一於洪武三年鄉試洪武四年會試一各省自行鄉

試其直隷府州赴京鄉試凡舉各具籍貫年甲三代本姓鄉里舉保州縣申行省印卷鄉試中者行省咨觧中書省判送禮部印卷會試一仕宦已入流品及曾于前元登科并曾仕宦者不許應試其餘各色人民并流寓各處者一體應試一有過罷閒人吏娼優之人並不得應試一應舉不第之人不許諠閙攄拾考官及擅擊登聞鼓違者究治一凡試官不得將弟男子姪親屬狥私取中違者許赴臺省指實陳告一科舉取士務在得全才但恐開設之初騎射書算未能徧習除今科免試外候二年之後須要兼全方許

中選於戲設科取士期必得乎全材任官惟能庶可成于治道咨爾有衆體朕至懷故茲詔示想宜知悉

罷會試

洪武六年諭中書省臣有司所取多後生少年觀其文詞若可有爲及試用之能以所學措諸行事者甚寡朕以實心求賢而天下以虛應朕非朕責實求賢之意也今各處科舉宜暫停罷別令有司察舉賢才必以德行爲本而文藝次之是年遂詔天下舉人罷會試正月初八日河南解額內選四名第一人張唯年二十七其次王輝年二十八李端年二十一張翀

年二十七二十三日山東解額內選五名第一人王璉年二十三其次張鳳年二十八任敬年二十六陳敏年二十三馬亮年二十五皆拜翰林編修又選國子監蔣學方徵彭通宋善王惟吉鄒傑等拜給事中于文華堂肄業命太子贊善大夫宋濂太子正字桂彥良分教之

頒行科舉成式

十七年三月戊戌朔命禮部頒行科舉成式凡三年大比子午卯酉年鄉試辰戌丑未年會試舉人不拘額數從實充貢鄉試八月初九日第一場試四書義三道每道二百字以上經義四道每道三百字以上未能者許各減一道四書義主朱子集註經義詩主朱子集傳易主程朱傳義書蔡氏傳及古註疏春秋主左氏公羊穀梁胡氏張洽傳禮記主古註疏十二日第二場試論一道三百字以上判語五條詔誥章表內科一道十五日第三場試經史策五道未能者許減其二俱三百字以上次年禮部會試以二月初九日十二日十五日爲三場所考文字與鄉試同鄉試直隸府州縣則于應天府在外府州縣則于各布政司其舉人則國子學生及府州縣學生員之學成

者儒士之未仕者官之未入流者皆由有司申舉性資敦厚文行可稱者應之其學校訓導專教徒及罷閒官倡優之家與居父母喪者並不許入試其中試者官給廩傳送禮部會試考試官皆訪經明公正之士官出幣帛先期敦聘主文考試官二人文幣各二表裏同考試官鄉試四人會試八人文幣各一表裏提調官在內鄉試應天府官一人會試禮部官一人在外布政司官一人監試官在內監察御史二人在外按察使官二人供給官在內應天府官一人在外府官一人收掌試卷官一人彌封官一人謄錄官一

人對讀官四人受卷官二人皆擇居官之清慎者充之巡綽監門搜撿懷挾官四人在內從都督府委官在外從守禦官委官凡供用筆札飲食之屬皆官給之舉人試卷自備每場草卷正卷各用紙十二幅首書三代姓名及其籍貫年甲所習經書在內赴應天府在外赴布政司印卷會試殿試赴禮部印卷試之日黎明舉人入場每人用軍一人守之禁講問代冒至晚納卷未畢者給燭三枝文字迴避御名廟諱及不許自敘門第彌封者編號作三合字謄錄用硃考試官用墨以防欺僞其會試中試者三月朔日赴殿試

多國子生

是秋九月應天府奏中式者廖孟瞻等二百二十九人內多國子生上悅命有司出榜原籍旌之

采書經庶常吉士之義

十八年乙丑會試命侍詔朱善前典籍聶鉉爲考試官取黃子澄第一練子甯次之花綸又次之綸浙江解元也及廷試綸第一子甯次之子澄又次之旣啟封上自以夢故用丁顯爲狀元子甯如故綸第三抑子澄三甲爲庶吉士然三人俱授修撰亡何亦擢子澄爲修撰云見刻丁顯策者僅三百字稱上爲上位餘多不成語實錄云賜二甲進士馬京等爲編修吳文爲檢討李震爲承勅郎陳廣爲中書舍人三甲危瓛爲衛府紀善李鳴岡爲潭府奉祠正楊靖爲吏科庶吉士黃耕爲承勅郎蹇瑢等爲中書舍人鄒仲實爲國子助教其諸進士觀政翰林院承勅監近侍衙門采書經庶常吉士之義俱稱庶吉士六部俱稱進士

開國元墨

是科首題爲天下有道則禮樂征伐自天子出黃子

澄元墨實爲開國第一篇文字足爲萬世楷式其墨云治道隆於一世政柄統於一人夫政之所在治之所在也禮樂征伐皆統於天子非天下有道之世而何哉昔聖人通論天下之勢首舉其盛爲言若曰天下大政固非一端天子至尊實無二上是故民安物阜羣黎樂四海之無虞天開日明萬國仰一人之有慶主聖而明臣賢而良朝廷有穆皇之美也治隆於上俗美於下海宇皆熙皞之休也非天下有道之時乎當斯時也語離明則一人所獨居也語乾綱則一人所獨斷也若禮若樂國之大柄則以天子操之而

掌于宗伯若征若伐政之大權則以天子主之而掌于司馬一制度一聲容議之者天子不聞以諸侯而變之也一生殺一予奪制之者天子不聞以大夫而擅之也皇靈丕振而堯封之內咸欽聖主之威嚴王綱獨握而禹甸之中皆仰一王之制作信乎爲天下有道之盛而非後世所能及也錢吉士評云洪武庚戌詔以八月開鄉試明年二月禮部會試所試文仍尚元制至甲子定科舉成式乙丑會試止錄士子姓名鄉貫未刻程文錄文自戊辰始此篇見世德堂墨選後列解學士大紳批語云莊重典雅臺閣文字相傳甚久特爲表出

題目無多

國初試題取經書中大道理大制度係人倫治道者出以課士當時題目無多士專心于大且要者用功有倫序得以餘力及他經子史

對策

練子寧名安以字行新淦人洪武十八年殿試對策有云天之生材有限陛下忍以區區小故縱無窮之誅何以爲治上大悅擢一甲二名

狀元坊

任亨泰襄陽人以太學生中洪武二十一年進士上特命有司建狀元坊以旌之遂爲例

君子

陳性善名復初以字行洪武三十年進士山陰人傳臚過御前帝見其容止凝重屬目久之曰君子也

春夏二榜

洪武三十年丁丑上命翰林學士劉三吾安府紀善白信蹈爲考官榜發中原士子無與名者三月殿試以閩縣陳䢿爲第一被黜者咸以不公爲言上大怒命儒臣再閱下第卷擇文理優長者復其科第或傳三吾與信蹈王閱卷官所囑以卷之最陋者進呈上

驗之果以不堪文字奏進益怒謂爲胡藍二黨命刑部考訊三吾信蹈與贊善司憲三人爲藍黨侍讀張信贊善王俊華司直張謙校書嚴叔載正字董貫長史黃章紀善周衡王楫皆胡黨唯侍讀戴彝不與焉詔三吾謫戍邊餘皆凌遲於市於是覆閱取六十一人皆北人也故是科有春夏二榜春榜狀元郎陳䢿夏榜狀元韓克忠山東武城人

貌不揚

建文二年策試禮部中式舉人賜胡廣王艮及第出

身有差廷試策艮最優以貌不揚易廣第一後艮死難故曰以貌取人失之子羽

盧龍軍士

景泰元年翰林侍讀學士劉鉉主考順天及揭曉第一人劉宣盧龍軍士也同事者欲更之鉉爭曰朝廷立賢無方乃止

胡廣

胡廣吉水人建文二年殿試廷問堯舜之世親則象傲臣則共鯀意在燕王也廣對有親藩陸梁搖動人心語擢爲第一見姓名曰又一胡廣耶改名靖後謚

文穆文臣得謚自廣始

批卷

永樂二年甲申上命侍讀學士解縉侍講黃淮爲官先是江西有劉子欽者縉同鄉由省元至會元將殿試縉在翰林間稱之曰狀元屬子矣子欽自負署不遜遜縉少之密以題意示同鄉曾棨明日廷對棨策最詳殆及萬言上親批其卷云貫通經史學達天人有講習之學有忠愛之誠擢魁天下昭我文明尙質啟沃惟艮顯哉遂擢第一殿試罷棨以詩紀之曰曉開三殿降絲綸袞冕臨軒策小臣紅燭影催金闕曙紫霞香泛玉壺春雲霄九萬扶搖近禮樂三千制作新淺薄未能宣聖德願歌棫樸播皇仁

題名碑

永樂二年上特命工部建進士題名碑於國子監命侍讀學士王達記遂爲例

挨宿

永樂三年乙酉正月上命學士解縉選新進士有才識者就文淵閣肄業得二十八人周忱自陳年少願讀中秘書上曰有志之士也增忱共二十九人令縉領其事時人謂周忱爲挨宿云按二十八人象二十八宿也挨是

歲庶常令司禮監月給筆墨紙光祿給朝暮膳禮部月給膏燭鈔人三錠工部近第宅居止

生日

曾棨字子棨五歲盡識象戲事稱江西才子永樂中甲申狀元其生洪武乙巳九月七日亥時其孫追亦生於洪熙乙巳九月七日亥時年月日時皆同因名追成化戊戌追亦探花及第

兄弟鼎甲

永樂甲申科盧陵周孟簡與弟述同登第述名在孟簡之前太宗曰弟不可以先兄乃置述於後此即二宋故事也按題名碑述在一甲二名仍先榜也按弇州別集二人從比季也亦有御批

褒許之詞王謂兄弟齊名古今罕比

三加禮

王翰林洪以總角登第永樂喜甚命禮部與行三加禮畢赴瓊林宴入官翰林與王直王英同年齊名人稱三王

考官不敘爵

永樂中各省鄉試多有儒士主考而品官同考者景泰二年會試莆田林文修撰也而爲主考吉水劉儼侍讀也而爲同考當日重在衡文故不敘爵

典史中狀元

曹鼐爲典史日夕讀書不輟邑令戲之曰欲中狀元耶鼐曰誠如尊諭（按鼐初中鄉試授學正自以年少不堪人師願試民職改泰和典史）宣德八年癸丑督工匠至京疏乞會試中第二殿試廷問義禹河洛象數鼐對稱旨上親擢爲第一

詔許歸娶

花綸初授修撰年十八詔許歸娶練子甯送以詩曰三月都門鶯亂啼郎君春色上春衣潘生況擬供調膳張敞仍須學畫眉南陌酒香銀甕熟西湖月朗畫船歸極知身負君恩重莫遣心隨粉黛移（堯山堂外紀）

春聯

章孟端爲御史多所彈劾中貴忌之龍歸諸子連中進士爲京官同處一邸書春聯于壁曰四壁金華春宴罷滿床牙笏早朝歸人多羨之

蹇瑢

是歲沈潛楊靖咸受上知不兩歲至兵刑部尚書而皆不克終蹇瑢改名義授中書舍人滿九載潛靖死後始進官爲吏部尚書者三十四年俞憲登科改名姓次序俱以會試錄爲準然不載楊靖蹇瑢其脫略可知矣

不名

戊辰狀元任亨泰深被上寵召有司于襄陽建狀元坊以旌之亨泰每召議手書襄陽任而不名

改中書

按是歲解縉年十九中三甲進士攷年譜志銘俱云改中書庶吉士與姊夫黃金華同而實錄內絕不載其事實錄爲縉總裁豈應刪略至此蓋縉得罪後以重修故去之耳題名記盧原質卓敬以死難磨去不存

賜錠

二十三年庚午賜應天府考試官傅箕蘇伯衡謝南

毛瀚鈔各十錠中式舉人貢文史等五十八人各二錠其監生生員試不中者鈔二貫且諭以進學之方俾無怠無忽

狀元出太學

二十四年辛未取中許觀等三十一人仍賜許觀第一時年二十八上以連科狀元出太學召祭酒宋訥褒焉

竿頭進步

永樂二年甲申賜狀元曾棨與周述孟簡羅衣各一襲又命翰林試下第舉人張欽等六十一人召見皆

賜冠帶命于國子監進學以俟後科諭曰爾等學已有根但更百尺竿頭進步耳後科第一人有不在爾曹者乎

九疇偏題

永樂七年已丑會試榜發御史劾出題孟子節文尚書洪範九疇偏題考官鄒緝等俱下獄又復取下第胡棨金庠等十餘人時以上幸北京俱 國子監讀書辛卯始殿試皇太子先以副榜第一名孔諤爲中允賜出身

秸字難識

十三年乙未始詔天下舉人會試北京命修撰梁潛王洪爲考官初拆卷第一名曰陳循其鄉人也避嫌改第二而擢林文秸既又以秸字難識定洪英第一第五王翺鹽山人也上喜得畿輔士以布衣召見賜酒食既廷試復賜陳循李貞陳景著及第景著時年十八

名近暴 朱書塡黄榜

二十二年廷試上初取孫曰恭第一嫌其名近暴曰孫暴不如邢寬遂擢寬第一仍用朱書塡黄榜一時稱異事

檢舉

宣德七年壬子九月府尹李庸檢舉科場詐冒事御史劾之上曰科舉求賢國家重事於此而不用心他事可知矣御史所劾本不可宥但念斯事因庸覺察不然奸弊不克露矣

白而偉

正統元年廷試首擬取三卷未定問同事者曰有識周旋者否狀何如或曰白而偉蓋疑謂滄安周瑄也按瑄名在二甲二十二名遂首旋既傳臚貌甚寢爲之愕然是科同考官魏驥付考官陳循師也官太常少卿秩尊于循而循以侍講學士爲考官

不枉士子

三年戊午順天初試之夕場屋火旋滅試卷有殘缺者有司懼不敢請更試欲請修場屋以後兩試主考曾鶴齡曰必更試然後可以滌弊而不枉士子有司具二說以進詔更試

天字稱萸

十年乙丑榜取中商輅爲明朝三元一人是歲同考一教授二教諭是科會試登科錄天字皆稱萸字今考部本不然以爲萸作闈之誤葉是科進士豈有誤理或本部翻刻未可知也廷試讀卷官有兵部尚書徐晞戶部侍郎奈亨俱吏員也

同考不用教官

景泰五年先一年禮書胡濙言翰林院及春坊以文藝爲職業宜專作同考京官由科第有學行者宜兼職以充勿再用教官著爲令是歲商學士才閱三科巳作正考而同考則中允楊鼎贊善錢溥皆巳未也

薛瑄性理

天順元年同考則尚寶少卿錢溥司丞李泰翰林典籍徐秘蓋官制初變也而正考則學士薛瑄侍講呂原是科最號嚴整然外人有以俚語戲者所謂薛瑄性理難包括錢溥春秋沒主張問仁既巳無顏子告祭如何有太王皆指摘題目之誤至謂總兵令姪獨軒昂蓋指石亨從子後也後坐亨敗除名及以怨謗剮於市

平平耳

成化十四年戊戌殿試閣考萬安得曾彥策擊節歎賞又先一日唱名時視之美而頎長也擢第一傳臚見彥老而多髭且短萬意惘然退再取策閱之平平耳是科庶吉士張潔年十七楊廷和年十九

奪聘禮

二十二年禮書周洪謨奏本年天下鄉試錄文多乖謬乞將考試官訓導黃奎追奪聘禮行巡按御史提問從之

正文體

嘉靖十一年殿試賜林大欽孔天胤高節及第先是禮部尚書夏言上疏正文體諸刻意騁詞浮誕磔裂壞文體者擯不得取詔可既廷試復令儀制郎中約束諸士咸措聽而大欽獨後至不聞也起不用對曰而文氣甚奇吏部尚書汪鋐得之詫曰怪哉以示大學士張孚敬巳定二卷覽之曰雖破格甚明健可誦

也取爲第三旣呈覽上御批第一時年二十二

各覽一週

十一年乙未廷試賜韓應龍孫陞吳山及第先是大學士李時等取中十二卷進覽上批答曰卿等以堪作甲卷十二來呈朕各覽一週其上一卷說的正合策題夫周道善而備朕所取法其上三說仁禮爲用夫仁基之禮成之亦甚得題意其上四論仁敬夫敬而能仁他不足說可以保治矣其上二畧泛而治於行其下二却似譏雖與題不合言以時事故朕取之可二甲首餘以次挨去不知是否卿可先與鼎臣看

一過再同讀卷官看行上復御批首三卷于韓曰是題本意可第一甲第一名于孫曰說仁禮之意好可第二名于吳曰敬爲心學之極此論好可第三名

君前臣名

十六年丁酉禮書嚴嵩奏廣東所進試錄字如聖謨帝懿四郊上帝俱不抬頭及稱陳白沙倫遷岡之號有失君前臣名之義得旨學政王本才等布政陸杰等俱逮問

策含譏訕

二十二年癸卯上覽山東所進鄉試錄手批其第五問防邊禦虜策曰此策內含譏訕禮部其參看以聞于是尙書張壁等言今歲虜未南侵皆皇上廟謨詳盡天威所懾乃不歸功君上而以醜虜饜飽爲詞誠爲可惡考試官教授周鑛等法當重治監臨官御史葉經等俱屬有罪上曰各省鄉試出題刻文悉聽之巡按考試教官莫敢可否此錄不但策含譏訕卽首篇論語義繼體之君不道經職司監臨事皆專任周鑛等俱令錦衣逮治經至上以經狂悖不道杖八十爲民經遂死杖下

酗酒

御史包孝奏辛丑會試編修稽世臣爲禮經分考賄中進士徐履祥陳志潘仲驂當追罷且言左庶子童承敘之嗜酒右贊善郭希顏之輕險編修袁煒之放蕩俱不當與試事上不問

夢聞雷

二十三年甲辰廷試少傅翟鑾二子汝儉汝孝俱與焉上疑汝儉等在首甲因抑第一卷置第三復抑第三卷置二甲第四拆卷果汝孝也上又夢聞雷遂拔秦鳴雷爲狀元是科旋有王交劾考官江汝璧通賄之事

千年礦

方應祥字孟旋浙之西安人萬歷丙午魁應天至丙辰韓若愚得公卷擬本房第八忽叫絶定首卷填榜見爲孟旋語所知日得百少雋不如得一老方故繆西溪曰由前摸索無心發千里之礦由後矜賞偏喜添雲水之庄傳爲佳話

儒釋道三鼎甲

正統十三年賜彭時陳鑑岳正進士及第時稱爲儒釋道時儒籍鑑神樂觀道士四十尚未娶正早喪父嫡母不容避居興隆寺從僧故云是科齒最少者河

南李泰父永昌見爲太監

欽賜舉人

劉學士儼景泰中典北畿秋試取江陰徐泰解元泰本富族當道奏儼有私召五經魁士親試禁中彌封以示閣臣覆閱取次折封一與原榜無異仍賜泰爲解元時目泰爲欽賜舉人

卷一終

制義科瑣記卷二

羅江李調元鶴洲

都北平

永樂十三年乙未會試貢試於行在北京鹽山縣人王翺進呈卷在第五上欲都北平得翺大喜擢二甲第一（按是科續取下第舉人二十四人並賜冠帶給教諭俸送國子監讀書以待下科）

朱書其

馬狀元鐸母馬氏妾也嫡姑不容再嫁同邑李氏（俱福建長樂縣人）復生一子名馬亦中永樂十六年戊戌狀元（按馬鐸中狀元在永樂十年壬辰科）御筆於馬旁加其字名騏越三日傳臚凡三唱無應者曰卽李馬也騏乃受詔每報刺騏字黑書馬朱書其

黃鸚鵡賦

永樂戊戌科二甲一名進士周敘吉水人十一歲能詩殿試後上命作黃鸚鵡賦稱旨授編修

會試分南北中卷

宣德二年乙巳科定會試分南北中卷以百名爲率南北各退五名爲中卷直隸山東河南山西陝西爲北卷四川廣西雲南貴州及鳳陽廬州徐滁和三州爲中卷餘皆南卷

策士歌

宣宗庚戌年御奉天門親發策問退而御武英殿謂從臣曰朕策士不尚虛文欲得忠鯁能言者賦策士歌一篇以示讀卷官讀卷官悉心摹索得稱旨才三人歙縣吳甯三甲十八名吉水廖莊三甲九名安福劉實二甲二十二名也

祀竈文

劉定之字主靜永新人少作祀竈文父見之曰此子一第不足多也中正統元年禮部會元殿試一甲三名

三元

正統十年乙丑商公輅由解元會元捷狀元終明世三元公及黃觀而已先是文運獨盛於江西故有狀元多吉水朝內半江西之謠至是浙省始盛按黃觀貴池人字伯瀾一字尚賓洪武甲子應貢入太學發解南畿辛未會試第一廷對禦戎策太祖嘉之擢狀元除修撰今池州學宮三元匾尚存

金銀鐵

景泰五年狀元河南人孫賢面黑榜眼宜興人徐溥面白探花武進人徐鏴面黃時目爲鐵狀元銀榜眼金探花

火

天順癸未貢院火甲申又火舉人死者九十餘人好事者爲詩云回祿如何也忌才春風散作禮闈災碧桃雖向天邊種丹桂翻從火裏開毫氣滿場爭吐燄狀心一夜盡成灰曲江勝事今何在白骨稜稜漫作堆

風颺卷

景泰二年辛未王越方殿試時旋風掣其卷颺去御史爲言乃重給卷使畢試踰年朝鮮貢使至攜所颺卷以進景帝見越姓名異之謂吏部曰識之此當任風憲因授御史

貌寢

景泰五年甲戌殿試邱文莊文濬本擬狀元以貌寢寘二甲一名

給筆札

孔公恂聖裔會試後以母疾不赴廷對上知之使召之日且午不及備卷命翰林官給筆札遂登第二甲十四名進士時景泰甲戌科也

搆考官

天順元年甲子順天鄉試以大學士劉儼侍講學士

呂原充考官內閣陳循子瑛王文子倫俱不中式循等奏儼等閱卷不公且摘策題中有無正統又第六名林挺硃卷無批語等語以激怒上如洪武間劉三吾等例重開科考試上命翰林覆閱中卷高穀懼儼等禍且不測早朝事畢出班跪稱有事上聞上召至前穀曰大臣子與寒士並進已不可況又不安於命欲搆考官可乎上然之由是儼得免而特旨賜陳瑛王倫爲舉人許赴會試 按王倫於成化丙戌科改名宗彝中二甲六十九名進士訴父冤得復官後仕至禮部尚書

怨考官

天順四年庚辰科榜發有怨考官者妄奏考官衡文顛倒帝問李賢賢曰此乃私忿考官無弊如臣弟讓亦不中可見其公上立命枷其人於部前

場屋災

天順七年癸未場屋災明年甲申補會試

乙改部

甲申殿試二甲八名安福人張敷華三甲二十一名華容人劉大夏俱乙改部以知庶事從之 同上

千里如飛

天順壬午科浙江東陽盧楷初爲仇家所忌陷入囹圄至八月六日晚甫得脫繫計試事已無及矣是夜大雨如注水漲溢晛次早撥船又明日纔抵武林遂得應試因書一絕於朝天門上云昨從和步撥船開午過蘭江晚釣臺今日浙江樓上望半千里路似飛來及放榜乃冠多士

天曹見譴

吳文定公寬少就塾偶偕稚友二三詣一土地祠嬉戲書神座云土地無道貶三千里既歸其師夢土地乞告曰令徒見譴天曹筆也無所施計冀師爲我釋之詰旦師訪諸徒得之立命文定爲洗滌之文定復如祠書免貶二字去成化壬辰果廷試首冠官至少宰

三十幅

羅倫字彝正號一峰永豐人成化二年丙戌既中會試自言久困場屋有志廷對願增紙以畢所陳禮部官壯其志許之謄眞遂有三十幅時李文達讀羅卷跪久李年高至不能起上命兩內臣掖之是年羅遂大魁至次科亦有欲比羅例者禮部官以爲有意希望不從故至今惟以十三幅爲式

五色烏

錢塘李子陽旻少有文名成化庚子秋試八月二日與同輩入學晨參忽五色一鳥飛入明倫堂盤旋不去諸生喧縱聚觀竟棲止于梁閒二日衆以爲文明之兆子陽爲詩慶之曰文采翩翩世所稀講堂飛止正相宜定因覽德來千仞不但希恩借一枝羨爾能知鴻鵠意催人同上鳳凰池解元魁選皆常事更向天池作羽儀是歲子陽果以易經發解 按旻甲辰狀元

一網得

唐皐在歙庠日每以魁元自命雖累蹶場屋而志不怠鄉人誚之曰徽州好箇唐皐哥一氣秋闈走十科經魁解元荷包裏其奈京城窮綹多唐聞之志益勵因題書室壁曰愈讀愈不中唐皐其如命何愈不中愈讀命其如唐皐何又嘗見人所持便面畫一漁翁網魚題曰一網復一網終有一網得笑殺無網人臨淵空歎息及正德癸酉甲戌果連捷狀元及第又曾夢與鄭佐同榜時皐年三十餘而佐方生後佐年十九果與同捷 按佐歙縣人是科登二甲七十二名

代倩

宏治時南京龍霓精於文義中壬子書魁乙卯代金都御史澤子逵入浙場中第八又與同中甲科人有詩嘲之曰阿翁一自轉都堂百計千方幹入場金澤財多子孫劣龍霓家窘手兒長有錢使得鬼推磨無學御將人頂缸寄與兩京言路者好排閶闔說彈章其詩盛傳於時後二人皆不容於清議一止浙僉一止太僕丞今科場要令批首立貢院門內辨同試者面貌方入蓋由此始

房術

倪進賢婺源人素不讀書以房術進萬安安大喜適成化戊戌科安囑考官劉吉彭華取之遂登進士選庶吉士後安以房術進上上曰此豈大臣所爲耶

同鄉

成化十七年辛丑吳寬作房官會元趙寬出其門趙吳江人論者頗以同鄉爲嫌吳乃集鄉人開宴命趙作玉延亭賦援筆而成時論乃息

歸班

李文祥麻城人與萬安孫弘璧成化丁未同年進士歸班安欲引附已延款于家安囑題畫鳩祥詩有曰春來風雨尋常事莫把天恩作已恩安不悅

場無解元

李夢陽字獻吉扶溝人試河南不第乃就試陝西場

將閉夢陽呼曰場無解元何爲閉也主者奇其言納之竟中第一

父子各占一元

倫文叙南海人宏治己未科會狀子以諒正德丙子解元以訓正德丁丑會元父子三人各占一元（倫元小錄）

賣題

宏治十二年己未科三場畢戶科給事中華昶言程敏政素行不謹已放歸田營求李廣復官禁近今爲主考甘心市井將題語論表策三問四問賣與江陰徐經蘇州唐寅（戊午新解元）二生先以題問人且驕于衆敗露至此百口難掩昔景泰年間徐泰買中順天解元事露覆試高穀曲護幸免今徐經與泰同家敏政又從而招徠之朝廷科目豈容再壞疏入下昶獄禮部尚書徐瓊等令李東陽（時爲正考官敏政其副也）會五經同考官將場中硃卷凡經程敏政看者重加校閱果有情弊出場之後通行究治二月二十九日閱畢揭曉取倫文敘等三百人林廷玉疏言臣在諫垣據簾官所見程敏政閱卷可疑六事命逮廷玉敏政俱下獄三月殿試揭榜四月會審程敏政科場賣題一案黜舉人徐經等十餘人爲民令敏政致仕謫華昶南京太

僕寺典簿林廷玉海州州判

白沙之徒

宏治十八年乙丑會試太常卿張元楨侍講學士楊廷和爲主考得一卷曰非白沙之徒不能爲此署第二名揭曉唱名乃廣東增城人湛若水也湛從白沙學云

斥讀卷官

正德三年戊辰劉瑾黨焦芳子黃中與殿試芳意必欲得第一以托東陽既而得二甲第一芳怒斥讀卷諸官爲部屬而授其子以檢討芳本不通猶置高第者李東陽應酬意也芳以故恨李時時詬罵瑾聞之曰黃中昨日在吾家試石榴詩甚拙顧恨李耶乃已瑾敗芳及子俱削爲民按是科瑾黨劉宇之子仁亦欲得一甲既而失之厚賂瑾取內旨批爲庶吉士後瑾敗亦削爲民

酒闌人散

正德戊辰科焦芳以子黃中不得狀元降謫諸翰林是科辛未楊廷和在閣其子愼以會試第二人廷對大魁天下愼極博學然京師猶呼爲面皮狀元以相傳首相長沙公密以制策題示愼故所對獨詳得首

冠也方登第時賓客塡賀太保公怏然不樂謂曰身列宰輔子魁大廷盛滿已極酒闌人散矣後議大禮果如其言

驟貴

張璁舉於鄉七會試不第將謁選御史蕭鳴善星術語之曰從此三載成進士又三載驟貴與天子若一人勢傾海內姑待之閱二年届庚辰會試因駕幸南京改明年辛巳科殿試遂登二甲第七十七名進士果三載也後皆如言（得第後改名孚敬）

王氏學

嘉靖二年癸未廷試策問陰誣守仁歐陽德王氏弟子也與同年魏良弼黃直（以上三公俱江西人）直發師訓無所阿附竟登第與探花徐階善共講王氏學焉（按題名碑是科三甲一百一名有河南息縣軍士與余同名惜不能考其字爵）

改部

嘉靖五年丙戌張桂用事故庶常盡令改部又己丑科廷試上親擢羅洪先（吉水人）程文德（永康人）楊名（遂甯人）於一甲而置唐順之（武進人）陳束（鄞人）任瀚（南充人）於二甲首皆手批其卷無何考庶吉士得胡經等二十人以唐等三人曾奉御批列經等之首座主張璁霍韜以前科館選悉改他曹引嫌亦議改乃寢前命以唐等改部

考官作弊

嘉靖甲辰榜發禮部員外郎錢萱禮科給事中汪蛟言會試主考官江汝璧等朋私通賄大壞制科內閣翟鑾二子汝儉汝孝連中鄉會塲而業師崔奇勳姻親焦清試皆同號房考俱出彭鳳之門其歐陽晪係汝儉舊業師故閱書經陽引嫌而陰爲籌畫沈坤取陸煒高節取彭謙汪一中皆通賄疏入鑾請覆試上以情弊顯然下法司逮訊翟鑾及汝儉汝孝江汝璧

崔奇勳焦清彭鳳歐陽晪俱削籍高節充軍沈坤汪一中陸煒免議

不顧經旨

張居正卒御史丁此呂劾禮部侍郎高啟愚（銅梁人）主南京試時至以舜亦以命禹爲題顯爲勸進且及戴光啟爲參政時主考鄉試私居正子嗣修等大學士申時行言考官止據文藝不知姓名不宜以此爲罪今此呂不顧經旨欲陷啟愚等大辟上遂謫此呂潞安推官（按長洲人陸檄以鄉會試私中居正子獲譴外調）

抑卷

萬歷二年甲戌沈一貫同考會試張居正子敬修卷在一貫所主考侍郎王希烈以爲言一貫抑其卷藏之居正大恨敬修手下科乃中

無眼無頭

萬歷丁丑張太岳子嗣修榜眼及第庚辰懋修復登鼎元有無名子揭口占於朝門曰狀元榜眼姓俱張未必文星照楚邦若是相公堅不去六郎即敏修也還作探花郎後俱削籍故當時語曰丁丑無眼庚辰無頭

九鯉神

海鹽倪政字拱德以鄉舉訓興化學終松溪諭初興

化生王譽者政才之故規矽不少借秋試譽禱夢九鯉神曰當問倪先生譽以先生必無好言勉往一請政怒應曰去中解元來譽喜甚疾趨出果發解

驛丞中式

畢瑜爲山東提學日有張驛丞者鄉試中式公贈之詩曰一官恥不與清流忙裏遺編自校讎枳棘豈能留彩鳳鹽車未必困驊騮東籓領薦名初顯西蜀題橋志已酬脫卻樊籠入佳境春雷萬里步瀛洲

元元元

許相國金陵鄉試與王申二公偶同坐有相士過指之曰元元元首許終申果不爽許公國解元王公錫爵會元申公時行狀元許貧時歲除袖修金歸憫拔水婦贈之方慮無以卒歲徘徊河西橋休甯程爵遇之高其義厚贈且結姻焉次年即發解

改名黃

袁了凡初名表萬歷丁丑下第夢袁黃作會元因改名黃比下科榜發則會元袁宗道黃汝良次焉

文武兩解元

熊公二十二巳中武解元因事爲當道呵責大以爲辱折節爲帖括遊庠及赴省試未獲錄科路訴於督學

請收遺才督學爲無錫鄒公以錄遺已過不允熊力大持其輿輿夫俱倒督學怒立責三十板出題命作文意欲黜之熊立就不加黜又大佳督學喜送入闈遂發解後熊督南畿學見鄒鄒踧踖若悔公曰雷霆雨露皆佩教誨歡然無閒

神夢

中州士人周冕屢舉不第一夕有神見夢曰汝須待魏尚倫同中周覺而求諸校中竟不得其人後十餘年有一尚倫入學問其舉業惜然其年周君錄科攜魏同告考周代魏作俱入試三塲同號周亦代之周

中本房第一魏亦登科周至膴仕魏至縣令

元可操券

明朝制藝確有分兩作文與閱者皆可操券而取一人出闈得意自以爲會元矣偶夜散步聞有誤墮泥中者急呼曰誰來救會元其人急往挽之起抵其寓閱文果高一籌曰真恨事我第二矣已而榜發果然

董思白將赴南宮往辭其尊公公歎曰兒入場須加意我向决汝爲元今不穩矣以吾前閱陶孝廉名望齡文出汝上也宗白謹受教啇馬乘題聚斂句已重頓矣憶其尊公言欲駕陶上復改之已而場中定元以

董平發不及陶遂置第三按是年萬歷己丑科也馮公夢正會試年有貴介子弟預購闈題聞有兩公密議曰斗筲字要之何用遂知爲行己有恥三節矣馮郎邀一契友入西山靜養半月得一破曰聖人與賢者論士而其所重者可知矣得意甚曰我會元矣已而出闈偏訊同袍文但聞其破曰不及我也榜發果然按是科萬歷丁丑科也

湯宣城賓尹讀書山寺上科某會元來訪傳衣鉢者偶過其地見湯徘徊於寺廊下忽疾走狂笑大擊寺鐘無數某公問之則曰我作一元文樂甚也索觀之曰是矣但未盡善因指其隙湯大服請教遂以元脉授之已而果得元按是年萬歷乙未科也

報先生

萬歷五年丁丑居正當朝其子嗣修名在二甲第一上拔置一甲第二謂居正曰吾以報先生也

傳鼓

魏允中爲諸生副使王世貞大器之歲鄉試世貞戒門吏曰非魏允中解元無伐鼓以傳也榜發果然

雖私亦公

李于鱗子駒敏慧能文有聲歷下王元美屬司李魏允孚因秋闈之便拔之曰雖私亦公也魏在場中檢

之數日不可得既放榜見駒卷委于櫃下塵土中七作皆佳駒未幾病没無子于鱗之白雪樓竟屬他人

憤言官之横

萬歷十四年丙戌科殿試閣臣申時行等擬袁宗道第二楊道賓第三宗道卷屬大學士許國讀士音不清楚署二甲第一移道賓一甲第二而拔進呈最末卷舒宏志爲一甲第三宏志巡撫應龍之子年少策最奇麗多規諷時事且憤言官之横閣臣不敢置前列上親賞拔中外驚異以爲神明

置末第

顧允成字季時無錫人憲成之弟以十一年會至丙戌廷試對策有曰張居正罔上行私陛下以爲不足信而付之一二匪人恐居正之專尚與陛下二此屬之專遂與陛下一二則易間一則難圖也且極言鄭貴妃事執政大駭且恚置末第

湯賓尹科場作弊始末

庚戌狀元韓敬者歸安人也受業宣城湯賓尹賓尹分校會試敬卷爲他考官所棄賓尹搜得之强總裁侍郎蕭雲舉王圖錄爲第一榜發士論大譁知貢舉侍郎吳道南欲奏之以已資淺嫌于擠排前輩隱不

發及廷對賓尹爲敬夤緣得第一人後賓尹以考察褫官敬亦引病去事已三年矣會進士鄒之麟分校順天鄉試所取童學賢有私於是御史孫居相並賓尹事發之下禮官會吏部都察院議顧不及賓尹事振基乃抗疏請並議未得命禮部侍郎翁正春等議黜學賢謫之麟亦不及賓尹振基謂議者庇之再疏論劾乃下廷臣更議御史王時熙劉策馬孟正亦疏論其事而南給事中張篤敬證尤力方賓尹之分校也越房取中五人他考官效之競相搜取凡十七人時賓尹雖廢中朝多其黨欲藉是寬敬正春乃會九

卿科道翁憲祥等六十三人議坐敬不謹落職閒住御史劉廷元董元儒過庭訓敬同鄉也謂敬關節果眞非止不謹執不署名意欲遷延爲敬地正春等不從持初議上廷元遂疏劾之公議益憤振基居相篤敬及御史魏雲中等連章論列給事商周祚亦敬同鄉議並罪道南孟正以道南發奸不當罪再疏糾駁帝竟如廷元等言勅部吏劾廷元黨元詩教遂劾正春首鼠兩端正春尋引疾去會熊廷弼之議亦起初賓尹家居嘗奪生員施天德妻爲妾不從投繯死諸生馮應祥芮永縉輩訟於官爲建祠賓尹恥之後永

縉又發諸生梅振祚宣祚朋淫狀督學御史熊廷弼素交歡賓尹判牒言此施湯（亦作天德無湯字）故智欲藉以雪賓尹前恥又以所司報永縉應祥行劣狀遂杖殺永縉巡按荆養喬遂劾廷弼殺人以媚人疏上竟自引歸廷弼亦疏辨都御史孫瑋議鐫養喬秩令廷弼解職候勘時南北臺諫議論方嚚各有所左右振基孟正雲中策及給事李成名麻僖陳伯友御史李邦華崔爾近李若星潘之祥翟鳳翀徐良彥等持勘議甚力而篤敬及給事中官應震姜性吳亮嗣梅之煥元詩教趙興邦御史黃彥士周達等駁之疏凡數十

上振基等復極言廷弼當勘並斥言篤敬等黨庇自是黨廷弼者頗屈帝竟如瑋與振基等言令廷弼觧任其黨大恨吏部尚書趙煥者唯詩教是聽乃以年例出振基及雲中時熙於外振基得山東僉事瑋亦自引去振基競直敢言居諫垣僅半載數有建白既去科場議猶未定也於是劉一復上書極論而賓尹等必欲十七人並罪以寬敬孫愼行代正春復集廷臣議仍坐敬關節而昭雪十七人疏竟留中賓尹敬本有與援外廷人多助之故議久不決篤敬復上疏論敬陰誣諸黨人諸黨人旋皆出外並逐愼行既而

居相策亦引去之祥外遷孟正益不平疏言廷弼聽勘一事業逐去一總憲外轉兩言官矣獨介介於之祥韓敬科場一案亦去兩侍郎兩言官矣復斷斷於篤敬毋乃已甚乎疏上孟正亦調外任凡與敬爲難者朝無一人由是得寬典僅謫行人司副蓋七年而事始竣云

疑信相半

萬歷戊子順天鄉試禮部郎中高桂疏參中式舉人鄭國章草稿止五篇李鴻文理不通潘之惺茅一桂任家相李鼎張毓唐語氣支離解元王衡閣臣王錫爵之子疑信相半俱請覆試上命禮部會同都察院詳加覆試奏看得八卷中七卷文理平通一卷文理不通奉旨既公同閱視文理皆通都准會試時錫爵疏曰臣所生秖一兒年二十九歲臣日夜教之少立身名而不圖更以臣官爲累也必謂在廷無一可信之輔臣輔臣無一向上之子弟不亦誤乎衡至辛丑科榜眼及第

易水生

萬歷二十三年乙未會試前一日有舉子夢試題係晉元帝恭默思道七字而題旨爲易水生奪去後試

題乃司馬牛問仁章蓋晉姓司馬而元帝爲牛金子合之則司馬牛也其恭默思道又含訒言意是科會元湯賓尹則固易水生也信大物天定哉

老莊

萬歷丁酉秋九月中允焦竑爲順天鄉試副主考論者以場中文俱用老莊語似中有關節故黜竑同知福甯州

無館選

先是巳酉葉向高疏言庶吉之選往時每隔一科自丙戌以來科科皆選翰林官壅滯日甚請照往例隔

科一選明歲暫停從之故庚戌殿試無館選

當如老夫

周中丞石公說山陰高臺字清江嘉靖癸丑進士官監司負知人鑒其錫蕭山進士某甫襁褓撫之曰異日科名當如老夫以巳癸丑會魁小印付之後果中萬歷癸丑會魁

卷二終

制義科瑣記卷三

羅江李調元鶴洲輯

圖魚

萬歷乙卯年南場中有魚見於圖魚水族也水至潔也而汙穢至此又見於場中此文明失位之象次年丙辰會試沈同和以代筆中第一名代筆者趙鳴陽中第六名俱吳江人事發按問並罪除名吳爲水國遂應其占亦厄運也時爲之語曰丙辰會錄斷么絕六

屠者夢

壬戌前一歲武昌屠者夢天榜狀元徐時行也臨江郎吾里一生同此姓名屠物色得之勞以羊酒月貽供養曰相公必是狀元異日無相忘生才下中大悅遂謀進學適當榜發乃始蘇申時行始猶徐姓也而生以病入學嘔血卒

夫人大慟

蕫尙書潯陽公三世四進士庚辰科公之長孫詩芝先父釋褐報至公攜杖往視子舍時隆山夫人以大不獲第方按几大慟公慰之曰汝子幸已貴何哭爲

吾子不第是吾痛耳不覺涕淚交下次科隆山亦第

陰相官生必敗

侯執蒲大梁人年二十一同兄執躬舉戊子孝廉提學使者長垣李化龍謂曰吾授生時獨未飲鬼漿能前知二子皆列卿然長者聯第次者當後十年執蒲果以戊戌登進士李騰芳者執蒲座主也執蒲既第數以文進騰芳輒揮不錄最後私問其小豎豎言獨見官進士應震文則大喜耳執蒲乃求應震爲文三騰芳三稱善既而嘆曰官生雖善文詞吾陰相之其人後必敗侯生器識當建大節何其文之類官生也

吾不復相天下士矣

五經進士

蔡公懋德視學江西是時崇禎以登極恩每學拔一人貢京師公矢諸神謝私謁榜發揭公重熙第一陳公際泰次之際泰爲諸生時其文播於朝鮮蔡公耳其名甚熟欲首拔之日未午有以全作五經文呈者以爲大士也閱之乃揭少頭大士果以卷來公曰二卷俱佳但揭卷尙書二藝稍弱意爲陳地也揭應聲卽於案頭復補二藝公遂首揭後陳中甲戌第二而揭中丁丑甲榜亦五經並作後死節云

兩舉世間無

嘉靖間有南人劉勝義者設帳永平灤州入籍中北直鄉試以冒籍被攻除革隨入南籍中南直鄉試以在外年久又被攻除革乃自叩閽請旨准在何處考試隨蒙旨硃批云狀元天下有兩舉世間無准爲進士

宣聖取芹

天啟壬戌狀元文公震孟未及第時以孝廉作教事先聖備極誠敬朔望瞻禮儼然如在春秋丁祭則致齋禮祀凡籩豆之類無不先期躬親潔濯如是者三

年一日丁祭見宣聖空中伸一巨手取芹菜而起見者咸驚神異次年公遂及第

卿輔萃處一堂

王疏菴冢宰有識鑒一日在高平劉尹一相座劉出其子鴻訓及同窗二孫一張並館師王五人課藝請政疏菴覽之驚曰皆卿輔才也安得萃處一堂館師文雖工福遠不及諸子然亦得第後孫公居相壬辰進士官戶部尙書孫公鼎相戊戌進士官副都御史張卽金銘庚戌進士官總憲尙書鴻訓癸丑進士官大學士其館師王家璞亦壬辰進士選涇陽令未任

卒言俱驗

未娶

萬歷乙未進士蔡復一吳宋劉尚朴朱光祚荆養喬林欲棟劉尚質俱年少未娶而尚朴年僅十七尤奇

陳奄寺之害

華允誠字汝立長洲人殿試策極陳奄寺之害主者不敢進呈寘名於二甲四十六名按是科天啟壬戌二年也

殿試懷挾

萬歷庚戌有田吉者會試取中殿試懷挾罰三科以縣佐錄用補鄆城縣入爲户部主事爲逆案五虎之

一

邀謁

山東樂安人成勇字仁有天啟二年會試策內極言宦官之禍被放又三年成進士同年邀謁魏忠賢不可遂授推官

十二金

劉理順數上公車不第讀書淸源二郎神廟中比鄰哭聲詢之則商人七年不歸母老無食將嫁媳以養理順卽以囊所儲納糧銀十二金與之姑媳獲全是科公會試廟祝見二郎神親送之遂中甲戌狀元

婢索命

李青字太青爲諸生時讀書姑宅有婢娟媚李私狎之許以他日貴當置偏室崇正癸酉李登賢書婢以實告姑姑喜將資奩具以待李赴公車有期來謝姑復與婢拳拳再訂比甲戌冠南宮與妻謀之妻大恨遣人詰責姑李青不能禁婢遂自經死李青官禮曹當入直輒私攜妾輩扮家僮入宿禁省一夕忽見前婢披髮過其前青方與所攜妾交歡情濃忽內傳他旨呼青青恐以爲攜妾事泄也遂脫陽死妾腹上人以爲婢索命云

尚如少年

文節劉公同升字晉卿吉水人應秋子廷對日莊烈帝問年幾何曰五十一帝曰尚如少年勉之

四十八人

崇正庚辰殿試帝思得人復召四十八人於文華殿問今內外交訌何以報讐雪恥魏藻德對曰以臣所見使諸大臣皆知所恥則才能自生功業自建故孔子論政曰知恥近乎勇論士曰行已有恥孟子亦曰一人橫行於天下武王恥之如勾踐務烏以沼吳燕昭式蛙以滅齊皆知恥之效也又自敘十一年守通

州功命善之親擢第一旦意其有抱負從修撰超拜大學士一無建白唯倡議令百姓捐助而已闖賊至京卽首同陳演開門迎降爲賊考贓獻萬金賊以爲少酷刑五日夜腦裂而死時四月初二也

特用榜

崇正庚辰思陵留意人材俾下第舉人及廷試貢士俱留特用悉畀以民社之任於是舉人史惇以下一百六十三人貢士吳康侯以下一百人許同進士出身惇等請援例謁文廟行釋菜禮并立石太學題名閣臣張四知持不可思陵特允惇所請大學士周延

儒奉勅撰文太僕寺少卿兼翰林院侍書朱國詔奉勅書丹篆額工部營繕司郎中王灝監刻立石於西南隅蓋自萬歷丙辰錢士升榜至魏藻德榜九科有題名而無記及是始有記焉特用榜死事者戶部郎中金壇徐有聲兵部員外郎升貴州安平道副使臨川曾益金滄道參議寶雞楊畏知開封知府武進蔡鳳黃州府同知弋陽王府輔國中尉朱統鍘郟縣知縣贈河南按察副使安邑李貞佐汾陽知縣西安山陽劉必達大同山陰知縣慶陽衛李倬輩昌安定知縣臨海應昌士四川興文知縣漢陽艾吾鼎呈貢知縣鍾祥黃卷立賢無方未嘗不收國士之報克勤復社者宿注名特用榜中與陳孝廉瑚歸處士莊敦高尚之節亦不媿是科者倡金壇人官至九江太守野史撰慟餘褋紀者卽其人也

洪廟神夢

嚴培思高明縣平步村人弱冠補博士弟子意氣傲岸謂掇科第如拾芥而久困棘闈年將四十始舉於鄉又復自負謂南宮之捷轉瞬可俟仍下第歸由此惘惘若失或言近村洪聖廟神甚靈培思卽攜襆被夜宿殿廡恍惚夢神告曰汝欲成名須俟麥而炫同

榜乃中耳驚喜而循徧訪知名之士並無其人偶一日自村入城東門外亦有洪聖廟見塾師訓課其中相與談論忽一童呈書倣于前視其姓名則麥而炫也因細問年歲里居嘿誌而去不以告人是時炫方髫齡越十有餘年炫一舉獲雋培思欣然資以行李偕入京師遂同登崇正辛未進士聯舫旋鄉乃話前夢

酒芝

江右李太虛爲諸生時嗜酒落拓而家甚貧太倉王司馬岵雲備兵九江校士列郡拔太虛第一引至史

東本籍使其子受業焉時王氏兩長子已受業同里吳蘊玉先生蘊玉梅村先生父也太虛至遂教其第四五諸郎兩人共晨夕甚歡梅村甫髫齡亦隨課王氏塾中李奇其文卜爲異日偉器歲將闌主家具讌請兩師酒半出所藏玉巵侑酒李醉揮而碎之王氏子面加誚讓李亦盛氣不相下席罷後謂吳曰我安可復留此遂拂衣去吳知其不能行也翌日早起追於城闉出館俸十金爲贈乃附賈船歸然所贈貲大半耗於酒及抵家垂橐蕭然急呼婦治具婦曰吾絕糧已久矣安所得宿憶君去後猶存酒一甕請君歠

飽可乎婦往鄰家借薪李發甕甕內産一芝如盤紫光熠熠喜且愕曰此瑞徵也挹之清洌異常乃泛白獨斟婦歸甕已罄矣是秋登鄉薦明年成進士入詞館數載後以典試復命過吳門王氏子謁於舟次李亟詢吳蘊玉近狀是時梅村亦登賢書因賙吳行卷攜以北上爲延譽京師辛未梅村遂爲太虛所薦登南宮第一及第第二人年僅弱冠蘊玉先生享榮養者三十年可爲疏財敦友之報而王氏子自司馬沒後家漸替矣

癸未榜

崇正癸未一榜結有明全代之局然是科殊多盛事子先登第則南豐湯紹中子來賀庚辰進士壬午紹中鄉薦來賀以揚州司理分校南闈所取徐徵麟與紹中同榜登會榜而門生乃爲年伯父子同科則常熟王曰俞丁卯孝廉六上春官至是與子澧偕捷而榜中復有一王曰俞陽城人兄弟同科則全椒吳國鼎國龍並爲詩魁四代進士則武進吳剛思而剛思母丁氏乃觀察亮之媵三子並肖柔思壬戌進士簡思辛未進士五經中式則嘉興譚貞良慈谿馮元颺仕于　本朝者有五相陳名夏張端成克鞏杜立德

梁清標六尚書王崇簡張元錫胡統虞白胤謙姚文然朱鼎延後人繼起者如榜眼李仙根貴子狀元歸允肅起先子之類皆前科所不能及

桃花魚

吳公受茲名晉錫司李永州崇正壬午入闈校士夜夢一婦人素粧麗質攜饌餉吳指魚羹曰此桃花魚也因出詩相遺中一聯云桃花魚漾桃花水濯錦人吟濯錦詩次夕夢復如前尋獲一卷其二場表聯乃有此二語心甚驚異因薦之入彀及榜發則江陵姚士升也偶與同年友眉山朱公拙修話其事朱曰此

我姨某氏詩也氏少而慧嫻於篇詠夫早夭苦節十餘載以某歲某月日卒第不知何緣入夢未幾姚入謁詢其生辰正氏卒之歲月日皆同

眞解元

嘉靖甲子順天鄉試主考林對山先生偶患眼不能閱卷命人徧讀所取卷謂皆非解元時題爲舜有臣五人而天下治尋落卷中得一卷讀至揔提五人處云斯五人者天生之而授諸舜非私舜也將畀之以代天之工也舜得之而分之職非私五人也將畀之以輔世之寄也瞿然曰此眞解元也遂置第一榜發

爲章禮

不可坐閱

崇正庚午應天鄉試主司姜燕及先生（名日廣）得章愼卷讀至其人本來如是所謂直也（時首題爲舉直錯諸枉一節）悚然曰此卷不可坐閱遂端立誦之置第四名

弱肉對句

成化乙未會試主司邱文莊公濬場中得王鏊卷閱至孟藝周公兼夷狄驅猛獸而百姓甯後比被髮而左衽句曰此非弱肉而强食不能對閱之果然遂置第一（仝上）

糧戶夢

宏治辛酉山西和順縣一糧戶往布政司取通關忽夢一所山西一省之官皆集俄有符使齎文書一通置案衆曰天榜至矣開榜傍一官唱曰第一名李翰臣大同府學生大同府縣皆起應曰其人孝友多爲人方便至第六名陳桂和順縣應曰其人事繼母能孝至三十六名縣官應曰其人放私債逼死二人命且逐其弟爲人傭中坐者又勾之唱名畢中坐者令人各舉所知衆凡舉二十五人中坐者擇九人寫訖

糧戶醒默記之次日回至盤陀驛遇陳桂曰公今年中第六矣桂不信因述其事榜發果然餘皆如夢

兩夢

劉克猷（名子壯湖北黃岡人）初登鄉薦夢一人語之曰爾須朱之弼做房考方中春榜（按先生鄉薦係崇正庚午科）及到京時偶出寓散步見數童子攜書已經其門一童子最秀出遂拉其手與談見其書上寫學名乃朱之弼也大驚隨之至其家見其父乃開柴廠主人因與款曲將筆墨數事贈之後遭流寇之亂屢次不赴春官及巳丑會試朱公巳爲禮垣分校得首卷即克猷也又康熙

壬戌金德嘉在楚作教不肯會試俄夢劉克猷以門帖拜之因北上是年朱公禮闈總裁而金儼然會元始信夢兆之異

建大旗

狀元孫賢與同邑徐紳同領庚午鄉薦會試禮部宿彰德驛驛丞盛設待之二人疑怪驛丞曰昨夢神人建大旗驛門其上有狀元字今此設蓋待狀元非是舉人也二人竊喜而其年皆不遇過其驛不敢入至甲戌會試二人俱第廷試畢傳臚則第一人果孫賢班中一人言二科前夢中孫遇賢榜進士及中正榜

中無孫遇賢名字以爲不驗至此而始悟爲孫賢也

一朝平步上青天

天啟辛酉錢謙益與科臣暴謙貞典試浙江崇正元年當會推時溫體仁奏謙益典浙試受錢千秋賄以一朝平步上青天爲關節並云千秋逃了有過付之人徐時敏金保元提到刑部爲證謙益不當與會推十一月初六日上御文華殿召問謙益力辨上以問輔臣輔臣曰此案已據刑部招結是光棍騙錢的千秋文才原是可中光棍知道可中所以去騙上曰光棍作主考麽輔臣以招問對上曰招也是閃爍的輔臣言千秋後來拿到了上曰卿等即去從公會議議上有旨謙益關節有據受賄是實著革職千秋著法司嚴提究問具奏

止逗四行

甲戌闈中文湛持先生得首卷決爲陳大士請作元鄰房項煜亦指一卷爲楊維斗爭不肯下文先生曰但願眼明耳果維斗作會元大士即第二豈不極盛耶遂讓之及拆號項卷乃李青也唱次名果陳際泰滿堂鬨然頌文先生法眼項已極慙榜後艾南英千子領遺卷適亦落項房首篇止逗四行而罷艾遂序

刻其七藝大意謂士子三年之困不遠數千里走京師而房官止點四行棄置不顧此豈有人心者乎刊本四出京師又爲之鬨然項聲譽頓減至不得與會推之列遂大恚恨至癸未項資階已深不應分房而强謀入簾陰授名士關節爲榜首以雪甲戌之恥是年艾不與試未幾國變項與其門人周介生鍾節敗身辱流離道路相繼受戮而艾千子以一老孝廉授命成仁焉

艾千子自敘

艾千子自敘云予以童子試受知於李養白先生其

明年春爲萬歷庚子始籍東鄉縣學迄萬歷已未爲諸生者二十年試於鄉闈者七年領於二十人中者十有四年所受知邑令長凡二人所受知郡太守凡三人所受知督學使者凡六人於是先後應試之文積若干卷旣刪其不足存者而其可存者不獨慮其亡佚散亂無以自考又重其皆出於勤苦憂患驚怖束縛之中而且以存知己之感也乃取而壽之梓而序其所以梓之之意曰嗟乎備嘗諸生之苦未有如予者也舊制諸生於郡縣有司按季課程名季考及所部御史入境取其士什之二而校之名觀風二者

旣非諸生黜陟進取之所係而予又以嬾慢成癖輒不及與試獨督學使者於諸生爲職掌其歲考則諸生之黜陟係焉非患病及內外艱無不與試者其科考則三歲大比縣升其秀以達於郡郡升其秀以達于督學督學又升其秀以試于鄉闈不及是者又有遺才大收以盡其長非是塗也雖孔孟無由而進故予先後試卷盡出是二者試之日衙鼓三號雖冰霜凍結諸生露立門外督學衣緋坐堂上燈燭輝煌圍爐輕煖自如諸生解衣露足左手執筆硯右手持布襪聽郡縣有司唱名以次立甬道至督學前每諸生

一名搜檢軍二名上窮髮際下至膝踵倮腹赤踝爲漏數箭而後畢雖壯者無不齒震凍慄腰以下大都寒冱僵裂不知爲體膚所在遇天暑酷烈督學輕綺蔭涼飲茗揮箑自如諸生什伯爲羣擁立塵坌中法旣不敢執扇又衣大布厚衣比至就席數百人夾坐蒸熏腥雜汗淫浹背勺漿不入口雖設有供茶吏然率不敢飲飲必朱鈐其牘疑以爲弊文雖工降一等蓋受困于寒暑者如此旣就席命題題一以教官宣讀便短視者一書牌上吏執而下巡便重聽者近廢宣讀獨以牌書某學某題一日數學則數吏執牌而

下而予以短視不能見咫尺必屏氣囁嚅詢旁舍生問所目而督學又望視臺上東西立瞭高軍四名諸生無敢仰視四顧麗立伸欠倚語側席者有則又朱鈐其牘以越規論文雖工降一等用是腰脊拘困雖溲溺不得自由蓋所以縶其手足便利者又如此所置坐席取給工吏吏大半侵漁所費倉卒取辦臨時規制狹迫不能舒左右肱又薄脆疏縱據坐稍重即恐拆仆而同號諸生常十餘人慮有更號率十餘坐以竹聯之手足稍動則諸坐皆動竟日無甯時字爲跛踦而自閩中一二督學重懷挾之禁諸生併不得

毹硯硯又取給工吏卒皆靑刓頑石滑不受墨雖一事足以困其手力不幸坐漏痕承簷所在霖雨傾注以衣覆卷疾書而畢事蓋受困于胥吏之不謹者又如此比閱卷大率督學以一人閱數千人之文文有平奇虛實煩簡濃淡之異而主司之好尚亦如之取必于一流之材則雖宿學不能無恐而予常有天幸然高下既定督學復衣緋坐堂上郡縣有司候視門外教官立堦下諸生俛行以次至几案前跽而受教噤不敢發聲視所試優劣分從甬道西角門以出當是時其面目不可以語妻孥蓋所爲拘牽文法以困

折其氣者又如此嗟乎備嘗諸生之苦未有如予者也至入鄉闈所爲搜檢防禁囚首垢面夜露晝曝暑暍風沙之苦無異于小試獨起居飲食稍稍自便而房師非一手又皆簿書獄訟之餘非若督學之專靜屏營以文爲職而予七試七挫改絃易轍智盡能索始則爲秦漢子史之文而闈中目之爲野改而從震澤毘陵成弘先正之體而闈中又目之爲老近則雖以公穀孝經韓歐蘇曾大家之句而房司亦不知其爲何語每一試已則登賢書者雖空疏庸腐稚拙鄙陋猶得與郡縣有司分庭抗禮而予以積學二十餘

年制藝自鶴灘守溪下至宏正嘉隆大家無所不究書自六籍子史濂洛關閩百家衆說陰陽兵律山經地志浮屠老子之文章無所不習而顧不得與空疏庸腐稚拙鄙陋者爲伍入謁上官隊而入隊而出與諸生等每一念至欲棄舉業不事杜門著書考古今治亂興衰之故以自見于世而又念不能爲逸民以終老嗟乎備嘗諸生之苦未有如予者也古之君子有所成就則必追原其敭歷勤苦之狀以自警上至古昔聖人昌言交拜必述其艱難創造之由故曰逸能思初安能惟始故予雖事無所就試卷亦鄙劣瑣

陋不足以存然皆出于勤苦憂患驚怖束縛之中而況數先生者又皆今世名人鉅公而予以一日之藝附弟子之列語有之知己重于感恩今有人于此衣我以文繡食我以稻粱樂我以毫池鼓鐘使其讀予文而不知其原本聖賢備見古今與道德性命之所在予終不以彼易此且予淹困諸生而數先生者皆將踐三事九列翺翔天路既無以報知己而一二君子溘先逝者又將無以對先師于地下以其出于勤苦憂患驚怖束縛之中而又以存知己之感此試卷之所爲刻也若數科闈中所試則世皆以成敗論人

不欲塵世人之耳目又類好自表見形主司短長故藏而匿之然終不能忘其姓名駒兒五歲能讀書將分識而使掌之曰此某司理某令尹爲房考時所擯也既以陰誌其姓名而且使駒兒讀而鑒鑒而爲詭遇以逢時無如父之拙也

癸未

永樂癸未初即位天順癸未南省火皆改於明年會試至崇禎朝六會試竟以癸未終此亦數也

卷三終

制義科瑣記卷四

羅江李調元鶴洲輯

人物之盛

古今名爵之盛王謝尚矣唐如張說三世宰相明如靈寶許氏一門皆貴希遇也我　朝建興人物之盛亦有足述者父子尚書王崇簡王熙宛平人父子同時總督白色純白秉貞遼人一門三鼎甲徐元文狀元徐秉義徐乾學俱探花同榜一縣兩宰輔山東益都孫廷詮馮溥俱已卯科鄉榜三鼎甲馬世俊狀元鮑亦祥榜眼葉方靄探花俱江南丁酉科方月江猶所取也

根字

李子靜學士少隨其父如石先生官於吳國變不能歸蜀僦居錦帆涇側館於鄉間柴氏柴氏子世俊夢人玉京試得狀頭師得榜眼以告子靜子靜心喜自負因折榜眼二字之半合爲根字改名仙根仍回原籍應舉辛丑傳臚果一甲第二狀元則馬世俊也柴名姓馬名偶符耳如石先生名實四川遂甯人崇正癸未進士爲吳縣令著有賢聲鼎革後杜門著書不

以子貢易揉方巾布袍終其身

半仙

李道人言未來事多奇中甲午從山東入京皆稱爲半仙朱少宰鼎延有子應順天試詢得雋否李大書云有田皆種玉無馬不成龍朱以爲嘉兆及榜發解首乃田種玉而末名馬成龍也

黃鶯兒

順治丁酉科江南試場最爲得人如張玉書馬世俊陸燦趙炳皆一時名下而下第者横加誹語有作爲黃鶯兒詞云命意在題中輕貧士重富翁詩云子曰

全無用切磋欠工往來要通其斯之謂方能中告諸公方人子貢原是貨殖家風以是科題爲貧而無諂一章也

吏筆報

丁酉豫章一士子入闈中作文繕寫已畢甚覺慊意忽見魁星跳舞其前曰汝今科狀元也可書狀元二字於我掌上士子大喜捉筆讒書一狀字魁星忽以手反撲印卷而去因是不得謄進蓋士子頗善吏筆也

持齋

鄞縣史立庵名大成其父好善與老衲號大成者往來甚善婦臨產見大成持鉢入室跡之不見至寺問之化矣立庵生遂以名之順治乙未狀元及第一生持齋信徵錄

不甚了了

順治己亥秋八月再行會試趙吉士與朱若臣士綬同公車若臣夢看榜榜首姓朱單名是金字偏旁右邊不甚了了趙笑曰得無爲他人作夢耶若臣且言禮部改名錩榜發會元朱錦按趙吉士即著寄園寄所寄者

會元後身

上海朱錦初投潘尚書爲家人後其子游泮入謝於公潘曰汝子已係朝廷士子可以門生禮見勿復作主僕觀也即檢其葬身文書還之朱不勝感激曰荷洪恩須當報效庶慊微心耳潘曰我富貴已足何賴于汝朱懇請不已潘沉吟再四乃曰現今文廟圮壞汝能修葺賢於報我遠矣朱即獨力營繕頗稱華煥此事已過百餘年人無有憶及者順治己亥科會元朱錦亦上海人官翰苑至康熙壬子沒臨卒時文廟正梁年久朽壞亦以是刻崩視其建造之姓名即朱錦也始知會元乃其後身

豹仙

徐州李蟠以文望雄於鄉跌宕自喜有趙翁者與李村相望晨夕過從趙富於貲小築數十楹中分兩院而空其半花木幽深忽有美髯老人從空屈曳杖出自號豹仙揖翁入其室則屏幃几案之精皆非素有自云從天台來見君有閒館暫頓婢妾於此當圖報也徐有美姬出見皆光艷照座趙翁遂日與款洽叩以禍福無不奇中鄉曲皆以眞仙奉之蟠獨不信一夕痛飲極醉直造豹仙所大呼妖獸數其惑衆之罪豹則早已避去其室闃如而蟠仍毒詈不止也趙翁

聞急令人扶歸明日豹仙復見趙謝曰吾友無狀深獲罪於老仙幸恕醉人豹仙曰此君天祿甚高老夫輩法當退遜計其年滿三十當魁天下四十六歲位至三公但其生平有二隱事致干天罰功名雖顯不免淹阻老夫既被譴驅無庸留矣辭別出門有頃過覘其居依然一空院也後丁丑蟠以狀元及第壽以事去官

啞子

徐相國元文赴試金陵一船家啞子忽迎曰狀元來矣後魁天下造一船與之俾溫飽終身

曲水詩序

梁康僖公初名某爲孝廉時夢人告之曰公舉進士名雲構今名安能濟又曰王融三月三日曲水詩序列公名矣以序中有虛檐雲構語也公改名果登第

夢祖履

泰州宮紫陽偉鏐甲明崇正癸未榜十八名爲詩四房李翰林士淯首卷紫陽令孫懋言中今癸未榜十八名亦無詩四房李編修鳳翥首卷當懋言公車北上夢祖與之履喜曰是繩祖武之兆也果符其言

特賜進士及第

戊戌春 世祖親覆試江南丁酉貢士以古文詩賦拔武進吳珂鳴第一是年禮闈榜後 上諭特賜珂鳴進士與中式舉人張貞生等一體殿試詩改庶吉士同時崑山葉方藹試瀛臺賦甚工 上深喜之踰年巳亥秋復行會試葉方藹中式賜一甲第三人及第 池北偶談

戊子北榜三及第

順治戊子順天鄉試第四名張永祺壬辰榜眼及第第五名戴王綸乙未榜眼及第第八名熊伯龍己丑榜眼及第

甲午浙榜三狀元

順治甲午浙江熊鍾陵讀學伯龍主試一榜狀元及第者三人乙未史大成鄞人甲辰嚴我斯歸安人庚戌蔡啟傳德清人

德清蔡氏二狀元

康熙庚戌狀元蔡啟傳壬戌狀元蔡升元俱德清人升元即啟傳從姪

戊戌三及第

順治戊戌鼎甲三人常熟孫承恩鹽城孫一致全椒吳國對皆江南人皆中甲午順天榜

蘇州會元狀元

順治以來蘇州會元六人乙未秦鉽長洲人丁未黃礽緒宗明人癸丑韓菼丙辰彭定求乙丑陸肯堂丁丑汪士鋐俱長洲人狀元七人戊戌孫承恩常熟人己亥徐元文崑山人丁未繆彤吳縣人癸丑即菼丙辰即定求己未歸允肅常熟人乙丑即肯堂兼會狀者三人仝上

崑山徐氏三及第

崑山徐氏兄弟三人長乾學康熙庚戌探花及第刑部尚書次秉義癸丑探花及第右庶子次元文順治己亥狀元及第以戶部尚書大拜同胞三及第前明三百年所未有也惟宋李宗諤子昭遘昭遘子果卿果卿子士廉三世探花及第

同邑一榜及第

順治己亥狀元徐元文陸榜姓探花葉方藹皆崐山人丁未狀元蔡啟傳榜眼孫在豐皆德清人明崇正癸未榜眼宋之繩探花陳名夏皆溧陽人

僚壻狀元

武進楊修撰廷鑑呂閣學宮僚壻也一明崇禎癸未狀元及第一順治丁亥狀元及第廷鑑二子大鵬己亥庶吉士按察使

大鶴己未諭德

一邑甲科之盛

本朝一邑科第之盛者無錫壬辰狀元鄒忠倚乙未探花秦鉽長洲籍秦又會元也己亥榜眼葉亦祥鮑榜姓甲辰探花周宏秦榜姓崑山三徐兄弟及第外又有己亥探花葉方藹德清庚戌二及第外又有丙辰榜眼胡會恩壬戌狀元蔡升元常熟戊戌狀元孫承恩丙辰探花翁叔元己未狀元歸允肅

全椒吳氏兄弟

全椒吳氏兄弟同胞五人其四皆進士長國鼎前癸

未進士官中書舍人三國縉順治己丑進士四國對順治戊戌進士榜眼及第官翰林侍讀五國龍亦前癸未進士官禮科都給事中國對國龍孿生也國龍子晟康熙丙辰進士昺辛未進士榜眼及第

特恩賜會試

順治乙酉鄉試山東法若眞以五經疏聞于朝特旨授中書舍人仍與會試丙戌遂入翰林其弟若貞同科進士給事中

長洲彭氏兄弟

長洲彭氏定求丙辰狀元甯求壬戌探花同曾祖兄

弟仝上

補鄉試

自庚申已後諸僭逆以次削平各省次第補行鄉試故福建有庚申科主考戶部郎中劉元勳大理寺評事白夢鼐廣西貴州皆壬戌科廣西主考翰林院編修喬萊邢部員外郎楊佐國貴州主考翰林院編修沈旭初戶部主事陸鍾呂雲南四川皆癸亥科雲南主考翰林院編修米漢雯戶部主事高琯四川主考翰林院編修方象瑛吏部文選員外郎王材任仝上

禁師生

唐人五代最重座主門生之禮明代尤甚萬歷中門戶既成一爲師生終身以之惟嘉靖八年張璁霍韜爲主考戒諸生不得修弟子禮　本朝治明之舊順治十五年戊戌科給事中胡悉甯建言鄉會試不分經房不稱師生至康熙十八年己未科始復分房舊例而師生之禁仍舊仝上

初選方面

順治己丑會試後以兩廣初定需人遂用新進士候銓者二甲授參議三甲授知府進士釋褐即爲四品監司郡守蓋刱例也然止此一科爲然

賜生員金

康熙二十二年春二月　駕幸五臺駐蹕完縣召父老慰問賜金有蔡丹桂者自陳縣學生員家貧無以爲養　上命講飛龍在天利見大人及德輶如毛毛猶有倫句稱　旨賜白金五兩金盤蘋婆果六枚仍諭曰爾當努力讀書開卷有益也事載西巡日錄

會元解元入翰林

世祖極重科名自丙戌至己亥會試第一皆入翰林惟丁亥李人龍不與後以閣薦爲中書舍人壬辰程可則以磨勘被黜乙未邑同年伊翕菴闕舉進士引

見南海子　上顧學士曰此人山東解元也遂改庶吉士後授御史官至都御史巡撫雲南自辛丑至庚戌例又一變康熙癸丑　上以會元韓菼爲狀元榜中解元皆改庶常丙辰亦以會元彭定求爲狀元乙丑以會元陸肯堂爲狀元凡一榜解元亦然遂爲定例人遭逢固有幸不幸按夢梁錄宋時中省魁者殿試有陞甲恩例前十名亦如之

試錄齒錄

科場試錄齒錄其來已久東觀奏記載鄭顥知舉宣宗索科名記顥屬祠部員外郎趙璘採訪諸家科目

記撰成十三卷始武德元年至大中十年敕付翰林自今放榜後並寫及第姓名及所試詩賦題目進入內仍仰所司逐年編次明三百年鄉會試并沿其制康熙初停止至庚戌會試乃復舊例鄉會試錄仍進呈乙卯鄉試以兵餉不足再停止尋又復

謄卷

唐閩際美舖試蠟日祈天宗賦誤書衛賜作衛驅榜出登第往參座主曰諸君試日天寒急景寫札或不如法恐文書到西京須呈宰相請先輩各買好紙重來請印如法寫淨送納抽其退本舊時直省小試解卷送禮部例須別謄淨本亦是唐人遺意至鄉試朱墨原卷解部卽不得爾

題名碑

劉公嘉話錄慈恩寺題名起於進士張莒題姓名于鴈塔下後書之於版遂爲故事宋龐文英文昌雜錄云本朝進士題名皆刻石於相國興國兩寺趙昇朝野類要云進士及第各集鄉人於佛寺作題名鄉會起於唐之慈恩寺塔也予按進士題名列諸梵刹於義無取至明乃立題名碑於國學題名記或學士或祭酒撰其典始重永樂壬辰已前在南雍今京師太

學持敬門內諸碑則自永樂十四年丙申科始至崇禎十六年癸未科止螭首龜趺星羅林立一代之鉅觀也　本朝最爲右文而題名碑止順治丙戌一科丁亥已後無之當時不知何故廢而不舉後遂相沿此闕典也又予前記本朝國學進士題名碑未立爲闕典官祭酒時欲疏請未果丁卯御史言之禮部覆疏允行按水東日記云內官阮安督工建太學時悉取前元進士碑磨去刻字今三年一立石皆是物也此雖與五代時劉鄩守長安取古碑甃城事微不同然古蹟沒亦可惜也

正副考試官

舊例翰林給事中同爲考試官則翰林爲正給事爲副吏部與五部同爲考試官則吏部爲正五部爲副獨康熙壬子科戶部郎中郭昌吏部主事彭襄同主廣東試以郭爲正彭爲副以郎中主事爲序不論衙門辛酉科工科給事中許承宣予門人翰林院編修汪霦同主陝西試以許爲正汪爲副今丙子科福建鄉試亦以給事中龔聲振爲正檢討王者臣爲副者臣予門人此出偶然非故事也

狀元出典鄉試

舊例詞林第一甲一名及第者止充會試同考官不出典各布政司鄉試自康熙己酉科己亥狀元徐元文以侍讀典陝西試甲辰狀元嚴我斯以修撰典山東試始變常例其後壬子科庚戌狀元蔡啟僔典順天試乙卯科癸丑狀元韓菼典順天試丁巳科丙辰狀元彭定求典順天試辛酉科己未狀元歸允肅典順天試丁卯科乙丑狀元陸肯堂典江西試遂沿爲例

八股

康熙二年以八股制藝始于宋王安石　詔廢不用科舉改三場爲二場首場策五道二場四書五經各論一首表一道判語五條起甲辰會試迄丁未會試皆然會左都御史王公熙疏請酌復舊章予時爲儀制員外郎乃條上應復者八事復三場舊制其一也尚書錢塘黃公機善之而不能悉行乃止請復三場及寬民間女子裹足之禁教官會試五次不中者仍准會試三事皆得　俞旨餘五事後爲臺省次第條奏以漸皆復如寬科場處分條例復恩拔歲貢復生童科歲兩考等是也

山東狀元

山東狀元仕多不達此亦有數存乎其人而亦省運之故可見大物亦造物之所忌也至順治戊子科新城伊中丞翕菴闢以乙未改翰林授御史今至節鉞甲午大嵩趙缺常浮山作舟以己未丙午郿城魏侍讀子相希徵以丙辰壬子濱州王檢討甲先鼎冕以癸丑乙卯德州李編修紫缺濤以丙辰丁巳諸城王編修何思沛思以己未辛酉德缺孫檢討子未勷以乙丑丁卯陽穀劉庶常琰缺以辛未缺歷十五科而入翰林者八人

薦隱逸

康熙十年浙撫范中丞薦山林隱逸鄞縣葛世振明崇正庚辰第二人翰林編修也旣以老疾辭不赴復奉　旨敦迫再以疾辭遂允其請又薦布衣董漢策以科道試用尋爲御史刻罷至下諸法司而秦督鄂善薦盩厔布衣李顒辭不至顒起田畯嘗一就科舉遂隱居讀書修明横渠藍田之學富平李天生因篤昔嘗爲予言之

梓潼帝君

康熙甲辰會試有四川舉人楊某者寓四川營石芝菴場事旣竣候榜于京師一夕與諸同年飲偶出忽

仆地衆舁入室移時始甦叩之云甫出戶見二卒强之行至一公府有王者南向坐梓潼帝君坐其側頃之有吏引楊父母至王者問云今年汝子某合中進士汝願之否其父拜謝母獨曰不願也王者叩其故母荅曰此子不孝昔避寇亂入山距城甚遠主一親故家主人館餐甚厚因令子暫歸視家室適部檄至催謁選縣令强之遂赴都中途稱病而返比子入山而身已死含歛皆主人經理之至今飲恨泉下故不願也帝君顧吏取簿籍撿之良久語王者曰以高某代楊可也及榜發則梁山高宗礪中式楊竟被黜奉倩述其房師李侍郎根侑子靜云然居易錄

神術

魚洋云門人全椒吳爵述其曾祖禮泉翁爲父卜吉壤致閩人簡堯坡者于家廪餼甚厚簡曰爲擇兆域三年不可得辭歸翁固留之一日同往梅花山中遇大雪同飲傾家市酒樓簡倚檻遠眺久之罷酒起曰異哉吾遠近求之三年不得乃在此乎遂同往三里許審視良久曰是矣雪晴更往觀之喜曰天賜也得此地足報君矣然葬後君子未卽發至孫乃大發發必兄弟同之對面文峯秀絶發必鼎甲然稍偏未必

鼎元或第二第三人亦不僅一世而止翁如言卜葬其後孫國鼎字玉鉉中崇正癸未進士國縉字玉林順治己丑進士國對玉隨國龍玉騶孿生玉隨順治戊戌進士及第一甲第三人官翰林侍讀玉騶亦癸未進士官禮科都給事中二人兄弟又前後舉科第而昺今辛未科及第一甲第二人簡之術亦神矣

卷四終

光緒七年[illegible]
重鐫于廣漢

卍齋璅錄

卍字不入經傳惟釋藏中有之釋家謂佛再世生胷前隱起卍字文後人始識此字宣城梅氏不入字彙自錢塘吳任臣作元音統韻末卷始行補入然後人臨文用之者絕尠五代和凝始入詩云卍字闌干菊半開而苑咸詩亦有蓮花卍字總由天句近見朝鮮人村居詩有卍字柴門宛古文之語心喜之每作書齋輒作卍字窗櫺障以碧紗爲其宛似古文而因以名齋也夫古文之失眞也久矣自蝌蚪篆籀遞變而爲隸草行楷去古逾遠字學日離俗書厤筆漸有魯豕魚亥之舛而切韻自見溪羣疑端透定泥字母而卜又復紛紛聚訟各執一家究之於古文之道未有定論也夫古人雖遠而古人之字書韻書具在可考而知也三代而後漢許氏說文最爲近古余於稽籍之餘每有疑字輒本說文各書以訂近時之舛隨得隨錄劄記辨論庶使古文可復俗字可正此余所爲居卍字窗櫺所不禁望古而興嘆也昔蒼頡造字自一而十而百而千而萬多至不可紀極今據愚論但以卍名不免掛漏然事始于一而成于卍以□統古所以補匡繆正俗之未備也故以卍之名吾齋者名吾書童山李調元序

卍齋瑣錄目錄

卷一
甲錄
卷二
乙錄
卷三
丙錄
卷四
丁錄
卷五
戊錄
卷六
己錄
卷七
庚錄
卷八
辛錄
卷九
壬錄
卷十

癸錄

卍齋璅錄卷一

羅江 李調元 贊菴 撰

甲錄

正字通秦法凡數目字文單者取茂密字易之如一作壹二作貳三作叁是也按秦諸碑改易一二三自四以下仍用本文後則一至十字並改非秦之舊也今官文書記數皆借用之然亦有本壹古文作䨀壹㲽本本作專一解與一同大學壹是皆以修身爲本周禮天官公之士壹命以壹代一可也二今作貳本作副解原與二同易坎卦樽酒簋貳謂一樽之酒貳

簋之食以貳代二可也叁古文作弎叁錯也又與三同周禮考工記參分去一今俗作叁以叁代三可也籀文作四古文作䦉𦍍本作竭力解不與四同自肆以下皆非秦法矣正字通云今文移變四作肆防詐譌竄易非四字之本義也關東人謂四數爲三然周周禮春官凡懸鐘磬半爲堵全爲肆義雖別猶近之伍五人爲伍相參伍也三相參爲參五相伍爲伍按周禮天官設其參而傅其伍注參謂卿三人伍謂大夫五人是伍代五義亦近之陸古文作𠫭本作地之高厚解如孟子平陸星北陸西陸今以陸代六則不近矣柒俗漆字木名山海經剛山多柒木今以代七愈不近矣集韻云柒戚悉切俗爲數目字是也捌見淮南子說林解解梓材者不在于捌格在于批伔注捌與扒同破也今以代八讀若分別之別而字義愈遠矣玖石之次玉黑色者以代九更遠矣拾拾掇也如拾地芥拾瀋拾唾之謂今以代十遠之愈遠矣凡此自四以下雖音相仝全無理解皆俗用官文書字雖以防姦非秦壹貳叁之舊也故辨之

十人爲什又古者師行二五爲什凡食器之類必共之故曰什物什器史記五代紀註什物謂常用者其

數非一故曰什又篇什朱子曰詩雅頌無諸國之別故十篇爲一卷猶軍法十人爲什也五經通義國風多寡不等不稱什雅頌十篇爲聯惟魚藻蕩及閔予小子雖無過乎什亦稱什舉成數耳若不及者如駉頌四篇那頌五篇皆不稱什也

字有由十而重畫者如廿卅卌是也廿日執切音入徐鉉曰自古以來書二十字从省并爲廿字是也俗作念非卅蘇沓切音颯說文三十并也又作𠦜韓愈孔戣墓誌孔𠦜八吾見其孫卌息入切心入聲說文直四十字按字統插獲杷亦曰卌乃借字也

俗文百千無代字以字茂密也按百音陌千音阡亢
其義阡陌亦可代
萬本蜂名蜂類眾多動以萬計故曰萬古碑文作卍
古文作𢑍𢑚俗省作万按華嚴經萬字俱作卐意
卐乃万之篆文又內典作卍考万卐卍俱出佛經
六書精蘊元字从二从人仁字从人从二在天為元
在地為仁在人身則為體之長易乾卦元者善之長
也按元首也故謂冠為元冠今居首者皆為元如謂
三元是也
傳奇中一迴為一齣俗讀作尺或云本是齝字譌作

齣也𪗨齝乃食之已久復出嚼之今傳奇進而復出
故有取于齝云又凈應作䭚正字通樂工倡優弄人
一曰䭚說文䭚訓好首今以首不好為䭚也俗作凈
亦非
唐李義山詩爛藥日高紅髮䰄案甘泉賦崇邱陵之
駊騀兮註云駊騀高大貌髮䰄當亦此意
胡盧笑聲見孔叢子又作盧胡見後漢書應劭傳
今人謂齒怯者曰齼音楚齒傷酢也蜀人謂之牙齼
即此
今人以秋為龝瑯琊代醉編龝當从龜案集韻古文
秋作龝非俗字也
胡文煥山海經圖註云鷹音麥按鷹當作麢爾雅麢
大羊俗省作羚鷹字書不載或驟字之誤
王會解渠叟以鼩犬鼩犬者露犬也能飛食虎豹据
此則食虎豹者乃犬類而許氏所云鼩鼠又絕不言
能食虎豹是蓋異物同字
國語武王伐殷星在天黿註云星辰星也天黿次名
一曰元枵蓋云辰星是月在須女伏天黿之首也梅
氏云天黿辰星次名殊非
周禮其實麷蕡徐邈讀按六書索隱曰麷蕡麥也音

禮字从豊與酒醴之醴同義說文从豐盖徐氏誤以
豊為豐也麥牙與豐何涉乎
宋符瑞志天䴥者純靈之獸五色光澤洞開王者道
備則至顧氏說略曰獸有天祿辟邪天祿一作天鹿
一作天䴥漢書西域傳烏弋有桃拔一名符拔似鹿
長尾一角為天祿兩角為辟邪無前角者為浮都
國語韋昭注石首成鳦說文鳦鷲也俗謂之鳦是鳦
鳦本一字也廣雅作鳦古或作鳦皆古文音乙蘇軾
歧亭詩知我犯寒來呼酒意頗急拊掌動鄰里繞村
捉鵝鴨作乙韻押不作甲韻押可證

戰國策鷸蚌之鷸乃大鳥知雨者與爾雅翠鷸不同逸周書知天文者冠鷸冠此翠鳥也

通雅青箱雜記蜀有亥市亥音皆言如痎瘧間日一發也諱痎故云亥市按此說非也徐均水志荆吳俗取寅申巳亥日集于市如今云三六九是也無亥音皆之說

彀弓曰手弓家語商陽手弓檀弓子手弓而可是也按手乃數目字猶今言一手兩手也海貝一枚爲莊四莊爲手四手爲苗見雲南志

梁元帝樂府宣城投酒今行熟或作酒再釀曰酘本字林投與酘通

連枷古謂之拂漢書王莽傳予之地巡必躬載拂注所以擊禾者今謂之連枷范成大秋日田園詩笑歌聲裏輕雷動一夜連枷響到明今蜀人訛呼爲糧芥義如拚

爬以竹爲之所以推引聚禾穀也蜀人呼爲捌杷見急就篇注云無齒爲捌有齒爲杷與捌扒同亦爬也帝京景物畧有扒竿

蜀人呼扠禾上架之丫曰楊扠以楊爲之狀如丫字六書統丫岐物之器象其耑

字彙補振子童男女也史記淮南王傳遣振男女三千人是也按振旅見書傳言整衆也作童解非又按管子海王篇吾子食鹽二升少半注吾子謂小男小女也正字通云古本管子作童是童男女當作吾子女矣

撑犂漢書作撐犂則撑撐本相通禮韻無从扌撐字集韻復云撐或作撑是撑撐二字皆後人之譌本字應从掌或作牚俗字按撑與搪同韓愈月食詩亦能黑烏燒日熱翎鬣倒側相搪撐是也

江右戲謂人曰溪南史胡諧之傳是何傒狗諧之南昌人可證傒同奚

宋璟梅花賦又如敲香是謂韓壽按敲古文竊字見摭古遺文

唐韓臯解略云司馬懿誅曹爽之後魏人爲之不平是時有王陵都督揚州謀立荆王彪毋邱儉文欽諸葛誕相繼爲揚州都督咸抱匡復魏室之謀皆爲懿子所殺叔夜以揚州故廣陵之地彼諸人者皆魏室大臣咸敗散于廣陵故名其曲爲廣陵散言魏氏散自廣陵始也據此則散字當作去聲字彙作相関切似非

字彙補勾欄聚會之地曰瓦子宋有南瓦北瓦大瓦上瓦下瓦等名按取瓦合之義故曰瓦

凡冢曰斜如雷塘宮人斜揚州明月斜是也按斜曲也褒斜谷名亦謂曲

河防榷有挖字音斡挑挖也或省作穵歐陽詢三十六書法云字之形勢有須挑撥者如獻勵散斷左邊既多須得右邊撥之又如省炙之類上偏者須得下撥之字彙補音義缺按此即挑字之譌也

俞本記事錄李君瑞兩腿扨一千下安置桐城縣按扨撻也字出元包經損扨且㬥

釭璧帶也以金爲之橫出如車釭之形趙后傳黃金釭從公音又沽宗切音弓轂鐵方日升曰說文止江韻一音並無東冬二音止云轂鐵亦未云燈也似雜以東冬二韻爲轂鐵而以江韻爲燈甚自文選金釭銜璧後人始有銀釭之語當知說文轂鐵之義爲正而諸書以爲燈者皆後人借義明矣又按廣韻云釭鐙也謝朓詩但願置樽酒蘭釭當夜明然則鐙止可謂之蘭釭而金釭非鐙乃詩人誤用也

說文周人謂餉曰饟燕人謂筆曰弗蜀人謂盂爲𥁕見代醉編皆方言之未載者

夜行如水在地中者名曰地鏡主國災見字彙補然亦不然今北方遠行大野中日恒見之不特夜也

字林云鏉刻也今于紙縫上署記謂之鏉縫按鏉音款謂燒鐵炙也即灼鐵以識簡次也作刻非

射侯古皆作矦从厂象布矢在其下古者以射選賢中者獲封爵故因謂之諸侯射侯一作獸侯射布也見儀禮天子熊侯白質諸侯麋侯赤質大夫畫虎豹士畫鹿豕鄭司農曰方十尺曰侯四尺曰鵠鵠者取名于鳱鵠小鳥難中故中謂之獲雋雋肥肉也从弓所以射隹隹音錐凡鳥之短尾總雀又畫布曰正棲

皮曰鵠鵠之爲言梏直也人直乃能中此說得之

檀弓引詩凡民有喪扶服救之扶服即匍匐也謂手行也左傳昭十一年扶伏而擊之

餘冬序錄齊地有蟲類大蚯蚓人謂之巨擘善擘地以行今孟子註以爲大指非也按弓……手張曰擘足踏曰蹶方言擘楚謂之紉皆謂大指也擘地如禮記內則塗皆乾擘之擘實字虛用也不得据以駁孟子註

呂氏春秋崔杼之子相與私閧閧音鴻鬪也据此則閧字應从門不从鬥字彙補从鬥誤

釋家謂中國曰震旦梁書盤盤國稱梁主爲揚州閻浮提震旦天子又謂限量曰由旬

世說新語提婆初至爲東亭第講說毗曇今悉曇經爲切韻之祖

佛經眞言多吽字張昱輦下曲詩云守內悉僧日念吽御前酒肉按時供又元人塡詞有那吒令釋典云那吒能驅鬼神

樂記方以類聚註方謂行蟲有識性故稱方俗作蚄

朝鮮名君爲西於見平攘錄白於山名上多松柏吳淑伯賦擢華嶽秀白於是也二於字韻府羣玉不採

閈與閉同荀子外闔而不閈又黃庭經閉字作閈又必結切音鷩義同陶淵明詩荊扉晝常閈李紳詩嚴城晝角三聲閈又唯識論胎生三七日閈戶按靈樞經腹脹閈不得息是閈實古閉字也文子聖人法蠡蚌而閈戶今本作閉

腕蘭手鐲類也元氏掖庭記元靜懿皇后元旦人獻翠腕蘭

闖字有抽琛二音並見公羊註疏明有闖賊高迎祥

今人皆从窓上聲此方言非正音也

馬融圍棊賦橫行陣亂敵心駭惶迫兼棊雞頗棄其裴雝音岳棊心中一子也

才古文哉字本作哉按哉又通載詩陳錫哉周是也左傳宣十五年昭十年引此詩俱作載又鄭箋云哉始也與毛傳異

郎仁寶曰山谷集中有銃䨻等字蜀語也䨻彭去聲菽園雜記南子詈北人爲奤子奤胎上聲按集韻奤晉佯切面大曰奤則非胎上聲也奤子應作紿子與詒通謂相欺誑也史記項羽本紀紿曰左左乃陷大澤中

字有小點畫宜分者所謂差之毫釐謬失之千里如

否字加一點則爲否音透相與語唾而不受也呼字穿上則爲呼音惡相呵拒也否見說文呼見字辨皆俗字後人所加

尚書大傳夏后不刑不殺死罪罰一千饌饌與撰同前漢食貨志白金三品其一曰重八兩圜之名白撰直三千萮貨貝名也

李克蜀記蜀道險窄擔者不容易肩名左擔道

宋文牒文曰合尖見詞致錄

梁太宗答徐摛詔浞訾粟斯容與自憙按浞疑足字之訛足音租獸名見人則呼其名足訾見山海經言

得栗則自憙不知其他所謂夜郎自大也斯語助卽詩鸒斯之斯
轎字始見前漢嚴助傳輿轎而隃嶺註隘路車也今竹輿又與橋通史記何渠書山行卽轎正字通卽橋也葢今之肩輿謂其平如橋也
欥說文引詩欥求厥寍按今詩經大雅本作遹朱註遹與聿同又班固幽通賦欥中龢爲庶幾顏與冉又不得師古曰欥古聿字聿由也
元包經巛甡甡欣欣欣傳曰巛所莅者眾也欣所理者悅也六書故欨温吹也凡歕翕歙呷飮皆内氣也

欹歔欨呼呵皆出氣也廣韻輕重象其聲欨呵爲陽吹呼爲陰欲嚅者欨之欲凉者吹之通作煦
沙或作砂按史記孝武紀李孝君言于上曰祠竈則致物致物而丹砂卽今硃砂也集韻韻會于沙字下註亦作砂廣韻并斥砂爲俗字爲正字通云砂類不一本草朱砂性甘味寒又廣輿志粵西慶遠府宜山縣産砂生山北者曰辰砂生山南者曰宜砂地脉不殊砂亦無别又縮砂蔤其子一團八隔如黍米辛香可調食今砂仁卽縮砂子又硼砂生西南番分黃白二種又兎矢曰明月砂亦名兎箄又蝙蝠矢曰夜明砂本草綱目砂載玉石部與水部沙音義同異不宜合而爲一此足証舊說之謬
論語深則厲說文作砅又集韻鄰知切音離義同按字彙于此字音聘平聲註水激山崖引郭璞江賦砅崖鼓作李白詩砅衝萬壑會于五畫砅字亦音砰訓水擊石聲音義相近似混爲一字不知郭賦李詩當从砯字作氷其从水字作砅者後人傳寫之譌耳
張衡西京賦刊層平堂設切厓隒李註切古通砌亦作墄三輔黃圖未央前殿左墄右平註墄音砌
爾雅釋山土戴石爲砠詩周南陟彼砠矣韻會詩詁

云土山戴石行者以爲苦故云馬瘏僕痡毛傳石山戴土誤
今俗以研代硯按郭璞江賦緑苔鬖髿乎研上註研滑石也與硯同按說文研硯分爲二韻會正韻皆然是研但作滑石究不得借作硯
俗讀中酒之中爲去聲中興之中爲平聲按蘇軾詩公特未知其趣耳臣今時復一中之則中酒之中亦可讀平聲杜詩今朝漢社稷新數中興年則中興之中亦可讀去聲　字典辨之甚悉遵記於此

卍齋瑣錄卷一

卍齋璅錄卷二

羅江 李調元 贊菴 撰

乙錄

今本俗多作夲須俗多作湏丯俗多作丯不知兩字也夲音叨从大从十猶兼人也湏火外切爛也丯音介艸蔡也俱見說文與本末之本須眉之須丯昌之丯全別

韓敕修孔廟禮器碑自天子以下至于初學莫不驩思歡印驩本驥字又借爲冀卬借爲仰

轅端壓牛領者曰鬲考工記鬲長六尺是也今蜀人

呼爲鴐擔

恙㺊二義一爲蟲善食人心見風俗通故相勞曰無恙一爲獸如師子食虎豹本神異經廣韻乃合而一之按北方大荒中有獸咋人則疾名曰㺊㺊恙也常入室屋黃帝殺之人無憂疾謂之無恙輟耕錄辨之甚詳

通雅繖本字古作縿升菴謂傘亦古文晉書輿服志功曹吏繖扇騎從傘始見于南王縉以立傘覆面魏書裴延儁傳山胡持白傘白幡按說文幓旌旗之斿爾雅纁帛縿註象旒所著正幅爲縿則縿乃旗非傘

輟耕錄骨朶音胍都案朶本作朶骨兒朶宋以來鹵簿也以骨或金飾之鷄肋編以手捉物謂之朶以手引小兒亦謂之朶此其義也今人謂花未開曰骨朶杜詩白花擔外朶青柳檻前梢古本作朶

按晉書宣帝紀諸葛亮數挑戰帝不出因遺帝巾幗廣韻謂婦人喪冠漢輿服志夫人紺繒幗又外域婦人著句決飾以金碧猶中國有簂步搖据此則幗爲首飾之通稱不獨喪冠也讀書考定曰巾幗女子未笄之冠燕京名雲髻蜀中名幗龍音幘古對切今音與國同非

貧窶之窶音巨詩邶風終窶且貧是也謂無禮居也甌窶之窶音樓史記湻于髡傳甌窶滿篝是也謂杯樓也同一字今甌窶从穴非按荀子引湻于髡祠田祝曰蠏螺者宜禾蠏螺高地也戰國策蠏螺作甌窶

漢平帝紀女子犯罪出顧山錢按顧與雇通鼂錯傳歛民財以顧其功是也

白樂天詩彌得縱疎頑頑音元古頑字原有元音春秋鄭伯髡頑如會公羊穀梁皆作元是也字彙既以白詩从虞袁切自當作元音而復音消是以疑母之切而音見母之字誤

周禮春官大司樂大夏以奏山川鍾師師掌金奏凡樂事以鍾鼓奏九夏杜子春曰王出入奏王夏尸出入奏肆夏牲出入奏昭夏賓客至奏納夏臣有功奏昭夏夫人祭奏齊夏族人侍奏族夏客醉而出奏祴夏公出入奏鰲夏祴音陔鰲音遨按九夏有聲無辭註疏以雅頌諸篇強分之非也

吳越春秋烏鳶歌啄霞矯翮兮雲閒霞即蝦也

正字通宋劉原父載張仲匜銘有饙字黃長睿曰饙與饡同音飽按集古錄及鍾鼎款識皆不載惟東觀餘論作饙字彙補亦同俗飽字也古文作餜饗餥並

無饙字且食字部亦無偏旁在右者應从左宜遵字典

甥與姪同見藏經字義其文爲兄之子俗字也

揚雄蜀都賦戮鴡初乳雛與鵝同音六說文鵝蒦鵝也鶃與鶂鵝鳴也鵝一作䳗顧亭林曰字可上下左右寫者惟鵝爲然

黃帝素問肉瞤瘛註動掣也劉完素元機云跳踴動也按瞤與瞚瞬眩眴並同皆言目開闔動貌

今汾晉之閒讀風如分此古音也風叶孚金切音分詩綠兮絡兮淒其以風我思古人實獲我心楚辭九章乘鄂渚而反顧兮款秋冬之緒風步余馬兮山皋邸余車兮方林釋名兗豫并冀橫口合脣言之讀若分青徐踧口開脣推氣言之讀若方陳第毛詩古音考風古與心林音淫同韻十侵不收葢未詳風有分音也

列子椒蘭而不得其嗅謂之蝨顫按莊子外物篇鼻徹爲顫言鼻阻不得通也

帆有二音一符銜切舟幔也一扶泛切使風也舟幔之帆从平聲帆風之帆从去聲後人多誤用如張燕公詩離魂似征帆包何詩錦帆乘風轉帆幔皆誤作

去聲讀非

犀首魏官名司馬彪曰若今虎牙將軍梁元帝賦既虎牙而成號又龍額而爲侯即此

歐陽氏曰字書食旁作卞字扶萬切食旁作反字扶晚切二字不同今俗混爲一非

字彙補沛國人謂反紒爲䯤見周禮弁師注按集韻紒音髻結髻也士冠禮將冠者采衣紒說文䯤骨擿之可會髮者反紒者葢即今之假髻所以束髮故云爲䯤

古書通用字不一集覽云古字少多假借也通鑑綱

目故重自刑以絕從卽蹤字從無足旁故蹤皆作從又謝與榭通用考古圖周刑敦銘丁亥王格于宣射射榭同字也或古與國通用博古圖周南宮鼎之南國穆公鼎之東國皆作或如瑕玷之瑕昭假之假皆作叚此類甚多

漢書衛青將六將軍絕幕註瓚曰沙土曰幕明景泰中有土木之變按宣化府志云土木堡本名統漠鎭初唐高開道據懷戎時所置漠通作幕其名卽沿絕幕爲義不知何時誤作土木或以音近而訛也

八廚之廚字彙音皮葢緣通鑑諸書用後漢書註而

誤也案後漢書黨錮傳度尚張邈王考劉儒毋班秦周蕃劉王章爲八廚章懷太子註云蕃姓也音皮此以蕃音皮也因註廚字下後人遂誤認廚作皮音顧亭林曰魯國有蕃縣蕃音皮劉葢以地爲姓者又皮字古音婆故皤鄱字皆婆音是可以證八廚之譌陰時夫韻府羣玉曰黨錮傳八廚歐氏音皮愚見取廚櫃藏書之義合在虞韻不知音皮其義何取可証

戰國策秦子異人質于趙處于扅註字書無扅字龍龕手鑑扅音郥

醒扇蟲名爾雅蠅醜扇卽醒扇也蠅類好搖翅自扇也按蠅止處好以前二足相交謂之交蠅可與醒扇作對

髮古文剃字見嚴助相貝經又通作鬄前漢司馬遷傳其次鬄毛髮義與剃同詩魯頌狄彼東南箋狄當作剔剔治也釋文韓詩作鬄

楚辭天問鬿堆焉處王逸註奇獸也柳子天對鬿雀在北號惟人是食楊萬里云堆當爲雀王逸註誤也據此則鬿雀爲鳥名

淳化帖薛稷書孫權與介象論膾象以鯔魚上乃庭中作埳留水投以鈎餌不經食得鯔魚付廚法帖釋

文云鯔鯿二字韻書不載考三國志俱作鯔

古文尚書驩頭作鴅叜字彙補疑此爲鴅字之譌按管子鴅然若譎之靜則實古字也

仚說文云人在山上也鮑昭書鳥仚魚躍音軒俗以代仙字非按仙作仚音鮮入山長生曰仙故从入从山非仚也又如岑古岑字音岑人山之深也皆相似而異義

孛本與佛同音梁武帝倰佛以佛有孛音改字作佛音後世經史循之非也宋子京已于國語補音正之羅泌路史發揮亢詳按荀子非十二子篇佛然平世

之俗起焉與渟勃通宋羅皆未見也佛古文作伂仏西域書謂垂爲天弓篇海垂同虹前漢天文志暈適背穴抱珥垂蜺是垂即虹也按石氏星經虹曰螫示

唐志新到官府併上直謂之儤直按儤即爆字音報一作豹直亦曰伏豹取不出之義見見聞錄御史舊例初入臺陪直比五日衆官皆出此人獨留曰豹直楊鉅翰林院舊規有儤宿例今俗謂程外課作者爲儤工俗作爆非今作爆尤非考儤字惟正韻始載古有爆無儤

虺尨邪詈人語也出世說新語今京中詈人亦有此語

辨名記千人曰英萬人曰桀按淮南子泰族訓知過萬人者謂之英千人者謂之桀百人者謂之豪十人者謂之桀則辨名記誤也按傑古作桀乃借字也桀音磔非美名周禮謂磔爲疈辜古人稱桀黠者其凶暴若磔也謚法賊人多殺曰桀又擔也左傳桀石以投人此桀字也英桀之桀當作傑前漢高祖紀子房蕭何韓信皆人傑也可證

凡言物一个曰一頭一顆古者謂一人爲一頭春秋元命苞十紀其一曰九頭紀即人皇氏兄弟九人是也謂物之圜者爲顆白居易詩月點波心一顆珠是也顆小頭也故从頁頁音纈說文頭也六書故頁即首字不當音纈說文分部分切非

淮南子地形訓汶出弗其高誘註弗其山名在朱虛縣界按誘說乃東汶非禹貢入濟之汶也所謂浮于汶達于濟東北會于汶者考前漢地理志泰山郡萊蕪縣原山汶水出西南入沛水經汶水出泰山萊蕪縣原山西南過壽張縣至安民亭入于濟註汶出牟縣故城西南阜下俗謂之胡盧堆牟縣古牟國故俗謂是水爲牟汶汶水又右合北汶水水出泰山天門

下谷東流西南逕汶陽縣又西南逕桃鄉縣自桃鄉四分當其派別之處謂之四汶口左二水雙流至無鹽郈鄉平陸故城合爲茂都澱次一汶至壽張故城東遂爲澤渚右一汶逕壽張縣西南注長直溝西流入浦是也所謂汶出弗其在朱虛縣者考前漢地理志瑯琊郡朱虛縣東泰山汶水所出東至安邱入維說文維作濰水經汶水出朱虛縣泰山酈道元注伏琛晏謨竝言水出縣東南峿山山在今泰山東地理風俗記曰朱虛縣東四十里有峿城亭故縣也汶水逕峿城北又北過浯于縣西濰水過縣東其城東北

則兩川交會此東汶是也正字通云汶水今一統志列爲三曰墊汶徐汶青汶章本淸曰入濟之汶見禹貢論語汶上書傳謂之北汶卽今大淸河入濰之汶見漢書入沂之汶見水經齊有三汶淸河爲大述征記泰山郡水皆名汶有北汶嬴汶柴汶牟汶皆源別流同又在三汶之外按汶音珉與岷通汶江也書禹貢岷嶓既藝又岷山導江史記皆作汶山海經大江出汶水與地廣記汶山在茂州汶山縣西北俗謂之鐵豹嶺禹之導江發跡于此又汶山郡名汶川縣名蜀王本紀禹本汶山郡廣柔縣人生于石紐廣柔隋

改曰汶川廣輿記今屬成都府是蜀之汶實爲江之原但别汶音問而蜀汶音珉古文作㳷音異而汶則一也

卍齋璅錄卷二

卍齋璅錄卷三

羅江　李調元　贊菴　撰

丙錄

侏儒短人也而梁上短柱亦曰侏儒禮明堂位註捝畫侏儒韓文進學解用之俗作株檽非

史記田完世家追執簡公于徐州案此非禹貢之徐乃田文之薛邑地也集韻云徐音舒

廣東潮陽有輋民山中男女椎髻跣足射獵爲生按輋音斜近山之地曰輋

鰋鮍蠻言小鹹魚也嶺海異聞猺人食以鰋鮍字彙補云蠻言小鹹魚也音亞披按集韻鰋魚如蛇鮍鰟

魚無小鹹魚之說或蠻言呼亞皮而後人加以魚旁歟

列子鶂掇千日化而爲鳥其名曰乾魚骨莊子至樂篇作鴝掇同一字而莊列異文

庄俗與莊舍之莊同出理學彙編寄庄人戶俗字

類篇有㤝字謂林木君子之所感故宋玉曰入林傷心本作林或加心按此等皆後人俗字

夏小正剝鱓鱓與鼉通太史公序傳斷髮文身黿鱓與處是鱓亦鼉字鳴弋之弋卽古文鳶字又如丹鳥

羞白鳥丹鳥螢火也白鳥傳言閩蚋本論衡蟲蝨閩
蚋皆食人俱見余小夏正箋
人能飲不能飲有大小戶之稱出吳志孫皓每饗宴
人以七升爲限小戶雖不入並澆灌取盡白居易詩
戶大嫌甜酒本此按戶侯古切
外孫曰彌甥左傳以肥之得備彌甥也註彌遠也又
與嬭通李賀稱母阿嬭類篇作綿批切音迷嬰彌嬰
也禮雜記中路嬰兒失其母焉註嬰猶嬰彌也按詩
傳姊妹之子曰甥亦作甥見石墨鐫華
蘇軾次韻毛滂詩芋火對懶殘懶音闌俗作上聲非

孟子爲長者折枝向讀朱註疑未近情讀趙岐註云
折按摩也折手節解罷枝以枝古通肢也又枝與杖
通周書王左杖黃戉或取授杖意亦通
說文引逸周書云圛圛升雲半有半無徐鍇曰洪範
十五曰雨曰霽曰蒙曰圛曰克圛者象氣絡繹不絕
也半有半無即史龜筴傳所謂雨不雨霽不霽氣不
連屬之說也按圛今文尚書作驛
僧宗泐說必力山名河水所出也按說文水出燉煌
塞外崑崙山發源注海考前漢西域傳河有兩源一
出葱嶺一出于闐于闐在南山下其河北流與葱嶺

河合東注蒲昌海潛行地下南出于積石爲中國河
今據云必力山當在崑崙葱嶺于闐之上頭矣釋來
西域必有所本
語林宋人有獲玉印文曰周惡夫印劉原父曰漢條
侯印史記盧綰孫他人封亞谷侯漢書作惡谷按亞
惡二字古通用秦祖楚文以亞駝代滹沱則又惡音
烏而借用也正譌云亞本涂飾字小篆从土作堊亦
借作惡
今山海經見于前人書所引文多不同續通考引山
海大夫在風伯山之東今本大夫作夫夫又如緯略

引山海經有鳳之圓圓古卵字今本並無此文又如
鄭樵六書略引山海經鷥今作鸞字書引山海經鸝
音寵今本亦無之竊疑山海經多後人竄易未必元
書也
漢書宣室天子所居毛氏韻增从暄音謂暄煖之處
也郭氏正譌古稱宣室猶後世稱煖閣
韻會引封禪書百姓怨其法今史記無怨字
隋薛道衡使江南作人日詩人笑之曰是底言唐崔
湜呼張嘉貞爲張底皆俗言低也故凡供役使者曰
小底晉公談錄皇城使劉承規在太祖朝爲皇門小

底今作小的非
博雅鳩雄謂之運日雌謂之陰諧按淮南子陰諧知雨謂鳩也陰雨則鳴字彙補誤以鳩爲鴆
焦氏筆乘曰左傳以備三恪恪當讀爲客恪客古通用按此因恪與愙同恪亦作愙而附會也孔叢子答問篇謂禮之如賓客也此說爲是
字林摕垂臬望也專去聲營造法式云今山東匠人猶言垂繩視正爲摕按摕專上聲謂望繩取正周禮置臬以縣是也
宋太祖實錄所過池苑多令衛士射鵰截栁截栁今

有此技而字作扎云
中原音韻你與您同義音恁今塡詞家多用此字
樂府本古曲名漢孝惠六年使樂府令備其簫管遂以樂府爲歌總名
讀書通曰尚書平章百姓平秩東作平秩南訛史平作便司馬貞索隱云古文尚書平章今文尚書作辯章又漢武帝紀初作便民橋註便門即平門葢平便辯三字古實通用也秩古文作豒
凡字點畫不可妄加說文八家一井象構韓形甕之象也徐曰韓井垣也周禮謂之井樹古者以瓶甕汲

今省作井非
說文長箋轉注作轉丶六書正譌云即古文注字燈中火丶也象形借爲主宰字又八乃伊字見涅槃經形如草書下字苑成詩三點成伊猶有想丷觀知幻自忘筌點可妄加乎
今彈凡俗皆誤作丸凡从乁加八不出頭也屑米麪摶如彈凡煮烝噉之曰牢凡與發凡之凡不同凡从几加點也按牢凡皆譌作牢丸自東晳食餅賦其牢丸乎一誤至歐陽修歸田錄東坡詩陰氏韻府羣玉从之遂收入丸字韻今俱相習爲故然矣可嘅也或

謂今之粉角即古牢丸北人讀角爲矯因訛呼餃餌爲餃兒
管子右手析即即燭燼也原註附于棺㘳下似未明析即燭燼
古器陰字謂之欵陽字謂之識夏器有欵無識商器無欵有識識音幟又濶也爾雅鼎欵足者謂之鬲
說文核欒木名以爲篋狀如歛尊按歛即奩字
儀禮註采時世之詩以爲樂歌所以通情相風切也切音刺按凡剴切之切譏切之切皆當作刺音讀
今以文詞因襲絫積爲餖飣音同豆訂按玉海唐少

府監御饌用九盤裝纍名九飣食今俗燕會黏果列
席前曰看席飣坐古稱飣坐男飣而不食者唐書李
逵傳人目爲飣坐黎
御正釋議人弔其躬鬼芟其頟初幷高岡終隕幽叡
頟同額叡同壑皆少偏旁古文如是如子爲乃ナ爲
左丘爲且此類甚多
東方朔傳子推自剖而飤君兮德日忘而怨浮按謂
介子推從晉文公出亡割股肉以飤文公也飤同飼
今于新昏有煖房之說煖應作餪音暖集韻婚三日
而宴謂之餪㩜雅餪餫饋也餫音運左傳成公五年

晉荀首如齊逆女宣伯餫諸穀餫又音魂今俗以麪
裹肉加湆謂之餫餛
史記酷吏傳置伯格長徐廣注五霸本作五伯正韻
云本伯長之義後人恐與侯伯字相溷故以霸字別
之然言阡伯村落皆置長也是阡陌字亦作伯也詩
伯也執殳是婦人目其夫亦作伯也又古伯字多作
柏漢書人表柏虎柏葉柏翳是也
羊桃卽毛詩之萇楚也見字彙補按粤東別有果曰
羊桃有稜果雖熟而色青味酸甜花紅黃色木本可
盆畜想又一種

鄭樵六書畧分嬔𡤨爲二字嬔从芳遇切免子𡤨从
字萬切生子齊均也不知字書何以併爲一按王獻
之帖新婦勉身得雄勉同娩
左傳文公十八年縉雲氏有不才子謂之饕餮音同
滔鐵貪財爲饕貪食爲餮卽三苗也按呂氏春秋周
鼎著饕餮有首無身食人未咽害及其身謂古器有饕
餮垂腹羸其面坐則似企有獸面無身皆以寓戒也
山海經所紀渾敦窮奇檮杌饕餮皆惡獸名取以比
四凶之惡非卽四凶也左註亦誤
穀梁傳曰有食之吐者外壞食者內壞壞傷也訓詁

家皆宗其說按壞之訓傷其說僅見於此若豐壞之
通作壤息壤之訓作坌皆與此訓相反
天字古从鐵因切在眞韻毛詩周易皆如此讀他若
楚辭乘龍兮轔轔高馳兮沖天結桂枝兮延竚羌愈
思兮愁人史記三年不飛一飛沖天三年不鳴一鳴
驚人韋昭元化編元象以天陛下聖眞率道以安民
又八百歌明明上天爛然是陳無不與眞文相協其
與庚青通者惟易六位時成時乘六龍以御天然終
不得以一易偶合而竟廢諸書之韻吳才老韻補原
从鐵因反乃宣城緣陳氏古音考之誤遂叶作汀音

其亦不思矣
燒尾宴不獨登科事也唐書大臣初拜官獻食天子
亦名曰燒尾
海鹽圖經海鹽潮發若有漚泡在釜泣士人以為海
唑唑噬同齧也易曰頤中有物曰噬嗑今以漚泡名
唑義思之疑所謂噬嗑者或即食物時頤中津液自
生如漚泡之形俗所謂饞包也聊誌之以發一哂
金史張中孚制小舟不假膠漆而首尾相鉤帶謂之
鼓子卯按卯或夘字之訛音宜作舟

吳越春秋越王謹上刎青天皇霸文紀云刎作刻
楚詞小腰秀頸若鮮卑只注鮮卑袞帶頭也言腰之
細小頸銳秀長若以鮮卑約帶而束之也按鮮卑山
在柳州界其名最古謂帶為鮮卑者或以山形相似
得名亦或飾帶之物有出自鮮卑者故名與
木樨花緻名也出回回國見昭示姦黨錄
拋足之戲具曰毽音建謠云楊柳兒青放空鐘楊柳
兒死踢毽子見帝京景物畧
左右足各一發而升階曰栗階禮註云吉祭則涉級
聚足喪祭則栗階
李商隱詩亂鴉衝曬網通作曬漢書臣聞白日曬光

國語人三為眾按㐺音眾見字原六書本義凡㐺音
寡㐺音眾皆會意也㐺一作从一作乑正字通乑係
㐺字重文乑㐺眾音義俱同此本字原六書本義之
說也是眾字下从三人明矣但乑字見揚雄反騷蠱
既乑夫傳說兮師古曰古攀字而說文乑字讀若欽
崟眾立也眾音仲又無欽音楊升菴韻經云古文眾
字此臆說也疑眾之乑當从三人攀欽之乑當从丯
為是觀字典㐺入人部乑入丿部可見字書皆未明
特辨之考乑又作兆隸文也見隸辨
范成大桂海雜志記土俗字甚多如𡚻音矮不長也

奀音動人瘦弱也𡘫音臘不能舉足也孬音外不好
也歪音外平聲不正也皆後人俗字
墨惡謚也晉以謚謝石宋以謚錢惟演
前漢書西南夷傳夷人自稱曰婸徒集韻待郎切音
蕩放也一曰淫戲揚子方言巴濮之人自稱阿婸按
此則今之飾小童以歌曲名曰蕩子當作婸字
咸定錄云聖善寺閣常貯醋數十甕以伏蛟龍雷霆
之患是醋足以制蛟龍也又談撰云茯苓善碎瓦劈
石脾入水即乾獨活有風則息皆物類相感之異
甲乙之乙與鷰乙之乙字音各異乙於筆切凡讀書

以筆止其處曰乙唐試士式塗幾字乙幾字抹去謂字曰塗字有遺脫句其旁而增之曰乙乙烏轉切音軋鳥也一作鳦張融答周顒書道佛兩書非鳧則乙自隸文通作乙而鷰乙之乙亦與甲乙字同音矣說文乳从孚从乙乙者元鳥又按鳥生子曰乳獸曰產其義甚明也又荀子榮辱篇乳狗不遠遊則獸亦可稱乳

郭氏正誤曰呈古文狂字从王从口與呈字不同

集韻引說文吳人呼父曰爸从霸音西人呼父曰爹奢从遮音按爸都可切爹上聲正字通夷語稱老者

爲八八或巴巴後人因加父作爸字蜀謂老爲婆宋景文謂波當作皤黃山谷貶涪號涪皤可證至爹音舵南史梁始興王憺傳詔徵還朝人歌曰始興王人之爹赴人急如水火何時復來哺乳我可證从遮音乃爺字也說文無爺音又不載多部集韻引說文誤奢亦从遮音見唐書竇懷貞自署皇后阿奢人謂國奢

予當讀與今人皆作余音按詩或敢侮予將伯助予楚辭目眇眇兮愁予何壽夭兮在予皆無余音見吳棫韻補顏師古刊謬正俗曲禮予一人鄭康成註余予古今字因鄭此說皆談予爲余爾雅吾台予朕身甫余余言我据此則予與俱皆訓我而無同音也歷觀詩賦予無余音

二二三三字音義各別二卽貳偶也兩畫相齊二乃古上字是本乎天者親上一乃古下字遐上聲本乎地者親下又音戶吳棫曰毛詩下字一十有七陸德明皆作戶讀

另與另另三字音義各别另音令从口从力分居也另音寡與咼剮同剔人肉置其骨也从口从刀置刀于旁則爲貪叨之叨另音牌别也不可不辨

卍齋瑣錄卷三

卍齋瑣錄卷四

羅江　李調元　贊菴　撰

丁錄

余彙書一百五十種而名之曰函海取漢書班固敘傳函之如海義謂無所不包也梓人誤書作函校者亦不檢按張有復古篇云函一作圅亦筆迹小異別作函非函乃亟字之誤說文亟从人从口从又从二二天地也徐曰承天之時因地之利口謀之手執之時不可失疾之意也按亟急也詩亟其乘屋是也以函作函相似而非

禮緇衣尹吉曰惟尹躬及湯咸有壹德註云吉當爲吉又字學指南別出吉字从土从口音確與吉字不同愚按吉字亦有確音未可輒分爲二海篇大成分吉吉爲二字非

古亨字兼三義亨者嘉之會也音哼凡亨獻之亨音饗烹飪之亨作普庚切今別加一畫作享加四點作烹皆通用矣

今姓有衣者殷之冑見禮記註疏按衣之爲言被也春秋緯伐殷者姬昌曰衣青光是也通雅兒人呼殷爲衣作亶

李膺益州記蜀人謂嶺爲棟按今無此呼

正字通徐曰說文無亹當作娓崔靈恩周伯琦遂改亹从娓非也按易繫辭成天下之亹亹詩亹亹文王禮君子達亹亹焉此可改娓若詩鳧鷖在亹前漢地理志金城浩亹縣皆音門則又當改何音此說文偶缺不必泥也

周禮大司馬辨旗物之周各書其事與其號焉註書當爲畫謂畫以雲氣釋文音畫

說文及韻會補通鑑集覽皆云山曲曰盩水曲曰厔梅氏則云水曲曰盩山曲曰厔似誤

淮南子使但欽竽使氏厭竅雖中節而不可聽案王莽傳有但欽宋有但中庸皆从平聲不从去聲皆人名也

楚屬關隘地方設兵立塘謂之守卡見字彙補按卡音雜今斥堠多用此

集韻韻會小補凡古厥字皆作氒或作氒按漢書衡山王傳美人氒姬生子二人是氒爲厥之古文固矣但氒當从口不从曰也

道家靖室曰治六朝詩話送謝靈運於杜治猶今之宮觀也又奉道之室曰化蜀有文昌二十四化又有

主簿化亦猶今宮觀也

莊子利害相摩生火實多衆人焚和月固不勝火今人謂兔岐脣曰火蓋古音也

武林舊事補韓侂胄鑿山爲園作流觴曲水自表衣下注于壑十有二折須于閱古堂前頦疑疑瀬字之譌按字彙補侂胄侂字取論語可託六尺之孤託字遂訛作侂

雲南人諜訟動曰些音灌賴之事蓋俗言也

說文引詩㐱髮如雲按今本作鬒音軫

彴與彴不同奔星爲彴彴見爾雅音雹橫水爲彴音斫字典辨之甚詳

山東考古錄曹縣有冉堌乃穰侯魏冉冢也今人以爲仲弓云堌音固

玉篇𡔷古文垔字鐘鼎文多借爲寅字古寅與垔通

劉攽曰詞人以也字作夜音如杜詩青袍也自公是也按陳第毛詩古音考也古通它故沱池馳虵池皆讀沱疑地亦从此音屈原橘頌過讀平聲與沱叶音此蓋它字古文非也字正文也劉攽所云也字古文作芢音野發語詞也岑參詩也知鄉信日應疎

易緯蒼牙通靈昌之成運蒼牙卽伏犧也

上林賦鋋猛氏郭璞曰今蜀中有獸狀如熊有光澤名猛氏

正字通古以周尺八尺爲仞中人之身長八尺兩臂尋之亦八尺兩足步之亦八尺度高深以仞度短長以尋度地以步小爾雅四尺曰仞王肅从之包咸鄭元謂七尺曰仞書爲山九仞釋文仞七尺也應劭漢書註五尺六寸曰仞顔師古非之曰八尺曰仞取人申臂之一尋也顔說與孔安國同顔以八尺爲仞是也說文以仞爲申臂一尋非一尋止六尺耳或曰古尺短周尺八尺以今度之一寸又減二分應劭之說據漢尺也莊子庚桑楚步仞之丘註七尺曰仞亦非

洪遵泉志載茷字錢有[illegible][illegible]貉龠四字文不可辨存之以資博雅

古人以物結納人皆曰爲壽史記爲魯仲連壽爲聶政母壽皆非以生日爲壽也

字彙補夏與夏各別夏音虔見玉堂漫筆按瑯邪代醉編楊州漕河東岸有墓道題曰夏國公人皆呼爲夏國公蓋鎮遠侯顧公之賜葬也據此則夏亦夏字

古石經論語惟伎子與小人爲難養也今無人旁六書索隱曰伩作妮諺云妮子是也

漢世謂蜀人爲叟後漢劉焉傳馬騰與範謀討李傕焉遣叟兵五千助之

尸子子夏曰君子臨大事不忘昔席之言昔席卽細席所謂廣廈細旃者是也

李義山蜀爾雅云禹貢厥土惟塗泥夏小正寒日滌凍塗二塗字皆在巴荼之閒也葢禹本蜀人故塗泥凍塗皆卟蜀音今蜀人目濡土曰塗泥肉爛曰塗肉蜀之土音亦古矣

瑯邪代醉編日出一上爲旦日入一下爲亘音昏一地也今字彙有亘字从其說也說文無之

會偨類說唐明皇呼人爲查言士大夫如仙查隨流變化升天入地能處清濁也

毦字義甚多箏可名毦隋志今文官七品以上通毦之貂亦可名毦董巴輿服志內常侍加黃金附蟬毦尾謂之惠文冠拂亦可名毦晉東宮舊事皇太子納妃有白毦拂二枚珠亦可名毦北史夸吕椎髻毦毦珠色絲亦可名毦梁書貞惠世子傳以五色毦辮鮑泉鬚鳥卵亦可名毦沈佺期詩鸚鵡林中彩毦分梛絮荻花亦可名毦內典飜譯名義集兜羅錦亦飜楊華或稱兜羅毦又藤亦可毦齊民要術毦藤大小如芊蔦蔓衍生据服虔通俗文毛飾曰毦毦則凡絲羽革草之下垂者並可以毦名

後漢申屠剛傳光武嘗欲出遊剛諫不聽遂以頭軔車輪按止車之行其物曰軔故凡事始啟行曰發軔

三山老人曰杜詩花妥鶯梢蝶西北方言以墮爲妥卽花墮也見苕溪漁隱叢話按妥當作穩妥之妥解字有形似醜而皆作好字用者如骫髏乃體胖之謂見玉篇骫骳乃屈曲之謂見枚乘傳

杜詩塹抵公畦棱注京師農人指日遠近多云幾棱音楞

列子白㶒乃八駿之一見穆天子傳作白義又作白儀按皇霸文紀儀卽古義字是穆王之馬名白義無疑林鬳齋列子口義亦讀㶒爲義獨張堪列子注云古犧字當是魯魚之誤

東方朔罵鬼書有纍穀之名字書無纍字

漢書王子侯表五據侯曜丘史記曜作膢索隱又作膢原注云姓也漢有曜立疑是曜丘之譌並誤曜爲姓也

易林三人求吉反得大栗東坡有黃甘陸吉傳皆借吉爲橘今蜀音猶然粵東呼橘皆曰吉凡相館遺橘

寫椅爲桔本此
高士傳卞隨投洞水而死朱謀㙔曰洞頫古字通用
故禮頫衣作絅
梁元帝纂要日在午曰亭在未曰昳
木氷亦曰木介葢寒甚而木氷如樹之著介冑也俗
云曰木稼稼卽介之譌也
阿堵猶言若箇也世說王衍絕口不言錢婦試之令
婢以錢遶牀不得行晨起呼婢曰舉卻阿堵物世人
遂稱錢爲阿堵非
世目書生爲窮措大王弇州作醋馱解按措大謂能

措大事也
字彙補凡分伇得錢謂之措嘈按嘈音蚕字書未載
石鼓文多爲後人讀壞如君子漫之从水从魚象形
也後人疑爲重文改爲瀏何以彙之古文也鄭漁仲
作何以欄之不知何据其魚佳可佳惟字可何字省
文也今入可韻誤
公羊傳是月者何僅逮是月也註是𨇨月邊也按字
彙補魯人語謂月邊爲提
淮南子兵略訓將軍之心滔滔如春曠曠如夏湫漻
如秋典凝如冬廣卽曠也

海篇金鏡昶星名案天文志無此星
日所次隅曰曋見管子五行篇貨曋神盧曋音審
鍾馗人名正字通人之名鍾馗者非一宋禁中舊有
吳道子所畫鍾馗卷首唐人題云明皇開元講武驪
山還宮上夢大鬼制小鬼命吳道子畫之熙甯五年
上令畫工摸鋟版印賜兩府輔臣各一本是歲除夜
遣內供奉官梁楷就東西府給賜鍾馗像唐逸史載
明皇晝夢鬼藍袍曰臣終南山進士鍾馗除天下虛
耗賜二府其說未詳後漢有季鍾馗隋將有喬鍾馗
楊鍾馗北史堯暄本名鍾馗字辟邪胡應麟筆叢曰

六朝已有鍾馗後人附會爲作傳如北史及唐人張
鍾馗諸取名者皆以鬼神爲名也據諸說鍾馗之名
非始于開元也又椎一名鍾馗周禮冬官考工記註
齊人謂椎爲終葵葵馗聲相近卽鍾馗也
阿魏藥名通作魏正字通阿魏分草木二種草者出
西域苗葉根莖似白芷擣根汁曝之如膠西國持呪
人禁食之木者出南番蘇頌曰今廣州亦有之云是
木膏液滴釀結成段成式云木生波斯及伽闍那國
卽北天竺也長八九尺皮色青黃三月生葉似虎耳
無花實其枝汁出如飴久乃堅凝名阿魏摩伽陀僧

言取其汁和米豆屑合成與廣州者相近今兩浙人家亦種之范成大詩夾路風來阿魏香是也波斯國呼爲阿虞天竺國呼爲形虞涅槃經謂之央匱蒙古謂之哈昔泥元飲膳正要云阿魏根名隱展性臭能止臭和食料甚香美詳見酉陽雜俎本草綱目

卍齋璅錄卷四終

卍齋璅錄卷五

羅江　李調元　贊菴　撰

戊錄

宋史禮志紹興二年禮官言今定淵聖御名若姓氏之類去木爲亘其見經傳以威武爲義者讀曰威以回旋爲義者讀曰旋以植立爲義者讀曰植本字郎不當改据此則宋人讀桓字有威旋植三音雖非正音亦以見一時借讀之異也

冷齋夜話洪駒父曰柳子厚欸藹一聲山水綠而世俗乃分欸乃爲二字而並去藹字誤矣案字書無欸字洪氏誤也

吳草廬書經纂言曰昴音留丣在天酉位字从丣音有今音卯非案詩疏云昴七星昴之言留也物成就繫留也据此則以力求反爲叶音者誤已凡丣字如留瀏柳偏旁从丣不从卯丣即古柳字後借爲辰卯之卯見宋祁筆記

古歌淫預大如馬瞿唐不可下淫預大如象瞿唐不可上淫預大如襆瞿唐不可皐今本無五六句

呂毖小史正旦院中焚柏枝柴火名曰焬歲按焬音虞廣韻拔器賣食曰焬

晉書載記陛下將牢太過耳按將牢猶今言把穩
字彙補明有始興令佴麐佴本音耐今姓佴者多从
膩音豈與耐音別爲一姓抑傳久而誤也
老學菴筆記唐詩三十六所臨春殿白樂天紅闌三
百九十橋劉禹錫示我十年感遇詩十當音爲諶非
也按十當音甸古人以十日爲旬故如此讀
口字彙云古作方圓之方按商子弱民篇民弱□強
民強□弱有道之□務在弱民是古國字皆作□蓋
倉頡所制象形古文□亦作圖字用
出海經伯陵同吳權之妻同淫也此正史所未見

王延壽王孫賦乚爪懸而瓠垂古文苑註云倒乚字
辭賦標義作乚按字彙以此字爲怪僻不錄然既見
漢賦中未可遽削也
众與㐺有別众音奇㐺音箇見字彙補
楚辭用些字見沈存中筆談曰夔峽湖湘人凡禁咒
語末云娑婆訶三合而爲些也
通典西國用羊卜卜師謂之厮乩按乩音雞今作箕
誤
王盤農書若塘堰之水必置涵洞音蹇今蜀人多爲
之

算法曰九九韓詩外傳齊桓公設庭燎待人士不至
東野有以九九見者曰九九薄能耳君猶禮之況賢
于九九者乎註若今九章算法字彙補以九九爲人
名誤
漢律與妻婢姦曰姘按齋與女交罰金四兩曰姘按
姘音平與姘不同
顏氏家訓曰倉頡篇佾字訓詁云痛而謼也音羽罪
反今北人痛則呼之聲類音于來反今南人痛或呼
之此二音隨其鄉俗竝可行也
古文然字作爇後漢侯瑾傳輒爇柴以讀書是也

五代史劉銖傳諸君可謂僂㑩兒按僂㑩幹辦能事
之稱
穆天子傳㢈璳注玉名也按駢雅云長璳玗琪美玉
也似以此字作長字王元美太和山賦又作兂
乜西夏語以巫爲厮乜見遼史按乜母也切眼乜斜
也今西人多有此姓朝有姓也名伯先者疑即乜姓
之訛
齊乘云漢地理志濰或作淮今濰水土人呼爲淮河
从呼乖切蓋緣濰字省文之誤見前汶字說
蜀謂水口爲洪因有射洪縣見字彙補

按㕯與州同洞靈眞經才行比於一㕯委之㕯此乃
寫書人誤筆未可爲另一字按唐書南蠻傳蠻謂州
爲瞼亦異聞
舍利獸名性吐金張平子西京賦舍利颬颬化爲仙
車按佛骨燒化謂有舍利子言中有金也
册府元龜黒齒雕題卻冠秫絀註云銖者綦鍼也古
字假借故作秫絀耳按絀縫也蓋言女工𥁞拙也戰
國策鯷冠秫縫註秫綦鍼也亦仝
陸佃云醫用艾灸一灼謂之一壯按漢趙后傳額上
有壯髮師古曰今俗呼圭頭是也按卽艾壯瘡也

羊溝之雞三歲爲株出莊子逸篇注株魁帥也見困
學紀聞今蜀呼陽宅前小溝曰羊溝或卽此
歸藏易大畜卦作𣫭畜小畜卦作毒畜
唐詩隨風趁蝶學夭邪凡詩夭皆音歪
六壬式以楓木爲天棗木爲地按天天盤也地地盤
也
棺頭曰和水經註齊地掘得古塚棺和有八分書見
余逸孟子書滕文公葬事
曾鞏耳目志孟光舉案齊眉俗直謂几案耳呂少衛
云案乃古椀字故舉與眉齊張衡四愁詩何以報之
青玉案謂青玉椀也据此則考工記案十有二寸當
作此解爲是
郭氏佩觿曰兄况況三字各異兄爲發語詞况爲寒
氷況爲形況今多混用
詩衛風傳云飛曰雌雄走曰牝牡按齊風言雄狐狐
走類也亦曰雄書言牝鷄鷄飛類也亦曰牝凡物各
有雌雄鱗介至蟣蝨皆然詩傳分屬獸禽非
㸦卽互字唐韻正周禮牛人凡祭祀共其牛牲之互
徐音㸦詩楚茨傳曰或陳于互正義亦引周禮文㸦
誤作牙陳氏禮書吕互牙古字通用非也中山詩話

云古稱駔儈今謂牙非也劉道原云本稱互郎主互
市唐人書互爲㸦㸦似牙字因訛爲牙耳舊唐書史
思明傳互市郎安祿山傳互市牙郎蓋爲後人添一
牙字今通鑑亦作互市牙郎漢書劉向傳宗族盤互
師古曰字或作牙謂若犬牙相交入之意也谷永百
官盤互註同是昔人以㸦爲互字後轉而作牙師古
乃曲爲之說耳按吏書中以㸦作互字用非一唐韻
正深辨其非并引古碑碣中之書互爲㸦者甚詳皆
歷歷可據應从之葢㸦有相錯義或互字俗借作㸦
可附牙部若竟書互爲牙并讀如牙字之音誤矣洊

字玉篇亦云俗作迺
仌𠔁二字迥别𠔁古别字仌古氷字宩宷二字亦迥
别宩音森从穴从木宷綿兮切音彌深也詩宷入其
阻是也
爾雅註江東取白頭翅背上長翰毛以為睫欐名之
曰白鷺縗按郎晉山簡接䍦白帽也䍦韻會作𦅾集
韻作羅毲通作欐
說文厂山石之厓巖人可居象形音漢虛旰切又音
嚴乃巖字省文俗竟作巖用非也又产字音詹說文
仰也从人在厂上一曰屋梠也秦謂之桷齊謂之产
卩郎古節字說文作㔾瑞信也象半分之形隷作卩
又作㔾反卩郎為卪音奏从左右執取符信之義卩
卪二字合為卯今人謂合卯笱是也俗作夘非
糸音覓細絲也徐鍇曰一蠶所吐為忽十忽為絲糸
五忽也糸加丿為系音繫胄繫也今人多混為一
篇海网字有三譌本作网而譌作网亦作冈而又譌
作冈又作罓而譌作皿四乃橫目惟罣罘罝等字從
之其他但屬羅網義者俗冈字下橫畫不連兩旁据
此則今俗將以四字省作皿大謬矣
山海經流沙之東有三青獸相并名雙雙註郭璞曰

言體合為一也公羊傳所云雙雙而俱至者蓋謂此
也吳任臣云獸經曰文文善呼雙雙善行駢志云雙
雙合體蛩蛩假足麟書曰雙雙俱來孟極是覆又鳥
名公羊傳宣五年其諸為其雙雙而俱至者與疏舊
說云雙雙之鳥一身二首尾有雌雄隨便而偶常不
離散故以喻焉按公羊傳與山海經註異
字彙補師曠禽經鴝鵒剔舌而語張華註云山海謂
之鸜鵒按今山海經作鸜鵒無有鸜字其音未詳疑
誤
晁以道曰鵜之屬有曰漫畫者以觜畫水求魚無一
息之停有曰信天緣者終日凝定不易其處俟魚過
取之詩曹風維鵜在梁毛傳洿澤也三國志魏文帝
鵜鶘集靈芝池詔云此詩人所謂洿澤也按鵜鶘今
俗呼淘河詳見爾雅與鵜別是一種
說文物萬物也牛為大物天地之數起于牽牛故从
牛勿聲按詩小雅比物四驪傳物毛物也又三十維
物爾牲則具周禮春官雞人掌共雞牲辨其物註謂
毛色也可証說文物字指牛之義註家皆宗之又牛
部廣韻牻牛駮色說文引春秋傳曰牻椋按今左傳
閔二年本作尨

揔俗揔字左思吳都賦揔有流而爲長按總或作揔因譌作揔俗用已久故廣韻存之然不可不正

韻補水音準引白虎通水之爲言準也按準乃水之義非水之音蓋沿周禮考工記鄭註準讀爲水而誤

元包經大過舟休于水按說文休本溺字註與弱水之弱同而灼切休字註沒也奴歷切音義迥别今禹貢弱水通作弱無水旁似宜从禹貢爲正而沉休之沵則槩作溺

綠沈畫工設色之名鄴中記石虎造象牙桃枝扇或綠沈色王羲之筆記有人以綠沈漆管見遺野客叢

書物色之深者皆爲綠沈杜詩綠沉槍謂此

吳俗吳字吳志薛綜傳無口爲天有口爲吳正字通此借字形爲諧語非吳字本義正韻吳字註亦作吳非詩周頌不吳不敖傳吳譁也又魯頌不吳不揚說文註吳故矢口以出聲今寫詩者改吳作吴又音乎化切其謬甚矣釋文吳讀如字按何承天从口下大引魚之大口者名吳胡化反此音恐驚俗也又說文釋文俱云吳作吴讀非而玉篇廣韻集韻類篇韻會諸書吳字亦皆無去聲一音惟正韻收吳入禡韻詩朱註亦作去聲讀則音華爲是又談藪李大異誦杜詩天吳紫鳳之句顧坐客云吳音華則又因有化音而轉爲平聲也

圓音眞宋時取士編號之字也名臣奏議司馬光論圓毬兩號所對策辭理俱高

卮齋瑣錄卷五畢

卍齋璅錄卷六

羅江　李調元　贊菴　撰

已錄

風俗通水流曰澌氷解曰泮泮从仌不从水从水之泮乃泮池也亦通胖字林胖合其半以成夫婦與判同

陸賈春秋後語董公八十二家以遮道說功封爲侯家乃古文歲字也又作㞒見崔希裕古文畧

漢書敘傳六世耽耽其欲㵗㵗文武方作是庸四克㵗古滌字㵗㵗欲利貌也見羣經音辨

金日磾漢人名見諸書字考畧曰音密案瑯邪代醉編曰宋公庠言金日磾日字只是如字別無借音

䯪與昏同古無此字元子創之諡隋煬帝曰䯪按佩觿集㳄山之昏畔加荒是也

通鑑元順帝廣取淫戲號所處曰㞏㞏同兀該也

張道忠曰㶳太上所作燒字从一內从火爲㶳字與燒同音葢一者坎也爲水也內者是身有水有火也不燒柴薪用身內水火自燒煉去頑礦也要其靖正磠砂㶳桯自身心性不能散失得成大鰥便得長命不老之術也正字通謂與炳同誤

內經得炅則痛止註炅熱也原病集曰老篇頹中炅明也與熱無干恐是靈字傳寫之誤

毛詩古音考曰漢明諱莊改莊爲嚴以其音之同也古人改易名姓如陳田馬莽之類皆字異音同

天中記大月支有牛名曰及人日割收其肉三四斤明日其肉已復創即愈也按本草亦有名日及者

老羊腹中有物曰哀如龍有尺木馬有墨之類哀音愛古人多以愛爲哀呂氏春秋人君何可不務哀士淮南子各哀其所生是也今人但知哀爲悲哀之哀用

宰我欲短喪顏回曰人知其一未知其他但知暴虎不知馮河鹿生三年其角乃墮子生三年而離父母之懷懷音篹見淮南子

人物灾害之神皆曰步周禮註疏元冥之步人鬼之步是也按族師祭酺注酺者爲人物灾害之神故書酺爲步又人滕之怪曰水唐見水涇注

蜀人取肉於竹中炙曰䆯見唐韻

今人書札多用洛誦字本莊子洛誦之子聞之瞻明洛絡通呂注謂綿絡貫穿而誦之又春秋說題辭云洛之爲言繹也言水繹繹有光輝也故字又從水作

洛亦通

字彙補天漢一曰天津爾雅析木謂之津案天津星名步天歌天津九箇彈弓形

趙翑詩吞船酒膽豩瑘邪代醉編从呼關切讀作頑按漢皋詩話引劉夢得詩云杯前膽不豩豩豕亂羣貌即酒不及亂之意也

性理大全孔明雖正然盆註云去聲與麤笨之笨義同

顏氏刊謬正俗曰傳毅郊祀頌飛紫烟以奕奕粉扶搖乎太淸既歆祀而欣德降靈福之穰穰据此則穰

字亦當音而成反今關內閭里呼黍黍穰穰音猶然

宋王欽若人稱之曰瘿相按方書瘿有五肉色不變爲肉瘿筋脈現露爲筋瘿筋脈交絡爲血瘿憂惱消長爲氣瘿堅硬不移爲石瘿此言治國不和亦如瘿非眞瘿也

漢書莽庶女陸逯任註莽改公主曰任

遴即達字見蜀郡造橋碑文

嘼今俗爲獸按嘼古文畜字說文嘼田畜也引淮南子註言田之汙下黑土者可畜牧也按淮南無此語

連昌宮詞烏喙風箏碎珠玉即紙鳶也則呼風箏始作于唐人

字彙補倭音全清而無濁啁啁切切畧無緩重之音其言則一字之訓或至五六轉而猶有語助如華言喫飯只曰喫飯倭言謂飯曰眠時喫曰央喝伊其語助如也乎之類曰麻時則凡七轉也山曰夜麻海曰由未水曰民注火曰噫伊紙曰加未筆曰侯代墨曰愁未他皆類此按倭國十二支皆有別名如已曰米卯曰孤之類出日本土風記

蜻蛉國志其國水田曰田山田曰畠火田曰畑田稅曰畽稅三十步爲畝十畝爲畽有上中下三等上等

一畽稅八石以此遞減石爲四俵俵爲六斗按畠畑二字俱中國古今字書所未有畽亦不作町畽解詩豳風町畽鹿場隙地也畽有稅亦異按蜻蛉國志朝鮮人李烔菴所撰即日本國以國形似蜻蛉故有此名

夢字本作寢說文寐也夢不明也今經籍作夢夢非也

按唐人夢書言夢有徵元耐得翁就日錄云夢者何也釋氏以四法判之一曰無名薰習二曰舊識巡遊三曰四大偏增四曰善惡先兆造化權輿曰神遇爲

夢形接爲事浮虛夢揚況寶夢溺寢籍帶夢蛇鳥啣髮夢飛將雨夢水將晴夢火將病夢食將憂夢歌舞此列子之論也是夢因想成不盡有徵可知故昔人云牽牛入蟻穴擣蒜啖鐵杵未有作此夢者想所不到也然夢多亦可厭似有神爲之考致虛雜俎夢神曰趾離有咒曰元州牂管聚竺米題卧誦七遍吉

容齋隨筆曰白樂天以琵字作入聲讀如云四絃不閒琵琶聲亂寫眞珠細撼鈴又忽聞水上琵琶聲主人忘歸客不發皆入質韻按琵琶本作批把風俗通以手批把因以爲名今俗皆作琵琶誤

筆神曰佩阿又曰昌化研神曰淬妃墨神曰回氏紙神曰尚卿司書鬼曰長恩除夕呼其名而祭之鼠不敢齧蠹魚不生見致虛雜俎

牝鷄司晨尙書所戒亦未盡然嘉蓮燕語云神降伍氏有雌雞司晨者問之答曰牝鷄不唱唱則神生其家果大利是可證也

朱仲相貝經瞬貝使胎消勿以示孕婦赤帶逦脊是也今人但知麝能墮胎矣

自鳴鐘日本國俗名時計有樓時計懷中時計鈎時計見蜻蛉國志

古人印章多用盦字六書索隱曰借爲菴舍字也又古人款識多用稔嵏字說文長箋曰古文情事二字也考宋景文曰古者大夫字便用重書寫之以夫有大音故也如李斯嶧山碑文是也

靑箱雜記瞀睮者嫉妬人也按瞀音茂睮音俞按前漢韋賢傳睮睮諂夫則婦人媚夫之稱不作妬解疑有誤

羅布名音權出蜀地見集韻

樹萱錄云卓文君一生不食蟛蜞因王吉夜夢一蟛蜞在都亭作人語曰我翌日當舍此及覺候之司馬

長卿至吉曰此人文章當橫行一世天下因呼蟛蜞爲長卿文君不食以此非也蜀中蟛蜞璅細無肉今蜀人亦無食之者此殆劉燾因王吉一語而附會之也

六甲乃上帝造物之日是日殺生上帝所惡六甲者甲子甲戌甲申甲午甲辰甲寅日也見三餘帖

花說文本作華象艸𠌶鄭氏曰𠌶象華榮垂𣪊之形云象蒂萼也按花字自南北朝以上不見于書晉以下書始見用花字或是後人改易唯後漢書李諧述身賦曰樹先春而動色草迎歲而發花又云肆雕章

之腴旨咀文藝之英華花字與華竝用而五經諸子楚辭先秦兩漢之書皆古文相傳凡華字未有改爲花者考魏武帝始光二年三月初造新字千餘頒之遠近以爲楷式如花字之比得非造于魏晉以下之新字乎

芔音燬說文草之總名按郭忠恕佩觿三十之卅爲百芔非卅音先合反芔音許貴反二字音義迥別不應假借按唐韻集韻等書芔俱通卉葢芔之爲卉文由隸變爾雅諸經凡芔皆作卉非自今始

詩宜犴宜獄从犬小雅作宜岸宜獄按犴釋文韓詩作犴鄉亭之繫曰犴朝廷曰獄後漢崔駰傳獄犴塡滿按廣韻犴獄也豻野狗也分二義集韻本說文合爲一應从集韻

說文魵魚名出薉邪頭國爾雅釋魚魵鰕疏魵魚一名鰕按正字通云鰕江海所在皆有之非必出薉邪頭國說文誤又按說文長箋鰕同蝦急就篇註鰕今之海鰕堪爲鮓鯆及所呼鰕米者又所在水中小鰕可生啗若爀而食之皆是也南海雜志商舶見波中双檣遙漾高可十餘丈意其爲舟老長年曰此海鰕乘霽曝雙鬚也按大鰕謂之鰝見說文音晧

說苑宓子賤爲單父宰陽晝謂之曰投綸錯餌迎而吸之者陽鱎也肉薄而不美若存若亡若食若不食者魴也肉厚而味美子賤曰善未至單父冠葢交接于道子賤曰車驅之此陽晝所謂陽鱎者也按鱎又作鮉荀子榮辱篇鯈鮉者浮陽之魚也註魚好浮水上就陽也一名陽鱎轉注古音鮉从夲音叨俗譌作鮉从本非

鮮集韻音棒與蚌同蜃屬按山海經禺水北流注于招水其中多鮮魚其狀如鼈其首如羊事物紺珠鮮魚如龜魚尾二足是鮮爲魚屬非蜃屬也集韻非

爾雅鯉鱣鰋鮎鯊鮀各舉六物讀者以鱣釋鯉鮎釋鰋鮀釋鯊非也鯉爲魚王鰋爲白額魚鯊今吹沙小魚也鱣則今黃魚鮎則今鯷魚毛氏說文皆以鱣爲鯉竝以鰋爲鮎說文鮀形似守宮而大又并以鮀爲鮎皆非

唐韻峻同朘赤子陰也老子道德經未知牝牡之合而峻作精之至也

類篇古者軍行有衙尊者所在後人因以所治爲衙又玉篇衙集也篇海早晚衙集也按唐書儀衛志天子居曰衙据此則今謂官所居爲衙僭也周禮注百

官所居曰府宜稱府
衰蓑本字說文艸雨衣秦謂之萆詩小雅何蓑何笠石經作蓑
爾雅釋器婦人之褘謂之縭註卽今之香纓也褘邪交落帶繫于體因名爲褘
前漢五行志宋國人逐猘犬集韻或作狾瘈按說文引春秋傳曰猘犬入華臣氏之門今本左傳襄十七年傳作瘈狗此必漢以後改本說文引古本可證又
獜說文健也从犬粦聲引詩盧獜獜按今詩齊風作令令

說文獨犬相得而鬬从犬蜀聲羊爲羣犬爲獨也埤雅曰獨一叫而猨散鼉一鳴而鼈伏或曰鼉鳴夜獨叫曉獨猨類也似猨而大食猨今俗謂之獨猨蓋猨性羣而獨特猨鳴三獨叫一是以謂之獨也今借作孤獨之獨

卍齋瑣錄卷七

羅江　李調元　贊菴　撰

庚錄

周啓明考誤今壽八者七十曰七袠八十曰八袠於古無考獨莊子墮其天袠及閔長慶集白公詩已開第七秩飽食仍安眠又司馬溫公八十一歲歷行開九帙新是秩帙袠古通用爲十年也按秩與卷帙之帙同許善心梁史序傳云已有六秩五十八卷上祕閣是也至唐蕭至忠傳官秩益輕此从示字彙作官祑从衣則誤矣

荀子禮論篇絲萬縷翣註云絲萬未詳蓋亦喪車之飾或曰萬讀爲魚謂以銅魚懸於池下縷讀爲柳蔞字誤爲縷字耳禮記池柳拂魚是也
戰國策修其䂬盧治其矰繳註䂬本作笯吳師道曰字書無笯字按䂬通禾切石可爲弋鏃史記䂬新繳是也
臧武仲與孔子父俱名紇俗呼爲核蕭穎士每笑謂人曰汝紇字也不識今人誤以爲齕字不識
雷神形狀各異奚囊橘柚云軒轅遊於陰浦有物焉龍身而人頭鼓腹而遨遊問於常伯常伯曰此雷神

也有道則見見則大雷雨而拔木君亟歸乎須臾雨
大至雷電交作是與世俗所範雷神像不同也
王柏正始之音曰葷與臭同一音古者齋戒不茹葷
葷謂葱韭薤及葫荽也草之臭者也今謂不食肉飲
酒誤按爾雅翼西方以大小蒜慈蒜茖葱爲五葷道家以韭蒜芸甚胡荽薤爲五葷皆釋道之教儒者自以不食肉飲酒爲是
禮明堂位周之大赤註旃旌之屬又與尺同尺牘古
作赤牘文獻通考深赤者十寸之赤也尺當作赤
淮南子鉗且泰丙之御也除轡銜棄鞭策穆天子傳
造父爲御冏冏爲右郭註冏冏音泰丙御人名列子

主車則造父爲御离冏爲右張湛註离音泰篆作㐬
冏音丙石經作死是离冏之爲泰丙斷矣乃湛于註
末又云上齊下合此古字未審反復其義實未嘗以
离冏音齊合也因憶瑯邪代醉編載王起不識穆王
傳⿱齊合冏二字今⿱齊合字未見所出而湛註上齊下合絕
與⿱齊合字相類此或古本作⿱齊合冏二字張氏因于篆文
石經下復及之未可知也
唐文粹李賀小傳騎距驢按廣韻距驉獸似驢也据
此豈賀能騎語似不經全唐詩作騎驢爲是
通天冠前有山展筩爲述記曰知天者冠述知地者

履絇儀禮士冠禮青絇繶純註絇之言拘也以爲行
戒狀如刀衣鼻在屨頭爾雅釋器絇謂之救謂救絲
以爲絇也
大事記嘉靖三十六年妖人馬祖師翦稭爲兵以駭
衆各戶多懸⿱⺮齕⿱⺮齻⿱⺮⿰齒是⿱⺮⿰齒定四字厭之字出道藏按妖神
教法佛經所謂摩醯首羅也本起大波斯國號蘇魯
支有弟子名元真習之焉卽妖人所由來也
磨室燕宮名樂毅傳故鼎反乎磨室按磨字本作歷
今作磨室誤又史記磨侯程黑𡑞表作歷侯今本亦
作磨侯皆沿寫之誤也

梅氏以⿱宀鼻⿱宀鼻二字俱亢倉所製非是案亢倉子云其
⿱宀鼻存乎千代之後惟有⿱宀鼻字
監町山名在益州出銀見字彙補
巢氏病源有七疝五疝之名七疝者厥疝癥疝寒疝
氣疝盤疝胕疝狼疝五疝者石疝血疝陰疝妬疝氣
疝也又曰腎之積名賁豘指間肉起名逆臚足踝之
下名鼠⿰月業音業皆病異名
古樂府敝衣誰當補新衣誰當綻賴得賢主人覽取
爲吾組今組多誤作組
馬褐馬衣也左傳或濡馬褐以救之今之褐衫是

古以一句爲一言左傳于太叔遺我以九言又以一
字爲一言國策臣請三言而巳矣曰海大魚字彙補
徐氏曰齊桓公謂㪉丘之鄉人曰至德不孤善言必
三故古善字或从三言作譱按譱多也古人多謂多
爲善後漢紀蚕善收晉春秋陸雲善笑蓋謂多也
漢王莽傳赤麋聞之不敢入界師古註麋眉也漢書
凡眉皆作麋荀子伊尹之狀面無須麋是也
錢士晉神道碑金陀顙天終辨岳飛之枉案岳珂有
金陀稡編顙天辨誣集諸書此作稅字疑誤
魏略樵先及楊沛並作瓜牛廬止其中裴松之解云

先等作圜舍形如蝸牛蔽故謂之蝸牛廬按瓜與蝸
通
栁宗元辨文子曰其旨意皆本老子然考其書蓋駁
書也按考即考字
前漢傳文布就翖侯註師古曰烏孫大臣官號布就
又翖侯之中別號按翖侯西域諸國官名也大夏有
五翖侯一曰休摩翖侯二曰雙摩翖侯三曰貴霜翖
侯四曰肸頓翖侯五曰高附翖侯翖與翕同
䛒佛書辨字又人名隋有栁䛒梁栁惔之孫也字彙
作䛒篇韻作䛒皆誤按辨字作䛒北齊所造後栁䛒
取此譌作䛒
五酉怪名孔子在陳所見也出衛波集
漢功臣表郝賢音式亦切史記虞卿傳使趙郝約事
於秦亦从釋音是郝姓實不从黑各反今皆作合音
誤
邑音苑怨阮切六書略云即花苑之苑案反邑爲苑
出於鄭樵通志略
說文辠辛之辛从二从干二即上字辛苦之辛从辛
从一是二字兩異也故說文長箋于辟辭等字俱下
作二畫正與辠辛字別今書家溷亂凡从辛者皆作

一畫梅氏竟云辛辛二字相似但以長短爲辨其說
誤矣考元包經有辛字即辠辛字之省文也按秦始
皇以辠字近皇改爲罪見六書畧
京師街曰衚衕篇海衚衕街也楊升菴謂本山海經非
也
衕病名洞下也山海經囂鳥食之可以巳衕又云勞
水多飛魚狀如鮒魚食之可以巳衕此言痔衕同洞
俗名痔漏非街道之衚也衚應作衕巷道出蒼頡篇
山海經白茖可以血玉血染彩也玉篇草名也其實
似瓜食之可以巳瘧又山海經云侖者之山有木名

白皙合觀之蓋白質而赤理木本而草形者耳
青箱錄嶺南人呼市爲虛柳子厚詩錄荷包飯趁虛
人按今粵中俗猶然
蘱苴蜀語也蘱拏上聲唐韻文從三若
元時女子冠名罟罟見周憲王宮詞
歲時雜記元日作黃油燭以麻秸濃油如庭燎律有
油秸之文今秸盆是也按月令通考除日送舊神焚
松柴謂之秸盆秸音萃凡粥凝曰秸
皐陶古木也考工記鞾人爲皐陶今人但知爲人名
矣

古謂陵墓爲臺如鄴都之三臺山海經帝堯臺帝嚳
臺是也
宋李壽曰漢志巴郡有朐忍縣許氏說文漢中有朐
䏰縣然漢中實無朐䏰自以漢志爲是但朐字當作
胊今雲安之西三十里萬戶驛下橫石灘土人云驛
之左右朐䏰故地也据此則朐䏰不屬漢中
字彙補䀀於往切音誑篇韻背也䀀求往切音徃集
韻从二臣相違背也案二字本爲一字作𦣞音烱周
書伯𦣞周穆王臣今作冏
禮內則免爲宛脾註宛脾菹類也疏云牒而切之又

與膍通牛百葉也按周禮醓人脾析是也
顧氏說略蚩尾水獸銅頭鐵額牛角牛耳蘇鶚曰蚩
者海獸也漢武帝作柏梁殿有上疏者云蚩尾水之
宍能卻火災可置之堂殿今人多作鴟字
原南翰記北方老嫗八九十歲齒落更生者能于夜
出食人嬰兒名秋姑按秋讀如鶖酒之鶖
吳兢樂府解題云漢武帝滅南粵祠太乙后土令樂
人侯暉依琴造之以上人姓侯故名坎候後語譌以
坎爲空按今樂府加竹作箜篌非
春秋註疏引通俗文蠆長尾者謂之蠍毒傷人曰蛆

按蛆音捺蓋螫痛也與蜇同
王盤農書夏日䅖青言夏時闢茂草也䅖音淹言種
田也
瘖影規切音威喊聲也輟耕錄淮人寇江南聲大
喊阿瘖瘖按此元人俚語
疋疋兩字有別疋音疏足也管子弟子職問疋何止
又古文雅詩大小雅又小爾雅音匹倍兩謂之疋是
也疋古文正字字彙疋字上畫直音雅正也疋字上
畫鈎音疏足也然据說文則大小雅古文亦作疋則
疋疋兩字乃後人所分未可从也

相如封禪書導一莖六穗於庖謂擇嘉禾之米于庖
厨以供祭祀也說文誤引瑞禾以爲導字之證字書
多取其說按漢百官志少府有導官主擇米導爲禾
官則非瑞禾明矣
玉篇猦狦獸名有尾小打卽死因風更生廣韻猦狦
狀如猨逢人則叩頭小打便死得風還活出異物志
正字通猦貍狀如猨而小目赤尾短如無尾身如毛
鼻至尾一道有青毛廣寸許見人若慙屈頸叩頭擊
之卽死以口向風須臾復活本作風字酉陽雜俎一
名猪猲是也

禮曲禮所以使民決嫌疑定猶與也疏猶與二獸皆
進退多疑人之多疑者似之故謂之猶與按淮南子
兵略訓擊其猶猶淩其與與又說文隴西謂犬子爲
猶按猶古作冘音淫漢馬援傳冘豫未決集韻通猶
豫毛氏先曰此字从犬曲其足與尤字不同
爾雅釋獸狻麑註卽獅子也漢順帝時疎勒王來獻
犎牛及師子東觀記獅子似虎正黃有髯耏尾端茸
毛大如斗正字通獅牡者有耏髯尾如斗怒則威在
齒喜則威在尾獅古通師
述異記獍之爲獸狀如虎豹而小始生還食其母故

曰梟獍韻會通作鏡前漢郊祀志註孟康曰梟鳥名
食母破鏡獸名食父破鏡如貙而虎眼是獍本作鏡
犭旁後人所加
史記萬石君建爲郎中令洗沐歸謁親入子舍竊問
侍者取親中裙厠牏身自浣滌註徐廣曰牏築垣短
版音住謂厠溷垣牆隱于其側浣滌也蘇林曰牏亦
作窬音投孟康曰側行清窬行中受糞者也東南人
加鑿木空中如曹謂之窬又史記註晉灼曰今世謂
反閉小袖衫爲侯窬厠此最厠近身之衣也漢書註
師古曰厠牏者近身之小衫若今汗衫也蘇音晉說
是矣

雒與洛不同蜀有雒縣屬廣漢郡前漢地理志音山
雒水所出南至新都谷入湔俗作洛非魚豢云漢以
火德王忌水故洛去水而加雒魏復改雒爲洛此河
南之洛水也
今山東東昌府有茌平縣天文淸類分野一統志皆
作茌按漢書作茬兩字必有一誤

卍齋璅錄卷八

辛錄　羅江　李調元　贊菴　撰

廣博物志明月之珠藏于蚌中蚗龍伏之案史記龜策傳作蚗蠪伏之蚗應駛字之訛按莊子達生篇作鮭蠪躍之蓋神名也

宋濂隋室興亡論宇文述敗薩水而九軍先後陷焉本是薩字錯寫作蕯耳

唐書王式爲安南都護樹艻木爲柵胡三省通鑑註艻讀與棘同羊矢棗也按南志王式至安南樹艻木柵爲浚壕周圍剌竹寇不敢犯今交趾有艻木葉似

似青揚本生而直本理堅韌如中國櫟木民間採此木橫布外面甚耐久土人書作艻非羊矢棗之棘

宋史太宗謂崔偓佺曰四皓中一先生言用字加撇或云加點爾知否偓佺對曰臣聞刀用爲角音榷兩點爲角音鹿用上一撇一點俱不成字然偓佺終屬臆說甪字原有鹿音非别爲一字也

字彙補謀字音媒者如晉人歌原田每每舍其舊而新是謀萊人歌三軍之士乎不與謀皆从謨杯反梅氏乃引荀子聖知不用愚者謀前車已覆後未知此謀字原作謨希切不音枚也

趙明誠曰費字有兩姓音讀不同其一音蜚嬴姓伯翳之後史記所載費昌費忠楚費無忌後費長房費禕之徒是也其一音祕出於魯季友琅邪費氏魯相費君是其後也

黄伯思云郗姓爲江南名族其姓讀如絺繡之絺而俗書爲郄因讀爲郤詵之郤

詩淸人在軸又與逐同詩碩人之軸箋云病也疏引爾雅逐病也逐與軸蓋古今字異

史記大宛傳其東南有身毒國註即天竺也又居元切音捐諸書字考身毒音捐毒又作捐毒按山海經

云東海之内北海之隅有國名天毒其人水居注即天竺二名而歧出也

蠡與劙同劉向九歎瓟蠡蠹於筐簏此字諸本不同展轉滑誤字彙作劙奇字韻會補字作蠡劉子政集作蠡王逸楚辭章句作蠡按字書蠡爲蠡字之省又

史記漢立閩君搖爲東海王都東甌今之永甯郡是也山海經甌在海中閩亦在海中又云閩越即西甌今建安郡是也故今有東西甌之稱其皆言在海中者地皆濵海海水環之宛在中也考漢書有甌脫言境上斥堠也與此不同

說文用字本作用从卜从中按徐鉉曰卜中乃可用也上畫宜缺左首周調啁倜皆同此例今通作用然字義不可不明

左傳註疏引地理志曰梁國甾縣故戴國古者甾戴聲相近故鄭氏詩箋讀假載爲熾菑是其音相同故漢於戴國立甾縣案戴可讀爲甾甾不可讀爲戴以甾入隊韻者非

韻會補疏與梳通揚雄頭蓬不暇疏又與蔬同周禮臣妾聚斂疏材鄭註疏材百草根實可食者案字學指南曰疏所據反从疋奏疏也疏先姑反遠也从足

分疏疏爲二字

蘇軾種松詩宅年期汝三文高獨立仙翁毛髮綠老人有分不及見子孫見汝知遺直角職通韻

古書用字各不同不可改易如周禮法多作灋三禮徧多作辯大戴禮而多作如惰多作墮邦多諱作域漢書雍多作灉呂覽僅多作覲期多作旗莊子居多作姬是也當悉依原本俗妄改竄不可遵也

襬襶涼笠也炎暑戴笠見人必不曉事故字書以此義釋之海篇又謂當暑人樂袒裸而因盛服請見也魏程曉詩今世襬襶子觸熱到人家正用此意若以涼笠訓襬襶恐於字義未確且笠於暑較宜又何嘗焉

豆古斗字左傳豆區釜鍾之類當作斗惟籩豆俎豆讀如字周禮冬官梓人食一豆肉飲一豆酒若讀如字則難解矣俗又以斗斛之斗加豆作㪷尤屬不通

膂脊之屬亦曰醫管子兵不解醫

肝榆神名山海經肝榆之尸在大人北按盧柟放招賦左蔭肝榆本此

唐許敬宗賀慶雲表雕題鏤𠧧之類𠧧音義未詳案集韻古齒字作𠧧前人未暇深考謂雕題鏤齒皆夷

種也又鑿齒人名山海經羿與鑿齒戰於壽華之野注謂人齒如鑿長五寸又按揚雄賦鑿齒之徒則獸名也

管子抱蜀不言而廟堂既修註蜀祠器也按此與爾雅獨山蜀訓孤獨同抱蜀者言獨守其默不言而天下治也

𧄍毒草也惟蜀中有之墨莊漫錄川峽間有一種惡草羅生于野土人呼爲𧄍麻其枝葉拂人肌肉卽成瘡疱浸淫潰爛久不能愈謂此草也𧄍音瓚按𧄍青見白居易詩颶風千里黑𧄍草四時青唐時已有今

蔡音摶玉篇齊民要術作蔡菜云似沓莖菜誤黽莊
漫錄音瓚誤正字通又音爛益誤矣
列子宋有蘭子注與闌同妄也凡人物不知生者謂
蘭按蜀人謂人之妄爲而無所顧恤者爲蘭子
金仁山論麻冕云三十升布則爲筘一千二百目見
四書說約按筘音扣布筘也今裁縫謂之筘線
紙帋字之譌呂涇野語錄序緇緻墨渝蓋誤合紙帋
爲一
宋朱希眞梅花詞便相折又歸來贍缾頓了缾與餅
同

演繁露杜詩天子呼來不上船或言衣襟爲船誤按
蜀人呼衣繫帶爲穿俗因改穿爲船此說非也蜀人
謂加衣曰穿衣今猶然並未呼衣繫帶爲穿俗以船
爲襟穿乃韻會衣領曰船而誤也李白故事自應从
水中船爲是此時明皇與貴妃在溫泉故杜詩云爾
三國志簡雍傳註或曰雍本姓耿幽州人語謂耿爲
簡遂隨音變之今按耿古幸切簡古限切二音迥別
幽州人語亦從無呼耿爲簡者當从各音
演繁露云徽州稻苦蟲害俗呼橫蟲按卽今之蝗蟲
也

風土記曰蕙香菜根似茆根蜀人所謂葅香
字義總略云亭之毒之从生从母俗作亭毒誤
高駢發塚取甎甃城鬼趙奢現形獻書書載古文品
外錄
九經考異云禮記粥粥若無能徐作鬻鬻
鮑照謝賜藥啟痼同山嶽蒙靈藥之賜又初學記吞
道元履次婢艮信有桓公司馬之痼按此卽疹字俗
作疹遂誤作痼曹植詩憂思成疾疹無乃兒女仁
字義總略曰陸放翁筆記不知皴爲何字按皴牛領
下垂皮畫家皴法卽此

俗言偢睬音秋彩塡詞家多用此字蜀人翻用謂人
不禮曰不偢不睬
小爾雅斤十謂之衡衡有半謂之秤秤二謂之鈞按
秤俗稱字太平御覽諸葛亮曰我心如秤不能隨人
低昂亦用俗字也
戰艦內貫以大木曰底艕今牒文有此字見字彙補
笢與匙同黃庭內景經玉笢金鑰長完堅李商隱日
高詩玉笢不動便門鎖一作筏字非也蔡襄茶錄云
茶匙要擊拂有力又通作鍉後漢隗囂傳侍奉盤錯
鍉割牲而盟是也

淮南子月死而贏蜿膲按蜿與蚌同今俗謂人吝嗇
亦名曰膲
覼肉聚形如牛肝有兩目南華逸篇人而不學謂之
覼肉
今人俗書虱字誤抱朴子塞難蝨生於我而我非蝨
之父母蝨非我之子孫蝨說文齧人蟲也按蜀語云
牛蝨出在牛身上莊子濡需者豕蝨是也韓愈詩蝨
麻撮狗蝨皆作蝨六書正譌从蚰从卂卂卽迅字疾
也蝨行疾會意字也
聟與壻同九經考異昏義壻執鴈入陸云壻一作聟

又王右軍女聟帖
薏苢一曰禹母吞薏苢而生禹故以爲名
前漢食貨志又分遣大夫謁者教民煮木爲酪註如
淳曰作杏酪之屬也李陵答蘇武書羶肉酪漿以充
飢渴又六書故酒類也北方以馬乳爲酪故因謂湩
酪而酥與醍醐皆因之禮雜記功衰飲水漿無鹽酪
不能食食鹽酪可也註酥截也與乳漿異陳澔集說
訓乳漿非又正字通酪有乾濕二種元飲膳正要造
法用乳半杓鍋內炒過入餘乳熬數十沸頻以杓縱
橫攪之傾出罐盛待冷署取浮皮爲酪入舊酪少許
紙封貯卽成酪又乾酪法以酪就日曝使結掠去浮
皮再曝至皮盡刼入釜炒少時器盛再曝作塊收用
今俗謂物餘爲賸古者一國嫁女二國往媵之媵之
言送也副貳也義出于此唐書杜甫傳殘膏賸馥沾
丐後人多矣韻會俗作剩非是
如通作而前漢五行志引左傳星隕如雨註如而也
星隕而且雨大戴禮而多作如古字也
伎女樂也洪涯妓三皇時人娼家托始見萬物原始
一曰古未有妓至漢武始置營妓以待軍士之無妻
室者見漢武外史

唐韻說文唸㕧也詩曰民之方唸㕧按詩小雅今本
作殿屎
正字通嘌廣韻讀如瓢程大昌演繁露曰今世歌曲
皆古鄭衛汎濫者曰嘌唱嘌音瓢按廣韻無瓢音正
字通誤
禮內則烏皫色而沙鳴鬱註沙猶嘶也按周禮天官
內饔註作澌韻會有澌無嘶

卷八終

卍齋璅錄卷九

羅江　李調元　贊菴　撰

壬錄

易經莧陸夬夬六書正譌云音桓上从卄是羊頭非草頭下从兔如兔字非見字葢山羊細角而大者按此解莧字過奇未可据馬鄭王三家註皆云莧陸一名商陸葢草之柔脃者自應从現音爲正管子地員篇莧下於蒲莧註今菜之有赤莖者爾雅蕢赤莧必作莧解方是

九經考異曰易羸豕孚蹢躅古文作蹄蹢

北海相景君碑宜參鼎𩋙按隸釋云字書無𩋙字當是借作拂取𩋙拂之義

史記天官書太白已出三日而復有微入二三日乃復盛出是謂耎按注耎謂退之不進也音軟戰國策鄭魏者楚之耎國

韓愈詩太白睒睒按太元經明復睒天中獨爛謂門光也王劭曰忽雷睫睒則謂電光

韻會荀子儒效篇曾不如相雞狗之可以爲名也通雅狗从苟韓子曰蠅營狗苟故从苟也按荀子今本作狗

陳氏歸雲外集苩音葩百濟姓也案隋書百濟八大姓有苗氏無苩氏則苩乃苗字之訛

張衡賦經重瘖兮寂寞按文選章句云瘖古陰字書乃或諒瘖卽亮陰也

國語佞之見佞果喪其田佞平聲音陳按古田陳通音故陳敬仲奔齊後改田

行李與行理同左傳行理之命又漢鄘閣頌行理咨嗟

史記龜筴傳諸靈數𥰭莫如汝信索隱曰或是策之別名按卽策字多加刀旁非別名也

蘇轍鍾山詩老僧一身泉上住十年掃盡人間跡客到惟燒栢子香晨飢坐覩山前粥是屋月二韻通

漢書元帝紀罷齊三服官李斐註齊國舊有三服之官春獻冠幘縰爲首服紈素爲冬服輕綃爲夏服古曰縰與纚同按縰卽今之方目紗也紗與沙同周禮內司服註素沙今之白縳也縳古文絹字

莂中破別之也卽今市井合同又佛詩曰偈佛文曰莂佛經三乘之業授聲聞莂光從頂入授辟支佛莂光從兩眉入授菩薩莂光從口入

山海經東海之渚中有神人面鳥身名曰禺虢音尗

詳案下文禺鑑註云鑑一本作號疑貌亦音號也
漢書有誰何卒註誰與譙通何與呵通譙呵如今關
城盤詰之例
吐蕃聚落謂之愼鑫見字彙補
張衡思元賦天地絪緼百卉含蘤鳴鶴交頸雎鳩相
和按絪緼石淙碑作葐蒀字詁曰蘤古化字
樟木名按今案卓之卓亦借此見字彙補
梁蕭方等著三十國春秋方等二字其人名也不作
類字看佛書有方等經
兒寬傳繦屬不絕師古註繦索也是特錢貫名繦也

卍齋瑣錄　卷九　三　三十一函

今竟以錢為白繦誤
埤蒼髈肛腸脹又腫也按韓文公詩形軀頓髈肛
輟耕錄𦃃引輿服志諸侯王以下以𦃃赤絲𦃃縢𦃃
字彙古文無此字按𦃃音護黃山谷剛卯辨云𦃃絲
繩也漢書本作𦃃當是𦃃字譌文
南史齊宣孝后傳薦茗栅炙魚古文品外錄栅讀作
策粽也
字彙補須古文貌字汲冢周書五遠愼而近須按荀
子疏房樾須註曰須或讀為邈言屋宇深邃綿邈也
然則須乃俗作貌非古文也荀子貌而不工按今人
謂畫物為貌本此又作皃亦作皃
武夷幔亭記𦾔卽水苔也綳綍卽荇也
周禮夏篆車名註夏赤也篆轂約也考工記鐘帶亦
謂之篆按書法考篆者傳也故車傳亦同此篆字
筭家有勾股法直曰股橫曰勾也
玉堂閒話以肩擖人曰㝮輕脫貌从補莾反
笑本作咲前漢揚雄傳士有不談王道者則樵夫咲
之亦省作关今俗作笑或誤作笑歐陽氏云笑字俗
从竹从犬非廣東新語人熊一名山笑
巨靠未靠皆人身穴道名見鍼灸大全

卍齋瑣錄　卷九　四　三十一函

水葱一名翠管可以為席唐六典東牟郡歲貢水葱
席六領
春秋傳卜籀徐曰謂讀卦爻辭也按元趙子昂詩石
如飛帛墨如籀與求字相叶
緬甸西南國名卽漢朱波也見雲南志
鄭康成所謂青州之蟹胥卽今蟹醬
五臟亦作五倉古字通用也漢書谷永傳化色五倉
之術皆左道以欺眾又作臧前漢王吉傳吸新吐故
以煉五臧攻藝文志有客疾五臧狂顛病方
玉篇引禮記脜色以溫之是柔色宋本禮記作脜脜

古來字

靨本謂頰輔姿好也楚辭靨輔奇牙宜笑嘕只今謂面上黑子亦謂靨於協切

俗詈人老革不曉事按方言革老也南楚江湘之間代語也

詩有豕白蹢烝涉波矣箋云令離其繒牧之處與衆豕涉入水之波漣矣按橧豕所寢也箋誤以橧爲繒

今人謂勒馬之帶爲轡頭按詩鞗革冲冲疏馬轡所靶之外有餘垂者謂之革此言車飾非今人騎馬之轡頭也

今之言鞘猶古之言鞞西京雜記開匣投鞘卽刀室也詩鞞琫容刀是也

唐儒學傳風[illegible]露沐按[illegible]當作摘

行纏行縢也古樂府有雙行纏

丈夫無婦曰索見字彙補按古人謂索居卽鰥居

菲鳧葵詩言采其菲菲琳九切據此則菲卽茆字而增韻以爲蒲菲誤

憂本作㥑或作優說文从心从頁頁首也心憂則髮白字彙補又作優引詩布政憂憂按說文優憂和之行也後人以㥑字从憂遂以憂和从優浸失六書之原矣按優與優同

余初發伊犁行至涿鹿見店壁有詩云聞道兲書下東山迢謝公輿情還變喜帝簡孝移忠雨露𠔃民舊風霜卩鉞雄微官倦驅策感激兲愚忠尾題聞袁制軍起服再總直督志喜不署名但書雪亭二字不知何意制軍卽清愨公奏余贖辠者時猶未至任也公一生清廉正直具見此詩其書法遒勁兼篆隸意每句一古字如兲古天字迢古起字還古憂字孝古孝字𠔃古兵字卩古節字倦古備字夭古矢字不知何故想偶戲筆也但孝音教

與孝不同見字彙補係偶誤因錄而附正之

弟妻謂夫之嫂曰姆呂祖謙紫薇雜記呂氏母母受嬸房婢拜嬸見母母房婢拜卽答今俗兄婦呼弟妻曰嬸嬸弟妻呼兄嫂爲姆姆卽母母也又說文蜀人呼母曰姐按今無此呼

朝鮮用中國書獨以姦爲好字好爲姦字見正字通

婦稱姑爲威姑猶子稱父爲嚴君說文威姑也引漢律父告威姑正字通按漢律威姑二字宜連讀信如說文訓以告姑姑豈成文理按古美女有南威

揚雄曰鼂蟲名又姓衞大夫史鼂之後漢有鼂錯按

漢書景帝紀作鼂錯註古朝字然考字書朝鼂二字音同義異絕不相蒙廣韻陟遙切音昭與朝同楚辭九章甲之鼂吾以行王逸註鼂旦也前漢嚴助傳鼂不及夕正字通云杜林以鼂爲朝夕之朝林罕非之同文備考亦云鼂借爲朝非然楚辭及漢書註竝云古朝字而廣韻亦云與朝同則未爲無據

周禮冬官考工記匠人經涂九軌註軌謂轍廣非軌卽轍也韻會輪有高下廣狹皆定于軌輪中之軌既同則轍迹亦同因謂車轍亦曰軌其實軌乃轉頭也自說文以軌爲車轍後人沿之遂專以車轍訓軌失

其字之本義矣邢昺孝經序疏云兩轍之間曰軌車所轢曰轍此爲確詁云按莊子人間世螳蜋怒臂以當車轍別作軼淮南子道應訓絕塵弭轍別作蹤史記陳平傳門外多長者車轍別作徹古字多通用不必泥

鄭氏謂軫爲輿四面木博雅軫謂之枕釋名軫枕也軫橫在前如臥牀之有橫枕也枕有橫無直則四面之說非也韻會軫註引秦風小戎俴收註云收軫也疏云大車前軫至後軫其深八尺兵車之軫四尺四寸比之爲淺故曰俴收收者車前後兩端橫木所以收斂所載者也合鄭註與詩疏觀之則是四面方者爲輿前後橫者爲軫皆加于伏兔之上以載人物者也鄭註屢變其辭非自相矛盾各就本文所重言耳考工記註輿下當橫軸之處曰伏兔

米芾書史隋唐藏書皆金題玉躞錦贉玉躞軸心也今裝潢家謂褾長幅曰軸子贉徒感切音菡卷首帖綾又謂之玉池有毬路錦贉棲臺錦贉樗蒲錦贉

大戴禮本命篇人生而不具者五目無見不能食不能食不能行不能言不能化三月而徹盷然後能有見八月生齒然後食朞而生臏然後能行三年䁙合

然後能言十有六情通然後能化按盷音田亭年切目轉視貌今本誤作眴臏音牝膝蓋也䁙繹史作䁙虛其切音熙說文目童子精也言精合乃言若作䁙多熱也卽熹字于義未合按䁙家語作顖謂囟門也近是宋人有顱顖經治童子病囟頭會腦蓋也象形魏校曰頂門也子在母胎諸竅尚閉唯臍內氣囟爲之通氣骨獨未合既生則竅開口鼻內氣尾閭爲之洩氣囟乃漸合陰陽升降之道也方書頂中央旋毛中爲百會百會前一寸半爲前頂百會前三寸卽囟門俗作顖謂囟合乃能言也

䔢說文大笑也讀若詩瓜瓞䔢䔢之䔢按詩大雅今本作唪唪傳云唪唪然多實也說文所引詩當是古本

嚘嚘吳人呼狗方言也音夓

玉篇大啜曰嚛引呂氏春秋伊尹曰酸而不嚛按今本作酸而不酷

囪川篇音窗孔穴也此俗書象形非古文

卍齋璅錄卷十

羅江　李調元　贊菴　撰

癸錄

秦鐵權銘諸侯𦋺首大安廣川書跋云此始皇詔也黔寫作𦋺

史記秦記天子賀以顯敝按黼古文黼字裴龍駒云史記有此等古字乃爲好本

亢倉子耳眎目聑聑註古聽字梅氏云古無此字非也

浮橋曰航晉時有朱雀航樹航按淮南子註方兩小船竝與共濟爲船

韓昌黎集根闑居楔楔音屑門兩旁木柣即今府署大門脫限者兩旁柱兩木于櫼之端是也又字彙補營造法式有雲斗烏楔

漢書趙禹傳禹爲人廉裾按裾與倨同傲也

烏稼即烏鴉也見字彙補古字假借類如此殊不可爲訓

唐椿原病集釋音病危喉中⿸疒杭⿸疒郎聲按⿸疒杭音杭⿸疒郎音郎猶今人云杭郎杭嚮是也

觚籠頷也南華逸編仲尼讀春秋老聃踞竈觚而聽

抱朴子乘蹻周流天下蹻道有三一龍蹻二氣蹻三鹿盧蹻按蹻橇同

莧本草名因與莧近卽莌草也亦謂之茴草碧落碑謬借莧爲天字後好奇者从之遂以莧爲古文天字

荀子成相篇聽之經明其請按史記禮書請文俱盡徐廣曰古情字多假借作請諸子中多有此

禮雜記諸侯相襚註疏云散而言之贈車馬曰襚禮少儀敵者曰襚言以衣送死者遂彼生時之意也按西京雜記趙飛燕女弟遺書曰謹上襚三十五條以陳踴躍之心据此襚又不獨送死之禮

鳥網魚網皆名罕說文水中魚罕

師曠禽經覆卵則鸛入水鷙𪁲月註云伏卵則向月取氣助卵按凡物無乳者卵生卵中黃爲陰外白爲陽魂魄相待也又撫育人曰卵翼左傳白公勝如卵予翼而長之是也

今人謂舟停沙曰閣字應作艐音坷韻會小補船著沙不行也

長楊賦云逮至聖文隨風乘流方垂意於至甯躬服節儉綈衣不敝革鞜不穿穿讀如春與文甯叶一本作竄字按竄音鑽身入穴中也

李正巳曰園亭中藥闌闌卽藥藥卽闌猶言闌援花藥之闌也漢書闌入宮禁字多作草下闌則藥闌字義猶分明也杜詩乘興還來看藥闌王維詩藥闌花徑衡門裏皆貪新麗而理未通

集韻除草曰芟除木曰柞而戰國策屬之讐柞亦可作酬酢用左思魏都賦讐挍篆籀注謂一人持本一人讀書如怨家相對是讐柞二字皆可借用

李賀開愁歌主人勸我養心骨莫受俗物相填猰按猰音灰與豗同唐音統籤填猰寫俗物撓塞心胷之意

栲栳音同考老盛物器卽古之簝屈竹爲之見正字通按元史儀衛志王輅用栲栳輪言其形曲也亦作⿱竹考⿱竹老

肴核亦作肴覈周禮地官大司徒三曰丘陵其植物宜覈物註李梅之屬莊子剋核太甚則必有不肖之心應之是核古皆通覈

儀禮有司徹乃燅尸俎註古文燅作尋記或作燖字典引春秋傳曰若可燖也亦可寒也按左傳哀十二年今本作尋

廣韻邵公奭封燕爲秦所滅子孫以國爲氏漢有燕

倉按史記仲尼弟子傳燕伋字思是春秋時即有燕姓廣韻殆未細考

焉今皆作語辭按說文焉鳥黃色出於江淮象形禽經黃鳳謂之焉是焉爲助辭借字也又借作夷字周禮秋官焉使則介之註謂夷使使於四夷此直改焉作夷不獨音同也正字通云周禮焉字連上句讀居于其國則掌行人之勞辱事焉使則介之語助也當如字讀非据其說亦順但二鄭作夷必非無據是焉夷古通用至禮三年問焉使倍之荀子禮論篇作案使倍之此則方言各異讀書通謂焉通作案則臆說也

棚音彭向疑唐人詩無用之者考東京歲時記七夕家家錦采結爲乞巧棚唐書朱泚大治戰棚雲橋則唐巳有之說文棧訓棚案棧即今棧道漢張良說漢王燒絕棧道崔浩謂險絕之處旁鑿山巖施版梁爲閣則非歲時記所謂棚矣疑棚古皆以木爲之故說文訓爲棧今則用席矣

小爾雅二十四銖曰兩有半曰捷倍捷曰舉倍舉曰鋝謂之鍰宋咸曰舉三兩鍰六兩書呂刑其罰百鍰傳六兩曰鍰鍰黃鐵也說文鍰戶關反六兩也鄭及爾雅同說文云鋝十銖二十五分銖之十三或曰二十兩爲鋝周官考工記戈戟皆重三鋝劒重九鋝馬融云鋝量名當與呂刑鋝同鄭康成云鍰乃輕重之名今東萊稱或以大半兩稱爲鈞爲十鈞爲環鐶重六兩有大半兩鍰與鋝同則三鋝爲一斤四兩按六書故說文十銖二十五分之十三爲鋝則三鋝不得爲一斤四兩也且戈戟才重三十一銖爲巳輕矣至二十兩爲鋝則劒重九鋝十有一斤四兩爲巳重矣亦不然也鍰鋝要皆六兩實一字也黃鐵今之銅也

詩王事鞅掌傳疏鞅掌失容也箋鞅猶荷也掌謂捧之也負荷捧持以趨走言促遽也今俗語以職煩爲鞅掌

周禮以肺石達窮民註肺赤石也演繁露以爲石形如肺按肺讀書札正韻削木札曰肺史記惠景閒侯者年表侯子弟即牘背也若肺腑註喻人主疎末之親如木札出于木樹皮附于樹也前漢楚元王傳臣幸得託肺腑註一說肺謂斫木之肺札也

禮內則夏宜腒鱐膳膏臊註腒乾雉也戴侗謂夏暑不可新殺故行腒鱐爲常腒鳥獸乾脂也似近理

周禮小祝贊隋守祧既祭則藏其隋註鄭康成曰隋

尸所祭肺脊黍稷之屬藏之以依神以此說隋即脽之譌裂肉也

說文引詩膻裼暴虎按詩鄭風今作襢

膌說文胑膌也正字通子初生所繫也斷之爲膌帶以其當胃腎之中前直神闕後直命門故謂之膌

博雅臬灋也書康誥王曰外事汝陳時臬傳臬法也今按察司稱臬司本此

說文与賜予也从一勺与与今俗作與㠯非古字

班固答賓戲欝龍虎之文舊矣註按欝彼也漢書欝三塗又文選長欝也引韓愈詩親戚相覞欝皆言覞也

罶本與笱同取魚竹器也故从网今字書多註罶扁縣名案前後漢書荀扁屬交趾郡原未常作罶扁不知何以傳譌至此

曹公所作劉孝綽詩夕景照誃塘字彙補塘名也按凡門堂臺榭之别出者皆謂之移周有誃臺晉有誃門石林燕語東華門北有門與內東相値謂之誃門今俗作移門按此則誃當訓别出之義而遽定以爲塘名者似于義無取所

凡字不可以偏旁互移如査字移旦于左爲柤音旦木器也杳字倒寫爲呆即梅字也呆俗誤作癡獃之獃非

冬至陰之復也夏至陽之復也正字通夏至日日長至是日晝漏刻五十九夜四十一先此漏刻尚五十八日之長于是而極故曰日長至至取極至之義呂覽十二紀仲夏月日長至是也冬至亦曰日長至是日晝刻四十一夜五十九過此晝一刻即四十二刻日之長于是而始故亦曰日長至至取來至之義考禮郊特牲曰郊之祭迎長日之至是也然呂覽于仲冬則又曰日短至黃震曰世俗多誤冬至爲長至不知乃短至也據此說短至宜爲冬至亦謂之日長至者陽之始長也扶陽抑陰之義也

臾說文草器也古象形引論語荷臾而過孔氏之門或作蕢按論語今作蕢

日行有次舍淮南子天文訓日入于虞淵之汜曙于蒙谷之蒲行九州七舍郭璞遊仙詩廻日向三舍註十八宿一宿爲一舍又師行一宿爲舍增韻又三十五里爲一舍左傳僖二十三年晉楚治兵遇于中原其避君三舍註一舍三十里又釋典一俱廬舍註四里爲一俱廬舍一里三百六十步一俱廬舍計一千

四百八十步又按管子是爲十禺言每里爲一禺禺亦里也

尊下臺曰舟若今時承槃也周禮春官司尊彝春祀夏禴祼用雞彝鳥彝皆有舟正字通一說古彝有舟設而陳之爲禮神之器以酌以祼皆抱諸其中而注之舟與彝二器相須猶尊之與壺缾之與罍先儒謂舟形如盤若舟之載物彝居其上非也今考漢敦定舟丞花舟舟之用在于容非虛設以承彝也形制詳博古圖

正字通今俗呼兵卒偵巡者曰哨船讀若誚又名金翅史樊毅謂袁憲曰京口釆石各須銳兵併出金翅二百註金翅即哨船喻迅疾也

高齋漫錄世言祕色磁器錢氏有國時越州燒進爲供奉之物臣庶不得用故云祕色

說文引論語色艴如也徐曰盛氣色也按今本作勃呂氏春秋艴然充盛手足矜者兵革之色也

禮明堂位注齊人謂無髮爲禿楬楬與鬜同考周禮天官醫師凡邦之有疾病者疕瘍者造焉註疕頭瘍謂禿也又博雅疕痂也字彙補瘡上甲禿頭上瘡突起也俗呼疕禿淮南子齊俗訓親母爲其子治疕禿

血流至耳見者以爲愛之至也使出于繼母則過者以爲嫉也事之情一也所從觀者異也類篇或作⿸疒瓜集韻⿸疒瓜禿也一曰創也春發爲燕⿸疒瓜秋發爲鴈⿸疒瓜

天癸天乙所生之癸水黃帝素問女子二七而天癸至方書男之精女之血先天得之以成形後天得之以有生故曰天癸說文本作※象水从四方流入地中之形癸承壬象人足六書正譌交錯二本度地以取平也義同準篆从二木象形因聲借爲壬癸字隸別作癸揆揆㐅通

己齋璅錄卷十

奇字名

光緒七年立冬錢子賡隸

奇字名序

天地之間一物必有一名名者日用之常不必其奇也自蒼頡作字天爲雨粟而奇生焉揚雄識奇字而好事者載酒以問故名有奇者不可不考也閒嘗博覽字書擇其名之奇者按天文地志人物分十二門略加考證使好奇字者便于翻閱亦嗜古者之資糧也若謂步趨子雲則醉翁之意不在酒羅江李調元雨村撰

楊雄多識奇字好事者咸載酒問焉嗣是升菴又有奇字韻之纂蜀人好奇其性然與然余謂升菴主於輯韻則凡有韻者皆在所收其取經傳而成書易非奇之奇者也予嘗嚴立程限博稽載籍自天文地理鳥獸蟲魚以及草木花果之屬凡其字之奇而名之不恆經見者依類錄之以著於篇得卷十二分門八十有一亦可謂光怪陸離無奇不搜矣昔人云開卷有益掩卷茫然若茲之所輯率皆經生家目所未覩將每開卷而亦茫然乎至其音義有無一仍原書之舊不加臆說以饜好奇者之自爲考擇焉

童山李調元序

奇字名序畢

奇字名目錄

卷一

天名　日名

月名　星名

風名　雲名

雷名　雨名

露名

卷二

地名

卷三

國名　邑名

州名　縣名

外國名

卷四

山名　水名

石名　關塞名

宮名　室名

亭名　臺名

齋名　門名

階名　匾名

橋名

卷五

人名上　人名下

卷六

女人名　蠻人名

外國人名

卷七

官名　仙名

佛名　神名

鬼名　怪名

卷八

衣名　冠名

舟名　車名

弓名　矢名

弩名　刀名

鼎名　尊名

杯名　鼓名

杖名　布名

雜器名

卷九

金名　玉名

文字名　戲玩名

飲食名　酒名

卷十

鳥名　雞名

鵝名　鴨名

獸名

卷十一

馬名　牛名

羊名　犬名

豕名　鼠名

蟲名　龍名

蛇名　魚名

水族名

卷十二

木名　草名

藥名　花名

穀麥名　瓜名

果名

奇字名目錄

奇字名卷

巴西　李調元　卍齋　撰

天名

須𦓐

𦓐音帝須𦓐天名見釋典

醮

天作醮見道書

兲

兲古文天字見字彙又作宎兲兲苵皆篆文

日名

㫗昊

六書索隱日在甲上曰㫗日在癸上曰昦昊古終字

曋

管子五行篇貨曋神盧曋始鄉切音審日所次隅曰

曋

轒輮

海篇日出東方又作轒輮轒音遭

倍僪

呂氏春秋其日有鬬蝕有倍僪有暈珥

月名

朙

元包經朙流於天朙與朏同

胶

韻會小補引方言云日運為躔月運為胶胶與日月交道之交同

仄

朔而月見東方謂之仄慝

星名

𥅆

𥅆烏海切音藹出海篇金鏡按天文志無此星

𩇕

史天官書註引天官占辰星一名𩇕星

槐師

槐師一曰北斗星見字彙補

夒

夒音辰日月合宿也見字彙補

豝

豝丁角切佩觿集龍尾星也

扶

扶音奎星名見字彙補

笪

南部新書盧文進出獄忽天暗星見士人謂之笪

魁𩲃魑魆魓魖魒

元應錄千歲沙門謂宋徽宗曰吾有七氣之訣一曰叩齒每一叩齒而念一星星者魁𩲃魑魆魓魖魒

晨

晨水星也漢書歷律志晨星始見今見刻本誤晨

迷

天淵發微曰天日錯行陰陽更迷

鶉

漢外黃令高君碑龍在困敦月次鶉火

蟕

韻會蟕宿名

天睢

史天官書歲星與翼軫晨出曰天睢睢音貲

杠

晉天文志華蓋下九星曰杠

㕚

㕚古文氏字星名

風名

𣅀

天文大成有𣅀風字

𩗗

𩗗與颫同風自上而下謂之𩗗颫

䬙

䬙匪妙切風名見字彙補

雲名

霠

纂文有霠氏姓氏急就章洗濯霠冷參辛臾霠音陰雲覆日也

霱

西京雜記雲三色爲霱

雷名

霴

霴古文震字見六書統

𩃬

𩃬音閃電光見字彙補

𩇔

𩇔音並靐雷聲也

𩆵

䨓音頹雷也見字彙補

雨名

宷

宷古雨字見遁甲開山圖

䨚

說文先訓曰久雨而見大昕是霽也歸藏易旣濟作岺䨚霽與霽同

𠦜

遁甲開山圖雨師作宷𠦜𠦜古師字

䨭

䨭音虎北方人謂雨曰䨭見呂靜說

露名

䨼

廣雅䨼䨼露也與霞同

奇字名卷一

奇字名卷二

巴西　李調元　卍齋　撰

地名

𧂐

𧂐古文地字見字彙補

瀛

瀛與地同出道藏

𤫕璃

𤫕璃河地名見穆天子傳

偙

篇海偙地名亦音池

𠛇

穆天子傳天子北入于𠛇音丙

𨗨𨗨

行唐縣北有𨗨𨗨村𨗨音瘥

重䢇

重䢇氏地名見穆天子傳

梎

路史牟梎與根同

髭

江賱亶爰集纈甘華於髪邱按字書無髪字山海經
鬊邱有甘柤甘華當是鬊字之譌耳
䨓
䨓人地名見史記樊噲傳按䔿人䈝人霍人䨓人四
字雖殊實同音而一地也䨓音瑣
穊
穊州地名在金陵城東北見金陵志
窌
呂氏春秋魏令孟卬割絳窌安邑之地以與秦王
秏
秏土之人醜註云秏與耗同鹹潟曰秏一曰土之羸
疏也
䝻
杜預左傳註䝻黃吳地
竜
雲南有佴革竜地有九山最險
惉
惉谷地名博古圖周敔敦銘王命敔追迎於上洛惉
谷
頪

路史頪鄭地名
㙥
㙥音因地名見字彙補
堋
堋方鄧切音近迸蜀郡謂塘曰堋
戓
戓音歌地名見郭忠恕佩觿
鄏
鄏城趙地名戰國策秦子異人質于趙處于鄏註字
書無鄏字龍龕手鑑鄏音郟
迯
羅迯吐蕃地名唐高適詩西看羅迯取封侯迯唆去
聲
拷拷灣
拷拷灣豐縣地名出河防一覽
杳
杳音起雷州府杳磊驛
芮阬
芮阬雍州川也見漢書註
㸱

漢表元朔五年封公孫賀爲南窌侯衛青傳作南窌

蓈

蓈與郎同魯地名見說文長箋

廊

廊音陋地名見玉篇

鄷

鄷音遭地名見韻會小補

甀

甀音墜地名漢書黥布傳遂西與上賓過蘄西會甀

嫈

史記東越傳封橫海校尉福爲繚嫈侯嫈戶扃反

鄵

鄵音躁地名見國名記

鄸

鄸音萌地名

郹

說文春秋傳郹陽封人之女奔之

郭

郭與鄟同說文長箋引詩郭公維厶

黶

黶埤蒼云春秋地也

堂

堂音尭唐韻地名

瀼

瀼音里地名瀼濛驛在曲江縣

狟

魏志龐德南安狟道人也狟音桓地名

腤

腤地名晉閔公承傳軍次腤口

醶

醶磧地名

鶮

史秦本紀卒屯留蒲鶮反戮其屍

旱

旱音嬌地名亦作鳥

莘

莘音詵地名亦姓

蕉

蕉音穀禾皮又地名

隱

管子五土之次曰五隱五隱之狀黑土黑落
上虒
上虒地名在長安
朾
公羊傳成公十八年盟於虛朾音桯
枊
馬枊洲地名旁有一杙昂起也枊音昂
𨞗
𨞗音稠鶬海鄉名
𨞬
𨞬鄉名城父有𨞬鄉又蒲梅切音陪漢表𨞬成侯
𤡬
說文註南陽新亭有𤡬鄉𤡬與獄同
𤜹
𤜹音朱集韻鄉名
萩
萩音卯地名後漢更始傳戰於萩鄉
竉
顏延之郊祀歌月竉來賓月竉西極名即月窟也
𠥰

集韻𠥰口墟名𠥰音榹
侑
侑與郇同地名見國名記
蔿
蔿陽鄉見說文讀若錡
豲
漢地理志天水郡豲道
陬
後漢更始傳軍陬新豐有陬城
邘
河內野上縣西北有邘城邘與邗同
鹵
漢書表鹵嚴侯張平史記注雁門有鹵城
涾石
涾石漢時地名涾音沙
朐
集韻朐衍地名在北地

奇字名卷二

奇字名卷三

巴西　李調元　卍齋　撰

國名

儇

路史黃帝之宗有儇國从暗音

碟里

碟里國名在東南海中見象胥錄

暗

暗與部同國名見六書索隱注

棐

路史國名記棐鄭地說卽棐林一作蜚音肥

殂

路史國名記魯共王淖殂音未詳

岈

岈國名見九經考異

虼

虼魯國名至江南馬行七月見羸蟲錄虼音額

鐕

路史國名記滕叔初采今沛之公且鐕又地名

禍

路史國名記南宮中鼎云禍人是也

飂

飂國名高陽氏之後巳姓路史云今唐之湖陽

𨎌

路史國名記𨎌侯爵濟陰界有定陶故城卽古𨎌國

洴

管子洴龍夏其於齊國四分之一也

郱　兵

郱與兩同見路史國名記又杞國衛宏作兵

郹

羅泌國名記曰郹卽郹氏定十三年齊衛境垂葭也諸樊入郹取楚夫人

郚

路史國名記莒子爵郚也今登封有廢郚城

䵚

䵚與黎同國名路史黎一作䵚文王所戡者

鄸

路史國名記鄸上甲微居卽桐也

𨟻

𨟻音摩國名記商時國也

戠

戠音災集韻國名

郚

郚與舒同羅泌國名記舒一作郚

鄨

路史國名記鄨令國漢地理志鄨縣

邚

邚國名記邚本女艾國汝也

鄡

國名記鄡與僑同黃帝後姬姓之國作九小切非

鱙

路史國名記三鱙美言聞於內惡言聞於外升菴外集曰三苗路史作三鱙以苗爲鱙未審是非

彤魚

彤魚國名見路史

縣

縣世國名見路史國名記

薉

薉國名見漢書武帝紀

僭

元子方國之僭言國之僭乳國之僭

邑名

敱

路史國名記敱康公邑在緱氏世作劉謬

壢

壢音歷六書畧邑名

愳

愳狐邑名在洛南百五十里

虒

六書統虒與鄸同集韻邑名在魯

郌

集韻郌邑名音匡與郾同

鄰

鄰音郎集韻不鄰邑名

冋

冋吉岳切音玨邑也

鯈

左傳將悉索敝賦以待于鯈鄭樵云晉鄭之境又庸邑名

州名

瞼

唐書南蠻傳人謂州為瞼

𩓤

集韻𩓤州名音歡

寵

晉王澄傳蜀流人作亂澄襲之於寵州

岦

日本有甲岦州見平壤錄音裴

縣名

瓡

瓡漢縣名屬北海郡音狐瓡攝地名在河東漢瓡讘侯扞者索隱曰瓡即狐字又漢王子侯表瓡節侯息

師古曰即瓠字又音孤

駆

晉書地理志存駆縣屬建甯郡南齊州郡志存駆縣屬建平郡

𥞊

𥞊古要字漢地理志大𥞊縣屬北地郡

湔

蜀書後主至湔登觀阪看汶水之流音翦漢縣名

𠟍

𠟍音輸漢縣名屬清河郡

欒

欒古丸切音官縣名見字彙補

杒

杒漢縣名屬平原郡劉辟疆為侯國

郿

郿鄢王莽縣名屬西順郡

夸

唐韻夸古縣名

㮝

益州有㮝棟縣徐鉉曰漢縣名

惤

惤居幸切音堅漢縣名屬東萊郡見漢志

渃

渃城在成都縣近天彭闕

𨛦

許氏說文註上谷有𨛦縣

瀙

後漢堅鐔傳封灈彊侯注縣屬汝南

燮

南燮縣名說文長箋作燮

嬴膢

唐韻嬴膢縣名漢書作嬴陵嬴音連

䩜

晉淮陽郡有䩜縣䩜音多

黟

漢書地理志丹陽郡黝縣師古注本作黟

虒

虒奚縣名音題又作慮虒屬太原郡

𡦹

𡦹音子古縣名一曰𡦹腸

雊瞀

雊瞀漢縣名在上谷雊音句

祋祤

祋祤縣名漢郊祀志鳳凰集祋祤又姓祋諷漢安帝時人

外國名

佉

佉沙國即疏勒也見唐書

中輻

山海經流沙之中有國名曰中輻

杲

朱澤民異域苑景祐間有佛杲國來朝自言當日沒之處杲力心切音林

隚

甌隚國名百越之分上地路史作甌隚音痰

畢

饒仲學海畢勒國人長三寸又畢程氏作畢程疑是字畫之誤

乢

成化府乢加思蘭進貢又貢物名談薈外國有乢馬天即羊甸皮也乢音伽

喙

占城國呼國王為芳喙馬哈剌札見瀛涯勝覽

蠕

北涼錄送女歸於蝚蠕蠕蠕與蠕同

竫

竫與靜同小人國名淮南子竫人長九寸

多顯

呂氏春秋南撫多顋多䫆國名

颮

謝颮外國名本名漕矩吒武則天改今名

戴

戴音畨山海經有戴氏之國

墫

墫端國名玉篇作墫音郭

䑋

三䑋國名史記作㚇

郍

後漢書粟特國在葱嶺之西葢古之菴蔡一名溫郍沙

㱩

穆天子傳爰有㱩溲郭註今西有渠搜國疑㱩爲渠字

䰠

玉篇羅䰠國名

蟜

晉語黃帝娶於有蟜氏又外國名其人虎文脛有膂在窮奇東見海外東經

韓

新韓外國名見漢書

㫿

㫿音昏國名見元子

奇字名卷三

奇字名卷四

巴西 李調元 雨村 撰

山名

桼

漢地理志註靈門縣有高桼山壺山浯水所出桼與柘同

彝

穆天子傳至於彝山之上

屈

屈古山字見漢三老袁君碑

嵕

郡國志九嵕山宋范雍詩山奇號九嵕名與雍州同按韻會補雍州有嵏山

庢

山海經鈐山之西曰庢陽之山庢音旨

𧦝

山海經大𧦝之山多三足龜𧦝與苦同

埪

黃香九成宮賦振雲峪岫而土埪山註埪即崆字崆峒山也

𡵖

五嶽眞形圖鷺廬𡵖麻玉笥洞陽小潙九疑羅浮等山爲衡州之佐命𡵖音西

峚

山海經峚山其上多丹木丹水出焉其中多玉膏峚音密

圌

宋三朝政要伯顏伐宋自陽羅轉戰至焦山追至圌山與綿州圌山不同圌音垂

雺

欶雺山名在嵩盟州見雲南山川志

圁

漢地理志禹貢朱圁山在冀縣南梧中聚師古註與圉同

頵

大荒之中有山名曰孽搖頵羝見山海經

䑏

山海經有䑏山

豐

豐五臺山名

嵾
嵾嶺即武當山音讒
嵽
嵽音帶嵽方山名
礶
礶音祼礶砢山名見字彙補
勃垒
勃垒之山見山海經
岹
岹音聚山名也見郭忠恕佩觿

水名
洭
說文洭水出桂陽縣盧聚山洭浦爲桂水
鐙
東海氣如圓鐙見晉天文志
瀿
集韻瀿音煩泉名在魏郡疑與瀿爲一字
𨞙
𨞙音紂水名在蜀
𨛦
山海經陸山𨛦水出焉而東流注於海
濜
水經濜水出襄陽縣東北陽中山南都賦滍澧藥濜即此
郖
魏志杜畿傳遂詭道從郖津渡
𧍢
𧍢淵水名山海經東望𧍢淵
杠
山海經邊春之山杠水出焉

石名
庠
山海經葱聾之山多庠石
坩
婆利國有石名曰坩貝羅南史
砙
砙音戛小石也
𥓓
𥓓音槁石似玉
磃

礈音懺碾繪石也

磜

姜磜石出大內規制記磜音擦

⿰番瓦

⿰番瓦砙大瓢也⿰番瓦音潘

關塞名

雺

李尤函谷關賦其南則有蒼梧荔浦離水謝沐涯浦雺中註云蒼梧而下六關在南雺音麥

⿱大否

六書畧昆山縣有⿱大否子僑關國珍與張士誠戰處

蠮螉

蠮螉塞關名卽居庸之訛也見日下舊聞

宮名

萯

漢宣帝紀行幸萯陽宮

室名

磿

樂毅傳故鼎反乎磿室又史記磿侯程黑

亭名

郍

路史今京兆有郍亭郍音染

慈

河南密縣有慈亭

鄧

鄧音鐙亭名

鄡

鄡音蹺亭名

畗

畗古壺字輟耕錄元後宮有畗玉虹亭

鮚

漢書地理志鄞有鮚埼亭又漢律會稽郡獻鮚醬

猇

章武二年蜀先主敗于猇亭猇音效今荆州宜都縣地又地理志濟南郡猇縣猇讀作蔡

離

玉篇離亭名

臺名

⿰木泰

廣韻泰有⿰木泰娥臺

齋名

𢋈

𢋈音齋茅舍也

門名

枏𩏬

大內規制記左曰炅明閣右曰枏靈軒枏與陰同又左右小門曰𩏬歷左門曰𩏬歷右門𩏬音龍

㮘

大般若經載五種黃門三曰扇㮘半釋迦謂本來男根不滿不能生子

埏

埤蒼埏門聚在睢陽埏音𢍜

炁

蜀夾江縣灑官碑南由市入爲闤北抵湖出爲炁楊用修云炁即古亦字

鰌

史伍子胥傳正義曰東門鰌門也今名葑門

階名

㰝

太元經大㰝之階又曰㰝于營

區名

𥢶

呂毖小史門𥢶音扁即今之匾也

橋名

㱃

大內規制記內教場之南有㱃祥橋集韻㱃與飲同

奇字名卷四

奇字名卷五

巴西　李調元　卍齋　撰

人名上

昦

遂人四族有昦氏見奇姓通昦古因字也

⿸厂逐傀氏

⿸厂逐傀氏古之君也見通鑑前編因提記

夋

綱鑑大方帝嚳高辛氏名夋註云夋音乙史記作岌

綱目冠編帝俈一名夋

狚

狚神農氏之君也見前編循蜚紀

咸烏

太昊帝咸烏

隤敳

隤敳高陽氏才子也

騰墳

顓頊娶於騰墳氏謂之女祿產老童

聽訞

路史帝炎居母桑水曰聽訞

鯈

說文註黃帝之後百鯈姓姞

夏寒⿰犭壹

夏寒⿰犭壹寒浞之子

⿰豕爾

穆天子傳巨蒐之⿰豕爾口觴天子於焚留之山

⿵冂㕣⿵冂㕣

穆天子傳⿵冂㕣⿵冂㕣為右注⿵冂㕣⿵冂㕣與泰⿵冂㕣同按泰⿵冂㕣古之善御者

鰥鼦

鰥鼦人名見穆天子傳

五觀

國語夏有五觀註太康昆弟也

⿰糸厲公長

墨子厲王染於⿰糸厲公長父榮夷終

囏

册府元龜周懿王名囏註一作⿱艹⿰鳥吉

成覸

楊氏奇字韻齊景公之臣有成覸

⿰魚⿸厂貝俞

莊子縣俞師曠聽之勿聞
赤犮
周禮赤犮氏註疏犮音房末反
季蒯
季蒯人名齊之先封齊者爽鳩氏季蒯逢伯陵蒲姑氏
姚𢿌
春秋有姚𢿌
灆
魯有大夫灆音盈

子薔
晉六卿子薔
夏彄夫
春秋時有夏彄夫
闒輿罷
春秋傳有闒輿罷
叔孫婼
叔孫婼魯人名見左傳
鄭伯睔
春秋傳有鄭伯睔音棍

陽鈛
七經圖陽鈛虎之弟
鱗矔
左傳鱗矔司徒名
史嚚
史嚚春秋人名見左傳
伯郄父
考古圖有伯郄父鼎晉司徒也
頊
博古圖有周㕜頊鼎

周㝵
考古圖有周㝵與㝵同
黃姖
山海經金門之山有人名曰黃姖之尸又吳姖山名盧枘放招賦吳姖晻昧日月所翳
敨
考古圖有敨氏鼎
䴅
山海經女和月母之國有人名曰䴅是處東極以止日月使無相間

噎
荒史祝生二子曰長琴曰噎噎處西極
遳磬
考古圖有遳磬銘
郻單
仲尼弟子郻單見史記
東人矯
仲尼弟子東人矯見史記
靈鼉
靈鼉人名見石經孟子

虖
莊子有子桑虖
樓𢉼
戰國策所用者樓𢉼翟强也吳師道注樓𢉼即管庫
同鼻
龐𥾐氏
韓非子龐𥾐氏之不孝
勝臀
戰國策勝臀人名註云元作啓字
靳黈
戰國策上黨之守靳黈
顏蠋
戰國策顏蠋春秋後語作王蠋
宋銒
宋銒戰國說士
樗里
秦本紀樗里甘茂爲左右丞相
魏尬
戰國策魏尬說建信君或作尬尬
捷剟

淮南子捷剟黃帝時臣
歂
歂音伊莊子九方歂
王詡
鬼谷子名王詡
伯𦁤輿
史記鄭世家伯𦁤輿
田蚡
史記武安君田蚡音憤又讀墳
常頞畧

史記秦時常頞畧通五尺道頞音案
腹䵍
呂氏春秋墨者有鉅子腹䵍居秦
毆
呂氏春秋禽滑毆康學於墨子毆疑即釐字
青荓
呂氏春秋有青荓趙人荓音萍
倪俁
宏農王倪俁
蚡冒

漢書人物表楚蚡冒
安陵繵
漢書人物表安陵繵
伊卽軒
漢書霍去病傳樓剸王伊卽軒
疕
漢煇渠侯疕
僩
漢王子侯表成煬侯僩音眏
命

漢書藝文志大命三十七篇又雲臺篇禹亦作命或作命非
儌倀
漢杜篤論都賦儌倀養馬人名也儌音嗷
巫䶍
漢書越王巫䶍祠在雲䶍音姑
楀
詩經楀與師氏漢書人物表作師氏萬
雁疵
漢書霍去病傳封雁疵爲煇渠侯史記作鷹庇

壽戭
壽戭人名見漢書韋昭注
茷人
姓苑茷人沛人也
宋衷
宋衷漢人見李鼎祚易經集解
熊紃
漢書人物表熊紃
卑援疐
卑援疐人名烏孫庶子見漢書

景瓏

漢書古今人物表景瓏

劉猛

漢長安大夫劉猛音猛見王子侯表

伯熙

漢書人物表伯熙師古注穆王太僕與熙小異

覽惲

王莽傳覽惲姓氏急就章音幕揚雄奇字以爲郎逝字也

鄰

鄰音昨姓氏急就章東人姓也字彙有鄰姓亦作在各反但非蜀姓審與此同異族詳之

𪓿

姓氏急就章尊延稽阮進𪓿㦰注云梁四公㦰䶄

危

玉海孝經鄭氏注乃咸平中日本僧角然所獻一作奝

訡

後漢書乃詔上訡氏訡與診同

苦哂

後漢書朱雋傳苦哂漢賊名也哂讀平聲

夛

夛音多人名見後漢書

薗昪昷

三國史昪音礩梅氏音作弧涓反誤又孫休長子名𩁹字蕾次子汝南王名𩃬字昪第三子名𦾔字昷

韓䒺

三國志韓䒺乃袁紹之將裴註云或作韓猛或作韓若

荀寓

三國志荀彧子俁俁子寓官至中領軍

俉

俉音武三國人名

伍隆劊

三國志註餘杭伍隆劊殞侯王簿任光

譙岍

蜀書譙周父岍字榮始治尚書岍音平

張琣

張琣魏時人

荀虞

魏有苟虞音弋

𡨥

吳景帝第四子名𡨥三國志作𡨥通志作𡨥程史作

陳王𡨥

䵋

吳書士燮弟䵋領九眞太守

㔨

晉書石勒初名㔨

怞

晉庾袞子名怞

江虨

世說新語人問王長史江虨兄弟羣從晉書作彪

虞駃

虞駃晉元帝時人或作駛

趙鸗

晉周紀傳斬趙鸗於蕪湖

褚裒

晉有褚裒

辛鏸

十六國春秋辛攀父鏸晉尚書郎

聐

梁時仰公聐墮洞庭穴中聐名也

朱异

朱异梁時人

周虓

十六國春秋梓潼太守周虓晉史作周虓

洗奕千

十六國春秋洗奕千人名也

䂮

䂮人名秦主興敕僧䂮等八百沙門諮受什旨見內典

步大汗薩

步大汗薩代郡人北齊時積封至義陽郡公

吉翂

南史孝義傳吉翂梁時人

李檦

李檦北周人李弼之弟見周書

黃法氍

南史黃法氍字仲昭日能步行二百里爲梁交刺史終陳義陽郡公愚按字書無氍字

歗循

南史傳綽依湘州刺史歗循歗音肅

趙𢾺

十六國春秋北凉有趙𢾺傳其傳云𢾺河西燉煌人善天文術算爲沮渠茂虔錄又作趙𢾺歷宗通識宋元嘉十四年河西王牧犍遣使獻河西趙𢾺所撰甲寅元歷治平畧北魏世祖克沮渠得趙𢾺元始歷二書字皆从匪从欠惟北史及玉海云李業興撰新歷自以爲長於趙𢾺又云南以何承天爲宗北以趙𢾺祖冲之爲據名當以史爲正

龍兒

前趙錄陳元達傳稱號龍飛册府元龜齊武帝小字龍兒龍與龍同

猗㐌

後魏王猗㐌音駝

王㞢

說文先訓曰文選有王㞢字簡棲

周羅睺

隋將周羅睺封義甯郡公釋典本作羅睺从目今史書皆从日姑别出之

謇

佛書辨字謇人名隋有柳謇梁柳惔之孫也

周鄜

印藪有周鄜印

傅孛

印藪有傅孛印

孔儦

印藪有孔儦印

奇字名卷五

奇字名卷六

人名下

巴西 李調元 㪅齋 撰

任吕

唐宰相世系表任吕音予

劉暀

唐賊裘甫黨有劉暀劉慶劉從簡見通鑑綱目

李周諲

唐宦者傳李茂貞跋扈不軌樞密李周諲謀誅之

浯

浯唐穆宗子安王溶一本譌作涾

崔倰

范滈夫唐鑑崔倰性剛褊無遠慮

竇維鍌

唐有竇維鍌

孔戣

唐有孔戣乃孔子二十八世孫

李萼

顏真卿傳李萼乞師

長

長音荒人名也亦作長

楊昢

唐楊國忠次子名昢

阿堯

阿堯樓駝見遺世經

弙

弙音旦人名柳子厚趙矜墓志矜曾祖□弙安

孫鍪

孫鍪唐人也

呫師娘

輟耕錄院本題目有呫師娘

唐公𠩄

博物志城固縣有唐公𠩄得道升仙𠩄古房字

劉龑

五代史南漢劉龑音巖取飛龍在天之義

臬捩雞

五代史石敬瑭父名臬捩雞又琵琶撥也

𧺆

浙本五代史秦王從榮天成元年以檢校司𧺆兼御史大夫拜天雄軍節度使𧺆辻本字

阿噔啜
五代史楊光遠其父曰阿噔啜噔音登
李鋺
宋有承直郎李鋺音與鉤同
劉呂
宋德祐時劉呂同知樞密院事
韓侂胄
韓侂胄宋人也
郷子
宋史新編藝文志有郷子新修六壬大玉帳歌十卷

欸是鄉字之誤
高應朶
高應朶宋德祐時人隨三宮北去
火元嚞
宋度宗時有火元嚞
曹觱
宋理宗湻祐元年詔孔子命祭酒曹觱講禮記大學篇
李蕺
宋李蕺著晉書指掌十二卷見文獻通考

馮檮
宋理宗時有殿帥馮檮見三朝政要
謝亶
宋謝亶壽和太后之姪也封節度使
王蘧
宋人王蘧字少愚濡須人曾守臨江刻清江三孔集
趙篠夫
宋理宗問有何廉吏真德秀以袁守趙篠夫對御筆擢篠夫直秘閣
士儦

宋高宗時士儦判大宗正事遣詣河南修奉陵寢
多唆丁
多唆丁夏秉常之都統也見宋史
趙師𢍰
宋趙師𢍰字義總畧𢍰擇同字
魯䬁
宋史韓侂胄無子取魯䬁子為後名珍䬁古宜字
鄭嵎
宋史新編藝文志鄭嵎雙金五卷
趙令烕

宋史新編趙令晟王元孫令衿之弟也或云與㠍字
同

趙與𨘗

宋宗室趙與𨘗見宋史世系表又見扶風夫子廟碑
𨘗古遊字

趙師轄

趙思䕬宋宗室見宋史

趙不㥁

宋宗室趙不㥁字仁仲紹興末第進士張栻死爲請
謚又請用朱熹宋史新編有傳

㦗

宋甯宗子早薨者華沖穆王坦申沖懿王㦗順沖懷
王圻肅沖昭王𢘿㦗音庶

王㫋

宋王安石姪㫋字元鈞旋字元龍皆以不附安石而
貶

趙與𢡱

趙與𥳑字德淵居潮州嘉定十三年進士宋宗室也
見宋史一云三朝政要所載與𢡱卽此字之譌

董𢍎

董𢍎宋人精于五禮

𣓇

𣓇宋人名見唐宰世系表音蘇綜切

陳峕姚峕

宋開慶時陳峕爲府丞德祐時常州知府姚峕殉節

劉𡷫

宋史金斡離不破眞定都鈐轄劉𡷫死之𡷫音淨

陳𩋾

陳𩋾宋人名三朝政要紹定二年汀郡寇發陳𩋾平
之

惟熂

高子遺書恭和王次子惟熂音意

𡢝

𡢝音葵人名見篇海

𥡳椶

紹聖時賜𥡳椶姓名曰趙懷恩見宋史新編王厚傳

張彥㺒

張彥㺒眞人後也

𧴪貝

𧴪貝使童子愚女人淫一本作𧴪見字彙補

游律子

英賢傳游律子著書言法家之事

朱蘊鑣

朱蘊鑣郭正域之壻也見郭文毅公墓誌

虎黏

遼史興宗時婆離八部虎黏內附

睶

元世祖至元十七年高麗王睶來朝世祖加睶行省

右丞相

那顔倴盞

那顔倴盞元將名見字彙補

也速解

元四川都元帥也速解見經世大典

張堊

張堊見元史

李偘

李偘亞中大夫

火你赤

火你赤見祕書志

囊加歹

囊加歹怯列人字彥辯由刑部選

珊旦班

珊旦班

揭汯

揭汯字伯防龍興人俱見祕書志

毋煚

毋煚著古今書錄四十卷

雲顒天民

明初葉顒自號曰雲顒天民

克鮃

明萬歷時宗人克鮃疏救劉光復

縉嘗

明鉛山王縉嘗見謚法纂

新睚

明甯河王新睚音懈

知炅

明甯河王知炅音水

載壂

明沖敬太子名載壂留文郎獻字也

楊與

楊⿱日共明正德時人

充⿰魚累

明季時賜順天府學訓導朱正春名充⿰魚累

朱謀㙔

集韻㙔與韡同人名也朱謀㙔著易象通邃古記水經注箋諸書

朱日爍

朱日爍昆山人萬歷中營繕司員外郎

⿱艹夾清

⿱艹夾音央姓也⿱艹夾清永福人宣德舉人

王勤謕

明上洛王勤謕

王仲佽

明樂平王仲佽卽烋字

顧⿰目昌離

顧⿰目昌離蘇州人見馮少墟集

⿰夾戈

⿰夾戈音宰楚人有以此命名者如范元⿰夾戈饒八⿰夾戈是也

⿰舟金

係湖廣俗字

金⿰舟金明季人

女人名

女庋

山海經南岳取州山氏女曰女庋

女嫈

漢書古今人物表女嫈卽女英也

麿

麿音靡旋麿古女子名小說家以為呂望妻未可信也

⿰車賣

⿰車賣比邱名出七女經

蠻人名

狆

狆苗人名也見諸苗考

⿰犭氷

⿰犭氷音陰廣西苗種

⿰犭革

⿰犭革古客切音革人名

狫狫

狫音老狫猪蠻名

陀西段𤩽寶
唐書南蠻傳乾符四年南詔遣陀西段𤩽寶詣邕州
節度使辛讜請修好

峝
峝音洞峝人苗類也一曰峝蠻見諸苗考

龍漢𤩽
宋玉新編雍熙時授西南蠻龍漢𤩽甯遠大將軍封
歸化王

莫洪𧫴
宋開寶時南丹州蠻莫洪𧫴求內附見大史

李昊𣅀
宋熙甯時安南國王李昊𣅀

呧
宋史熙甯七年賜邦辟勿丁呧姓名曰趙從義蓋呧
曰趙秉義二人乃西族瞎征之後也又結呧齪亦人
名

皮邏閣
皮邏閣南詔人名

阿㤰
阿㤰元人名經世大典至元十七年羅殿國王羅阿
察遣阿㤰阿麻二人至四川

㹤
明季都司傳元勳攻白蕩毛臺斬獲大頭目阿獨㹤
苗級二十一㹤西南苗人名

外國人名

李峼
朝鮮王李峼

玒
朝鮮王子義昌君玒見朝鮮紀事

黎𣻗𣻗
馭交記安南黎𣻗𣻗人名

奀
奀與奀同人名見安南志

奇字名卷六

奇字名卷七

巴西 李調元 卍齋 撰

官名

長鈚都尉

漢表周竈以長鈚都尉擊項籍

潛清侯

五音集韻曰潛清侯出漢書王子侯表潛以醉切音

璲按王子侯表今無此字錄以俟正

龔元侯

韻會小補方子謙云前南粵傳有龔元侯俗作龍非

按南粵傳但有龔侯無龔元侯

楖人

考工記有楖人刮摩之工也

㮚

㮚官名考工記㮚氏為量

駇服君

路史國名記趙奢封駇服君駇古馬字

鮑人

考工記鮑人柔革工也註云當作鞄

郇

後漢書馬武更封郇侯

濌伯

晉書兗州八百太山羊曼為濌伯濌音榻

褥薩

褥薩高麗官名見後周書

杅

杅音豫集韻官名漢有因杅將軍按因杅北方地名

狖

狖官名印藪有虎狖將軍之印

狪狖

印藪有狪狖相印

閘撒狘

遼掌宮衛之禁名閘撒狘

仙名

晶賁

道藏八景玉籙上清高聖太上大道君者諱晶賁字上開晶力欲切音六

兕龍

道書眞陽之炁曰兕龍

驢蠱

釋典佉盧虱吒隋言驢脣乃大仙人名

佛名

鉤鎖

鉤鎖佛名出賢愚經

霰尼

佛之外道曰霰尼見楞嚴經

仙

李淵爲子祈疾記蒙仙恩力其患得損仙與佛同見

唐書

僊

僊道經佛字亦作儞佚見字彙補

神名

嵗崈

東嶽姓嵗名崈

華峑君

西嶽姓華名峑君

崇埊

南嶽姓崇名埊

峘岑

北嶽姓峘名岑

馮崑嵩崇崲

中嶽大山姓馮名崑嵩小山姓崇名崲字崑勳俱見

五嶽真形圖

嵗嶪

東岳姓嵗名嶪

姜峚

西岳姓姜名峚

榮嘗君

南岳姓榮名嘗君

嶝嶒君

北岳姓嶝名嶒君

惲嶨君

中岳姓惲名嶨君俱見太清金液神氣經

堯

元史上皇丈人法字堯

黍黍

太上真君法姓黍法字黍

奎蘩薰

金明七真法姓奎法諱蘩法字薰

奤

元始上皇丈人法諱奇

奎

太上眞皇法姓奎俱見三尊譜錄

鈎芒

漢揚雄傳麗鈎芒與驂乘蓐收兮與勾芒同

海蠱

山海經岐山神海蠱音修郭注一作蠕又作涉蠱方

面而三足見中山經

图图

酉陽雜俎图图竈神名又郭象莊子註人有九影七

竈图一曰图

禺貌

山海經東海之渚中有神人面鳥身名曰禺貌

淬妃

談薈硯神曰淬妃

堪坏

莊子堪坏得之以襲崑崙神名也人面獸形

女孈

甘氏星經太白上公妻曰女孈居南斗

菀窊

晉禮樂志菀窊蠶神

黔巚

楚辭召黔巚而見之兮爲余先乎平路黔巚造化神

名

胇胃

胇胃神名見後漢禮儀志

盉

盉神名海外東經盉在其北各有兩首

䜌

䜌音欒神名也郭太乙正誤曰欒畢沈休文作黷䜌

霆府

五帝廟蒼曰霆府見廣雅

崒

崒邱垤之神莊子邱有崒山有夔

涓

涓水名其中有神見雜字韻寶

鬼名

庛神

亢倉子庛神間禍又曰庛神開贇

鼆穀

東方朔罵鬼書有糞瞉之名字書無糞字

泆陽

泆陽鬼名莊子西北方之下者則泆陽處之

聻

人死爲鬼鬼死爲聻音積

透虵

虵音移透虵澤鬼名齊威名所見也

𩲡彪

楊氏奇字韻古文魑魅作𩲡彪

鬼𩴂

鬼𩴂旋風見字彙補

神魄

西山經剛山多神魄註或作魅魅音欻厲鬼也

䰯

䰯音都山鬼也

怪名

水䰥

水䰥音逵怪名見王廷相陰陽管見辨

蟡涸

蟡涸川水精也一頭兩身其形若蛇以其名呼之可以取魚鱉出管子

蘖

𧖴蟲蝗之怪曰蘖音孽

髮頊

㓜澤圖一足龍池精名髮頊

奇字名卷七

奇字名卷八

巴西　李調元　卍齋　撰

衣名

繡𧝓

後漢光武紀見諸將過皆冠幘而服婦人衣於繡𧝓其物切音倔今之半臂也

袿

元曲羅衫上前襟褶袿絃索辨譌

䙡

䙡音界婦人上衣褡音苴褡衣羅也兩字音義各別

緎

韻會緎與織同說文布帛總名

緜

黃山谷剛卯辨云緜絲繩也古文無此字輟耕錄引輿服志諸侯王以下以緜赤絲㚈縢緜

緄

管子又樞檥渠緄綵音義未詳

繎

淮南子箴縷緜縩繎之間攕揳唲齵之郄也

纈

金陵志宋宣和二年賜杜杲牙簡香茶纈羅等纈音

擷幣名

黂

列子宋國有田夫常緼黂詳云敝麻絮衣也

氈

西川節度使韋皐進蠻中樂曲其樂工皆崑崙衣以絳氈朝霞爲蔽膝謂之裓襠

蔘

蔘音驂鵗之皮袴也

㘞

㘞音要靴幭㘞也

緣

緣絡緔也見廣雅

幨

幨音鬖緝麻紵名出異字苑

㚉

五音集韻新羅謂絹曰㚉音及

裒

裒與祔同唐韻死人衣玉篇蠻人衣也

裘

衺音凶孝衣也

袞

袞音凋褶衣也

裧

漢王純碑徹易衣裧與裝同

袠

袠音翁外國衣也

褯

褯音籍小兒衣帶也

襮

襮音暴衣前襟也又朝服垂衣

襽

襽音蘭襤衣也

裲

裲襹字之譌束小兒衣也

𧙎

𧙎音資喪服也

䙁

䙁音孰䡩衫別名也以上俱見字彙補

冠名

蔮

儀禮士冠禮注滕薛名蔮爲頍今未笄冠者著卷幘

頍象之所生也蔮與幗同

髽

說文魯臧武仲與齊戰於狐駘魯人迎喪者始髽

髽本字

褸鹿

褸鹿婦人冠名

帢

帢與帕同古今註帢魏武所制

觟

淮南子楚文王服觟冠註如今御史冠豸冠

鷺縗

爾雅注江東取白鷺頭翅背上長翰毛以爲睫攡名之曰鷺縗

舟名

舭艖

宋三朝政要嘉祐九年支會付淮西造舭艖船以備攻守

艄舺

舺音甲⿰舟府舺舟也

⿰舟亭

⿰舟亭音亭鹽⿰舟亭也今鹺政多用此字

⿰舟貢

⿰舟貢音貢船名今有八⿰舟貢船

⿰舟敢

⿰舟敢音敢巨舟之兩旁曰敢堂官艓多用此字

⿰舟賣

⿰舟賣浮鬼切舲艒⿰舟丁⿰舟賣也

⿰舟彡

⿰舟彡音闘吳楚謂船行曰⿰舟彡又韻會舉要曰融通作⿰舟彡

廣成頌豐⿰舟彡對蔚

車名

⿱乑車

⿱乑車古文車字見集韻韻會補作輿似誤

轒

轒音焚兵車名

⿰車路

⿰車路音路古天子所乘之車

⿸广蠃闌

⿸广蠃音果⿸广蠃闌喪車名見字彙補

蟬匵

淮南子古之所爲不可更則推車至今蟬匵註蟬匵

車類匵音叟

軜

軜音西軨軜也

⿰車郵

⿰車郵音⿰車卩⿰車郵轎也

⿰車來

⿰車來音渠車輌也

⿰車冒

⿰車冒音氳兵車也

轙

轙與轙同淮南子遺人車而稅其轙

繀

方言繀車趙魏之間謂之⿰車麗轆

輑

輑音釿說文輑軺車前橫木也

弓名

⿰弓九

弜音但篇韻弓也按卽弜字之誤

弖

弖音枓集韻弓名

矢名

翭

禮記喪翭矢一乘翭音侯 金鏃翦羽也

𥎡

𥎡音鏃字石鼓文形矢𥎡𥎡

弦

方言東齊曰弦宋魯曰吕

弩名

琿

琿與箙同漢張安世傳註師古曰鞬琿弩琿東京賦

琿弩重旃

槃

黃香九宮賦操巨槃之礅弩註巨槃弩名音絓

刀名

鋘

吳越春秋兩鋘殖吾宮鋘刀名

鼎名

鬳

鬳音戈集韻鼎名也

鼑

鼑東井切音頂篇韻三足兩耳亦鐺屬

尊名

罍

漢孝王傳有罍尊韻會曰籀文罍作罍

杯名

椑

椑音皮因蓋漢書美酒一椑

盪

集韻揚州謂杯爲盪音莊

鼓名

鼜

鼜音戚川韻守夜鼓也與鼛同

杖名

欋

太元經進以欋欋杖名疏或杖之扶

布名

靈灌

洞冥記帝求海肺之膏以爲燈焉取靈藋布爲纆火光甚微而光色無幽不入

雜器名

盅

說文先訓盅音衝虚器也又王氏農書有器名鷇盅則盅字當爲器名無疑今字書但以器虚釋之尚未盡其義也

鍦

荀子宛如鉅鐵鍦註大鋼曰鉅鍦與鉇同又音世

鈲

劍脊曰鈲越絕薛燭相劍曰觀其鈲爛如列星之行

鳳

談薈云夏禹作向鳳音風即相竿也

投

投音注楊氏韻寶曰莊子以金注者婚呂覽作金投

欽

魏人呼釣曰恭欽弓欽年上聲

鏇

唐韻篴籚古以爲玉柱故字从玉篪音蒠

篤

楚謂筏上居曰簹音箭

簹

簹音談緯索見黃福安南日記

簀

方言齊魯之間謂之簀陳楚之間或謂之笫簀音笮牀版也

篹

戰國策其自冪繫也完矣註云冪元作篹

簗

張宿憶篇福寺牡丹詩雕檠分簗何由得註云簗作紺切以針簗物之簗言簪花也

鏵

韻畧鏵被也音弧

籆

吳俗謂籆爲籔音斛

陂

陂帮米切音彼田器也

㔈

㔈吾口切音偶瓦器

車

車北官切音與華同棄糞器名又姓

畄

畄與畚同𤮽薄也見雜字韻寶

㡯

㡯音墟集韻飯器

㲦

後漢書西南國其人能作旄氍斑罽青頓毞㲦羊羖之屬

𣏾

後漢書鍾離意傳無被枕𣏾旁訓云𣏾思漬切謂俎几也

蕎

廣韻蕎音亨𩟔也又曰蕎𩟔飪也或作䕠

䕠

楊慎古音略云䕠即古鍾鼎文亨字未審是非

耟

管子耟耒耨懷鉊鉊耟音巨

𦥑

集韻𦥑古器音叫

𦥯

集韻𦥯種耬田器音子

欋

欋音擁所以支臼也

𪇆

菌𪇆可用爲旌翳見伊尹四方令

帤

帤音憶集韻幡也

䒫

說文䒫音業大版也所以飾懸鐘鼓

𪢋

𪢋音藥幕𪢋屋也出新字林

𣏒

𣏒與㯱同爾雅注疏趙魏之間謂之𣏒

㮇

㮇音𢮃小船梢木也

㞙

㞙音熾𥷬柄

𥲊

𥲊音箞鳥籠也

𨭥

簸音緆捕魚具

篼

篼音禪篼籠箱屬

篧

篧音爵魚罩也

籭

集韻篚籭音蠡

籤

集韻籤與簪同篇韻籤篗也

砘

砘音獨種田具也

金磾

金磾香名出洞冥記漢石經公羊傳以磾為堤

鑩

吳越春秋見兩鑩蒸而不炊

奇字名卷八

奇字名卷九

巴西　李調元　屯齋　撰

金名

𨦫釛

王審知鑄大鐵錢俗謂之𨦫釛

鈒

鈒音頹金銀銅璞也

鍐

鍐音減諸書字考略今越中鍐銀用此字

鋀

鋀與鍮同鍮石銅似金者

玉名

𤤀

穆天子傳天子賜之狗𤤀采注云𤤀疑玉名音瓄

玩

周禮弁師註玩惡玉名文與瑉同

琈

集韻琈琈與瑦琈同他都切音瑹

玪𤤀厐瓄

穆天子傳玪𤤀厐瓄音未詳王世貞太和山賦厐瓄

玗琪

緻

穆天子傳玗琪緻尾似亦玉屬

文字名

咻嗽

宋三館書有三咻嗽三卷皆養鷹鶻之說咻音盈

囘

名臣奏議司馬光論囘乇兩號所對策辭理俱高音眞宋取士編號之字也

稾飫

稾音犒稾飫逸書篇名見字彙補

阿颩

釋典有阿颩經

甓鞻

漢蓺文志甓鞻二十五篇

桯

桯音盈史書名宋岳珂所著

戲玩名

⿰口到喇

⿰口到音到⿰口到喇者掐撥數唱雜劇之名見帝京景物略

⿰金龜

⿰金龜音鑑見五音集韻踢毛毬也今人謂之⿰金龜

彄

荆楚歲時記歲前爲藏彄之戲

⿰巾龜

穆天子傳天子命歌南山有⿰巾龜

窟⿰山畾子

唐書音訓窟⿰山畾子亦曰魁⿰石畾子作偶人以戲

飲食名

⿱臣皿

詩有⿱亞皿篕殘又九經考異作盄與⿰食兼同

⿱敖皿

星槎勝覽忽魯謨斯山連五色皆鹽⿱敖皿爲盤盂用盛食物不復加鹽矣

䕢

石鼓文其䕢氏鮮一本作䕢音俎

吥

儀禮士昏禮注用口啜湆用指吥醬

蛤蠑

唐書李師古傳初棣州有蛤蠑臨池歲產鹽數十萬

尢

尢音陸雜字韻寶地葷曰菌光尢

痿

痿音畏又作㾨禮内則注益州有鹿痿取鹿殺埋令臭乃出食之

飽

本草太極眞人有眞精乾石飽法即令鳥飯也

餶

酉陽雜俎飽餹謂之餶

餕

酉陽雜俎飴謂之餕

餈

禮内則以與稻米爲酏註酏讀爲餈餈之然反與饘同

餑

酉陽雜俎饆饠餢餺饃飥餌也餑音未詳

餜

免疑雜字韻㵛食曰餜音撐

餫

藏經字義餫食未熟而饐也音諴

架

集韻架與粔籹之籹同音女

䥄

䥄與𦡇同見耳目資

䥎

說文長箋䥎與䥖同

䥖

集韻䥖與䥖同或作𦡊𦡊

䥑

廣雅䥑才何切坐平聲鹹也

酥

酥素姑切音蘇酪屬

醨

五音集韻醨蚌醬

䱌

䱌鱶鱴鳊

鯖

酉陽雜俎䱌鱶鱴鳊鹽也

鯖

廣韻五侯鯖王雱字書誤讀曰侯鯖之鯖音征今誤作倩讀

糬

䊴音粄屑米餅也

䊛

䊛音戀熬餌黏也

𥻿

𥻿音頳粉𥻿也

酒名

醘

唐韻醘與醁同麴生衣也

䕘

䕘茇䕘酒名出榜葛刺國見瀛涯勝覽

𨡤

玉篇𨡤釀一宿也字書𨡤作𨠃與酳同

醲

海篇醲濁酒也醲音蒙

醟

醟爲命切音詠酒壞也

酗

酗許容切音凶酒色也

醾

醾苦酒見醫書

奇字名卷九終

奇字名卷十

巴西 李調元 雨村 撰

鳥名

巂周

爾雅巂周鳥名出蜀中

箴

箴與鷏同鳥名漢書相如傳箴疵鵁盧

鵏

爾雅釋鳥鵏鵂叔鳥名也

鵸鵌

山海經鵸鵌食之不瘖

獨姑

駢雅獨姑鳥名隼屬也

鷰

呂氏春秋雋鷰之翠鷰音燕鳥名也

鷕

鷕音交不孝鳥也亦作鵃

鴹

鴹與鳥名人面獸身

鷟

山海經元丹之山爰有青鳶黃鷔鳶音文

駓

陶潛讀山海經詩巨猾肆威豹欽駓違帝旨窫窳強能變祖江遂戮死駓與鵄同

鴛

鴛與鵷同韻會作鵷鶵相如賦作宛鶵史記作鵷鶵

鵃䳚

五音集韻鵃䳚鳥名人面鳥喙有翼不能飛

蝭蛙

枚乘菟園賦昆雞蝭蛙卽題鴂也

鴕

史記條枝有大鳥注鳥鴕鷹身蹄駱色蒼舉頭八九尺

鵂

揚雄蜀都賦鶬鵂鴰鶚鵂音侯

䳭

䳭與鶺同東方朔傳辟若䳭鴒飛且鳴矣

鷗

山海經元股之國其爲人衣魚食鷗音憂小鳥名

羌鷲

師曠禽經南方有鳥名曰羌鷲黃頭赤目五色皆備鷲與鷲同

鸀

山海經有青鳥身黃赤足六首名曰鸀鳥元覽有六首之鸀亦通作鸀又鸀鳿鳥名

鶱

枚乘菟園賦附巢蹇鶱之傳於列樹也注附巢蹇鶱皆水名

鷽

楊子法言頻頻之學甚於鷽斯又元覽三足之鳥有酸鷽焉

白鷊

篇海白鷊鳥名音劾

鵪鶉

廣雅鵪鶉鳥名

鸛鷒

廣韻鸛鷒鳥射之則回矢射人

鸞

山海經有鳥如鳧一翼一目相得乃飛名曰鸞音蠻

鴣

張超誚靑衣賦隋珠彈雀堂溪刈葵鴛鶵啄鼠何異
乎鵷音員

鶒鵶鶥鷁

張衡南都賦鶒鵶鶥鷁

鶡

漢宣帝時張敞舍鶡鳥飛集丞相府即鶡也

鵃

爾雅釋鳥鵄鵃與鵠同鳥名

鴃

山海經鴃鳥如梟三足兩耳

鶁

鶁音鷩鳥也亦作鷩鶁

鴱

字彙補鴱音艾巧婦別名也

鵀

鵀如巾切音仁戴勝鳥也

鳦

漢五行志隼即今之鳦

鷽

鷽音鷩鵂鶅別名

鴝鵒

師曠禽經鴝鵒剔舌而語張華註云山海經謂之䳢鵒愚按山海經作鸜鵒

鷞

相如凡將篇鷫鷞作鷫鷞說文長箋鷫又作鷞

鷸

戰國策鷸蚌之鷸乃大鳥知雨者爾雅釋鷸不同逸周書知天文者冠鷸冠此翠鳥也不可不辨

雜名

鴟

方言雞陳宋謂之辟鴟鴟音支

鷄

鷄與雞同知時鳥也見集韻

鵞名

鴐

鴐音加廣雅鴐鵝鴈也

鴨名

鳧

鳧廣雅鳧鶩鳧也曹憲註亦有鴨字如此

鷗

鶬音夭鴨也

獸名

曾類

羅氏爾雅翼曰山海經類有二種獸之出亶爰山者如狸而有髮其名曰曾類帶山之鳥如烏而白采文其名曰奇類愚按山海經無曾字唯韻會小補類字通作曾又升菴韻寶曾古類字据此則曾類似一字也

𡸣狗

海內經有青獸如菟名曰𡸣狗𡸣音菌

帑

海篇帑音義狸子也古文作豨

豰

廣雅貗𤠶豰也字彙補豰與豚同又作𧳁篇韻云豕子也

䰨

廣韻蒙邪獸名獸身鳥喙

𧳋

李白大獵賦白𧳋飛鼯𧳋音眉獸名也

貙貗

李白大獵賦窮奇貙貗貗音貜獸名蕭士贇注貗本亦作貜

騑騋

騋音梨騑騋獸名似馬

犢弗述

太康記秦穆公時陳倉人獵得獸若彘而不知其名道逢二童子曰此名為犢弗述

畀

集韻畀大豨也楊氏奇字韻今白澤

𩭐

𩭐音赴兔子也見字彙補

㚡

㚡獸名其狀如麋而魚目見字彙補

犍

玉篇犍似豹人首一目山海經單張山有獸焉人首而牛耳一目名曰諸犍

媦

媦獸名狀如彘秦文公得之於陳倉見晉太康志

𦏆𦍩

元覽𦏆𦍩獸名也山海經本作猼訑

羘
羘音邦獸似羊
䟽
事物紺珠䟽如蔬而黄
𤢪獪
𤢪獪獸名狀如禺而文身善笑一作幽頞見山海經
蠪姪
元覽云蠪姪九頭山海經作蠪蛭
獄狱
漢外黄令高君碑獄狱生草邦無怨聲狱與犴同

奇字名　卷十　八　三十一函

猔
山海經樂馬之山有獸焉其狀如彙赤如火其名曰猔見則其國大疫
子貉
駢雅子貉熊也路傍加犬變儀不知何据姑存之
猫
貴耳集宋徽宗禁中有物曰猫塊然一物無頭眼手足有毛如漆中夜聲如雷乃黑眚也
山㺐
神異經西方深山有人長尺餘袒身捕蝦蟹以食名

曰山㺐
獜
山海經依軲山有獸焉狀如犬虎爪有甲其名曰獜食者不風
青羆
青羆小獸名宛委餘編青羆食虎
狢即
中山經鮮山有獸焉其狀如膜大名曰狢即
獚
管窺輯要拂菻國有獸名獚大如狗獷惡而力

奇字名　卷十一　九　三十一函

猣
東荒經有人名曰鳧北方曰鳧來之風曰猣註言亦有兩名也並無猣氏之文
猰貐
猰貐南極之人也尾長數寸梅氏云獸名
獵
獵音雷獸名其形似狸
麔
麔音叧廣雅麔麔狼題肉角即麒麟也
麌

麢音余山驢也

麔

麔音諸元覽云夫麔也四角之獸也

龎

龎與𪓐同頭有兩角出遼東

𧕬蛵

唐韻𧕬蛵獸名如狐九尾一名𧕬𧕬

𧒁

𧒁獸名山海經𧒁大如犬食人從首始

𧕬蚳

𧕬蚳獸名狀如彘有角見山海經

蚕

蚕與蠶義同番人謂之積蚕也出孔雀經又易離爲

𧇡姚信本作爲蚕

𧇡

𧇡與𧇡同說文𧇡虎竊毛謂之𧇡貓

𧇡

𧇡與𧇡同廣雅於𧇡李耳虎也

𪊨

𪊨與𪊨同見日月燈

麔

麔音渚獸似鹿

麙

麙音頷山羊

𤝞

𤝞狠獸名見則有兵出山海經𤝞音巴

犺

犺狠獸名犺音骯

𪊨

𪊨音費獸名見字書

𪊨

𪊨五音集韻與𪊨同獸名似彘尾白身黃

奇字名卷十

奇字名卷十一

巴西　李調元　雨村　撰

馬名

白俄

白俄八駿名穆天子傳右驂赤蘎而左白俄或作俄

𣪘宗

汲冢周書王會篇天元𣪘宗馬十二註𣪘宗尊也

駠

郭璞先佩𩦺駠音留五郎反千里駒也又力由反馬白腹也

鴺鷉

唐韻鴺鷉馬名鷉音額

騰驇

馬父驢母曰騰驇驇音震

驊騮騄騏

旬子驊騮騄騏騹讀爲騏

䮒

䮒集韻與騟同馬名

白㵝

列子白㵝乃八駿之一也穆天子傳作白俄

牛名

犤

犤音牌牛也

犑

犑音吉牛名見爾雅

㹇

淮南子𨈭屯犁牛既㹇以㹇

犪

犪玉篇與犩同曰牛也

犎

犎音鞠五音集韻牛歲也

羊名

羦

羦音焚金鏡白羊也

羬

羬羊名逸周書王會解周頭煇羬

𦎗

𦎗音巖羊名也海篇與羬同

犬名

猆

欽宿皇海篇黑犬
獯
獯音擘狂犬別名
獬
獬與獖同唐韻犬黃白色
豕名
豰
豰音没豬別名
豜
豜與豣同豕五尺也

貗
貗音慮求子豕
豫
說文豫豚屬音位即豫之本字也又作䝧
豙
豙音霞六書略豕名
豛
字彙補豛音役豬也
豂
豂音靈豬糞曰豂見五音集韻

鼠名
鼰
鼰鼠秦人謂之小驢
鼵
鼵音由鶹鼠也
鼶
山海經注隴西首陽縣西南山有鳥鼠同穴鳥名曰鵌鼠名曰鼶
鼢
鼢鼠名方言鼢鼠之場謂之坻注主鼢鼠蚡鼠也

蟲名
倏
山海經獨山多倏蟰狀如黃蛇魚翼見則大旱郭景純江賦倏蟰拂翼而掣耀字彙作倏
蛪
論衡若士者食合蛪之肉又蟲名六書略蛨蛪似蝗大腹長角食蛇腦
蟌惹
蟌惹青蛉也淮南子水蠆為蟌惹惹音務
蝶蟼

方言蜉蝣秦晉之間謂之蝶蟨

蠦

王鏊有蠦母傳註云蠦蘿也出荀子

䞋

本草郭璞經瑣珪虫一名䞋

獨

山海經黑虫如熊名猎猎註或作猲

鴝掇

列子鴝掇千日化而爲鳥其名曰乾魚骨鴝音衢鴝掇虫名

虷

虷音寒小赤虫也莊子虷蠏與科斗莫吾能若也

蚄

論衡月毀于天螺蚄舀缺蚄即蚌也

蚘

廣博物志蘿四月績者名蚘

長蚑

長蚑蠨蛸別名

蛣蚾

蛣蚾蟾蜍別名

虴

海物異名記澄瀾挺質凝沫成形其名曰虴即水母也

鼀蝥

方言註鼀蝥今江東呼蟧蟞

蝨

蝨與虱同論衡蛣蝨閩虫皆食之

蟋

蟋音接水虫名見金鏡

蛢

蛢音平蝏蛢蟲

螯

螯音敖篇韻蠏屬

蟊

蟊音蟻虫似蛆也

蟍

蛒音略渠蟍朝生暮死蟲也

螔

螔音移螔蝓蟲名

蝭

蜸音遲蝛𧒉蟲名似蛤而扁見本草

鼊

說文長箋海中有鼊魚尾下有毒螫人音厲

蠪

蠪音萁蠪蚼蟲名螳螂也

蠖

廣雅蠖蝗蟲名蠖音蠖

蠹

蠹說文長箋與蝥同海篇又作蠡蠹

蠧

蠹音浮大螘也亦作蠹蠹

蠪

蠪音焦螵蠨螳螂卵也

䖝

䖝音刺草蟲又蛇行於草中響曰䖝䖝

蔿

埤雅蔿蜂名即萬本字

蚕

蚕與蚤同見漢逢童碑

龍名

蛟

廣博物志明月之珠藏於蚌中蛟龍伏之

蚗

史記龜筴傳又作蚗龍伏之此必蛟之訛也亦作蚗

非

蠻蛉

蠻蛉龍屬見陸容菽園雜俎

蚒

蚒龍屬菽園雜俎蚒移似龍性好立險

蛇名

㹡

字彙補㹡只里切音紀㹡首蛇兩頭者

䗅

䗅蛇名䗅蛇能致風雨

蛚

蛚音例神蛇也

魚名

彡

閩中海錯疏黃彡𩵋細黃赤色彡魚名也

骰魚

閩中海錯疏殼魚細如米粒可酢

魣

何喬遠閩書魣魚似烏魚而小

𩵦

𩵦鱸之別種漳水有之見閩中海錯疏

𩹉

元覽云儵𩹉還鯩鮯背六足山海經作冉遺之魚

𩷗鮍

嶺海異聞猺人以小鹹魚為𩷗鮍

鰛

閩書鰛似馬鮫而小

鯰

佛遺經函鯰與鰫同音悋魚名

鯙

正韻䖎鯙音淳魚名出異魚圖贊

鯔鯖

淯化閣帖薛稷書孫權與介象論膾象以鯔魚為上乃庭中作坎置水投以釣餌不經食得鯔魚付廚法帖釋文鯔鯔二字韻書不載考三國志俱作鯔

鮩

閩書鮩魚背有肉二片乾之名金絲鰲

𩽊

𩽊音偉蟹子也

鰽

顧野王云鰽魚一名江豚見風則踊

鱎

閩中海錯疏黃鱎鬣黃色

鱑魟

閩書鱑魟魚背厚長有蜓大者二三斤

鱑鮔

異苑黃鮔魚名黃疸之名取此

鮭

杜詩自愧無鮭菜音與膎同

鯈

山海經鯈魚其狀如雞赤毛三尾六足四首其音如鵲或作儵誤

何羅

山海經何羅之魚一首十身字彙云一身一首蓋字書誤也

貂鮨

集韻流水有鮥文之魚山海經留水有鮥父之魚鮥音兼未知孰是

蟞

山海經澧水多朱蟞魚其狀如肺而有目亦足有珠水族名

⿺辶虫

⿺辶虫音毀鱗介總名

蟕

蟕音資蟕蠵鼊屬

靁

集韻龜名左倪靁靁音溜

⿰虫圓

廣雅蟧⿰虫圓馬蜩也按當作⿰虫圖

蠏

湘山野錄云蠏當作蠏今譌作蠏

蛞蠹

唐韻蛞蠹科斗蟲也郭璞云蝦蟆子

蠘

閩中海錯疏蠘似蟳而大殼螯有稜鋸

蠳

張衡南都賦其水蟲則有蠳龜鳴蛇李善注引抱朴子蠳龜啖蛇

奇字名卷十一

奇字名卷十二

巴西　李調元　屯齋　撰

木名

思儡

思儡木名駢雅思儡不腐

欇

爾雅楓欇欇注疏云楓一名欇欇又集韻樹葉動貌音攝

榣

國語榣木不生危山海經榣山多榣木

杰

字林杰牛膝也藥名

𥳙

孫愐唐韻𥳙竹名出南海篇韻𥳙音風

梩

集韻梩與李同木名也

葪柏

山海經葪柏狀如荊白華而赤實服者不寒生敏山

榽橀

橀音海集韻榽橀木名

𦻃

廣雅𦻃𥰏𥳉桃支也𦻃古𥲰字

橓

橓木名按卓之卓借用

梀

梀音切篇韻梀可為杖

草名

𦯤

韻寳𦱊𦯤草名从艸从𣪠音擇

𧃍

毋昭裔孟蜀本草𦻍荷作𧃍𧃍音蒲藥名

𦬁

爾雅𦬁葉草名

𦺂

夢𦺂草名見廣雅釋草名

蘄

本草石決明一名紫蘄音銀

欆

爾雅欆舍

㞑

苎音涓香草也出字彙補

藋

山海經竹山有草其名曰黃藋可以已附

卤

卤香草名廣雅卤薫也爾雅杜土卤即杜衡也

蕊

蕊匾上聲草名廣雅烏蕊蓄也

蚍虾

爾雅莪蚍虾或作芘又音譬集韻蚍虾草名似紫葵

艺

艺音乞香草

芁

芁音航草名爾雅芁東蠡

苃

苃音艾草名一名冰臺

共

共音貢梅聖俞茶詩萌穎強神共

茋

茋音脂茋蒻小草也

荐

荐音耶枲屬也

莳

莳音杏鳧茈也見集韻

葟

葟音捏菜似蒜生水旁也又音怛蕇草

莤

莤音由水草也一名軒于

䓍

䓍恐去聲䓍薾蘜也

䕎

䕎音書草名

藟

藟音雷蔓草也

䔡

䔡音魚篇海草名東人呼茬為䔡

蕮

蕮與蒚同集韻香草名

蘧

蘧音巨江東呼苦蕒也

萸

葜音歎草名紅藍也

蒙

蒙音蒙草可爲帚

蔴

蔴音𧅖蔴蓮草名

𦿊

𦿊音曾蓖𦿊草也

𦺇

𦺇音前五音集韻草名王蔧也似藜可爲帚

𧄟

𧄟音騷乾坤鑿度農穀衣𧄟細草以衣御形也

蹄

蹄音蹄羊蹄草名

芇

馬融廣成頌芝芇堇荁芇𦽫通芝屬

菩

菩白草名見楊氏古音

菸

菸於去聲蔫菸敗也廣韻臭草詩暵其乾矣注菸貌

鼛

鼛音競集韻草名根可緣竹

藥名

苞

苞音抛藥名

莽

莽音鳩秦莽藥名

蕟

蕟音蕙藥名也

藿

藿音桓山葯草名

𦻎

𦻎音交藥名古音叢目與秦艽之艽同或作𦻎

茈

茈藥草名白芷也

㮚

藥錄有㮚君㮚與桐同

豨

集韻猪豨藥名

礈

礈音撓礈砂藥名見字彙補

花名

蔍

蔍音鹿地葵也見字彙補

冥

冥音移花名

𥻘

𥻘音煩百合蒜也

䴭

穀麥名

䴭與麰同駢雅麨䴭糗也

䴹

䴹音索乾餅也

麧

麧音喋乾麵也

𪌗

𪌗音蒙廣雅𪌗𪍿也又曰𪌗麪也

䵆

䵆音誅廣雅䵆䵆也

稰

稰音脩禾名見字書

秂

秂音人五音集韻云禾欲結者

秷

秷音暢穧秷也

𥢑

淮南子寸生于𥢑𥢑𥢑於日𥢑音粟禾穗名

秀

秀音酉篇韻穀不成也

𥻎

𥻎音醑糧米也又祠神米也

𥸽

𥸽音失屎尿也

𥼺

𥼺穀南人食之或云莪葵𥼺又上聲

菜名

菱

菱音蔆萌菱菜也

蘍

蘍音薰臭菜也見字彙補

𧄅

蘋音涎菜也

蔱

蔱與蔱同蔱菜生水中

薶

薶音梨荳名

薋

博雅茳䓆薋一曰菜名生水中也薋音咨

蘛

本草雞頭根名蘛菜

𧰻

𧰻音豚草名廣雅𧰻耳馬莧

馗廚

爾雅中馗菌註云地蕈也今江東人名爲土菌亦曰馗廚

瓜名

𤬸瓝

廣雅𤬸瓝瓜屬也今或作𤬳

蕬

蕬音絲俗呼蕬瓜

苩

苩與葩同爾雅注疏苩及似土瓜

蒷

蒷音寅菟瓜

果名

栭

禮記內則芝栭王肅曰無花而實名栭芝屬春夏生其木可用爲葅賀氏曰栭軟棗亦名芝

朹

爾雅朹繫梅卽今楊梅也

䊜

䊜果名䊜齊出波斯國亦名頓勃梨陀見酉陽雜俎

楔

爾雅楔荆桃卽合桃也

椇

椇音矩果名見說文

鐳柚

鐳柚大橘也見臨海志

奇字名卷十二

淡墨錄

光緒七年辛巳重鋟于廣漢

淡墨錄者所紀皆　本朝甲乙兩榜諸名臣之言行也余舊有人物總志百卷篇帙浩繁故先摘其要者以問世大抵皆翰苑之名言科場之條例兼徵軼事並述奇聞自　國初起每科俱按題名碑錄科分前後而康熙己未乾隆丙辰兩舉博學鴻詞得人尤盛亦併逐一搜羅詳爲考釋編成共得十六卷禮曰史載筆士載言余非敢然也聖人有言賢者識其大者不賢者識其小者遭逢　聖世賢艮輩出多千載罕見之曠典未有之奇逢不有紀錄何由窺其原委悉其廣大夫是故老將至而猶不忘記載也夫述而不作雖聖人且然況下焉者乎故此編欽遵　綸書謹依　功令抽中秘之書採故老之傳不但備詞林典故聊以續玉堂嘉話云爾則閱者以此爲言行錄也可以此爲則例編也可至淡墨書榜不知始自何時或云唐李程應舉時遇天榜吏問登第人姓則有李和而無李程著皇求之乃用淡墨筆添王字於和字之下果得第後遂相因凡榜書人名俱用淡墨遂成故事又賈公談錄唐李紳侍郎知貢舉夜放榜書未畢書吏忽得暴疾因更呼一善書吏代吏方醉磨墨鹵莽一榜字或濃或淡反致其妍二者未知孰是云

乾隆乙卯初冬上浣綿州雨村居士李調元撰

淡墨錄卷一

蜀綿　李調元　雨村

國初館閣官制

天聰初年設立文館十年改文館爲內三院一國史院二秘書院三宏文院各設大學士一員學士一員崇德元年以剛林領國史院大學士范文程領秘書院大學士希福領宏文院大學士學士以羅碩詹霸胡球分領之順治十五年九月改內三院爲殿閣一中和殿二保和殿三文華殿四武英殿五文淵閣六內閣十六年初以覺羅巴納哈爲中和殿大學士額

色赫爲保和殿大學士蔣赫德爲文華殿大學士洪承疇爲武英殿大學士文淵內閣未補人裁三院學士官另設翰林院掌院學士一員以折庫納爲之十八年七月復改殿閣爲內三院仍設學士裁內三院其六月以前與十七年同康熙九年復改內三院爲殿閣復設翰林院

翰林所掌

大清會典翰林官員職在侍從　禁庭進直　講筵記注起居撰擬　冊誥等文纂修　國史諸書順治元年置翰林院爲正三品衙門設漢學士一員侍讀

學士侍講學士各二員侍讀侍講各二員修撰編修
檢討庶吉士俱無定員典籍二員孔目一員二年裁
翰林院以翰林官分屬內三院十五年復置翰林院
設滿漢掌院學士各一員兼禮部侍郎銜漢侍讀學
士侍講學士各三員漢侍讀侍講各三員修撰編修
檢討庶吉士俱無定員滿漢典籍各一員滿待詔四
員漢待詔二員滿漢孔目各一員滿文筆帖式八員
滿漢文筆帖式八員十八年復裁翰林院康熙九年
仍置翰林院員額與順治十五年同增設滿侍讀學
士侍講學士侍讀侍講各三員裁滿待詔二員增設

文筆帖式八員漢軍筆帖式八員十一年增設滿文
筆帖式十四員滿漢文筆帖式十員

本朝開科舉人

天聰八年四月　太宗文皇帝命禮部考取通滿
洲蒙古漢書文義者爲舉人取中滿洲習滿書者剛
林敦多惠滿洲習漢書者察不害恩國泰漢人習滿
書者宜成格漢人習漢書者齊國儒朱燦然羅繡錦
梁正大雷興馬國柱金柱王來用蒙古習蒙古書者
俄博特石岱蘇魯木共十六人俱　賜爲舉人各
賜衣一襲免四丁宴於禮部崇德三年八月　賜新
中式舉人羅碩常鼐胡邱阿濟格畢禮克圖王文奎
蘇宏祖楊方興曹京張大任于變龍等十名朝衣各
一領授半個牛彔章京品級各免人丁四名六年六
月內三院大學士范文程希福剛林等奏以滿漢蒙
古士人考取秀才並舉人秋七月　賜新中式舉人
滿洲鄂貌圖赫德蒙古杜當漢人崔光前卞三元章
于天卞爲鳳各緞朝衣一領當是時取士之額雖少
而名臣多出其中

滿洲科目解元

賽圖字麟閣滿洲科目解元幼而貧常爇馬通讀書

尤好爲詩滿洲文學之開實自公始而滿洲文字則
創於達海公特謚文成云

沈文奎爲盛京開科進士

本朝　太祖肇造丕基　太宗用范文程議特
選於　盛京沈文奎登第一名爲進士開科之始盛京
志文奎字清遠本浙江會稽人世居曹娥村少習舉
子業小試不遇客遊遵化值大兵破城挾之行遇
太宗登第一充秘書院纂修官順治元年扈從入關
上命巡撫畿南又　命總督漕務時當初定江淮
多伏莽文奎綏來有方民甚賴之自客遊至此與母

妻相隔十八年拜疏迎養骨肉復完擢宏文院學士充會試副總裁丁艱再督漕時膠州將海時行叛率先會勦晉兵部尚書予廕以白糧愆期鐫級爲陝西糧儲參政乞休卒年五十七紹興府志是本朝進士開科第一人實自沈文奎始

丙戌丁亥再行會試

范文程本朝開國元勳文臣第一人也字憲斗號輝嶽漢軍鑲黃旗人宋仲淹後由江西樂平遷瀋陽曾祖鏓明進士累官兵部尚書以伉直忤嚴嵩去祖沉爲瀋陽衛指揮同知父楠生子二文程其次也少頴

敏沉毅讀書輙通大義年十八與兄文寀並爲生員天命三年大兵克撫順文程偕兄來歸 太祖偉其貌詢知其家世顧謂諸貝勒曰此名臣後也善遇之天聰三年以文館官從 太宗征明有功是時文館內尚未有大學士職銜而文臣所領皆樞密事每入對必漏下數十刻始出或未及食息復奉召入率以爲常崇德元年改文館爲內三院 特授文程秘書院大學士每議大政必資籌畫宣諭各國 勅書皆出文程手三年更定部院官制奏請各衙門只宜設滿洲承政一員以下酌量設左右參政理事官副理事官額者庫各官共爲五等八年始撥文程隸鑲黃旗是歲 世祖章皇帝嗣位明年爲順治元年四月闖賊陷明北京明山海關總兵吳三桂來乞師遂驛召文程於蓋州之湯泉決策進兵時文程方抱病力疾趨 盛京建議曰自闖寇猖狂中原塗炭近且傾覆京師戕厥君后此必討之賊也雖擁衆百萬橫行無憚揆其敗道有三逼殞其主天怒矣刑辱縉紳拷劫財貨士忿矣掠民貲淫人婦火人廬舍民恨矣備此三敗行之以驕可一戰破也我 國家上下同心兵甲選練誠聲罪以臨之恤其士夫拯厥黎

庶兵以義動何功不成復言好生者天之德也兵者聖人不得已而用之自古未有嗜殺而得天下者國家止欲帝關東當攻掠兼施倘思統一區夏非乂安百姓不可於是大軍遂發文程扶病隨征申嚴紀律妄殺者有罪二十二日敗流賊兵二十萬於山海關我兵長驅而西民多逃匿文程爲草檄宣諭言義兵之來爲我等復君父仇非殺百姓也今所誅者惟闖賊官來歸者復其官民來歸者復其業必不汝害民心遂安凡檄皆署文程官階姓氏師入燕京文程建議首先爲明愍帝發喪易梓宮備儀衞文程親紀

其事中原既定上疏言治天下在得民心士爲秀民士心得則民心得矣今宜廣其途以蒐之乙酉丙戌通籍者皆江北士請於丙戌丁亥再行鄉會試於是江以南士子畢集得人稱極盛焉康熙元年祭太宗陵伏地號慟幾不能起五年八月初二日卒賜葬紅螺山　御製碑文題於墓道謚曰文肅見八旗通志

丙戌北京首科狀元

國朝定鼎燕京順治三年丙戌爲龍飛首科狀元傅以漸山東聊城人授修撰官至大學士榜眼呂纘祖

直隷滄州人授編修官至侍講學士探花李奭棠大興人又會元也授編修官至司業是科會試首題百姓足君孰與不足百姓不足君孰與足亦見而民莫不悅三王道之始也元墨渾穆蔚然開國氣象時三藩未定故無邊五省人而　國初諸大老皆出此科如蔚州魏果毅公象樞字環極立朝清愼爲本朝理學之宗柏鄉魏文毅公裔介字石生贊襄恪勤尤能博綜經史高陽李文勤公霨字景霱風度端凝老成持重朝野倚以爲重　國初大典禮皆出其手尤精字學嘗謂古無查字作察核解者査者察之轉也今票本及文移俱用查字不典奏明請將查字盡改察字從之是皆庶吉士至大學士者也

丙辰補選前明庶吉士

順治丙辰補選前明庶吉士七人王崇簡順天宛平人杜芳直隷長垣人周爰訪山東甯陽人張丕吉山東嘉祥人魏天賞河南遂平人喬庭桂山西解州人岳映斗陝西三原人皆崇禎癸未進士

丙戌得人最盛

順治丙戌首科得人最盛大拜四人傅聊城以漸李文勤霨魏栢鄉裔介丙戌會試丁亥殿試馮文毅尚書八人沙宗伯澄高司寇景傅司空維鱗冀司空如

錫朱司空之弼艾司寇元徵魏敏果象樞劉端敏楗督撫尚書三人袁清獻懋功朱河督之錫林漕督起龍左都御史一人劉還安鴻儒侍郎十五人李宗伯奭棠石司農闕張司寇爾素陳司農協王司空天眷胡少宰兆龍梁少宰清寬梁少宰清遠田司農六善楊司馬時薦于司寇嗣登朱司農裴李司馬棠馥楊司空運昌王司農度左副都御史一人董洛陽篤行廵撫右副都御史一人張閩撫汧通政使二人晉洪洞淑軾劉羅山士蘭大理卿一人王文安景祚本名胤祚

內院學士一人夏蓋九敷九

詞臣出爲監司之始

藍潤字皃渚卽墨人順治三年丙戌進士由庶吉士至侍讀榜本名滋至是特賜名潤性廉介不異儒素故事直隸江南皆以臺員視學　上特簡詞臣以潤爲上江學使盡剔積弊　世祖每顧廷臣曰居官如藍潤可法也會直省監司多不稱　上以翰林官習治法度以潤品行清端遂出爲福建參政督糧儲尋遷布政使落職嗣後詞臣出爲監司皆相繼召用惜潤已前卒

探花爲僧

順治四年丁亥鼎甲狀元呂宮字長音武進人官至宏文院大學士榜眼程芳朝字其相桐城人官至太常寺卿探花蔣超字虎臣金壇人以編修督順天學政事竣卽告歸不過里門泝巴峽至峩眉寓伏虎寺於癸丑正月端坐說偈而逝偈曰由來猿鶴自相親老衲無端墮孽塵妄想鑊鍋來避熱却從大海去翻身功名傀儡場中物妻子骷髏隊裏人只有君親無答報生生常自祝能仁時年四十九超生時其祖母夢峩眉老僧而生故幼不茹葷先是有術者言超壽止四十九故爲詩四十九篇至是果符合云

會元不與館選

丁亥會元李人龍字震陽滄洲人歎明末文運之弊力變其格歸於正宗舉第一授定遠令會元不與館選自人龍始

眞翰林

馮文毅公溥字易齋山東益都人明崇禎己卯舉人本朝丙戌開科進士丁亥補殿試二甲十一名改庶吉士由編修陞侍讀學士是時　聖祖屢幸內閣一日指溥謂諸大學士曰馮溥眞翰林也官至大學

士

漢翰林習滿語

宛平王文靖公熙字子雍順治四年丁亥登進士年甫二十改庶吉士習滿書拔前列　世祖召見宏文院命以滿語奏對大加褒賞尋陞國子監司業後　諭閣臣王熙既爲司業恐其荒於滿書可傳　諭祭酒姑爾馬吽同署問答皆以滿語勿令間斷甲午命譯書經兼爲滿學士講解本章秋陞洗馬冬　召入南苑譯勸善書及大學衍義一日　世祖猝至直幄閱熙所譯書　論閣臣稱善久之遂令長直南苑

復試滿書第一陞庶子後官至大學士與同榜益都馮溥同鄉寶坻杜立德俱稱一時賢相

題請科場處分則例

黃文僖公機字次辰順治丁亥進士改庶吉士歷任吏禮等部尚書時　世祖自江南丁酉後嚴科場積弊凡卷有小疵俱罹大獄機題請科場處分則例俱從寬條　聖祖時紳衿以逋賦褫革者不可勝計俱擬解部勘問機請就近究治不必遠解株連議者或欲罷科目機力持不可乃罷制藝而用策論機與王熙復以八股發聖賢心傳請復舊制　上俱從

之機工書法奉　旨書御屏金箋書額俱稱

社稷臣

李文襄公之芳田順治丁亥進士官至文華殿大學士剛正沉毅總督浙江時平定耿逆不動聲色以身繫天下之重使數千里危而復安古稱社稷臣之芳之謂歟是科名臣如湯陰端僖尚書王伯勉霸州郝恭定尚書杜維訥皆是也

殿試不用四六自劉子壯始

先是廷對策俱用四六舊套順治初開科傳以漸首魁天下亦仍其習至順治六年己丑科　世祖始臨軒親策制曰從古帝王以天下為一家予自入中原以來滿漢曾無異視而遠邇百姓猶未同風豈滿人尚質漢人尚文習俗或不同與抑音語未通意見偶殊畛域尚或未化與今欲聯滿漢為一體使之同心合力歡然無間何道而可要言可行不用四六舊套予將親覽焉子壯對曰臣聞人君致治在方行不在多言人臣進言與其文毋甯過質夫帝王以天下為一家則滿漢皆一家也　朝廷雖無異視而百姓不能不異也卽滿人漢人不能不相異也百姓之所以異視者何也邊防之外愚懦之民見一滿人則先

驚之矣又有挾之為重者以相恐其實滿人之與漢人未嘗不愛也處事未嘗不明守法未嘗不堅也居身未嘗不廉也而小民預有畏怯之意雖其極有理之事嘗恐不能自直於前則其勢不能以卒合而又時當變革之初民重其生是以雖有相愛之誠而不敢相信雖無有相凌之意而先以自怯也此百姓之所為異也滿漢之不能不相異者何也滿人有開剏之功其權不得不重滿人有勤勞之績其勢不得不隆漢人雖處尊貴之位力固不敢相抗志固不能必行也其中自專者未免輕漢人為善狡為朋交其中

自疑者未免懼滿人之多强之多勢是以有懷而不能相喻有才而不能自盡也此滿漢之相爲異也今欲去其異而同之臣謂滿人尚質以文輔之漢人尚文以質輔之其以文輔之者設滿學焉或於國子監或於教習庶吉使讀四書以通其理觀通鑑綱目以習其事限爲歲月以考之亦可以知奉教之人卽爲他日奉法之人又可以察其才之所堪以爲選授之地其樸者教之禮數以知謙讓通之市易以知義利同之好惡以達其意通之交遊以習其情日漸月積至於化而相忘矣其以質輔之者凡在官以實事責

之選授之公於所選之人參舉多少知之錢穀之任於所掌之務出入淸愼知之司教者於風俗美惡人才盛衰察之典戎者於民生安擾盜賊平定察之監司以屬吏奉法舉效當可爲考有司以土田開墾民人歸業爲課凡在民以實心責之如往來毋以其少文而畏其難近如事理毋以其好勝而懼其相侵如貿易毋疑其貪很而設爲目欺如居處毋厭其鄙固而多所棄遠如是則習俗雖不同道德同之也音語雖未通氣類習之也義見雖偶殊義理達之也一文一質方將變通古今轉移造物而有何不化之畛域

哉抑臣所祈者願復古日御便殿之制令大臣如唐虞君臣論道取內外章奏面相議訂諫官仍得於仗下封駁則上下情通滿漢道合中外權均宰相不僅以奉行爲職卿貳不僅以署紙爲能則中心隱微皆可告語而海荒萬里如在目前此古和衷之休也又何遠近百姓之風不可同與子壯對策旣畢　世祖大悅親定第一甲第一名授國史院修撰所言經筵滿學教習屯衞諸大政悉著令甲次第舉行之壬辰分校禮闈癸巳卒年四十四著屺思堂集

子壯異夢

劉子壯者世居團風鎭少顯慧讀書一目數行下屬文奇肆弱冠登崇禎庚午舉人初登後夢一人語之曰爾須朱之弼作房考方中春榜及到京師偶出寓散步見數童子攜書包經其門一童子最秀出遂執其手與談見其書上寫學名朱之弼也大驚隨至其家見其父乃開柴做主人因與欵曲將筆硯數事贈之後遭流寇之亂屢次不赴春官及　本朝順治六年己丑會試之弼已爲禮垣分校得首卷卽子壯也

熊劉

熊伯龍己丑榜眼與子壯齊名人稱熊劉官編修甲

午典試浙江一榜得狀元三人乙未鄭之史大成甲辰歸安之嚴我斯庚戌德清之蔡啟傳是也官至祭酒探花張天植字次先秀水人由編修至太常轉通政端午　世祖召入龍舟賜宴人以爲榮官至兵侍

兩次會試俱中一百六十二名

巢震林字五一武進人順治壬辰會試中一百六十二名以磨勘革去乙未會試復中一百六十二名毫釐不爽信有定數也

初設八旗科舉例

大清會典順治八年六月禮部議准八旗科舉例凡遇應考年分鄉試取中滿洲五十名蒙古二十名漢軍五十名各衙門無頂帶筆帖式亦准應試滿洲蒙古識漢字者繙漢字文一篇不識漢字者作滿字文一篇漢軍文章篇數如漢人例會試取中滿洲二十五名蒙古十名漢軍二十五名各衙門他赤哈哈番筆帖式哈番俱准應試滿洲蒙古識漢字者繙漢字文一篇作文章一篇不識漢字者作滿字文二篇漢軍文章篇數如漢人例八月上　皇太后尊號恩詔內一滿洲蒙古漢軍舉人於順治九年會試原額取六十名今加額二十五名禮部言今科順天鄉試取滿洲舉人五十名蒙古舉人二十名主考應用滿洲內院禮部官各一員漢軍舉人五十名聽漢主考官閱卷又監生額數既加三十八名應增漢房考官二員至漢軍文字本年鄉試明年會試第一場書義二篇經義一篇如未通經者作書義三篇二場論一篇三場策一道順治十一年鄉試十二年會試第一場書義三篇經義二篇二場論一篇判五條三場策三道順治十四年鄉試十五年會試第一場書義三篇經義四篇二場論一篇表一篇判五條三場策五

道　詔如所議行又內三院會同禮部議准本年順天鄉試滿洲蒙古生員筆帖式同一榜漢軍生員筆帖式漢生員同一榜明年會試殿試俱照此始

滿漢進士分二榜

順治元年壬辰會試分滿漢爲二榜蒙古入滿洲榜漢軍入漢人榜滿榜中賜進士及第授職修撰編修及二甲出身三甲同出身俱與漢榜同是科滿榜會試中式五十人殿試賜進士及第三人第一甲第一名麻勒吉正黃旗人授修撰第二名折庫納第三名巴海俱鑲藍旗人授編修二甲楊官等七人三甲賚

花等三十八名賜進士出身同出身有差選庶吉士賽花等九人照例立題名碑於國子監考沈椒園廷芳所輯館選錄姓名與題名碑不同與爾祜題名作與爾戸威洛洪作魏羅渾宋祖保作宋蘇保包達禮作八達里塔必圖作塔必兎益　國語凡對音字皆可通用也是科漢榜一甲第一名爲無錫鄒忠倚湯文正公斌卽是科進士也乙未科滿榜亦取五十八一甲第一名爲圖爾宸正白旗人自此後滿榜仍停止與蒙古俱漢榜合爲一

壬辰會元除名

順治九年壬辰會元程可則字周量廣東南海人是科首題爲君子有大道二句次參乎吾道一以貫之一章三經正則庶民與磨勘以可則首藝專主用人不合朱註除名大總裁翰林學士胡統虞編修成亮議處後以薦授主事至兵部職方司郎中有詩名爲本朝八家之一八家者王士禛士祿施閏章宋琬陳廷敬沈荃可則也一日早朝士禛嘲之曰趨朝夜永未渠央聽鼓應官有底忙行到前門門未啓轎中端坐喫檳榔後出守廣西桂林府知府卒

瓜子之兆

鄒忠倚字子度無錫人幼遊錢塘禱夢於忠肅祠忠肅授以瓜子一握數之得五十四粒後閒居其夫人偶以瓜子戲作狀元二字忠倚見之而悟又思夢時見忠肅若倚其身者然因名忠倚順治九年會試中式名恰五十四壬辰果殿試一甲第一授修撰癸巳御試詞臣復第一人呼兩狀元見查浦輯聞

一榜三及第

順治五年戊子科順天鄉試第四名張永祺大興人壬辰榜眼及第第五名戴王綸滄洲人乙未榜眼及第第八名熊伯龍鍾陵人巳丑榜眼及第一榜三及

第而皆榜眼前此未有也見池北偶談

經筵講官得賜謚

沈荃字繹堂青浦人順治壬辰探花官至禮部侍郎充經筵講官卒謚文恪　本朝最重易名之典官至尚書大學士乃得賜謚其以經筵舊勞得賜謚者惟掌院學士喇沙里葉方靄及荃三人而已蓋異數也

注唐詩

曹爾堪字子顧嘉善人順治壬辰進士改庶吉士授編修是時　世祖力崇文治數　召試諸詞官品題甲乙爾堪從瀛臺南院　上霽顔顧問久之嘗與

吳學士偉業等同注唐詩書成稱　旨被褒嘉中外驚傳其語官至侍講學士

湯文正公從祀

睢州湯潛菴順治壬辰進士官參議道康熙己未舉鴻博大臣交章保薦之　召試一等八名授侍講康熙二十二年　上諭乾清門翰林湯斌侍直　上命斌錄平日詩文進覽斌上所著文十篇詩十首　皇上展閱首篇親耕籍田頌肅然改容曰此　世祖章皇帝時事是改爲庶吉士所作乎對曰是又擬漢以禁囿假貧民舉直言極諫之士　上問此詔何爲而

作對曰此漢元帝時事　世祖御試以此命題恩授檢討職又閱詩十首逐字看過至末首有年老才將盡憂多道轉親句　上佇思久之曰何謂憂多道轉親對曰臣幼遭亂離半生在憂患中常隨事體認於道轉覺親切詩辭樸拙不勝惶恐是日　天顏和霽從容顧問優禮儒臣爲國家盛事云見潛菴遺稿記事官至江蘇巡撫卒謚文正與陸清獻公俱從祀　本朝醇儒二人而已

理學指要

耿介字介石登封人順治壬辰進士由庶常至少詹與湯文正公斌講明理學爲天下宗著有理學指要

忠貞畫壁詩

范忠貞公承謨鑲黃旗人大學士文程子初充侍衛順治辛卯　諭八旗子弟均得應試是科舉人壬辰進士改庶吉士授宏文院編修官至浙閩總督康熙壬子逆藩耿精忠叛忠貞死之有畫壁詩爲世傳誦謚忠貞

登塲演齣

余恂字孺子龍游人太僕日新仲子生而穎異試輒冠軍諳音樂嘗與優伶處順治辛卯榜前恂方登塲

演蔡邕別親一齣榜發恂中第一觀者謂已爲之兆也解元文出人爭購誦風氣一變壬辰進士改庶吉士授編修

自知壽數

滄州呂祖望順治壬辰進士由庶吉士官至鴻臚少卿康熙乙巳病憂帝召爲東嶽之神遂引疾歸舟至張家灣忽更衣端座曰吾將去矣遂逝舟中人隱隱見鼓吹騶從甚盛云錢塘項景襄自知壽數由乙未庶吉士官至兵侍嘗言吾位必八坐壽止五十四當去矣竟如其言此二事亦異矣

嘗棗

黃陂王澤宏字昊廬以父用予明崇禎翰林殉節取昊天罔極之義由庶吉士官至禮部尚書未第時自黃岡赴京過廬山宿蓮花宮未晚而睡夢坐大殿見眾僧誦經取案上棗數枚啖之遂醒口中尚有餘味正訝間忽見眾僧掌燈列席問之是日乃此菴主淨月上人忌辰眾方祭祀宗伯大異起視棗頂微缺如少數枚者乃悟前身即此菴長老也故奉佛終身

講老子

順治甲午冬　世祖在南海子講老子問無欲以

觀其妙有欲以觀其竅涿州馮文敏銓對曰無欲乃未發之中也有欲即發而皆中節也見查浦輯聞銓字伯衡號鹿菴明萬歷癸丑進士官至文淵閣大學士以忤璫歸降　本朝復官中和殿大學士制度多所贊畫順治元年甲申九月奏定郊廟社稷樂章言本朝削平寇亂以有天下章名宜改用平字郊禮九奏宗廟六奏社稷七奏從之今仍其制十年銓母范壽八十有七　世祖特命畫史繪銓母像加寶璽以寵之壬子卒所著有獨漉山房詩集源濟其仲子也

翰林降指揮

馮文敏公次子源濟字脗仙號轂圜年十九登順治十二年乙未進士改庶吉士授編修遷至秘書院侍讀學士坐事降東城兵馬指揮遷淮安山清同知丁憂起復授翰林院侍讀遷左庶子陞國子監祭酒

老衲托生

乙未狀元史大成字立菴鄞人初生其父夢素好老衲名大成入室遂名順治十二年會試中式殿試本擬第三　上閱卷特拔一甲第一名授編修充日講官講周易稱　旨邀賞賚官至禮部侍郎榜眼戴王

綸滄州人探花秦鉽無錫人又會元也

乙未兩名相

黃岡李文定公天馥字湘北　上常言機事重任必不可用喜事之人天馥侍朕三十年未嘗有過焉又長洲宋文恪公德宜字右之口訥造次不能達其詞至國家大事議論侃侃　上多用其言皆順治乙未進士由庶吉士官至大學士

詠鶴詩

秦松齡順治十二年乙未進士以庶吉士授檢討世祖　召試詠鶴詩有高鳴常向月善舞不迎人之

句　上大加賞賚以爲有品館僚內至今傳誦

解元館選

世祖極重科名新城伊闢字翕菴舉順治甲午本省鄉試第一十二年乙未成進士引　見南海子　上顧學士曰此山東解元也遂改庶吉士後官至雲南廵撫見池北偶談

返刺

吏部最重寅誼前輩雖登九列名刺必署舊寅二字順治乙未散館安丘劉祚遠補吏科給事中尋以其族祖憲石官大學士引例廻避改吏部主事孫文定

公廷銓時已爲戶部侍郎投謁偶不書舊寅二字劉返其刺文定遜謝而已見居易錄

魏果敏直諫

魏象樞字環極號庸齋蔚州人其先鳳陽人明永樂初祖爲新城主簿遂家焉象樞生而頴異忠孝出天性崇正壬午舉人癸未上公車巳入試矣聞祖病急馳歸時流賊披猖奉母居山洞中　本朝順治三年丙戌進士由庶吉士改刑科給事中轉工部時世祖初親萬幾公上言宜愼起居盡啓沃責備時宰人爲公危　上曰給事言是因災異言天變爲人事所至語多侵權貴　詔廷臣集議面折諸貴人無阿避衆皆側目遷吏科都給事中掌大計絶賄賂日夜宿省中邸寓則令兵馬司護防上疏言官糾拾側當復雖失實不當反坐言官得罪宜治以考功不可置重典　上嘉允之在諫垣疏凡三十餘上尋以故相溧陽得罪牽連黜詹事府主簿稍遷光祿寺寺丞乞歸養丁母憂家居十年康熙初以大學士馮溥薦召授貴州道御史初見上退而喜曰　聖主在上言官是其時矣乃具疏言科臣余司仁欺罔不法湖南布政使劉顯貴侵公帑不當內陞言制祿所以養廉

今罰俸例太嚴請紀過以示罰增秩以示恩　上多褒納逾年陞京卿留管御史事未幾遷左僉都御史歷擢順天府府尹大理寺九卿戶部左右侍郎疏請榷估値以杜浮冒核關課以防侵漁罷藩司以淸賦稅皆命確議以聞擢左都御史首請申明憲綱劾最貪知州曹廷俞　上皆俞旨嘉尚復薦舉淸廉知縣陸隴其又舉學道公明者二人貪墨者二人吏治肅然甫九月遷刑部尚書上言　主上宵旰憂勤臣不敢顧恤嫌怨忝司風紀職多未盡敢援漢臣汲黯自請爲郎故事得失遺補乞辭新命而領現職　上鑒

其無欺從之仍加刑部尚書銜適地震上言地臣道
也臣失職則地反常臣總風憲咎實在臣是日獨被
召對近　御座前語移時或至泣下其言秘不傳
尋復爲刑部尚書始去言路其始終以言顯如此爲
司寇執法不撓嘗曰法自天子寛之則爲施仁刑官
寛之則爲骫法甲子以病乞歸令原官致仕陛辭
賜御書松寒堂額以榮其行歸張額於堂有書數百
卷曰尚書門第秀才家風貽子孫足矣歸三年卒年
七十一諡果敏

卷一終

淡墨錄卷二

蜀綿　李調元　雨村

前輩

翰林最重前輩凡隔七科或官至掌坊庶子其初入
院庶吉士終身稱晚生不改雖至大拜亦然故事六
部尚書途遇內閣亦落轎唯冢宰則落半轎門生拜
相逢遇師長則彼此皆落轎候師長先起行後門生
乃起故往往相避而行

翰林論咨

翰林故事以咨爲序而不論官其有從外衙門入者

亦不與同年先爲庶常者敘同咨如明季崇禎間劉
公正宗薛公所蘊以推官考選入爲翰林編檢等官
卽不敘戊辰同咨是其例也　本朝故禮部尚書王
文貞公崇簡崇禎癸未成進士館選不與迨順治二
年以翰林之才始由候銓中行改館職以在丙戌科
館選之前故仍敘癸未咨後然名刺亦如後輩之禮
惟左都御史郭公琇由太常卿遷內閣學士兼禮部
侍郎未幾遷吏部侍郎仍兼翰林學士獨不與諸翰
林敘咨又故事翰林吏部官揖尚右謂之南禮科道
官揖尚左謂之北禮郭曾官御史及爲學士遇翰林

官只行北禮

閣臣稱郡縣名

自明至　國朝士大夫相沿稱閣臣不舉其姓但稱其本貫郡縣如李文勤公霨祗曰高陽是也尙書已下即不然唯順治末少宰胡宛委先生兆龍方爲內閣學士被眷過渥士大夫稱爲山陰非故事也唐之中葉稱宰相但舉其長安邸所居坊里之名又與今異葢一時風尙云

館金三倍

王士禎云己未巳後並開諸館如　太祖　太

宗兩朝實錄　三朝寶訓政治典訓一統志平定三逆方畧玉牒大淸會典賦役全書律例及明史之屬率以大學士尙書學士爲總裁庚午三月開館纂修三朝正史則以首揆爲監修總裁諸滿漢閣臣爲總裁而尙書侍郎學士皆爲副總裁王以副都御史與焉署中餐錢月五金館中三倍

特予謚

大臣賜謚京朝官爲閣臣尙書總憲得請侍郎副憲已下多無之侍郎如葉文敏方靄沈文恪荃以久在侍從宋端慤文運以廉介受知太子少保特予謚

始設經筵日講官

順治十二年乙未始設經筵日講官於景運門內建直房令滿漢詞官直宿備顧問

講官得侍坐

順治乙未　命擇日講官時王熙未列名奉　特旨擢用冬十月　上幸景山臻祿閣　召日講官五人進講熙講尙書堯典稱　旨　命嗣後講官不必立講遂侍坐講官得侍坐自王熙始

經筵日講官儀注

大淸會典經筵應講經書及講官職名由本衙門題

請　欽定應講官撰擬講章繕寫滿漢文進呈候欽定後繕寫正本副本至期　皇上陞文華殿講官同衆官行禮畢入殿進講講畢候　駕還宮本衙門官恭進講章正本凡經筵講官順治十四年定滿漢各八員康熙十年定滿講官自內閣學士翰林院掌院學士侍讀學士侍講學士詹事府詹事少詹事及六部尙書侍郎都察院左都御史副都御史通政使司通政使大理寺卿等官內由內閣學士翰林院掌院學士讀講學士陞任者俱得開列漢講官自內閣學士翰林院掌院學士侍讀學士侍講學士詹事府

詹事少詹事國子監祭酒及六部尚書侍郎都察院右都御史等官內由翰林官陞任者俱得開列由本衙門題請以原銜充補十六年　諭滿洲小九卿內有由翰林官陞轉者一併開列凡日講定期自二月經筵後始夏至日止八月經筵後始冬至日止每日俟部院官員奏事畢講官進講康熙二十二年　諭於奏事前進講凡日講遇祭祀齋戒日期俱停進講康熙二十二年　諭齋戒日期照例停講如不親詣繕寫正本副本先期以正本進呈每日滿掌院學士同漢講官二員間用三員捧副本進講歲終彙寫講

章進呈康熙十七年諭停止歲終彙寫止具本奏聞凡日講官順治十二年定滿講官二員漢講官五員十四年增漢講官八員康熙十年定講官俱兼起居注銜滿漢講官由翰林院詹事府坊局各官開列題請以原銜充補滿講官以通滿漢文者開例

御試翰詹

順治十二年乙未九月御試詹翰四十八人於午門內表一疏一判一表題為　上親征朝鮮大捷國王率其臣民歸降羣臣賀表崇德二年秘書院侍講吳偉業表畧云惟朝鮮之僻壤實箕子之舊封土田附庸分野彊于周索詩書風俗本支起自湯孫藉商王有道之君為箕子不死之國自衛滿居秦空地虎踞真蕃石渠誘漢亡人鵰張浿水荀彘下盧龍之甲楊僕浮渤海之船在元狩之三年置樂浪者四郡雖稱役屬尙類羈縻新室以易印而開兵慕容則分疆而爭長洎乎大業遂擾東陲疲敝征徒驛騷征討莫除癬疥翻效腹心繼以貞觀之真人佐之吳公之宿將攻城不拔振旅而旋即賞仁貴之先登終慨魏徵之必諫此固恃險弗賓阻强未服倔强於山海之間逃遁在沃沮之內者也茲蓋云云念我　國家新造之

日正值彊埸多故之秋糾率長戈侵牟近境幸喜雅鶻關之戰大破鸛鵝隊之軍若使乘勝窮追因糧粲壘何難進驅平壤直搗王京乃猶幸彼行人賜之手詔修我睦隣之誼寬其事大之誠蓋孟津八百之朝不貽彭濮葵邱九合之會忍擯江黃庶其子孫守茲盟好孰意矯虔不順狙詐多虞跳梁百濟之區僭越扶餘之長鰲身日黑漫阻洪濤魚眼波紅輒修戰艦徒甘言以縻我難革面以相從用是赫然加諸蕞爾躬率中黃之士親占太白之符鼓震十三山咸聞鞨旅營連八百里誰逆顏行帳下拔大食之刀鏤文龍

雀軍前策遲洼之產汗血驊騮嗟哉合市之人徒享
開城之樂鳥驚則散魚爛而亡頳峴懸車肯信位宮
走免黃巖束馬甯容依慮逋誅毋邱儉沸流之勝方
之蔑如蘇定方滬水之功遠過之矣於焉馬韓喪膽
辰國驚魂力盡而蓋蘇乞降勢窮則高元束手大傳
薩反接於城上莫離支稽顙於轅門坦腹牽羊甘投
鼎鑊繫頸先馬自請灰釘我　皇神武不殺寛大有
容退舍而許之平解縛而舍其罪方提黃鉞遽令收
軍勿剪朱蒙俾無廢祀頗利之城入門不驚雞犬帶
方之邑萬戶爭迓壺漿洗兵馬普述之津爾今歸命

刻日月九都之石子賓親征龍笙狠筆咸成內府之
珍屏紛折巾俱陪上都之宴慕華樓賜醋合樂來賓
館解甲休兵豈僅紙呈側理修降表於同文扇獻招
涼布王風於下國而已哉

翰林須用不欺之臣

徐元粲字道力順治乙未進士　廷試時爲文敏捷
上顧見起草輒奇之及　名對便殿例舉少年習清
書者中選元粲以次前　上問以年對曰臣年五十
二　上曰不欺翰林清要地當用不欺之臣遂擢庶
吉士

改名

李立字望石大嵩衛人今爲海陽縣順治乙未進士
奉　旨改名贊元選庶吉士授御史歷官兵部侍郎
奉　命按湖北攻漢陽大猾叚世昌手縶之立斃杖
下當世昌入獄時謂家人曰少曾遇道士能知未來
言他日所遇非桃非杏非坐非行即祿盡時也今按
君姓名適符倘欲生乎見觚臏

被革生員中狀元

孫承恩初名曙字扶桑常熟人爲諸生負才以選牘
文體不正被論除名又以太學生領順天府甲午鄉

試薦順治十五年戊戌殿試第一甲第一名進士及
第授修撰承恩秀眉聳肩目光四射臚傳時見者色
動共慶得人屢被顧問已亥分校會試從幸南海子
賜騎御閑名馬適大風揚沙中寒疾卒年僅四十
賜白金馳驛歸葬

榜眼風癱

孫一致字惟一淮安鹽城人順治戊戌第一甲第二
名進士及第授編修累官至侍讀學士丁憂歸里一
致未遇時甚窘之有同鄉先達某周旋甚厚一致在
翰苑某官部曹時給其費未幾某陞雲南監司值吳

逆叛遂附賊爲其所汙逮㕔逆殄滅某自度必罹刑憲遂逃歸閩一致丁憂遂潛投之求指生路且爲航海之計一致佯奸言留之潛命其子出首某遂正法而一致子以捕逆黨受賞註官居無何一致忽見某登旗竿頂大罵曰汝生平受我恩惠不少我急而投汝縱我罪當死汝忍令子首我獲賞耶如是晝夜不去一致畏惡之遂鋸其竿鬼卽入室詬罵逾厲且曰汝陽壽未盡取汝不遠且令汝受苦乃以兩手擠其腰膂一致卽大痛不能坐起卧病床席若風癱然癸酉康熙三十二年乃卒

丁酉江南科塲作弊覆試

順治十四年丁酉科江南鄉試科塲多有物議榜發之日諸生哭於文廟騰有歌謠是科題爲子曰貧而無諂一章有無名子作黃鶯兒詞嘲之曰命意在題中輕貧儒重富翁詩云子曰全無用切磋欠工往來竅通其斯之謂方能中告諸公方人子貢原是貨殖家風見堅瓠集 上命進覽震怒逮兩主考十八房考窮治其獄其無名子匿不出西堂集乃以兩大主考赴西市房考十八人皆議絞蓋江南科塲往往有紛紜之議比他省爲甚得此一番洗刷爲之肅清無書房考餘不能如其三人有異兆焉少司空李呈祥言巳門生河南人涂秦令入簾得一卷氣雖清力尚欠厚置之別几方轉瞬復在正取卷內如是者三心異之意其家必有隱德欲呈薦旣而曰晚祈一夢何如果夢正襟危坐忽從仰塵墜一小僧貌最秀狀甚憂慘屢詢不應忽又墜一繩圈於僧項其僧惶急兩手解不脫巳亦代爲之解愈解愈緊驚廹而醒次日薦之得雋本生來謁語之言門生乳名和尚年僅弱冠但以繩繫頸解之未脫恐非佳兆也後成進士除江南令又山陽令李祥光山西翼城人最純謹自守初蒞任日

吏役上謁俱見坐一帶索官又懷甯令周霖陽曲人赴任起程日門前兩槐忽怪風吹折痕如刀截是科三人共入內簾後俱繯首幾亦微矣原李耳載舉人除伏誅外 上親覆試江南丁酉諸舉人覆出吳縣潘隱如吳江縣吳兆騫錢威吳蘭友莊允修等皆革去舉人遣戍口外楊廷璋顧元齡等皆革去舉人惟原中第二名陸燦本姓錢列覆皆前列 上獨拔吳鳴珂第一戊戌會試不第 欽賜舉人與會試巳中張貞生等一同殿試二甲第八名改庶吉士授編修蘇州府志是科直隸順天亦以科塲作弊誅戮一二分房之官

南北舉子皆臨軒覆試覆出吳賜等遣戍尙陽堡順
天先覆試得與會試江南覆試遲不及與會試矣亦見樵書

尤侗以樂府受知

順治丁酉江南場弊發有編爲萬金記者制府以聞
詔命進覽震怒臬司盧乃大索江南諸伶雜治之適
山陰御史姜圖南北上過吳門徵尤侗新劇同人宴
之申氏堂中觀者如堵邏者雜其中疑其事類馳白
臬司郎檄捕諸伶拷掠誣服既得主名將加羅織且
徵賄焉會　詔許因公詿誤者自陳開服尤侗適遭

臬司事遂北上事得寢而盧旋以貪墨寘極典人皆
稱快先是侗作臨去秋波一轉制義刻雜組中時學
士王熙侍講筵　上偶語及老僧四壁皆畫西厢却
在臨去秋波悟禪熙隨以侗制義對　上立索鈔呈
復索刻本　上親加批點稱才子者再因問侗出身
履歷歎息久之　命取全帙披閱他日又摘討蚤檄
示學士曰此奇文也問有副本否對曰無遂遣官遍
覓坊間不得適侗在京至邸携一册去進呈　上大
喜　名學士示之且指學士父崇簡序以前未見爲
言亡何有以侗離騷樂府獻者　上益讀而善之令
教坊播之管絃爲宮中雅樂聞者艷之有勸以前事
登聞不但雪寃當希不次之擢侗不肯出京十七年
上幸南海子徐公肅元文　上忽駐馬問曰尤侗爾
師乎對曰然西堂雜組有爾序乎對曰然　上曰朕
知之久矣因稱奬集中文又問以何事降調何爲至
今不出也公肅致書侗再來京侗不肯有陳老人道
忞者號宏覺國師一日賜坐　上嘆場屋中士子有
學寡而成名才高而淹抑者如狀元徐元文業師尤
侗極善作文僅以鄉貢選推官復緣事降調豈非時
命大謬之故耶師曰忞聞之君相能造命士之有才

患　上不知耳上既知矣何難擢之　上首肯曰朕
亦有此念因命侍臣撿文集中臨去秋波時藝共讀
之　上忽掩卷曰請老和尙下一轉語師曰不是山
僧境界時昇首座在側　上曰天岸何如昇曰不風
流處也風流　上大笑見侗北遊錄後侗於康熙巳
未召試博學鴻詞官檢討人以爲美談

庶吉士兼滿漢二書

吳國對字玉隨又字默巖全椒人初母有身夢二龍
相對已而同乳生二男子國對先生故名對其季曰
龍幼嗜學工詩賦善書法順治戊戌成進士當丁酉

科時世廟特用誅流以懲南北鄉試之弊其明年禮闈校士　上親定題目夜半遣親臣齎送鎖院其防密如此既策之於廷　上曰吾既以法懲除積弊宜可得天下眞才故於是歲所取士恩義猶有加焉連數日引見宮門拔庶吉士者三十二人與承恩等三人讀書翰林中　上嘗幸景山瀛臺南苑輒召以從賜坐廷問如家人有欷歔感泣者嘗問對對侃侃而陳　上重焉舊制初教習分　國書漢書人習一書至是　上謂此皆眞才漢書其所嘗習命人兼二書每間一月御試之殿中親第其高下由是翰林之選

益重焉

學士直諫

張貞生字幹臣號篑山廬陵人祖漑明成化時官都督府經歷嘗以救林見素得罪與陳白沙交善以理學直諫著名貞生少穎入塾授書即有志聖賢之學順治十五年戊戌科第一人殿試二甲改庶吉士授編修歷國子監司業陞侍講學士辛亥　駕將出關謁　陵時有差滿洲大臣巡方之議貞生於乾淸門面奏直諫言過戇切觸　上怒下考功議革職爲民上愛其才止鐫二級去即於九月二十二日買舟南歸同時如宋琬高珩王士禛皆賦詩餞其行士貞以詩留別諸君曰秋風送客復乘船江遠帆孤一夢懸焚草燈前期報國披肝殿上願回天聖明豈是誠難格臣戇還慚術未全賴有宗工交勸勉臨岐申贈繞朝鞭遂歸家居二年　詔以原官起用辭不至再召至京卒於位貞生初爲司業時頗闢陽明良知之說其後乃一宗考亭嘗書至危是人禽之戒喫緊在義利之關二語於座右以自警

石榴詩

陳廷敬字子端一字說巖澤州人少警慧九歲賦牡丹有要使物皆春句人咸異焉舉丁酉鄉試順治戊

戌進士初名敬殿試榜有通州同姓名者　世祖特命加廷字以別之而俱改爲庶吉士辛丑初設內秘書院授檢討告歸擢國子監司業庚戌遷宏文院侍讀辛亥復設翰林改侍講轉侍讀擢學士廷敬雅嗜讀書嘗薦戶部郎中王士禛詩學戊午正月遣侍衛傳命偕士禛胥以詩進　上覽廷敬石榴子詩曰風霜歷後含苞實只有丹心老不迷誦之至再玉音琅然廷敬又力薦士禛詩翌日改擢士禛爲翰林院侍讀閏三月命偕士禛日直南書房廷敬每自宏德

殿講訖入南書房直廬以爲常　召舉博學鴻
儒復疏薦戸部主事汪琬琬亦薦入翰林癸未四月
命陞文淵閣大學士兼吏部尚書仍兼經筵故事大
臣入閣不復侍經筵兼之者桐城澤州二相也卒
上遣皇子臨奠　賜紫杉鬬器一具賻銀一千兩
御製輓詩予祭葬賜諡文正所著有尊聞堂集八十
卷歸去集二卷晚手定爲十卷曰午亭文編

郎中改侍講

王士禛字貽上號阮亭新城人布政象晉孫與勅第
三子生有異禀七歲讀詩至燕燕綠衣等篇便悟其

旨八歲能詩兄士祿授以裴王之法十一歲祖醉後
看從弟象咸作草書示諸孫屬對曰醉愛羲之蹟士
禛應聲曰閒吟白也詩祖奇之曰此子當以文章名
世年十五有詩成卷名落箋堂初藁士祿序而刻之
有落葉句云已共寒江潮上下況逢新燕影參差又
云年年搖落吳江思忍向烟波問板橋庚寅應童子
試皆第一辛卯應鄉試舉第六名乙未會試五十二
名戊戌殿試第二甲三十六名得揚州推官庚子充
江南同考得盛符升九人辛丑謁直指於松滸關聞
鄧尉梅花盛開輕舟登眺見山南太湖濱漁洋山烟

鬟奇特始自號漁洋山人甲辰內遷禮部主客司主
事提督兩館遷儀制司員外郎丙辰補戸部四川司
郎中戊午正月　召對懋勤殿明日奉　旨王士禛
詩文兼優著以翰林用改侍講未任轉侍讀夏同學
士陳廷敬侍讀學士葉方靄直南書房先是十五年
士禛赴補至京一日　上忽問今各衙門官讀書博
學善詩文者孰爲最首相高陽李霨對曰以臣所知
戸部郎王士禛其人也　上曰朕亦知之一日又問
桐城張讀學對如前　上問其詩可傳否對曰一時
之論以爲可傳臣等亦皆就正之乃有是命

萬言疏

熊賜履字敬修一字素九順治十五年戊戌進士改
庶吉士授編修歷遷侍郎康熙七年上萬言疏曰臣
荆楚鄙儒謭劣無似猥蒙先帝簡拔授以清班纔荷
皇上殊恩累遷今職十載禁林　兩朝知遇　聖
恩高厚踵頂莫捐中夜捫衷汗流浹背伏念臣蹤至
愚自幼讀書辨志竊以聖賢爲師數年以來恭遇
皇上高拱深居經筵未舉區區獻納之微悃無由上
達於黼座且以出位陳詞典制有禁因循嘿默尸素
到今臣之罪也亦臣之分也茲者伏遇　皇上恪謹

天戒彰念民依慮巳下詢採及蒭菲正徵賤小臣圖報涓埃之日也臣備員侍從職司勸講不敢摭拾浮談毛舉細故以瀆　宸聽謹仰遵　明詔殫竭愚衷芻蕘之言庶幾高深之一助也惟　皇上留神省覽則天下幸甚伏讀　詔書有曰今聞直隸各省人民多有失所疾苦窮困深可軫念或因官吏貪酷朘削民生或因法制未便致民失業嗚呼　皇上此心乃二帝三皇之心　皇上此言乃二帝三皇之言也夫民生至今日其困苦亦孔亟矣國家日言生聚而凋敝愈甚日言軫恤而瘡痍不起日言招集言蠲免而

流亡滿目逋欠浸多近而畿甸遠而直省流離瑣尾之狀所在皆然未忍備述溯厥由來惟是官吏之朘剥徭賦之科征有以致之誠有如　聖諭之所云者蓋小民水耕火耨終歲勤勞僅足以贍給其俯仰而夏稅秋糧朝催暮督貢絲雞穀十室九空私派倍於官征雜項浮於正額況乎分外之誅求無名之賠補種種朘刻剝膚及髓一有不應而老弱疾病俱巳顛頓呼號於捶撻敲扑之下而無復能安其室家井廬之樂閭閻之膏液有盡而猾吏之貪囊無底懸罄之皮骨僅存而有司之谿壑無厭哀此小民百孔千瘡無從療治正使年熟歲稔尙難保須臾不絕之命一旦水旱頻仍饑饉見告其不至轉徙流亡塡溝渠而委道路者幾何哉蠲征則吏收其實而民受其名賑濟則官增其肥而民重其瘠强者斬木揭竿弱者析骸易子此理勢之所必有者嗚呼此固民情之大可憫而國計之重可憂者也雖然此亦不獨守令之過也守令固吏之親乎民者也然上之有監司又上之有督撫　朝廷方責之以廉而上官實教之以貪皇上固授以養民之職而上官日課以厲民之行今日之守令誠有難焉者雖然督撫爲要巳督撫廉則

監司廉守令亦不得不廉督撫貪則監司貪守令亦不敢不貪表直影端源汚流濁此又理勢之所必然者也今之爲督撫者求所謂精白一心爲國家安輯地方愛養黎庶者臣亦不敢謂遂其無人獨是國家以全省命脈舉而付託於其身畀以察吏安民之權屬以興利除害之任其待之不爲不隆而任之不爲不重矣乃日望其察吏而吏治日壞日望其安民而民生日蹙日望其興利除害而一利未之興一害未之除也不可不謂之上負朝廷下負生靈矣大抵有司之職業在地方上官之激勸憑舉劾年來督撫之

所薦稱循卓者果小民之戴爲父母而尊若神君者乎其所以劾爲貪庸者果百姓之畏若豹虎而疾如蛇蝎者乎是未可知也以督責爲能而不問其慈惠以催科爲政而不問其撫綏以貪緣之巧拙爲優劣而不問其才幹之短長以禮節之厚薄爲殿最而不論其品誼之高下此風一倡爭相效尤交蟠互結牢不可破如是而冀其激濁揚清興利祛獘也是何異適越而北其轅炊沙而望其成飯耶所以比年以來旱澇時聞死亡載道而此輩輿金饌玉暮宴朝歌恬焉不知有困窮疾苦之足念若秦人視越人之肥瘠

漠然不加喜戚於其心在此輩不過苟一時之利梯一巳之榮而不知其歛怨聚愁爲國家祟此不可解之蘊毒在廷諸臣大率習爲聽徇務相容隱不肯舉發其貪污之蹟以告　皇上間有一二指名糾參者亦不過淡寫輕描微示其意曾未嘗直暴其汚穢殘酷之所在而　皇上亦遂莫得洞悉其蠹國殃民之實狀故此輩得以久竊威權貪戀祿位方恃此以爲壟斷之長計而無辜赤子之顛連而無告者正未知何日而有再蘇之望也然則今日之吏治民生敝久壞極其所從來亦不問可知矣伏乞　皇上將現任督撫大加甄別其賢而能者加銜久任其貪污不肖者立賜罷斥無令久居人上荼毒生民嗣後遇督撫缺出不拘內外大小臣工果有端方清正能事才優如古大臣其人者　勅部院大臣從公保舉授以茲任其考課也以民生之苦樂爲守令之賢否以守令之貪廉爲督撫之優劣則督撫得其人監司自得其人監司得其人守令亦必得其人自然廉者勸貪者懲有利必興有害必除而民之不獲其所者寡矣不此之計而曰除獘焉言計吏言安民言舉劾言蠲賑終不過虛文故套美人聽聞而毫無補於吏治民生

之實事也何則任之非其人行之失其意雖周官周禮祗足爲厲民禍世之具而已傳曰有治人無治法又曰人存政舉皆不易之論也此　聖諭之所巳及而臣詳切言之者也雖然內臣者外臣之表也京師者四方之倡也本原之地亦在朝廷而已朝廷一舉一動萬方之則傚九土之觀瞻於是乎出而其大者則在於立綱陳紀用人行政之間此其鼓舞化導之權轉移感動之機固有不問之草野而問之廊廟者此固一定之理也今朝廷之可議者不止一端臣請擇其至重且大者言之一曰政事極其紛更而國體

因之日傷也從來聖君賢相開國承家必取一代之典章法制爲之斟酌損益釐爲百世不易之令模以善建於不拔遠之子孫率由無愆忘變亂之患近之臣民遵守無紛擾叢脞之虞三代聖王所以保世滋大無疆惟休者此也我　國家章程法度一踵先朝之舊雖其勢之極重而難返事之極敝而難行者類無不承訛襲陋苟且因仍曾不聞畧加整頓去其所爲太甚之弊而急功喜事之輩又從而意爲更變於其間但知趨目前尺寸之利以便其私而就中莫大之憂無窮之患潛倚暗伏於冥冥之內而皆不知所

以爲之計朝舉夕罷旋罷而旋舉甲張乙弛倏弛而倏張不獨盈庭聚訟空耗寮寀之精神抑且令甲游移重傷國家之大體　王言屢褻朝政滋繁議論日多成功絕少此時之最當講究者也伏乞　皇上勅下議政王貝勒大臣九卿科道將國家制度文爲詳慎會議何者當沿何者當革何者宜益何者宜損參以古制酌以時宜務期振裘挈領綱舉目張勒爲會典著爲成憲則上有道揆下有法守貽謀垂裕作述於昭而億萬年無疆之基業在此矣奏上　上深嘉之飭部議行後官至大學士

陞官預兆

胥粹忠字純甫鄞縣人順治戊戌進士粹忠垂髫時讀書閣里董氏壁間大書成名戊戌四字及成進士歸題跡尚存里中傳爲異事擢兵部尚書先是聖祖以粹忠老年矍鑠書修齡堂扁額賜之旣又賜臨趙孟頫行書曰白鹿城頭百萬兵碧油幢下一書生如今始識爲儒貴卧聽元戎報五更乃知爲大司馬之預兆也

會元爲家人後身

順治十六年己亥再行會試會元朱錦上海人由庶

吉士授編修先是上海有朱錦初投潘尚書爲家人後其子遊泮入謝於潘潘曰汝子已係朝廷士子可以門生禮見勿復作主僕觀也卽檢其靠身文劵還之朱感泣曰荷洪恩必當矢報潘曰我富貴已極何賴於汝朱懇請不已潘徐思乃曰現今文廟圮壞汝能修葺賢於報我遠矣朱卽獨力營繕頗稱華煥此事已過百餘年人無有憶及者順治己亥科會元朱錦亦上海人官翰林至康熙壬子歿臨卒時文廟正梁年久朽壞亦以是刻崩視其建造之姓名卽朱錦也始知會元乃其後身初順治己亥秋八月再行會

試趙吉士與朱若臣士綬同公車若臣夢看榜榜首姓朱單名是金字偏旁右邊不甚了了趙笑曰得無爲他人作夢耶若臣具呈禮部改名銘榜發會元朱錦按吉士即著寄園寄所寄者

佳狀元

徐元文字公肅榜姓陸崑山人順治己亥一甲第一名賜進士及第　世祖召見乾清門諭以特簡之意還啟　皇太后曰今歲得一佳狀元元文率諸進士謝恩　世祖爲御殿百官陪列鴻臚讀表前此未有也除翰林院修撰嘗從　幸南苑　賜乘御

馬命學士折庫納爲執鞚元文館師也遜謝不敢乃改命侍衞又嘗晚對便殿夜分賜饌　世祖又問從者得毋饑乎復命侍衞賜之食嘗被命進孚齋說一篇　世祖讀書所也見而稱善爲刻行之官至大學士

啞子開言

徐元文赴試金陵船家一啞子忽迎曰狀元來矣後果然造一船與之俾溫飽終身崑山徐氏弟兄三人長乾學康熙庚戌探花次秉義癸丑探花三即元文同胞三及第前明三百年所未有也是科榜眼華亦祥無錫人探花葉方靄長洲人三鼎甲皆在江南

中庸註避諱

葉方靄字子吉重華子順治十五年　世祖親覆試江南丁酉貢士以古文詩賦方靄試瀛臺賦甚工上深喜之次年秋己亥復行會試中式殿試一甲第三歷官學士常撰八箴以進又奉　命撰太極圖說上善之　賜貂裘進掌翰林院學士充明史總裁己未　詔天下保舉博學鴻詞　命校閱試卷稱得人時修四書滿漢講義至羔裘元冠不以弔方靄爲聖諱商於同僚俱不能對翰林典簿穆維乾對曰

大字當仍原字以尊經小註改元字以避諱方靄問何所本維乾曰中庸愼獨乃原字小註改謹字方靄大悟曰余自幼疑此始知朱子爲避諱也深加敬禮人服其虛中維乾字介公號圭炎山海衞人方靄官至刑部右侍郎卒贈禮部尚書謚文敏

傭書會元

陳常夏字鐵山龍溪人家貧力學嘗爲人傭書順治十六年辛丑會試第一人殿試三甲第一百三十七名進士授米脂縣令

狀元騎驢

順治辛丑狀元馬世俊字甸臣溧陽人授修撰性樸素釋褐貧不能具軒騎策蹇驢老蒼攜宮袍隨之傳爲士林佳話

榜眼二字之半爲根

李仙根字子靜號南津遂甯人父實字如石崇禎癸未進士爲長洲知縣國變棄官不能歸蜀僦居錦帆著有蜀語吳語四卷後以子貴不易其操方巾布袍終其身仙根侍父來吳遂占籍長洲順治十八年辛丑榜眼授編修初仙根居吳館於鄉間柴氏子名世俊者夢入京試得狀頭師得榜眼以告仙根喜自負

因拆榜眼二字之半合爲根字改名仙根仍回原籍應試中甲午鄉試是科果得榜眼而狀元則馬世俊也由侍讀冊封安南晉閣學陞戶部侍郎著有安南紀使畧是科探花吳光字廸前歸安人授編修

熟習國初典故

張玉書字素存丹徒人順治辛丑進士選庶吉士官至大學士諡文貞有松蔭堂集儲大文序大抵皆春容典雅渢渢乎　盛世之音其拖諾仙狠居胥山二碑叙述　聖武神功尤爲詳贍足以昭示萬世其紀平定江南事紀滅闖獻二賊事紀三路進師下雲南事紀平水西事及國紀皆端緒詳明得諸耳聞目見足以彰開國之鴻烈紀順治間樂章及錢糧戶口三篇皆資掌故而紀陝西殉難官事一篇亦足與史傳相參他若遊玉泉山記遊化育溝苑後苑記遊喀喇河屯後苑記遊熱河後苑記皆足發揚太平豈樂之象其餘碑誌亦多　國初將相事迹可備考

稱玉堂之始

今稱翰林爲玉堂始於宋翰林學士院玉堂二字宋太宗嘗書以賜蘇易簡高宗亦書以賜周麟之

卷二終

淡墨錄卷三

劉綿　李調元　雨村

敬天

康熙初孫岵瞻在豐爲侍講學士時嘗言　聖祖勤學前古所無坐處環列皆書籍尤好性理五經四書於所坐室中顏曰敬天左曰以愛已之心愛人右曰以責人之心責已皆　御筆自書書法亦髣髴歐顏見章奏有德邁二帝功過三王等語謂二帝三王豈朕所能過戒羣臣以後不許如此陸清獻公樂聞其言因謹述之見陸先生年譜

楊給事參經題再錯

康熙二年癸卯順天鄉試以經題訛錯吏部給事中楊鼎上疏曰竊惟三載一試本求賢盛典故事凡闈中試題例皆本經同考官所擬今春秋經題則同考官羅繼謨擬進者也乃春秋第四題經係邾子而題訛邾人夫以春秋本經閱春秋房而題有訛錯其人固已疎矣且此第四題卽已亥科會試之第二題也已亥是題亦曾以邾子訛邾人隨經知貢舉與監試諸官題參而考試官亦自檢舉請　旨改正試錄因將同考官范廷魁孫承恩處分在案此人人共知者已亥至今相隔祗一科不宜遺忘而繼謨者又已亥春秋房中式士也以已中式題而擬以試士旣屬可怪況已經訛錯之題而重爲訛錯在前此之誤猶曰坊本相沿偶失檢點故孫范參罰可從輕擬今已經更正　敕改試錄煌煌然見勒功令而乃以是科中式之人題卽是題錯復再錯是前爲過誤今且怙終前固違經今復悖敕此其所係匪細故也然且前時舉人哄堂而爭則內簾受過凡及題紙寫邾子者概使錄入今之諸生亦哄堂而爭而內簾必不受過凡及題紙寫邾子者皆貼斥不錄遵經士子反受黜落

去取盡乖詘抑誰贖毋怪乎叩闕之多嘵嘵矣　上閱疏奉　旨從重處分鼎字清詞仁和人順治十二年進士

策論會元

康熙三年以八比勦襲鄉會試改用策論甲辰會試海甯沈珩昭子以二塲擬　太祖　太宗　上尊號表最工中會元殿試二甲授中書已未　召試鴻博復取二等第三名授編修著有耿巖文選珩一云秀水人

嵩山僧

嚴我斯字存菴歸安人康熙甲辰狀元授修撰歷官禮部侍郎嘗夢至一山僧舍中見座師及房師諸同年俱僧服我斯訝之諸公曰甯志却此地耶因問山何名僧云崧山我斯忽悟曾晒鞋於堦視之尚未燥遂寤數日卒口占偈云誤落人間七十年今朝重返舊林泉崧花道侶來相訪笑指黃花白鶴前見曠園雜志是科榜眼河南柘城李元振字正孟官至副都御史壽八十三探花無錫秦宏

翰林建言

衛既齊字爾錫山西猗氏人康熙甲辰庶吉士檢討

庚戌 詔求直言忤 旨謫覇州判翰林建言既齊其一也後稍遷至順天府尹辛未御史陸清獻以諫停止捐納保舉謫奉天安揷既齊復面奏民情惟恐陸御史遠謫遂得寬釋其實衛與陸初不相識後仍莫往莫來人兩賢之

館選僅十二人

康熙丁未會元黃礽緒崇明人亦以策論登第時館選僅十二人會元不與桐城張文端公英實 本朝一人

術士不驗

居易錄吳人張姓以術游公卿間常許繆念齋彤狀元康熙六年丁未果第一吳中驚以為神門外車騎塡委張亦自高聲價累致千金韓菼時教授陋巷託友代問張厲聲曰此人來歲當死還問功名乎及菼會狀張遁去

長沙痛哭書

丹徒張九葳字禮存輿徵子玉書兄也九歲通五經壬午未冠登薦丁未對策直刺部院督撫陋獘司農正矩讀而歎之持其卷語諸大僚曰此長沙痛哭書也既奏擢一甲第二名授編修

立生祠

平原董訥字茲重康熙丁未探花由編修歷江南總督以閲河事鐫級 召為侍讀學士民為立生祠次年 上南巡民數千執香祠前求仍放訥為江南官迴鑾訥迎駕 上遣掐訥至舟前曰汝做官好江南人為汝葢一小廟矣因大笑旋有總督漕運之命

會元夢

宫夢仁字宗衮直隸靜海人初名宏宗久困場屋一夕夢鄉前輩林會元春書一册予之春字子仁於是更名夢仁康熙九年庚戌果中會元

三十金

德清蔡石公啟傳侍郎奕琛長子順治甲午舉於鄉時夫人倘未舉子私蓄三十金爲置一妾妾至垂泣不止啟傳怪問之曰吾夫以負營債故至此啟傳乃夜往夫家語之曰我爲爾湔釋此事然我不可歸歸則心跡不明卽襆被歸夫家名營卒至謂曰汝輩違法今不汝較卽繳券付金卒亦感動如言大明啟傳命轎舁婦還夫卽以三十金爲贈然後歸夫人踰年卽舉子見曠園雜志是科啟傳上京應會試時有妓欲狎之啟傳賦羅江怨詞云功名念風月情兩般事

日營營幾番撹擾心難定欲待要倚翠偎紅捨不得黃卷青燈玉堂金馬人欽敬欲待要附鳳攀龍捨不得玉貌花容芙蓉帳裏恩情重怎能兩事兼成遂功名又遂恩情三杯御酒嫦娥共竟去康熙九年遂中狀元

查明詩

啟傳赴公車時投刺山陽令蓋同年而先仕者令批其刺令閽者查明遂拂衣去至是及第令以厚幣請罪啟傳却之答以詩云一肩行李上長安此日應憐范叔寒寄語山陽賢令尹查明好向榜頭看

四一字

池北偶談先是德清有蔡翁者築室成夢人持一盤內有紅箋四每箋書一一字共四一字後其孫奕琛福王時相官一品子啟傳庚戌一甲第一啟賢子升元壬戌一甲第一兩狀元俱生此室後從弟彬辛酉浙省鄉試第一始悟四一字之兆

講性相近

德清孫在豐字屺瞻懋果孫康熙庚戌榜眼由編修歷陞侍講學士日講起居注一日　上命講性相近也對曰性本聖愚一樣但此論義理之性若氣質之性便不能一樣　上曰義理氣質有兩個性乎對曰

義理卽在氣質之中二者一也　上曰這說得好官至工侍

此文有關國體

崑山徐健菴乾學康熙庚戌探花爲禮侍時朝鮮使者鄭載嵩訴其國王受枉語頗悖妄乾學劾其不敬上見之喜曰此文有關國體陞左都御史已而王上疏請罪復劾罷江西河南兩巡撫陞刑部尚書以被誣辭歸先是乾學領各館總裁　上命攜書局卽家編輯明一統志

安溪夢兆

安溪李文貞公光地未貴時祈夢於九龍灘廟神贈詩一聯云富貴無心想功名總不成意頗惡之後康熙九年庚戌科中進士官至相國方知戌字似成而非成字想字去心恰成相字見袁枚子不語但誤作戊戌

學問得力

李文貞以耆碩特備顧問 御製朱子全書周易折衷及性理精義律呂韻學等書皆承 旨纂修文貞公嘗言晚年學問始進得力於 聖訓居多

庚戌名臣最多

康熙庚戌一科名臣最多大學士如安溪李文貞光地遂甯張文端鵬翮尚書如武進申恭毅申喬都御史湖廣總督即墨郭華野琇御史平湖陸清獻隴其皆名臣也

陸清獻從祀

陸隴其字稼書平湖人生而穎異靜默父初授芟節左傳少之乃暗誦全文少長厲志聖賢之學專意洛閩諸書嘗點勘四書大全參以蒙引存疑而一折衷於朱子康熙丙午舉人庚戌進士乙卯授嘉定縣知縣廵撫慕天顏頗愛重畧嫌儒術迂緩以非應變才奏鐫級調用未及下又以盜案落職盜案者邑民張與汪有小隙訐訟汪赴理夜遇盜擊傷歸謂其弟曰張遣殺我遂死清獻以小隙無殺理且張亦不似殺人者遂釋張而別遣捕役緝之得眞盜七人讞上部議以跡近諱盜革職邑大駭里民扶老攜幼塡街爲令呼冤悉架枅結綵燃燭以送並刻木立生祠人士競爲詩美之彙爲公歸集梓行適 召舉博學鴻詞膺薦未及試以憂歸刑部尚書魏象樞爲山西總督首抗疏辯其冤再疏舉廉吏十人清獻其一也奉

旨復原官癸亥補靈壽縣知縣甲子夏兩江總制于公薨 上臨朝痛悼問九卿詹事科道今天下清廉如于成龍者有幾人於是九卿等以直隸廵撫格爾古德部郎范承勳蘇赫江南學道趙崙揚州知府崔華杭州知府張鵬翮靈壽知縣陸隴其對時雖未即擢用然七人者後多至大位有聲名廵撫格薦隴其清操飲氷愛民如子題請擢用夏科道員缺 上面諭部院官各舉所知於是工部尚書張英左都御史陳廷敬兵部右侍郎李光地交口論薦奉 旨行取臨行邑民哭送數萬如去嘉定時是年秋補四川道

試監察御史辛未夏　上以久旱　諭諸臣協同會
議直陳利弊先生遵上三議其一疏曰直隸被災帶
徵錢糧當急豁免一言直隸編審人丁宜求均平一
言捐納保舉之法斷宜停止皆切中時弊既又上疏
曰夫捐納一事原非　皇上所欲行不過因一時軍
需孔亟不得已而暫開復恐其賢愚錯雜有害百姓
故立保舉之法以防之慮深遠矣近復大同宣府運
送草荳並保舉而亦許捐焉則與正途無復分别且
保舉所重莫重於清廉或督撫保舉必有清廉字樣
方爲合例若保舉可以捐納則是清廉二字可鬻納

而得也此亦不待辨而知其不可矣若夫捐納先用
之人大抵皆奔競躁進之人故多一先用之人卽多
一害民之人此又不待辨而知其不可矣臣更有請
者臣竊見近日督撫於捐納之員有遲之數年旣不
保舉又不參劾者不知此等官員果清廉乎抑或在
清濁之間未可驟舉驟劾乎夫旣以捐納出身又不
能發憤自勵則其志趣卑陋甘於汙下可知使之久
踞民上其荼毒小民不知當何如故竊以爲不但保
舉之捐納急當停止而保舉之限期更當酌定伏乞
勅部查一切捐納之員到任三年而無保舉者卽

行開缺聽其休致庶吏治可清選徒可疏而民生可
安矣奉　旨同九卿會議清獻力爭曰捐納一途實
係賢愚錯雜恃保舉一綫可防其弊今若并此一綫
而去之得與正途一體陞轉　國體之謂何恐未可
云無礙也雖有次年三月停止之期然待次年三月
停止則此輩無有不捐納者矣澄敘官方之大典豈
不蕩然掃地乎此臣請速停保舉之捐似難無庸議
者也至於設立保舉而不定限期則不肖○員多因
循一日百姓多受累一日卽云設立限期反生營求
之弊此在督撫不賢則誠有此若督撫賢明何處營

求臣不敢謂天下必無一賢明督撫也卽使督撫不
賢亦必不能盡捐納之人而保舉之此臣請定保舉
限期一議似亦難無庸議者也時大兵草荳需運甚
急計臣方恃捐納一項以濟國用當軸者亦頗以爲
便票本各持一見議與先生旣相水火而富室儲資
日夜俟開例希進者相率彈冠不啻飢渴卽諸臣以
捐納進者內外都有先生於疏議中痛詆斥之由是
都中大譁部議以先生拘執資格致捐納之人猶豫
觀望遲誤軍需飾虛詞紊政事負言官之職擬革職
謫奉天安挿　上心知其無他特原宥之俾仍舊職

兼命巡視北城是年冬試俸滿憲臣以前事甄別對品改調歸既歸屏居泖口讀書課子卒年六十一清獻之學繩尺考亭以居敬窮理爲要謂窮理而不居敬則玩物喪志而失於支離居敬而不窮理則將揣見聞空善惡其不墮於佛老以至於師心自用而爲猖狂恣睢者鮮矣自明姚江倡良知之說鼓動一時邪說詖行人心大壞而國運隨之清獻以爲必尊朱子而黜陽明是非明學術可正嘗著學術辨三篇與河南湯宗伯山西范進士彪兩書往復辨論有曰自沙陽明之病今世學者亦知之至於涇陽景逸固宗

程朱固斥陳王而謂其偏於主靜近於禪學是非深入閫奧辨析秋毫不能爲此極論也著有三魚堂集及評選國策去毒五十篇手定先正一隅集已刊行其篋中所遺有問學錄一篇日鈔二十卷尚有語錄雍正年用禮臣議從祀　乾隆元年贈禮部侍郎謚清獻

熙朝元老

太倉王掞康熙庚戌與原祁同榜進士泥金疊至吳梅村在座謂其父太常公曰彼蓍者天當是君家門下清客太常駭問云何梅村曰善探主人意而巧於趨承事事如意者門客也今日之天冊乃近是太常不覺莞爾見觚賸掞累官尚書至大學士未入閣前大病幾危或有薦中州李先生善拜斗者重聘延之至則獨閉一室初不聞聲飲食從竇中出入或潛窺之見以白楮粘壁北面禮拜時又向壁審視復拜如初如是七日啟戶曰尚書無恙昨斗府已送扁署云熙朝元老康熙某年月日爲王掞立不十日病瘳次年如期宣麻雍正改元遂罷相始悟熙朝二字見柚堂筆談原祁奉常公孫以畫供奉　內廷由知縣陞御史改翰林官至戶侍

韓菼制義

制科之文至韓菼而翕然一變浮滑之習康熙十二年癸丑會殿俱第一會試撤闈　上宣取菼硃墨卷覽之稱主司得人即授編修是年冬十一月　召菼至起居館作太極圖說傳諭寫詩文二首進呈明日命悉呈平日窗藁遂以刻本五十篇進　上召至宏德殿命講大學畢　上問平日所作必倘多時館師學士熊賜履代奏曰尚有三十三篇以題目小不敢呈　上曰不妨都進來其三篇卽鄉試墨卷也　上閱悉留覽其時文受上知如此官至禮部尚書謚文

懿

幽冥館師

韓文懿爲諸生時有吏持贄儀奚至欲延作師而無名刺約期以乘輿來遂往見殿閣似藩邸並無主人有一僮子領公子出年十六禮畢趨就業聞義輒通一日聞拷楚聲私窺之見王者坐殿上劍樹刀山皆冥中事大駭而王者已知重笞僮子謂奚曰所以不見者以幽冥異路今知之勢難再聚贈以束金曰君天下第一人但坎壈未盡耳至是果如言

放螺螄報

先是明隆慶中長洲有韓侍郎世熊者世居陸墓甚貧祖永椿喜放生每早持帚掃兩岸螺螄盡放水中有時忍饑掃踰數里四十年不倦侍郎赴鄉試時夢金甲神告曰汝祖放生功大當令汝入翰林官至少宗伯使朝鮮賜一品服從此累代貴顯至康熙癸丑菼遂登會狀是科榜眼王度心改名鴻緒字季友婁縣人官至工部尚書著有明史稿　國朝修明史取爲藍本探花徐秉義字彥和崑山人乾學弟官至閣學　上南巡賜　御書恭謹老成四字

南書房供奉之始

康熙十二年癸丑春　天子御講筵從容與學士言朕欲得文學之臣朝夕置左右惟經史講誦是職給內廬以居之不令與外事其慎擇醕謹通達者以聞時舉丁未科進士編修桐城張英明入對　上心識之自是再四諮詢對者無異詞迄十六年丁巳冬有內廷供奉之命賜邸舍於瀛臺之西辰而入終戌而退乾清宮之西南隅曰南書房上舊所御讀書處也命處其中飲饍給於太官執書使中涓筆墨側理器具之屬皆取於御府珍果饍饈之撤自御饌者日數至焉　御乾清門聽政後則召至懋勤殿辰巳前講經書午後讀史官至大學士卒諡文端有存誠堂集

三鼎甲兩尚書

彭定求字勤止瓏子康熙丙辰會狀表章湯潛菴遺書敦行善事弟甯求字文洽康熙壬戌探花定求孫啟豐後八年復登會狀祖孫濟美爲吳中盛事是科榜眼胡會恩字孟綸德清人明友信之裔也　上問以對　賜友信名文實政四字懸於家廟著有清芬堂集探花翁叔元字寶林常熟人官至刑部尚書著有鐵菴文稿梵園詩集三鼎甲兩尚書亦盛事也

一匡天下

陳介眉錫嘏鄞人生而夙慧入小學讀孟子至百里奚不諫作論非之十五入庠康熙十四年解元其題爲子謂子產一章元破云學可匡時得一人以風天下也人以爲關節是一匡天下四字其事容然其文實佳且平生留意格物致知之學無足疑也丙辰進士選庶吉士官止編修

京堂翰詹服色

任宏嘉字葵尊宜興人康熙丙辰進士由行人改御史上疏定服色三品以上始許衣貂褂舍利猻王士禎口占戲贈云京堂詹翰兩衙門齊奪貂褂舍利猻昨夜五更寒徹骨滿朝誰不怨葵尊見香祖筆記

由部員改翰林自顧八代始

顧八代字文起鑲黃旗人以軍功授戶部筆帖式擢吏部文選司郎中康熙十四年　聖祖御試旗員擢八代第一遷翰林院侍講學士自他職改補翰林官實自顧八代始後二十三年　特旨入內廷侍諸皇子讀書　世宗與焉尤敬禮之官至禮部尙書

講筵得正人

康熙十八年巳未狀元歸允肅字孝儀常熟人授修撰兼日講官進講周易毛詩舉止端詳敷奏明暢湯斌歎曰講筵得正人天下有賴矣陞中允

宣城梅瑞

康熙巳未榜眼孫卓字子立探花茆薦馨字楚畹皆宣城人先是宣城科甲不盛人謂文昌閣久廢故商新之巳未孫茆連名鼎甲入翰林而施閏章阮詠復以鴻博入同時四翰林時施園有梅三月復開四花其方位恰應四人所居人以爲異孝廉梅清繪爲圖

得罪神明

趙作舟字浮山大嵩衛人順治甲午解元乙未公車入京居汾陽館館祀有關帝像作舟偶於像側挾妓

其父在里夢偉丈夫告曰吾潘姓乃關帝下値日功曹也爾子應今科入翰林以近日得罪神明罰科矣作舟下第歸入門父述其夢作舟悚然躊躇二十四年署東平學正康熙十八年巳未始登進士入翰林改庶吉士見秋燈叢話

白帽

南宮張光豸康熙戊午赴鄉試時父病不欲往强之行至旅店夢人送一白帽子心惡之欲歸而父書至病良已遂終塲歸家見父而報人巳至則光豸領解

元矣明晨賀客麕至一客忽云邑中自前明兵部尚書白圭領解後久無繼者君能繼之故見之夢光豸始恍然十八年巳未進士改翰林庶吉士

父子與宴

桐城大學士英長子廷瓚康熙巳未進士殿試二甲第二名由庶吉士授編修兩歲中遷至侍讀學士乙亥六月　上名翰詹八人至暢春園　賜宴賜扇英父子皆與焉丁丑　命祭南嶽告假省墓廷瓚自十歲入京三十餘年始得展祖冢中伯叔多不相識也

集韻牌詩

合肥文定公子李孚青字丹壑年十六登康熙巳未進士入翰林授編修毛西河時在文定宅每翻韻牌作詩值雪霽集飲手拈一牌偏值雪字有翠嶂雲俱合平橋雪未乾句坐客皆閣筆一日秋節剪新衲成毛西河邀同直起居注適檻前乾鵲噪毛戲曰絮鵲早催忙入館丹壑見旗人着綠應聲答云臂鷹秋遣窄裁衣毛不覺折腰曰才子才子

父子兄弟翰林

崑山沈世奕巳未進士子旭初丙辰進士朝初巳未進士皆官編修時父子兄弟並在翰林時人榮之

長生殿

益都趙執信字秋谷康熙十八年巳未進士年十六入翰林爲贊善恃才傲物時長生殿院本盛行秋谷素所咨賞會　國恤止樂大紅小紅巳浹日而纖練未除顧大集諸名士徵歌縱酒言事者摘摭入奏各譴責有差秋谷坐是削籍年未三十家居垂五十年嘗有可憐一夜長生殿斷送功名到白頭之句

翰林不由科甲

錢塘高澹人士奇以詩受知　聖祖不由科甲欽賜翰林官至詹事陪宴唱和扈從不離左右　恩

寵無比亦異數也有扈從銷夏等集嘗有句云隨行漫逐棲梧鳳下筆爭如食葉蠶蓋言其不由科甲也歸養別舊詩云鵷禁森嚴地絕塵崇班自昔簡儒臣詎知烏鳥私情切翻荷龍鸞　寵命新謝玦光榮叨異數工恭妙選媿前人鑑湖一曲堪投老青綬垂腰許乞身水北花南有舊廬閒園將母日方舒探懷香噀千頭橘入饌肥烹二寸魚芝檢排窠邀國典松窗流曜捧天書只憐鴻案塵生久入座同誰問起居又有待把遺逢誇野老瓦盆泥飲語昇平亦佳話也

翰林放學政之始

康熙庚辰臘月　特命翰林院侍讀汪灝提督山西學政初以翰林官出視學政惟直隸爲然康熙二十年以江浙人文之藪亦用翰林他省仍舊改用翰林例自此始

庶吉士舉人典試之始

自已卯順天鄉闈乾清門覆試舉人後直省考試官自侍郎以下槩行開列恭候　欽點壬午鄉試以副都御史張睿主考陝西御史吳甫生副之吏部文選郎中陳汝弼主考江南工科給事中黄鼎楫副之御史傅作楫主考浙江翰林滿洲阿爾賽副之湖廣巴

海大理評事山東滿保河南傅森皆翰林滿洲人山西孫致彌戊辰庶吉士傅作楫舉人副都御史御史庶吉士舉人典鄉試自是科始

會試分省

禮部會九卿題爲會試關天下之人材閱卷宜照從前之定例舊例分南北中卷衡量可謂至平又分左右未免分析太繁相應仍照舊例南北卷內不必細分左右將廬州等府滁州等州舊係中卷者俱歸於南卷其雲南貴州四川廣西四省去中卷名色每科雲南定爲雲字號額中二名四川定爲川字號額中二名廣西定爲廣字號額中一名貴州定爲貴字號額中一名康熙三十九年會試奉　恩詔加額明年會試應將雲南四川各加中二名廣西貴州各加中一名庶人材不致淹抑而遠方士子皆得均沾　皇恩矣奉　旨依議

五經不禁

壬午順天鄉試五經監生二人一莊令輿江南武進人一俞長策浙江桐鄉人初以違例做五經貼出仍具題請　旨奉　旨俱著授爲舉人准會試嗣後願做五經者不必禁止

老先生

王阮亭云京官舊例各衙門稱謂有一定儀注不可那移如翰詹稱老先生吏部稱選君印君員外以下稱長官科稱長科道稱道長是也自康熙丙子祭告回京見聞頓異各部司及中行評博無不稱老先生者矣

淡墨錄卷四

綿州 李調元 雨村

巳未博學鴻詞五十八

康熙十七年吏部奉 上諭用博學鴻詞科敕內外大臣各薦舉來京先是二年間 上厭薄八比 諭內三院九卿於甲辰丁未兩科改換策論着以經濟時務取士而廷臣狃於故習皆言古學不可卒辦仍暫用八比以俟徐復因特開是科是年十一月初一日大學士索額圖明珠奉 旨各大臣官員題舉才學諸人俟全到之日考試其中恐有貧寒難支者交

與戶部酌量給與衣食用以副朕求賢重文之意戶部議酌給俸廩併柴炭銀兩按月稽領眞賑典也至次年巳未正月晦日 上諭薦舉人員着二月初二日親試高陽李霨奏時廹促不能預備試卷桌子等項遂 諭十六日啟奏時 幸温泉同益都馮溥又簡入會闈作主文官未啟奏至十七日傳 諭着該部同翰林院確定試日並應用事宜具奏因定三月初一日遂於二月二十九日吏部過堂三月初一日平明齊集太和門以魚貫入詣太和殿前鴻臚唱行九叩頭禮畢 上御殿祭 堂子同命諸薦舉人

員赴東體仁閣下太宰掌院學士捧題出用黃紙十張上寫題二道放黃棹上跪領題訖用矮棹列下坐先是 上命內閣及各學士擬題上用李霨擬璇璣玉衡賦杜立德擬省耕詩俱坐地作文及巳牌太宰掌院學士復宣 旨云汝等俱係薦舉人員有才學的原不必考試但是考試愈顯你們才學所以 皇上十分敬重特賜汝宴凡是會試殿試館試狀元庶吉士俱沒有的汝等要曉 皇上德意宣訖命起赴體仁閣設高棹五十張每張設四高椅光祿寺設饌十二色皆大盌高攢相傳給直四百金先賜茶二通

時菓四色後用饅首卷子紅綾餅粉湯各二套白米各一大盂又賜茶訖復就試時陪宴者太宰滿漢二員掌院學士滿漢二員皆南北向坐謂之主席以賓席皆東西向也餘官提調者皆不與焉其夕晚出者十餘人皆給燭竣事然後彌封諸試卷作四封當夜呈進 上先閱璇璣玉衡賦次日攜卷至霸州觀魚貯以黃卷箱十四日還宮十五日發卷出中堂三相公暨掌院學士叅閱十六日閱訖十七日啟奏呈繳照前代制科分等第進士科分甲乙例判作四等曰上上曰上曰中曰下 上諭前所試上上卷上卷着

入史館纂修明史餘俱遣回其年老者量加虛銜未到者不再試亦不必令來遂問有不完卷的何以例在中卷衆對曰以其賸詞可取也又問上上卷內有驗於天者不必驗於人語無礙否彭孫遹文衆對曰雖意圖語方故無礙也又問有或問於予曰及唯唯否否語豈以或指朕予自指耶汪琬文衆對曰賦體本有子虛亡是之稱大抵皆寓言似不必有實指也又問有女媧補天事信否毛西河文益都對曰在列子諸書有之似乎可信及拆卷　上又曰詩賦韻亦學問中要事何以都不檢點賦韻且不論即詩韻取上上卷者亦多出入有以冬韻出宮字者有以東冬韻出逢濃字者有以支韻之旗誤出微韻之旂字者此何說也衆對曰此緣功令久廢詩賦非家絃戸誦所以有此然亦大醕之一疵也　上是之遂定爲五十卷上上卷二十作一等上卷三十作二等餘中卷下卷分作三等四等者總名爲下第不塡榜內至拆畢因於上卷中斥去一卷　上命擇一有名者補之時中堂掌院各有所薦者不允最後益都以徐咸淸薦即徐中山也上曰有著作乎曰有資治文字若干卷　上曰資治文字何書也曰字書也旁一學士曰字書小學耳

遂置不問後　上自取嚴繩孫卷補之即前云中卷中不完卷者二十四日　上諭禮吏二部這取中人員該授何職着確議具覆時二部不諳舊制科例但擬已仕者照現任品級或陞或加級其去任在籍者或宜起用或宜在籍加銜一應未仕者俱授翰林院待詔具覆　上命閣臣取前代制科舊例來閱查得兩漢授無常職晉時授尚書郎唐制策高者特授以尊官其次等出身因之有及第出身之分宋制分五等其第一等第二等皆不次之擢第三等始爲上等恩數比廷試第一人第四等爲中等比廷試第三人皆賜制科出身第五等爲下等賜進士出身　上乃降旨這薦舉取中人員彭孫遹等俱授爲翰林官應給職銜着部議具奏其杜越傅山王方穀等文學素著念其年邁從優加銜以示恩榮於是已仕者俱照品級授講讀宮坊編修等其未仕者概授檢討總充明史館纂修其杜越等俱授內閣中書正字銜回籍依議乃擇四月二十日到任各朝服頂帶於欽天監火神廟齊到衙門行禮畢次日遂赴史館共五十人開後

彭孫遹

彭孫遹字駿孫號羨門海鹽人順治甲午舉人己亥二甲進士由中書分校順天鄉試己未　召試博學鴻詞一等第一名授編修官至吏部右侍郎兼充講官辛未　上以講論明暢特命進講大學樂只君子一節音節宏亮極加稱賞明史久纂未成特命爲總裁賜專勅異數也年七十致仕歸卒著有松桂堂集堂名　御所賜也遹工詩與新城王士禎名埒時號彭王嘗步蕭寺僧方製長明燈請爲賦公諸之僧退煮茗以餉茗未熟而賦成敏捷如此見海鹽續圖經尤工詩餘士禎倚聲推爲近今詞人第一見感舊集

居易錄云羨門以丁丑假歸己卯卒子姪登秦駐山賦詩云平生幾兩中郎屐更不登臨奈老何明年庚辰重九後遂下世殆詩讖也

倪燦

倪燦字闇公上元籍錢塘人康熙丁巳順天舉人己未召試一等第二名授檢討有九日平山堂詩云郊壘存危堞寒花映遠濱鄧漢儀稱其用意能深

張烈

張烈字武承大興人康熙九年庚戌進士授中書己未召試一等第三名授編修晉贊善卒年六十四烈少聰穎讀書數行俱下長專心理學篤守朱子毅然以閑邪衞道爲己任著有四書講義讀易日鈔四庫全書總目稱集中朱陸異同論不及賈董異同論爲持平王學質疑則未免鍛鍊云

汪霦

汪霦字朝采號東川平湖籍錢塘人康熙丙辰進士授行人己未召試一等第四名授編修沈德潛云霦詩英爽嘗作大梁東友起句云星文三尺劍霜刃十年痕自是無知己非關不報恩杰作也

喬萊

喬萊字子靜號石林寶應人康熙六年丁未進士授中書壬子充順天分校乙未召試一等第五名授編修時鴻博諸公奉　命纂修明史萊體肥碩於步趨騎驘一頭晨入申出念崇禎朝乏實錄先撰長編以資討論衆韙之晉侍讀　本朝漕運沿明舊制自淮入河以達會通河既失故道從安東入海嗣又由於淮泗泛濫由洪澤以南諸河下注治河使者又開減水垻洩之淮楊七州縣蕩析離居穡事俱廢　天子覽臺臣奏濬海口以瀉積水遣使者相視還報可乃出帑金命安徽按察使于公成龍董其役總督河務

都御史靳公輔上言海口高於雲梯關五尺疏海口引潮內侵大不便因請築堤束水使高置二牐於邵伯鎮南高郵州城外自州城築堤二歷興化白駒場至海口東所洩之水入海計銀二百七十八萬有奇請先給帑而徐取賞於田畝子粒綱鹽又請設官二百七十餘員擇才能者任之適萊入覲直　上御乾清宮西煖閣閣臣奏事畢　問萊濬海口事宜萊直前奏河臣非是　上悅曰此爾一人意見耶萊對淮揚人所見皆與臣同翼日合戶科給事中劉國黻等十人持議河臣之言有四不可行海口原有故道第令塞者通之淺者濬之俾停蓄之水悉趨於海斯已耳河臣議開大河築長堤堤在內地者高丈六尺河寬百五十丈近海者堤高一丈河寬百八十丈勢必壞隴畝村落墟墓慘有不忍言者不可行一河臣之議先築圍埂用水車踏去埂內之水取土築堤不知臣鄉地卑原無乾土況積潦已久一旦取土積水中投諸深淵工安得成成亦易壞不可行二河臣欲以丈六之堤束水一丈是堤高於民間廬舍多矣伏秋風雨驟至勢必潰潰而南則邵伯以南皆為魚鼈潰而北則高郵以北靡有孑遺即當未潰之時豬水於

屋廬之上豈有安枕而臥者乎不可行三至於七州縣之田向沒於水今東河使寬田中之水豈能倒流入河不能入於河即不能歸於海淹沒之田何日復出不可行四　上是萊言河臣之意乃寢萊之建議也于公頗德之及出領河務值萊歸恒以地方利弊諮萊萊必直言無隱然終不干以私嘗曰予於同籍師事者二人一堯峯一西河或戲曰愚山迦陵不足師乎曰愚意云爾河議初出大學士梁公清標時為戶部尚書歎曰江淮之間可謂有人有喬氏易俟十八卷石林集若干卷萊卒時年五十三

王項齡

王項齡字顓士號瑁湖華亭人康熙丙辰二甲第八名進士授太常寺博士已未召試博學鴻詞一等第六名改編修累官至工部尚書康熙戊戌重九日命下拜太學士先是松江濱海一日兩潮歷久不易忽於是日三潮人皆詫異

李因篤

李因篤字天生一字子德富平人因篤從吳中顧甯人講韻學最有名甯人作音學五書特載與因篤一札蓋頗重之學者稱關西夫子為高陽相國所薦相

國以年長每兄事之未試前嘗與毛奇齡在相國前辨古韻不合郎哃唱欲加拳勇南人皆云關中習氣使然康熙己未　名試博學鴻詞一等第七名授檢討以母年上疏辭歸

秦松齡

秦松齡字留仙號對巖無錫人順治乙未進士改庶吉士授檢討賦白鶴詩應制有句云高鳴常向月善舞不迎人　上顧左右曰此是有品者後罷歸家有園在惠山之麓與漁洋為同年友善常緘詩一篇題曰寄阮集康熙己未以博學鴻詞徵　名試一等第

八名授檢討遷諭德辛酉充日講起居注著有毛詩日箋六卷蒼峴集五卷

周清原

周清原字雅集號蓉湖武進人幼時誤食鐵針着腸胃間時作隱痛忽夢人名至一處長松夾道朱門徑丈大字榜云九天元女之府周入拜見元女霞帔珠冠南面坐以手平扶之曰無他相屬因小女有小影求先生題詩命侍者出一卷子漢魏名人筆墨俱在焉淮南王劉安隸書最工曹子建以下稍近鍾王風格周素敏捷疾書五律四章元女喜命女出拜年甫及笄神光照耀周不敢仰視女曰周先生富貴中人何以身帶暗疾我無以報願為君除此疾作潤筆之費解翠裙帶授藥一丸命吞之疾自此霍然醒後詩不能全記尚記一聯云氷雪消無暑辰星繫滿頭不子語　周以監生赴京時祈夢於忠肅公祠夢忠肅盛衣冠降階欵迎揖就坐莊容相對默默無語有童子立戶側朗吟一片氷心在玉衡者三竊訝之不敢問頃辭出忠肅送及階握手言曰余事在爾爾事在余其謹識之覺後不解所謂及入都謁侍講董公訥公一見如素館於家先是董公夢忠肅投刺拜訪意若有

所囑未及詰而寤凌晨閽人報周至故異而優禮之康熙己未開博學鴻詞科遂薦於朝賦題乃璿璣玉衡也乃悟前夢文思沛然有若夙構遂取一等第九名授檢討纂修明史適周分得於忠肅傳同官有以易儲事議之者周立辨其誣論始定初周赴試後有山人平韓卿者精於數董公使為周占之當得祭酒董云太尊曰否則助教又云太卑及命下謝　恩章服未具則朝服假之平原張良哉官助教者始信平言有驗也秋燈叢話　己卯典試山東臨揺曉者卷尚不愜意隱几假寐見一猴跳躍而前以劍繫之入籍而沒

大叫驚醒同事問之遂詳以告乃自解曰猴者猿也元同聲劍爲金刀明日爲辰今日爲夘毋乃姓劉者中元乎啟箱果於落卷中檢得劉琰卷大佳遂定爲元時山東省共頌知人屢遷至工部侍郎督學福建妻吳氏內家官侍御其聯襟爲進士中書周每至侍御宅皆從左右門自爲出入獨中書至則開中門迎送今周督學過毘陵侍御乃郊迎至宅周步行往謁仍從側門入侍御固請不從乃偕中書皆隨從側門入其不以貴自驕如此在園雜志　四十六年　聖祖南廵布衣龔士烱獻歷代年表一書所載至隋而止

上乃詔工部侍郎周清原重修未藏事而清原卒復詔內閣學士王之樞踵修而清原子嘉禎佐之乃相續成編上起帝堯甲辰下迄元順帝至正二十八年戊申凡千七百二十五年名　御定歷代紀事年表共一百卷

徐嘉炎

徐嘉炎字勝力號華隱秀水人監生十二年三月初一日召試一等第十名二十日榜發後二日益都馮相國復修禊於萬柳堂名者十六人酒半相國問包咸註浴乎沂是祓濯抑是澡洗宣城施愚山云沂水之上則非澡洗矣時嘉炎孰春秋傳謂古無裸體入水者惟齊懿被弒時有丙歜閻職入申池浴池與沂川不同且是賤者之事非士大夫所宜行又時屬夏月非暮春也暮春入水恐無是理矣衆以爲然閱日授檢討纂修明史在館中著作多不與人同康熙辛酉　王師收滇黔羣臣獻頌甚夥惟嘉炎獨倣鐃歌鼓吹曲自聖人出至文德舞止凡二十四章每章因事立名與繆襲韋昭何承天輩相表裏又乙丑元夕上於南海子大放燈火使臣民縱觀詔進百戲都盧蒱樗拍張觳觫畢陳於前時羣臣從觀者皆有詩

歌獨嘉炎作記名紅門花火記備載詳悉屢官至內閣學士兼禮部侍郎有抱經集二十卷

陸棻

陸棻字義山原名世枋雅坪其別號也平湖人幼性孝友年十四值江南初下　王師之分徇者畧平湖而棻父未庵爲鑲黃旗帶子阿什兔所俘夾鈹於項間棻哭泣抱持不聽行乃舍未庵而俘棻至京誠順伯者阿什兔主人也馬姓爲固山見棻異之試以文大喜命拜爲子而使其諸子爲兄弟時永平舉人李茂春授生徒於遷安之龍起寺棻與馬氏往受學値

歲試棻偶應之自遷安至永平縣府二試皆第一馬
氏盧其各耆急沮院試不令赴留於旗四年適兄世
楷以開科選貢　廷試於天安門外除平陽府通判
尋公於李舉人家會之他寺而父未庵又以丙戌中
試赴　公車乃親詣誠順伯里第乞放棻歸許之以
世枋名補平湖諸生以浙鄉試不利因改今名授例
入國學高等授內宏文院辨事中書舍人遂舉順天
鄉試康熙六年進士第二人爲原官康熙十七年開
制科　御試一等第十一名棻以官典籍改授翰林
院編修八年以明史久未成謂史官規避被劾就道

是年庚午舉鄉試即命爲福建正主考官凡薦卷皆
親閱無一遺者越一年轉左右春坊贊善復以癸酉
舉鄉試命爲順天鄉試副主考祈令翰詹諸官傃直
南書房承旨書二扇宣至　乾清宮閣內賜坐出五
臺金蓮花命賦限以韻立賦呈　上嘆賞不置退就
南書房出御製金蓮花詩　賜讀之康熙三十三年
特開豐澤園試翰詹諸官八十九人先設宴於勤政
殿宴畢就園試豐澤園賦理學眞僞論停午賜酒菓
晚賜茶餅及　上親閱卷取第一且面諭云連次詩
文並無出汝右者而從前薦引並未之及始知上聞

固多壅也遂由宮贊陞內閣學士兼禮部侍郎越數
日復宣至乾清宮撰闕里孔子廟碑　賜鮮荔枝御
筆所臨米芾綾字一幅於懋勤殿嗣此入閣嘗於一
日獨坐判紅本七十有奇每啟事暢春苑撤膳賜間
以病休沐　上輙問云陸棻何在耶恩寵如此

馮勗

馮勗字方寅一字勉曾長洲人父六皆客閩中後耿
精忠亂閩父客死康熙己未勗以布衣召試一等十
二名授檢討纂修明史即請假歸入閩尋父櫬時亂
南平遺櫬縱橫未得其處勗伏地慟哭忽有老人告

曰轎西有半寸釘者是諦視題識宛然遂扶以歸元和
志戊辰復官嘗與朱彝尊宴集朱有秋日集馮檢討
齋分韻得南字後朱謫官勗有招諸同年集六枳園
對菊分韻賦詩朱有可怪南鄰馮檢討酒錢昔爲謫
官慳之句載曝書亭集晚告歸自號葑東逸史

錢中諧

錢中諧字宮聲順天昌平籍吳縣人順治戊戌三甲
第三名進士及第康熙己未博學鴻詞一等第十三
名授編修學問淹貫爲諸生時請滅蘇松浮賦條議
三吳水利皆切於實行居家孝友年八十無疾而終

所著有箎硇集湘耘編

汪楫

汪楫字舟次江都人以貢署贛榆訓導會 上特開博學鴻詞蘇撫慕天顏以楫名應 上拔置一等十四名授翰林院檢討二十一年春琉球國王請封爵舊典用給事中行人各一員往 上重其選 特命廷臣會推可使者以聞入 朝人多俛首畏縮楫鶴立班中大臣遂以楫對充正使 賜一品服臨國王之讌楫也酒半手自彈琴以悅楫楫故善音樂與譚長清短側之辨王大悅服及請楫書殿牓楫縱筆爲

擘窠書王大驚以爲神出知河南府福建按察使轉布政以疾告 上南巡猶强起迎于宿遷望 駕至揚州衣朝衣伏道左 天子熟視曰汝老邪朕幾不識卿矣 宣賜御書未幾卒年六十有四所著有悔齋集

袁佑

袁佑字杜少號霽軒直隸東明人少警敏下筆數千言立就以拔貢授中書己未詔舉博學鴻詞詹事沈文恪公以其名 上御試一等十五名授編修時同館多告假佑慨然曰居是官當勤是職頭白可期汗青無日非曠官乎爰搜有明諸遺書點竄不停手所作本紀列傳若干卷考訂精詳有廬陵筆意歸里後舍西有小園奉母其間母疾革籲天願減算益母壽母果無恙人謂其孝感家居七年母九十二乃卒佑哀號無虛日不茹腥飲酒體素豐厚至是羸瘦及服除遂不復噉肉復官晉右中允浙江鄉試正考官浙人服其公撤闈即俶裝惟圖書數篋及所著紀行詩一卷而已年六十卒有詩禮疑意左史後議老子別註離騷荀楊文中子補註莊子註論杜詩註駁數十卷所著詩文有五鹿詩選二卷圖說五卷史餘集五

卷補史集四卷予省集五卷謦聞偶記一卷圖說五卷袁氏族譜一卷

朱彝尊

朱彝尊字錫鬯號竹坨秀水人明武英殿大學士文恪國祚曾孫學生茂曙長子生而聰慧絕人數歲讀書過目不忘塾師舉王瓜使屬對應聲曰后稷師怒笞之爲舉業文千言立就已能工詩年十七贅婚嘉興練浦之馮公有客王廷宰紫華亭名士也酒間舉古人名俾作對如鄭虎臣對沈麟士蔡興宗對崔慰祖吉中孚對温大有杜審言對蕭恩話韓擇木對李

棲筠蔡有鄰對徐無黨鄭櫻桃對郭芍藥之類大奇之曰此必以詩名已未開制科以總督倉場戶部侍郎嚴沆吏科給事中李宗孔薦召試博學鴻詞一等十六名授檢討纂修明史分撰嘉靖諸臣及文苑傳有上總裁七書最為詳悉而第一曰彝尊來自田間學無師法一旦入著作之庭備員纂史受　命以來憢憢惴惴伏念史尚三長而不有其一何以克副厥任猶幸有閣下總率之可以無恐今開局逾月矣顧未見體例頒示竊有所陳造門者再未值歸沐之暇敢奏記于左右歷代之史時事不齊體例因之有異

班固書無世家而有后戚傳已不同于司馬氏矣范蔚宗書無表志後人因取司馬彪續漢書志以為志又不同於班氏矣蓋體例本乎時宜不相沿襲故漢之光武唐之孝明宋之真宗皆嘗行封禪之禮作史者不必效史而述封禪之書也德星慶雲醴泉甘露器車龍馬嘉禾瑞麥一角之獸連理之木九莖之芝不絕於世作史者不必效北魏南齊而述符瑞之志也此志之不相沿襲也班史第古今人表上及於皇初歐陽子紀宰相世系下逮於子姓遼之游幸金之交聘他史無同焉者此表之不相沿襲也史記列傳

有滑稽日者五代有家人義兒伶官宋有道學他史無之此傳之不沿襲也至若皇后一也尊之則附於帝紀之則冠於臣傳公主一也或為之傳或為之表釋老一也或為之志或為之傳餘如天文五行或分為二職官氏族或合為一然則史蓋因時而變其例矣明三百年事有創見者建文之遜國革除長陵之靖難裕陵之奪門宜何以書躋興獻王於廟存之則為無統去之則沒其實宜何以書志河渠者前史第載通塞利害而已明則必兼漕運言之而又有江防海防禦倭之術宜何以書志刑法者前史第陳律令

格式而已明則必兼廠衛詔獄廷杖廝之宜何以書若夫志地里則安南之郡縣朶顏之三衛曾入圖版旋復棄之又藩封之建置衛所之參差宜何以書至於土司之承襲順者有勤王之舉反側者興征討之師入之地志則不能詳其事入之官制則不能著其人宜何以書凡此皆體例之當先定者也又魏定黔成英臨淮諸國衍聖一公咸與明相終始則世家不可不立惟是張道陵之後靦顏受世祿奉朝請於義何居然竟置不錄難乎免於闕漏宜何以書此亦體例之宜審量者也蓋作史者必先定其例發其凡而

後一代之事可無紕繆彝尊不敏乾舉大綱伏希閣下不遺葑菲之末而垂采焉示之體例俾秉筆者有典式譬諸大匠作室必先誨以規矩然後引繩運斤經營揆度崇庳修廣始可無失尺寸也矣惟閣下垂察幸甚幸甚又言伏承閣下委撰明文皇帝紀彝尊本之實錄參之野紀削繁證謬屏誣善之辭擬藁三卷業上之史館矣昨睹同館所纂建文帝紀具書燕王來朝一事合之鄙藁書法相違彝尊愚暗匪敢露才揚己暴人之短惟是史當取信百世詎可以無違有故敢述其所聞復上書於閣下明太祖之崩在洪

武三十一年五月遺詔諸王各於本國哭臨不必赴京踰月而訃至燕燕王抵淮安勅令歸國斯太祖實錄史臣曲筆謂用事者矯詔卻還當在是年之秋也時方執周王櫹廢爲庶人是東齊王榑有罪召入京留之燕王方慮禍及歸國恐後因簡壯士爲護衛迨齊王之入燕且益懼焉肯以次年來朝身犯危地而且傲慢無禮由皇道入登陛不拜致監察御史曾鳳韶戶部侍郎卓敬一劾王大不敬一請徙封南昌建文帝不報而燕世子及弟高煦適以三月至京師譬諸虎離其穴盡將虎子深入坎窞陷穽之中縛之一

二獵夫力爾雖至愚者勿爲而謂智慮過人之燕王爲之乎且燕世子之來在三月則是時燕王猶未反國野史稱文皇遣之來誰實遣之姜清祕史据南京錦衣衛百戶潘暄貼黃冊內載校尉潘安二十三日欽撥隨侍燕王還北平以爲來朝之驗似若可徵然稽之實錄靖難師駐龍潭帝顧望鍾山愴然下淚諸將請曰禍難垂定何以悲爲帝曰吾異日渡江卽入京見吾親此爲姦惡所禍不渡此江數年今至此吾親安在瞻仰孝陵是以悲耳然則太祖崩後燕王未嘗入朝可知已蓋革除年事多不足信卽燕王來朝

不足信者一也金川門之變實錄稱建文帝闔宮自焚中使出其屍于火越七日備禮葬之遣官致祭輟朝三日野記則云松陽王景請以天子之禮葬文皇從之夫旣葬以天子之禮未有不爲之置陵守冢者而鍾山左右無之則備禮云者亦史臣欺人耳目焉耳況孝陵渴葬文皇責建文以庶人之禮葬其祖又豈肯以天子禮葬建文乎不足信二也北京金山口景陵之北相傳有天下大師之塔謂是建文皇帝墳此尤無據彝尊嘗登房山山隅有亂塔寺瘞僧骨不可數計繞山村落田中亦多僧塔或題司空或題司

徒或題帝師國師蓋遼金元舊制則然所稱天下大師不足爲異而乃誣爲建文帝墓既云不封不樹矣其誰復立石爲表不足信三也從亡隨筆稱太祖預貯紅篋於奉先殿側四圍以鐵錮之鎖二亦灌以鐵汁程濟破之得三渡牒濟爲帝祝髮旣扶帝出聚寶門矣不應復折而至神樂觀不足信四也致身錄帝至鬼門從者八人牛景先用鐵棒啟之而出考是日乙丑文皇帝一入金川門卽命分諸將守京城及皇城鬼門非無人之境爲景先者持鐵棒啟門守城將士豈無一人見者不足信五也建文帝方先生孝儒

衰杖哭闕下語文皇曰成王安在此事之所有也至文皇謂曰獨不顧九族耶答曰便十族如何因并其弟子友朋爲一族戮之此則三家村夫子之說矣歐陽夏侯尚書雖云九族者父族四母族三妻族二而馬鄭俱云九族上自高祖下至元孫九峰蔡氏從之故世之言九族者名爲九其實本宗一族耳迨秦漢誅及三族爲最酷而造爲是說使文皇果用是刑無舍母妻之族而遽誅及于弟子友朋者且正學之友最莫逆者無如宋仲珩王孟縕仲縉鄭叔度林公輔諸人故叔度之弟叔美叔端仲縉之子叔豐皆爲及

門高第諸君惟仲縉先卒其餘當日咸不及於難緝其遺文以傳足以破野史之謬不足信六也實錄文皇既入卽收孝孺旋執太子澄至闕同磔於市所牓姦黨二十五人鄭賜黃福尹昌隆在其列不聞伏法又靖難師起北平所司州縣官棄職遠避朱甯等二百一十九人亦未嘗悉誅獨大理少卿胡閏野史謂抄提男女二百一十七人俱死外遣戍者又一百一十四人而奉天刑賞錄載茅大芳妻死上命飼狗不應若是之酷不足信七也萬歷初以建文帝所遺三詩宣付史館竊疑是黜竄元之故臣憶庚申君之作

若天命潛移四海心一語豈出之帝口乎不足信八也鐵鉉二女沒入教坊世傳七言二詩乃吳人范寬題老妓卷而作載皇明珠玉集中好事者巧爲付會不足信九也河西傭川中補鍋匠雪菴僧東湖樵夫潔其身隱其名姓据傳以書奚而不可乃憑轉輪殿鼠嚙餘冊一一實之不足信十也文皇實錄載壬午歲七月命前工部尚書嚴震直戶部尚書王鈍應天府尹薛正言分往山西山東陝西巡視俾奏利弊震直受詔至山西九月卒於澤州公廨初不聞震直督餉山東爲北兵縛置布囊夾以兩馬舁至京後使安

南回滇遇吞金之事不足信十一也至若因楊行詳事而移之楊應熊王元美辨之矣不足信十二也因史仲彬之名而造爲致身錄久而附益之錢受之駁之矣不足信十三也世之論以革除靖難之事載諸實錄者皆曲筆無甯取之野史然實錄之失患在是非之不公然人物可稽歲月無舛後人不難論定至遜國諸書往往以黎丘之鬼眩人觀聽以虛爲實以僞亂眞其不滋惑焉者寡矣閣下宜辨去其惑曉然開論同館毋相矛盾作史之貴乎有識者此也故因燕王來朝一事而兼及之惟閣下澄鑒不宣充起居

注日講官康熙二十年辛酉七月典江南鄉試得方苞胡任輿陸肯堂黃夢麟人共服其公明壬戌春復命入都刑部尚書魏象樞衣朝衣造之再拜曰吾非拜君也慶朝使之得人也甲子元日侍宴　上念講官家人特賜肴果二席馮孺人九拜受之異數也是月因輯瀛洲道古錄一書以楷書手自隨錄四方經進書忌者譖訴學士牛鈕劾之吏議落職奉旨降一級三月徙居宣武門外海波寺街古藤書屋二十九年補原官壬申復罷官挈眷旋里丙子結曝書亭于荷花池南有芰池芋陂同心蘭砌青桂巖槐沂繡鴨

灘落帆步諸景四十四年　聖祖南巡朝見行殿進經義考易書二種　上諭此書甚好留南書房特賜研經博學四字扁額四十八年己丑卒年八十一時十月十三日方開雕曝書亭集謂次孫稻孫曰吾不能久待奈何建文實錄紕繆附會病少差當續成之無使後人滋惑也先是竹垞性嗜鴨少時夢行郊外見大池內蓄鴨數千頭有童子守其旁問之曰此公一生食料也嗣年八十一偶抱恙後夢其處池內存鴨二後戒家人無進鴨適女歸甯烹二鴨獻歎曰予食祿其盡於此乎是夕卒葬百花莊文淵閣大學士陳廷敬爲作誌銘有曝書亭集八十卷經義考三

百卷日下舊聞四十二卷外有明詩綜詞綜五代史注鹺志若干卷子昆田先十年卒有漁笛小藁十卷彝尊好飲酒嘗與高念祖入都每日暮泊舟輒失所在往求之則已闌入酒肆中醉臥鑪下矣又好校書絳雲未燼之先藏書至三千九百餘部而錢遵王敏求記凡六百有一種皆紀宋板元板及書之次第完闕古今不同手披目覽類而載之遵王畢生之菁華萃於斯書既成扃之枕中出入每自攜靈踪微露彝尊謀之甚力終不可見後典試江左尊王會於白下

彝尊故令客置酒高讌約遵王與偕私以黃金青鼠裘予侍書小史啟鑰預置楷書生數十于密室半宵寫成而仍返之當時所錄草窗絕妙好詞在焉詞既刻函致遵王漸知朱詭得彝尊爲之設誓而謝之何焯書敏求記跋或云從錢氏族壻因得假歸云竹垞在京與人夜飲各舉古人男女成對者爲酒令得太白小青無咎莫愁漂母灌夫武子文君東野西施等字嘗舉四書一則恰合平上去入得康子饋藥兵刃既接二語又在邸除夕集唐作聯云且將酩酊酬佳節未有涓埃答聖朝又罷官後集聯云聖朝無棄物餘事作

詩人又爲人題隱居云天下何曾有山水老夫不出長蓬蒿又題人水船云不作風波于世上別有天地非人間查浦輯聞四庫全書總目云彝尊初入翰林時嘗編其行藁爲竹垞文類王士禎爲作序亟稱其永嘉詩中南亭西射諸篇然其時僅規撫王孟未見所長至中歲以還學問愈博風骨愈壯長篇險韻出奇無窮趙執信談龍錄以彝尊士禎爲國朝兩大家謂王之才高而學足以副之朱之學博而才足以運之及論其失則曰朱貪多王愛好亦公論也

陳維崧

陳維崧字其年一字迦陵宜興人年十七爲諸生至四十餘尙偃蹇場屋有日者謂之曰君過五十必入翰林梅杓司贈句云朝來日者橋邊過爲說功名似馬周至已未舉以博學鴻詞薦　召試一十七名授檢討時年五十四又四年卒未疾時屢以江湖山藪爲念緣史方殷未敢引退疾亟吟斷句云野鳥山花是故人猶振手作推敲勢云維崧少淸癯長而于思人皆稱爲陳髯既連不得志于有司乃到處逢迎自王公卿以下凡賀贈餞頌必得其片紙以爲榮脡脯溢于堂綦履錯于戶顧視金帛如土贈遺千金隨手

散去遇匱乏則仰屋擁書眠如是者終不悔爲人多不擇細行嘗遊如臯冒巢民愛其才延致梅花別墅冒有童名紫雲者儇麗善歌令其執役書堂維崧見神移適墅梅甚開偕紫雲徘徊于暗香疎影間巢民偶登內閣遙見之忽佯怒呼二健僕縛紫雲去將加以杖維崧營救無策意極徬徨計惟得冒母片言方解此厄時薄暮乃趨赴母宅前長跪門者曰陳先生有急必求太夫人發一玉音非蒙許諾不起也因備言紫雲事頃之青衣媼出曰先生休矣巢民遵奉母命已不罪雲郎然必得先生咏梅絕句百首成于

今夕仍送雲郎侍左右也維崧大喜攝衣而回篝燈濡墨苦吟達曙百咏既就亟書送巢讀之擊節笑遣雲郎送之虞初新志尤侗云古之髯者有蘇髯今之髯者有陳髯皆髯之軼倫超羣也其年詩詞古文甚富已爲傳人而負才落魄頹然自放嘗客如臯冒辟疆歌童紫雲相好若夫婦畫其小影攜之出入同人題詠甚多余亦有一絶暗合杜分司韻但李家紫雲是女郎冒家紫雲乃男子耳其後雲郎颺去髯作惆悵詞憶之語云男歡不畢輸女歡不弊席豈不信乎然其年以前魚之癖坐是不得中壽則又所謂美男破老美女破舌也艮齋雜說宋犖云王西樵常語子弟曰陳其年短而髯不修邊幅吾對之祇覺其嫵媚可愛以伊有中有數千卷書耳維崧有湖海樓詩集烏絲詞迦陵文集陳檢討四六文集各二十卷又有兩晉南北集珍六卷

湯斌

湯斌字孔伯號潛菴睢州人自少卓立舉動尺寸不踰年十二聽里中耆儒王蘗祥講小學侍坐終日無倦容退即見諸行事蘗祥奇之順治戊子舉于鄉明年會試中式越三年壬辰進士改庶吉士鍵戶一室惟與魏象樞曹本榮以理道相切磋乙未授檢討進庶子戊午　召舉博學鴻詞大臣交薦　御試一等第十八名補翰林院侍講先是斌爲庶子時夜夢登高山已陟其半忽一人自後越之湯鼓勇至山巔有室懸麻姑仙壇記既覺不知所謂癸未臘閣學缺出特用左坊王鴻緒甲子二月閣學復缺斌遂繼擢是年六月特擢巡撫蘇蔡經壇在撫州而蔡經家在吳洞庭也事之前定如此吳地素多淫祀楞伽山五通神尤甚姦巫淫尼競相扇惑士女怵于禍福鼓吹牲帛賽禱無虛日斌取其象投湖中並他處所建悉毀之奏請通行永禁民始大駭已而妖絕先是毀上方山撤土偶投之水有人于地中得古石碣上刻肉山酒海遇湯而敗五仙人張三丰書也見居易錄二十五年　詔擢工部尚書掌詹事府事吳人聞其去痛哭罷市叩轅乞留者日萬計比行老幼提攜奔送自吳門至江北千里不絶至渡淮乃已初前撫余國柱在吳聲名狼籍既遷戶部尚書移書江蘇布政使索庫銀四十萬兩以謝要人斌不許又聞斌深得民心以爲形己之短恨刺骨及斌赴召還朝國柱已居政府讒害百端又嗾廷臣交章劾之而　上俱置不問

斌已病尋改工部以疾卒官　上聞特命學士以祠
酪奠馳驛護喪歸予祭葬吳人聞其卒家家肖像祀
之雍正十二年奉　旨崇祀賢良配享　孔廟　謚
文正年譜神道碑墓志銘合纂四庫全書總目云斌在國初與陸
隴其號醇儒隴其之學篤守朱程其攻擊陸王不遺
餘力斌之學源出容城孫奇逢其根柢在姚江而能
持新安金谿之平大旨主於刻勵實行以講求實用
無王學杳冥放蕩之弊故二人異趣而同歸

汪琬

汪琬字苕文號鈍翁順治乙未成進士除戶部主事

改刑部遷郎中會江南奏銷案起例奪二官謫北城
兵馬司指揮再遷戶部主事康熙十七年　詔舉博
學鴻詞取一等十九名改翰林院編修入史館僅六
十日譔史傳一百七十餘篇遽以疾請年六十自是
及其歿又十年終不復言出甲子冬　駕東巡至蘇
吳門在籍諸臣恭迎河干　上召撫臣湯斌諭曰汪
琬久在翰林院文名甚著近又聞其居鄉不與聞外
事可嘉特賜　御書一軸卒年六十有七琬性弁急
不能容人過意所不可輒面批折人對客議論大聲
頰發赤目光炯炯雖詩文小得失不肯稍狥以是人

多嫉之十七年　召試鴻博時薦舉諸人會于眾春
園有以嫚詩緘呈汪苕文者眾止見其結句云杯盤
狼藉醉巢由嘉善柯維楨以語陸稼書先生曰文人
輕薄之習有以自取可不畏哉見陸先生年譜

邱象隨

邱象隨字季貞山陽人與兄順治乙未進士侍講象
升齊名號二邱以拔貢生舉博學鴻詞一等第二十
名授檢討官至太子洗馬有西山紀年集王士禎云
故友季貞與張養重游東浙行處州山中各有卽事
詩一云西風黃葉無人徑破廟山神對古松一云百

年無與人間事老死深山古木中今人擾擾入市者
不知世有此境也香祖筆記養重字瞻亦山陽人別號櫟
冠道人養重游浙東過廣陵時王士禎爲司李謁甫
罷士禎卽問曰夙愛足下南樓楚雨三更遠春水吳
江一夜增如此好句復有幾張退謂象隨曰不意阮
亭一見便能道出

卷四終

淡墨錄卷五

綿州　李調元　雨村

李來泰

李來泰字仲章號石臺江西臨川人順治壬辰進士授工部虞衡司主事出督江南學政已而巡視漕河裁缺歸里己未　召試博學鴻詞二等第一名授侍講詩工應制體有詩云紅橋循蟻渡綠樹貫魚歸西河詩話云凡翰林賜宴瀛臺定在暑節每趁早涼入西苑門大柳星稀高槐露下宮牆緣岸間冒昧徐行菰蒲四面水禽嚶哳與江南水鄉無異暨渡版橋則

荷香襲衣牖流滴耳宛在夢中聽箏筑聲然後復內苑牆入小紅門豁然大湖有紅版長橋橫跨水面橋夾朱欄欄外維列魚罾凡朝官渡橋者俱許抽罾捉魚得即攜歸于是迤邐達瀛臺門惟賜宴時則　詔從牖口北上直西浮道通梁中有層亭兩面帳房如號舍排列　上命登舟汎太液池即從過船亭登舟芰荷十里望如蕃錦北面望金邑遙裔則別一境地矣一時鴻博諸人皆親歷焉未幾卒于官有蓮龕四十餘卷從前翰林未有之盛典也

潘耒

潘耒字次耕吳江人師事顧炎武故詩文皆有原本康熙十七年己未以博學鴻詞試取五十人上上卷爲一等上卷爲二等及拆卷　上問衆大臣曰詩賦韻亦學問中要事何以都不檢點賦韻且不論即詩韻在取中者亦多出入有以冬韻出宮字者此何說也衆荅曰此緣功令久廢詩賦非家絃戶誦所以有此然亦大醕之一疵也今但取其大焉者耳上是之仍取中二等第二名拆卷即耒卷也（制科繼錄）授檢討纂修明史耒以史事重大條上四條總裁然其說派令撰食貨志兼紀京師有萬柳堂爲益都相國創置在

崇文門外平疇曼衍布以萬柳爲朝士游憩地每歲逢上巳益都必率門下士修禊其中飲酒賦詩竟日而散壬戌上巳陪侍者三十二人益都唱二詩其首章第六句曰水萍風約故沿留似有所寄及閱和詩每遇是韻輒沉吟良久如徐春坊健菴盡日行吟步屧留施侍講尙白回溪時有斷雲留陸編修義山落花香倩蝶鬚留方編修渭仁烟宿寒山翠欲留徐檢討華隱小雨泥看屐印留高檢討阮懷羽觴汎汎去還留汪主事校門輕陰時爲落花留林中書玉巖檻拂垂楊科栗留之類後至潘檢討稼堂東山身爲草

堂留益都拍案而起稱爲第一益是年七月益都將致政故先以留字探意及得是語便犁然有當也後二年甄别以浮躁降調遂歸四十二年復原官顧炎武所著日知錄多經世大業耒在閩中有贈買山資者舉以刻之始得傳于世生平所著類音八卷遂初堂時文集四十卷

沈珩

沈珩字昭子海甯人康熙甲辰會試第一人殿試二甲第一名進士授中書舍人己未名試博學鴻詞二等第三名改授編修癸亥告假家居就醫秀水之鴛

湖時嘉興同知孫曰恕以督修海邊艨艟訪珩于僧寺珩引唐世轉運船場之利病見于眉山之論者以爲說孫大稱善後樓船横海師起平虜如掃落葉賴孫所部檣櫓之助居多用珩言也見珩司馬孫公輿頌序秀水志卒所著有耿巖文選

施閏章

施閏章字尚白號愚山又號蠖齋宣城人順治三年鄉試十八名六年己丑會試中試觀政刑部湖廣司上事員外郎丙申秋奉使視學山東其應考差也名在第一大學士安邱劉公實薦之後屬其同年孤子

後書以不入格被黜落劉公語山東巡撫曰學臣不受請託獨施君耳嘗有名士入場作寶藏興焉候記爲水一節錄畢始悟料無不黜之理作詞于文後曰寶藏在山間誤認卻在水邊山頭蓋起水晶殿湖長峰尖珠結樹顛這一回崖中直跌撑船漢告蒼天留點蒂兒好與友朋看愚山閱文至此和之曰寶藏將山跨忽然閒在水涯樵夫漫說漁翁話題目雖差文字却佳怎肯放在他人下常見得登高怕險那曾見會水淹殺愚山又嘗聊城下牛醫女胭脂一案審出眞犯毛大釋已革生宿介將胭脂配與生員鄂秋隼

有判語四六爲人傳誦事載聊齋志異獎進後學皆此類也自山左數年來詩文刻爲觀海集辛丑分守湖西地辛亥夏奉部入都補官以叔父年老辭歸在都與宋荔裳琬曹顧菴爾堪沈繹堂荃王西樵士祿程湟榛可則王阮亭士禎陳說巖廷敬詩歌倡和與孟舉有八家詩刻戊午　召試博學鴻詞年六十一歲擬一等　上以省耕詩旗字誤書旂字特降置次等授侍講轉侍讀正月奉旨纂修　太宗文皇帝實訓愈不敢自逸三月望日力疾趨朝歸猶搆成馮文定公傳自辰至酉坐風簷下膺寒疾遷延數月病

中得句云欲報　主恩心未死又有憶卜葬處口占一首蓋絶筆也所著有雙溪堂學餘集八十卷年譜四卷詩話雜著二卷

米漢雯

米漢雯字紫來安化人一云宛平人明太僕少卿萬鍾之孫工詩兼善小令書畫承其家法時呼爲小米家蓄古硯乃太僕知六合縣時所獲甚寶惜曾渡江沉水募善泅下水不得將解纜忽有紅霞起水面其光燭天命舟人索之硯隨手出焉順治十八年辛丑進士授長葛令到任清靜無事民皆安之漢雯本善

度曲時有剃頭待詔羅漢者衛輝人貌寢甚一日方剃髮家童有吹笛者羅漢忽曰誤矣命作一弄甚妙又令吹笛曰必和胡琴乃可明日自製胡琴吹之果異凡調雖吳中曲師不能過也漢雯由是究極音樂常與談論康熙十二年癸丑會試題傳至長葛其孟子題爲盡其心者一節漢雯嘆其難羅漢爲闡發傳註名理燦然又曰此章與宗門某公案相發明因引諸尊宿語錄如翻水漢雯益奇之叩其所學頗記唐人詩數百篇兼曉篆隸一日忽辭去自言有母在河北當來一別即往五臺不歸矣後竟不來亦奇人也

調建昌令政聲如前縣署有水夫文三郎頗文雅不類俗人常令隨侍漢雯後謝事居南昌三郎亦隨之漢雯一日見家人握兩素扇一畫梅一畫蘭竹又書唐人絶句二首問之即文三郎妻徐蓉所作也年才二十二（見池北偶談）因拭目待之是時漢雯已行取主事十七年薦舉博學鴻詞十八名召試二等第五名授編修癸亥科漢雯偕戶部主事高琯主雲南鄉試歷中允未幾卒著有始存詞

黄與堅

黄與堅字庭表號忍菴太倉人三歲能識字五歲能

誦詩酷好唐人詩律錄小本攜出入十四歲即有志于古欲遍讀周秦以下書百家諸子至六朝以上幾盡（今世說）順治十六年己亥登二甲三十九名進士以知縣用康熙十八年己未召試博學鴻詞二等第六名授編修歷贊善告病歸家住團溪同館朱彝尊爲詩贈云團溪水遶舍北流團溪花發牆東頭先生歸去著書便日坐團溪溪上樓後卒著有忍菴集

李鎧

李鎧字公凱號惺菴山陽人順治十八年辛丑第三甲　百四十九名進士授盛京蓋平縣令康熙十八

年已未召試博學鴻詞二等第七名授編修陞中允進諭德鐀嘗有自查山至松山入盖平諸詩鄧孝威選入詩觀最多謂非公凱不能言之洞曉而愷切盖爲吏難爲陪京之吏更難也

徐釚

徐釚字電發號虹亭吳江人幼穎敏年十三賦詩有驚人之句又善畫山水已未召試二等第八名授檢討與朱彝尊同寓虎坊橋會有翰林外轉事釚以忤權貴意亦在遣中遂拂衣歸晩號楓江漁父年七十三卒所刻菊莊詞朝鮮貢使仇元吉見之以金餅購去貽詩曰中朝攜得菊莊詞讀罷烟霞照海湄北宋風流何處是一聲鐵笛起相思其爲遠人所慕如此所著有南州草堂集三十卷詞苑叢談十二卷本事詩十二卷

沈鈞

沈鈞字開平仁和人康熙戊午以博學鴻詞薦是年登順天榜明年成進士庶吉士召試二等第九名授編修閱三年癸亥卒鈞行醕學博不究其用論者惜之

周慶曾

周慶曾字燕孫常熟人順治十五年戊戌中式十八年辛丑進士候補主事已未 召試博學鴻詞二等第十名授編修纂修明史甲子充浙江鄉試正主考病篤不入闈遂卒

尤侗

尤侗字同人一字展成長洲人號悔菴十五應童子試太守史應選奇其文曰此子必以文名世戊子拔貢歷試不利謁選除永平府推官坐撻旗丁那可仕鐫級歸卒不出已未康熙十七年始以王熙陳敳永薦博學鴻詞 召試二等十一名授檢討纂修明史 上閱卷時相國馮溥奏侗臨去秋波樂府事 上大笑久之十九年庚申蜀平侗上平蜀頌 上指侗名謂葉庫二學士曰此老名士也聞者榮之 上御瀛臺召諸臣從舟賜宴兼頒綵幣宴畢仍賜藕攜歸時七月二十一也居三年長子珍登進士選庶吉士二十二年賜慶成宴侗父子與宴二十三年年六十六以老告歸家居亦園水哉軒揖青亭有亦園十景詩卒年八十七所著西堂雜俎艮齋雜記及文集餘集共百餘卷珍字慧珠一字謹庸康熙壬戌進士入翰林遷右贊善念親老乞養歸遂不復出年八十七

卒倜年八十二猶康强善飯相地于官山築生壙自爲之志結西舍曰草草山房朱彝尊爲八分書

范必英

范必英字秀實號伏菴初名雲威字秋濤長洲人㕘議允臨子順治甲午拔貢丁酉順天舉人康熙己未召試博學鴻詞二等第十二名授檢討纂修明史分纂事畢即謝病歸不出自號野野翁又稱杜圻山人居鄉廉靜罕至公府所居芝蘭室三楹家有萬卷樓藏書二十四櫃皆手自訂正口誦讀其間凡禮樂刑政兵農水利之書以及文章家源流高下歷歷能

指數所爲詩古文詞綺麗雅馴晚喜汲引後進從遊者二百餘人講解不倦年六十二卒有諸將詩云無諸臺上英風起千載重來顧盼雄父子河山兼兩越弟兄花燭盛中宮鶻旗鐵陣參雲黑龍馬珠江浴日紅回首伏波銅柱遠軍威更在挹樓東爲耿精未謀逆以前作也沈德潛謂耿氏寵榮至此而遽應吳逆以爲聲援其不旋踵而撲滅也宜哉觀必英詩可鑒矣

崔如岳

崔如岳字岱齋以字行號青峙直隸獲鹿人康熙乙卯舉人己未召試博學鴻詞二等十三名授檢討在維揚時所著有坐嘯軒瑣言鄧孝威云青峙詩古風則蒼堅英拔近體十麗則之中饒有逸宕之致絶句居然龍標嘉州矣

張鴻烈

張鴻烈字毅文江南山陽人廩監生康熙己未　召試博學鴻詞二等第十四名授檢討二十二年十月黄河漲發淮水倒灌淮南山陽鹽城高郵寶應興化泰州江都七邑受害御史李時謙奏請疏浚淮揚下河七邑之民適值　聖祖南巡相度形勢發帑救

民遣官督理張鴻烈上疏淮揚水患關係運道民生淮安以南則山陽鹽城高郵寶應興化泰州江都七邑受害淮安以北則清河桃源宿遷邳州睢甯沭陽安東海州八邑受害　皇上準臺臣李時謙條議疏浚淮揚下河以救七邑之民適值　聖駕省方親過淮揚洞察情形特遣大臣踏勘後復經會議遂發帑金速往經理大哉　帝德如天好生七邑之黎何幸至此但臺臣只知淮安以南七邑之害而不知淮安以北八邑之害其苦一也只知七邑之民田昔受决口之水今受滚壩之水而不知八邑之民田在黄河

岸以内者其苦尤甚也臣世籍淮人何忍不爲八邑生靈再請命于　聖主之前乎等語命總河確勘查明具題到日再議奉　旨依議鴻烈短章秀卓其絕句多從樂府得來其金陵道　上詩云無數杏花烟裏開遠山帶雨送青來當鑪少婦喚沽酒笑客能傾幾百杯又有詩云蓮葉灣西蕩畫橈當年曾共聽吹簫美人已去歌樓換腸斷西泠第一橋皆此類也

方象瑛

方象瑛字渭仁遂安人康熙二年癸卯舉人六年丁未會試改策論試士中式二甲三十六名進士候選中行評博十八年己未　召試博學鴻詞二等十五名授編修纂修明史癸亥科象瑛偕吏部文選司員外郎王材任主四川鄉試乞假歸晚自號金門大隱遂不出所著有健松齋二十四卷續集十卷又有錦官集鄧漢儀云壬子王阮亭使蜀著有蜀道集癸亥方渭仁亦使蜀而作錦官集兩公同屬典試其入蜀也同遊秦隴及其歸也同自荆巫爲詩之數亦畧相當顧王在未亂之先方在亂定之後一則多綢繆陰雨之功一則多哀憫瘡痍之什詩皆高秀古奧罕有其匹者

李澄中

李澄中字渭清號漁村又號雷田四川成都籍山東諸城人始生父夢李攀龍入室少與劉子羽稱石交子羽見薛臣七才圖謂貌似攀龍澄中亦嘗夢人授一卷文曰此汝作也醒憶之是攀龍華山記中語旣長能詩仍效攀龍體戊午以拔貢生被　召旣至京擁書臥僧舍不肯干恩達官己未　召試博學鴻詞二等十六名授檢討著滇城日記官至侍讀告歸嘗自爲墓誌四庫全書總目云澄中在史館與龐塏交最契文格詩格二人往往互似今觀其集頗不類滄溟龐塏有論文絕句云壽光安子非知己强爲于鱗作後身論頗平允

吳元龍

吳元龍華亭人康熙甲辰進士官郎中己未召試博學鴻詞二等十七名授侍講

龐塏

龐塏字霽公號雪崖任邱人康熙乙卯舉人幼有至性七歲時父中蜚語被逮母每夕叩天求佑塏隨泣拜不輟母殁于東鹿館舍求佳櫬弗得哀徹鄰巷鄰人張在田爲已母儲柏棺借斂人兩義之己未召試

博學鴻詞二等十八名授檢討時有明都御史某裔
夜懷金求勿入魏黨傳力拒之旣而試詩賦于 保
和殿不合意改補內閣中書舍人陞工部都水司主
事晉員外郎陞戶部廣西司郎中戊寅出守建甯府
甫到任浦城令以嚴苛激變邑人乘夜焚冊局殺冊
書民罷市墱聞之曰緩則變成遂兼程赴浦立傳學
典諸員召紳士集明倫堂數浦令罪且諭士民無得
生亂查倉庫及冊局收未焚餘冊變遂定時制府惡
閩俗刁捍欲借浦示威而浦令與紳衿爲仇故用結
黨二字爲一網打盡計墱曰彼令實甚吾可殺人媚

人耶僅坐重罪一人流二人浦人立書院祀之九仙
山或書壁曰龐公判事皎日當空慈心彌勒白臉包
公後謝政歸里時尙具慶閉戶讀書卒年六十有九

毛奇齡

毛奇齡名甡字大可號初晴人稱小毛子蕭山人生
時母張夢番僧到門寄以度牒其牒四邊有龍父因
郭璞奇齡邁五龍句命名五歲請讀書太君口授以
大學越一日已成誦時篇首有而后先後所厚三字
卽以形異而音同爲問太君故作韻語以答之曰後
先厚薄音諧義衍后與後同婦行不前卽忻然以解

明亡作辨亡論以見志匿不復出唐王僭號于福州
客有以漳浦黃宗伯道周蠟書招者甡辭之亡走山
寺寺僧乃爲屠首髮衣緇匿坑中 王師破江東發
留髮者甡以髡免歸先是崇正末士林好爲社每社
必集數百人撞鐘伐鼓入社者爲名士出則否甡過
嚴峻人忌之順治八年浙再舉鄉試同社章貞登賢
書借同籍舉人昌言毛生在江東義不受職使仍爲
諸生試毋使其髡首淪落可惜提學翟君是其言而
怨家洶洶甡工爲詞偶取元人無名氏所傳賣嫁放
偷二劇而反之曰不賣嫁不放偷作連廂詞提學購

得之誣請放偷縱從賊也賣嫁者歸命 本朝不待
聘而自呈其身也反之者我不然也狂生失志訕上
官不敬上之制府下甯紹巡道王君籍捕之制府以
爲冤釋置不理値姻戚有負責道死指爲營兵屍毛
甡聚人殺營兵宜重典籍捕四出友人蔡仲先急過
曰怨深矣不走將不免由是亡命避難獲赦以原名
據原廩生籍援輸貲入國子例康熙十七年以博學
鴻詞應召 上閱一卷有云日升于東匪彎弓所能
落天傾于北豈鍊石之可補 上夾紙籤于卷問女
媧事信否不宜入正賦否馮溥對曰在列子諸書有

之賦體本浮夸與銘頌稍異似可作鋪張　上曰如此則文頗佳今在何等曰在上卷末　上命稍移上卷中翼日付三相公暨掌院學士閱乃以二等十九名同五十人賜宴禮部題名奇齡授檢討纂修明史奇齡學問淵博多隨事考証授職後遇奇齡生日諸同人爲祝壽奇齡復辨古無生日文著韻書十二卷名古今通韻所著經雜說四百九十三卷奇齡初授職時馮相國爲謀納姿時有豐臺花匠女張阿錢有傾城姿顧不屑朱門願嫁才人西河自以老且貧恐不當意一見許之願奉巾帚有以大婦妬恐之者阿

錢不聽于是得之嬖甚同館陳維崧見其好佛爲命名曼殊有賀毛大可新納姬人序未幾曼殊竟鬱鬱以卒奇齡傷之爲作曼殊別誌書磚事載虞初新志曼殊之死京朝爭作輓帀自馮太傅梁司農兩先生暨張曹諸學士下及舉博學鴻詞諸公詩詞文賦不可勝紀皆彙載別集摘其警句分註別誌書鏄下

錢金甫

錢金甫字越江上海人幼工詩與父芳標唱和爲王光承玢右吳騏日千兩高士所稱康熙己未第二甲十二名進士榜名金甫中後復姓錢殿試歸班是年值　召試博學鴻詞二等二十名授檢討累遷至侍講學士金甫在史館日傚裘羸馬未嘗謁權貴侍門惟與鄉黨數故人爲文酒之會坐有語及官資遷擢者輒怒後會其人不速至竟自避之獨與朱彝尊懽洽無間訂爲婚姻其師卒於官金甫以俸錢治喪俄鄰人失火延及師舍卽率力士負棺出火燎其鬚鬓不顧又有被遣者當出關金甫亟稱貸拮据兩晝夜追及其車慟哭而返或暴卒于都亭外金甫犯暑疾馳抵盧溝視其斂或陷于獄當辟金甫屢率私錢力

援之事得解其篤於師友如此嘗有贈魏惟度句云種樹書成閒課僕賣文錢到便留賓人爭誦之著有保素堂集若干卷朱彝尊爲序

吳任臣

吳任臣字志伊仁和人諸生以經史教授鄉里束脩所入就市閱書善價購而藏之故著述最富康熙十一年戊午舉博學鴻詞　召試諸公滿長安市宴會請召無虛日時關中李天生與志伊俱寓益都馮相國處一日閣學李天馥會宴志伊在坐會天寒天生衣短貉裘而來毛色粗惡李曰是當內其毛而衣之

天生怫然曰是反衣也獨不聞反裘而負薪者乎曰
皮之不存毛將焉附是內毛者反裏也李曰然則羊
裘如何曰羊裘賤服恐負薪所衣卽此但毛色所尙
古無明文然定無有從內向者時毛奇齡寓李處李
以問之奇齡曰毛色不內向極是但羊裘用純黑論
語羔裘元冠緇衣羔裘以冠衣黑色表毛色也詩曰
羔羊之皮素絲五紽惟黑毛向外當用白絲五條嵌
之使黑白分明以爲飾此非外向乎至狐羊貴賤不
可考然禮器諸侯有黼裘以誓省大裘非古也據解
者謂以黑羊雜狐白相間而成文者謂之黼裘純黑

羊皮謂之大裘是天子用純黑羊裘諸侯用之卽謂
之非古是非尊黑羊而賤狐白乎李以問志伊志伊
曰觀黼裘誓省狐裘祭蠟論語狐裘之厚以居則狐
用卑褻自不如羊裘祀天之尊也且檜詩曰羔裘逍
遙狐裘以朝則羊裘狐白雖皆可用爲朝服然狐多
羊少則詩人譏之此亦貴賤之一驗也天生乃笑曰
田文以狐白脫秦患而五年之皮則秦人薄之國策
曰千年之皮不如一狐一腋若此果何貴何賤也志
伊曰羊之價焉得如狐但歷觀羣書似乎羊裘價賤
而用貴狐裘價貴而用反賤也坐客皆是其言時益

都相國開宴萬柳堂志伊先在舍與上虞徐咸清仲
山以辨字與志伊不合將遊天欲雨外舍諸公有舉
志伊所撰字彙補中水雲角鱗爲言者仲山曰呂覽
水雲魚鱗未聞角鱗也諸公大驚且曰魚角鱗鱗字
形之誤此必坊本所刻有誤而志伊據之此固不關
學問者仲山復辨曰淮南子亦有之山雲草莽水雲
魚鱗何不更考淮南子乎衆大撼毛西河曰志伊實
有學學亦何減仲山此偶誤耳不得以鄭康成註經
十誤二三遂謂康成非通儒也十二年已未　試體
仁閣榜發志伊取二等第二十一名授檢討纂修明

史而仲山又與高陽相國論查字義不合故益都力
薦而高陽終無一言及遂被放志伊嘗作山海經廣
註十八卷以郭註列于前而以任臣案考訂于後較
楊升菴補註援据廣博多所訂証又著十國春秋一
百一十四卷書成以示甯都魏禧冰叔禧爲之作序
稱之曰史才

陳鴻績

陳鴻績字子遜鄞縣人順治十四年丁酉舉人候補
知縣已未　試博學鴻詞二等第二十二名授檢討
纂修明史有早朝詩云卿雲遶闕鬱岧嶢閶闔朝門

近碧霄聲惕鳴鸞應閶夜班聯振鷺共趨朝瑤階瑞集舒蓂葉青瑣風輕漾柳條咫尺天顏同肅拜堂簾深處奏簫韶高士奇選入鳳池集

曹宜溥

曹宜溥字子仁號鳳崗湖廣黃岡籍江西東鄉人膺生已未　試博學鴻詞二等二十三名授檢討戊辰告歸朱彝尊有同諸君聖安寺餞曹檢討詩有一帆挂楚澤百尺卧江樓之句聖安今曾濟寺也

毛芳升

毛芳升字允大號乳雪遂安人拔貢生　試博學鴻

詞二等二十四名授檢討乞假歸閱六年始補官故朱竹垞敘芳升寓中詩有城隅燒尾宴曾同六載重來就菊叢之句

曹禾

曹禾字嘉頴號峩眉江陰人康熙甲辰進士官中書已未　試博學鴻詞二等二十五名改編修京城東萬柳堂馮相國休沐地也擇日開宴遍請諸應召者來會賦詩同館毛奇齡即于席間作萬柳堂賦呈相國稱第一喬萊工賦者也然喜事與禾同舍均好臧否人物禾是日未至萊佯爲奇齡賦作已賦以示禾如何禾曰此非君作也然則誰作禾曰必江東毛生也萊大笑時傳爲佳話見西河集中

十子詩畧十子者商邱宋犖郃陽王又旦安邱曹貞吉黃岡葉封江都汪懋麟曲阜顏光敏晉江丁煒德州田雯謝重輝及禾也

黎騫

黎騫江西清江人貢生已未　召試博學鴻詞二等二十六名授檢討纂修明史未幾卒

高詠

高詠字阮懷號遺山宣城人幼有神童之目工書畫

詩世稱三絕與同里施閏章愚山梅枘司耦長友善過從無虛日淸談唱和非是卽剝啄頻聞不應也弱冠爲諸生屢試第一上公車前後十五不中年近六旬始以貢入大學時崑山相國徐元文奇其才延致家塾一日酒間相國舉觴屬曰先生早歲卽藉甚聲名欲一見顏色不可得幾作天外人想今不意屈致且幸且慚敬以此觴爲先生壽詠唯唯取酒立盡絕不作遜謝話滿座驚歎其簡傲若此已未舉博學鴻詞二等二十七名授檢討纂修明史未幾假歸詠少時嘗夢于市上行見大幅字狠藉盈街不敢踐尋側

路行不覺輕舉入雲中忽至一所樓閣壯麗踰橋入門有黑而髯者似壇神右兩目熖熖擁皂纛自內出避之神睇而顧問纛卒有所言者再乃去遂行門未啟見門左冕而執笏者甚衆心知爲天庭也有導者引至右旁殿額曰三官堂有公坐三黃裀畫皐比私念何可據三官座遂出復引至文昌宮以第三座命之曰可坐此驚而寤詠爲作飛龍引紀之壬子貢赴廷試至五鳳樓金水河彷彿夢中以爲兆應矣至是授史官復夢前境心頗惡之以疾歸里起居如常每語人曰當以二十八日辭世究不言其故次年二月

卒果二十八日也潘耒挽詩云垂老一官樂地下酷貧佳句滿人間實錄也曠園雜志有遺山堂恭巖堂等集

鄭方坤國朝詩家小傳云論者謂巳未薦舉諸君文章之爾雅不必言而難進易退立身光明高風亮節亦豈長安冠葢中所易覯擬之天半朱霞可望而不可卽如阮懷者庶可當此言無愧矣

龍燮

龍燮字雷岸安徽望江人監生巳未　試博學鴻詞二等二十八名授翰林院檢討改刑部郎中三十四年乙亥　駕在暢春苑部務稍暇五月中王士禎與同人諸及門聞爲結夏文字之會賦得五月賣松風人間本無價俱用古人五月成句爲題燮詩云岸幘披襟意爽然憑誰索價且高懸東坡只欲時人買剛道清風値萬錢滿袖清風且嘯歌紛紛觸熱客何多凉風爭似凉州好此價惟須問孟佗燮工詞曲有瓊花夢芙蓉城諸傳奇

邵遠平

邵遠平仁和人順治十四年丁酉舉人榜名吳遠字戒三康熙三年甲辰進士榜名吳邵遠字遠平本姓邵改歸本姓遂以字行改庶吉士累官至光祿寺少

卿巳未　召試博學鴻詞二等二十九名授翰林院侍讀官至詹事少詹事四庫全書總目云遠平有京邸集自序謂巳未入京五載內所作多典禮紀頌之章酷摹唐音頗見宏贍今傳戒菴詩一卷有長洲韓菼序謂其使粵時唱酬甚富別爲集以行于世則此乃全集之一種也

嚴繩孫

嚴繩孫字蓀友號藕漁無錫人自號句吳嚴四善書法工繪事司寇一鵬之孫巳未　召試博學鴻詞是日以目疾僅爲省耕八韻詩已置不錄中卷　上親

閱卷問衆大臣曰有不完卷者何以列在中卷衆曰以其賸詞可取也至折卷畢斥去一卷　上論擇一有名者補之時中堂掌院各有所薦皆不允最後馮溥以徐咸清薦亦不允　上自取繩孫卷補之即前云中卷中不院卷者科場雜錄遷中允典試山西有瀛臺侍宴七言絕句詩二十首流傳都下朱彝尊序以付梓其歸也有春日蒙恩予假南歸詩云不是恩深便拂衣涓埃生死報應稀吳牛避熱先愁喘宋鷁衝風且退飛十載青雲雙鳳闕三春紅雨一漁磯去來我亦無心者何必從人定是非又云摶飛端不到青冥

高足都看幾要津遮莫吾今先喪我由來臣少不如人生同王琰貧來久世識嵇康懶是眞文酒故交雲雨散夢魂相望落花春詞婉而調高酷似梅村歸田後杜門不出築堂曰雨青草堂亭曰夫亭布以窠石小梅方竹宴坐一室以爲常晚歲有以詩文畫請者靡不應暇輒埽地焚香而已年八十卒有秋水集十卷曝書亭集誌銘子宏曾字人宏世其學畫徵錄以上五十人

野翰林

本朝己未召試博學鴻詞其中人材德業理學政治文章詩翰品行事功無不悉備洵足表彰廊廟不負

聖明鑒拔掄才之典于斯爲盛而一時落第挾私嫉妒者妄肆蜚譏呼爲野翰林譏以詩曰自古文章推李杜而今李杜亦稀奇葉公㦬懂遭龍嚇馮婦癡呆被虎欺夙搆零斬衡玉賦失粘落韻省耕詩若教修史眞差死勝國君臣也皺眉李謂高陽相國霨也杜謂寶坻相國立德也葉謂掌院學士方藹也馮謂益都相國溥也時　上命內閣諸學士各擬題　上用李擬璇璣玉衡賦及杜擬省耕詩有言先試一日傍晚相傳有覘知題者故云宿搆失粘落韻謂施閏章潘耒李來泰也而末卷嚴繩孫又未完卷故造言

生事如此又纂趙錢孫李周吳鄭王笑談更屬輕薄見在園雜志

欽命題

璿璣玉衡賦省耕詩十六韻王阮亭稱氣味古茂推李來泰賦盛柚堂稱精切不浮推潘稼堂賦

讀卷官

高陽大學士李霨　寶坻大學士杜立德　益都大學士馮溥　閣學項景襄李天馥　掌院葉方藹

召試不取　特賜編修一人

勵杜訥字近公其先浙江人祖宏遷于靜海遂家焉

杜訥年十九爲諸生學問淵通尤善書法以繕寫
世祖實錄議敘除福甯州佐　特旨留侍内廷食
六品俸會　召試博學鴻詞于　體仁閣報罷特授
翰林院編修累遷刑部右侍郎杜訥久侍　内廷小
心愼密居憲職正色侃侃無所瞻狥九卿會議一言
首倡議隨定出入禁苑二十餘載前後疏奏多所建
白年七十六卒賜謚文恪雍正九年　特旨追贈禮
部尙書十一年入祀賢良祠

給中書舍人銜六人

杜越字君異號紫峰直隷定興人前明諸生受業于

本邑鹿繼善平生惟以講明道學爲事鄉里推爲耆
宿詩非其所長已未舉博學鴻詞以年授中書舍人
銜回籍有紫峰集十四卷　傅山字靑主山西陽曲
人少聰慧博通經史諸子工詩文兼長分隷書及金
石篆刻善畫山水皴擦不多鄒壑磊砢以骨勝墨竹
亦有氣崇禎間山西督學袁臨侯爲巡撫張孫振以
誣劾被逮山伏闕　上書白其寃馬君常爲作義士
傳亂後爲道士裝以醫爲業年八十已未舉博學鴻
詞以老授中書舍人銜回籍後變姓名爲公之佗子
眉字壽毛亦工畫善作古賦常賣藥四方父子共輓
一車逆旅篝燈課讀詰旦成誦乃行詩卷零落沈德
潛別裁登其送友之秦一首有戰地驚鴻鴈秋閨怨
駱駝句亦雄壯　王方穀字金粟直隷新城人已未
薦舉博學鴻詞以老授中書舍人銜回籍　朱鍾仁
本姓邱字近夫崑山人已未薦舉博學鴻詞以年賜
中書舍人銜回籍著有春秋遵經集說二十四卷
申維翰江都人已未薦舉博學鴻詞以老授中書舍
人銜回籍　王嗣槐字仲昭仁和人已未薦舉博學
鴻詞以老授中書舍人銜回籍嗣槐與同里吳農祥
吳任臣海鹽徐林鴻蕭山毛奇齡宜興陳維崧咸爲

大學士馮公延致邸第稱佳山堂六子

給司經局正字銜三人

孫枝蔚字豹人陝西三原人少爲諸生卓犖負奇氣
遭流寇與其鄉少年奮戈逐賊落深塹得不死乃走
江都嘗從賈人致千金散之乃僦居董相祠自題其
室曰漑堂扃戸讀書王士禎訪之先以詩云焦穫奇
人孫豹文新詩雅健出風塵王宏不見陶靖節端木
甯知原憲貧遂爲莫逆後士禎内遷諸人送別禪智
寺枝蔚有欲問忘情老何名共命禽一日遊焦山中
流遇風賦詩云風起中流浪打船秦翁失色海雲邊

也知賦命原窮薄尚欲西歸太華眠已未薦舉博學鴻詞以年老授司經局正字回籍初得正字賦詩云一官如籠鶴萬里本浮鷗獻賦曾非宴童年況異劉山人今上路少婦免登樓臨水看蝌蚪惟添錯字愁著有澱堂集十三卷　王昊字惟夏太倉人王士禎之裔孫婁東十子之一尤錚錚有聲已未薦舉博學鴻詞以年老授司經正字著有碩園集昊鄧漢儀稱其詩簡雋似韋柳　鄧漢儀字孝威授正字歸海陵詩有一出還歸隱白雲商洛東之句漢儀工詩學爲騷雅領袖太倉吳梅村合肥龔芝麓皆與爲唱和嘗

品次近代名人詩爲詩觀初集二集三集若干卷別裁海內言詩之家咸宗之嘗同龔端毅入粵過梅嶺有句云人馬盤空細烟嵐返照濃王士禎稱其寫景逼眞

給翰林院待詔銜一人

張貞字起元號杞園安邱人康熙壬子拔貢生舉博學鴻詞召試授翰林院待詔銜博雅好古能鑒別書畫鼎彝之屬精金石篆刻間歲出遊吳越不通鈴下與高士名僧邂逅山水間觴詠以爲樂既而購書千百卷浩然以歸李貞菴張先生墓表先生居杞城故墟以古有杞宋無徵之歎傅引古書作杞紀二十二卷阮亭先生謂其體大思精深得太史公家法鮪厚堂集安雪園張先生傳

薦舉召試被放可攷十五人

徐咸清字仲山上虞人已未召試博學鴻詞塡榜日上以取中上卷中有不完卷者命擇一有名者補之時大學士掌院各有所薦皆不允最後益都馮相國以咸清薦上曰有著作乎曰有資治文字若干卷上曰資治文字何書也曰字學也傍一學士曰字書小學耳遂置不問又以與高陽相國論查字義不合故

馮相國力薦而高陽獨無一言遂被放人謂其恐以此稍芥蔕咸清既放歸輦下鉅公贈行云北闕上書爭識西京才子東軒賜食歸貽南國佳人一時豔稱之雖不得仙亦足以豪云　吳雯字天章山西蒲州人授臨潁縣知縣進士允升之子舉博學鴻詞放歸王士禎云天章入京師未知名一日待漏朝房誦其句于葉訒菴云泉遶漢祠外雪明秦樹根濃雲濕西嶺春泥沾條桑又門前九曲崑崙水千點桃花尺半魚葉大驚異下直卽命駕往訪之吳詩名大噪都下已未以鴻博徵赴京師獨不掃門時相被放歸天章

殁後漁洋手定蓮洋集鈔本　李良年字武曾浙江秀水人博學鴻詞放歸有秋錦山房集池北偶談方爾止事多可笑一日與李武曾書故作增李見曰先生誤矣某字武曾非增也方曰吾正恐人誤作僧　吳農祥字慶百一字星叟錢唐諸生也巳未開博學鴻詞科農祥以大司空陳敱永薦試　太和殿農祥試卷在中中巳中矣巳而不與　上又顧大學士舉所遺首以農祥薦又不與或曰是有以蜚語聞者或曰是索其卷無有故罷其事秘不可知也時稱佳山堂六子吳下士沿復社故態角尊門戶各不通水火而浙西郡若讀書秋聲登樓孚社及慎交諸社爭立名字應之各欲引農祥書蔽交戶外者屨且滿農祥曰是載飫見餉也諸君子忘東京鉤黨事乎不答書亦不發視其後　天子果切齒諸爲社事者盡捜所刊錄摧燒之于今著爲令世咸以農祥爲知幾後李文襄公之芳聘入幕甚重之卒年七十七初農祥之生也母張夫人夢偉衣冠者七人抱一兒投之曰以爲而子請其年曰二七及是果驗　宋實穎字旣庭號湘尹長洲人少爲諸生受知于徐汧順治辛卯舉順天鄉試與吳下諸名人倡慎交社聲譽籍甚後以

江南奏銷案詿誤康熙戊午復還舉人巳未以博學鴻詞召試罷歸入之授揚州興化教諭才名早著年三十至京師自名公訖四方遊士無不持謁以望見顏色爲幸與宗弟曔三齊名時稱大宋小宋鐓實穎常作黙朱梁紀圖論王士禎謂其義正　閻若璩字百詩太原人徙居山陽巳未薦舉博學鴻詞被放所著有古文尚書疏證八卷毛朱詩說一卷潛邱劄記六卷　魏學渠字子城號青城嘉善人少負儁才柳州八子之一順治戊子舉人薦舉博學鴻詞報罷放歸時蜀中初定區畫嘉眉邛雅四州賦額攺定例過嚴者十餘條內陞刑部主事丙午順天同考官以得人稱歷湖廣提學僉事補江右湖西道　馮行賢字補之常熟人父班字定遠復京仲子與兄舒齊名工詩嘗謂王李死擬盛唐詩道于是大壞矣又謂韓吏部之文古文也歐陽公之文只是今文不如唐人四六尚有古意古音書法四體皆佳尤工小楷有晉唐人風致其爲人落拓自喜奴視法度意所不可掉臂去留有所得曼聲長吟經行市中屢陷于淖衣裂其幅望望然去之旁若無人當其被酒憤懣輒就座中慟哭人亦不知其何以箋詩所謂願就馮班慟一場

者也班行二時稱爲二癡行賢弱冠能詩工書法尤
精篆刻嘗薦舉博學鴻詞報罷弟行貞字服之善擊
劍攢槊嘗從康親王南征工畫松石族弟武字賓伯
亦善詩善書著書法正傳二卷舒子修字念修從陳
瑚游工詩著東村仙源集　陳大輔字冀王嘉定人
薦舉博學鴻詞時王文貞棠簡招朱彝尊嚴繩孫毛
會建錢澄之陳祚明計東讌集豐臺藥園元輔與焉
竹垞有一老風流獨羣賢少長并之句先是陸稼書
爲嘉定令罷官後光輔來見稼書稱爲博學樸實君
子往還甚密光輔家多藏書從其借抄者無虛日光

輔爲言孫北海承澤所著書皆有益于學者博學之
士多萃其門相助校對朱錫鬯顧甯人其二也至是
稼書亦薦舉來京光輔曾在浙江學使署中閱文同
事有干以皮冠文抹斆人司原者欲直言其失則不
悅因婉商之曰依稀記得左傳上有此句署中無左
傳令取韻書查得之其人仍批曰雖出左傳殊屬不
雅稼書聞之曰冀王處此可謂直而婉處世之良法
也陸先生年譜　尋召試被放歸　陳奕秀水人生員已未
薦舉博學鴻詞被放歸嘗有范少伯祠詩云水榭藏
仙梵馮欄輒憫然鴟夷誰泛宅蝦舍斷歸船網豔蛛

絲密臺荒雉蝶懸會稽山在望高處沒蒼烟　宋維
藩字白山賦溪人有方尚節者字石卿長不滿五尺
背傴僂多笑工卜易以維藩爲東道主連歲或不歸
方春始和白山必令翁卦以占歲祥一日卦畢忽呼
奇奇語白山曰今歲當有人自　天子所來召君者
謹識之白山囅然曰所以煩君卦者姑以問安否何
如耳窮閻隘巷與外間孰爲翰音登于天者而有命
自天乎尚節曰書言之固然謂余不信則卦書不可
用也是爲康熙戊午是歲也　天子開制科有司公
子者豪舉士也舊與白山爲至交方壯遊時縻白山

金錢無算已乃別去濶焉不聞問者歷年會制科開
公子念白山厚意久不報自從其所屬相知有氣力
者以白山名上遂登辟書白山初不知也辟至乃嘆
尚節術神被放歸　許儒龍字水南成都人著有岷
南詩草　范鄗鼎字彪西洪洞人所著有理學備考
廣備考王士禛爲序　王嗣槐字仲昭華陰人薦博
學鴻詞被放　王宏字無異號山史仁和人已未薦
博學鴻詞被放　羅坤字宏載號蘿村會稽人諸生
康熙已未　召試博學鴻詞被放著有蘿村詩集

薦舉丁憂未與試三人

平湖陸清獻公稼書以工部都水主事陸源起準菴薦公理學入朱程之室文章登韓柳之堂公聞之曰此非余所居然豈不可自勉三月就道四月到京魏公環極素重公而未識面因詢于同邑陸御史祚蕃陸對以避嫌不敢公曰然則吾當先往因率其子學誠學謐謂曰汝輩奉為典型八月魏以公令嘉定時注標一案部議援諱盜例疏爭曰陸隴其廉介之官也清操飲冰愛民如子賢聲播于都下臣心竊重之謂異日可步于成龍之後塵者此人也乃未幾該撫慕天顔疏稱隴其守絕一塵才非肆應德有餘而才

不足又被盜案部議革職例之所在臣不暇問但有此清介之官正當為羣僚作榜樣為百信作慈母今之有司守與德為難耳既知其守與德矣何不即留以長養百姓云云有　旨報聞一時傳誦十一月以封公卒于九月二十一日開訃即徒跣出都二十九日抵家未與試已未十八年十月魏公疏薦操守清正十八公其一也遂有復職之　命見年譜餘事蹟見前　黃虞稷字虞部一字楮園晉江人舉鴻博以丁母喪不與試　彭桂字爰琴溧陽人舉鴻博以丁憂未與試俱見曝書亭詩註

薦舉以病未與試一人

魏禧字冰叔甯都人甲申後棄去諸生從父兆鳳結廬翠微峰與同志九人為易堂學九人者南昌歐士望林時益甯都則李騰蛟丘維屏彭任曾燦及禧禧之兄祥弟禮時燦兄畹盛才名號二曾以領鄉薦不得預祥亦時出佐大師戎幕跡介隱顯之間堂中人以竹林山王待之八人皆嚴處躬耕有名于江右自歐陽鄒魏祖陽明講性學陳艾依復社工帖括聲力氣燄學者景從易堂起而以古文實學為歸風氣為之一振由禧為之領袖也已未舉博學鴻詞禧在舉

中以疾辭郡縣督趨就道舁疾至南昌醫藥累月稱篤罷歸未試卒年五十七著有文集二十二卷詩集八卷

薦舉辭不赴二人

顧景星字赤方一字黃公蘄州人八歲賦鰲山燈里中稱為神童康熙戊午舉博學鴻詞辭不赴著有白茅堂集　王鉞字仲威號任菴諸城人順治十五年戊戌進士知西甯縣八年吳三桂叛鉞度尚之信必叛移疾歸杜門課授益博綜典籍康熙戊午舉博學鴻詞辭不赴著有水西紀畧粵遊日記星餘筆記讀

書叢殘暑窗臆說朱子語類纂世德堂詩文集

卷五終

淡墨錄卷六

蜀綿 李調元 雨村

柏梁

康熙二十一年元夕前一日 上饗羣臣于乾清宮作昇嘉宴倣柏梁體詩 御製首倡云麗日和風被萬方和者自內閣大學士巳下凡若干人滿大學士勒德明珠皆拜辭不能 上連代二句曰卿雲爛熳彌紫閶一堂喜氣歌明良且戲曰二卿當各酧一觴以酬朕勞二臣果捧觴叩首謝王士禎以祭酒領成均句云三德六行爲士坊翊日詩成恭進 上手製

詩序 御書之詩則 詔故詹事禮部侍郎沈文恪荃書之刻石養心殿摹搨裝潢九月九日 宣賜與宴臣人一本眞昇平盛事云

門弟帖

金德嘉字會公湖廣廣濟人順治十七年庚子舉人就安陸府教授不肯會試一日夢劉子壯以門弟帖拜之因北上是年康熙二十一年壬戌會試總裁爲掌院學士朱之弼子壯巳丑會試本房也果中第一夢兆之異如此奉 命修詠物詩類

徵元

德清蔡升元初生時其父啟賢夢金甲神持紅箋大書報單云第一甲第一名蔡升元遂以名之而字曰徵元康熙二十一年壬戌果大魁是科榜眼石門吳涵探花長洲彭寧求丙辰會狀定求弟也

賢祭酒

吳苑字楞香歙人康熙壬戌進士由編修陞祭酒僅百日故事凡國子生初謁者有贄見之費歲滿至部者有咨部之費俱禁之諸生遂無一錢之費又以題名碑自丙戌以後十八科未立次第補立當代稱為賢祭酒

會試十本進呈之始

康熙二十四年乙丑狀元為長洲陸肯堂先是進士無十本進呈之例是科總裁刑部尚書張士甄始以前十本恭呈 欽定上拔肯堂第一由修撰歷陞侍讀榜眼為海甯陳元龍探花為溧陽黃夢麟

賦彙

海甯陳文簡公元龍歷官至大學士為詹事時乞假養親 先是 上開賦彙館以文簡總裁至是乃命攜歷朝賦彙還家校刊工書法人得之皆為裝潢著有愛日堂詩集查為仁云家有陳章侯蓮鷺圖文簡公題云墨花吹得綠差差小景分來大液池白鷺不飛蓮不謝搖煙立雨已多時人服其工

天下第一清官

張清恪公伯行康熙乙丑進士歷至江蘇巡撫素以清節理學著名四十八年大計盡除吏之貪婪不職者萬民鼓舞而總督噶禮貪黷怙勢素與齟齬辛卯科場事發 上命刑部尚書張鵬翮往鞫亦畏其勢伯行抗疏 上言噶禮營私壞法有日仰祈 皇上大奮乾剛除兩江之民害快四海之人心振萬古之綱常培一時之士氣疏出人皆傳誦噶禮亦誣伯行不肯出洋數事 上命並解任 命工部尚書張廷

樞來鞫並擬革職 上責諸臣顛倒是非革噶禮職留伯行巡撫任且諭諸大臣曰伯行乃天下第一清官噶禮辦事歷練若操守朕未能信若非張伯行在江南地方受其侵削一半矣當是時中外無不頌聖祖知人之明獨斷之哲

杜詩詳註

仇兆鰲字滄柱鄞人康熙二十四年乙丑進士改庶吉士授編修甲戌五月十五日上 諭翰詹輪直南書房試詩賦得衣露淨琴張限韻五微五言律是日

兆鰲稱　旨所注有杜詩詳注二十五卷附編二卷康熙三十二年兆鰲奏進凡詩注二十三卷雜文注二卷後以逸杜咏杜補注論杜爲附編上下二卷其總目自二十八卷以下尚有倣杜集杜諸卷皆有錄無書疑欲續爲而未成也每詩各分段落先詮釋文義於前而徵引典故列于詩末其中摭拾類書小有舛誤者如注忘機對芳草句引高士傳葉幹忘機今高士傳無此文及太平御覽所載嵇康高士傳幾盈二卷亦無此文又注宵旰憂虞軫句不知二字本徐陵文乃引左傳注旰食引儀禮注宵衣考之鄭注宵

乃同綃非宵旦之宵也至吟杜卷中載徐增一詩本出其說唐詩中所謂佛讓王維作才憐李白狂者葢以維詩雜禪趣白詩多逸氣以互形甫之謹嚴兆鰲乃改上句爲賦似相如如此之類往往有之皆不可據爲典要然援據繁富而無千家諸注僞撰故實之陋習核其大局可資考證者爲多洵善本也

主考命題悖謬

康熙二十六年丁卯福建主考王連瑛策問臺灣事宜一道　上閱題名錄　諭大學士王熙第曰各省鄉試主考朕未深知於開列中酌量分遣今覽題目多有未當策問臺灣于地方情形毫未通曉乃芒昧命題殊爲悖謬其餘各省亦未盡當爾等詳加校閱察出叅奏于是察得福建雲南河南三省主考分別各降級調用從之見　聖祖實訓

救父

康熙二十七年戊辰狀元爲秀水沈廷文字原衡年二十以父仲霖于　王師入粵時未即歸順監禁廷文哭訴軍府得釋年巳七十廷文官修撰爲介壽同里陶越引言有孝子身經百險倖覯止于鯨波鱷沫之餘孤臣跡越千鄉正榜徨于電閃沙驚之候之句

輦下盛傳

五色雲中第二人

海甯查嗣韓字荆州以五經鄉薦不第留京住西華敞劉廷璣宅之無倦軒攻書身素弱劉勸慰之曰吾非不知會夢神贈詩有五色雲中第二人句是以戀戀冀其一驗耳至康熙戊辰果以榜眼及第俗云京中爛麪衚衕最不利于榜眼未幾果卒事見曠園雜志是科探花青浦張豫章會元鄞人范光陽即天一閣藏書范家也

老查小查

查昇字聲山榜姓邱海甯人戊辰進士由編修至詹事工書法供奉內廷昇與叔同生于庚寅昇長慎行一月後慎行始登進士入翰林相距八年　上前奏帖班次皆在慎行前　東宮召對每呼慎行曰老查昇曰小查以別之

誕如卜日

田從典字克五山西陽城人初母白夫人誕公時父卜于神得丙戌吉日佳果以是日誕五歲能誦四書十歲爲文與故浙撫張泰交齊名時稱田張戊辰成進士是科多名下如長洲何焯號知文推公第一云官至文華殿大學士戊申予告卒于良鄉驛館壽七

十八諡文端

文光果詩

仁和湯右曾西崖康熙戊辰進士官至吏部侍郎兼掌院學士少工詩見賞于王士禎　聖祖以問學士揆敘曰右曾工詩令以集進遂以作文光果詩　上覽並賜和焉今刻懷清堂集中論者謂浙中詩派前朱竹垞後湯西崖竹垞學博西崖才大後有作者莫越兩家外

歸舟口號

蓮坡詩話嘉定孫致彌松坪康熙戊辰進士官編修髫齡即以詩供奉禁中四十年有歸舟口號云有淚何曾洒路窮小船欹側逆流中科頭白眼傾尊酒飽看人家使順風足見磊落胷懷

六十館選

南海梁佩蘭字藥亭年未三十領解元至康熙二十七年始登進士入翰林選庶吉士年已六十矣有詩名與屈翁山大均陳元孝恭尹號嶺南三家散館改知縣同改三十人俱赴吏部選佩蘭獨不肯而輦下無論識與不識皆尊求詩宗室戚畹迎迓無虛日或藏延留別業不令見他客以矜獨得士林或詢不知

名即面有慙色其名重如此有六瑩堂集

對策用清漢兩書

殿試策例有規式違式輒不得與上第康熙二十七年戊辰仁和淩紹雯少習清書殿試對策遂用清書漢書兩體寫之讀卷官奏請　上裁置二甲之末選庶吉士

接見羣臣

居易錄康熙二十九年　上在　乾清宮頤養者久之忽八月十八日　上諭內閣甚欲一見內閣部

院大臣先是　駕在塞外偶違和還宮未　御門接見羣臣已十日矣內閣九卿等每日詣後左門起居聞　旨皆踴躍十九日午鼓集後左門辰刻　上御乾清門有旨召羣臣入大學士尙書等奏請　聖宮萬安　上微笑領之仰瞻　天顏神色充悅羣臣退以手加額相賀

順天鄉試房考用知縣

庚午順天鄉試官翰林院侍講學士王掞編修魏希徵同考試官知縣何諤等十五人舊例順天鄉試考試官例用編修檢討皆史官也武試則用侍讀侍講

特用講學防揣摩也同考試官例用京官員外郎主事中書舍人行人等官用外官自是科始

東宮講書

二月十四日王士禎與工書兼詹事桐城張英少詹兼侍講學士馬邑田喜霽啟奏　東宮春季會講題目及講官職名講官　欽點張英及諭德李鎧四書擬進二題博學而篤志節誠者非自誠已而已也節欽定君子不重則不威章仰歎　豫教之切一命題亦不忘訓誡如此聞　上在宮中親爲　東宮講授四書五經每日　御門之前必令將前一日所授書背誦覆講一過務精熟貫通乃已士大夫家不及也

殿種五穀

田詹學喜霽子湄言　上在暢春苑每引見諸臣常御澹寧居止三楹不施丹雘亦無花卉之觀其西即無逸殿　東宮讀書處殿外種藝五穀之屬蓋欲子孫知稼穡之艱難意深遠矣

問伊川雷起之說

三月初一日　上傳問內閣學士邵子閒伊川雷起于何處伊川曰起于起處邵子愕然稱善何謂也大學士徐元文對邵子言數王士禎云按伊川答晁以

道書云頤與堯夫同里巷居三十餘年世間事無所不問惟未嘗一字及數卽此知邵程之學異而同處按堯夫顥暹禪師亦有聞雷示衆一則

翰林改京堂官

京堂官多缺員　上命以翰林詹官改補自庶子至編檢悉列上　欽點左春坊左庶子李應薦爲太常寺少卿翰林院侍講顧藻兵部督捕右理事官仍提督順天等處學政國子監司業吳涵編修王九齡俱通政使司左叅議右庶子高裔司經局洗馬周清原俱改小京堂官

大祀必躬親

十一日祭祈穀壇　上偶患瘧未痊令內閣禮部太常寺集議查照典例請遣官恭代　上疑之初七日復下九卿集議議如前閣臣啓奏得　諭旨仍令照例進銅人于宮中齋戒盍　上登極三十年以來凡郊　廟大祀無不躬親雖大雨雪必出敬　天尊祖久而勿怠如此

元旦賜酒

康熙三十年辛未元旦　上御大和門受朝賀午賜宴召滿漢內閣大學士學士六部尚書侍郎都察

院都御史副都御史上殿　賜酒是日風日暄霽仰瞻　天顏悅豫羣臣皆喜

不解講官

命禮部尚書熊賜履兵部督捕侍郎王士禎俱以原銜充經筵講官先是大學士徐公元文以兼領翰林院掌院事不解講官去年某月罷禮部尚書張公玉書爲文華殿大學士例解講官翰林院以部院由翰林出身諸臣名上留中數月至是以仲春經筵届期特有是　命

辛未卜本主考自定

辛未二月初六日晨內閣九卿啓奏　乾清門辰刻奉　旨以戶部尚書文華殿大學士張玉書　經筵講官工部尚書陳廷敬兵部右侍郎李光地　經筵講官兵部督捕右侍郎王士禎爲會試主考官禮部左侍郎王颺昌爲知貢舉官同考十八人翰林院編修許承家等七人兵科掌印給事中卞三畏等四人吏部郎中鍾義傑等七人宴于禮部　賜金花綵緞表裏各有差宴畢入鎖院二十七日恭呈十卷進御覽次日奉　旨着考試官自定次第先是二十四年乙丑科會試主考官刑部尚書張公士甄等始進

擬十卷恭請　上裁　欽定名次以陸肯堂爲第一戊辰巳來遵爲定例然戊辰亦未　欽定是科放榜中試舉人百五十六名會元張瑗江南祁門人滿洲巴海等四人烏金超哈胡麟徵等二人

會試分省

掌河南道監察御史王承祐疏請以安慶廬州鳳陽三府滁和徐三州仍歸南卷舊例會試以廣西四川雲南貴州四省及江北三府三州爲中卷自丙辰科以滇黔亂去中卷之名以三府三州歸南卷雲南平復舊是科榜發廣西雲南三省遂無一人入彀者故

言官有是御史江蘩亦言之上俱交九卿部議以直隸山東為北左河南山西陝西為北右江南浙江為南左湖廣福建廣東為南右四川雲南為中左廣西貴州為中右得　旨允行著為令

對策倣陸宣公

二十三日　御太和門傳臚　賜中式舉人戴有祺及第第一初讀卷官內閣九卿擬吳昺第一有祺第二楊中訥第三旣進　御覽改有祺第一昺第二黃叔琳第三中訥居二甲之首昺全椒人故禮科給事中國龍子對策倣陸宣公奏議　上以書法拔有祺

狀元而昺次之又以鼎甲久無北人拔叔琳次昺叔琳大興人中訥海寧人兵部左侍郎雍建子遇合之有定數如此

狀元非本科

戴有祺戊辰進士休寧人籍華亭　本朝狀元非本科中式者壬辰之鄒修撰忠倚已丑中式甲辰之嚴侍郎我斯榜眼李都御史元振皆辛丑中式及此而三

鼎甲風水

人家科第在積學種德堪輿之說非所論也然亦有灼然可信者榜眼全椒吳昺述其曾祖體泉翁為父卜吉壤延閩人簡堯坡者于家廩餼甚厚簡曰為擇兆域三年不可得辭歸翁固留之一日同往梅花山中遇大雪同飲陳家市酒樓簡倚檻遠眺久之罷酒起曰異哉吾遠近求之三年不得乃在此乎即同往三里許審視良久曰是矣雪晴更往觀之喜曰天賜也得此地足報君矣然葬後君子未即發至孫乃大發發必兄弟同之對面文峯秀絕發必鼎甲然稍偏未必鼎元或第二第三人亦不僅一世而止翁如言卜葬其後孫國鼎字玉鉉中崇禎癸未進士國縉字

玉林順治已丑進士國對玉隨國龍玉騧孿生玉隨順治戊戌進士及第一甲第三人官翰林侍讀玉騧亦癸未進士官禮科都給事中至昺兄弟又前後舉科第而昺登辛未科及第一甲第二人簡之術亦神矣

吏治真文章

楊名時字吉士江陰人康熙辛未進士雍正時由編修歷官雲南巡撫謝　上賜御書疏有云龍文璀燦鳳藻騫騰揮毫煥雲漢之章振腕挾風雷之勢語

上諭曰覯爾于講論文字便覺精神煥發殊不知吏

治乃一篇眞文章也若徒紙上空言而吏治毫無實際豈聖門之所謂學哉

辛未名臣

辛未名臣如陳恪勤公鵬年北溟文章事業爲一代偉人詩更瀟洒有絶句云隔簾幽韻上焦桐一曲湘靈奏未終署記年時春雨後海南初試小薰籠

與諸臣論樂律

康熙三十一年壬申正月初四日有　旨召內閣滿漢大學士滿漢尚書左都御史吏部漢侍郎彭孫遹兵部滿漢侍郎朱都納李光地翰林院漢掌院學士

張英等入　上御乾淸門　命禮書熊賜履兵侍李光地學士張英近　御座　上指示諸圖論古今樂律得失大旨以隔八相生爲合圜三徑一爲未合復命侍衛鼓瑟教坊司吹管以驗之再試江南桐城監生方正珠開方立方算法移晷而退方明崇禎庚辰進士翰林簡討以智之孫也隔八相生謂宮一徵二商三角四羽五變宮六變徵七八復爲宮李少司馬云自昔論樂律諸家無人研究及此

不食特殺應制詩

上南巡山東巡撫王國昌進海物侍衛傳　旨朕從不用海物每日止用二簋味俱淡素又不食特殺國昌進活鹿發還翌日又進全鹿一具　上命侍衛査驗鎗瘢恐係特殺不收高士奇鳳池集載山東蔣陳錫文生德水恭紀詩云鹿脯何曾減鳳麟須知特殺不沾唇諸花作膳逾珍饌且免天厨近玉宸

不吃烟應制詩

上南巡駐蹕德州命侍衛傳　旨朕平生不好酒未能飲一觔總是不用最可惡的是用烟諸臣在圍場中看我竟日曾用烟否每見諸臣私行在巡撫帳房偷吃眞可厭惡且是耗氣的東西不但我不吃烟

太祖　太宗　世祖以來都不吃烟所以我最惡吃烟的人鳳池集蔣陳錫德水恭紀詩云碧椀氷漿潋灎開肆筵先已戒深杯瑤池宴罷雲屏敞不許人間烟火來皆紀實也

卷六終

淡墨錄卷七

蜀綿　李調元　雨村

一目人

康熙三十三年丹徒裴之仙偕數友入都會試有善乩者延之問中否仙判一貴字衆不解再叩之則曰皆判明矣榜發之仙中會元餘皆落第之仙眇一目始悟向所判乃中一目人也

雙九

上元胡壬輿康熙辛酉江南解元少嘗夢登高山手摘香櫞二顆作詩記之有手弄雙九天下小句至康

熙甲戌大魁其言果驗是科榜眼為江都顧圖河探花為海寧顧悅履

癸酉三鼎甲

康熙癸酉順天鄉試十八名為顧圖河十九名為姜宸英二十名為查慎行三人聯名皆入翰林異事也而甲戌顧圖河榜眼丁丑姜宸英探花庚辰汪繹狀元皆癸酉同榜又一異也

文端筆記

高安朱文端少讀書不與會飲師命爨夫遺酒肉置座間若不見聞者每見古大儒名臣循吏之行輒筆記之康熙癸酉領鄉試第一甲戌進士改庶吉士學國書散館以知縣用選潛江行取刑部主事歷官吏部尚書雍正癸卯二月奉　旨命偕張文和主順天鄉試九月會試仍偕文和總裁並　諭不拘朕定進士一百八十名名數不拘省分不限額數有可取佳卷選出另行具奏其信任如此官文華殿大學士年七十二

乞假讀書

甲戌進士鑲白旗高其倬字張之改庶吉士即乞假歸閉戶讀書數年然後就職卒為名臣官至戶部尚

書其功業于督雲貴尤著卒謚文良有味和堂集

補館選

陳夢球同安人籍隸正白旗康熙甲戌進士初未列入館選　上特召試聖人之本論一篇稱　旨補選庶吉士按王士禎居易錄云是科館選四十人前此未有也而沈廷芳館選錄止三十九名列夢球于二十二名其附後者法海也蓋云自汪倓至法海止三十九人舊錄末尚有殷元福河南新鄉人然則殷其一矣

太極太虛論

晉江陳遷鶴字介石康熙甲戌進士選庶吉士時安溪李文貞爲敎習見所作太極太虛論驚曰經生中有是人耶引與辨論每至夜分人皆異之

豹仙

李蟠字仙李徐州人以文望雄於鄉跌宕自喜有趙翁者與李村相望晨夕過從趙富于貲小築數十楹中分兩院而空其半花木幽秀忽有美髯老人從空窟曳杖出自號豹仙揖翁入其室則屏幃几案之精皆非素有自云從天台來見君有間館暫頓婢妾於此當圖報也徐有姜姬出見皆光艷照座趙翁遂日

與款洽叩以禍福無不奇中鄉曲皆以眞仙奉之蟠獨不信一夕痛飮極醉直造豹仙所大呼妖獸數其惑衆之罪豹則早已避去其室闃如而蟠仍毒詈不止也趙翁聞急令人扶歸明日豹仙復見趙謝曰吾友無狀深獲罪於老仙幸恕醉人豹仙曰此君天祿甚高老夫輩法當退避計其年滿三十當魁天下四十六歲位至三公但其生平有二隱事干天罰功名雖顯不免淹阻老夫既被譴驅無庸留矣辭別出門有頃過覘其居依然空院也蟠孝廉時嘗夢神人衣冠甚偉手一盒子付之其中有黃金絲糾紛成狀元

二字後康熙三十六年丁丑第一甲第一名進士及第授修撰充順天鄉試主考官以科場獘遣戍

榜眼不利楚

嚴虞惇榜姓張字寶成華亭人康熙三十六年丁丑榜眼授編修充湖廣主考卒于楚人言翰林學差典試赴湖廣者多不利于榜眼辛未吳昺甲戌顧圖河丁丑嚴虞惇皆榜眼也皆卒于楚

老名士

姜宸英字西溟慈谿人工古文　上禁中知其與朱彝尊嚴繩孫稱三布衣而屢赴鄉試輒不見錄用薦

入史館支正七品俸纂修明史分撰一統志月給餐錢依儒生衣雜坐公卿之次丁卯順天首場已擬第二以點竄堯典舜典語爲監場御史所貼已巳冬徐乾學告歸　詔許以書局自隨乾學　上言請以宸英相助許之始于三十六年丁丑會試中式時年已七十矣殿試初擬汪士鋐一甲第二張虞惇第三宸英名在二甲第四及讀卷　上閱試策進呈十卷中有浙江姜宸英乎時內閣學士韓菼對曰宸英在史館久識其字蹟第八卷當是也　上曰老名士也積學能文至老猶篤可拔置第一甲第三名爲天下讀

書人勸子是移虞惇第二移士鋐二甲第一宸英一甲第三授編修已卯充順天鄉試同考官正主考李蟠丁丑同年同館生也場中舞弊宸英遂為所累牽引入獄審實蟠遣戍宸英竟卒于獄

兄弟三翰林

汪士鋐原名僎號退谷長洲人善法書行楷康熙三十六年丁丑進士初殿試讀卷擬士鋐一甲第二張虞惇第三姜宸英名在二甲第四　上知宸英久披置一甲第三遂移士鋐傳臚改庶吉士授編修官右春坊右中允著有秋泉居士集初順治間有嶽州汪

曰衡元旦夢行天榜會元汪士鋐曰衡改名應之竟終身不第直至是科汪退谷中會元榜名士鋐相隔四十餘年曰衡死久矣其孫記乃祖之言以告人相與嘆造物弄人亦覺無謂見子不語兒份字武曹康熙癸未進士倓字安公康熙癸未進士皆官編修兄弟三翰林人傳為盛事

吳三桂

徐容字顗中號个臣海鹽人父穉字荀三能詩善書容庠生癸酉秋偕叔同年赴省試後詣于墳祈夢是夕容夢忠肅公問汝祈何事容曰敢問秋闈中否公顧吏持文册來閱畢問容曰汝中矣示以册上批清晰二字且曰歸語汝祖吳三桂一事當報汝甲第也醒語其叔亦不解所謂既而榜發容果入彀謁其本房闈中批語並無清晰字及王司判試律進呈選春秋墨義一篇其批適與夢合因共駭然而終不悟所謂吳三桂者復詢其祖時年已及耄亦茫然不記久之嘆曰是矣此事汝父亦不知之吾曩有僕姓吳有婢名三桂因通姦汝曾祖治之幾瀕于死吾力為解勸即以三桂配吳已三十餘年矣不謂為神明所鑒貽福于汝冥冥之中因果殆不爽也見信徵錄

自稱為儒

李鳳翥建昌人康熙三十六年丁丑進士改庶吉士授編修四年差調安徽學正歷官至工部侍郎雍正七年五月奏賀瑞芝本內自稱蓬蓽陋儒賀慶云又稱擲地才疎敢含毫而賦五色　上以李鳳翥既以儒者自居則陳奏本章自應加意慎重不當作游戲之詞若未曾作賦而云作賦則所奏盡屬虛文若實曾作賦便當進呈朕覽若自知不能而作浮詞湊成自謙之語陳于君父之前豈儒者之道乎李鳳翥受朕深恩由翰林擢至工部侍郎不能卓然自立聽阿

其那指揮倘得以儒者自命乎更可異者貼黃內大
賚賚字訛寫賚字莫非有意譏朕不應賚而賚乎似
此輕慢疎忽儒者固當如是乎此二本著李鳳翥明
白回奏

詩讖

休寧汪繹玉輪康熙丁丑會試第三庚辰殿試第一
癸未會試以修撰充同考查愼行出其門乞養親歸
乙酉　命校全唐詩于揚州事竣而卒先是臚唱日
馬上口占詩有歸計詎謀千頃竹浮生只辦十年官
句竟符其讖著有秋影樓詩是科榜眼寶應李愈探

花柘城王露王阮亭云會見愈書法知其必爲鼎甲
果然王露與甲辰李元振兩榜眼皆出柘城亦盛矣

庚辰二名相

康熙庚辰科二名相一桐城張文和廷玉雍正四年
進所著性理一書　上諭此書發明聖賢之義藴爲
後學之津梁有益于身心有關于品誼凡屬士大夫
皆當身體力行服膺勿失可傳諸翰林知之又奉勅
纂修明史三百三十二卷積十有五年而成義例爲
唐宋以來諸史所不及一溧陽史文靖貽直官至侍
郎雍正七年　命赴閩審革臬喬學伊一案　上命

貽直往教道督臣高其倬撫臣劉世明遵　旨教道
至閩奏述其語有大凡人臣事君不但當以身事更
當以心事此心惟知有君而不知有人此心惟知有
君而並不知有已甚合　上意　硃批云高其倬劉
世明能從與否倘需觀其後效朕先慶得一堪爲股
肱之吏貽直矣累奉使命正直不阿　上益信之又
命總督江南其本籍也張史俱官至大學士而史于
乾隆庚辰畢沅榜諸進士瓊林宴年已八十五　上
命重赴瓊林以昭盛典古未有也其卒也袁枚有詩
云三台星折上公嗟中史傳聞郵典加少著公袍才

出學老依黃閣當歸家殊恩鄉里會開府佳語瓊林
再看花六十六年享天祿人間何處說榮華盍紀實
也

和尙還俗

沈近思字闇齋錢塘人幼聰穎依靈隱寺諦輝和尙
延名儒課文遂入庠諦輝卽令還俗近思無歸徘徊
于西冷橋遇項丈識其非常延至舍妻以女遂登康
熙庚辰進士由知縣行取吏部郎歷官侍郎淸介愈
烈雍正四年主江南試　上閱鄉試錄見策問性理
俱有原本交部議叙尋陞都御史五年丁未早朝出

端門若有所呵叱時戶曹姚培和隨後問何言曰衙役也實無一人人以爲神云見詩禮堂雜纂

四書聯

海寧查德尹嗣瑮康熙庚辰進士由庶吉士至侍讀學士著查浦輯聞自述云余兄弟初就外傳先君集四書爲聯云毋自欺也不亦悅乎予集此類甚多記兩聯云是爲馮婦也無若宋人然邱何爲是栖栖者與予謂之姑徐徐云爾

六十大魁

寶應王式丹號樓村少負重名六十始登康熙四十

一年壬午舉人捷癸未會狀當鄉試已定解矣後得吳楚琦卷改第六其實吳遠不逮王知三元尙有待也

其實有

康熙癸未榜眼閩縣趙晉官編修辛卯偕左必蕃充江南副主考先是有歙縣貢生吳泌求余繼祖買舉議定銀八千兩先將金一百銀二千託巡撫葉九思門生員炳往求將金銀看過炳于八月初三假充九思子于喬家人進見九思假稱泌係其表弟再三求提拔並言銀九思言銀我不要我便中對房考說叫他自己拿个記號來次早炳尋見繼祖在布政司書辦李啟叔文杜功德家寫關節係其實有三字放在第一破題內炳照樣寫一小封于初七送與九思九思知簾官涇縣陳天立是副主考親戚將關節交付天立入簾即面見晉言泌是其相好求中許銀五百房考我自料理而泌卷落在句容縣王曰俞房內于二十一日酉時天立見曰俞假言是趙主考託我曰俞尋出泌卷見文字通順呈薦遂得中先是四十一年揚州陳光奎于賑粥做內認得山陽縣方名遂相往來後至光奎家見所作孔子登東山一節題文有

幾句好光奎遂託方各將所擬文埋場內適名入簾光奎卷適在名房遂呈卷得中名向光奎言及曾借商銀八百屬其代還光奎許諾當是時兩鹽商子弟齊中衆口沸騰必蕃據場後風聞即行　上聞先是上科鄉試賄賂主考同考各官事發時李振鄴田耜置重辟家產籍沒並刊通諭如再有不顧性命仍敢賄買關節照此例治罪至是　上震怒命戶部尙書穆和倫同三法司嚴加夾訊除九思病沒天立畏罪自縊餘俱按律具題　奉旨趙晉王曰俞方名着即處斬吳泌余繼祖員炳李啟程光奎依擬應絞監候

秋後處决左必蕃雖行題參但身爲正主考不能鑒
别文字又不能隄防弊竇而于吳泌文章發刻闗節
内其實有三字删去二字毫無知覺着革職見例案
全集晉字書山王士禎門人卜其必登鼎甲云

癸未鼎甲不利

康熙癸未鼎甲多不利會狀王式丹官修撰以同年
生科場事發牵連對簿久而得白未幾卒榜眼閻趙
晉以編修充江南副主考通闗節伏誅探花武進錢
名世官侍講以詩諂年羮堯　上賜名教罪人扁于
家並　命在廷諸臣作詩以刺頒行天下學宮命地

方官嚴行約束不許生事

烟波釣徒

海寧查慎行初名嗣璉以字行康熙癸未進士選庶
吉士時胞弟嗣瑮官編修族姪昇官諭德時稱三查
是年六月　上賜鮮魚慎行紀恩詩有笠簷簑袂平
生夢臣本烟波一釣徒句稱　旨一日忽奉内傳烟
波查翰林盍時有查昇侍行故以别之十八日駕幸
釣臺　召慎行赴　皇太子行幄釣魚　東宫舉前
烟波釣徒句以示近侍慎行和詩復有烟簑雨笠尋
常事慚愧猶蒙記憶中一時傳爲佳話

義門善本

長洲何屺瞻焯少而奇頴爲曹秋岳王言遠器重以
崇明學生拔入太學壬午　聖祖冬狩至涿州時
李文貞公侍直　上從容問曰野寧有遺賢乎公以
焯對　召試　賜舉人直南書房禮部會試不第復
欽賜中式殿試二甲第三名選庶吉士命侍讀貝勒
府散館再留丁艱甲午以文貞公再薦始授編修明
年有以蜚語中傷者　上自熱河沿途問焯安在即
收之　命索所著黏籤以閲書夾中有卻吳縣餽金
一札藁並呈　上閲怒稍霽摘數條遺内侍賫獄

呵問反報乃薄其罪僅坐免官年六十二卒　上聞
不怡久之曰何焯勤學深可憫傷還其官贈侍讀學
士並　賜予葬焯于經史閎覽博考而貫之以一善
校讐必得善本對乃已書法精妙人得之以爲拱璧
學者稱義門先生

文肅不養戲

蔣文肅公廷錫號南沙常熟人父康熙癸丑進士官
河南副使生二子長陳錫乙丑進士官雲貴總督謚
文恭二卽文肅也癸未　欽賜二甲第四名進士官
至文華殿大學士工繪花卉與惲南田敵貴後宫中

極重之大抵以逸筆寫生而風神生動非識超胆大筆有仙韻者莫能爲之其他有設色極工者皆其客潘所作性愛士一藝可觀者皆羅致門下指授之故眞本絕少馬扶曦父子代作卽可亂眞也文肅家教甚嚴從無演戲觴客之事沒後十年子孫稍近伶人至文恪公時老奴顧升力慫恿之文恪心動忽見顧升以身穿三椅腳如受桎梏久乃甦云見老主人坐堂上責曰吾遺訓爾豈不知乃勸五郎蓄戲子著打四十活掩棺中正悶絕不知所爲不知何以得出示其臀果有靑黑痕見子不語

二十三試皆第一

長洲吳廷禎字山掄少試有司二十有三皆第一顧不中夢泥金報至捷第八名丙子乃入陝西籍得雋又以冒籍出已卯　聖祖南巡召試第一　欽賜舉人癸未殿試二甲第五合一甲適符夢兆官至諭德戊子充江西主考李穆堂紱實領解焉

重修孔廟

海寧陳文勤公世倌字秉之康熙癸未進士由編修歷官至山東巡撫雍正甲辰六月闕里孔廟災
上命世倌修廟始遵　旨正殿用黃琉璃瓦兩廡用綠琉璃瓦以黃瓦鑲砌屋脊供奉　聖像選內務府匠人到東用脫胎之法敬謹裝塑　欽定大門曰聖時二門曰弘道八月　聖像成辛亥九年復命世倌監修孔林去聖墓四十餘步陷出一穴廣尺餘內有石榻榻上朱棺已朽有白骨一具甚偉旁置銅劍長丈餘瑩綠色有竹簡數十頁皆蝌蚪文取視成灰世倌以墓尙在孔子之先加石封之爲設少牢之禮焉

愚忠

雍正四年六月　上命世倌濬吳松陳家渡松江府知府周中鋐乘埽船隨世倌被水衝淹斃而世倌以躍上岸獨免奏聞　上以爲愚忠聖人所不取然卹典如故世倌官至大學士

祖孫會試同名次

淸海宦懋言明偉璆孫偉璆明崇禎癸未會試中十八名爲詩四房翰林李士淳首卷懋言至康熙癸未會試中十八名亦爲詩四房編修李鳳翥首卷亦奇事也初懋言公車北上夢祖與之履舄而喜曰是繩祖武之兆也果符其言

不利爛麪

康熙丙戌狀元王雲錦無錫人榜眼　寓爛麪

衙衛卒先是戊辰榜眼查嗣韓亦寓此卒人亦爲不
利于榜眼　雍正二年浙江吕留良案起剉尸吕葆
中即吕子亦榜眼寓此卒探花爲高郵賈國維
缺
桐城方靈臯苞康熙乙酉解元丙戌會試中式未殿
試　欽賜中允累陞閣學辛卯以序戴田有南山集
被逮詔獄減死論戍　上憐其才釋不遣令赴館修
書苞朱竹垞典試江南所取元也　上命選御義頒
行

夢桓侯

無錫嵇曾筠字松友康熙丙戌進士改庶吉士歷官
兵部左侍郎　雍正元年總督南河至中牟將築隄
東岸夢有壯年而短鬚者直入一揖遂上坐曰某隄
須築某所才保無虞若在此不能成功嵇頷之已而
思其人狀貌乃一武夫言復椎魯何以公然抗禮意
頗不懌叱叱而醒次日上工次過張桓侯廟小住啜
茶上塑神像宛然夢中人乃命停工卒謚文敏

一榜二名畫

俞兆晟字叔穎海鹽人康熙傳臚傳臚者二甲第一
名也由侍講學士督學江南諸生晉謁如先生禮論
文外兼及詩畫以二者皆素所長也官至閣學兆晟
畫兼水墨花草擅白陽青山樵之勝得者無不珍之
同榜馬豫字觀我陝西綏德人由侍讀學士督學浙
江善墨竹脫去時習枯竿新箨各有風趣破石水澗
亦佳間作白衣大士像清寂而莊督學時屬員士子
慕墨妙者無不饜其意去俱見畫徵録一榜二名畫
亦奇矣

館選分省

向例館選不分省以至邊省多缺李鍾峩字雪原四
川通江人康熙甲戌進士由庶吉士官太常寺少卿

雍正四年疏言康熙四十五年至六十年七科不分
省分大小俱有庶吉士元年癸卯漢軍及河南四川
進士無館選者二年甲辰科蒙古及山西河南陝西
湖南四川廣東廣西雲南貴州進士俱無館選之人
請廣儲才之路　上交部議准行今館選各省皆有
自鍾峩奏准始也

內翰林

高郵賈國維工書法侍書　內廷食內俸　上常以
內翰林呼之登順天鄉榜以籍貫被劾蒙　恩賜復
會試落第又蒙特　賜遂中探花

卷七終

淡墨錄卷八

蜀綿　李調元　雨村

雲結名字

武進趙熊詔號裘萼恭毅公申喬長子也生前一夕祖夢神授一軸雲彩幡結熊詔二字遂以爲名果中康熙四十八年已丑狀元官至侍讀是科榜眼桐城戴田有會元也以所著南山集銷燬　探花泰州繆沅字湘芷官至禮部侍郎

文勤理學

漳浦蔡文勤公世遠字聞之漳浦人康熙已丑進士

出安溪李文貞公之門選庶吉士是時文貞以程朱之學教後進公故習宋儒書既見文貞卓然以聖賢爲必可學旣歸巡撫海康陳清端公請主鰲峯書院雍正改元　特召還朝授編修入內廷侍　皇子講讀卯入酉出者十年歷陞至禮部右侍郎　皇子親王並加禮敬郡王就學者自署受業遭逢極儒者之榮矣嘗修復古禮行于鄉農人販夫皆知嚮化環居數十里無博簺者二十餘年以地居梁山麓學者稱梁山先生卒年五十二謚文勤所著二希堂古文詩十五卷二希云者公自記云學問未敢朱文公庶幾其眞希元乎事業未敢望諸葛武侯庶幾其范希文乎未幾公又與高安朱文端編歷代名儒名臣循吏可見其志矣

文敏好佛

張文敏公照字得天華亭人善書康熙已丑庶吉士歷官至刑部尚書從來善書者皆謚文敏如元趙孟頫明董其昌　本朝自嵇曾筠以治河謚文敏外照一文而已文敏性地高明好佛其詩右磕右觸皆禪語也

學使之冠

長洲惠士奇康熙戊子解元已丑進士授編修兩任粵東提學專以經學取士爲數十年粵東學使之冠官至侍讀著有半農易禮春秋諸說歸耕人海等集

請託不行

宿遷徐用錫字壇長未遇時赴都試如厠見大肉塊遍身有眼知爲太歲用錫記書載鞭太歲者轉禍爲福因與家丁次第笞擊每擊一眼則遍身眼愈加閃爍是歲登薦連捷已丑進士以李文貞薦改庶吉士官至侍講乙未充會試房考關節不行有徐覺民者御史蕫之燧門生也以用錫不受請託聳之燧參用

錫把持科場　聖祖察其情將本發還

文襄治河書

靳文襄公輔字紫垣遼陽人康熙己丑　特賜翰林編修改兵部郎中進武英殿學士兼禮部右侍郎巡撫安徽十六年河決江淮　上知其才命總督河道兵部尚書治河十年決排疏瀹因勢利導使三瀆各得其所而河以太治卒謚文襄著有治河書十二卷河上至今設祠祀之柚堂筆談靳文襄過邯鄲呂祖祠見有題詩于壁云富貴榮華五十秋縱然一夢也風流而今落拓邯鄲道敢與先生借枕頭墨跡未乾

追踪其人乃秀水陳天裔也一見遂爲知己天裔名潢明測量之法復精奇門與文襄爲一人之交凡河防事宜得失變態並有先見一時河道以下諸員皆受業爲弟子二十三年五月　上南巡于行在問靳輔曰爾有何等通今博古之人輔以陳潢對　召見特賜參議道銜今配饗文襄祠

書畫得父筆法

王世琛字寶傳長洲人明康熙五十一年壬辰狀元明大學士鏊六世孫父銓字東發丁卯副榜官至禮部給事中善繪事書法世琛風度恬雅工詩文書畫得父筆法由修撰遷少詹事視學山左未竣卒于官是科榜眼歸安沈樹本字厚餘少時　聖駕南巡獻西湖十景迴文稱　旨採花長洲徐葆光字亮直亦以南巡獻詩賦稱　旨被取入京是科不第　欽賜一體殿試五十七年奉　旨册封琉璃賜一品服撰中山傳信錄著有二友齋集

好收名士

李紱號穆堂臨川人康熙壬辰庶吉士由編修歷官都察院副都御史兵部侍郎巡撫廣西總督直隸以參河撫田文鏡落職紱爲人矜張愛才若命累掌文

衡好收羅名士以至下第者皆不服如辛丑充會試副總裁頗稱得人入館選者至六十五人之多前此未有也榜後下第者擁紱寓以石碎其門欲剪其鬚北城御史舒庫奏聞以紱不奏聞革職發河工効力復起官　上常以紱爲人問康五瑞奏言倨詞疾色人畏其鋒雖好收名士卻未得財賄　上始釋然命纂修八旗通志所著穆堂初稿五十卷門人四川安居閻撫王恕所訂也

竹雲

王澍字虛舟號篛林金壇人康熙五十一年壬辰進

士選庶吉士改吏部主事歷員外澍以工書名海內有竹雲題跋竹雲者雍正丙午夏南還經淮陰泛珠湖仰見天際白雲如竹十百枝枝皆具下有雲片若怪石儼然圖畫同行沈凡民曰此先生退老之徵爲作刻章初秀水錢香樹見澍于京邸左圖右史見其積帖至梁梠間昕夕丹鉛辨析窮苗髮不少直戲曰子欲爲張仲楊柯丹邱其人耶澍曰人皆有癖樂此不疲也所著有法帖考正尤爲精覈

壬辰三庶吉

壬辰三庶吉一顧嗣立字俠君長洲人以散館例外用不就補歸不出著秀野草堂元詩選初二三集注昌黎飛卿二家詩注一杜詔字紫綸無錫人以養親歸不出與道士榮漣僧天鈞結九龍三逸社選唐詩叩彈集一程夢星字伍喬取南唐書伍喬居廬山見星而名不就職歸註李義山詩皆同榜進士

原祁高弟

王敬銘字丹思嘉定人康熙五十二年癸巳狀元授修撰工畫爲太倉侍郎王原祁高弟是科會元爲歸安孫見龍

贄見十二兩

溧陽任蘭枝字香谷工制藝未遇時走田埂上遇一人口啣一刀手持兩刀披髮赤面見蘭枝偃身而過行半里入喪者之家知爲煞神入卜其必貴後登康熙癸巳榜眼雍正元年由編修督川學時無學田養廉奏明諸生贄見以十二兩爲止貧者減半人情悅服六年陞閣學奉　命偕副都御史杭宜祿使安南國王備龍亭以迎覆命稱　旨陞工侍晉禮部尙書

舉人入直內廷

魏廷珍字君璧直隸景州人以李文貞公薦由舉人入直內廷同王蘭生梅瑴成在館充校對官編樂歷淵源諸書常被　命與大學生李文貞參酌學習樂律韻學登癸巳探花官至工部尙書

千叟宴詩

吳文簡公襄字七雲靑陽人癸巳庶吉士初襄父與一僧善僧來輒留手談僧患足疾坐山中一日其父見僧自外至問之不達徑趨後室跡之內報夫人生子矣由編修官至禮部尙書康熙壬寅襄年六十春二月恭逢千叟宴襄與焉謝恩詩有六旬今列千官宴兩榜原登萬壽科之句見片刻餘閒錄

孫文定奏疏

孫嘉淦字錫公號懿齋山西興縣人康熙五十二年
聯捷癸巳進士改庶吉士授檢討以直言敢諫受知
世宗雍正四年奉　上諭孫嘉淦居官聲名頗
好着提督順天學政五年前學臣吳襄任滿保舉生
員張鎮王澤新劉鵬振朱函夏四名不稱　旨命嘉
淦重舉陞刑部左侍郎辦理吏部侍郎事仍兼管順
天府尹國子監祭酒事八年庚戌會試充副總裁先
是蔚州宗伯李渭湄為祭酒時彙題名諸碑而鏤之
板自明宣德五年林震榜始迄今十有餘年未刻是
科嘉淦為考官又兼司成始續刻以補之旋陞都察

院左副都御史乾隆十年十一月秋審册內有福建
蔣邦齡致死族匪一案嘉淦力爭以為不可因上疏
曰查舊例同族之中果有兇悍不法偷竊奸宄之人
倘事起一時合族公憤不及鳴官以家法致死報官
審明死者所犯應死與不應死者將為首者分別擬
杖寻減等免抵嗣于乾隆二年五月內據廣督鄂
奏稱舊例雖屬體順人情但恐朋比串害地方官豈
能洞燭無遺倘民間恃有減等免抵條例相習成風
其中難免冤抑奏請酌删經刑部律例館議稱族大
人眾賢愚莫辨或以富而招眾怨剛直而致仝仇一

人煽誘羣相附和共挾微嫌輒圖報復因而駕捏串
害難免冤抑之處況生殺乃朝廷之大權如有不法
自應明正刑章不宜假手族人以開其隙奏請删除
在案臣等伏思舊例乃一時創懲兇悍權宜之法行
之久遠必滋流弊夫族眾之中愛憎多端或以侮慢
招衅或以戇直生嫌或假義忿以樹已威或借公義
以報私怨一豪強倡論于先眾朋黨附和于後倉猝
致死情罪難明如一家之中莫尊于祖父母父母其
子孫若違犯教令毆之殺之宜無不可然毆殺則律
應滿杖故殺則律應杖六十徒一年是祖父母父母

之于子孫尚且不得擅殺何況其他再捉姦例內卑
幼不得犯尊長犯則依故殺伯叔母姑兄姊律科罪
尊長殺卑幼亦按服律擬誠以倫紀攸關防微杜漸
也夫以　朝廷之尊明罰勑法于凡應死之罪人猶
令法司詳加核議至于法無可逭必令三次覆奏
聖天子之用刑如此慎重奈何任匹夫之好惡操生
殺之大權橫行于一族乎是舊有之例必不可存族
匪之條不須另設于比擬定罪則當臨時參酌虛衷
援引務使輕重得宜方爲允協至所稱族人致死族
匪則死者必有罪之人也其人罪應死者則有本犯

應死而擅殺之條矣不應死而拒捕者則有拒捕格殺之條矣毆殺之者則有不拒捕而擅殺之條矣束縛之勒埋之者則有已就拘執而擅殺之條矣等語奉　旨交部議部覆擬今蔣邦齡以卑幼臨時拒捕似應比照拒捕律減等查拒捕之條內若罪人持杖拒捕其捕者格殺之及囚逃走捕者逐而殺之若囚窘迫而自殺者皆勿論著已就拘執及不拒捕而殺之各以鬬殺傷論本犯應死而擅殺者杖一百又律註以捕亡一時忿激言若有私謀另議等語律意誠屬詳明律註更加慎重蓋應捕之人若已就拘執而

擅殺尚以鬬殺抵若有私謀仍分別另議此指捕亡之條而言與謀故致死族匪不全至族人不法自應鳴官按其所犯情罪依律究治若預蓄殺機羣相毒謀肆行慘殺則謀故顯然豈得藉義忿公議之名遂與捕亡一律科斷而竟無區別乎不惟卑幼不可以此加于尊長即尊長亦不可以此施于卑幼且案情百出事難預定況現在辦理此等案件其中情節果有一綫可原者或經刑部聲明或奉　特旨量爲寬減如蔣邦齡律應斬決改擬監候者不一而足又何嘗專任重律以爲治乎應無庸議奉　旨依議乾隆

四年授山東副總河是年陞兵部尚書直隸總督乾隆四年協辦太學士卒予祭葬諡文定嘉淦立朝剛直多面折廷爭不避權貴天下想望丰采故乾隆初年有匪人託嘉淦名作假疏後得其人置于法

時文

上海蔡嵩康熙癸巳進士雍正初年由編修督學雲南奏請時文以黃淳耀爲宗刊示士子　上諭云朕殊不以爲然復又奏請以唐順之易之而以　本朝熊伯龍韓菼添入　上又諭云此二臣文名固不待言但古人已往後人尚有偏私之論何況　本朝人

物耶汝自爲猶可不便批定也

嚴禁那移捐官

向日貞字一存成都人康熙癸巳進士改庶吉士授廣東道御史因捐納例開各官多私那國帑捐陞納職因而虧空雍正元年　上請嚴禁那帑捐官疏曰國用資于錢穀錢穀寄于有司州縣責成首嚴虧空乃有不法之員視捐款爲倖進之階借國帑爲營私之具鬧開捐例百計求成權移公帑暫遂私謀先用即用爲自已而捐陞盈百盈千爲子弟而納職而又巧于奉迎工于趨奉上司素受其重賄臨時顧惜其

私情曲爲狥庇轉接後人陞者居于局外既謝責而不擔受者隳其術中雖後悔而莫及即新任各有剛常堅詞不接乃上司啣其夙怨必至中傷乃如之人上虧國帑下累後官貽害甚于盜臣侵蝕工于鼠竊請著定例嚴加處分上司有隱護之員無論離任現任令其賠補子弟有捐納之職不拘先用後用革其職銜如此則狥庇可除舊官無巧脫之計虧空可出離任無掣肘之虞矣奉　旨交部議如所奏行先是科場亭止鄉會試錄是年復奏自癸卯科始仍請刊行日貞以通籍後避諱改名日正少有神童之目制

藝敏捷出黃際飛越之門所刻有程墨大小題文憲蜀中論時文者必首稱焉見例案全集

摸龍阿太孫

仁和姚三辰康熙癸巳進士由編修官至吏部侍郎相傳三辰祖以外科世其家常採藥持藍人呼爲姚藍兒一日採藥歸醉墮西溪以手摸石旋即有漩蠕蠕而動負姚而上驚以爲蛇回視兩目如燈照見鬚角委姚地上騰空而去始知乃龍也兩手觸漩處香數月不散以之撮藥應手而愈故人呼爲摸龍阿太每愈人病不受謝孫官二品人以爲陰德所感云

兄弟同榜翰林

長洲李錦字烱文康熙五十四年乙未會元由編修官至侍讀弟文銳字鼎臣同榜傳臚由編修官至司經局洗馬兄弟同榜同翰林

乙未鼎甲弟兄

康熙乙未狀元徐陶璋字端揆長洲人官修撰兄模字文表戊戌進士榜眼繆曰藻字文子吳縣人官至洗馬弟曰芑字武子雍正癸卯進士官編修探花傅王露字良木會稽人編修弟王雯字孔木丙辰進士皆有文名

墨竹

歸安吳應棻榜名應楨以避諱改名字小眉康熙乙未進士工詩好寫墨竹嘗于扇上寫竹石小景錢銀臺居敬見之題云澹烟濃墨掃雲腴胎脫東坡鳳尾圖又見蟹爬沙滿紙千秋一炷屬菱湖菱湖應棻所居也晚自號青靈山人官至工部侍郎湖北巡撫

興利除獘

成文康熙五十四年乙未進士改庶吉士授編修滿洲人雍正元年正月引　見妄奏　上以爲不知所陳何語暨令諸翰林各據所知條奏成文摺內有興

剗除奬等語　上以　皇考治人有何奬朕何以除之又奏請八旗十五歲以上俱令讀書如此則挑取護軍復用何人又復懇辭敎習二十阿哥之職可謂狂妄胆大着革職跟隨二十阿哥行走若改過則已不必鎖拿監禁

戊戌會狀

康熙五十七戊戌狀元常熟汪應銓字杜林官至贊善會元則嘉善楊爾德也庶吉士改給事中視學廣東

河南學政養廉

康熙戊戌榜眼桐城張廷瓚字寶臣大學士英第三子督學河南除夫馬取給地丁外其幕友束修家口養贍俱無所出　上聞之問其兄戶部尚書廷玉遂以實對　上命河撫田文鏡酌給盤費文鏡議夫馬自不便取給地方以至派累議每歲夫馬銀一千六百兩幕修銀一千兩養贍家口銀一千兩供給雜用銀三千兩每歲六千六百兩三年總需銀二萬兩故河南學臣養廉較他省獨優自文鏡為廷玉弟廷瓚始也

學政告病

仁和沈錫輅康熙戊戌探花提督山西一年餘以患病解任

幾釐之失

錢塘徐本康熙戊戌庶吉士授編修歷官至安徽巡撫雍正七年奏報各屬麥收分數有幾分幾釐之語　上諭云不知所謂幾釐者如何見之甚覺可笑傳　旨申飭本復具摺請罪　上諭幾釐之失尚為小過無非欲汝務實爾官至工部尚書大學士

布衣奉使

孫致彌字愷似號松坪嘉定人明登萊巡撫火東公

之子康熙初靖南王三世子嗁囉額福耿者本本中丞舊裨也能詩嘗與致彌唱酬因言于上　上方命御前大臣採訪朝鮮文獻致彌以布衣賜二品服臨軒策遣從徙士論榮之奉使詩有甘父漫敎從博望馬周只恐負常何謂嗎烏兩侍衛及正公太保也戊戌始登進士改庶常入直　內廷假歸又以民爭復漕事罷旋得釋補散館授編修官至侍讀學士卒于京有杕左堂集六卷

聊城二狀元

康熙六十年辛丑狀元鄧鍾岳字東長號悔廬聊城

人聊城自丙戌開科傳以漸後鍾岳繼之一縣三狀元亦盛事也工書法友愛諸弟或暮歸過時必俟于門諸弟不敢夜出大魁後同年百七十餘人無一不浹洽款曲朝議推重之乙卯江南副王考隨督學江南著有寒香閣集是科榜眼爲福建長樂吳文煥探花爲河南上蔡程元章字冠文官至尚書雍正九年總督浙江　上命效法李衛而元章事事與衛齟齬人服其剛直

再開浙江鄉會試

王蘭生直隸交河人以李文貞公薦與魏廷珍梅瑴

成入直內廷編纂律歷淵源康熙六十年辛丑不第欽賜舉人一體殿試二甲一名改庶吉士授編修四年海寧查嗣庭案起奉　旨停浙江鄉會試特命蘭生督學浙江閱三年蘭生奏士風丕變　上諭准其照舊鄉會試官至閣學

八仙會

黄之雋字石牧號唐堂華亭人薦舉博學鴻詞康熙辛丑二甲二名庶吉士在館日聚同巷八人爲八仙會以杜甫飲中姓氏爲上八仙人取其一以自署又以世俗所傳鍾離權呂巖輩分署之爲下八仙彼以上八仙呼此以下八仙應故爲參錯不得呼姓字呼年兄呼者罰由編修至中允提學福建鐫級歸不出優游林下十餘年卒著有香屑集十八卷皆集唐人句爲香奩詩凡古今體九百三十餘首對偶工整渾若天成而一一如自己出可謂前無古人後無來者

元宵聯句

錢香樹先生諱陳羣嘉興人康熙辛丑庶吉士授編修官至刑部侍郎在籍食尚書俸先生早歲以詩名亞于長洲沈德潛天下稱詩者必歸二公自館選後受知今上凡　聖駕南巡　御製詩俱寄沈與先生

賜和異典也先生舊宅在金陀坊先大夫石亭公令秀水時予以諸生隨任命受業門下時值戊寅　聖駕南巡名試諸生題爲春蠶作繭先生命予擬作余有不梭還自織非彈卻成丸句先生閱之驚喜云昔年曾侍　上于乾清宮元宵聯句　上思如湧泉言言珠玉僕得一聯云風團謝家絮霜點洞庭橙一時王公大臣皆推僕爲五字長城固不敢當今見足下丸字韻一聯與前事足相印證也他年成進士入翰林聲名雀起余日望之後予于癸未入翰林先生祝萬壽來京年已七十矣見之甚喜曰吾言固不謬

也謚文端樹齋集十卷大司農汪由敦謹堂序

辛丑多名臣名儒

康熙辛丑科名臣名儒多出其中官尙書者一秀水錢陳羣官侍郎者二鄞縣邵基厲宗萬官總督者二上蔡陳元章冠文平越王士俊灼三巡撫者四新喻晏斯盛一齋滋陽喬世臣丹葵安居王恕中安正白旗漢軍孫國璽名儒則會稽魯曾煜啟人秋塍孝感夏力恕宜興儲大文六雅閩謝道承又紹金谿馮詠夔颺歸安陸奎勳陸堂皆是科庶吉士也

硃批謝摺

湖北巡撫王士俊貴州平越人雍正十年八月 上賞士俊花屯絹蜜荔枝士俊謝摺有云縫衣有耀頂踵皆被龍光懷核親嘗肺腑長含玉液 上覽之批云衣只被身何及頂踵核豈足嘗難入肺腑人皆以爲笑論者謂幕賓所爲而士俊亦失檢云

庶吉士撰文

黃之雋工詩尤長于古文辛丑會試總裁大學士時爲吏部尙書遂寧張文端公大學士時爲戶部尙書陽城田文端公戶部侍郎儀封張清恪公副都御史臨川李公穆堂黃之雋中二十七名同考檢討全州蔣綱檢討新安李 璐時各總裁有五策通塲第一之評臨川謂曰儲大文張符驤馮詠輩策俱佳至于章局勻練起伏轉折得古文之法唯子爲備殿試第二甲第二名選庶吉士查中翰雲標預夢之雋中四十五名鄉榜發不驗及合三試而名數適符 康熙後壬寅歲十一月十三日 聖祖仁皇帝升遐二十日 世宗憲皇帝卽位大禮鉅典例由翰林編檢以上撰文掌院靜海勵文恭公詢於靑陽吳文簡公曰記新庶常有一善四六文者吳曰華亭黃之雋乎公立傳之雋授數題每奏多稱 旨庶吉士撰文

自此始于是同年平湖陸坡星奎勳嘉興錢香樹陳羣繼之時之雋雍正元年七月奏呈中元祭 聖祖文大稱 旨次日 召見養心殿 賜貂出授職編修他日 上命檢檔案凡撰文稱狠好稱好者列名給賞時陳編修萬策鄧修撰鍾岳陸錢二庶常皆賜內府緞一匹之雋得二匹八月充 日講官起居注凡一月遇 聖祖祔王太廟乾清宮早朝兩大禮侍班躬覯其盛有 詔重修明史用纂修官二十人之雋與焉引見西暖閣奉 旨以中贊郎用九月 特簡提督福建學政

淡墨錄卷九

蜀綿　李調元　雨村

甄別翰林

雍正元年　二月上諭大學士張鵬翮尚書田從典徐元夢朱軾侍郎張伯行李紱會同滿漢掌院學士將翰林詹事府官員有結黨營私援引請託每遇科場通同作弊者甄別勒休

迴避卷

雍正元年　特恩加科有因迴避考官不曾應試者派大臣擬題奏請候　上點出於內閣考試是科鄉

試畢　上特派大學士王頊齡尚書勵廷儀吏部侍郎史貽直戶部侍郎張伯行李周望兵部侍郎阿克敦副都御史李紱同南書房翰林檢閱落卷

南書房

雍正癸卯狀元金壇于振榜眼上元戴瀚探花湖廣鍾祥楊炳　上以登極恩科應格外施恩俱著在南書房行走特恩也

論題用孝經

聖祖時鄉會試二場以孝經爲論題後改用太極圖說通書西銘正蒙雍正元年　上以宋儒雖足羽翼經傳不若聖言之廣大悉備本年會試二場論題宜仍用孝經

男三號

周學健江西名士癸卯鄉試題爲學而優則仕一節文思幽奧房考張不能句讀怒而批抹之歸寢忽囈語自批其頰曰如此佳文而汝不知尙忝然作房考乎家人以爲中風急呼各房考檢視之見所抹卷乃曰試薦之何如時正主考爲禮部侍郎任蘭枝閱而驚曰此奇文通場所無可以冠多士也副主考德公方假寐几上伺其醒告之德問何字號曰男字第三

曰不必閱文竟定解元可也任問故曰我寢方醒忽見金甲神向我賀曰汝第三兒子中解元矣今果男三號非其驗乎榜定後衆問張房考囈語茫然不知也

指頭畫

奉新帥念祖字德宗工制藝與周學健齊名工畫以指頭畫作花草間寫山水俱有逸趣

監臨考房官

向來各省鄉試房考凡州縣官由科甲出身者只許入闈一次雍正元年五月奉　上諭考官鑒拔爲主

何論曾否入闈嗣後凡遇鄉科各省督撫臨場調齊科甲出身之員不論已未分房監臨試以時藝一篇其文理優長者爲內簾房考荒疎者供外場執事

湖北湖南分闈鄉試

雍正元年七月奉　上諭湖南士子赴湖北鄉試必由洞庭湖六七月間風浪尤險間有覆溺之患着分湖北湖南兩闈考試即於明年預備場屋

奴才

八月十六日兵部尚書舅舅隆科多奉　旨大臣亦稱奴才奴才亦稱奴才此兩樣不好嗣後凡啟奏俱令稱臣

進士不限額數

癸卯九月會試禮部請定取中進士名數　上定一百八十名仍諭總裁朱軾張廷玉此外不拘省分不限額數有可取佳卷選出另行俱奏

編檢挑選府道

康熙時編檢多至二百人庶吉士五六十人今尚有百數十人　上恐人才置之閒散思多方錄用雍正元年十月奉　上諭著內閣大學士會同掌院學士秉公擇其學優工書善翻譯者留館辦事修書外其或才具練達可當科道吏部之選或長於吏治編檢可爲府道庶吉士可爲州縣者一一分別具奏

殿試賜火爐

向例殿試進士在丹墀癸卯年十月二十七日殿試時天寒硯冰　上特令移太和殿內兩傍並令太監多置火爐令殿內和暖使諸貢士得盡心作文寫卷

世宗之優待讀書士子如此

傳臚榜下授職

癸卯殿試　上以元年特開恩科所拔狀元于振等應格外施恩並二甲第一名張廷瑑即授檢討俱著在南書房行走並　命派隆科多張廷玉張伯行登德檢選務得文行兼優之士擢爲庶吉士除四人外又選沈淑等五十七人從前未有也是科名臣如尹文端公繼善陳文定公宏謀皆在選中

晚香園

尹文端繼善字望山鑲黃旗人由翰林歷官至兩江總督大學士士民愛戴暇則同幕客袁枚輩詩酒唱酬至今猶想其丰度入閣後　上賜邸第內築晚香園日夕讀書其中　乾隆二十九年余爲庶吉士適公爲大教習有晚香園詩用杜甫何將軍山林十首

韻命諸吉士和予詩有園同司馬樂人比潞公清句巷園名用惟有黃花晚節香而名故以温公獨樂與潞公比之紀其實也

乩判

陳文定公榕門廣西臨桂人由翰林歷官江蘇巡撫兩廣總督吏部尚書大學士生平言行不苟喜讀朱子名臣言行錄慕司馬光爲人嘗刻家傳集行世先是幼時扶乩判云入原多道氣吏本是仙才果如其言著有訓俗遺規等書

朝考之始

雍正元年十一月二十九日奉　上諭新科進士于引見前朕欲先行考試再引見一應仍照殿試預備朕將詩文四六各體出題視其所能或一篇或二三篇或各體俱作悉聽其便此卽今朝考之始也

奏摺草行

邵陽張大有康熙甲戌庶吉士雍正二年爲漕運總督奏言寫字手顫請奏摺代書　上諭云忙時令人代書亦可若密事仍須親寫卽字畫粗大畧帶行草亦屬無妨辭達而已敬不在此

不安靜

上諭編修萬承蒼從前科場作弊招搖今春鄉試前又不安靜着革職其弟庶吉士承苓亦歸進士班選

考差之始

雍正三年　上諭各省學政與正副主考朕皆就其爲人謹愼者派往並未考試文藝其中竟有不能衡文者此皆由中式後荒疎年久故耳着將應差翰林並進士出身各部院官查奏俟朕試以文藝再行差委

事類曹鼐

直隷安州陳悳華雍正二年甲戌狀元未遇時每至之處必書明曹鼐不可一條人不解其意或問公少年時讀書靜室曾有東隣之窺公正色拒之事類曹鼐果登大魁見柚堂筆談官至禮部尚書是科榜眼高郵王安國探花錢塘汪德容

白海棠

靜海尚書勵文恭公杜訥立朝端凝蔚爲人瑞雍正壬子卒櫬車還里第中有公植海棠當秋吐花色變縞素人咸異之門人梁溪鄒編修畫爲圖皆有題詩

劾張姚二姓跡

諸城劉文正公統勳字延清雍正甲辰庶吉士檢討

入直內廷累官都察院左都御史立朝剛直人多憚之時桐城張姚二姓布滿中外大學士張廷玉聲勢赫奕文正統勳上疏曰大學士張廷玉與伊戚前姚文然本係巨族科第漸多仕宦實盛至今名登仕籍者有　廷璐等至于姚氏之在桐城則有姚孔鋠以上數十人臣聞　聖祖仁皇帝時曾飭廷臣中有陞遷太速之　旨特諭停止陞轉原任大學士王熙之孫王景曾亦在其內臣以爲宜倣此意將張姚兩姓部册有名者親房近支累世密戚現在之員開列奏聞三年以內除　特旨陞用外其餘一槩停陞遇

有參罰照例參革奏聞　上交部議吏部覆奏臣部官册所載張姚兩姓出仕各員與左都御史所奏詳加核對張姓在京官員侍郎張廷璐編修張若需主事張機張若宜中書張筠外任官員浙江布政使張若震福建龍巖州知州張廷球湖南茶陵州知州張廷琛貴州鎮寧州知州張若赤直隸安東縣知縣張鴻疇山西曲沃縣知縣張若荃山東泰安縣知縣張廷瑚其姚姓仕者江南淮徐道姚廷棟廣東惠潮道姚孔鈵山東曹州府知府姚興賓浙江杭州府知府姚淮署直隸大名府通判姚孔㕓河南中牟縣縣丞姚孔鋮貴州黃平州州同姚孔鎧廣西思州府經歷姚興謀其原奏未經敘入部册有名有河南祥符縣縣丞姚孔鐸江南元和縣縣丞張曰謨以上張姓出仕者十三員姚姓出仕者十員惟姚孔鈵係大學士張廷玉之甥孔鋐係張廷玉之壻臣等核其陞轉在京侍郎在外司道知府多由　特旨簡用亦有督撫保題陞用之員或因大學士張廷玉爲　皇上簡用大臣本人稍存矜肆之念該管上司或有瞻顧之情亦未可知臣等酌議將張姚現任之員開列名單行文在京各部院在外各該督撫令其察看嗣後除臣

部論俸仍應照例陞轉外如有才具優長應行保題者應於摺內將該員係大學士張廷玉親戚之處聲明與臣等確查該員歷俸深淺是否合例處核覆具奏如不能稱職亦令據實糾參務一秉至公不得稍有瞻顧庶舉措咸得其平而本人亦愈加謹慎矣奉　旨依議一時朝議翕然服其不避嫌怨

公祭文正

諸城相國乾隆二十八年署陝甘總督時伊犁用兵　上諭督理糧儲大將軍兆惠方銳意進取而軍糧以路遠遲滯奉　旨劉統勳着革職發往軍前披甲

若以爲士可殺而不可辱欲來京甘就典刑亦惟其所願旋伊犂平定復還原職歷東閣大學士總理吏部四十三年夏旱朝五鼓乘轎至東華門從者請降則已端坐轎中而逼鼻垂玉箸長尺餘戶部尚書額福福隆安奏聞 上震悼輟朝卽日 聖駕親至東直門驢市賜邸撫屍大慟時子墉官江西糧道陞按察未歸撫其孫慰之諸大臣勸 上迴蹕 上登輦哭至 乾清門又哭謂軍機大臣曰朕失一股肱矣

汪文端書法

汪由敦字師茗休寧人幼穎異讀書目數行俱下初

名良金十歲就試來售改今名徽人商杭者合甲別立商籍由敦年十九遊浙中循例入試補錢塘縣學附生故又爲錢塘籍時徐元夢撫浙江聞其名延致幕中繼元夢入爲工部尚書由敦以國子監生偕入都雍正元年疏薦引 見充明史館纂修官故事史局編纂例用詞臣由敦以諸生被 命時論榮之二年三月舉順天鄉試八月成進士改翰林院庶吉士散館授編修 皇上初卽位授提督四譯館太常寺少卿仍兼講官館卿向無兼記注者由敦以文學夙爲 上所知故有是 命乾隆元年入直南書房授

內閣學士六年授兵部左侍郎八年充經筵講官轉戶部授工部尚書轉刑部十一年兼署都察院左都御史旋入直軍機處丁卯金川方用兵 皇上廑謨廣運指授方畧日數千百言由敦視草援筆立就無不當 上意十四年金川平加軍功三級旋加太子少師協辦大學士俄以代原任大學士張廷玉陳奏事革職留尚書任視河十五年四川學政朱荃以墨敗由敦曾舉荃典試復革職仍理兵部侍郎事自贖十六年補戶部右侍郎復奉 命勘永定河時積水爲患有言宜別開新河歸海者由敦徧歷沿河州郡

度地形勢議以暴水爲患由河身於淺第濬之當自息別開新河未見其利日久復淤無益又當壞民田廬無算宜仍舊便奏 上報可十七年授工部尚書十九年加太子太傅兼理刑部事敘平準噶爾功得軍功加三級自準噶爾出師以來由敦偕同事諸臣晨夕進見日數四時或扈從 召對帳殿亦如之二十一年轉工部二十二年轉吏部尚書二十三年正月卒于官年六十七謚文端由敦學問淹貫於書無所不窺爲文章典重有體官翰林 朝廷大制作必屬之一時奉爲矜式其他碑版序紀及古今體詩俱

爲時所傳誦著有松泉集二十六卷尤嫻歷代掌故
前後考定樂章祭器鹵簿及朝會升祔諸大禮皆斟
酌古今釐然爲一代制爲人沉靜寡言笑喜慍不少
見於色遇事有識默定于中不以議論捷給相尙當
羣言紛沓徐出一語聞者厭心以爲不可及也氣度
端凝整暇極倥偬中亦從容不失條理卒 皇上親
臨其喪哭之慟 賜陀羅衞以殮賞内庫銀二千兩
經理喪事由敦尤工書卒之後 皇上命裒輯勒石
凡十卷筆法深穩端勁如其爲人見錢維城所撰本
傳

卷九終

淡墨錄卷十

蜀綿 李調元 雨村

重開浙闈

雍正六年李敏達公衞爲浙撫同學政王蘭生及王
國棟先後奏稱兩浙士子感恩悔過痛自改除奉
旨七月屆鄉試之期浙省士子仍准照舊鄉會考試

硃批旁註

雍正初 上覽章疏及内外臣工奏摺皆隨閱隨批
若遇軍機要事咸與廷臣商酌詳細批明多有于摺
内旁註者堆積甚多莫不硃批滿紙竟有欲辦事而
無事可辦之時不少暇豫如此

戒急用忍

雍正丙午 上與朱綱言 聖祖賜朕眼鏡朕眼目
原不似今精明是 聖祖升遐之時因痛哭出涕
較少時反覺倍好似此人言哭多傷目之論未確彼
時朕在養心殿辦理政事坐臥不離此處者三年而
三年内每遇暑天未有如此殿之涼者朕曾蒙
聖祖慈訓戒急用忍故殿中扁額卽用此四字仍敬
書 上諭二字於上東暖閣扁額取惟仁二字對聯
云諸惡不忍作衆善必樂爲西扁額取惟君難三字

對聯云原以一人治天下不以天下奉一人　上嘗云宰殺耕牛是必用禁有謂苿牛不能耕地止可屠宰者殊不足信如教以耕地調馴精熟焉有不能耕地之牛綱雲南巡撫也

爲神所弄

雍正丙午江南鄉試其時聘近省甲科司分校事有張壘者科分久自居前輩每晩焚香拜祝神佑如有陰德求暗中指授各房笑其癡相與弄之折一細竿伺其燈下閱卷有所棄則于窗外以竿挑其冠壘果驚以爲神拜如前求示衆房復以竿挑之壘遂不復閱直捧卷上堂時主考爲沈近思已寢矣壘叩門求見告以神明指示之故近思閱其卷笑曰此文甚佳取中有餘君何必神道設教乎衆房噤不敢言及榜發此卷已在中中各諱然告壘曰我輩弄君耳壘正色曰此非我爲君等所弄乃君等爲鬼神所弄耳人亦折服

一點紅

彭啟豐字翰文長洲人雍正五年丁未會狀官至刑部侍郎轉禮侍告假歸値鄉民有侵田搆訟者出券約爲証原中係公名葢公爲諸生時事也縣令不察遽出票拘之公于票尾書一絶令役持去有自從御筆親除後又被琴堂一點紅句令大慙親詣門謝焉是科榜眼爲福建德化鄧啟元探花爲江南通州馬宏琦

小山花卉

鄒一桂號小山無錫人丁未進士改庶吉復改御史歷官至內閣學士兼禮部侍郎工花卉分枝布葉條暢自如設色明淨清奇冶豔惲南田後不僅見也

詩畫敏捷

張鵬翀字天扉號南華嘉定人性穎異讀書如宿習雍正丁未進士改庶吉士授編修鵬翀天才敏捷在館時賦雁字詩日未晡成七律三十章兼工書旋同于詩乾隆二年丁巳　御試乾清宮是日衆詞臣見日未亭午有投卷者曰必南華也果然先是　上天縱多能文不加點詞臣中罕可賡和者至是心賞之取高等官至正詹畫徵錄云南華山水師元四家尤長倪黃法雲峯高厚沙水幽深筆清墨潤兼有麓臺石谷之風洵畫家之後勁也

丈量蜀地

雍正六年二月奉　旨查丈四川地畝欽差給事高

維新馬維翰御史吳鳴虞吳濤及庶吉士中書各員
到川會同巡撫憲德分掣地方協同四川四道丈量
鳴虞掣丈成都松茂道維翰掣丈建昌道濤掣丈川
東道維新掣丈永寧道維新維翰先丈完嗣因鳴虞
苛索每畝五釐弓算手及家人分得又受刁民劉宗
漢賄八十兩囑將新都縣前明大學士楊廷和墳墓
祭田越界侵佔物議沸騰撫奏革職命維新重丈維
新卽親往灌縣處明白開示漸次清丈人心悅服而
濤丈川東重夔保順四府地本遼闊濤性梢鈍夔州
萬縣百姓聚衆稱丈量不公扯旗申訴又命維新復

丈簽拿爲首懲治閏七月四路告竣未幾吳濤亦被
參奏　旨以高維新補授四川布政使馬維翰署按
察使憲德保薦也未幾以條奏不稱　旨皆奪職去

陝西士語

陝西鄉試署驛鹽道佟嬰戲用陝西土語作頌聖表
文借以譏訕陝西士子經巡撫碩色以科場重地玩
視大典妄肆訕笑參奏部議照揑造訛言刊刻傳播
杖一百流二千里例奏　旨依議雍正十三年事也

乙字

乙卯四川鄉試二場內簾交出主考官表題內寫凡
有條奏悉乙夜披覽俱擡頭寫時提調官爲鹽驛道
顧贇傳諭士子不用擡寫以至通場悉字下一槩將
乙字塗改顯涉疑竇撫臣題參罰俸一年其奏疏云
如果錯悞例應稟明傳進內簾改正況非錯悞何得
擅改輕率之咎誠不能爲顧贇寬也

生員條陳時事

雍正六年山東濟寧州廩膳生員陳楻條奏查科場
主考房官專司閱卷至監臨提調監試等官各有外
簾執事原無先閱試卷之例誠恐于交卷時隨手翻
閱或有指示改正字句等弊亦未可定　上交部議

如所請行以生員得條奏時事亦異數也

不念祖父

雍正六年四月直隸布政使張括按察使魏定國夾
死竇相可都御史奏請正法　上以括係原任大學
士張玉書之子不念祖父本應照擬但念張玉書一
生小心謹愼効力多年從寬免死發回原籍交地方
官管束

戲不禁

雍正六年李鳳翥奏鄉邑之中其爲神會歛錢演戲
奏請禁止六年三月魏廷珍奏將違禁演戲之保長

各杖八十發落奉　上諭村堡之間豪强地棍借演戲爲名斂錢肥已開設賭塲鬬毆生事此則有司所當嚴禁至于有力之家祀神酬願歡慶之會歌咏太平在民間必有不容已之情在國法無一槩禁止之理今但稱違例演戲而未分晰其緣由則是凡屬演戲者皆爲犯法國家無此科條也如賭博一事應行嚴禁者而省會之地公然市賣賭具尚不能覺察豈有將民間不能禁止而國法所不曾禁止者一槩入于禁止之例此欲徒存其名乎抑果將踐其實乎恐問之督撫大吏亦無以自解也將此通行曉諭知之

應試舉子不盤查

雍正六年七月二十六日　上諭內務府總管常明于蘆溝橋蓋造官房令赴京應試舉子無盤查行李之擾並令崇文門查稅官員嚴飭巡役毋得借端稽留額外苛索

子保舉父

是年　命諸臣各保舉一人有內舉不避親之義雍正六年九月衡永郴道汪㭎保舉其父原任刑部司官汪漋學問政事久切留心忠愛之性出于至誠

上卽命補授四川叙州府知府

皇城草詩

顧成天字小厓江南婁縣人以應試舉人寓京官宗人府府丞蔡嵩宅中雍正七年閏七月二十日嵩因帶宿醒未解奏對于　御前稱王爲王爺因革職拏問恐有悖逆字跡隨命搜查尚無不法詩詞內檢出顧成天詠皇城草詩隨呈　御覽上見其寓意似有感憤譏刺之心因命人詢問蔡嵩成天平日有無詩文著作于是查出刻詩一册中有　聖祖輓詞六章詞意悲切　上覽之淒然墮淚謂大臣曰彼未登仕籍之人而懷感恩戴德之誠如此則其秉性善良

居心忠厚可知其皇城草一詩乃別有所寄託爲不如已意之人而作也著行文江南督撫將顧成天送京引見脫有錄用之處隨于八年送至京師是年庚戌科會試甫過　上欽賜爲編修列名入于是科庶吉士之列人皆以爲罕見之奇遇云官侍講　今

上爲太子時伴讀書焉蔡嵩康熙癸巳進士上海人

三鼎甲皆浙江

雍正八年庚戌三鼎甲皆浙江狀元周澍錢塘人榜眼會元沈昌宇秀水人探花梁詩正字薌林亦錢塘人而官至大學士

土地伺候

蔣文恪公溥號恒軒常熟人文肅公之子雍正庚戌進士官至大學士少時讀書平臺每喚人輒有應聲而無人至一夜欲溲窓外月不甚明呼所隨僕但應而不入啟戶見一人方枕墻門以頭向內而應初疑僮醉罵之如故怒欲朴之見所臥人長三尺方巾皂服白須如世所塑土地公唱之乃冉冉而沒人以為土地伺候以是知公必大貴至是果大拜賜第李廣橋文恪工花卉得其家法隨意布置自多生趣供奉內廷畫幅歲時經進云

張文和辭子鼎甲

雍正十一年癸丑殿試四月初一日大學士尹泰等將策十卷進呈　上閱至第五本字畫端楷策內公忠體國一條云僚采之際善則相勸過則相規無詐無虞必誠必信則同官一體也內外一亦體也文武亦一體也廣而至於百司庶司何莫非臂指手足之相關也此則純臣之居心可以不負千載一時之遭逢而贊襄太和之上理數語極為懇摯頗得古大臣之風因擢置一甲三名諸臣稱為允當及拆號乃大學士張文和之子張若靄　上心深為嘉悅諭諸大臣曰大臣子弟能知忠君愛國之心異日必能為國家抒誠宣力大學士張英立朝數十年清忠和厚終始不渝張廷玉朝夕在朕左右勤勞翊贊時時以堯舜期朕朕亦以皐夔期之張若靄稟承家教兼之世德所鍾故能若此非獨家瑞亦國之慶也因遣人往諭張廷玉張廷玉再三懇辭云普天下人才眾多三年大比莫不想望鼎甲臣蒙恩現居政府而子張若靄登一甲三名占寒士之先於心實有不安倘蒙皇恩名列二甲已為榮幸之極　上云汝家忠藎積德有此佳子弟中一鼎甲亦人所共服何必遜讓張廷玉跪奏云　皇上至公諸臣亦無私曲以臣子一日之長蒙　恩拔取但臣家何等恩榮未備只算臣情願讓與天下寒士求　皇上憐臣愚衷若君恩祖德佑庇臣子留其福分以為將來上進之階更為美事陳奏時情詞懇至　上乃勉從其請將張若靄改為二甲一名即以二甲一名之沈文鎬改為一甲三名狀元陳倓儀徵人即會元也榜眼田志勤大興人文稿崇明人

晴嵐花草

秀水張庚云晴嵐善書兼工花草嘗見其折枝荷花

敷色穠郁清艷而寫葉純以墨染亦舊法也惜早世未得大用錢坤一云晴嵐畫誠佳第每幅若有未完者此所以不永年歟晴嵐張若靄字

東山山水

董邦達字孚存號東山富陽人癸丑進士改庶吉士由編修官至吏部右侍郎取法元人善用枯筆勾勒皴擦多逸致近又參之董巨天姿既高而好古復篤自然超軼深爲　上所賞識

王清本

祁陽陳文肅公大受字可亭雍正癸丑庶吉士由編

修歷官至大學士子輝祖官湖北巡撫葬文肅于祖塋卜有日矣其弟中書繩祖夢有持帖來拜者曰河神王清本十二八也驚而寤次日到墳伐其樹之礙路者樹文有王清本三字數之十二枝也遂命停斧異日問內閣侍讀嚴長明云五色線載河神明王清本輝祖後調浙撫以前撫王亶望案得禍繩祖官至廣東糧道

勵宗萬

勵宗萬靜海人大學士之孫雍正辛丑進士選庶吉士時年甫十七　上深愛之雍正六年提學山西卽密奏監生梁開宇家貲億萬與族兄爭控產業訐候補道侯琰與按察蔣炯從中說合分肥斷令給原告銀三萬兩奏聞　上嘉之治炯琰等罪遂陞國子監司業留任並　諭曰汝少年輕率甚不謹密凡所密奏人皆知之如梁開宇之事通省皆知係汝密奏豈特深負朕恩亦乃速禍之道臣不密則失身君不密則失臣朕斯諭當書諸紳以爲終身誦

看驗不跪

馬觀察維翰字墨麟嘉興人康熙辛丑進士貌不逾中人而抱負甚大榜下內大臣看驗時諸人皆跪維

翰不可九門提督隆科多呵之維翰不動隆轉笑曰不料渺小丈夫乃風骨如許維翰曰區區一跪尚未見維翰風骨也隆大奇之改部郎擢工科給事中雍正六年春　命偕給事中晉寧高維新壬辰庶吉士御史吳宗虞吳濤至蜀分四道丈量田畝擢建昌道忤總督某直揭部科被逮入都　上登極授江南常鎮道詩與盧雅雨齊名人稱南馬北盧

孔孟指使

謝濟世字梅莊廣西全州人康熙壬辰庶吉士改御史三日卽奏劾河東總督田文鏡　世宗疑有指使

交刑部嚴訊濟世稱指使有人問爲誰曰孔子孟子問何爲指使曰讀孔孟書便應盡忠直諫　上憐其直謫軍前効力時雍正丙午十二月初七日也今
上登極赦還職濟世疏求外用授湖南糧道長沙人士感其遺愛片紙隻字俱珍重之而獄中和東坡詩甚傳

旗員擅出例

雍正七年三月兩江總督尹繼善奏滿洲革退翰林車松于二年五月從京起身到揚州曾拜鹽道朱一鳳隨往浙江理事同知車柏衙門留住數月又往拜湖州府知府唐紹祖備盤費送蘇州與原任翰林陳恂在虎邱飲酒盤桓十數日由揚州僱車回京　上嘉之諭　聖祖時松以浮躁革職修書議叙刑部主事又革任家居今未向本旗告假擅自出京遍遊江浙干謁地方甚屬可惡革職拏問自此旗員如擅出者俱照例議松康熙已丑庶吉士一鳳涿州人紹祖江都人皆松已丑庶吉士同年也恂亦甲戌庶吉士

學政秉公

提督四川學政周人驥于雍正八年十九日題叅江

油縣教諭陳幹爲伊子陳鵬萬請托入學奉　旨陳幹着革職並　諭與從前川北道王棠之叅奏魏緝皆能秉公執法不顧情面交部議叙緝乃順治初年任刑部尚書象樞之孫也　上以公正大臣之後是以　特旨由部改御史陞通政參議並所舉胞弟綬在刑部行走俱着發回籍令該撫撫察其子孫擇其端方謹慎者保舉

揑造

雍正七年　上念張文端公小心謹慎効力有年所有應追賠銀十萬兩經　部奏請將其子給事中張懋誠解任追賠　上命豁免八萬止追二萬不必解任八年五月浙督李衛奏春間有原任河工通判張鵬飛來杭謁見詭稱同鄉御史嚴瑞龍奉　旨差同旗員安姓往江浙密訪吏治今已由浙江回六安州托伊代爲留心奏聞　上諭以敢於督撫前揑造全無影響之言即張鵬翮在尚當治其罪況其弟乎令按揑稱旨意治罪

繙譯翰林大考

翰林學習國書葢以備繙譯編纂之任故須專心熟習辨析精微積學功深與年俱進始爲不負所選康

熙年間館選之例庶吉士年四十五歲以下者悉皆
分讀清書　世宗御極以來祇擇年少資敏每科
不過十餘人益取其年富力强可收記誦繙譯之功
也而翰林甫　經散館遂謂無從考驗束置高閣以
致教習三年轉為虛設雍正十一年四月二十一日
上諭嗣後庶吉士等雖經授職或數年以後或十
年朕當再加考驗能否若仍然精熟必從優錄用以
示鼓勵其或遺忘錯誤亦必加以處分可傳諭諸翰
林知之于是繙譯翰林亦有大考

禁諱胡虜等字

先是　本朝人寫刊書籍凡遇胡虜夷狄等字每作
空白或易他字如以夷為彝以虜為鹵等字雍正十
一年　上諭舜西夷文王東夷原可不諱況　本朝
並非胡虜嗣後如有臨文作字刻書照前空白更換
者照大不敬律治罪遂著為令

庶常廪餼

雍正十一年五月奉　旨今科選拔庶常仍令在翰
林院衙門讀書俾教習諸臣得以朝夕訓課兼厚給
廪餼資其膏火今庶吉士另立有庶常館並每月給
費皆　世宗養育士子　盛恩也

優禮大臣

雍正十一年十月初三日　上命安徽巡撫徐本前
往致祭大學士張廷玉請假回里　上命給與驛遞
夫馬其所過地方派撥弁兵並文武官員迎接悉照
上年大學士鄂爾泰進京之例至明年回京亦照此
例　世宗優禮大臣恩重如此

不言祥瑞

雍正十二年正月是年元旦立春恰遇甲寅年丙寅
月戊寅日甲寅時瑞雪繽紛竟日盈尺考之古書最
為佳祥豐年可慶諸王大臣上表稱賀　上却之

蜈蚣八字墻

上於壇廟等最為敬謹十三年　諭凡奏章遇有此
等字懷中囊中俱可攜行不可夾帶韡韤之間先是
仁和吳隆元康熙甲戌進士由庶吉官至太常少卿
其奏　天壇摺內有蜈蚣八字墻等字　上交部嚴
奏革職留任其敬謹如此

再舉博學鴻詞

先是雍正十一年四月初八日　上降旨並照康熙
己未之例再舉博學鴻詞乃降　旨已久而外省之
奏薦者寥寥無幾十三年二月二十八日復降　旨

催促如李衛吳應棻合舉二人而吳應棻又獨舉二
人則皆宣化府進士 上以宣化北邊一郡尚有可
舉之人何况內地各省之大可見李衛吳應棻乃實
心爲國家留意人材着再通行宣諭無論已奏未奏
之省俱着再行遴選煌煌 聖諭可謂求賢若渴矣

卷十終

淡墨錄卷十一

蜀綿 李調元 雨村

再舉博學鴻辭

乾隆丙辰元年 召試雍正十一年至十三年各部
院各省薦舉博學鴻辭諸人 欽命題五六天地之
中合賦賦得山雞舞鏡七言十二韻取一等五名劉
綸潘安禮諸錦于振杭世駿二等十名楊度江陳兆
倫劉玉麟沈廷芳夏之蓉汪士鍠陳士璠齊召南周
長發程恂共十五名 劉綸字繩菴武進人廩生乾
隆丙辰 召試博學鴻辭其山雞舞鏡詩有句云似
擬投村齊戢戢可能對語便關關 上盛獎之親拔

第一名授修撰公少不工書嘗從張石田先生授業
學書于紙背紙尾或斜豎批抹石田必正色戒斥謂
先儒言作字當敬自是書法益精進官至大學士諡
文定 潘安禮江西南城進士由主事陞員外郎丙
辰 召試一等第二名授編修 諸錦字襄七號草
廬秀水人雍正甲辰進士改庶吉士散館改知縣又
改補教授乾隆丙辰 召試一等第三名授檢討晉
贊善著毛詩說二卷補饗禮一卷夏小正箋一卷錦
工子詠物有松毬栟櫚竹粉榆錢唱和詩一卷 于

振金壇人雍正元年癸卯狀元授修撰改行人丙辰一召試一等四名授編修　杭世駿字大宗號堇浦仁和人丙辰　召試一等第五名授檢討著有續方言二卷容杭日記二卷石經考異一卷四庫全書稱其較顧炎武所考尤爲完密云世駿在京時首唱方鏡詩二十四首傳誦都下和者自王侯公卿大夫方外閨秀幾及千首誠僅事也記其一律云雲葉裁量片片方水仙晴漾日生芒兩邊透照成三影四角迴中稱五光宛似寫形歸畫幛不妨偷樣學青塘劇憐空艷無人會輪與璇圖織錦張見查爲仁蓮坡詩話

袁子才云世駿沒後有奉斗者名戴近蓬乃世駿門人一夕設壇請鬼見一人短白鬚披夾紗袍不冠而至罵曰近蓬我弟子今夕設會獨不請我何也問之言前生是法會上熱香者名寄靈童子云　楊度江無錫人拔貢生丙辰　召試二等第一名授庶吉士

陳兆崙字星齋錢塘人工詩古文制義尤枕經葄史爲人所膾炙　召試二等第二名授檢討官太僕榕城詩話兆崙天才駿發有承明著作之才而虛襟下人人有寸美愛不去口詩自入閣後多至二百篇尤爲杰作　劉藻本名玉麟山東荷澤人由舉人敎諭丙辰　召試二等第三名授檢討歷官至兵部尚書雲貴總督緬甸事起自盡先是征緬時有昆明縣隸葉果死三日復甦言被勾入冥司大殿外坐官甚多皆手一簿判記甚忙判別則黑氣一團覆于簿上以果不在死數放還果私問何簿曰人簿一獸部五應劫者皆寫入黑雲劫簿中雖一騾一馬無錯誤畢竟獸多人少問應此劫者省中爲何官曰第一即汝總督也後果應見新齊諧　沈廷芳字椒園仁和人監生丙辰　召試二等第四名授庶吉士丙寅入直武英殿同修起居注授編修改御史嘗閱朱竹垞瀛

洲道古館輯館選錄今板存館中亦盛舉也但不書字號爲慊耳廷芳查聲山學士外孫也其父麟洲先生宰文昌被累戍寧夏母查太淑人留居嘉善不從行椒園每歲南北省親極行路之苦有詩云秋生紅豆辭南國春到青銅赴朔方青銅者寧夏山名又雲影有心隨望眼淚痕和紙綻征衣爲厲樊榭孝廉所賞沈沒後張少儀有詩哭之云塞上草枯雙淚白瀛洲雲淨一襟清草枯用裴子野事蓋紀實也觀察父笠亭先生宰印江與沈仝戍觀察徒跣萬里號呼求救幸獲安全張母顧恭人若憲卽畢太夫人母也有

挹翠閣集與武林林以寧顧姒齊名隨官䍧牱卒于官所後尙書迎養秦關少儀自滇中解組來署白頭兄妹唱和終朝太夫人有詩云千里迢迢客乍回相逢歳盡笑眉開廿年髮逐梅花白一夜春隨爆竹來誰料異鄉逢雁序細談舊事劃鑪灰殷勤傳語司更者漏箭城頭莫浪催　夏之蓉字醴谷高郵人雍正癸丑進士授教諭丙辰　召試二等五名授檢討督學湖南歳試題象日以殺舜爲事有一生文云象不徒殺之以水而幷殺之以火也不徒殺之以火而又殺之以酒也幕中閱文者大笑欲批抹而置劣等夏

公不可曰恐有出處且看作何對法其對比云舜不得于母而遂不得于父也舜雖不得于弟而猶幸有得于妹也通篇文亦奇警夏公改置一等欲召而問之而其人已遠出矣袁子才云按舜妹敤首與舜相得載帝王世紀按列女傳舜女弟繫祖君彥檄煬帝云蘭陵公主逼幸告終不圖敤首之賢反蒙齊襄之恥是此典六朝人已用之惟以酒殺舜不知何出又十餘年讀馬驌譯史方知象飲舜以藥酒出劉向列女傳見隨園詩話又一日値洞庭大風公欲趕到任日期至湖心風逾大見水面二短人面微黑挾舟行

似廵邏者舟人皆見之風定乃去初學署有怪見者必病夫人囑公祭不許是夜燈下閱卷聞哭聲自西來如沙打窻公厲聲曰吾已悉汝明日祭汝可也聲遂滅翌日跡其來處有破屋一間木主數十皆前任學臣閱卷募友卒于署者因爲文祭之怪遂絕有半舫齋集　汪士鍠休寧人副貢生丙辰　召試二等第六名改庶吉士　陳士璠字魯章錢塘人丙辰由附生　召試二等第七名改庶吉士授檢討辛酉典試四川副主考正爲上海朱治于艮裘先北路公登是科鄉試第三十六名　齊召南字次風天台人副

貢生丙辰　召試二等第八名改庶吉士授編修著有水道提綱二十八卷官翰林所作因修　大清一統志外藩蒙古諸部是所分校故於北地諸水源最爲詳覈可以補水經之所未聞官至禮部侍郎　周長發字蘭坡號石帆山陰人雍正甲辰進士改庶吉士授江西廣昌縣丙辰　召試二等第九名授檢討歷陞侍講學士著有賜書堂集曾賦覺生寺大鐘歌最敏捷稱　旨視學浙江有永嘉學署和蘇詩百首最嘉　程恂休寧人雍正二年甲辰進士改庶吉士又改授員外郞丙辰　召試二等第十名授檢討

丙辰薦舉召試被放可考三十一人

袁枚字子才號簡齋錢塘人已未進士薦舉博學鴻詞雖報罷而名聲益起公卿間虞山王次山峻尤譽不絕口于是天下無人不知有袁子才自言乾隆丙辰　召試鴻博海內薦者二百餘人至九月試保和殿者一百八十八二百人中年最高者爲鄞縣萬經最少者爲枚自丙辰至丙申四十年矣今海內存者惟秀水錢籜石載及余二人錢八十又中風似是天憐能無自憐乎　鄞縣全祖望字謝山丙辰進士改庶吉士　召試鴻博全作公車徵士錄以同縣萬經

爲首以袁枚署尾已亥子才還杭州謝山少子名福持其父小像索詩子才題一律有當年丹詔召耆英驥尾龍頭記得清之句載集中　鄞縣萬經字九沙康熙癸未進士　厲鶚字大鴻別號樊榭康熙庚子舉人雍正辛亥有司聘修浙江通志雍正甲寅以縣令薦舉博學鴻辭乾隆丙辰　召試放歸戊辰謁選至京無所遇而回遂園其東園之書屋曰兩無塵齋奉母以中老卒年六十一鶚未第時與周穆門諸人好請乩仙一日有仙人降盤書曰我鶴靜先生也平生好吟故來結吟社之樵諸君小事問我我有知必告大事不必問我雖知亦不敢告嗣後凡杭城祈晴禱雨止瘧斷痢等事問之必書日期開藥方皆驗其他休咎則筆臥不動每日祈請但書鶴靜先生四字向空焚之仙輒下降有唱和詩尤清麗和雁字至六十首如是一年樊榭穆門請與相見拒而不許諸人再四懇求曰明日下午在孤山放鶴亭相候諸公臨期放舟伺之至日昃無所見疑其相誑各欲起行忽空中長嘯一聲陰風四起見偉丈夫鬚長數尺紗帽紅袍以長帛自挂于石牌樓上一閃而逝疑是前朝忠臣殉節者也自此乩盤再請亦不至矣惜未問其

姓名子不語　鶚工于詩其博綜最長于南宋有同人詠南宋襍事詩至今膾炙人口富于學問善攷覈所著宋詩紀事一百卷樊榭山房正續集二十卷俱已梓行尚有南史纂遼史注宋詩紀事補遺東園雜志若干卷藏于家　張雲錦字龍威平湖人少以詩古文受知于學使金壇于耐圃乾隆丙辰薦舉博學鴻辭放歸著有蘭玉堂詩集十卷　朱稻孫字稼翁一字芋坡秀水人彝尊其祖昆田其父也以詩文世其家查慎行序其六峯閣詩稿以三世有集爲唐宋以來所稀見困于塲屋太倉王顓菴相國爲春秋館總裁

引爲助稻孫挾其家藏二百七十餘家之書以備纂修書成例得議叙州判以急友人李宗渭之難赴闕中還則已過遂不赴乾隆元年太蒼王相國子詹事奕清舉稻孫博學鴻辭科復不得志及纂修三禮李穆堂以名聞于朝復不果性剛介與物多忤書法自成一家尤精小楷初竹垞自嶺南歸攜羅浮蝴蝶與里中人爲蝴蝶會越數十年而羅浮蝴蝶忽見于曝書亭南深樹中稻孫作詩四首同時和者亦數十人爲後蝴蝶會其豪與類如此見柚堂筆談　金佩仁和人乾隆壬戌狀元甡之兄康熙庚子科舉人官湖

北孝感縣知縣　朱佩蓮字芥舟仁和人以藩郡薦鴻博中壬戌進士官編修　徐笠山廷槐會稽人康熙庚戌進士薦舉鴻博以山雞舞鏡詩雷同被議

沈氷壺字清玉號梅史山陰人歲貢生著有古調自彈集性孤峭於人寡所合常有古人不見我之恨喜博覽家貧無書恒借書披閱有得即見諸筆墨經史最所窮究更熟勝國諸老軼事舉丙辰鴻博報罷詩不規規講求音韻采色而善於持論著有咏史樂府

張鳳孫江南人薦舉鴻博有翰林落成　聖駕臨幸紀恩詩云翰院重修古集賢翠華親涖啟瓊筵雙巵酒爲臺衡錫百韻詩教館閣聯天上雲璈翻玉琯殿頭寶炬徹金蓮蓬壺咫尺身難到作賦曾經濶列仙

黃之雋字石牧華亭人康熙辛丑進士由編修晉中允提學福建以事鐫級薦舉鴻博以老病報罷有試博學宏儒科不成自紀詩云繼述逢明聖初元設制科大廷勤汲引廣宇極蒐羅翽翽來岡鳳菁菁集芷莪都人千軌沓國士九霄摩鉅典光繩武新儀燦保和五題涵學海兩試滙文河奥賾胸吞籥纖毫指旋螺羣英咸賈馬佳句必陰何烹鍊金融冶雕鎪玉切磋日華紅灩灩天影碧瑳瑳軍校森而肅王公

藹不苛茶傳中使椀饌出大官鍋地廻精神壯秋深晷刻矬雄姿方蹀躞朽質已婆娑昔夢醒何在頹齡出則那溯懷艮用緬縷恐不勝覼少將書成癖浮沉命作魔偶圖燕市駿迺鼓辟雍還擢第衰遲及流光瞬息俄　兩朝棲玉署七載玷鑾坡磚影曾追李亭陰侚憶柯凌雲邀　特眷桀輸寡纖訛日講絲綸接坊僚組綬拖衡文閩嶠去陪祭　景陵過史局闕三館朝班厠五紀淵冰慚齷齪澡雪戒姘嬰拙宦須知梗飛章巧中碧含沙多疻痏碎壁罕摩挲削籍歸尋菊爲農學藝禾鳧鷗盟兩瀨麋鹿伴煙蘿廢將荒調

馬袞姬罷掃蛾鴻冥奚慕弋雉耿未罹羅帶只紉蘭
蕙衣唯製芰荷峰環貧士堵谷繞碩人薖以日如增
線而年似擲梭餌無徐而藥揮乏魯陽戈剩有丹心
炯徒添白髮皤　重華新日月肥遯舊巖阿草莽聞
皆起塗泥分久蹉忽膺東海薦猶恐北山訶文豈成
翻水書難作擘窠痂乾偏嗜好灰冷欲噓呵艮友紛
攀栁　清時勸發軔檄因如火急冠遂與纓峩遠舉
身同鳥長征力仗羸據鞍猶馬援遺矢未廉頗願接
雖喈迹來賡糺縵歌　龍飛眞浩蕩奮負忘幺麽隨
側趨丹陛連名謁玉珂倘乘朝氣銳何減壯顏酡粉

滑牋雙摺油濃璺一渦羽陵書穴蠹孔壁字盤蚓芹
曝傾心獻松雲逐韻哦賦成斯足矣詩就不遑他薄
暮當窗膈輕寒到蛤韝風高常扇蠟月暗未升娥便
恐睉生翳還疑體抱痾江花才欲盡祖雪意無多詎
望金蓮撤徒勞鐵硯磨戴星辭陛柩橐筆走陂陀息
影寒山子驚心春夢婆且淹霜後柏待長路旁莎袞
趁蒙戎煖裝仍欵段馱好歸江上櫂重理牧時蓑貰
酒從焦革栽花問郭駝隴頭聽擊壤水面看飛堉鏡
對衰容笑青逢老眼搓餘年隨磨蟻幻景任籠鵝穩
坐耆英社高吟安樂窩太平　堯舜日耕鑿飫恩波

袠曰修字叔度新建人于庚申在京與袁子才同
年同車遇雨袠誦其師　梁仙來大史一聯云飛雨
不到地輕烟吹若塵甚嘆其工　梁機雍正辛丑進士翰
林外出爲令高安相公薦鴻博入都與袁子才相遇
于琉璃廠書肆中詠桃花云漸疑人面飲下馬快題
門贈妓云欲作歌聲畏花落遲詞先唱鎖南枝感策
云老去還嗟耳力退自吹羌管不聞聲沙邸云荆卿
七首慚離筑可惜不得逢祖龍　申笏山甫江都人
舉人　錢籜石載秀水人壬申進士　曹地山秀先新建
人丙辰進士　吳檠字青然全椒人　周京字少穆錢塘

人　王祖庚華亭人與乃祖文恭公同日生故號生
同丁未進士終身以不入詞館爲恨薦舉博學鴻詞
被放丙子貂曾顯曾皆入翰林而不樂也官保定太
守與彭芝庭尚書同出尹文端公門下有納涼聞笛
云碧空如水淨無雲斗轉參橫夜欲分長笛不知何
處起好風偏送此江聞江梅片片傷春暮岸栁絲絲
綰夕曛曲罷無端倍惆悵階前涼露濕紛紛　向庭
禡號茶洋陝西人爲人詭譎不羈忽而結駟連騎忽
而布衣藍縷賦詩有奇氣如落花平地二尺厚芳草
如天萬里青月華照樹有烏鵲雲氣上天如白羊背

警句也薦舉博學鴻詞被放官至戶部主事以上見隨園詩話　胡天游稚威山陰人與袁子才善博極羣書下筆千言不起草薦舉博學鴻詞以嘔血汚卷報罷有落花句云是也郤教屛外見仙乎會向掌中安爲人傳誦　金德瑛字檜門仁和人丙辰狀元　金門詔江都人丙辰庶吉士　周玉章仁和人丁巳庶吉士　王會汾無錫人丁巳庶吉士　宮獻瑶安溪人己未庶吉士　沈德潛字歸愚長洲人己未庶吉士　金文淳錢塘人己未庶吉士　葉酉桐城人己未庶吉士　楊述曾字二師壬戌榜眼　張甄陶

福清人乙丑庶吉士　陳長鎭湖南武寧人戊辰庶吉士以上皆丙辰薦舉博學鴻詞　召試被放見館選錄

丁巳補試博學鴻辭

先是丙辰　召試薦舉博學鴻辭人尙未到齊至是陸續到京再請補試得一等一人二等三人　萬松齡宜興人由舉人授中書丁巳補　召試一等第一名授檢討　朱荃桐鄉人附生丁巳補　召試二等第一名改庶吉士授檢討提學四川乾隆十五年四川總督策楞奏報學政失足落水　上意其必有營私舞弊之處交湖廣總督永興查奏朱荃家人始供收受李爲棟銀兩貂套等物爲伊子營求將其二子並取入學又王瑞霖亦以賄入其子並言匿喪考試賣生童九名及賣書漁利勒索告病給頂生員銀兩贓私　上大駭異特將朱荃之弟及家人並賄賣生童經手說合俱交督嚴審問罪李爲棟王瑞霖郎予正法策楞不先覺察又擬緩決交部嚴察此十七年九月二十七日事也荃有湯陰謁　岳忠武祠詩句云黃龍飲已成虛願白鶴歸應恥故鄉早見彈文來魏國枉將列像鑄申王　洪世澤福建南安人附

生丁巳補試二等第二名改庶吉士　張漢雲南石屛人進士授檢討改知府丁巳補試二等第三名授檢討

卷十一終

淡墨錄卷十二

蜀綿　李調元　雨村

左玉右金

乾隆元年張文和公夜夢其父文端公英文和問今科狀元父以左手指玉右手持金以加于頂曰汝知之乎如此則得矣醒不解所謂榜發乃知金德瑛姓名得者德也官至都察院左右御史是科榜眼曲阜黃孫懋官至內閣學士探花金匱秦蕙田官至刑部尚書

欽賜生員

總憲金公德瑛乾隆元年丙辰狀元以閣學視學江西考吉安府童生五鼓點名畢燈下見紅衣婦人從考棚趨出冉冉騰空而去問之僕隸皆見公心惡之卽以中庸必有妖孽四字命題日正午諸生方握筆忽考棚傾倒壓死三十六人金公據實奏聞　上憐之俱　欽賜生員

父子先後同門

乾隆丙辰探花秦文恭公爲大司寇乾隆三十九年京師有無賴子韓六毆父致傷刑部直隸司官擬斬左右侍郎以傷非致命意欲減等文恭以名分攸關

理宜正法奏　旨依議是時司獄司李懷中監斬後三日韓六魂忽附懷中身言曰諸大人業已寬我而汝來斬我我死不甘故來索命聞者駭然以爲糊塗鬼而懷中竟卒見新齊諧人謂文恭過嚴畏其氣燄故移禍於懷中也文公爲編修時充壬戌同考官先石亭公出其門下後公爲刑部尚書充癸未會試總裁余又以會試第二人出公門父子先後同門亦異事也向例父之房師而子又出其門者應用門下晚生帖稱太老師有欲認門生者則以門生與門下晚生兩刺並投而近例禁寫門生祇用光名帖卽門生也于是以光名刺投文恭曰太老師尊而不親仍稱老師可也時先北路公爲涿州牧領余見文恭求訓文恭教以易謙卦六爻皆吉至今佩悔不忘也

得校書力

蔡新葛山先生曰吾校四庫書坐訛字奪俸者數矣惟一事深得校書力吾一幼孫偶吞鐵釘醫以朴硝等藥攻之不下日漸尫弱後校蘇沈良方見有小兒誤吞鐵物方云剝新炭皮爲末調粥三碗與小兒食其鐵自下依方試之果炭屑裹鐵釘而出乃知雜書亦有用也此書世無傳本惟永樂大典收其全部余

領書局時屬王太史排纂成帙蘇沈者蘇東坡沈存中也二公皆好講醫藥宋人集其所論爲此書云

盛世耆英

漳浦蔡相國新字次明號葛山文公世遠之子乾隆丙辰二甲傳臚改庶吉士授編修歷官至禮部尚書大學士年八十予告　上優崇故舊賜　御書盛世耆英四字以榮之初公以康熙己丑年十二月初五日生有算子平者謂公曰福星也位極人臣壽享大耋至是果驗

孝友

曹秀先字地山新建人乾隆丙辰二甲第二名由庶吉士授編修善書凡聯對人得之重如拱璧所書聯每家人竊出輒售四金尤工於集句刻有賜書堂集句性孝友爲吏部侍郎時余爲文選司主事時余因析居後有應分賠八百項載在遺囑分關應與二房均分而二房于部文到籍具呈請于余俸內扣除具呈上堂欲辨其事公謂余曰吾少孤兄管家務析產時盡以佳田房自居而以劣者析吾吾時爲編修俸薄不足贍家口全仗賣字爲活以至今日及兄歿後有子二遊蕩不事生產返以見竊其二子失業後衣食無靠今俱養吾家中今汝見官吏部直認而已何必辨事遂寢是年甲午余奉　命典試廣東遂請以王考路費具呈戶部抵項公聞出差信於堂謂時笑曰如何吉人自有天相也

知人

費雲軒先生元龍乾隆丙辰進士由知縣陞綿州知州時余應羅江童子試考第一命肄業潛江書院言他日必爲翰林吾江浙翰林亦當讓爾也時羅江令爲乾隆戊辰進士葉鑒以余祖塋訟圖出斷與賈姓而龜縶余祖欲辱之上控至州公廉得其冤遂參葉

而還余塋其他似此者皆復其故一時稱爲神明後歷官至貴州按察時雲貴邪術最盛有奴墜馬而失腿懸重賞於門隨有老人至解荷包出一小腿若蝦蟆呵氣咒之兩腿如初又杖殺一惡棍閱三日後活後毆其母母來控于官手一鐔曰此逆子藏魂鐔也先將魂煉藏于鐔官用刑乃血肉之體以久煉魂治新傷體故三日即平復求先毀其鐔取風輪扇散其魂庶逆子可眞死如言變之此二事載新齊諧亦可爲先生神明之證至癸未余選庶吉士人以爲先生知人

選庶吉士之多

乾隆元年丙辰庶吉士六十七人是科爲今　上登極首科故館選獨多其名臣如大學士蔡新尚書秦蕙田曹秀先副都御史金德瑛仲永檀總督鶴年鍾音等名臣皆出其中可謂盛矣

蔬香閣

于敏中號耐圃金壇人乾隆二年丁巳狀元授修撰歷官至文淵閣大學士余辛巳中書座師也予以畫稿失官已而奉　特旨以原官起用旋奉　特恩提學廣東臨辭時公戒之曰汝氣性不好何不稍自和

平使一路功名到白頭豈不美乎予敬受命後分巡通永仍以所屬永平府知府弓養正狥庇屬員互相糾參被褫至今思之負此言也無子止側室曹氏生一女與曲阜衍聖公爲姻亞　上以公故封爲三品夫人異典也公直機務兼南書房筆不停披然性淡泊蔬香閣種菜數畦作一聯云今日正宜知此味當年曾自咬其根猶是書生氣味是科榜眼福清林枝春探花溧陽任端書

狐仙還席

錢琦字方伯仁和人乾隆二年丁巳進士官至布政使方未遇時與蔡應彪至友吳某招飲其家素奉狐仙二人與羣客至其家候至日晚腹已枵矣不見酒肴心以爲疑少頃主出有愧色曰今日飲諸公肴已全備忽狐仙攝去奈何衆客疑吳惜費以狐爲推蔡應彪曰主人若果治具必有水漿痕跡盍往厨房視之往驗則餘火未熄盤碗葅豉之物尚在始知吳非誑言衆客欲散獨蔡大呼曰果狐仙在此我有一言奉問今年乙卯秋闈我輩皆下場人如有一個中者狐仙還我酒肴如無一人中者狐仙竟全啖之我等亦沒興在此飲酒言畢出未久主人大笑來曰恭喜諸公酒肴今都還在案矣今年必有中者于是羣客

懽飲而罷是年錢登第蔡遲一科

天妃加封

周煌字景垣號緒楚一號海山涪州人其祖樵也孤身居峩眉山年九十九與山下鬻豆腐吳氏夫婦交易甚懽叟忽于溪中得金銀運堆床下求吳助遷居城中念無與守屬吳爲媒且曰非處子不可吳笑之叟願以萬金爲聘三十金謝媒吳念誰與九十九人婚者因不應其女年十九歲忽跪吳夫婦前曰女願婚周叟夫婦愕然女曰人各有命女如薄相嫁年少未必不孀如命好此叟尚有餘年幸獲子亦足支持

且父母無子止一女今以萬金三十金謝是生女愈于生男也想此叟獲此橫財恐天意未必遽終于此也吳夫婦以告叟遽跪地呼岳父母者再遂婚生一子即煌祖也年未冠入庠補廩祖至一百四十歲吳女先卒年已五十九矣又四年祖卒乃生煌乾隆二年丁巳進士選庶吉士授編修陞侍講十九年琉球國中山王世子尚穆遣陪臣毛元翼蔡宏謨等上表請封二十一年五月初七日　上遣周煌副正使侍讀全魁往封六月二十二日渡海時煌等舟薄姑米山候風忽颶風作遭三晝夜援封大夫鄭秉和請易

小舟登岸暫避煌以　詔勅在舟不從二十四日風愈暴是夜四股椗索十餘一齊皆斷柁走龍骨觸礁而析底穿入水時旣昏黑兼大雷雨帆葉厨棚吹落殆盡倏見神火飛向桅木然招風旗而墜又海面一燈浮來若烟霧籠罩狀于是衆悉呼曰天妃遣救至矣須臾船身直趨向岸一礁石透入船腹不動亦不沉因令解杉板小舟下水捧　詔節陸續登岸同舟二百餘人舉慶更生皆云　皇上洪福舟到姑米港謁廟行香煌獻願大能成扁福爲德其盛乎呼吸迴天登彼岸臣何力之有也忠誠若水證平生聯以答

神貺天妃默佑之所致方頒播時煌等虔告天妃若默佑平安當爲神乞加封號並于冊封之年明頒諭祭至是具奏請加封諭祭　上命部議部查天后亦稱海神康熙十九年　勅封海神天妃爲孚國庇民妙靈昭應弘仁普濟天妃二十年閩提臣萬正色以天后着靈奏聞　詔封昭靈應仁慈天后五十九年檢討海寶冊封奉請春秋致祭乾隆二年閩督臣奏守備陳元美在洋遇風禱天后獲安奉旨加封福佑羣生四字今應如所奏　奉旨加誠感咸護四字並書明封號即于怡山院天后宮舉行祭事煌回京數

月復撰琉球國志略十六卷于是年十二月十八表進煌旋由中允陞侍講上書房行走晉侍讀學士陞內閣學士晉兵部侍郎兩次奉差審理四川軍需部控二案俱審虛反坐發遣以本籍人審本籍案異數也著有海東詩集陞兵部尚書卒長子興岐乙未進士庶吉士授檢討次子興岱辛卯進士庶吉士官至內閣學士兼禮部侍郎提督廣東學政

釣鼇

白瀛山西興縣人乾隆二年丁巳進士改庶吉士授編修官至川東道時瀛以千金買一妾赴龍洞任寵

愛異常舟過鎮江月夜泊舟妾推窗取水爲巨黿所吞主人悲恨誓必得黿而後已傳諭各漁船協力捜拿有能得巨黿者賞百金船戶爭以猪肚羊肝套五鬚鈎爲餌上繫空罈浮于水面晝夜不寐兩日後果釣得大黿數十人拽之不能起乃以船纜繫巨石磨盤用四水牛拖之躍然上岸頭如車輪羣以利斧斫之滚地成坑喳喳有聲良久乃死破其腹妾腕間金鐲尙在于是碎其身焚以火臭聞數里一殼大數丈堅過于鐵苦無所用乃搆一亭以黿殼作頂亮如明瓦窗至今在鎮江朝陽門外大路旁

召巡撫聯句

莊有恭字容可號滋圃乾隆己未第一甲第一名進士及第授修撰　國朝廣東狀元自有恭始歷官至江蘇巡撫調浙江乾隆二十七年　聖駕三次南巡過嘉興侍　上遊鴛鴦湖登烟雨樓樓中舊有錢陳羣書趙孟頫耕織圖詩屏並書　上鎛鐘特磬二銘于壁　上指陳羣所書以問有恭奏言臣目近視實不能見　上爲之大笑隨　召有恭聯句用石鼎體

御製滮湖換輪舟載咨攜大吏延攬鏡中央有恭疊嶝圖次第元璙首締搆仲圭足標致名甯詫鴛鴦

御製利頗擅荷芰謂當烟雨濛乃值春光霽遊目益悅心有恭對時兼得地青巒識送迎白鳥忘呵避柔桑驗萌芽　御製繡壤嫌鼓吹耕織八政關鐘磬元音肆老錢筆力健有恭蒙莊示蒙翳前虞豹尾隨今預鷁頭伺隄桃佇頳紅　御製渚柳漸凝翠近遠景畢呈吟咏興誠遂何殊侍西淸有恭竊幸迓南蹕遲牽載書船急控催詩轡遇榮三接承　御製音矢載賡繼頻陰所恒慣屢晴實罕事御慮愜東作有恭誠然得西利三農足冬雪萬國來輯瑞瞻天愜衆情

御製觀風壓予意陽舒因勝陰月計尢省歲最爾

惟淸心體玆共濟義中閒翳字韻即調前事也自來

上聯句皆　召扈從諸臣未有獨命大吏者眞君臣一德盛事也　御製賜有恭詩云已未親爲策士文精衡藥榜得超羣起行不負坐言舉卒屬偏能克已勤鶴市舊聲猶眷眷龍山新政更懃懃海棠正是投艱處盤石維安勉奏勳其　龍眷如此未幾陞吏部尙書協辦大學士乾隆辛巳余在中書時猶及仰瞻丰裁老成持重可爲後進楷模未幾即予告去是科榜眼南昌涂逢震字石溪由編修官至通政使探花金匱秦勇均編修

袁子才詩

袁枚字子才號簡齋錢塘人薦舉博學鴻詞乾隆四年巳未二甲三名進士選庶吉士初朝考題爲因風想玉珂欲刻劃想字句云聲疑來禁院人似隔天河諸總裁以語設不莊將置孫山尹文端繼善時爲大司寇力爭曰此人肯用心思必年少有才者倘未解應制體裁耳此庶吉之所以必需教習也倘進呈時上有駁問我當獨奏舉議始息袁之得與館選受尹公知從此始未幾　上命公教習庶吉士枚獻詩云琴爨已成焦尾斷風高重轉落花紅散館改江南沭

陽令風骨錚然不阿權勢引經折獄有儒吏風時民有娶婦者甫五月生一子鄉黨笑之其人不能堪以先孕後嫁訟其父翁越日集訊于庭觀者如堵枚盛服而出向其人舉手賀其人色愧俯伏座下枚曰汝鄉愚可謂得福而不知者矣繼問其婦翁汝讀書識字否對曰未也枚笑曰今日之訟正坐兩家不讀書自古白鹿投胎鬼方穿脅神仙荒誕固不必言而梁灝之孕逾期孝穆之胎早降有速有遲載于史冊總之逾期者感氣之厚生而主壽早降者感氣之清生而主貴主壽者若堯與舜諒爾亦聞主貴者不必遠徵卽如本縣亦五月而生雖不才亦入選詞垣出司民牧謂予不信令汝婦入問太夫人可也卽令人命婦抱兒入髫頂兒繫鈴懸鎖花紅繡葆而出婦伏拜地下曰蒙太夫人優賞許螟蛉作孫兒矣枚正色謂其人曰若兒卽我兒善視之他日功名勿使出我下也衆齊聲附和于是兩家之羞盡釋後兒讀書食餼于庠奉枚長生祿位供養家不衰未幾調上元罷官人皆惜之後遂買山金陵築一菟裘名曰隨園樹花種樹擁書萬卷日與東南名士觴咏其中不作出山想人望之飄飄若神仙中人枚少負才名落筆千言

于經史諸子百家之書無不融貫應舉制義膾炙人口登第後年才弱冠遂肆力于詩常在尹總制幕中以門生待之甚厚巳卯八月枚江北獲稻歸飮于公所酒畢與諸公子夜談公從堂後札示云山人在外初回家姬必多相憶盍早歸乎袁題札後云夜深手札出深閨勸我新歸應早回自笑公門嫩桃李五更結子要風催除夕公賜食物枚以詩謝云知公得韻便傳箋倚馬才高不讓先今日教公輸一着新詩和到是明年公見之大笑　此下缺六行

元圭大師

陳大咍字紫山溧陽人戊午舉人乾隆四年己未二甲四名進士改庶吉士授編修官至侍讀學士卒大咍初入學時年才十九偶病劇夢紫衣僧自稱元圭大師握其手曰汝背我到人間盍歸來乎陳未答僧笑曰且住且住汝尚有瓊林一杯酒瀛臺一碗羹喫了再來未遲屈其指曰此别又十七矣言畢去陳驚醒一汗而痊己未中進士大翰林陞侍讀學士三十八歲秋痢不休因憶前夢十七年之期自知不起常對家人笑曰大師朱來或又改期亦未可知忽一日

早起焚香沐浴索朝衣冠着之曰吾師已來吾去矣同年金質夫編修素好佛者在旁喝曰既牽他來又拖他去一去一來是何緣故未言畢跏趺而逝

燕子磯神

裘曰修字叔度新建人乾隆元年丙辰薦舉博學鴻詞四年己未進士改庶吉士授編修丁卯主湖北試壬申己卯兩主江南試庚午癸酉兩主浙江試丙辰充會試總裁皆前此未有也旋奉　命視巳理坤軍事賜　御用冠服以寵其行歸朝奏對稱旨　命軍機處行走曰修諳悉河務屢奉　命往河南山東江南經理河渠當是時河南水溢數郡所被災州縣甚多曰修疏水之達于淮者四枝流六十有三民得永遠甯居所治克副　聖慮而直隸如永定大進白漕孰宜堤堰孰宜疏濬以達諸海凡　上指授方畧悉以屬之無不允協積勞成疾卒　上聞震悼賜金祭葬謚曰文達年六十有二曰修貌清癯神采奕奕以文學侍從徧歷六部更兼司選進充會典館總裁奉勅撰熱河志太學志西清古鑑秘殿珠林石渠寶笈錢錄等書最後充四庫全書總裁公自著有諾皋集並詩文奏疏若干卷所作文以歐陽文忠公爲宗

常道滁州得歐陽公畫像乞　上題人亦謂公文似歐陽書倣張即之　上以內藏即之書華嚴經殘本命公補書人莫能辨公之才無不優爲而河渠特其一也然功施于民適以治河最著傳公治某水有田夫者突至前如欲有言者官屬呵退之公呼之進與語竟得地勢高下之宜後久而不敗其處事可採類如此戴震誌銘未卒之前一日語家人曰我本燕子磯水神今將復位死後汝等奉柩還江西必過此磯有關帝廟可求籤如係上上第三籤則知我仍爲水神否則或有讒譖不能復位矣言終卒家人聞之疑信

參半有老蒼頭獨信之堅謂曰公爲王太夫人所生太夫人本籍江甯渡江時曾求子于燕子磯水神夜夢袍笏者來曰與汝一佳兒逾年生公公妻熊夫人扶柩至燕子磯如其言卜于關帝廟果得第三籤遂舉家大哭燒紙錢祓江立木主于旁有兩江總督相國尹文端公詩碣焉曰修工詩爲庶常與同年袁枚友善枚歸娶公送以詩云畫壁旗亭句浪傳藍橋歸去會神仙從今厭看開花草新種湖頭並蔕蓮時枚有許郎頗狎之故謂之云後枚寄居金陵常往蘇州阻風燕子磯乃揖其主而題壁曰燕子磯邊泊黃公

壚下過摩挲舊碑碣惆悵此山阿短鬢皤皤雪長江渺渺波江神如識我應送好風多次日果大順風存語子五長子麟編修先公卒次子師三子行簡皆國子監生四孫五遵慶

老詩翁

沈德潛字確士號歸愚長洲人乾隆元年丙辰薦舉博學鴻詞三年戊午中鄉試第二四年己未二甲第六名進士改庶吉士時年已六十矣壬戌散館授編修是年六月初十日隨班引見奏對畢　上諭大學士曰沈德潛係老名士令和消夏十詠餘願和者亦和于內閣軍機房分給筆札　賜飲及餅餌瓜果午刻至未成詩六章時和者編修裘曰修蔣麟昌鞠遜行檢討陳世烈廖鴻章越翼日傳　旨嘉奬　賜文紗越葛有差九年甲子奉命典湖北鄉試事竣十年乙丑偕內閣學士涂逢震典武會試陞內閣學士兼禮部侍郎丁卯乞假省墓奉　旨贈其先人如其官復賜詩褒之有清朝舊名士吳下老詩翁向每誦新句猶然見古風同朝官皆謹用此二十字爲韻倣賀知章還四明例賜行假滿復官充經筵講官十三年戊辰充會試總裁以副兵部尚書蔣溥兵部左侍郎

鄂容安殿撰爲會稽梁國治後官至大學士己巳陞禮部尚書年近八十請老告歸　上憐其意許之並命編讀　御極以來詩集復　命加尚書銜在籍食俸以示眷戀陛辭日　上面諭壬申萬壽五旬卿是時望尤當來一晤德潛陛辭紀恩詩曰蓬蘽數載忝春官趨待承華道孔顏身老蹉跎難稱職　主恩優渥許還山此行就日辭丹鳳敢擬臨風放白鷳五夜夢魂猶眷戀早朝猶入紫宸班是時浙江嘉興刑部侍郎錢陳羣亦在籍食俸　上稱兩詩翁凡有御製皆驛寄命和不絕卒謚文慤著有歸愚詩鈔十

二卷歸愚文讀十二卷

僧畫麒麟

蔣麟昌字静存陽湖人乾隆四年己未二甲七名進士改庶吉士授編修生時其祖夢異僧擔十三經擲其門俄而長孫生故小字僧壽及長名壽昌以避國諱又自夢僧畫麒麟一幅與之遂名麟昌十七歲舉孝廉十九歲入詞林二十五歲卒性傲兀不羈過目成誦詩好李昌谷有驚沙不定亂螢飛半燈無燄三更碧之句常曰文章之事吾畏袁子才而愛袁叔度他名宿如沈歸愚易與耳卒後三日其遺孤三歲披

帳號叫曰阿爺僧衣僧冠坐帳中家人爭來遂不見袁子才曰静存始終以僧爲鴻爪之露其爲戒律輪迴似矣然吾與之談輒痛詆佛法而深惡和尚何也

文恭持正

程文恭公諱景伊字聘三號萃田武進人乾隆四年己未二甲進士改庶吉士授編修有詩名于應制更工賦耕籍詩有十里青沾沾酒旆一肩紅滴賣花人句爲儒林膾炙歷官至吏部尚書内閣大學士三十九年甲午考差充讀卷官　欽命詩題善人爲寶余時爲文選主事與試有句云南國人堪憶東平語不

忘先生擬第一而金壇于相國以孟蓺公儀子爲政子柳子思爲臣余文内魯繆公繆字寫作穆字益繆穆古通用也而于以爲白遂以殿撰黄軒擬第一而以余改第六先生猶以爲屈然不知爲余也每對屬司則背誦前二句言已查翰林中無此卷不知究爲何人一日畫稿畢又向郎中吳垣舉前句垣已早見余稿對曰司官蜀人李調元句也自是歎服每以國士待之丙申保余員外郎丁酉余以議湖撫陳輝祖咨部補劉塔章監利典史事同司皆議駁而予獨議准以至忤滿郎中永保于五鼓上　朝嗾滿尚書舒

阿爾相國具摺參奏適侍郎邁拉遜不肯曰司官有所見原准不畫押此向例也奏恐遭飭爲之力言于兩相乃曰且調簡驗封留爲今冬京察再說蓋欲填八法也遂以告先生先生曰至其時吾當力爭之十二月吏部堂官司官集于圓明園朝房京察過堂畢舒阿俱不語而先生見手摺將余名尖出問曰此尖何等舒曰浮躁先生曰李司官在部有年學問人品俱可保薦縱不拔一等何至入八法也舒阿以畫稿事對先生曰雖不應已調下司矣舒阿遽怫然曰我等旗人自不如漢人同鄉同年門生相知之深也先

生曰予江南李四川不但不同鄉亦不同年且余自翰林至大學士惟充房考亦未特命主考學政何門生之有舒阿益怒遽起曰余二人議已定不願者各奏先生駭然不復爭出朝謂余曰不必言矣歸可敎書何必做官也向例塡浮躁者止降級須候引見戊戌五月二十九日考功帶引見是日同帶十八九人皆老疾獨余年力俱壯　上問署吏部尙書福公隆安曰此人何以塡浮躁對曰此舒阿所辦聞不畫押勸之畫復銷去　上曰司官有不合于心者原許兩議遂降　旨李調元因何事塡入浮躁之處着軍機

大臣傳吏部堂官明白回奏于金壇等乃查案並傳堂官至軍機處問該員平日辦事究竟如何先生對曰勇往軍機據語覆奏　上諭李調元着仍以吏部員外郞用卽先赴部到任是時舒已死永保隨阿出差雲南未回余于六月初一日到任投供人員如雲皆引領擠覰曰此鐵員外也並嘖嘖稱先生持正不阿云未幾阿永回部見復用甚怫其意而余亦進退兩難八月　命提督廣東學政　上曰汝乃朕提拔之人看汝在司難走今命汝提學須當勉力報效又曰汝若在明朝得罪嚴嵩張居正等早身家不免矣

○○○行曰先生與金壇戒之曰汝受　恩如此以後當戒氣性使一路功臣到白頭不更佳乎嗟乎誰知任滿回京而先生已薨卽陞通永道甫二年而余仍與屬下永平府知府弓養正對揭兩敗余遣戍伊犁當差弓亦坐臺俱贖歸終以氣性敗今林下又十年矣回憶先生諄諄敎戒言猶在耳輒不禁淚涔涔下也今擬撰本朝人物志故縷述如此以誌知己之感云先生卒予祭葬諡文恭無子

恭毅除盜

李湖字又川號鑑堂南豐人乾隆己未進士由縣令

大名府知府陞通永道歷陞至雲南巡撫爲人方眉廣顙聲如洪鐘嚴翼無笑容人比之包孝肅時雲貴總督彰寶貪婪憚其彈劾稍爲歛戢復降氣論交登堂拜母湖不忍奏然卒爲所累革職　命往四川辦理金川軍需奏銷仍授廣東巡撫時番禺茭塘灣爲盜藪出沒數百人刼掠官民無數前後大吏不敢過問湖下車卽密行蹤訪得實遂商之總督巴延三延三初猶豫旣乃央委按察使汪新同廣州府李天培率兵千餘人捕之天培畏怯言盜勢炎甚恐文官率兵不能撲滅湖怒曰爾畏死耶如殺爾知府吾當統

大兵至爲爾報仇若殺我巡撫　皇上自有天兵至爲巡撫報仇何畏耶若不前當參汝以狥天培遂隨臬司往四面設伏夜半鼓譟而入直搗其巢巢名老鼠山三面臨海其賊首粱亞香聞風卽率其醜類施鎗矢抗拒官兵踴躍爭先擒其賊百餘人亞香見勢不敵卽遁至海邊扳倒枯樹擲之水中騰身抱樹而逃于海汪命善泅者駕小舟擒于海中時庚子年五月也奏聞　上嘉之命嚴審其黨湖派布政司粱同書按察使汪新糧儲道李廷揚率府縣于署大堂前搭棚刑訊務使無縱無枉匝月案成其審一百八十

人所刼數百案請　王命同日決于敎場改鑄大鐵貓于老鼠山鎭之自是盜風始息先是未決前一日請巴督會審列一百八十八于堦下巴至問曰爾等尚有寃枉否中一囚遽翹首喊寃湖卽令批其頰抗聲謂巴曰如有寃呌伊等于閻王殿前指名告我李湖與總督無干也巴艮久從容謂湖曰貴撫疊加覆審自無寃抑但余旣蒙見邀會審豈可嘿無一言湖乃謝時余方提學廣東親見其事後余任滿覆命
上問曰茭塘之事雖是督撫同奏看來巴延三未必能辦必出李湖也余奏曰事本李湖訪聞而用兵則

巴延三恊差武弁同心緝獲　上以爲然湖逾年卒于官　上聞悼恤予祭葬加贈尚書銜謚恭毅官其子袁子才云又川巡撫廣東以清嚴爲政輿人歌云廣東眞樂土來了李巡撫聖眷甚隆而積勞成疾薨時袁樹香亭往送入殮見公面目手足作黃金色光耀照人亦一奇也在官淸儉衣帽皆質古侍者不許衣紈紬其食肉二觔奉繼母太夫人已則素菜而已絕不修理衙署嘗曰居官如傳舍粉藻徒苦民也爲通永道時用東坡詩語扁其聽事廳曰鴻雪堂題一聯于柱曰人苦不自知願諸君勤攻吾短弊去其太

甚與爾衆率由舊章爲粤撫時每歲貢不過土儀茶葉荔圓等粤爲洋貨充牣之地如自鳴鐘時辰表皆量俸所入雇匠于署監製從不索之洋船　上亦畳收之嘗問大學士和珅曰當今督撫誰淸對曰莫如李湖覩其貢可知也先巡撫貴州有入境口號云雙旌遙指貴陽城紫蓋紅旗夾道迎自愧書生當重任不知何以報昇平恭毅嚴肅而待士獨寬在廣監臨不許兵役搜檢以故闈內多夾袋亦太寬所致云

金蓮㮚遇

古來君臣唱和帝舜皋陶之賡歌成王召穆之遂歌

尚已三代後如漢武帝唐太宗元宗宋仁宗皆有賡
颺然皆君唱臣和從未有臣作詩而君和者乾隆七
年二月二十七日庶子張南華鵬翀奏進經史召對
賞　賜御書鵬翀以所畫春林淡靄圖進呈並題六
詩于上末用頭字韻云珍秘瑯函特許求他年擬結
賜書樓天公定遣雲霞護長有龍光在上頭　上用
韻　賜和六首有題其畫云吟詩不用錦囊求好句
還多趙倚樓此日金蓮爲誰撤他年佳話紀池頭以
君而俯和臣詩從古帝王未有此冲然若谷也而
直以東坡金蓮事比之尤爲奇遇是日　賜松花石

硯上有　御銘以靜爲用是以永年八字再和重進
末云宜賜頻仍不待求勝將仙樂下珠樓詩成天上
攜龍尾畫絕人間說虎頭南華詩既敏捷　上亦天
縱多能每日宣召至再至三一時詞館諸臣俱榮其
寵皆有和詩南華彙爲金蓮榮遇集君臣賡歌一堂
誠千載嘉話也南華翌日又以所畫日長山靜便面
進呈　上題其畫云彷彿前生是葛三畫禪瀟灑擅
江南大癡更擅坡仙筆勍敵江山兩不慙南華恭和
云疎野平生似魏三敢同竹箭擅東南偶然潑墨承
天獎林澗還愁抱媿慙蓋以東坡許之其寵異如此

淡墨錄卷十二畢

淡墨錄卷十三

綿州　李調元　雨村

詩墨

金甡字雨叔號海住仁和人由雍正癸卯舉人官國子監學正乾隆七年壬戌會試第一名殿試一甲第一名進士及第授修撰官至內閣學士兼禮部侍郎著有雨叔詩墨人皆誦之是科榜眼楊述曾字二司陽湖人薦舉博學鴻詞探花湯大紳字孫書號藥園陽湖人俱授編修

新城隍

胡鵬南福建連江人乾隆七年壬戌進士改庶吉士授編修改御史巡視中城一日聞姊病往視之姊已昏迷聞胡至聳然而起曰弟來視我甚善然弟宜速歸胡不肯姊起用手推之家人子弟不解其故胡既去姊語家人曰我方死去押差將我送至城隍廟路遇旗皂役曰舊城隍陞去新城隍到任汝且將女犯押回問新城隍何人曰吏科給事中胡鵬南也我驚醒不意鵬南即坐我床上故我勸令還家汝等可速往視之如其言胡已沐浴朝服而逝矣胡乃袁圃座師親為人言

石亭公傳

南滙吳沖之省欽余同年也官侍講時工古文為先君作傳序事潔淨人皆稱其簡老有法傳云李化楠字廷節綿州羅江人石亭其號也為人壯貌雄偉氣度豁達幼與羣兒戲公自為官兩兒設為兩造有狡黠不以理訴者變色撲之羣兒卒輸情受杖而去識者知之曰此他日循良吏也乾隆七年舉進士十七年令餘姚姚邑故瀕海賦重民玩多去而為盜公以次捲獲搆屋三十餘間扁之名曰枉生所責城中技能之師假官錢為資本授以所業業成其師具狀領保而出終其身不復犯值歲饑公差其輕重預記烟戶大小以待賑賑務為全浙冠調秀水復攝平湖前令翟某在湖七年積案至三千有奇公計日定程飲食皆在堂上早午晚決訟若干件任民觀聽民為之語曰雲霧七年三月見天而令甲州縣吏本任不以繁調繁去之日湖人傾城走送哭聲震野浙撫今直隸總督楊公以治狀聞會丁文林公憂服除　特旨以同知發直隸補用假牧滄州州盜藪各省按提者如蝟君籍戶口狀貌小字無不實以是隨提隨得曹家庄多回種日殺牛聚會夜則四散為奸公忽于夜

半挾弓矢率健卒數十人擒其魁餘論治如法盜爲之空假涿州補天津府同知以內艱去服除仍赴直隸候補假牧霸州薊州補宣化府同知調順天府北路同知督密雲懷安平谷城工懷餅餌以油傘自蔽巡歷烈日中一磚一石毋有竊濫又兼攝密雲縣事是時京師奸人剪辮髮者蔓連數省無佐証北路有張二者爲讐人誣告公知其冤而行在慮囚甚急公以獄詞未定拒不發已挂吏議旋經大臣察其實奏請寬免事始解　上行圍木蘭公匍伏道旁　上笑謂扈駕諸臣曰是李化楠耶可謂强項矣人謂上有

鄉尙用意卽太府益倚重公密雲令任某以事被劾公讞得實矣有齮齕公者力持之而公素肥碩令漸時痰常上逆至是又患怔忡祀竈日以事過都門購參餌自隨越二日入會城命從者瀹茶忽解所佩刄自傷茶至從者驚相呼公躍然曰吾安得血被手耶創未深然亦竟不治聞者皆詫嘆有泣下者後任某卒以贓罝重典而力持者亦得罪戍邊衞以去人以是服公神明云公讀律成誦凡案牘皆手自評斷嘗言居官有六字訣眼到身到心到又曰一錢一票沒要緊當之者一家哭矣精九章法穀儲有不能算者一布指卽知其數其所治皆極衝　時巡秋獮供頓立辦無浮費無虛派也通籍後祿養甚至其䘏卹也會葬者千人於雲龍山立家祠置田贍族少時耕且養據隴上挾書而哦少惰文林公卽擲以礫故公左領有瘢羅江人　本朝未有成進士者公蓋破天荒云藏書數萬卷皆自浙載歸他生產不復問所撰族譜二卷治署四卷石亭詩十卷子三調元癸未進士內閣中書授翰林院庶吉士改吏部文選司主事譚元國學生聲元出爲弟化樌後贊曰公以壬申校浙闈得沈君祖惠爲解首儒林多稱之要其獲上治民不

媿古循吏矣疾由心作天若甚之然公之沒未幾而忌公者旋以他事敗密雲亦卒如君所讞天人之理固若斯不爽也抑可以無恨矣

澄海樓聯句

乾隆八年十月十六日　上自盛京蕆事還京道入榆關登澄海樓望海雪霽千峰波明萬頃天容海色洵屬奇觀時張照粱詩正侍從因奉　命聯句凡字畫涉水部者概不用仿歐陽永雪禁體也　御製康回昔憑怒使地東南傾太始本無始常盈是不盈雙九出其裏元氣鼓爲營島嶼獲拳石張照　御製軒

樓倣綉甍籠蔥疑貝闕髣髴見瑤京鞭石橋終斷嘘烟市乍更星槎何處轉鼇柱若為擎邈矣端倪谿梁詩正　御製雄哉氣象崢禹功思四載秦業剏孤城萬壑朝宗此纖珠茹納弁由來無守土亘古只空明直上到天險張照　御製横陳據地振目迷光晶皓耳駭聲砰轟精衛塡難盡長虹駕可成三壺遠縈帶重溟鎖飛鯨賦羨木華博梁詩正　御製詩吟玉局英平鋪歷劫雪喜遇初冬晴望嘆曾聞若來遊誰遂蜻內光含煜煜陰火凉熒熒絶域隨風遠張照　御製方諸應月呈坎重不失信天一乃居貞比樂韶觀止

如山聖景行空傳香象蹈謬執窅纖評有以謙能受梁詩正　御製虛將白自生苞乾恢度量吐日煥晶瑩永奠寰區晏仙鄉底問程乾隆十有九年秋　上命吉林至盛京恭謁　三陵禮成旋蹕以孟冬二日入關再登澄海樓距癸亥前遊周一紀矣星霜亟易風景猶新爰　命舉成例　命汪由敦劉綸用禁聯疊前韻既暢登臨並誌歲月云　御製坤載既盤礴坎德靡虧傾豚屬天地氣暈應朝夕盈朱垠暨闇廣朔野奄幽營再尋臨碣石汪由敦　御製重登俯雕甍梁適侍予舍張鶩返仙京璧詩猶好在屋籌凡幾更螺丸大塊點眉頁岑樓擎霞標傍檻矗劉綸　御製雲嶠對嵸崢東叟尋蓬嶼巨蜃吹層城霧露不辭受壑谷容來弁雲錦織迴紫玉繩接通明陽侯逞陵軼汪由敦　御製嶽祇恣磓振斫陣萬馬駭突圍千牛轟禁體續前例罰期嚴後成錢毫蘸勺蠡犒餌投長鯨志怪蹟誰覈劉綸　御製求眞才豈英一杯納日月億劫噓陰晴底事稱白露奚從欵紅蜻爰居享鞺鞳鮫室眩煌熒藏積梵書列汪由敦　御製鉅最韓碑呈何無復何有日虛亦日貞赤石靈運進絲綺成連行遠航越裳候奇書賈胡評隱娥歸墟守劉綸

御製颶母船趠生珊瑚周其趾蠙珠燦厥瑩壯觀向空廊郵籤慢促程洵　聖朝佳話也

誣告解元

乾隆九年甲子馮香山秀才夢神告曰今歲江南鄉試題樂則韶舞馮次日即作此題文熟誦之入闈果是此題以為必售榜發無名就館廣東夜間獨步聞二人咿唔聲聆之其闈中所作文也一人誦之一人拊掌曰佳哉解元之文馮竊疑以為是科解元必竊截卷面偷其文字辭館入都以狀具控禮部部為奏聞行查江南解元薛觀光文雖不佳並非馮稿獲

誣告之罪發配黑龍江

鄂文端不廢科目

乾隆九年兵部侍郎舒赫德上廢科目疏時首相鄂文端公爾泰持議力駁得以不廢其原疏云科舉憑文而取案格而官已非良法況積弊已深僥倖日衆古人詢事考言其所言者卽其居官所當爲之職事也今之時文徒空言而不適於用此其不足以得人者一墨卷房行輾轉抄襲膚詞詭說蔓衍支離以爲苟可以取科第而止其不足以得人者二士子各占一經每經擬題多者百餘少者不過數十古人畢生

治之而不足今則數月爲之而有餘其不足以得人者三表判可以預擬而得答策隨題敷衍無所發明其不足以得人者四且人材之盛衰必于心術之邪正今之僥倖求售者弊端百出探本清源應將考試條欵改移而更張之別思所以遴拔眞才實學之道等語文端公駁曰謹按取士之法三代以上出於學漢以後出於郡縣吏魏晉以來出于九品中正隋唐至今出于科舉科舉之法每代不同而自明至今則皆出於時藝三代尙矣漢法近古而終不能復古自漢以後累代變法不一而及其旣也莫不有弊九品

中正之弊毁譽出於一人之口至於賢愚不辨閥閱相高劉毅所云下品無高門上品無寒士者是也科舉之弊詩賦則祇尙浮華而全無實用明經則專事記誦而文義不通唐趙匡舉所謂習非所用用非所習當官少稱職吏者是也時藝之弊則今舒赫德所陳奏是也聖人不能使立法之無弊在乎因時而補救之蘇軾有言觀人之道在于知人知人之道在于責實苟能責實則雖由今之道而振作鼓舞人才自可奮興若專務循名則雖高言復古而法立弊生於造士終無所益今舒赫德所謂時文經義以及表判

策論皆爲空言勦襲而無用者此正不責實之過耳夫凡宣之於口筆之於書者皆空言也何獨今之時藝爲然且夫時藝取士自明至今殆四百年人知其弊而守之不變者非不欲變誠以變之而未有良法美意以善其後且就此而責其實則亦未嘗不適于實用而未可槪訾毁也何也時藝所論皆孔孟之緒餘精微之奧旨未有不深明書理而得稱爲佳文者今徒見世之腐爛抄襲以爲無用不知明之大家如王鏊唐順之瞿景淳薛應旂等以及　國初諸名人皆寢食夢寐于經書之中冥搜幽討殫智畢精殆於

聖賢之義理心領神會融液貫通然後參之經史子集以發其光華範之規矩準繩以密其法律而後乃稱爲文雖曰小技而文武幹濟英偉特達之才未嘗不出乎其中至於奸邪之人迂懦之士本於性成雖不工文亦不能免未可以爲時藝咎若今之抄襲腐爛乃是積久生弊不思力挽末流之失而轉咎作法之涼不已過乎即經義表判策論等苟求其實亦豈易副經文雖與四書並重而積習相沿慢忽既久士子不肯專心肄習誠有如舒赫德所云數月爲之而有餘者今若著爲令甲非工不錄則服習講求爲益

非淺表判策論皆加覈實則必淹洽乎詞章而後可以爲表通曉乎律令而後可以爲判必有論古之識斷古之才而後可以爲論必通達古今明習時務而後可以爲策凡此諸科內可以見其本原之學外可以驗其經濟之才何一不切于士人之實用何一不見之於施爲乎必變今之法行古之制則將治宮室養遊士百里之內置官立師獄訟聽於是軍旅謀於是又將簡不率教者屏之遠方終身不齒其毋乃徒爲紛擾而不可行又況人心不古上以實求下以名應與孝則必有割股廬墓以邀名者矣與廉則必有惡衣菲食弊車羸馬以飾節者矣相率爲僞其弊尤繁甚至借此虛名以干進取及乎莅官之後盡反所爲至庸人之不若此尤近日所舉孝廉方正中所可指數又何益乎若乃無大更改而仍不過求之語言文字之間則論策今所見行表者賦頌之流是詩賦亦未嘗盡廢至於口問經義背誦疏文如古所爲帖括者則又僅可以資誦習而於文義多致面牆其餘若三傳科史科名法書學算崇文宏文生等或駁雜放紛或偏長曲技尤不足以崇聖學而勵眞才矣則莫若懲循名之失求責實之效由今之道振作補救

之爲得也我　皇上洞見取士源流所降　諭旨纖悉坐照司文衡職課士者果能實心仰體力除積習杜絕僥倖將見數年之後士皆束身詩禮之中潛心體用之學文風日盛眞才日出矣然此亦特就文學而言耳至於人之賢愚能否有非文字所能決定者故立法取士不過如是而治亂盛衰初不由此無俟更張定制爲也舒赫德所奏應毋庸議八月十四日奏奉　旨所議是科目不廢者文端公之力也

恩赦夾帶

乾隆十三年三月初八日會試頭場搜檢各省舉子

皆無夾帶惟有浙江溫嵩會一人有細字一張係三場策問數條應照例治罪　上以今年眾舉子皆知感朕培養之恩一洗從前醜惡之習只此一人罹罪意可嘉焉著將溫嵩釋放仍留舉人准其下科會試

重修翰林院

乾隆九年甲子重修翰林院落成十月二十七日

聖駕臨幸莅兩掌院大學士入署　御書賜額二曰稽古論思曰集賢清秘賜宴賦詩以唐張說麗正書院東壁圖書府西園翰墨林誦詩聞國政講易見天心五律二十字為韻　御製東字音字　敕諸臣各

分一字梁詩正得聞字云緗縢增故事盛典越前聞汪由敦得林字云瀛海文章圃蓬山道德林張若靄得羨字云詩分燕國字禮重傳巖羨是也餘不備載是日與宴者百六十餘人燕次中和清樂奏玉署延英之曲令伶人演唐沈佺期宋之問昆明賦詩故事更倣柏梁體聯句　召至　御前賜酒者大學士而下十有三人　上諭大學士掌院諸大臣曰致治當崇實政為學當務躬行勿專尚文詞我君臣所宜共勉讌畢復拜　御集文綺縧箋之賜並　賜古今圖書集成一部貯院中是日　上御清秘堂小憩復得七律一章亦　宣示諸臣翰林院宴畢　駕幸貢院周覽號舍軫勞舉子幸勤　御製七律四章勒石至公堂登觀象臺省視儀器自古帝王未有之盛舉也

稼軒山水

錢維城初名辛來其父夢辛稼軒而生故名後改今名乃字稼軒以應夢兆乾隆十年乙丑科前四月夢行天榜狀元為金谿李建中已為探花榜眼不著姓名後榜發公為狀元而李建中竟在二甲以知縣用亦不可解語子不授修撰入直內廷屢遷至工部侍郎調刑部侍郎工山水邱壑幽深氣韻沉厚迥不猶人

其座主錢香樹云稼軒自幼出筆老幹秀骨天成通籍後又得力于東山者也畫徵錄東山董公邦達也

莊夢未醒

閣學武進莊方耕存與乾隆十年乙丑榜眼累司文衡酷好短篇所取闈墨不過三百字卽間有至四百字者而元文必短士子見其來率以假成宏規模應之所謂贋假古董也其中亦有故以千尋之才入咫尺之短而中者然要之以皮毛弋獲者居多而莫甚于二十三年浙江鄉闈所取解元高毓龍者烏程監生也本不讀書隨其父某在任所辦事是科方耕偕

編修山東鞠愷典試高方從任所歸人言今科主考好短篇只消隨筆寫數行便可望中高自發冡成篇後即出外奔馳空疎久矣聞之心喜亦隨衆觀場首藝題爲顏淵曰願無伐善無施勞子路曰願聞子之志高不知文法直作兩比寥寥數語首尾俱無起結莊搜落卷已爲詩五房房考朱濬所抹濬字約齋甯夏舉人即烏程令也莊得之大喜以爲元朱力爭此文稚氣未除浙江文獻之區以發解恐人訕笑莊素剛愎堅不肯從既定元以爲必名宿也鞠畏其勢不敢開口榜發見係監生又素無名望乃心悔之時先

北路亭公宰秀水亦在内簾分禮記房考親見其事高二三藝潦草皆莊爲之代作發刻今尚有莊所改高原稿本房魁爲仁和王學濂亦素無名望與高同皆主考搜落卷而得之者浙人集唐詩二句嘲之曰莊夢至今猶未醒鞠花從此不須開

三弟子

王際華字秋瑞號白齋錢塘人乾隆十年乙丑第一甲第三名進士及第授編修丁卯順天同考官歷陞至侍讀學士十五年庚午以湖北遷内閣學士兼禮部侍郎晉戶部尚書兼署刑部二十八年癸未會試大總裁余座師也充禮器總裁今兩帽三品以上用全紅六品以上用紅罩青絲未入流以上用青罩紅緣庶民用純青公所定也初公入學時年才十七偶游湖鳴寺夢影堂老僧以線香五十四枚與之曰我有三弟子一夢麟一錢維城一汝也汝將來司刑名時當超度某案再來皈依原位公秘而不言後果至大司農兼司寇壽五十四而終

揣元得元

蔣元益字希元一字漢卿號時庵蘇州長洲人十三歲作文呈義門先生即爲所賞十四歲從沈篁邨先

生學書法己酉二十二歲中式九十五名座主爲大廷尉長汀黎公宫允安溪李公後官少宗伯房師爲江西丁酉孝廉安仁姜公隣省進士舉人入簾創始此科後行三科而罷是年八月元益入頭場祖母顧太夫人夢天門開一星冠羽衣人自日中出手持黃紙一卷冉冉而下自言我斗府眞人也太夫人驚信二氏教亟拜之因問我孫鄉試有名否眞人不答展手中黃紙示之有金書二大字即蔣名也醒以語榮祿公因以名之丁巳三十歲考取中書三十八歲自推祿命利東南木火之鄉是歲爲丙運乙年庶幾有

合而江右日者萬長春以星盤限度俱佳必當掄元遂極意揣摩時制義多濃郁竊意此種文字者不少似難與爭鋒不若守其故我清矯拔俗或亦制勝之道元益題紙下念題極閒冷濃則不稱清乃肖題遂率意一揮日未下春三藝已就四月十一榜發裒然爲舉首座主相國史文靖公以爲飄飄有仙氣列進呈第七卷葢兩錢師會試皆第七仿古人傳衣鉢故事也　御覽十卷畢以第一卷文太縟不如七卷清眞　御筆親改第一名及　廷試對策有墨點污卷不知所自來意欲刮補執事諸公僉云刮補難以進

呈實爲可惜不如換卷重寫二鼓始完憶重寫一策字擬第四卷究以重字臨進呈易去及讀卷時每拆一卷　上必問會元在那裏衆未對問至三阿文端公對以不在內自六卷以下遂不復拆名　朝考取第五名揀選一等引見時　上顧閣臣曰這是會元遂得館選教習癸酉提督山西學政壬午提督山東學政己卯在山右將得替時夢至一大署顏曰見山堂及是登四照樓有扁曰悠然見南山可見事皆前定也陞鴻臚寺少卿光祿寺少卿太僕寺少卿陞通政司副使擢順天府府尹　上亦稱許謂氣度甚類

汪由敦大有可造陞都察院右副都御史內閣學士兼禮部侍郎已丑陞兵部右侍郎甲午典試浙江鄉試九月甫出闈即拜視學江右之　命丁酉卸事回京子方視學廣東相遇于廬山東林寺攀談久之戊戌致仕戊申年八十一卒

解元得名宿

李因培字鶴峯雲南晉甯人乾隆十年乙丑二甲九名進士改庶吉士授編修陞閣學十七年典試浙江得解元嘉興李祖惠人服其工房考郎先北路公也二十七年督學江蘇考至淮安方唱名正躊躇間地

大震轅外旗竿被龍攫入雲中不知所往河水暴漲與高家堰相齊河督高公及各廳官面如土色皆云西風一大則淮楊休矣方恐怖間忽轉東風天低若葢將壓人頭見黑龍在雲中拖尾取水數捲後傾刻之間洪澤湖水低三丈人以大安龍之鱗甲金光四射惟頭角則不可見此石埭縣教官沈公雨潭所目擊者官至湖北巡撫

可當秀才二字

史貽謨字仲堂溧陽人乾隆乙丑進士改庶吉士授編修晉司經局洗馬兼翰林院修撰丙子順天鄉試

房考官戊寅提督四川學政乙卯余補科考拔置一等第一謂諸生曰余考蜀三年未見一秀才此方可當秀才二字賞花紅曰以余卷命成資綿諸生共閲文字策詩以爲法即日命給雙花紅從中門出送入錦江書院肄業是科余中五名癸未會試第二名先生常爲人言以憂歸不出平生知已之感莫甚於此

解元四六

乾隆十二年丁卯順天解元紀昀獻縣人時房考吏部員外郎陳鍔見前場三藝已呈薦元矣閲至二場表乃知古作尤爲冠場亟呈兩主司驚以爲子雲復

生遂錄進呈今錄出以見先生少年筆墨尤爲峯秀學山瀾清筆海云擬乾隆十一年上特召宗室廷臣分日　賜宴瀛臺賦詩聯句賞花釣魚　賜賚有差羣臣謝表伏以　皇慈霧洽雅叶夫酒醴笙簧　聖渥天浮道契夫賡歌颺拜秋深桂苑蓼蕭沾濃露之華日麗繪峯葵藿依太陽之照集公姓公族以式燕玉牒生光合大臣小臣以分榮冰銜動色靈槎八月貞同海客之遊廣樂九成似返鈞天之夢屏藩有慶簪組騰歡臣等誠惶誠恐稽首頓首上言竊惟世道昇平著太和於有象朝廷清暇敷愷樂以無疆鼓吹

休明必有詠歌之作潤色鴻業爰申燕樂之文故象協鳳梧誌卷阿之雅會興傳魚藻留鎬邑之遺風鹿鳴以下共六詩君歌臣荅白華而後爲一什誼美恩明天王燕則諸侯毛司儀夙傳其職掌工歌備而太師告禮經亦著于典章在先王皆具有明徵及後世乃别名曲宴柏梁臺上藩封以迨於郎官蒲萄宮中宰執兼隨以學士五王共宴花蕚樓頭三等分詩曲江亭畔咸亨之會二王同太子俱從麗正之筵兩相暨禮官咸在情契荆枝之句興慶移鑾詩吟花柳之天樂遊置酒莫不燕衎于暇豫用以祝頌夫太平然

而大陵享神歸藏旣誕洞庭張樂莊叟尤夸汾水新詞不入西山之錄瑤池舊事浪傳汲冢之書雖有其文蓋無足道至于甯哥噴帝黃幡綽於以解嘲婉兒評詩宋之問鬬其警句砑光帽小汝陽旋舞以簪花飛白書成常侍登牀而乞字每嫌輕薄豈曰風流未有沐浴深仁醉以酒而飽以德昭宣盛典禮同節而樂同和如今日者也茲蓋伏遇　皇帝陛下虹璧當陽龍圖啟運澤洽四表薫風入舜帝之琴德訖八荒瑞露浮高辛之甕雲生於牖松生於棟無爲宰萬化之原樂以爲御德以爲車有道識一人之慶固已民

康物阜不殊華胥之遊遠乂邇安宛似春臺之樂九
年耕而三年食世登含哺鼓腹之天十日雨而五日
風人識位育中和之化史官載筆于玉署頻登大有
之書　天顏有喜于瑤階爰下推恩之典用相交於
上下務兼備夫情文乃移法駕之清塵焚香灑酒聿
舉趯陂之高會鼓瑟吹笙乘泰運者百三年再行曠
禮過中秋者十二日先及懿親或慶衍於螽斯或派
分於麟趾文昭武穆盡周家子姓之班東平河間皆
漢室宗盟之望昔年故事曾裁桐葉以分圭此際邇
逢更叶棣花以侍宴未央二十萬之賜方此未多唐

皇十六宅之榮覺其尚陋迨乎翼日遂及羣臣落望
後之仙蓂尚餘兩葉問重陽之瑞菊僅隔十朝則有
轉弼依垣列三臺以拱極卿士惟月分九道以從星
鵷鸞集藜閣之英藝峯日曉獬廌映柏臺之繡烏署
霜寒官司鹽梅俱陪嘉會班聯槐棘咸預清行職盡
清華鄭鮮之未容啟事人兼風憲李栖筠亦得從遊
儀肅冠裳列分左右時乃仙車九九降來五色雲中
玉佩雙雙隨過百花橋上參差貝殿疑浮弱水之三
千隱現珠樓似見崑崙之十二滄洲曉氣化為宮闕
之形閶闔秋風吹入金銀之樹舟浮太液驚黃鵠以

翻飛帳啟昆明凌石鯨而問渡指天河之牛女路接
銀潢搴秋水之芙蓉域開香國尋芳曲徑惹花氣於
露中垂釣清波起潛鱗于荷下檀林瑤草似聞金谷
之郁芬桂餌翠綸喜看銀盤之撥剌大官賜膳圖雲
刻雷之尊光祿傳餐漬桂釀花之酒青龍布席白虎
執壺四瀆作杯五嶽為豆琳瑯法曲舜韶奏而鳳凰
儀渾穆元音軒樂張而鳥獸駭紅牙碧管飛遏韻以
干雲羽衣霓裳驚仙遊之入月莫不神飛而色動共
酌太和咸覺心曠而情怡同餐元氣遂乃集枚馬呼
應劉歌詠清平揄揚盛美　天章首煥落一串之驪

珠　御筆高標扛百斛之龍鼎葛天浩唱不推羲繩
以前叢雲奧詞漫道媧簧而後因之句成七字彷漢
韋以聯吟人賦五言分唐詩而探韻宮鳴商應俱協
和聲璧合璋分細裁麗製歌叶八伯共依糺縵之華
頌出九如齊上岡陵之祝當茲颺言以拜手彌增嘉
慰于　宸衷鴛綺七襄抽仙絲于香草鸞牋十色分
妙製于桃花織天女之金梭名高蜀郡砑吳都之銀
粉價壓膠東玉井波寒灌瓜桃于懸圃鉄舡渡遠分
蓮藕于華山帶去歸鞍香拂青絲之籠傳來中使光
搖赤玉之盤皆得攜出人間爭識來從　天上西苑

賜遊之佳話會何足云北門侍宴之恩榮無能過此
笑貞觀豐年之慶筵啟丙辰陋開元麥秋之登樽移
端午千秋曠禮萬古奇逢洵哉遊豫之風允矣泰交
之象臣等才同樗櫟器謝棟梁藻有愧于摛天賦未
堪以擲地濫列金章之寵叨分玉局之班簪白筆而
莫效涓埃侍黃門而多慚獻替六鰲雙鳳知點竄之
難工九几五筵屬遭逢之有幸得與鹿苹之會彌增
鳧藻之思伏願化洽郅隆治超皇古無逸而乃可以
逸常軫夫康功田功已安而益求其安每惕夫一日
二日撫池臺之勝槩則思靈囿之子來對魚鳥之親

人則思奴王之咸若觀九族之燕笑則思自親睦以
至平章顧千官之肅雍則思正朝廷以及邦國賞花
而念貢花之非禮勿信其小忠垂餌而知食餌之不
情務察其大僞供來芳饌莫忘瘦嶺之耕人俸出霜
綃當屢寒江之浣女樂諧韶濩致戒夫琴瑟之專詩
被管絃務親夫風雅之正則宮爲君商爲臣角爲民
徵爲事羽爲物音有五而協氣長調肅時雨乂時暘
哲時燠謀時寒聖時風疇次八而休徵感應銀繩玉
檢不數夫七十二君玉燭金甌永固于百千萬世矣
臣等無任瞻天仰聖激切屏營之至謹奉表稱謝以

聞本房批云抽園客五色之絲織天女七襄之錦高
文典冊沉博絕麗非此鴻筆不足稱斯鉅典殆和其
聲以鳴國家之盛者耶固宜書以銀管麗被金泥

男女授受不親

梁國治字階平會稽人父官刑部司獄向詣獄者司
例有所索皆不受督獄卒潔除一切飯食几可以方
便者多方調護不倦二十年如一日擢刑部主事卒
國治時年十一扶櫬歸里道出淮陽時司鹺李公與
其父昆弟交也助其安葬之資並邀入署與子同學
李夫人亦待如猶子每使侍婢致果餅國治輙藏之

一日使小童致之遂食焉盡以所藏令謝夫人曰男
女授受不親前以侍婢所致故不食也夫人大驚謂
他日必成令器（見補堂筆談）是科大魁授修撰官至戶部
尚書大學士是科榜眼陳枏仁和人官至編修探花
汪廷璵字持齋授編修官至閣學會元則江南靖江
人鄭忬也

預定兩魁

查虞昌字鳳喈號梧岡海甯人編修祥之長子丁卯
本省十六名舉人甲戌會試二甲進士授戶部主事
丙子丁艱先北路公由秀水署平湖令延請至湖教

余昆仲丁丑先生回海甯余隨館于其家戊寅先北路公丁祖父憂余始自海甯回秀水當是時余宦遊所從師如鄞之俞醉六先生杭之陳學川先生嘉興之沈虹舟先生皆貧篓未久所學止制義惟梧岡先生則詩古文詞獨得心傳窮究五經廿一史旁獵百家藝學自是始有根柢云己卯侍先北路公回蜀是科余中本省鄉試第五庚辰北上禮闈下第留京辛巳以會試榜授中書而是年先生亦補官來京住馬神廟召余館于宅之前軒仍得朝夕請益問難癸未會試余與嘉善今任湖南巡撫浦霖皆先生門下錄

闈文呈質先生曰觀二生才氣縱橫恐不獲雋獲則必魁已而榜發余中第二名浦中十四名果皆魁余選庶吉士浦授戶部主事丙戌散館余亦改授吏部主事官直隸通永道先生旋陞員外至郎中選安徽池州府知府不赴攜眷回浙自是不復親函丈矣回憶朝夕訓廸苦心不禁淚涔涔云

淡墨錄卷十四

綿州　李調元　雨村

辛未保舉經學

乾隆十四年己巳十一月初二日奉　上諭聖賢之學行本也文末也而文之中經術其根柢也詞章枝葉也翰林以文學侍從近年來因朕每試詩賦頗致力于詞章而求沉酣六籍含英咀華究經術之閫奧者不稍槩見豈篤志正學者鮮歟抑有其人而未之聞歟夫窮經不如敦行然知務本則于躬行爲近崇尚經術良有關于世道人心有若故侍郎蔡聞之宗

人府府丞任啟運研窮經術敦樸可嘉近者侍郎沈德潛學有本源雖未可遽目爲通儒收明經致用之效而覼獺祭爲工剪彩爲麗者迥不侔矣今海宇昇平學士大夫舉得精研本業其窮年矻矻宗仰儒先者當不乏人奈何令終老牖下而詞苑中寡經術士也大學士九卿外督撫其公舉所知不拘進士舉人諸生以及退休閒廢人員能潛心經學者慎重遴訪務擇老成敦厚純樸淹通之士以應精選勿濫稱朕意焉欽此誠曠典前此所未有也嗣內外所保舉四十九人十六年辛未　諭大學士九卿再行虛公覈

實確舉以聞如果衆所共信即不必考試於是公同會核得陳祖範吳鼎梁錫璵顧棟高等四人 上諭既衆論僉同其平日研窮經義必見之著述朕將親覽之以覘實學在京送內閣進呈在外行督撫取不必另行繕錄致需時日啟勦襲贋鼎之弊于是吳鼎進象數集說一部集說附錄一部易問一部春秋四傳選義一部易堂問目一部考律緒言一部梁錫璵進易經揆一一部恭呈 御覽六月初十日吏部帶領引 見十一日奉旨吳鼎梁錫璵俱以國子監司業用吳鼎旋補葉酉調中 允所遺司業缺梁錫璵

一體食俸不爲定員二人具摺謝 恩賞紗各四疋是日 召對勤政殿 上曰你們以經學保舉朕所以用你們去教人但窮經不在口耳須要躬行實踐方能教人躬行實踐二臣叩頭而出尋將所著各書派翰林二十員中書二十員在武英殿各繕一部原書給還本人著梁詩正劉統勳董其事吳鼎江南金匱人舉人梁錫璵山西介休人舉人嗣復將常熟會試中式舉人陳祖範無錫進士顧棟高具授司業識銜其保薦五十人餘四十五人者滿洲則內務府監生永甯漢軍則正黃旗七品頂帶李鍇順天則進士

任助教鍾晼直隸則拔貢遲連寶拔貢任助教王之銳舉人戈濤廩生李稔江南進士則原任編修吳華孫舉人徐文靖顧鎮盛衡趙繼卒蔡寅斗張欽劉始興副榜劉大櫆張鳳孫拔貢鯀周崙周振采廩監儲師軾廩生程廷祚劉鳴鶴生員惠棟監生盛照布衣吳鏡江西舉人原任廣西西甯縣知縣劉斯組舉人張錦傳廩生龔元玠浙江則進士原檢任討吳大受原任庶吉士會爭煜御史范咸舉人知縣降調充三禮館纂修議敘吳廷章舉人現任學正王延年舉人張檜沈樹德張仁浹中順天副榜方天游錢載拔貢周天度

廩監周大樞湖廣則編修夏力恕河南則進士原任宗人府主事王文清陝西則檢討孫景烈拔貢原任四川成都縣知縣劉紹攽貴州則進士原任大名道陳法也未幾徐文靖授檢討銜王延年授司業銜

紀事編年

王延年字介眉錢塘人薦博學鴻詞少常夢至一室漢書古器盎然橫陳榻坐一叟短身白鬚見客不起亦不言又有一人頎而黑揖介眉而言曰余漢之陳壽也作三國志黜劉帝魏實出無心不料後人以爲口實指榻上人曰賴此習彥威先生以漢晉春秋正

之汝乃先生之後身聞方撰歷代編年紀事夙根在此須勉而成之言訖手授一卷書俾題六絕句而寤寤後謹記二句曰慚無晉漢春秋筆敢道前身是彥威後介眉年八十餘人薦舉經學進呈所撰編年紀事得賜翰林侍讀終國子監司業

經義

陳祖範字見復常熟人雍正癸卯 恩科鄉會聯捷進士以博學鴻詞薦不就後奉 命舉經學館閣諸公 奉其名復以所著經義進 呈欽 賜國子監司業拜 命于家終未出

學使候榜

吳鴻字頡雲仁和人工制義乾隆丁卯解元十六年辛未狀元授修撰鴻督學湖南壬午科湖南主試者爲喜定錢公辛楣陝西王公偉人諸生出闈後各以闈卷呈吳吳所最賞者爲丁甡丁正心張德安石鴻翥陳聖清五人曰此五卷不售吾此後不復論文矣榜發日吳招客共飲使人走探俄而抄榜來自六名至末只陳聖清一人吳旁皇莫釋未幾五魁報至則四生已各魁其經如聯珠然吳大喜過望一時省下傳爲佳話先是陳太常兆崙在都中以書賀吳云今

科楚南得人心盛蓋預知吳錢王三公之能知文能拔士也吳首唱一詩云天鼓喧傳昨夜聲大宮小徵盡含鳴當頭玉笋排班出入眼珠光照乘明喜極轉添知己淚望深還慰樹人情文昌此日欣連曜誰向西風訴不平一時和者三十餘人後又督學廣東嘉應州多六篷舫舫戶皆蜑孃供應侍奉較家人尤當意以雇舫則伺候者皆蜑孃凡地驛站必雇其舫既中艙即蜑孃房而除此有篷前後無之也視學官船亦用之鴻入船恐其犯已戒肅吏甚嚴凡船有蜑孃盡逐入他舟吏商令蜑孃穿其篷夜大雨篷漏呼左

右皆佯不應而漏愈甚至寢榻皆濕不得已遂呼蜑孃點燈使視其漏明日乞詩吳書一絕云濤箋親捧剪輕霞小立當筵蹙錦靴休訝老坡難忍俊多因無奈海棠花此蜑聲價頓增人呼狀元嫂

會元異事

周澧字芑東嘉興人乾隆庚午解元主司裘叔度忽得周元度易之評語有瑜亮並生之歎辛未會試第一名授編修雲谷云澧假歸澧短視舟過楊子江中帶眼鏡揭窻探頭觀金山寺適風順後船匝身而過遂刮其首卒未知確否澧會試房師出崇甯御史蔡

修箓之門修箓名時田號雪南壬戌進士辛未入房
得澧一時推爲名元

柴公屋

湯世昌號對松錢塘人乾隆辛未二甲五名進士改庶吉士授編修未遇時應試貢院僦屋而居苦其狹小見旁有大宅封鎖甚固杳無人居訪之隣人云此杭州太守柴公屋也有惡鬼作祟以故無人承買湯有胆曰借居可乎隣人笑其狂亦無阻者湯遂開鎖啟門見樓上有二棹四椅樓西有竹箱雖久無人居而塵埃不積湯心喜卽挈行李登樓一壺一棍秉燭

讀書至三鼓陰風起于窗外燈焰縮小有披髮女子赤身噴血而進湯揮以棍女惘然曰貴人在此妾誤矣仍從窗出湯喜鬼已去將解衣安寢忽樓西箱內簌簌有聲視之則此女從西廂出手執裙襖艷色衣并梳篦簪等物若將膏沐者湯愈無恐且飲且讀有頃女了梳妝畢着豔衣冉冉至前跪訴曰妾負奇冤非公不能爲我白者妾姓朱名筆花杭州柴太守妾也正妻妬而狡知太守愛妾不敢加害值妾產子時賄收生婆于落胎後將生桐油塗我產宮潰爛而亡妾兒名某正妻取以爲子至今雖長成並不知爲妾之子十年後君爲湖北主考子當出公門下公當以妾冤告之妾尸猶埋此墻之東井邊有八角磚爲記可命其來此改葬生母并指竹箱曰此皆妾藏首飾奩具處也妾亡時太守哀痛之至臨去吩咐家人勿持箱還家恐觸目心傷故也後有來竊取者妾以陰風喝退之今此中尚存三百金可奉贈湯爲慘然唯唯而已後一一如其言樓上怪從此絕而屋亦轉售他人

兆榜

廣東粱兆榜其族某素奉佛妻有娠夢觀音大士謂

曰汝生子可名兆榜將來是三甲第二十八名進士驚醒果生一男夫婦甚喜以兆榜名之卽爲捐監以待入場及年長頑蠢異常不能識字留監照無用乃以與族姪使下場卽觀察也果于庚午辛未連捷會試出侍郎雙公慶門將殿試時雙公欲爲送表聯于讀卷官觀察辭曰門生先有夢兆已定爲三甲第二十八名進士殿試前列似難以人謀也雙公笑而不信殿試榜發竟得二甲六十八名雙公愈笑其誕觀察亦疑夢之不足憑矣是科進呈十卷第一名爲諸城相國劉文正公之子墉上改二甲第二名拔杭州

吳鴻爲狀元及第二甲八十名太多命分二十卷置三甲於是梁公仍爲三甲第二十八名進士雙公嘆曰易稱聖人先天而天弗違斯言信矣

狀元有無心之賦

秦大士字澗泉江甯人乾隆十七年壬申第一甲第一名進士及第授修撰次年散館前求籤于正陽門關帝廟有問來常把此心捫之句意以神誚其陰事因鬱鬱不樂及散館題松柏有心賦以題爲韻忘押心字　上以問閱卷大臣皆頓首請罪　上笑曰狀元有無心之賦試官皆無眼之人官至侍讀學士假

歸是科榜眼范棫士字祖年華亭人探花盧文弨字紹弓餘姚人會元大倉邵嗣宗俱官編修

狀元不永年

莊培因字本滄陽湖人授內閣中書乾隆十九年甲戌第一甲第一名進士及第授修撰日講起居注官丁丑會試同考官未幾卒狀元不永年人皆惜之是科榜眼王鳴盛字禮堂嘉定人授編修由光祿官至閣學探花倪承寬餘疆仁和人會元胡紹鼎湖北孝感人皆授編修

拆字

紀昀字曉嵐獻縣人乾隆十二年丁卯解元十九年甲戌二甲第四名進士改庶吉士先是未傳臚前在董文恪公邦達家遇浙士能測字昀書一墨字浙士曰龍頭不屬君矣墨字拆之爲二甲下作四點其二甲第四乎然必入翰林四點庶字脚土吉字頭是庶吉士矣榜後果然丁丑散館授編修歷官至翰林院侍讀學士庚辰主試山西戊子秋以兩淮鹽運使盧見曾侵帑事發奉　旨籍沒家貲中書徐葢遠在軍機行走聞信密書以告籍沒無有搜出諸信有昀往來書札牽連革職入獄藏實坐徐遣戍昀發遣烏魯

木齊即二十年平定伊犂所設鎭西府之新疆也昀學問淵博考証精詳至是遣戍益得擴其見聞俱見所著如是我聞中昀在烏魯木齊不四年以辛卯六月釋放還京先是獲譴時獄頗急以一軍官伴守一董姓軍官云能拆字昀即書董字使拆曰公遠戍矣是千里萬里也昀又書名字董曰下爲口字上爲外字偏傍是夕矣日在西爲夕其西域乎問將來得歸否曰字形類君亦類召必賜環也問在何年曰口爲四字之外圍而中缺兩筆其不足四年乎今年爲戊子至四年爲辛卯夕字卯之偏傍亦相合也至是

果駼旋起復官翰林侍讀提督福建學政歷陞至兵部侍郎三十八年　上命開四庫全書館校定永樂大典訪購天下奇書着各省督撫採訪彙　上于朝命翰林注明月日俟呈乞　覽辦竣後仍給還本家領回派總裁總纂總校等官辦理成　欽定爲四庫全書以昀博學　命與庶子陸錫熊爲總纂昀進書一百餘種　上賞內府初印佩文韻府一部又奉命作四庫全書目錄凡所擬序䟦皆出其手其考討最爲核博其謝摺四六猶爲流麗華贍　上深重之時昀雖領部務而四庫全書總纂實獨任其責錫

熊但列名不贊一詞也一日有兵部失察事件堂官例應議處吏部取應議職名昀與焉議上　上曰紀昀乃一腐儒兼辦四庫全書不能常至兵部爾各堂官在兵部所辦何事乃議處各堂官寬免紀昀先昀有住宅在正陽門外豬市口宅門挂解元扁至是尚書彭元瑞謂昀曰公扁可換矣問換何語曰　欽定腐儒闒者絕倒

甲戌始重磨勘

乾隆十九年甲戌科首題爲唐棣之華至未之思也場中士子文有用腸一日而九迴　上以言孟孔言不應襲用漢書語先是派方苞選錄四書文頒行至是令再頒禮部順天府外簾存貯令試官知衡文正鵠並嚴重磨勘著以下科爲始磨勘諸卷俱于卷面塡寫銜名以向來磨勘俱視爲具文是以特派大臣詳加校閱除試帖初添可稍寬至制藝既經入彀不應復有疵謬也二十四年刑書秦蕙田進　呈磨勘順天等省試卷　上閱順天第四名邊響禧文有飲君心于江海之語　上以揆其命意不過如飲和食德常言而蕪鄙雜湊遂至不成文義此豈字句小疵雖不宜以一語擯棄亦何至濫厠前茅著將該士子

及主考官交部隨議邊響禧罰停會試五科主考官等俸並　諭嗣後定議敘議處例有特派大臣覆勘指出原勘京堂等官有全未磨出者交部嚴處有原勘出一二而大臣覆勘尚多挂漏者亦交部議有能悉心檢閱秉公舉出覆勘無遺者交部議敘於是乎磨勘愈嚴矣

丁丑會試始去表用詩

乾隆二十二年　上以鄉試二場止試經文四篇而會試則加表文一道良以士子名列賢書將備明廷制作之選聲韻對偶自宜研究今思表文篇幅稍長

難以責之風簷寸晷且所擬不過數題不無倩代強記究非核實之道嗣後第二場表文易以五言八韻長律一首詩雖易學而難工然宋之司馬光尙自謂不能四六故有能賦詩而不能作表之人斷無表文華贍可觀而轉不能成試帖者況篇什既簡司試事者得以從容校閱工拙尤爲易見其卽以本年丁丑科會試爲始鄉試以己卯科爲始是年會試　上命詩題爲循名責實會元蔡以臺甚工進　呈第一余于己卯科亦以詩獲中本省鄉試第五乾隆四十七年副都御史巴彥學奏准將鄉會二場排律詩移置

頭場制藝後以頭場性理論移置二場經文餘照舊此科場用詩之始也蔡以臺　嘉善人丁丑會試第一名狀元及第授修撰梅立本字秋竣宣城人乾隆丁丑榜眼第一甲第二名進士及第授編修提督廣西學政以首縣禀謁不見自縊於學署大門巡撫奏聞革職審擬遂罹重典鄒奕孝金匱人丁丑探花第一甲第三名進士及第授編修官至國子監祭酒

江西才子

蔣士銓字心餘鉛山人乾隆甲戌由舉人官中書舍人以病請假南歸夢至一處宮殿嵯峨類王者居書吏前致詞曰王候君久蔣入王降堦而迎謂曰此地事頗煩特屈君助理君勿固卻屆期當相召矣蔣不應時方伯爲太倉王君與吾與蔣有舊告以故王曰前人有類此者誦觀音經得無恙盍歸修佛事以希神佑乎歸遂病詳以告母夫人母平時奉佛甚虔命蔣處書室己竭誠露禱囑夜三更鼓神思惝恍倏見珠旗羽葆充滿庭院請蔣登輿甫舉足覺有異遂朗誦佛號儀衛逡巡漸卻復連誦數十聲紛紛遂散失乃甦二十二年丁丑登二甲進士選庶吉士授編修時母已老旋告終養大吏延掌山陰蕺山書院後又

移掌金陵書院皆大吏重其名延致之也後母卒丁艱省中大吏延心餘修南昌府志夜夢段將軍來拜見一偉丈夫兜牟戎服叉手不揖披其頸曰吾頭豈白斫者蔣驚醒知有冤抑查新志並無其人舊志有段將軍乃史閣部麾下副將死于揚州者急爲補入忠義傳中士銓工詩主神韻與袁枚齊名尤工塡詞所著有雪中人冬青樹各種

屯田策

乾隆二十五年　殿試有條對策問以古之屯田爲勞民今之屯田勞民正所以惠民者　上諭上臣曰

此卷新進摭拾陳言不悉實政固不足怪然現在新疆墾種實無一勞民之事以書升論秀者尚不免形諸廷對何況𤰞𤰞無識之徒以訛傳訛伊於胡底故不得不明白宣示西陲戡定回部悉平朕之初念豈務爲好大喜功今亦不過按其舊部復其本業而已又安肯轉事勞民動衆葢回人等本以種藝爲生自爲準夷驅使執役伊犂各處習業佃者延袤相望今當掃穴之餘在殘衆自營生計不過還其所固有而駐防大臣等循行勸墾亦惟用其人以墾其地曾有一內地百姓抑之負耒而往者乎總督楊應琚前此

酌籌屯務於派駐兵丁採買牲畜部署頗涉紛煩以其未得此事要領屢降 諭旨令其從容隨宜經理今日奏到伊亦自知前議之非並稱各就本地力量情形因利乘便可規久遠則前後擘畫緣起歷歷可數至應遣之犯議令前往種地以減死之人而予以謀生之路伊等既不得謂之民又安得謂之勞也且朕規畫此事更有深意國家生齒繁庶即自乾隆元年至今二十五年之間滋生民庶歲不下億萬而提封止有此數餘利頗艱且古北口外一帶往代皆號巖疆不敢尺寸踰越我朝四十八部子弟臣僕視同一家沿邊內地民人前往種植成家室而長子孫其利甚溥設從而禁之是厲民矣今烏魯木齊闢展各處知屯政方興客民已源源前往貿易茆簷土銼各成聚落將來阡陌日增樹藝日廣則甘肅等處無業貧民前赴營生耕作汙萊闢而就食多於國家牧民本圖大有裨益夫利之所在雖禁之而不能止民可使由不可使知將來亦徐覩其效而已朕又何所爲而先事勞之前次武功告成不過偏師嘗試之而好議者或云黷武今辦理屯種亦祇因地制宜之舉而無識者又疑勞民朕實不解且付之不必解而天下

後世自有公論耳因閱對策特降此 旨並將楊應琚習奏通諭中外知之 聖謨洋洋又未指出作策姓名寬大之 恩如此

十本進呈帶領引 見始定之例

乾隆二十五年奉 上諭廷試士子爲掄才大典向來讀卷諸臣率多偏重書法而於策文則惟取其中無疵纇不礙充選而已敷奏以言特爲拜獻先資而就文與字較則對策自重於書法如果文義醕茂字畫端楷自屬文字兼優固爲及格之選若其人繕錄不能盡工字在丙而文在甲者以視文字均屬一等

可以調停入彀之人自當使之出一頭地況此日字學稍疎將來如預館選何難臨池之習倘專以字爲進退兼恐讀卷官有素識貢士筆跡者轉以此籍口滋弊非射策決科本義也現在內例擬選十卷進呈須俟引　見始定名次衡文尙待觀而閱卷時竟先抑文重字可乎經大學士九卿議准本年　殿試欽奉　上諭令於傳臚前一日將擬定十卷進呈卽於本日帶領引　見二十八年讀卷官大學士來保等面奉　諭旨嗣後　殿試進呈十卷不必預拆彌封候朕閱後再行按名傳齊帶領引　見三十四年進

呈前十卷內有第八卷潘奕雋第十卷季學錦二名引　見不到經讀卷大臣參奏奉　旨改附三甲末

主事保直隸州

忠勇公魁梧豁達公正廉明有太平宰相之度嘗記公爲大學士兼吏部時適余爲庶吉士改文選司主事一日値班五鼓赴軍機進奏摺凡例司官進摺必見中堂回明方遞是以須早鵠立久之公始至恰尹望山相國亦至攀話長久余見東方漸白矣不待辭畢竟以摺進公不應以兩手輕扶至門外乃立公仍回坐話余時悚懼甚未幾尹去公以手招余和顏問曰今日所奏何事余具以對並問姓名好言遣之益恐微員之震怖而安慰之也自是呼余爲李長漢以余頎而長也後各部保送堪勝直隸州知府十名公薦余第一名引　見未記名公到部謂同堂官曰奇哉李長漢不記名然至今感恩知己未嘗一日忘也及後金川用兵謂知州記名者九人如吳鑑南趙璞函輩分發四川俱死木果木之難乃知亦有幸有不幸也

南巡四次聯句

乾隆十六年辛未　聖駕南巡駐蹕涿州上元行帳

賜宴觀燈卽事聯句　御製青玆行慶共民娛上苑觀燈景畧殊玉驄團圞臨廣幕臣梁詩正銀花璀璨散平蕪遙山橫雪元添烱上日占年瑞表符大地陽和廻北極臣汪由敦中宵景慶映南弧琉璃河畔冰猶合涿鹿城邊草未蘇載道人歡瞻罕畢　御製初筵賓序列氍毹御營酬節鰲山設春酒稱觴鳳輦扶繼照曦光成不夜臣錢陳羣先春林朶競交柎玻璃挂定欹還整緋佩飄來綴復紆響入長天廻雁陣臣梁詩正烟留遺穗滴蓮壺千枝艷欲欺張令幾曲詞應失石湖寶界光明皆佛國　御製慈宮離蔚自仙都爲添佳話傳燕

趙便閱亭衢達越吳眞是攜來三學士臣汪由敦鶯看捧
出百驪珠七襄錦爛天孫織萬道金流列缺驅飛卷
紫瀾騰墨海臣錢陳羣點成銀汞出丹爐盤旋羣鶴自來
去曼衍儵魚乍有無狀噴璣璇題趵突　御製助歡
羆虎召都盧侏池火樹還翔燕霍靡冰荷欲隱皃尙
憶貧家一盞對臣梁詩正合教天上六么輸雲和鳳琯吹
陽律法部鸞音叶野歈冰宇雷轟喧摵馬臣汪由敦幔城
風靜立竿烏行聯萬歲宜春字巧繪羣眞獻壽圖眩
目紛披憑闕捉　御製摩肩攢聳任招呼旌門不禁
來蒼叟鼇事相迎祀紫姑詎必廣陵誇獨盛臣錢陳羣須

知于蔿賞霄孤空中論斗傾紅豆瓶裏騈枝綻絲芙
色瑩寒芒連五緯臣梁詩正粧翻新樣雜三銖金繩斜曳
催弦矢綵駕高懸轉轆轤香桼氤氳垂朶朶　御製
絳衣舞蹈唱喁喁風雲龍變眞神也頃刻花開有是
乎到處長安太平節臣錢陳羣勝邀蓬島列仙儒閶闔喜
氣覃三輔巷陌歡聲接九衢道協賡颺時正泰臣梁詩正
爻占寛衍義爲需要祈南畝書豐穀不數東都賜大
酺屑飣瓊霜凝粔籹　御製香浮瓊液得醍醐華裀
坐待衣冠會嘉夜歌傳昭曠途漫擬鴻文揚豫大相
期魚直進訏謨乾隆二十二年丁丑　聖駕二次南

巡上元趙北口行宮觀燈同扈蹕儒臣聯句　御製
上元行慶奉慈帷節物承歡是處宜東海乍看擁寶
毹臣蔣溥西崑恰值儆瑤池野含瑞氣融晴雪樹挹芳
烟散曉炊蹕路鴛鸞皆吐耀臣汪由敦和門草木總涵滋
祥凝夜色浮三島香泛春風達九逵曲渚雁回聞遠
響　御製新漪魚陟動流澌萬民同樂聯云可大吏
鋪覩太爾爲于蔿霄忘歌郎景臣秦蕙田柏梁且喜讌成
詩鄉雲馥郁當樓護鸞尾蕤蕤拂鏡窺雙楔霞標湖
畔擢臣劉綸三橋虹影坐間垂光收月窟應無敵捷奏
天山信有斯煜煜金牀函舍利　御製晶晶玉宇界

琉璃候臨解凍陳冰戲輪到元宵礙漢遲一縷紫烟
輝萬象臣介福半空碧彩漾全規青猊白象環仙闕西
潫南油燦御墀妙靄繽紛蹲爵馬臣夢麟迴波宛轉躍
蛟螭風前蛾鬧爭呈幻淵底驪眠獨探奇詎羨廣陵
推法善　御製頓令潛室起馮夷燕南趙北春猶淺
越角吳根景遞披列缺施鞭龍起蟄臣錢維城佾倫叶管
鳳來儀高檠菡萏旋搖日密炬艨艟曲遶陂海藏迸
開珠百琲臣錢汝誠湘簾紛綴錦千絲燭銜暘谷炎官織
陣列昆陽赤羽麾激電疑投玉女箭　御製羅星似
布井公棊鼇山蜃閣光無定瓊樹珠林影倒移糕飣

王梁頒列席臣蔣溥果分丹荔佐行巵仙莊列放金吾
禁良夕還紆銅漏期宴是傳柑猶隔昔臣汪由敦花非剪
綵實先時湧來多寶定光塔採獻長生威喜芝灑地
螢流囊熠燿　御製拏雲蚪走甲之而漁村蝌舍皆
呈照下里陽阿許共嬉茅屋甯無向隅者臣秦蕙田衢尊
不啻與斟之觀酺咸快昌辰洽給復頻邀沛澤施化
浹華胥扶壽耇臣劉綸歡騰瀛鄭舞童兒早聽菱鏡讃
佳話幸擘桃箋繼賡詞三五韶華酬勝賞　御製十
千豐稔慰嘉師紙簽粉米羣徵吉江硯宣毫共選辭
眞見文昌輝八座臣介福同欽華萼煥重離纖條解聽

遊清沼櫪馬無喧立絳旗鼓瑟吹笙鳴樂愷臣夢麟依
蒲在藻荷恩私唐昌蕚蕊甯方此宜德神仙詎較茲
遍插柳條沿楚岸　御製待催梅信過江溜律回黍
谷方彌月雞踏金蓮倐萬枝帝里輶軒應蓼摻臣錢維城
星衢燈火想芘虒松盆戶戶燒蘭會竹槎人人鬭酒
持閤上青藜明綈案臣錢汝誠陌頭白粥賽田祠無邊好
景迎年麗有腳陽春傍輦隨虞陛揮絃仰賡作　御
製周庭燃燎問何其篆成翠火鴻禧祝簪集華茵燕
喜追好樂無荒昭古訓惟殷保泰日孜孜乾隆二十
七年壬午　聖駕三次南巡上元于趙北口行宮同

扈蹕儒臣詠冰嬉聯句　御製上元燈火歲常新渚
館冰嬉倍可人恒奉慈娛千萬載臣劉統勳試覆法從兩
三臣雙盤紀勝纔聯鼎太液摛詞早鏤珉御製冰嬉賦曾經
恭刻搨本首頓廣陽偕燕衎臣劉綸隔宵涿鹿普訢閶紫泉
迎旭羅朝饌芳甸凝膏潤宿昀滔籞剪茨臨爽塏臣于
敏中沙堤環枑倚崇闉鏤金待暖將拖柳泛玉流澌未
點蘋廿五淀圍迴雁泊　御製十三橋次宛虹馴西
春返照明銀燭東壁騰輝燦玉津較量前番正嘉夜臣錢
汝誠探尋此地足熙春鄭瀛景物分明賞吳越謳謠
次第詢近水香花瞻翠輦臣介福展風鋼復賁丹綸紫

姞競賽田蠶盛泰盆叢詞膏粥頻宴啟傳柑隨豹尾
臣雙慶歌同依藻疊魚鱗連鼇彩蹋仙艫亘翔鳳苞扶
賁閣循蘭潋汎觴先禊洛　御製茆簷覩酺怡吹豳
江南消息侵尋遞趙北烟花鄭重陳況有于思隨蹕
路臣劉統勳便敎倒刺籍文茵聽吹節鼓轟雷捷看上懸
橦掣電神猱挂月巖輕掉臂臣劉綸鶴翻雲塔穩盤身
招搖稱手長竿拓彳亍承趺寸橛級鬬罷老猓羔解
跪臣于敏中拋殘巨卵彈能勻傳聲賜鏹懽泥首對隊擘
杯暖沁脣積素似鹽堆纖臘　御製新陰如幄捲當
晨冰含雪色炬千樹雪映冰光魄一輪鋪得瑠璃爲

世界臣錢汝誠集衆鵷鷺儼朋賓奩規皎潔圓靈鏡壺倒
晶瑩方嶠珍百戲跳花燈曼衍臣介福九華結字瀓瀛
淪菱舟刺凍兒移嶼蓮座烘寒忽插旻灞岸詩情行
得得臣雙慶輞川畫本想緜緜從知黍谷回春是比似
榑桑不夜眞迴憶六街看最好　御製侍懷一齋對
猶貧長筵列坐宣回長曲岸騈觀樂土民平步星橋
連貝闕臣劉統勲縱辟雲隴覆璃塵魚驚啟蟄潛還陟鴻
識隨陽漸復遵銜燭熒熒通濆裔臣劉綸然扉爚爚洞
磯濱篆熿甲煎逾安息燈窣流蘇奪大秦纈澝蚖脂
紛匼匝臣于敏中分棚蘭餤蠹嶙峋霞標嶒起陽夌治月

地徐融沍穀皴燕國新詞慚授簡　御製魯山雅曲
願書紳遠村漁火依微辨近渚龍燊左右迴頭刻金
蓮開萬朶臣錢汝誠參差寶絡綴雙銀襄城赤幟搴中夕
封氏花旛驗半旬野老堵墻咸色喜臣介福內官立仗
不心瞋祥過卜繭餐饕餌采勝抨釘賭宿辰編戶獻
芹行慶洽臣雙慶守臣負弩祝釐申紅跗分窨歸蒸蔚
碧刻同疇出坱垠淸景當頭延燕賞　御製陽和有
脚戴鴻鈞底誇繼書且經月要欲同歡並示仁惠遍
行時難槩躬繁予本意在還淳乾隆三十年乙酉
聖駕四次南巡燕九日趙北口行宮觀燈同扈蹕諸

臣聯句　御製燮燈燕九猶嘉夜恰值巡方駐渚宮
搦管聯吟堪數典臣傅恒展翰有　詔重宣風賁圖藹
若春圓煦繡甸佳哉氣鬱葱凌沼漾晴漪的的臣阿里衮
麥畦含翠茁芃芃三登留熟歡聲洽六出含精閱澤
蒙祀粥倘沿膏泛白臣于敏中買燈還續蠟燒紅望延吳
越瞻天日踵繼燕齊祝華嵩鳳展九苞扶　翠輦
御製雲垂五色護朱櫳高年慮假登樓步燈節宴賞例結綵樓
奉皇太后樓上觀之茲恐高年登陟爲勞命改設于平屋堪娛玩景曈養
志承歡敢說罷臣錢汝誠乘陽須慶此云同燃來蓮蕊攢
成錦種得芝田煖欲烘水鏡朗懸層漢上臣王際華玉蛾

齊繞萬花叢潛蛟窒底千絲繭飛烏行邊百尺虹落
地還騰縈匼匝臣蔣檙曳宵不下挂玲瓏跗萼頓刻拖
罨裏飾啟葳蕤豪篇中線掣蜿蜒交列缺　御製鞭
驅霹靂導靈露奇踪黷說邱仙伯誕日兼傳越國公
走馬擊毬城外盛臣雙慶鶱鸞放錄羽流崇礴溪逸蹟
徵時可嶗嶺仙源溯大通方朔偶然游度索臣全魁廣
成竟爾在崆峒杖龍影巳寒池澈笙鶴聲猶夜月朧
丹竈霞棲瓊觀靜臣張若澄珠幢雲擁碧臺穹萃元芸秘
香餘篆太極松幡蔭自籠慶序京華傳覽揆　御製
熙韶瀛海緬飛翀共看趙北氷嬉麗似遞江南春信

融扈蹕況隨諸伯克臣呂熾　欽闕久致古鈞冲錢鎔普
衞新遵箍布貢兜羅舊織綢不比名王空質子臣孫灝
於今絕域盡抒忠賣刀已市千頭犢拆矢仍韜八札
弓豹尾幸陪知感切臣申甫　龍文榮綴荷恩洪湛渻普
被天山北和盎纔迴渤海東濃粲笑花蕃且吉　御
製高轟喜爆熾方隆行時信可同民樂祈歲端因屢
穡功掩映水村益佳致臣于敏中　訢闓澤國肇綏豐七眞
颸響擕鍾呂雨淀星橋亘鄭雄盤鯉獻常學野叟臣錢
汝誠　篠驂舞更迓衢童焱歎凍藻晴鳧鴨采絢蒼葭起
雁鴻響送蹋歌諧鼓槌臣王際華　光回銜燭徹張罣漁罭
浦遠輝晶蠏簖林開炬奕熊幾點微茫粘曲岸
御製半籌約略照疎篷西汀火樹爭輝夕東壁銀輪
慢輾空未可忘言答韶節臣蔣溥　雅宣即景繪熙工莊
生見說魚知樂老子賞論道用盡故事記曾催擊鉢
臣雙慶　新詩繼復許連句榮叨給札霑優渥速愧傳箋
詠遶恩雪後培滋如霡霂臣全魁　年前積素尚龍從大
田佇見耕人出萬寶從占廩實充寒勒風條芽拆柳
御製閏添花信葉餘桐烟收此夕消金燄路指明
朝策玉驄排當前途宣命罷南巡向以燈節前啟蹕地方官例具火戲茲展于上元後一日計至此已當燕九回蹕勅大吏前途不必復陳　卽斯已覺欲吾衷

自古賡歌颺拜　君臣一德未有如斯之盛者也諺
曰一遊一豫爲諸侯度此之謂歟

卷十四終

淡墨錄卷十五

狀元夫人

綿州　李調元　雨村

畢沅字秋帆鎭洋人由內閣中書乾隆二十五年庚辰修撰擢鞏秦堦道歷布政巡撫調河南陞兩湖總督爲秦藩時余適以服滿上京補官過訪時秋帆初喪夫人出悼亡詩屬和其伉儷之篤不減奉倩也夫人簉室周月尊字漪香長洲人酷嗜文墨禮賢下士偶成云家如夜月圓時少人似秋雲散處多夫人還吳門先生七夕寄詩云汴水吳山同悵望今朝兩地

拜雙星漪香有靑門柳枝詞云留得六宮蒼黛好高樓付與曉粧人秋帆和云莫向離亭爭折取濃陰留覆往來人袁子才云作詩者各有身分夫人詩是閨閣語秋帆詩是大臣語秋帆尙書撫陝時有上元燈詞十首莊重高華是文華殿上語一時幕中學士文人俱不能和如云碧樹紅闌萬點明戟門連漏轉三更交春便抱新年意不聽歌聲聽雨聲京師有李桂官與畢秋帆尙書親好畢未第時李服事最殷病則枰藥擡水出則受轡隨車畢中庚辰進士李爲購素冊界烏絲勸習殿試卷子果大魁天下溧陽相公康熙前庚辰進士也重赴櫻桃之宴聞桂郎在坐笑曰我揩老眼要一見狀元夫人其名重如此戊子年畢公官陝西李將往訪路過金陵年三十風韻猶存余作長歌贈之有云若教內助論勛伐合使夫人讓誥封畢公資助甚厚晚販玉器至廣東時趙雲松爲廣州太守作李郎行贈之有昔爲玉人今玉客之句人競傳之

不挾嫌

諸重光字桐嶼餘姚人庚辰榜眼授編修官至辰州府知府卒重光父名先庚爲督撫大幕先君官餘姚

時曾以其姻原任金匱令陳奇抗糧鎖其家丁追之其祖先庚在制府幕奇倚勢碎扁鎖竟上控告八蹟審俱子虛得釋而予以後人翰林例稱晚生重光見之曰尊大人官我餘姚至今百姓思之今無此官矣不以前事挾嫌眞前輩風度也出守辰州卒

夢樓先生過海

王文治號夢樓丹徒人以貢生留京師隨閣學全魁過海至琉球國封王充記室回鐫有曾經滄海四字印章袁子才云乾隆戊寅盧雅雨轉運楊州一時名士趨之如雲其時劉映榆侍講掌教書院生徒則王

夢樓金棕亭鮑雅堂王少林嚴東有諸人俱極東南之選乾隆二十五年庚辰會試第四名殿試第一甲第二名進士及第授編修大考一等一名侍講癸未會試同考官余房師也已卯大同年曾與祝芷塘同序譜誼既而出其門余修弟子禮甚恭而先生仍以譜序稱五弟其謙尊如此官至臨安府知府降調遂不出先生工詩古文以新造爲主嘗云詩稱家數猶之官稱衙門也衙門自以總督爲大典史爲小然窮爲典史而不爲擔水夫何也典史雖小尚屬朝廷命官擔水夫衙門雖尊與他無涉今之學杜韓不成矜

然自以爲大家不過總督衙門之擔水夫耳又云詞章之學見之易盡搜之無窮今聰明才學之士往往薄視詩文遁而窮經註史不知彼所能者皆詞章之皮面耳未吸神髓故易于決捨如果深造有得必愁日短心長孜孜不及焉有餘功旁求考據乎先生尤長于書人得隻字無不寶之精于音律座上常滿歸後遨遊公卿間皆倒屣出迎晚年皈佛嘗築小菴于家日齋居誦經于中其侍者丫頭素所鍾也亦性好羼廷同菴共事如師徒然晚年買小姬教唱爲女樂以自娛有輕雲寶雲最爲出色而先生善與人交曾無城府在館時諸太史因取傳奇翡翠園有饅頭是好人語稱爲王饅頭先生每聞人稱必怒曰該打該打

大學士不由協辦

韓城相國王偉人父爲浙藩庫大使隨任讀書浙固文獻邦既饒墳典又有師承而公天姿穎敏過目不忘又工小楷得逸少筆法嘗爲督撫寫摺奏江南制軍尹相國望山繼善深器之乾隆十五年庚午舉本省鄉試二名十六年辛巳諸城相國劉文正爲總裁閱其文大加賞贊拔置進　呈第十名殿試適尹公

入朝充讀卷官遂薦第一大魁天下不由協辦由尙書直登宰輔皆異事也　本朝陝西中狀元者惟公一人而狀元至大學士者亦惟公一人而已

祭江瀆

胡高望字煦堂仁和人乾隆二十六年辛巳榜眼授編修官至內閣學士兼禮部侍郎乙巳奉　命至蜀祭江瀆歸余適歸綿相遇于左綿以輿夫前導歐余眷轎余下輿叱止之忽見余乃歡然道故並索童山集讀至中夜方寢其度量如此

雲松詩有別才

趙翼字雲松陽湖人由內閣中書乾隆二十六年辛巳第一甲第三名進士及第授編修官至逌西道年十六時威人張某患神弱病有女鬼相纏形神鵠立奄奄欲斃其母徧禱諸神卒無效驗唯趙坐其榻鬼不敢至趙去鬼笑曰汝能使趙探花常坐此乎其母苦求趙公趙不得已往秉燭相伴至第三夜不勝其倦畧閉目病者精已遺矣越數日卒後果中第一甲第三官至廣西江右道以分校作雜咏十餘章足以解頤封門云官封恰似懸符禁人望居然入海深聘牌云金縮應讖披沙苦禮重眞同納采虔供給單云

日有雙雞公膳半夜無斗酒客談孤分經云多士未遑談虎觀考官恰似劃鴻溝薦條云品題未便無雙士遇合先成得半功佛海瀰登超渡筏神仙猶怕引回風落卷云落花退筆全無艷食葉春蠶尚有聲沉命法嚴難自訴返魂香到或重生撥房云未妨螟嬴類生子矣比琵琶別過船俱新頴出守廣州府陞右江道以母老歸著有甌北集人爭購之詩有別才其謂是歟

袁子才弟子

稽承謙字受之無錫人大學士橫之子乾隆二十六年二甲第二名進士庶吉士授編修官侍讀袁枚授業弟子也辛丑冬過隨園袁止而觴之席間論史事袁極言通鑑載楊妃洗兒事之誣稽云門生在史局派修唐鑑立論頗合先生之意將舊唐書所載武后淫穢事大半刪除同局以爲不然亡何夜臥書舍有小黃門來稱則天皇太后請稽先生因隨之行望前面宮殿外有四金柱插空高數十丈上書天樞二字一宮女雲鬢霞佩出引向殿西角云先生少坐待我奏聞語畢便去殿上門檻甚高跨殊費力繡簾中坐冕旒者相離遠仰視不甚分明異香從殿上吹來倣

佛蓮花氣息旁有虎皮交椅坐白鬚人手執牙笏曰奏事琅琅數千語亦不可辨冕旒者似與駁詰良久已而大笑其齒皓然呈露潔白如玉面爲旒珠所遮終未見也少頃前宮女出謂曰今天已暮太后不及相見請先生且回所以奉屈者謝先生駁刪唐書之功先生當自知之語畢袖中出一玉秤曰此在長安以之稱量天下才者先生將往長安敢以奉贈門生心知是上官婉兒遂巡揖謝而醒其年果有督學陝西之差見子不語

逢火日不出門

曹仁虎字來殷嘉定人由 召試中書登乾隆二十六年辛巳進士在京師晝寢夢偉丈夫來拜自稱黃崑圃先生拉至一處宮闕巍然中有尊神面正方着本朝衣冠請曹入見曰吾三人皆翰林衙門官只行後輩禮不行僚屬禮坐定目曹曰卿十一歲時行一大好事上帝知之故特召卿到此受職卿可即來曹茫然不記幼所行何事再三辭力陳家寒子幼故不願來尊神甚不悅旁顧崑圃先生曰再向彼勸掖之語畢不顧而入先生拉曹笑曰我深知翰林衙門亦甚清苦卿何戀戀不肯來耶曹復哀求先生曰我且

為卿說情似亦可免但卿此後出門逢火日不可出門慎無忘也曹問尊神何人曰張京江相公問何地曰天曹都察院曹驚醒後每出門必檢視時憲書遇火日雖慶弔事皆不出數年後不甚記憶乾隆三十三年臘月二十三日嚴東有長明舍人邀曹至程魚門晉芳家作詩會俗以此日祀竈遂以為題席間酒數巡曹偃如睡去者目瞑身仆羣客大驚疑詩中有侮竈神之語故神為祟乃羣向竈禮拜訴請至三更時曹始蘇自言見黑袍人送我回來次日取時憲書視之二十三日火日也官侍讀學士余在通永道時嘗自二閘至署同程魚門祝芷塘顏崇溈吳鼎雯王燕緒貽堂諸太史看偏橋荷花有唱和集

史可法自題對聯

謝啟昆南康人乾隆二十六年辛巳進士改庶吉士授編修出為揚州太守扶乩灰盤書正氣歌數句太守疑為文山先生整冠肅拜問神姓名曰亡國庸臣史可法時太守正修葺史公祠墓環植梅松因問為公修祠墓公知之乎曰知之此守土者之責也然亦非俗吏所能為問自己官階批曰不患無位患所以立謝無子問將來有子否批曰與其有子而名滅不

如無子而名存太守勉旃問先生近已成神乎曰成神問何神曰天曹稽察大使書畢索長紙一副問何用曰吾欲自題對聯與之紙題曰一代興亡歸氣數千秋廟貌傍江山筆力蒼勁謝公為雙勾之懸于廟中

靴裏會元

孫效曾字恂士一字心蒔仁和人庚午鄉試乾隆二十八年癸未會試第一是科正總裁為秦蕙田味經先生副總裁為禮部侍郎德保定圃先生戶部侍郎王際華白華先生先定圃宗伯閱余卷即以為元大

司寇曰此卷大起大落才氣縱橫魁才非元才也應置第二吾爲江南人例應取浙江卷充之此卷既係四川人居第二吾江南大省當讓邊省人出一頭矣宗伯力爭而大冦堅執不回然至將揭榜時總裁及各房考究不知元卷爲誰也至塡榜時司寇笑于靴裏摸一卷曰此卷如題兩扇此會元格也遂以余置第二而以效會拔第一人稱靴裏會元榜發乃知大冦卽先大夫壬戌會試本房師也父子同出門下時先大夫適知涿州攜余展謁道聞中事深以爲悔云

助貧退婿

秦大成字澄敘號簪園嘉定人乾隆己卯鄉試二十八年癸未會試第三名殿試第一甲第一名進士及第授編修初大成爲孝廉時續絃婚夕新婦悲啼不止問之曰妾幼許鄰村李氏子父母嫌其貧逼休改嫁竊念身更二姓有乖婦道是以痛耳秦聞之竦然曰何不早言幾成吾過乃趨避外舍命僕召李李至語之故且曰今夕良辰可于弊廬合巹所有奩資舉以相贈李感激涕零莫知所對三朝後夫婦叩謝而去是科竟大魁天下秋燈叢語簪園與其中表某赴會試夜夢至文昌宮中適關帝至問今歲狀元何人文昌以某對忽見一婦人跪帝前云某爲我夫弟夫死後某凌虐備至憂鬱致死文昌曰此人短行奚可大魁特上帝選才甚難殿試已近誰可易者關後科何人易之申奏未遲有一吏捧冊跪進文昌曰今歲且以秦大成爲狀元惜功名預得未免減算耳是科秦果第一某竟落第未幾死簪園主講平江書院每舉以爲諸生戒廣新聞讀卷官初擬會元孫效會第一上閱策目下有治益求治安益求安謂頌不忘規遂拔大成第一而以孫置二甲第二大成事繼母至孝授職後卽乞假養母辛丑起復原官年幾六十耳聾乞假

歸榜眼沈初字景初號雲椒平湖人乾隆丙子南巡召試中書授編修官至禮部侍郎探花韋謙恒字愼旃號約軒蕪湖人乾隆辛巳南巡召試中書授編修陞庶子提督山東學政歷官至貴州布政使護理巡撫罷歸著有傳經樓集

琵琶墳

董潮字東亭海鹽人乾隆二十八年進士改庶吉士潮青年科第以書畫文辭冠絕時輩性磊落而有國風之好常與諸名士集陶然亭散步吟詩獨至城堙下忽聞琵琶聲縱跡之聲出數椽版屋乃十七八美

女子着淡紅衣據窗理絃索見董畧無羞避揮絃如故董徘徊不能去同人怪董久不至相卒尋之見董方倚破牖癡立呼之不應羣啐之董驚寤而女子形聲俱寂始道其故衆入室搜索破瓦頹垣絕無人跡有蓬顆一區俗所稱琵琶墳也乃掖董歸未幾以疾歸修常州志卒于家

搖鈴

蔣熊昌編修麟昌之弟府尹炳子陽湖人乾隆二十八年癸未進士官至潁州府知府在直隸安州遇一老翁兩手時時顫動作搖鈴狀扣其故曰余家某村

村居僅數十戶山中出一僵尸能飛行空中食人小兒每日未落羣相戒閉戶匿兒猶往往被攫村人探其穴深不可測無敢犯者聞城中某道士有法術因糾積金帛往求捉怪道士許諾擇日至村中設立法壇謂衆人曰我法能布天羅地網使不得飛去亦須爾輩持兵械相助猶需一膽大人入其穴衆人莫敢對余應聲而出問何差遣法師曰凡僵尸最怕鈴鐺聲爾到夜間伺其飛出卽入穴中持兩大鈴搖之手不可住若稍歇則尸入穴爾受傷矣漏將下法師登壇作法余握雙鈴候尸飛出儘力亂搖手如雨點不敢少住尸到穴門果猙獰怒視聞聲琅琅逡巡不敢入前面被人圍住又無逃處乃奮手張臂與村人格鬬至天將明仆地而倒衆舉火焚之余時在穴中未知也猶搖鈴不敢停如故至日中衆大呼余始出而兩手動搖不止遂至今成疾云

翰林改御史

祝德麟字芷塘海甯人十四歲中乾隆二十五年庚辰舉人有神童之名風姿韶秀若處子二十八年癸未與余同登進士入翰林出趙雲松之門時年方十七姿態橫生雲松以詩贈芷塘有絕豔不須施粉白

高才直覺出藍青時翰林中呼爲祝小姐會殿試同寓時人又有跌岩風流祝小姐飛揚拔扈李將軍之誚後改御史以參奏某司成收門包貶秩改部曹不赴歸十年不通音問矣五十九年正月十日其門生新都李菁陽棫爲御史丁艾歸忽得芷塘書云德麟頓首别來忽忽七八載矣彼此跧伏鄉間無從一通尺素近得墨莊書知眠食無恙甚慰麟官清本淡適以彈事鐫級遂浩然而歸主講雲間全家浮寄江湖乞食風雪著書正不心與九陌黃塵較量得失而運行侘際去秋疽發于尻脽之間至今尚未脫體病中

無可消遣刪改舊詩每遇與足下唱酬之作覺當年拔扈飛揚之氣綢繆繾綣之情如在目前若夫醒園下榻二閒放舟尤所溯洄流連為之神往至於各懷壯志至今日而同老空山則又不禁感慨係之矣前後奉懷詩甚多錄之不勝其錄故勿寄也墨莊兄弟都無起色奈何尚籌回川之便草此奉候天涯海角此生殆無相見之期惟努力自愛不宣余有詩云一函書自浙東來急起臨風手自開聞道全家寄江海幾時三徑返蒿萊講壇此日推模範彈事當年避柏臺倘念天涯遺老在寄魚尚欲數鱸題祝有寄袁子

才云蓋世才名大游仙福地深江河不廢業松柏後雕心酌兕觥雖老將雛得好音平生行樂處古少莫論今

癸未朝考夾帶

新科進士手引　見前先行考試知其學問再行引見謂之朝考此雍正元年定例也其試題　欽定將詩文四六各體出題或一篇或二三篇或各體俱作悉聽其便俱赴　保和殿先日翰林院奏定日期知部行光祿寺備供給考案工部備黃案及案衣鴻臚寺陳設鑾儀衛派校尉領侍衛內大臣護軍統領派侍衛護軍行內務府將　太和殿所貯黃案送　保和殿以備安設題紙事竣送回又將　保和殿蓆氈捲起鈕開南槅扇排設各貢士考案典至鉅也乾隆二十八年癸未科余殿試二甲第十一名二甲第十二名為錢塘吳爵字卓雲會試第五名浙東名士也與余鈕案而坐時監試為內大臣額駙福公隆安已近前查場矣而吳素短視未之見余小語令起亦未聞向例朝考不搜檢故或片紙書詔誥于所帶稿紙之末以備忘亦可福公見其高坐不起即步至吳案前翻其卷帕內有細字數行問之始踉蹌而起公

曰此非夾帶乎吳面赤猶強對遂喝校尉牽下隨具摺以吳預擬詔條潛行夾帶應照鄉會試夾帶例斥革交與巡城御史枷號一月奏聞報可是日詩題為禹惜寸陰余本擬作四首而見吳被罪又在案右其勢洶湧心頭冲冲遂止作二首而同年南滙吳省欽以作四首取第一名余以少作取第五名自　本朝有朝考以來犯夾帶者惟吳爵一人而已三十六年以御史張霽條奏詩只作一首矣

特授庶常

戴震字東原休甯人乾隆壬午舉人　欽賜庶吉士

奉　勅編校四庫全書覆學問淵博工于考訂五經尤精三禮善天人之學作璿璣玉衡解最爲詳悉

停止　皇后登科錄

乾隆二十八年奉　旨今日閱禮部所進會試錄登科錄內俱有恭進　皇太后及　皇后各一本等語此係沿襲具文非事關典禮者可比如慶賀表箋及進時憲書等類自應遵行舊例至若會試登科錄部原本即稱交內閣照例收貯此不過循例進呈在朕尙不必親加批閱況我朝宮闈肅穆不惟一切政務從不與聞即尋常細事亦無絲毫干預似此相沿舊

套徒費抄寫自應停止

解元襲舊文

巡撫明山奏據廣昌縣知縣李振文禀稱乾隆三十年乙酉本省鄉試中第一名吳光槐頭場首藝係勦襲江南夏秉衡觀風考作等語隨令明山將吳光槐親提嚴訊實係記憶抄襲無夾帶情弊請將吳光槐革去舉人主考官議處　上以闈中校閱卷止憑文去取雖有抄襲豈能遍查求歷所有取中吳光槐之主考房官俱概寬免不究大哉王言也夏秉衡字谷香華亭人工詩文著有清綺軒詞選

知縣中狀元

乾隆三十一年丙戌狀元張書勳吳縣人以舉人就知縣行補用矣下場竟得大魁榜眼姚頤泰和人由編修督學湖南探花劉耀雲武進人文定公之子由編修歷官侍郎會元胡珊歙縣人以古文散行得會元亦前所無也

己丑朝考關節

乾隆三十四年己丑殿試後　欽派閱卷大臣以擬取各卷進呈　上親拆彌封閱擬第一之嚴本卷論冒云人心本渾然也而要必嚴辨于動靜之殊兩句

內姓名顯然併見　上詫異之又閱第二之王世維卷則云維皇降衷而擬第三之鮑之鍾則用包含上下句包爲鮑之半擬第五卷之程沅則云成之者性也成與程同音　上指示閱卷大臣曰此非關節而何實堪詫異雖各卷文義原可取而字跡可疑且不止一卷豈得謂偶然適合似此隱藏字樣謂非關節不解何等字樣爲關節時閱卷大臣俱懾伏不出一言劉文定公綸亦在閱卷中對曰朝考只論去取不關前後　上曰不然此小省人少者則然若江浙中式進士較多設朝考入選而名次在後恐已難望館

選是前列實爲勢所必爭卽不能保無播弄筆黑希圖巧作夤緣之計文定公叩頭請罪　上徐曰朕從不肯逆詐億不信亦斷不能漠然無先覺爲此等伎倆所蒙諸臣皆朕所信任派出不値因此遽興大獄姑從寛免究但如此擬取不足以服人心令軍機大臣同原看官將各卷通行覆閱據奏請將原擬前四卷抑置取卷之末並將各卷酌改前後欠序進呈呈取原派閱卷大臣交部議處于是諸大臣謝　恩而退俱服　上神明王世維者先君石亭丙子浙闈分

房所取士也

哈密瓜聯句

恩賜四庫全書館臣哈密瓜聯句恭紀五言排律一百五十四韻謹序乾隆四十有二年十月二十九日

命以哈密瓜　頒賜四庫全書館諸臣異數也竊惟譯通榆塞舊承扜罙之道謹案諸書所稱哈密源流多未明晰今欽定西域圖志訂正爲扜罙之轉音至精至確足袪千古之疑地號瓜州遠自駒支之祖輿圖所記古傳嘉種於燉煌土貢惟虔今獻琛函於哈密鴿青滿篋偕三果以齊來蛾綠登筵貯雙盤而交映謹案回城三果及雙玉盤並有御製詩篇天下傳誦惟茲上品是爲

玉食之材何意　殊榮徧及木天之侶密脾初劃金瓤與黃瓷相輝汗簡旁陳縹帙共翠斑一色分來瓣瓣爭揮削字之刀付去人人遞引摛毫之手飫一杯之甘露舊渴全消挹七里之芳芸濃香又別珍逾素葉喜溢青藜伏念臣等叨列冰銜謬編瑤笈二萬七千餘卷尚未諳隋志之名一百五十四人乃盡拜

堯階之　賜平居伏讀仰窺　消夏之詩恭讀御製消夏十詠內瓜詩有何人方病消一與試分嘗之句此日分嘗眞作逢春之草

恩逾嘗格本非歌頌所名感倍恒情惟以文章爲報三星映座立成難比於曹劉五字聯吟間作竊規夫

韓孟共相勸勉早完曾鞏之編摹自愧空疎知謝董逌之博洽輕塵　天鑒實切氷兢其詞曰　寵錫來中秘少詹事臣陸費墀　恩頒出左樞雕盤分土味侍讀學士臣陸錫熊珍蓏逮羣儒美勝東陵種侍講學士臣紀昀名徵西域圖餐香霑藝圃侍講學士臣彭紹觀聯韻檢書厨蔥嶺分諸部洗馬臣夢吉瓜州借一區在明爲哈密檢討臣王仲愚於漢本伊吾前代兵常搆編修臣宋銑茲邦勢最孤甯知大都護編修臣蕭際韶惟隸右單于蝸角爭蠻觸編修臣劉種之魚門鬭魯邾流離棲雪磧庶吉士臣德昌倉卒葉金符明成化間哈密王金印嘗爲吐魯番所奪牧圉頻遭掠編修臣黃瀛元樵蘇屢見俘防攻聞擊柝編修臣晋

城合戰怯援枹　聖代三階正禮科給事中臣章寶傳　遐荒一
氣孚爭來附甌脫內閣侍讀臣孫永清　久免役貲姑西域諸部惟哈密以
康熙二十五年內附歸誠最早　太歲當淵獻乾隆乙亥平定伊犁兵部員外郎臣史夢琦
王師討骨都六丁下雷電庶子臣鄒奕孝　七萃練羆貔𤞑
騎飛傳檄侍講臣張燾　名王奮執殳鞶纓摛頡利贊善臣黃良棟
釁鼓戮溫禺妖鳥頻驚射修撰臣陳初哲　長鯨畢就屠高牙
臨碎葉編修臣王嘉曾　右臂斷匈奴柳谷風塵靖編修臣吳壽昌　花
門氣象蘇戈鋋從此息編修臣劉湄　耕鑿佮無虞沃野平
開畛編修臣秦泉　崇垣對建郛哈密王城與督理糧餉大臣駐防之城相距三四里
三城連古戍修撰臣黃軒　兩道控衝衢往山南者由哈密抵闢展往山北者

由哈密過烏蘭圖打坂抵巴里坤新疆兩道由此而分　屬國茲爲近編修臣陳昌齊
恩波最早濡積年成富庶編修臣閔思誠　比戶樂妻孥戊校
開屯戍編修臣吳典　丁男耒黍稌娑娑薪入爨娑娑堅木名以充薪
編修臣李瀛　芨芨草供芻芨芨草生塞外以漢書考之即息雞草之訛也䋙縷誇
縫毳哈密所製氊毳以絲線溫暖堅緻爲新疆所重編修臣周興岱　高輪駐秣駒
塞外車皆高輪以利涉凡出嘉峪關者至哈密必停一日以息馬力　鴦哥行婭嫚回女能歌
吹者謂之鴦哥編修臣翁方綱　阿渾坐誰肸傳回教經典者謂之阿渾　墟市商民
輳編修臣朱筠　田廬主客俱嚴關雖警夜每夜閉城之時官城不許宿一
回民回城亦不許宿一漢人以防閑奸宄編修臣平恕　隙土任收租其田聽流寓之家給
租耕種　雪液清渠引哈密少雨惟資渠水以溉田其渠皆天山積雪暖融而下注者也

編修臣李堯棟　沙田頳壤栩莫嫌滋麥少哈密之麥不及中土往來所食之麪
多取之商販編修臣沈孫璉　舊說薦瓜殊掐子陳貽種瓜種以灰培之藏於
室中越數歲種之則味厚新子布種則味薄不堪食矣編修臣朱攸　掊阬曲附塗溲
洵增瑩潔編修臣潘曾起　指拭去霉污卻燥常穿漬編修臣鄒炳泰
頻鋤競擁櫂分窠間疏密編修臣李鋕　度力辨笊敏相感
薰宜箍編修臣黃壽齡　交融漬用揄播琴嘗溢塊編修臣莊通敏　吹
琯氣回莩旁薙磨耖耙編修臣蘇青鼇　徐澆轉轆轤場開依
鹿𪊨檢討臣張家駒　樊繞傍雞筊豌莢資同化檢討臣王汝嘉　蠸輿
醜必誅灑灰兼辟螘編修臣周永年　布棘爲防䟆芳意盈臯
隰編修臣余集　生機暢甲蘗滋秧牽翠帶編修臣孫辰東　分疆界

黃壚不遣香侵麝編修臣韋謙恒　徐看蔓引蛛葉抽俄馬耳
編修臣程晉芳　瓞長漸驪珠糾結紋青綠庶吉士臣汪如藻　團圞質
盎壺鳳棱仙纏繫庶吉士臣梁上國　羯鼓御捲剞喻以馬非
馬庶吉士臣楊昌霖　辨諸瓠不瓠中土甜瓜多有棱哈密所產則無　相鉤連
子母贊善臣劉躍雲　別種認魚烏巨評安期棗檢討臣季學錦　栝侔
惠子剡雙冠看合縫形稍尖而長者俗名回回帽中斷之其狀酷似編修臣馬啟
泰　一目笑深矑形稍圓者俗名回回眼　斑駁貍頭䖵編修臣項家達　彭
亨豕腹胦曲肱宜作枕王象晉群芳譜謂甘肅瓜大如枕檢討臣王鍾健　叟
尾證藏狐顏師古注漢書以爲瓜州大瓜狐入其中食之首尾不出今證以哈密所產實無此
事益前代妄相傳說　渾脫凝金液編修臣楊壽柟　周圓襯玉膚白輕羅

疊雪編修臣周厚轅黃裹卵含雛豐熟咸相報編修臣裴謙擎收
亦競趁中田方耤稻編修臣方煒令節乍囊萸風冷吹邊
柳編修臣莫瞻菉霜高落塞榆羌童冠白氈編修臣閔惇大蕃女整
紅襦約共褰衣裙檢討臣蕭九成嫌休納履絢微行遵複隴
檢討臣王坦修侯旅踏平蕪晬哱誇摩掌編修臣汪鏞緜緜慎舉
趺跽擘童子拱修撰臣金榜倪拾丈人痾望處黃團綴庶吉
士臣倉聖脈攤時綠廚鋪火藏歸廨廩庶吉士臣錢樾擔負雜謳
斂準直論園買庶吉士臣邱庭漋嘗新計顆沽遶遞驅五牸
庶吉士臣胡敏轆轆駕雙輌捆載來墟落庶吉士臣戴心亨騈闐溢
市閧籃掀傾滿鴿庶吉士臣翟槐街談數餘蚨虎掌農家諺

庶吉士臣張慎和騾綱估客須分曹堆磔砢庶吉士臣嚴福轉販越
崎嶇別有乾爲腊庶吉士臣徐如澍因之緝似纑絲縧盤細
結回民曝瓜爲乾破三條辮之盤屈如餅餤市以寄遠庶吉士臣于鼎綾餤就圓模
木食糧堪代回民不能勤而能儉每以瓜果代糧庶吉士臣戴聯奎金穰口易
餬預爲終歲計庶吉士臣陳崇本早得禦冬需念此安居樂
庶吉士臣陳文樞皆因愷澤敷獻芹聊擬宋庶吉士臣許烺包柚
欲同吳別圃分畦灌庶吉士臣李廷敬諸蕃揀種輸滋秧勤
部長庶吉士臣章宗瀛摘蠹課園夫護惜防風露庶吉士臣羅修源
珎藏比瑾瑜點收三百顆庶吉士臣戴均元遠歷九年途上
貢修惟謹庶吉士臣徐立綱山程候不逾馱將紅叱撥庶吉士臣

繆晉藉用錦氈鞄玉塞風煙迴庶吉士臣盧遂金城道路紆久
經通驛堠庶吉士臣周瓊不待驗關繻譯表陳楓陛庶吉士臣
曹錫齡登廚佐筵蒲升香先嘗廟庶吉士臣陳嘯用饗備殷
瑚在昔山陵薦庶吉士臣范來宗深懷歲月徂宸章
感霜露乾隆癸亥甲戌兩年聖駕東謁三陵哈密貢瓜至俱命親王賫往恭薦有御
製詩紀事庶吉士臣谷際岐史氏記盤盂鼎賁原珍貴庶吉士臣五泰鯫
生敢覬覦何期恩浩湯庶吉士臣何思鈞徧使眾歡愉
特用傳柑例庶吉士臣張能照旁霑珥筆徒今冬星測昴中書
臣王家賓其候月臨辛餘馱遝方至中書臣葉蘭筠籠貢使扶
上方纔進御中書臣王鍾泰中禁忽傳呼但以文章報中書臣田

尹衡無庸資格拘分甘同饜飫中書臣孫承志均惠不偏枯承
之司抽簡方中書臣方大川臚歡類賜酺遙看喉早渴中書臣牛稔文
競捧覩先矍遝趾交評泊中書臣潘庭筠排頭任選掄後先
爭爾我中書臣張虎拜大小論肥腯拜賜齊擎筐中書臣方維甸書
名戒濫竽指衣多踊躍中書臣徐秉敬操以肯踟躕拂拭登
高俎中書臣宋銘端詳破大瓠滑防尤脫手中書臣汪學金剝比
米開稃四剖紋文坼中書臣宋枋遠三離瓣屈胸爭多量尺
寸中書臣吳裕德惜少較錙銖圓割邊齊線中書臣李荃斜尖角
逗弧嫩黃疑撥蠟中書臣王慶長微甜訝搓酥到口津先滴
中書臣李斯咏經寒味不渝九霄餐沆瀣中書臣孫球一琖飲醍

醐美覺中邊徹中書臣吳甸華佳難手口摹清泉浮始稱中書
臣雷純甜雪擬非誣擕出輿儓謝中書臣康儀鈞歸來婦孺娛
流還憐玉液中書臣邸桂山碎亦惜金麩蒟莫誇南粵中書臣郭
晉梅休鬭北盧芳鮮生使獨中書臣趙秉淵色味世皆無悅
口渠如許中書臣張曾效名州有以夫計條已食矣中書臣朱鈴
徵事果能乎冊府開奎壁中書臣盛惇崇詞源溯泗洙詔建
文淵文津文源三閣以儲四庫全書仙洲登玉署特仿古制置領閣事提舉直閣事校理
檢閱諸職中書臣黃秉元學海得金桴妍醜歸明鏡中書臣程琰
陶鎔入化鑪丹青表忠孝中書臣吳紹澯斧鉞斥姦諛纂輯
諸書一一皆經欽定如前明劉宗周黃道周等並特予表章其錢謙益屈大均等則皆明示誅絕以

淡墨錄　卷十五　三十三　三十二函

正人心彰癉大公允昭垂於萬世賤質輕葑菲助教臣吳省蘭成材遜構櫨
蠲身容傫直助教臣胡予襄馬足愧顓愚編校研先哲助教臣羅
萬選文章怯大巫輕塵添岱華助教臣全學詩微涵益江湖七
略讐非易助教臣卜推吉三餘學本迂鈍思抽乙乙助教臣張羲年
舊訓謹姝姝圖籍惟窺牖學正臣周鉉詩書但守株題柑
慙逸少學正臣蔡必昌譜荔謝君謨姑昧輕疑茂學錄臣陳本廿
英誤寫蔑技真羞綆短學錄臣沈培恩每貸材駑常臣校理
之疎嘗蒙恩格外寬宥似蠢仍容食待詔臣胡士震如蠅兒見驅佳辰
分翰墨進士臣楊懋珩公膳飫肴臑陪宴同方朔總纂臣陸錫熊臣紀
昀總校臣陸費墀每歲得恭預
內廷聯句之列進士臣繆琪遷官過聖俞館臣多遞格遷

轉臣錫熊臣昀臣費墀尤荷殊恩超擢手原非霹靂進士臣胡榮樣只畫葫
蘆不料須珍味進士臣石養源居然逮賤軀忽承天咫
尺進士臣錢致純錯訝夢須臾宣賜時纔午進士臣徐秉文哦詩
日漸晡咀含香尚在進士臣丁履謙摹寫句偏纖欲就仍塗
乙進士臣靖本誼方吟忽囁嚅撚髭心脊脊進士臣費振勳义手步
躍躍語巧輸鸚鵡主事臣門應兆篇成笑珷玞沾恩同湛
露中官正臣郭長發效頌但皇巻感激惟銘刻候補部員臣曹錫寶歡
欣共唱喁喁誓將釐亥豕原任雲南布政使臣王太岳永不憶蓴鱸
刊誤文宜核原任中允臣王燕緒程功數莫逋補戈防曳白原任
編修臣勵守謙掃葉慎研朱禮洽呼苹鹿原任編修臣祥慶情均在
藻覓相期翊文治原任太常寺主簿臣郭祚熾蕘蓁咏岡梧少詹
事臣陸費墀

淡墨錄　卷十五　三十四　三十二函

卷十五終

淡墨錄卷十六

綿州　李調元　雨村

革去進士留舉人

梁泉者廣東解元中乾隆三十四年會試第二十名是科題爲子在陳曰歸與歸與一節其小講起云子言之歸乎君子隱而顯益用禮記坊表語而中又有肅愼之矢防風之骨皆有出處而與題實風馬牛是時磨勘正嚴而兵部尚書陸宗楷同御史王顯曾磨出疵謬之處至四十餘簽進　呈遂革去進士留舉人本房張曾效議處正副主考劉文定公綸少宰德

定圖先生皆察議顯曾亦旋以他事罷去

程髯

程晉芳號魚門由中書中辛卯進士出朱竹君先生門下年已六十選庶吉士改吏部驗封司主事袁子才云魚門學無所不窺而一生尤工于詩余寄懷云平生絕學都參徧第一詩功海樣深寄未一月而魚門自京師信來亦云所學惟詩自信不謀而合可謂知已自知矣屢托余買屋金陵爲結鄰計不料在廣州孫補山中丞署告以魚門歿于陝西畢撫軍署中彼此泣下銜杯無懽因思畢公一代宗工必能刻其遺稿然魚門所輯蕺園集僅十分之三耳乞假云官書百卷從擔去病牒三行有印鈐嗚呼此乾隆三十五年假歸見示近作也不意竟成永訣或傳程魚門京中移居詩云豪家歇馬評珍玩冷客攤錢問故書余笑曰此必琉璃廠也詢之果然程魚門多鬚納妾尹公子璞齋戲賀云鶯囀一聲紅袖近長鬚三尺老奴來文端公笑曰阿三該打程魚門北上旅店主人招妓侑酒魚門與同飲而却其暱作詩曰花明野店春無主月黑秋林幸有燈潘筠軒笑曰次句有小說秉燭達旦之意

灰心得狀元

黃軒字　仁和人乾隆三十四年己丑狀元作秀才時屢試高等乙酉年上江學使梁瑤峯愛其才以拔貢許之臨試之日頭暈目眩握筆一字不能下梁不得已以休甯縣生吳鶴齡代之及榜出後病乃霍然從此灰心于功名自望得一縣佐州判官心足矣後三年竟連捷以至廷試第一而吳鶴齡遠館灤水以傷寒病終終于貢生吳門沈桐威曰中翰童君引年遊吳山遇雨投宿村農家老者出一扇素書心輕之率意塗抹筆床茶竈字誤書竈字孔雀兩字顚

倒錯寫度鄉愚不諳文義未卽改正詭托同年黃殿撰軒名歸之老者執扇視笑曰老者向以酒饞二字未有確對今扇頭茶飽二字豈非天造地設又審視久之曰村愚幼欠讀書未知雀孔是何物想卽庚倉勞伯之類耶繼又肅然致敬曰中翰才名足冠宇宙何必嫁名殿撰必欲書渠姓氏稱呼尙煩斟酌黃軒者實愚老之門下士也童聞言顏汗如雨叩其名氏里居始知老者爲浙中名進士僑寓于吳十年矣

狀元是何物

陳初哲字永齋吳縣人乾隆三十七年壬辰進士殿

試第一甲第一名進士及第授修撰給假南歸行至甜水舖旁有小村槐樹濃陰野棠夾道顧而樂之信步獨行忘路遠近村盡處見竹扉半門一女倚扉斜立捉柳花搓弄嗤嗤憨笑陳見之魂飛色奪因覥搭與語女不怒亦不答但呼阿母來亡何一駝背媪出問何爲女曰不知何處來一莽漢在此煩絮陳窘甚以乞漿告媪曰小慧取一琖凉水來女去陳曰令愛年幾何媪曰但記其生年屬虎不知幾何歲也問壻家爲誰曰未許陳曰女生有家久在膝下非長久計也適女取水至聞其言謂媪曰此人不懷好意勿多

言媪曰聽與否在我何妨陳乃自夸我狀元也意在歆動媪曰狀元是何物陳曰進士第一名登金榜掌詞垣是爲狀元媪曰幾年一出陳曰三年一出女從旁笑曰我意狀元千古一人原來只三年一箇母叱之女一笑竟去陳惘然久之旣而謂媪曰如不嫌敬留薄聘遂解囊中雙南金子之媪手摩再四曰嗅之不香握之輒氷是爲何物陳曰此名黃金汝輩得之寒可作衣饑可作食媪曰吾家有桑百餘株有田數十畝頗不憂凍餒還與狀元言畢遂置之地闔扉而進陳癡立半晌嗟嘆而回（諧鐸）陳久之復上京補官授

荆宜施道五十一年荆州大水冲城遂罷職勒令修城

開四庫全書

今上稽古右文于乾隆三十八年二月命開四庫館校定永樂大典訪購天下奇書着各省督撫採訪彙集上于朝仍　命翰林注明月日俟呈乙覽辦竣後乃給還本家領回書進時派總裁總纂總校官等辦理書成　欽定爲四庫全書此三代漢唐以來未有之盛舉也于時各省紳士及在朝者紛紛奏進惟江浙爲多而江浙各書家所奏尤多者爲鮑士恭范懋

桂汪啟淑馬裕四家爲數至五六七百種　上嘉之
各賞內府古今圖書集成一部其進呈一百種以上
者如江蘇周厚堉蔣曾瑩浙江吳玉墀孫仰曾汪汝
瑮以及朝紳之黃叔賢勵守謙紀昀並賞給內府初
印佩文韻府各一部紀昀字曉嵐河間獻縣人丁卯
解元甲戌進士由編修陞侍讀現派總纂官學問淵
博考證精詳　朝廷大著作皆出其手尤工四六凡
賀表皆所濡定同官如陸耳山錫熊彭芸楣元端皆
不及也

主考命題割裂

乾隆三十九年甲午科四川正主考爲編修漢青張
燾副主考爲戶部郎中晴川戚蓼生武進相國程文
恭公景伊參奏試題漸趨佻巧割裂其最甚者如今
年四川首題又日新康誥曰六字牽上連下全無義
理既不足以見人之學問書卷而稍知機法者便可
僥倖獲售請　勑部議嚴行禁止得　旨將正副主
考官交部議處奪俸漢青安徽人余癸未同年進士
也以其面烏而耳喬人呼爲張驢兒

撥房

乾隆四十年乙未科會試武進相國爲磨勘大臣奏

十九名錢兆鵬詩內才豈讓向雄豈字仄聲誤用入
十四名許士煌首題既入成湯語氣卽不應用周公
孔子爻象武王秦誓篇中語四十一名許日章學問
者詞章之末語屬倒置　上以許士煌援引錯謬考
官等不應取中交部嚴議許士煌罰停殿試三科錢
兆鵬停殿試一科時御史孟邵奏許士煌原係詩三
房李殿圖呈薦經主考取中撥入詩四房白麟名下
今白麟既照例議處而原薦房考轉得置身局外似
覺偏枯　上韙之召見軍機大臣詢以此事大學士
于敏中奏曰向例撥房之卷原儘受撥之房考覆閱

若其文果當意方取交內監試改用薦條如閱有疵
類不願受撥主考官亦不能相强　上曰改撥之卷
既由受撥房考閱定方換薦條卽與本房呈薦無異
且聽其自擇並非主考所能抑勒至受撥以後卽認
該房考爲房師與原薦之房無涉則功過皆當任之
遇有處分乃所應得更不得謂之偏枯是此事惟在
房考愼之于始勿以貪得門生率意濫受自致輕罹
處分譬之各部院辦事司員如實有見不妄畫稿或
與他人兩議原所常有若其言果是堂官亦當從之
房考之于改撥試卷事正相類卽有處分亦由人之

自取科場中委曲朕實不知而辦理庶務一衷于理之至是孟邵所奏不必行也遂得免議邵字鷺洲四川中江人與余巳卯同年時相傳與李殿圖有隙故奏入之賴 聖明洞鑒得不置議李殿圖字石渠直隸高陽人授編修

今夫且夫嘗思之

乾隆四十二年奉 上諭昨檢閱內廷舊存摺奏內有康熙五十六年詹事王奕清密奏請于考官入闈後即諭謄錄官凡七藝中破承開講等虛字槩不謄寫以防關節等語 上諭王奕清所奏自屬防弊之

一法但將破承起講等虛字槩不謄寫於文理既不明順且篇幅不完體制尤多未協朕思與其暗防弊竇不若明示章程況近今鄉會頭場改爲書藝三篇尤易防範嗣後合順天及各省主考官於刊發題目時即酌定三篇內承題起講應用虛字明白開列另行刊印一紙分給舉子如此科首篇承題用夫字次篇用葢字三篇用甚矣起講首篇用今夫次篇用且夫三篇用嘗思之類下科即將此等承講虛字錯綜更換總聽主考臨期酌定俾衆共聞知通場一體遵用違者貼出如此於不齊之中寓以齊則雖欲暗藏

關節應無所施其伎倆而定以主考官酌定不出房官之手則士子無從摹擬不致別生弊竇於防範更爲周密至會試亦著照此例行並刊入科場條例

候補員外放學政

學政缺出禮部開列現任人員其題從未有候補點放者丁酉八月適各省學政補放時余以議稿事被黜五月引 見甫經 特恩仍以原官補用尚未得缺奉 旨廣東學政着李調元去眞異數也次日謝恩蒙 召見言及前事乃知翻以議稿受 上知而從前參余大臣 召見問李能衡文乎皆言余由

翰林出身能衡文 上正色謂諸大臣曰諸大臣中有敢爲張居正嚴嵩者乎俱仰首奏言不敢是時袁清恪公亦在軍機謂余曰 上今日 諭旨皆謂汝事也

子曰毋文

今上精于鑒別制義爲千古帝王所未有乾隆四十四年順天鄉試首題爲子曰毋放榜後金壇相國于敏中孫德裕中式舉人時 上在熱河德裕以大臣例得赴行在謝恩 上令將闈中詩文默出呈覽 諭大臣曰雖大致尚屬清順但其首篇內朝廷自有

養賢之典何臣子偏爲過激之詞小臣意在去取而大君馭富無權又今日之粟出之于國非出之于家國家無以報功而臣下實爲多事等句俱與傳註不合朱註孔子爲魯司冦時以思爲宰是思乃孔子家臣九百之粟卽夫子所與非受祿于魯國更非頒祿于周室也朝廷之語魯國尚不足以當之而况夫子之家乎又云夫子行芳志潔語非六經所有而以擬夫子更覺不倫此實認題不眞及遣詞不當之故但恐通塲類此者不免而今年鄉試揭曉適當木蘭秋獮迴蹕熱河之時闈中十魁卷例不先行進呈朕無

由得見因命軍機大臣取闈中所刻元魁卷前十名勘閱粘簽進呈大學士于敏中等隨取前十名會呈

上曰首名破題卽有尊國制所以重君恩之語其他如以功詔祿祿以馭富朝廷詔糈之典國家之體制垂焉上尊政體下廣國恩計功詔祿國典攸關御廩之頒天家之餼等句十名中不可枚舉卽其中偶有敘及爲宰者亦未切實發揮均未能體會正解設塲中所取之文俱理精義足而于德裕獨以膚詞倖獲何難獨治其罪若其地字句或有可疑並無難嚴究其有無情弊並闈中所取之文大率如此自不能

專治于德裕一人若因其德裕而兼及衆人朕又不肯爲已甚之舉嗣後作文者各宜體認儒先傳說闡發題義試官閱卷亦當嚴爲甄別若再不能仰體朕意必令將此等庸陋詞俱悉行磨勘毋謂朕不戒視成也時諸臣無不服　睿鑒之公平

每經各出一題

乾隆五十二年十二月初二日　上召見彭元瑞據奏近日科場有傳卷聯號及彼此換卷謄錄對讀私改文字等弊　上命大學士九卿將彭元瑞所奏各弊及此尚有何項弊竇應如何杜漸防微設法釐剔

之處悉心妥議具奏部議得謹就近日科場情形參訪輿論於現行事例申明防範及舊例所無酌加嚴密逐一臚列條欵恭呈　聖鑒一鄉會試二場向用經文四篇論一篇但各省定例俱係分經中式或一經佳卷較多或一經佳卷獨少考官援例取中未免爲經額所限致有偏枯且各經分載卷面其中或有暗藏關節之卷亦易於檢閱伏思士子束髮授書原應五經全讀現在鄉會兩試祇就各生所習之本經取中應試各生祇須將本經揣摩誦習卽可倖中而於本經之外或竟致束書不觀殊非崇尚經術之道

自應於鄉會試二場酌改每經各出一題每人作經
文五篇俾應試舉子咸讀五經以敦實學即不安義
命之徒貪緣關節勢不能盡人請托而通場卷面並
不分經各房考亦斷不能繙閱全場將關節之卷檢
出呈薦在主考選文錄取毋庸復查照經額拘泥選
就於防閑關節甄錄佳卷均有裨益惟士子專習一
經奉行已久明歲即屆鄉場爲期甚近若即改用五
經考試在大省不乏兼通五經之人或可取中足額
第恐邊省小省全讀五經者較少猝難通習或致二
場不諳題解背謬經旨難於取中查宋臣朱熹有將

各經分年試士之義應先請
旨仿照其法自明歲戊申
鄉試爲始用易經出題次年已酉會試用書經出題
以後按照鄉會科分將詩經春秋禮記依次出題考
試並令各省學政於其科應用某經之年考試生員
即用某經出題鄉會五科之內以次考畢五經即邊
省小省經輪年考試之後亦俱能誦習五經曉悉義
旨再於鄉會試二場裁去論一篇五經各出一題此
後即作爲定例其生員歲試俟五科後令各學政不
拘何經酌出一題隨後輪流間出至童生考試自明
歲爲始仍復舊用四書文二篇裁去經文以歸畫一

謹奏奉　旨依議遂著爲令

搜落卷

乾隆五十四年已酉科會試正考官爲大學士韓城
王相國杰副考官爲內閣學士鐵保治亭向例同考
官分十八房如本房無佳卷准考官搜中落卷中後
始交本房補用薦條是以房官遇有疵類之卷僅自
登記不批卷面以備考官搜取之地其中五名前者
謂之五魁本科第二某第三某即考官所搜中也揭
曉後　上召見鐵保詢及以爲非　諭曰鄉會試額
設正副考官及同考官原恐衡鑒未公互相防範即

有疵類房官亦應簽出質商果瑕不掩瑜方可錄取
猶之督撫必待兩司卓薦若業經定取始交兩司補
詳保無通同狥隱之弊若然則督撫已足何用兩司
猶之考官已足何須十八房嗣後考官閱卷即將詩
文優劣薦與不薦之故註明卷面正副考官亦將中
與不中之故批於卷面俱交磨勘官覈閱具奏候
旨定奪此次正副考官所搜中第二三名不得濫側
前列着改列五十名後並將　諭旨頒刻各省闈場
仰見　聖明無微不燭

已酉科房考被劾

房官編修祝堃浙江人所分卷束內有浙江四卷應迴避與他省卷換閱已換江南二卷尚應換江西二卷以足四卷之數堃堅執不換曉曉不已考官韓城相國以形跡可疑且其房考薦卷多不佳不薦者多可搜取反縱肆乖張出言挾制心不可問請參交部嚴議部議削職堃大興人壬午順天解元先大夫掌北路同知時延請課子以子曰文莫命題反言川人不懂讀四書爲先大夫所逐卽其人也按窄几文莫吾猶人也晉書欒肇論語駁曰燕齊謂勉强爲文莫此說甚異聊存之以廣見聞祝論本于此但不可以

命題

石韞玉

石韞玉字執如長洲人乾隆庚戌殿試第一甲第一名進士及第授修撰初韞玉負文章盛名而尤扶翼道學家置一紙庫名曰孽海凡遇得罪名敎之書卽燒而投于庫中一日閱四朝聞見錄見有劾朱文公一疏其言逆毋欺君竊權樹黨並及閨中穢事有小人所斷不爲者乃敢形諸奏牘妄意誣蔑且編于書以料後人不信載文公謝罪一表以實之乃拍案大怒急諜諸婦脫背上金條脫質錢五十千徧搜坊肆得三百七十餘部將投之火大同沈起鳳止之曰此事天下萬世自有公論譬執途人而指雪爲黑指漆爲白雖愚者亦知其謬何待曉曉置辨乎石曰此言誠然可爲智者道難與俗人言也卒燒之是科南闈石竟發解未幾大魁人以爲扶持名敎之報云

考翰林眼鏡題

乾隆五十六年五月　上御正大光明殿大考翰林詩以眼鏡爲題限他字五言八韻　欽定一等二人阮元吳省蘭二等十八人胡長齡劉鳳誥陳嗣龍汪廷珍劉鐶之蔡共武程昌期崔景儀吳樹本邵晉涵三

等七十四人潘紹經陳崇本余集余廷掄謝振定劉種之陳萬青朱理游光繹曹振鏞裴謙周厚轅陳萬全祁韻士梁上國王天祿施杓李鈞簡秦承業邱庭漋王錫奎冠實言祝孝承汪如洋吳廷選羅修源錢開仕顧德慶達椿張鵬展徐鑑汪彥博倪思湻盧蔭溥徐準史致光王觀文甯泰泉李傳熊錢樾蔡善述吳鼎雯戴聯奎陸伯焜錢栻羅俊馮集梧德生周栻甘立猷錢棨法式善謝墉德昌周維壇朱紱關槐尹英圖李光雲繆晉程嘉謨李驥元楊祖純那彥成恭泰王坦修吳玉綸胡圖禮汪滋畹翟槐翁樹培邵玉

淸汪鏞四等八人周瓊劉錫五邵瑛吳灼達林朱伊炅李鼎元永安不入等集蘭一人共九十六人侍講吳省蘭陞授詹事編修阮元陞授少詹事侍講曹城編修劉鳳誥吳樹本俱陞授侍讀學士修撰胡長齡侍讀陳嗣龍俱陞授侍讀學士編修汪廷珍檢討劉鐶之俱陞授侍讀編修曹振鏞雖考列三等以尚堪造就且係曹文植之子加恩陞授侍講編修邵晉涵檢討蔡共武俱陞授中允編修程昌期翟景儀俱陞授贊善其考列三等之少詹事恭泰降補侍讀少詹事羅修源降補右庶子侍讀學士達椿降補侍講侍

讀學士陳崇本降補侍讀侍講學士王坦修降補洗馬侍讀德昌侍讀陳萬年侍講文甯中允朱紱贊善劉種之裴謙俱各降留編修檢討法式善陸伯焜祁韻士俞廷掄汪彥博盧蔭溥王觀秦泉倪思淯俱以部屬錄用徐鑑尹英圖俱以知縣用至三等六十名以下經硃筆單點之程嘉謨李驥元楊祖純吳玉綸胡圖禮俱罰俸一年七十名以下之汪滋畹翟槐翁樹培邵玉清汪鏞俱罰俸二年考列四等之員詩賦俱屬庸謬觀其才俱尙可錄用之周瓊劉錫五邵瑛吳灼李鼎元俱加　恩以內閣中書用達林朱依炅永安俱休致不入等之侍講學士集蘭着革職此回黜隙一出　睿裁皆覩眼鏡詩以爲去取而眼鏡自來從未有出詩題者其時風簷寸晷有茫然不知眼鏡出處者多矣驥元鼎元皆余嫡堂弟驥元以列三等奪罰鼎元雖列四等而獨得中書亦萬幸也阮元字芸臺儀徵人已酉進士其詩獨爲　睿賞故列第一云

魁卷有序

向來各省魁卷有圈點批語亦有不批者然從無序文乾隆五十九年甲寅四川主考正刑部郎中范攄

山鏊吳縣人副左中允余秋室集仁和人出闈過綿見示魁卷始有序云蜀地夙稱才藪以制舉之文相蜀士未足以盡蜀士也制舉之文有師承有習尙不同矣以一日之作相蜀士制舉之文亦不足以盡蜀士制舉之文也顧　功令所在屬之以題限之以日額之以數而進退之作者如是而止閱者亦如是而止作者寸陰而矮房也閱者亦陣馬而風帆也懼爾相負矣今姑就閱者之意以逆作者之志取如數又刻其尤雅者如干首以誌蜀之人士夫今之所進卽前日之所退今日所退又異日之所進也將謂使者

之所取爲當乎則以爲伐柯之則可也抑以爲未當乎則以資覆瓿之用亦無不可也乾隆甲寅八月下浣成都衡文堂記是科解元黄多益先夢人示以題爲益者三友章故改名應之榜發果中第一

乙卯弟兄會狀

乙卯會試總裁爲禮部侍郎諸城竇東皐光鼐副爲武進劉侍郎躍雲祭酒正白旗瑚圖禮榜發會元爲歸安王以鋙二名卽其弟以銜 上閱進呈卷見一二皆弟兄心異之及覩會元參也魯句文有一日萬幾思兼四事以魯未爲帝王不應用人君語抑置榜末申飭主司閱文老悖且天下人才衆矣何以弟兄聯名居首降 旨竇以四品休致劉瑚各降四級及殿試進呈閱定拆卷則狀元乃王以銜也 上始釋然

卷十六終